中央高校基本科研业务费专项资金资助
中国人民大学科学研究基金重大基础研究项目（11XNL003）成果

政府统计
国际规范概览

Guidelines for International Principles
and Standards of Official Statistics

主　编　高敏雪　甄　峰
副主编　王文静　张一青

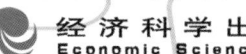

中国财经出版传媒集团
经济科学出版社
Economic Science Press

图书在版编目（CIP）数据

政府统计国际规范概览/高敏雪，甄峰主编．—北京：经济科学出版社，2017.7
ISBN 978-7-5141-8226-2

Ⅰ.①政… Ⅱ.①高…②甄… Ⅲ.①国家行政机关-统计-规范-对比研究-世界 Ⅳ.①C829.1-65

中国版本图书馆 CIP 数据核字（2017）第 168311 号

责任编辑：杜　鹏　凌　健
责任校对：杨晓莹
版式设计：齐　杰
责任印制：邱　天

政府统计国际规范概览

主　编　高敏雪　甄　峰
副主编　王文静　张一青
经济科学出版社出版、发行　新华书店经销
社址：北京市海淀区阜成路甲 28 号　邮编：100142
总编部电话：010-88191217　发行部电话：010-88191522
网址：www.esp.com.cn
电子邮件：esp_bj@163.com
天猫网店：经济科学出版社旗舰店
网址：http://jjkxcbs.tmall.com
北京季蜂印刷有限公司印装
889×1194　16 开　41.25 印张　1200000 字
2017 年 8 月第 1 版　2017 年 8 月第 1 次印刷
ISBN 978-7-5141-8226-2　定价：198.00 元
（图书出现印装问题，本社负责调换。电话：010-88191502）
（版权所有　翻印必究　举报电话：010-88191586
电子邮箱：dbts@esp.com.cn）

组编单位：中国人民大学国民经济核算研究所

参编人员（姓氏笔画排序）
中国人民大学

卫晓宇	王子琛	王文静	王　娟	王　鹏	王　聪	冯　凯
刘子瑞	刘丹丹	刘思敏	刘煜哲	刘　璐	关武阳	苏兴国
李静萍	李　璐	吴应子	吴淑丽	张一青	张芸霞	张潆元
武　竞	昌先宇	周宣宇	周　航	袁东学	贾向丹	徐婉漪
留　杰	高　洁	高敏雪	黄秋莹	盛　剑	韩泽宇	景　向
程　豪	鲁　焜	甄　峰	管　乐	黎煜坤	穆旖旎	鞠学祯

其他单位

王　萍（国家统计局统计设计管理司）
刘　茜（新疆财经大学统计与信息学院）
许晓娟（对外经济贸易大学国际商学院）
何　静（北京中医药大学管理学院）
陈谢晟（商务部服务贸易和商贸服务业司）
徐礼志（延安大学经济与管理学院）
葛金梅（中国民航科学技术研究院航空经济研究所）

序

　　官方数据是测量和理解世界变化的有用工具。一个跨时间可比的官方数据系统，可以实现对发展的评估，在政策研究与制定中发挥至关重要的作用。一个跨国别可比的官方数据系统，可以实现国与国之间的信息交换，进而对各国发展进行比较，将来自不同国家的数据汇总起来从区域（比如亚太地区）视角进行分析。联合国统计委员会制定了多项国际标准和方法，以便所有国家能够使用同一种"统计语言"。联合国统计司为联合国统计委员会提供支持，负责发布国际标准，收集数据建立支持发展的全球数据库，并协助各国在各自历史、经济、文化和社会环境下实践国际标准。

　　近几十年来，中国官方统计发展迅速。中国在理解国际标准、遵循国际经验与建议方面做出了巨大努力；与此同时，中国在官方数据收集和应用方面的实践也为国际标准的进一步发展做出了贡献。《政府统计国际规范概览》是体现中国官方统计机构与联合国系统间密切联系的产物。这部著作摘选了联合国统计司和其他国际与地区机构多达200余篇文献，介绍每一部国际标准和规范的内容结构、背景及其版本变化，内容丰富，其出版毫无疑问将会提高中国对国际规范的理解，推动中国与国际组织的互动。

　　在此，我向政策制定者、研究人员和官方数据使用者推荐这部著作。我们都在为提高中国和联合国系统的官方统计而努力，相信大家能够在书中发现有价值的信息。

联合国统计司　司长

2016 年 10 月 20 日

Foreword

Official data is a useful tool to measure and understand the change of the world. An official data system, which is comparable over time, allows to assess development and is essential and important for research and policy making. An official data system which is comparable across different countries, allows to exchange meaningful information among countries, to compare development among countries and to aggregate data from different countries to analyze a regional perspective, for instance for the Asia/Pacific continent. The United Nations Statistical Commission has developed international standards and methods to allow all countries to speak the same 'statistical language'. The United Nations Statistical Commission is supported by the United Nations Statistics Division (UNSD), which disseminates the international standards, collects data for a global database to support development and assists countries around the world in the implementation of the standards, taking into account the country specific historic, economic, cultural and societal circumstances.

Official statistics in China has developed fast in recent decades. It has made great efforts in understanding international standards and following international experiences and suggestions. Meanwhile, the Chinese practice of official data collection and application has also contributed to the further development of international standards. Guidelines for International Principles and Standards of Official Statistics comes as an important medium between official statistics agencies of China and the UN system. It presents an introduction and analysis of the structure and background of each international standard and principle and its evolution over various versions. The rich contents of more than 200 documents from not only UNSD but also other international and regional agencies will undoubtedly enhance China's understanding of international principles, and promote the interaction between China and international organizations.

I hereby would like to recommend this publication to policy makers, researchers and official data users. I believe that all will find the valuable information in these pages useful as we strive together to enhance official statistics in both China and the UN system.

Director
United Nations Statistics Division
20 October 2016

序

国际统计规范的重要性常常被低估。数据使用者很少关注数据背后的定义，研究机构的统计课程也很少将统计规范放在重要位置。

然而，统计规范对于统计数据生产和解析具有十分重要的作用。《国民账户体系（2008）》是一个很好的例子，它为各国国民账户的编制提供了一个综合、一致的参考框架，以此保证其数据具有时间和国际可比性——这一点在一个因全球化而紧密联系的世界里显得尤为重要。对用户而言，诸如 SNA-2008 这样的统计规范为其提供了理解数据测量内容、正确解析数据的钥匙。

为此，我十分欣喜地看到这样一部展示和评论众多重要国际统计规范的图书问世。尤其令人高兴的是它是用中文出版的，通过这样一部综合出版物，可以让一个庞大的新的读者群接触并了解这些规范和标准。

许多统计规范得到了联合国统计委员会的核准，OECD 在其中扮演了重要角色。仍以 SNA 为例，OECD 为该标准各个版本（1953年版、1968年版、1993年版和2008年版）的成功推出付出了努力，包括提供的投入和专业咨询意见。OECD 还对其他许多领域的标准规范提供了支持，从价格统计到企业统计，从综合环境—经济核算体系到信息社会指标，最近关于收入分配、消费和财富统计，以及主观幸福感的测量等。可以说，在 OECD 所有统计工作中，有很大一部分是推动统计标准的开发，以满足人们对概念明确、具备国际可比性的数据的潜在需求。

规范只有实施方能显其效用。因此，推动统计规范的应用实施是 OECD 统计工作的另一项重要任务，其中就包括与 OECD 各成员国以及与中国这样的重要伙伴国的密切合作。2015年，OECD 和中国签署了谅解备忘录，并确定了合作领域。这部著作的出版，无疑会加强对国际规范的认识，深化双方的相关合作。

我在此谨就该著作出版向作者表示祝贺！我相信这将促进现有国际统计规范被中国统计工作者和数据用户所了解，并帮助他们在未来的工作中更加全面地理解和应用这些国际统计规范。这将有益于推动中国规划和实施其经济社会进步的实践，并在全球视角下推动世界对这一进步的认可。

OECD 总统计师，统计部主任，巴黎

Foreword by Martine Durand, Chief Statistician of the Organisation for Economic Co-operation and Development

The importance of international standards in statistics is easily under-estimated. Users of statistics often pay little attention to the concepts underlying data, and standards rarely feature in the statistics curricula of academic institutions.

Yet standards are vital to the production and interpretation of sound statistics. The 2008 System of National Accounts may serve as an example. It provides a comprehensive and universal frame of reference for compiling the accounts of nations. This makes data comparable over time and internationally—which becomes ever more important in a globalised and interconnected world. From a user perspective, standards such as the SNA 2008 provide the key to understanding what has been measured and how best to interpret the figures.

It is therefore with great enthusiasm that I welcome this publication which lists and reviews the most important international statistical standards. It is particularly gratifying to see such a comprehensive publication being issued in Chinese, which will make knowledge of these standards accessible to a large new audience.

While many standards have been approved by the United Nations Statistical Commission, the OECD has been a vital contributor to their development. Again, the SNA is a case in point, as we have made considerable efforts to provide input and expertise to each successive edition of this standard (1953, 1968, 1993, and 2008). But we have also contributed to standards in many other fields, from price statistics to enterprise demography, from the Integrated System of Environmental-Economic Accounting to Indicators of the Information Society, and more recently in the field of distribution of income, consumption and wealth and of subjective well-being. Indeed, a significant portion of all the statistical work at the OECD is devoted to advancing standards to meet emerging demands for conceptually sound and internationally comparable data.

Of course, standards are only useful when implemented, so putting them to work is another pillar of OECD statistical activity. This includes work with our Member countries but also with our Key Partners such as China. A Memorandum of Understanding between the OECD and China was signed in 2015, setting out areas of co-operation. This publication will help deepen our co-operation by its comprehensive overview of international standards.

I congratulate the authors for producing this volume. I am confident that it will make existing international statistical standards more accessible to Chinese compilers and users of statistics, and thus help them to fully implement and comprehend international statistical standards as they continue to evolve. This should be of considerable benefit to China in planning and tracking its economic and social progress, and it will help the world to view this progress in a global perspective.

Chief Statistician and Director, OECD Statistics Directorate, Paris

序

政府统计是一项复杂的系统工程，它涉及经济、社会、人口、资源环境等众多领域，涉及一系列基本概念、基本分类、基本指标定义和口径范围等各种理论问题，涉及数据调查、采集、加工和统计指标计算等各种方法问题，涉及统计机构、调查对象和用户之间的沟通与组织协调问题，涉及保证统计数据质量的一系列基本准则问题。这些问题是世界各国政府统计共同面对的问题。同时，一个国家的政府统计数据不仅用于研究本国的经济、社会、人口、资源环境等领域的发展变化情况，还用于研究全世界或世界某一部分上述领域的发展变化情况；一个国家的政府统计数据不仅拥有国内用户，还拥有大量的国外用户。因此，政府统计具有很强的国际特征。政府统计的这些特点决定了它需要统一的国际规范。

长期以来，联合国、国际货币基金组织、经济合作与发展组织等国际组织在总结世界各国特别是发达国家政府统计理论研究成果和实践经验的基础上制定了一系列国际规范，用于指导和规范世界各国政府统计工作。这些国际规范对于推动世界各国尤其是发展中国家政府统计工作的发展，提高政府统计能力、统计数据质量和统计服务水平，实现世界各国政府统计数据的国际可比性，发挥了重要作用。

改革开放以来，伴随着经济社会的快速发展，中国政府统计取得了长足发展。例如，在统计分类方面，建立和不断完善了一系列分类标准，包括国民经济行业分类、统计用产品分类、居民消费支出分类等国家分类标准；在国民经济核算方面，实现了由适应高度集中的计划经济体制需要的物质产品平衡表体系（MPS）向适应市场经济体制需要的国民账户体系（SNA）的转变，建立了国内生产总值核算、投入产出核算、资金流量核算等一系列国民经济核算制度；在国际收支核算方面，建立了国际收支平衡核算和国际投资头寸核算制度；在价格统计方面，实现了居民消费价格、工业生产者价格、农业生产者价格等一系列价格调查和指数编制方法的改革；在住户调查方面，实现了城乡住户调查一体化改革；在劳动力统计方面，建立了全国月度劳动力调查制度；在统计服务方面，向国家宏观管理部门、社会公众和国际社会提供了日益丰富的统计服务产品。

改革开放以来中国政府统计的迅速发展，是中国经济社会迅速发展推动的结果，是国家宏观管理和社会用户需求引导的结果，也是国际统计规范与中国实际相结合的结果。例如，中国国民经济行业分类国家标准就是依据联合国组织制定的国际标准产业分类，结合中国经济活动实际情况制定的；中国国民经济核算制度就是依据联合国等国际组织制定的《国民账户体系》，结合中国的资料来源和用户需求情况制定的；中国国际收支核算制度就是依据国际货币基金组织制定的《国际收支手册》，结合中国的对外经济统计资料状况和用户需求情况制定的。可以这样说，如果没有改革开放以来中国经济社会的重大发展，就没有中国政府统计的重大发展；如果没有中国政府统计机构充分地学习、消化和吸收国际组织制定的一系列国际规范，也就没有中国政府统计的重大发展。政府统计国际规范对于中国政府统计的发展起到了重要的推动作用。因此，中国政府统计是国际规范的受益者。今后，我们还需要继续深入学习研究政府统计国际规范，推动中国政府统计进一步发展，使之更好地服务于国家宏观管理、社会公众和国际社会，更好地服务于国家经济社会发展。同时，我们要积极参与政府统计国际规范的研究制定，将中国政府统计经验逐步纳入国际规范之中，实现从国际规范的受益者向贡献者和受益者的双重身份转变。要做到这一点也需要我们继续深入学习研究政府统计国际规范。由中国人民大学国民经济核算研究所高敏雪教授牵头完成的《政府统计国际规范概览》，为我们继续深入学习研究政府统计国际规范提供了一部重要的参考文献。

中国人民大学国民经济核算研究所是中国人民大学统计学院与国家统计局国民经济核算司共建的研究机构，高敏雪教授担任研究所主任。多年来，高敏雪教授一直致力于政府统计研究。她率领她的研究团队曾经承担联合国等国际组织制定的《国民账户体系 2008》、《环境经济核算体系 2012》等国际规范文件的中文翻译。从 2011 年开始，在国家统计局统计科学研究所研究项目和中国人民大学科学研究基金重大基础研究项目支持下，她率领她的研究团队对政府统计国际规范进行了系统深入的研究。这是一项重大的系统工程，高敏雪教授和她的研究团队进行了不懈的努力，《政府统计国际规范概览》就是这项研究的重要成果。这部著作研究介绍了 200 多部政府统计国际规范，内容涉及政府统计的基本准则、组织管理、分类标准、数据发布以及经济、社会、人口、资源环境等各领域统计技术手册。它对于中国政府统计工作者以及利用政府统计数据研究经济、社会、人口、资源环境问题的中国官员和学者具有重要的参考价值。作为一名长期从事政府统计工作的专业人员，我认识到这部著作的重要意义。我要感谢高敏雪教授及其研究团队所付出的艰苦努力，并愿意将这部力作推荐给大家。

国家统计局　副局长

2016 年 10 月 8 日

Foreword

Official Statistics is a complicated systematical framework. In covers wide areas economics, society, population, resources and environment, it engages both theory framework like basic conceptions, classifications, definition of indictors and statistical scales, and methods like sampling, survey, aggregation and calculation of statistical indictors. Furthermore, it relates not only organization and coordination of statistical institutions, interviewees and users of the data products, but also a series of basic standards to maintain the quality of statistics and relative data products. All of the above are challenges to the official statistical agencies all over the world. Meanwhile, the data of official statistics will be used not only in doing research on the development of economics, society, population, resources and environment in one certain country, but also in comparing study of the world, or part of the world. The clients of official data may include not only domestic users, but also international users. Obviously official statistics has the character of internationalization, which requires it to have international standards.

Based on a long-term theory and practice summary in the experiences of member countries, especially developed entities, international organizations like the United Nations (UN), International Monetary Fund (IMF), Organization of Economics Cooperation and Development (OECD) and other organizations have a certain number of basic international standards to guide and regularize official statistics worldwide. These standards play an important role in improving official statistics, especially in developing countries, in the area of ability construction, quality of data and statistical service. Moreover, these standards are the foundation of improving an international comparative framework of official statistics around the world.

With the fast development of economics and society after the opening and reform in China, official statistics in China has achieved great progress in the past decades. It has improved a series of classification standards, including National Economical Industry Classification, Product Classification for Statistics, Household Consumption Expenditure Classification etc. It has transferred the national accounts from planned economy based Material Product System (MPS) to the market economy based System of National Accounts (SNA), and funded the mechanism of national accounts system like the gross domestic products accounting, input-output accounting and capital flow accounting. In the area of balance of payment, China has established the system of balance of payment accounting and accounting of international investment position. In the area of price index system, China has realized the reform of survey system and index compilation methods in calculating the consumer price index, industrial producer price index and agricultural producer price index and so on. In the household survey, China has unified the two systems of rural and urban households' survey systems. In labor statistics, China has set up a monthly labor survey system already. In public statistical service, more and more statistical products are accessible to national administration ministries, public community and international society.

The fast development of official statistics in China is attributed not only to the fast economic and social development, but also to the request of the national macro administration and public society. Furthermore, it is also considered as a fruit by the unification of national standards and international standards of official statistics. For example, the National Economical Industry Classification is an international standard of industrial classification based on the United Nation's standard and Chinese practice of economic activities. National Accounts System in China is also a standard based on both UN system of national accounts and resources of data and materials of economic units and the request of clients. Chinese balance of payment manual is a manual based on IMF standard and Chinese foreign related economic statistical data and materials and request of its clients. It is undoubtedly to say that great development of China's economic and social system is based on the opening and reform. Similarly, the great progress of Chinese official statistics is based on the learning, digesting and absorbing international standards from international organizations. Those international standards of official statistics have greatly improved the development of Chinese official statistics. Meanwhile, Chinese official statistics is the beneficiary of international statistical standards. China will continue to further study on the international standards of official statistics, so that Chinese official statistics will provide a better service to the state's administration, public request and international society, and improve the sustainable development of Chinese economy and society. At the same time, China should take a more active role in joining the research and updating of international standards of official statistics, and try to involve Chinese practice and experience to international standards, so that China will develop itself from a pure beneficiary to both beneficiary and contributor. Editing of the book, Guidelines for International Principles and Standards of Official Statistics, leads by Professor GAO Minxue in Research Institute of National Accounting, Renmin University of China, gives us a chance of learning thoroughly about international standards of official statistics. The book will also be an important reference in certain area.

The Research Institute of National Accounting, Renmin University of China, is a co-funded institution by School of Statistics, Renmin University of China and Division of National Accounting, National Bureau of Statistics. Professor GAO Minxue is the founding director of the institute. Professor GAO has a long-term experience in doing research on official statistics. She is a leading editor and translator of UN standards like the System of National Accounts 2008 and the System of Environmental-Economic Accounting 2012. Since 2011, supported by National Bureau of Statistics and Renmin University of China, Professor Gao and her research team have made remarkable progress on the research of international standards of official statistics. They have done a great systematical framework by finishing the book with more than 200 international standards of official statistics, which includes generic statistical process, organizational framework, classification standards, data releasing, and multiple areas standards of economic, social, population, resources and environment. It will give great support to Chinese researchers, officials and data clients to use Chinese data and other statistical products. As a professional of long-term work in official statistics, I would like to emphasize the importance of this book. I appreciate the great efforts of Professor GAO Minxue and her research team, and sincerely wish to recommend this book to the readers.

许宪春

Deputy Commissioner of NBS China
8 October, 2016

编者前言

本书书名拆开来，是三个关键词：政府统计，国际规范，概览。以下围绕这三个关键词做一些说明，借以回答以下三个问题：（1）这是怎样性质的一部书；（2）为什么要编这样一部书；（3）这部书是这么编出来的。

（一）关于政府统计

什么是政府统计？

在国际文献中，政府统计作为专有名词有多种大体类似的表述，对应的英语表述分别有：Government statistics、Official statistics，以及 National statistics、Public statistics 等。从这几个可以混用的英文词语的前置词中，我们大体可以有一些感觉：政府统计是官方的，是在政府主导下完成的，是关于整个国家的，是具有公共性质的。

联合国统计委员会通过的《官方统计的基本原则》开宗明义第一条说："官方统计是一个民主社会的信息系统中不可或缺的组成部分，它为政府、经济体和公众服务，提供有关经济、人口、社会和环境情况的数据。为此，官方统计机构应公正地编集和提供证实具有实际用途的官方统计，让公民行使其获得公共信息的权利。"[①]从这段话中，我们可以提取出有关政府统计的基本要素。

- 是一个国家和社会的信息系统的组成部分；
- 由官方统计机构编纂并提供统计数据；
- 数据内容丰富，覆盖经济、人口、社会和环境各方面状况；
- 所提供数据属于公共信息，公民有权获得；
- 用户广泛，覆盖政府、各类经济体以及社会公众。

借助于《中华人民共和国统计法》（第一条和第二条），政府统计就是"各级政府统计机构和有关部门"运用各种统计方法和手段"对国民经济和社会发展情况进行统计调查、分析，提供统计资料和咨询意见，实行统计监督"的各种活动，其中包含两个带有中国特色的要点：

- 应依法统计；
- 其职能可以从提供统计数据延伸到统计分析、统计咨询以及统计监督。

综合以上要点，结合政府统计工作的组织方式及运作过程，以下拟以回答问题的方式帮助读者了解政府统计的功能定位和基本性质。

第一个问题：政府统计是干什么的？这关系到政府统计的职能。

政府统计以提供有关国家基本国情国力的统计数据为基本职能。首先要通过调查或者其他方式搜集基础数据，然后进行加工，形成具有综合特征的统计数据，最终发布数据。除了提供数据这一基本职能之外，在特定情形下，政府统计的职能还可能延伸到对数据的分析解读、甚至涉及对当前状况的判断。在中国，政府统计一直将自身职能做比较宽的定位，从调查延伸到分析、从提供数据延伸到统计咨询和统计监督，并且通过写入法律条文（《中华人民共和国统计法》）予以明确。

---

① 联合国经济及社会理事会决议：官方统计基本原则。http://unstats.un.org/unsd/dnss/gp/FP-Rev2013-C.pdf

第二个问题是：政府统计应该提供哪些方面的数据？这牵涉到政府统计的内容。

并不是所有统计数据都是由政府统计提供的，在不同国家，政府统计覆盖的范围和详细程度也会有很大差别。但可以明确的是，政府统计所涉内容都与国家的基本国情国力和基本发展状况有关，包括人口、经济、社会、环境等方面。具体到中国，我们可以通过每年年初国家统计局发布的《国民经济和社会发展统计公报》获取一个大概印象，其中涉及的专题包括：综合（含人口、经济增长、就业、物价、财政、外汇储备），农业，工业和建筑业，固定资产投资，国内贸易，对外经济，交通、邮电和旅游，金融，人民生活和社会保障，教育、科技和文化体育，卫生和社会服务，资源环境与安全生产[①]，可谓覆盖了经济社会生活的方方面面。

第三个问题是：为什么要由政府统计提供这些数据？

这与此类数据本身的公共产品属性有关。首先是此类数据生产的难度：横向看其内容覆盖面非常宽，纵向看其统计范围覆盖面非常大，相当大一部分数据要求定期、连续发布。其次是此类数据的需求特性：是普遍性的、标准化的、非排他的，其生产和提供难以借助于市场来运作。可以说，只有政府才具有能力调动各种资源进行数据生产，全方位地提供这些数据，不仅是对应的人力财力资源，还包括以立法形式强制要求所有被调查者提供数据的公权力；也只有政府才能超越局部利益诉求，具有发布这些数据的公信力。

第四个问题是：政府统计是如何组织实施的？这牵涉到政府统计的组织问题。

政府统计是由政府机构主导下完成的，但不能简单地说所有政府统计数据都是由国家统计局（以及各级统计局）生产的。事实上，政府统计的组织架构有不同模式，若非高度集中模式，政府统计有可能存在于几乎所有的政府职能部门之中。在中国，国家统计局是政府统计的综合管理部门，但大量具体统计工作会存在于诸如工信部、商务部、教育部、环保部、交通部等职能部委部门之中，可能由专门的统计机构负责，也可能只是作为一项职责存在于各种业务机构之中。

第五个问题是：政府部门如何做统计？这涉及政府统计工作流程。

一般而言，从一个统计项目出发，其工作过程大体包含以下环节：统计设计、统计调查、统计数据审核加工、统计数据发布，以及贯穿整个过程的统计数据质量评估。当然，面对不同统计内容和不同数据资源，上述各环节可能有不同的侧重点。从数据源考虑，一种情况是利用政府部门在管理过程中形成的行政记录，生成统计数据，另一种情况则是要面向社会开展大范围的实际调查，然后将调查资料处理加工成具有综合性质的统计数据。

最后一个问题：统计部门如何为数据用户提供服务？

作为公共产品，政府统计数据使用者分布广泛，按照属性划分，大体区分为：政府，为公共管理而使用统计数据；企业，为经营决策过程中了解宏观背景而使用统计数据；公众，出于对国家公共事务的关注和了解而使用统计数据；研究者，为进行科学研究而使用统计数据[②]。统计部门应该保证政府统计数据最大限度的公开化，应力求统计数据公共查询渠道多元化并保持畅通，在提供统计数据的同时应该公布有助于了解数据产生背景的辅助信息，大多数统计数据应免费提供。中国在很长时间内特别强调政府统计要为"领导"服务，实际上就是为政府本身（尤其是一些综合性政府管理部门）服务，这种情况在逐渐发生变化，其用户群已经扩展到如上述所述的各个层面，并为国外所关注。

可以看到，政府统计是一个很复杂的系统：覆盖全面，内容复杂，专业性强，用户需求多元化。要实现其职能，政府统计必须要有一系列指导性文件，对相关概念、规则、技术方法、组织操作流程做出规范，一方面是为统计实施提供技术保障，另一方面则可以为数据用户更好地了解和应用统计数据提供便利。这些指导性文件可以统称为"政府统计规范"。

[①] 可参见国家统计局每年2月发布的《中华人民共和国国民经济与社会发展统计公报》。http://www.stats.gov.cn/tjsj/zxfb/201702/t20170228_1467424.html

[②] 参见联合国《统计组织手册（第三版）：统计机构的运作和组织》第三章。

（二）关于政府统计国际规范

政府总是建立在国家基础上的，所以政府统计肯定要立足一国而构建，各国政府统计都会有自己的"规范"。无论哪一个国家，其政府统计只能发布本国的人口数、国内生产总值、平均预期寿命、石油天然气储量。如果涉及其他国家的官方数据，那只能作为"引用"。几个国家可能会因为某种缘故产生更密切的联系，由此联合编辑政府统计数据（比如金砖五国自2010年开始编辑《金砖国家统计年鉴》），但也就是由各国提供自己的官方数据然后并列编辑起来。如果对某国家发布的官方数据有疑问，尤其是针对双边关系下各种活动的数据（比如A国对B国出口商品，A国记录的出口数据可能与B国记录的进口数据不一致），那也只能通过官方机构予以协商，不能擅自更改对方的数据。

但是，这并不意味着一个国家的政府统计可以随心所欲，关起门来自搞一套。事实上，政府统计具有很强的国际性，而且这一趋势在逐步加强。为什么？一个基本理由在于，在全球化背景下，各国经济社会发展之间存在着密切的联系，一国政府统计数据的用户不限于本国，而是会延伸到国外；一国统计数据也不仅限于反映本国经济社会发展状况，还要与其他国家的同类数据作比较，甚至还会加总在一起。为此，要求国家之间的统计数据应具备可比性，有些指标还要具备可加性。比如国内生产总值（GDP）、就业人数、进出口总额等总量指标，各国必须按照统一的定义提供数据，这样才能加起来反映全球各国一共达到多大规模，并在此基础上计算不同国家各自占有多大份额。又如价格指数（包括CPI和PPI等，反映价格变化幅度）、生产率（产出与投入之比，可以是劳动生产率，也可以是资本收益率）、资源存储比（即资源储量与年度开采量之比，说明当前拥有的资源储量可以开采多少年）等指标，虽然不以全球范围内相加为前提，但仍然要求在内涵、口径以及统计范围等方面具备可比性，这样才能便于用户了解各国在此方面各自处在什么水平上，有多大差异，相互之间是否存在连带效应。

如何实现各国之间政府数据的可比以及可加？这就需要在各国政府统计之间作协调，制定政府统计的国际规范。谁充当这个国际协调人？国际组织当仁不让。会涉及哪些方面？既包含对政府统计基本原则、基本组织方式做出相应规定，也会对一些被广泛应用的内容制定通用标准，还会针对特定领域给出更详细的方法应用指南。2011年联合国统计委员会通过统计活动协调委员会曾经提出一份国际统计规范清单[①]，其中包含93份文献。以此为例，我们可以对政府统计国际规范的组成有一个直观的了解。

● 按照规范的出处和性质区分，一是联合国统计委员会成员组织正式出版的方法性出版物；二是经国际商定的统计分类；三是由国际统计系统以外的机构出版但得到统计组织广泛利用的标准；四是由相关的全球或者区域统计机构采用的全球和区域标准。

● 按照所涉及的统计主题区分，一是统计分类（17种）；二是概念与定义（40种）；三是方法和程序（36种）。

● 按照所覆盖的内容领域区分，一是人口与社会（15种）；二是经济（57种）；三是环境与多领域（18种）；四是数据收集处理传播分析（25种）；五是统计战略（2种）（该清单按照多元领域分组，故各组合计大于93种）。

● 按照牵头制定机构区分，主要是联合国统计司（25种）、联合国欧洲经济委员会（17种）、经济合作与发展组织（16种）、国际货币基金组织（11种），此外还涉及欧洲中央银行、联合国教科文组织、联合国粮农组织、联合国国际电信联盟、世界贸易组织、联合国贸易与发展会议、联合国人居署、联合国工业发展组织、世界卫生组织等。除此之外，还有一些区域性统计机构所开发的统计规

---

① 联合国统计委员会第42届会议2011年2月22~25日临时议程：《统计活动协调委员会关于全球统计标准汇编的报告》。此份清单只是初步工作，更多的国际规范文本还有待于后续纳入。http://unstats.un.org/unsd/statcom/doc11/Report-Final-C.pdf

范，对区域内成员具有规范作用，同时对其他国家也有一定的参考作用，最突出的例子是欧盟统计局。

读者可能要问：这些国际规范是怎么编出来的？一般而言，国际规范的基础是各国已有统计实践经验，尤其是发达国家的统计实践经验，然后在国际机构协调之下经过进一步研制而成。因此，以这些规范为指导，不仅对于提高各国政府统计数据的可比性大有裨益，而且特别有助于发展中国家的统计建设，相当于是将发达国家摸索出来的经验通过国际化传输给发展中国家。

进一步的问题可能是：这样编出来的规范有无立场和倾向？站在发展中国家（包括中国）角度看，确实存在这些问题。伴随信息时代的到来，如何通过数据说话在很大程度上会体现立场和观点，牵涉到相关利益。出于自然的、历史的、制度的、发展程度的诸多原因，各国之间必然存在着差异，由此导致各国政府统计在内容上、方法上、组织模式上都会有自己的特点，难以与国际规范保持完全一致。为此，发展中国家政府统计建设一方面应通过国际规范借鉴发达国家的经验，避免弯路，加快自身建设步伐；另一方面则不能简单照搬国际规范以及他国经验，要面对本国现实提出具有本土化特征的设计实施方案，服务于本国管理和社会公众需要，并通过自身建设进一步扩大在国际规范制定过程中的发言权。

落实到中国，这里要说的是：政府统计既是中国的也是世界的，中国政府统计服务于中国社会公众，同时为其他国家提供统计经验；反过来说也很有意义，政府统计既是世界的也是中国的，中国政府统计会借鉴国际经验，同时又具有自己的特点。

这一切，都要从了解、学习、解析当前已有的政府统计国际规范开始。

（三）关于《政府统计国际规范概览》

我本人多年来一直以政府统计为研究方向。一是与政府各个部门打交道，或为其提供咨询建议，或为其设计解决方案。多年做下来，形成的套路就是：先看看国际规范是怎样的，然后再结合中国的实际情况和管理的不同要求，给出有关中国的方案和建议。二是在相关课程中介绍中国政府统计数据，引导学生在使用中国数据的同时要关注其他国家的数据、国际组织发布的数据——这就自然地有一个数据可比性问题，要从最基本的对象、口径关注中外政府统计的差别。此外，最近几年我还组成团队承担了相关领域一些重要国际规范的译介工作，其中最重要的两部文献是联合国等组织联合发布的《国民账户体系》2008 版、《环境经济核算体系》2003 版和 2012 版，此外还涉及外国直接投资（FDI）基准定义、全球化指标、能源统计、服务业生产指数等国际标准文献。这样连续做下来，一是感觉这些国际规范确实非常有用；二是发现很多时候相关领域的人对这些国际规范并不知情，或者并不能全面了解——或许知道自己领域的事情，但不知道还有一些不属于本领域但却与本领域应用有很大关联的事情。为此萌生一个想法：编一部书，尽可能全面覆盖已有政府统计国际规范，为不同领域的政府统计建设和数据用户提供便利。

真正落实这个想法的行动起自 2011 年。先是以"政府统计国际规范与中国应用"为题在国家统计局统计科研所立项，对政府统计国际规范作了一些摸底性工作；然后获得中国人民大学科学研究基金重大基础研究项目"政府统计国际规范及中国适用性研究"长达 6 年的资助，由此得以将政府统计国际规范作为一个研究对象，对这样的"基础"性问题作系统研究。在此过程中，我一方面总结自己以往积累的经验和内容，另一方面借助于以下两个平台扩展对政府统计国际规范的关注领域：一是在人民大学统计学院针对统计学应用专业硕士开设"政府统计理论与方法"课程，引导学生关注这些国际规范；二是在《中国统计》开设专栏，专门译介"政府统计国际规范"。通过课程，笼络了一批政府统计国际规范的学习者和写作者；通过专栏，获得了一个对外介绍这些国际规范的平台和窗口。几年下来，我们找到大量涉及各个领域政府统计的国际规范文本，公开发表译介文章 60 余篇，为我们正式编辑一部《政府统计国际规范概览》奠定了基础。

为了最终编辑出一部覆盖比较全面的《概览》，我们集中力量做了以下三方面的工作。

一是尽可能全面地找到这些规范。一个出发点是上述提到的联合国统计协调委员会提供的那份清单，随后是清理基于这份"清单"延伸找到的其他文献，最后是对各类国际组织的网站作了一次拉网式排查，以期全面地包括主要组织的主要文献。最终形成了一个包含206部国际规范文献的目录。在此过程中我们有一些筛选，列入此目录的文献需要具备以下条件：第一，只限于多国组织制定的规范，不包括单独一个国家制定的规范，即使这个国家政府统计水平很高，其规范对他国有重要影响；第二，只限于英文文献，不含其他语种文献；第三，发布时间的时效性，大部分文献是20世纪90年代之后发布的规范，少部分延伸到80年代，个别属于70年代或更早的作品。

二是确定如何"概览"这些规范文献。最后我们确定了三种方式：第一种是长文介绍＋目录；第二种是短文介绍＋目录；第三种是仅限于目录。同时在前面提供基本信息，包括：标题＋牵头机构和维护机构＋英文版本信息及网址链接＋中文版本信息及网站链接。这样，目录中的所有文献在书中都可以给出基本信息，通过文件目录可大体了解其所包含的内容；对那些比较重要的文献，我们还给出详略不一的文字介绍，希望帮助读者对其内容有进一步的了解。每一篇文献，无论哪种体例，均将二级目录列出，以便相关专业人士能够通过目录把握文献基本内容，达到一目了然的效果。

三是按照上述三种模式具体完成文字介绍和编辑工作。文字译介撰写的主力是中国人民大学统计学院历届在读硕博研究生，同时也邀请了一些相关领域的专业人员参与（具体见参编者名单和文后署名）。各位参与撰写者的文字能力参差不一，中文对译、专业把握尺度也常存偏差；而且，不同来源的中文版本的中文对译也常常有很大出入甚至错误。一旦编入一部书里，这些问题就显得非常突出。为此，我们在后期编辑过程中下了很大力气。一方面，对所有规范的技术方面作统一把握，核实每一部文献的出处，对文稿作技术编排；另一方面，通读全部文稿，对各篇文字逐一做出修改，以保证专业原理阐释不外行，文字表述文从字顺，各篇目在内容和相关词汇上具有基本一致性。此外，考虑到国际组织正式出版的中文版在翻译和表达上仍存在诸多不合我国政府统计使用惯例和表达习惯的地方，对于已有国际组织认可中文文本的文献，我们力求使用原文提法，但仍对部分专有名词、习惯用语等进行了必要调整。

（四）鸣谢与后续计划

感谢中国人民大学"重大基础研究"项目的支持。没有这个项目，我可能一直是一个政府统计国际规范的使用者，而不会是研究者，不会有研究生层面的课程，不会有这部系统编辑出版的书。同时也要感谢国家统计局统计科学研究所，当年的立项像一颗"种子"，激发了我们的持续关注，如今终于结出了"果实"。

感谢《中国统计》杂志社提供的平台。从2012年第1期开设"政府统计国际规范"专栏，每月一篇介绍一部国际规范文献，至今已经是第六个年头，这些文章都作为"长文"被收录在本书之中。还有北京市统计局主办的《数据》杂志，也曾经有若干篇文献译介刊载在其"解码世界"专栏里。

感谢参与本书各篇写作的各届在读研究生。其中相当一部分是从2011年起选修《政府统计理论与方法》课程的学生，后期大量撰写工作则有赖于在我身边在读的博士硕士生、甄峰老师所带的在读研究生。在本书出版之际，他们大多已经毕业走上工作岗位或继续深造，这里留下的文字正可以作为他们当初读书学习的见证。

感谢我们这个编辑团队的成员。这项工作一开始，王文静和张一青两位在读博士就与我一起工作，她们不仅是写作主力，同时还在拉网排查文献、文献写作分工协调等方面承担了大量琐碎但不可少的工作；甄峰博士中期加入编辑团队，不仅分担了大量技术性、文字性工作，更提出了很多好主意,其中就包括与国际组织联系、请他们为本书写序这样重要的建议。

还要特别感谢联合国统计司司长 Stefan Schweinfest 先生,OECD 总统计师 Martine Durand 女士,国家统计局副局长许宪春博士。他们分别为本书撰写了序言,并多次修改措辞,将此项工作的意义推向了一个新的高度。其中 OECD 总统计师 Durand 女士和她的团队对部分遗漏的重要文献及篇目安排提出了具体建议和调整方案,许宪春副局长还对本书文字内容提出了一些具体建议。国家统计局宁吉喆局长高度关注本书的编辑出版,统计设计管理司程子林司长、国际司张军司长等曾以不同方式对本书的编辑和出版给予了支持和关注,在此一并致谢。

感谢经济科学出版社杜鹏编辑,多年合作一直给予我很大支持。

最后我要说,尽管我们尽了最大力量编辑这部书,但仍然可能在篇目上有遗漏,对重要文献介绍不全面。着眼未来,国际组织还会不断有新的规范发布,已有规范也可能会有更新版本。我们将持续关注这个领域,争取以第二版、第三版以及系列版本及时回馈读者。

中国人民大学应用统计科学研究中心
中国人民大学国民经济核算研究所
高敏雪
2017 年 1 月 10 日

目 录

一、综合 ... 1
1. 官方统计基本原则 ... 1
2. 统计组织手册：统计机构的运作和组织 ... 3
3. 所有经济活动的国际标准行业分类 ... 7
4. 产品总分类 ... 11
5. 按经济大类分类 ... 15
6. 统计活动分类 ... 17
7. 综合经济统计准则 ... 18
8. 国际标准分类法 ... 19
9. 用于统计目的的国家或地区标准编码 ... 20
10. 综合指标构建手册：方法与使用者指南 ... 21
11. 数据公布特殊标准指导手册 ... 25
12. 数据公布通用标准指导手册 ... 29
13. 亚洲及太平洋地区经济统计核心集 ... 33

二、国民核算 ... 35
14. 国民账户体系 ... 35
15. 季度国民核算手册 ... 39
16. 购买力平价方法手册 ... 43
17. 国民核算手册：国民账户实用简介 ... 48
18. 国民核算手册：生产核算的数据来源与方法 ... 51
19. 国民核算手册：国民账户中的金融生产、金融流量与存量 ... 52
20. 国民核算手册：企业会计与国民账户的联系 ... 54
21. 国民核算手册：非营利机构手册 ... 56
22. 国民核算手册：投入产出表的编制与分析 ... 58
23. 国民核算手册：宏观账户的政策分析应用 ... 60
24. 国民核算手册：国民账户体系在转型经济体中的使用 ... 62
25. 个人消费目的分类 ... 63
26. 生产者支出目的分类 ... 67
27. 政府职能分类 ... 69
28. 为住户服务的非营利机构目的分类 ... 73
29. 地区账户方法手册 ... 75
30. 未观测经济测算手册 ... 77
31. ESA95 金融账户编制资源与方法手册 ... 81
32. 资本测算手册 ... 82

33	有形资产统计指南	86
34	知识产权产品的资本测算推导手册	87
35	OECD 生产率测量手册	90
36	全球化对国民账户的影响	92
37	全球生产测度指南	95

三、人口与就业 97

38	人口与住房普查的原则和建议	97
39	2010 年人口与住房普查建议	100
40	人口与住房普查编辑手册	101
41	人口与住房普查管理手册	103
42	人口统计：44 个欧洲国家的定义及方法回顾	105
43	国际标准年龄分类暂行指南	109
44	人口动态统计系统的原则和建议	113
45	人口间接估计技术	117
46	生育率和死亡率数据收集手册	121
47	民事登记和人口动态统计制度手册：法律框架准备	125
48	民事登记和人口动态统计系统手册：信息化	127
49	民事登记和人口动态统计系统手册：管理、操作和日常业务	128
50	民事登记和人口动态统计制度手册：个人记录发布和存档的政策与协议	129
51	民事登记和人口动态统计制度手册：信息开发、教育和传播	130
52	国际移徙统计建议	131
53	移民统计数据交换指南	134
54	人口普查中在业人口计量手册	138
55	国际劳工组织统计学家会议决议	141
56	《劳工统计公约》与《劳工统计建议书》	145
57	国际就业状态标准分类	148
58	国际职业标准分类	151
59	就业质量测量手册	154
60	博士学位持有者职业调查手册	158
61	劳动力市场政策统计方法	162
62	时间利用统计数据生产指南：测量有酬和无酬劳动	163
63	度量非正规现象：非正规部门和非正规就业统计指南	164
64	妇女参与非正规部门的测算方法	166
65	基于住户和机构调查的职业伤害统计：ILO 方法指南	168

四、住户 171

66	住户调查手册	171
67	住户调查抽样设计：实用准则	173
68	住户收支统计	175
69	欧元区住户金融和消费调查：第一轮调查技术报告	178
70	家庭财富微观统计指南	182

71	发展中国家与转型国家住户抽样调查手册	184
72	OECD住户收入、消费和财富分配统计框架	188
73	住户收入、消费和财富微观数据与国民账户汇总数据的跨国比较	190
74	住户核算概念与编制经验：住户部门账户与卫星账户拓展	191

五、行业与企业 193

75	工业统计国际建议	193
76	工业统计指南与方法	197
77	国民信息系统中的粮食与农业统计	201
78	农业调查的抽样方法	204
79	建筑业统计国际建议	207
80	经销业统计国际建议	208
81	服务业生产指数编制手册	212
82	企业景气调查手册	214
83	企业统计手册	219
84	国际旅游统计建议	221
85	旅游统计方法手册	226
86	旅游卫星账户：方法性框架建议	227
87	旅游卫星账户开发通用指南：旅游需求测度	230
88	旅游卫星账户开发通用指南：旅游供给测度	232
89	旅游业就业测量：指南与最佳实践	234
90	旅游统计的社区方法	235

六、价格 237

91	消费者价格指数手册：理论和实践	237
92	生产者价格指数手册：理论和实践	244
93	进出口价格指数手册	248
94	CPI编制实用指南	252
95	服务业生产者价格指数编制方法指南	257
96	住宅房地产价格指数手册	261

七、财政与金融 263

97	政府财政统计手册	263
98	货币与金融统计手册	268
99	证券统计手册	272
100	金融稳健指标编制指南	277
101	国际金融统计指南	281
102	国际储备和外币流动性数据模版准则	285
103	外债统计：编制者和使用者指南	289
104	国际汇款业务：编制者和使用者指南	293
105	国际银行业统计指南	296
106	信贷风险与预期信贷损失核算指南	298

107	有效风险数据整合与风险报告指南	299

八、国际贸易、投资与全球化 ······ 301

108	国际收支和国际投资头寸手册	301
109	国际商品贸易统计：概念和定义	306
110	国际商品贸易统计编纂者手册	309
111	国际服务贸易统计手册	313
112	扩展的国际收支服务分类	317
113	欧盟国际货物贸易统计编纂者指南	319
114	欧盟国际货物贸易统计用户指南	323
115	国际贸易标准分类	325
116	商品名称及编码协调制度	327
117	WTO 海关估价协定手册	328
118	对外贸易价格与数量测算策略：技术报告	329
119	外国直接投资基准定义	330
120	外国子公司统计手册	334
121	衡量全球化：OECD 经济全球化指标体系	336

九、交通运输与通信 ······ 341

122	运输统计词汇	341
123	公路货运统计方法手册	345
124	内河航道运输统计参考手册	349
125	海运统计参考手册	353
126	航空运输统计参考手册	357
127	铁路运输统计参考手册	361
128	电信/ICT 行政管理数据收集手册	365
129	信息和通信技术（ICT）核心指标	368
130	信息经济产品统计手册	372
131	家庭和个人 ICT 接入和使用测度手册	376
132	教育的信息和通信技术（ICT）测度指南	380
133	OECD 信息社会测度指南	381
134	信息社会统计方法手册	385

十、教育、卫生、科技与创新 ······ 387

135	国际教育标准分类	387
136	教育支出统计指南	391
137	教育指标技术指南	393
138	国际比较教育统计手册	394
139	卫生账户体系	398
140	弗拉斯卡蒂手册：研究与试验发展调查实施标准	402
141	奥斯陆手册：创新数据的采集和解释指南	408
142	OECD 专利统计手册	412

143	科技人力资源测度手册——堪培拉手册	416
144	技术国际收支数据编译标准	417
145	科技活动统计手册	418
146	基于ESA2010的研究与开发测算手册	420

十一、城市与社会 423

147	城市指标指南	423
148	全球城市指标：定义与方法	427
149	欧洲区域与城市统计：参考指南	431
150	联合国教科文组织文化统计框架	436
151	文化产业经济贡献测度手册	440
152	刑事司法统计系统发展手册	443
153	受害者调查手册	446
154	改善发展中国家社会统计：概念框架与方法	450
155	千年发展目标监测指标：定义、缘由、概念和来源	451
156	社会指标手册	454
157	开发性别统计数据：实施工具	455
158	妇女社会状况指标汇编	460
159	残疾统计开发指南与原则	462
160	国际劳工组织社会保障调查手册	463
161	欧盟社会保障体系统计手册	467
162	志愿者工作测量手册	471
163	暴力侵害妇女统计数据编制指南	473

十二、资源、环境与可持续发展 475

164	环境经济核算体系中心框架	475
165	环境经济核算体系2012：试验性生态系统核算	479
166	能源环境经济核算体系	484
167	能源统计概念与方法	488
168	能源统计手册	490
169	能源统计：定义、度量单位与转换因子	494
170	国际能源统计建议	495
171	发展中国家能源统计手册	499
172	能源效率指标：政策制定必备指南	503
173	能源效率指标：统计基础	506
174	联合数据倡议组织：石油手册	510
175	联合数据倡议组织：天然气手册	512
176	能源研究开发与示范预算/支出统计报告指南	513
177	家庭能源消费统计手册	514
178	国际水统计建议	515
179	水环境经济核算体系	519
180	农林渔业环境经济核算体系	521

181	土地估价指南	523
182	环境统计开发框架	525
183	环境统计的概念和方法：人类住区统计技术报告	529
184	欧洲环境经济信息收集系统	532
185	环境支出统计：产业数据收集手册	536
186	环境补贴与类似转移指南	537
187	环境税统计指南	538
188	环境统计术语汇编	539
189	IPCC 国家温室气体清单指南	540
190	气候变化相关统计建议	544
191	气体排放账户编制指南	546
192	可持续发展能源指标：指南与方法	547
193	可持续发展测度手册：综合经济、环境和社会框架	551
194	欧洲统计学家对测度可持续发展的建议	555
195	构建通用绿色增长指标方法	557

十三、统计工作 …… 561

196	通用统计业务流程模型	561
197	官方统计使用行政记录和二手数据：原则与实践手册	565
198	欧洲中央银行关于统计信息收集的建议	569
199	欧洲中央银行统计质量保证程序	572
200	欧洲统计系统统计质量报告手册	576
201	统计保密管理与微观数据使用的原则和实践指南	578
202	基于统计或研究目的的数据集成保密性准则	582
203	数据与元数据报告及展示手册	584
204	统计数据与元数据交换内容导向指南	588
205	使数据有意义	590
206	统计数据编辑	594

附录

附录 1	机构缩略语中英文对照	595
附录 2	收录国际规范清单：按名称排序	597
附录 3	收录国际规范清单：按机构排序	608

CONTENTS

I General Principle and Classification ... 1

1. Fundamental Principles of Official Statistics ... 1
2. Handbook of Statistical Organization: The Operation and Organization of a Statistical Agency ... 3
3. International Standard Industrial Classification of All Economic Activities ... 7
4. Central Product Classification ... 11
5. Classification by Broad Economic Categories ... 15
6. Classification of Statistical Activities ... 17
7. Guidelines on Integrated Economic Statistics ... 18
8. International Classification for Standards ... 19
9. Standard Country and Area Codes for Statistical Use ... 20
10. Handbook on Constructing Composite Indicators: Methodology and User Guide ... 21
11. SDDS Guide for Subscribers and Users ... 25
12. GDDS Guide for Participants and Users ... 29
13. Core Set of Economic Statistics for Asia and the Pacific ... 33

II System of National Accounts ... 35

14. System of National Accounts ... 35
15. Quarterly National Accounts Manual ... 39
16. Methodological Manual on Purchasing Power Parities ... 43
17. Handbook of National Accounting: National Accounts: A Practical Introduction ... 48
18. Handbook of National Accounting: Accounting for Production: Sources and Methods ... 51
19. Handbook of National Accounting: Financial Production, Flows and Stocks in the System of National Accounts ... 52
20. Handbook of National Accounting: Links Between Business Accounting and National Accounting ... 54
21. Handbook of National Accounting: Handbook on Non-Profit Institution in the System of National Accounts ... 56
22. Handbook of National Accounting: Handbook of Input-Output Table Compilation and Analysis ... 58
23. Handbook of National Accounting: Use of Macro Accounts in Policy Analysis ... 60
24. Handbook of National Accounting: Use of the System of National Accounts in Economies in Transition ... 62
25. Classification of Individual Consumption According to Purpose ... 63

26 Classification of the Outlays of Producers According to Purpose ⋯⋯⋯⋯⋯⋯ 67
27 Classification of the Functions of Government ⋯⋯⋯⋯⋯⋯⋯⋯⋯⋯⋯⋯⋯ 69
28 Classification of the Purposes of Non Profit Institutions Serving Households ⋯⋯⋯⋯⋯ 73
29 Manual on Regional Accounts Methods ⋯⋯⋯⋯⋯⋯⋯⋯⋯⋯⋯⋯⋯⋯⋯⋯ 75
30 Measuring the Non-Observed Economy: A Handbook ⋯⋯⋯⋯⋯⋯⋯⋯⋯⋯ 77
31 Manual on Source and Methods for the Compilation of ESA95 Financial Accounts ⋯⋯⋯ 81
32 Measuring Capital: OECD Manual ⋯⋯⋯⋯⋯⋯⋯⋯⋯⋯⋯⋯⋯⋯⋯⋯⋯⋯ 82
33 Guidelines on Statistics of Tangible Assets ⋯⋯⋯⋯⋯⋯⋯⋯⋯⋯⋯⋯⋯⋯ 86
34 Handbook on Deriving Capital Measures of Intellectual Property Products ⋯⋯⋯⋯ 87
35 OECD Manual on Measuring Productivity ⋯⋯⋯⋯⋯⋯⋯⋯⋯⋯⋯⋯⋯⋯⋯ 90
36 The Impact of Globalization on National Accounts ⋯⋯⋯⋯⋯⋯⋯⋯⋯⋯⋯ 92
37 Guide to Measuring Global Production ⋯⋯⋯⋯⋯⋯⋯⋯⋯⋯⋯⋯⋯⋯⋯⋯ 95

Ⅲ Population and Employment ⋯⋯⋯⋯⋯⋯⋯⋯⋯⋯⋯⋯⋯⋯⋯⋯⋯⋯⋯⋯⋯ 97

38 Principles and Recommendations for Population and Housing Censuses ⋯⋯⋯⋯ 97
39 Conference of European Statisticians Recommendations for the 2010 Censuses of Population and Housing ⋯⋯⋯⋯⋯⋯⋯⋯⋯⋯⋯⋯⋯⋯⋯⋯⋯⋯⋯⋯⋯ 100
40 Handbook on Population and Housing Census Editing ⋯⋯⋯⋯⋯⋯⋯⋯⋯⋯ 101
41 Handbook on Census Management for Population and Housing Censuses ⋯⋯⋯⋯ 103
42 Demographic Statistics: a Review of Definitions and Methods of Collection in 44 European Countries ⋯⋯⋯⋯⋯⋯⋯⋯⋯⋯⋯⋯⋯⋯⋯⋯⋯⋯⋯⋯⋯⋯ 105
43 Provisional Guidelines on Standard International Age Classifications ⋯⋯⋯⋯⋯ 109
44 Principles and Recommendations for a Vital Statistics System ⋯⋯⋯⋯⋯⋯⋯ 113
45 Indirect Techniques for Demographic Estimation ⋯⋯⋯⋯⋯⋯⋯⋯⋯⋯⋯⋯ 117
46 Handbook on the Collection of Fertility and Mortality Data ⋯⋯⋯⋯⋯⋯⋯⋯ 121
47 Handbook on Civil Registration and Vital Statistics Systems: Preparation of a Legal Framework ⋯⋯⋯⋯⋯⋯⋯⋯⋯⋯⋯⋯⋯⋯⋯⋯⋯⋯⋯⋯⋯⋯⋯⋯ 125
48 Handbook on Civil Registration and Vital Statistics Systems: Computerization ⋯⋯⋯ 127
49 Handbook on Civil Registration and Vital Statistics Systems: Management, Operation and Maintenance ⋯⋯⋯⋯⋯⋯⋯⋯⋯⋯⋯⋯⋯⋯⋯⋯⋯⋯⋯⋯ 128
50 Handbook on Civil Registration and Vital Statistics System: Policies and Protocols for the Release and Archiving of Individual Records ⋯⋯⋯⋯⋯⋯⋯ 129
51 Handbook on Civil Registration and Vital Statistics System: Developing Information, Education and Communication ⋯⋯⋯⋯⋯⋯⋯⋯⋯⋯⋯⋯⋯ 130
52 Recommendations on Statistics of International Migration ⋯⋯⋯⋯⋯⋯⋯⋯⋯ 131
53 Guidelines for Exchanging Data to Improve Emigration Statistics ⋯⋯⋯⋯⋯⋯ 134
54 Measuring the Economically Active in Population Censuses: A Handbook ⋯⋯⋯ 138
55 Resolutions Adopted by International Conferences of Labor statisticians ⋯⋯⋯⋯ 141
56 C160-Labor Statistics Convention & R170-Labor Statistics Recommendation ⋯⋯⋯ 145
57 International Standard Classification by Status in Employment ⋯⋯⋯⋯⋯⋯⋯ 148
58 International Standard Classification of Occupations ⋯⋯⋯⋯⋯⋯⋯⋯⋯⋯⋯ 151
59 Measuring Quality of Employment ⋯⋯⋯⋯⋯⋯⋯⋯⋯⋯⋯⋯⋯⋯⋯⋯⋯ 154

60 Mapping Careers and Mobility of Doctorate Holders: Draft Guidelines, Model Questionnaire and Indicators ⋯⋯ 158
61 Labor Market Policy Statistics: Methodology 2013 ⋯⋯ 162
62 Guide to Producing Statistics on Time Use: Measuring Paid and Unpaid Work ⋯⋯ 163
63 Measuring Informality: A Statistical Manual on the Informal Sector and Informal Employment ⋯⋯ 164
64 Methods of Measuring Women's Participation in the Informal Sector ⋯⋯ 166
65 Occupational Injuries Statistics from Household Surveys and Establishment Surveys: An ILO Manual on Methods ⋯⋯ 168

Ⅳ Household ⋯⋯ 171
66 Handbook of Household Surveys ⋯⋯ 171
67 Designing Household Survey Samples: Practical Guidelines ⋯⋯ 173
68 Household Income and Expenditure Statistics ⋯⋯ 175
69 The Eurosystem Household Finance and Consumption Survey: Methodological Report for the First Wave ⋯⋯ 178
70 Guidelines for Micro Statistics on Household Wealth ⋯⋯ 182
71 Household Sample Surveys in Developing and Transition Countries ⋯⋯ 184
72 OECD Framework for Statistics on the Distribution of Household Income, Consumption and Wealth ⋯⋯ 188
73 A Cross-country Comparison of Household Income, Consumption and Wealth between Micro Sources and National Accounts Aggregates ⋯⋯ 190
74 Household Accounting Experience in Concepts and Compilation: Vol. 1 Household Sector Accounts, Vol. 2 Household Satellite Extension ⋯⋯ 191

Ⅴ Industry and Business ⋯⋯ 193
75 International Recommendations for Industrial Statistics ⋯⋯ 193
76 Industrial Statistics Guidelines and Methodology ⋯⋯ 197
77 Food and Agricultural Statistics in the Context of a National Information System ⋯⋯ 201
78 Sample Methods for Agricultural Surveys ⋯⋯ 204
79 International Recommendations for Construction Statistics ⋯⋯ 207
80 International Recommendations for Distributive Trade Statistics ⋯⋯ 208
81 Compilation Manual for an Index of Services Production ⋯⋯ 212
82 Business Tendency Surveys: A Handbook ⋯⋯ 214
83 Eurostat-OECD Manual on Business Demography Statistics ⋯⋯ 219
84 International Recommendations for Tourism Statistics ⋯⋯ 221
85 Methodological Manual for Tourism Statistics ⋯⋯ 226
86 Tourism Satellite Account: Recommended Methodological Framework ⋯⋯ 227
87 General Guidelines for Developing the Tourism Satellite Account (TSA): Measuring Total Tourism Demand ⋯⋯ 230

88　General Guidelines for Developing the Tourism Satellite Account (TSA):
　　Measuring Total Tourism Supply ……………………………………………… 232
89　Measuring Employment in the Tourism Industries: Guide with Best Practices ………… 234
90　Community Methodology on Tourism Statistics ……………………………… 235

Ⅵ　Price Index ………………………………………………………………… 237

91　Consumer Price Index Manual: Theory and Practice ………………………… 237
92　The Producer Price Index Manual: Theory and Practice ……………………… 244
93　Export and Import Price Index Manual ………………………………………… 248
94　Practical Guide to Producing CPI ……………………………………………… 252
95　Methodological Guide for Developing Producer Price Indices for Services ………… 257
96　Handbook on Residential Property Price Indices ……………………………… 261

Ⅶ　Finance and Banking …………………………………………………… 263

97　Government Finance Statistics Manual ………………………………………… 263
98　Monetary and Financial Statistics Manual ……………………………………… 268
99　Handbook on Securities Statistics ……………………………………………… 272
100　Compilation Guide on Financial Soundness Indicators ……………………… 277
101　Guide to the International Financial Statistics ………………………………… 281
102　International Reserves and Foreign Currency Liquidity: Guidelines for
　　a Data Template ………………………………………………………………… 285
103　External Debt Statistics: Guide for Compilers and Users …………………… 289
104　International Transactions in Remittances: Guide for Compilers and Users ………… 293
105　Guide to the International Banking Statistics …………………………………… 296
106　Guidance on Credit Risk and Accounting for Expected Credit Losses ……… 298
107　Principles for Effective Risk Data Aggregation and Risk Reporting ………… 299

Ⅷ　International Trade, Investment and Globalization ……………… 301

108　Balance of Payments and International Investment Position Manual ……… 301
109　International Merchandise Trade Statistics: Concepts and Definitions ……… 306
110　International Merchandise Trade Statistics: Compilers Manual ……………… 309
111　Manual on Statistics of International Trade in Services 2010 ………………… 313
112　Extended Balance of Payments Services Classification ……………………… 317
113　Compilers Guide on European Statistics on International Trade in Goods ………… 319
114　User Guide on European Statistics on International Trade in Goods ………… 323
115　Standard International Trade Classification …………………………………… 325
116　Harmonized Commodity Description and Coding System …………………… 327
117　A Handbook on the WTO Customs Valuation Agreement …………………… 328
118　Strategies for Price and Quantity Measurement in External Trade:
　　A Technical Report ……………………………………………………………… 329
119　Benchmark Definition of Foreign Direct Investment ………………………… 330
120　Recommendations Manual on the Production of Foreign Affiliates Statistics ………… 334

| | | 121 | Measuring Globalization: OECD Economic Globalization Indicators | 336 |

IX Transportation and Communication — 341
- 122 Illustrated Glossary of Transport Statistics — 341
- 123 Road Freight Transport Methodology — 345
- 124 Reference Manual on Inland Waterways Transport Statistics — 349
- 125 Reference Manual on Marine Transport Statistics — 353
- 126 Reference Manual on Air Transport Statistics — 357
- 127 Reference Manual on Rail Transport Statistics — 361
- 128 Handbook for the Collection of Administrative Data on Telecommunication/ICT — 365
- 129 Core ICT Indicators — 368
- 130 Manual for the Production of Statistics on the Information Economy — 372
- 131 Manual for Measuring ICT Access and Use by Households and Individuals — 376
- 132 Guide to Measuring Information and Communication Technologies (ICT) in Education — 380
- 133 OECD Guide to Measuring the Information Society — 381
- 134 Methodological Manual for Statistics on the Information Society — 385

X Education, Health, Science and Technology — 387
- 135 International Standard Classification of Education — 387
- 136 A Guide to Educational Expenditure Statistics — 391
- 137 Education Indicators Technical Guidelines — 393
- 138 Handbook for Internationally Comparative Education Statistics — 394
- 139 A System of Health Accounts — 398
- 140 Frascati Manual: Proposed Standard Practice for Surveys on Research and Experimental — 402
- 141 Oslo Manual: Guidelines for Collecting and Interpreting Innovation Data — 408
- 142 OECD Patent Statistics Manual — 412
- 143 Manual on the Measurement of Human Resources Developed to S&T (Canberra Manual) — 416
- 144 Proposed Standard Method of Compiling and Interpreting Technology Balance of Payments Data (TBP Manual) — 417
- 145 Manual for Statistics on Scientific and Technological Activities — 418
- 146 Manual on Measuring Research and Development in ESA 2010 — 420

XI Urban & Social Development — 423
- 147 Urban Indicators Guidelines — 423
- 148 Global City Indicators: Definitions and Methodologies — 427
- 149 European Regional and Urban Statistics: Reference Guide — 431
- 150 The UNESCO Framework for Cultural Statistics — 436
- 151 Measuring the Economic Contribution of Cultural Industries — 440

152	Manual for the Development of a System of Criminal Justice Statistics	443
153	Manual on Victimization Surveys	446
154	Improving Social Statistics in Developing Countries: Conceptual Framework and Methods	450
155	Indicators for Monitoring the Millennium Development Goal: Definitions, Rationale, Concepts and Sources	451
156	Handbook on Social Indicators	454
157	Developing Gender Statistics: A Practical Tool	455
158	Compiling Social Indicators on the Situation of Women	460
159	Guidelines and Principles for the Development of Disability Statistics	462
160	ILO Social Security Inquiry Manual	463
161	The European System of Integrated Social Protection Statistics	467
162	Manual on the Measurement of Volunteer Work	471
163	Guidelines for Producing Statistics on Violence Against Women	473

XII Nature Resources, Environment and Sustainable Development ... 475

164	System of Environmental-Economic Accounting 2012: Central Framework	475
165	System of Environmental-Economic Accounting 2012: Experimental Ecosystem Accounting	479
166	System of Environmental-Economic Accounting for Energy	484
167	Concepts and Methods in Energy Statistics, with Special Reference to Energy Accounts and Balances: A Technical Report	488
168	Energy Statistics Manual	490
169	Energy Statistics: Definitions, Units of Measure and Conversion Factors	494
170	International Recommendations for Energy Statistics	495
171	Energy Statistics: A Manual for Developing Countries	499
172	Energy Efficiency Indicators: Essentials for Policy Making	503
173	Energy Efficiency Indicators: Fundamentals on Statistics	506
174	JODI Oil Manual	510
175	JODI Gas Manual	512
176	IEA Guide to Reporting Energy R&D Budget/Expenditure Statistics	513
177	Manual for Statistics on Energy Consumption in Households	514
178	International Recommendations for Water Statistics	515
179	System of Environmental-Economic Accounting for Water	519
180	System of Environmental-Economic Accounting for Agriculture, Forestry and Fisheries (Draft for Global Consultation)	521
181	Compilation Guide on Land Estimation	523
182	Framework for the Development of Environment Statistics	525
183	Concepts and Methods of Environment Statistics: Human Settlements Statistics-A Technical Report	529
184	European System for the Collection of Economic Information on the Environment	532
185	Environmental Expenditure Statistics: Industry data Collection Handbook	536

186	Environmental Subsidies and Similar Transfers: Guidelines	537
187	Environment Taxes: A Statistical Guide	538
188	Glossary of Environment Statistics	539
189	IPCC Guidelines for National Greenhouse Gas Inventories	540
190	Conference of European Statisticians Recommendations on Climate Change-Related Statistics	544
191	Compilation Guide for Eurostat's Air Emissions Accounts	546
192	Energy Indicators for Sustainable Development: Guidelines and Methodologies	547
193	Measuring Sustainable Development: Integrated Economic, Environmental and Social Frameworks	551
194	Conference of European Statisticians Recommendations on Measuring Sustainable Development	555
195	Moving towards a Common Approach on Green Growth Indicators	557

XIII Generic Statistical Working Process … 561

196	Generic Statistical Business Process Model	561
197	Using Administrative and Secondary Sources for Official Statistics: A Handbook of Principles and Practices	565
198	ECB Recommendation Amending Regulation 2533/98 Concerning the Collection of Statistical Information	569
199	Quality Assurance Procedures within the ECB Statistical Function	572
200	ESS Handbook for Quality Reports	576
201	Managing Statistical Confidentiality and Microdata Access: Principles and Guidelines of Good Practice	578
202	Principles and Guidelines on Confidentiality Aspects of Data Integration Undertaken for Statistical or Related Research Purposes	582
203	Data and Metadata Reporting and Presentation Handbook	584
204	SDMX Content-oriented Guidelines	588
205	Making Data Meaningful	590
206	Statistical Data Editing	594

Appendix

I	Abbreviations of Institutions	595
II	List of International Principles and Standards of Official Statistics by Title	597
III	List of International Principles and Standards of Official Statistics by Institution	608

一、综合

1

官方统计基本原则

英文标题	Fundamental Principles of Official Statistics
牵头组织	联合国大会
版本信息	2014 年版，1994 年第 1 版
文件链接	http：//unstats.un.org/unsd/dnss/gp/fundprinciples.aspx
中文版	http：//unstats.un.org/unsd/dnss/gp/fundprinciples.aspx

官方统计又称政府统计，是一国官方统计机构及其所提供的各类统计数据的总称，其内容涵盖了一国经济、人口、社会和环境状况等多个方面，提供了政府、企业及公众等用户所关心的方方面面的数据信息，是一国经济社会信息系统的基本组成部分。

官方统计的组织实施是一个系统工程，其数据覆盖面广，内容复杂，涉及数据搜集、加工、发布等一整套流程，其生产过程中要运用各种统计专业技术。为促进全球尤其是发展中国家的官方统计建设，联合国统计委员会在 1994 年 4 月的特别会议上通过了《官方统计基本原则》，提出了 10 项原则作为各国官方统计的建设目标和评价标准。十年后，在 2004 年 3 月的第三十五届会议上，根据对 194 个国家统计机构发放问卷的调查结果，提交了《官方统计基本原则的实施情况》报告，将 10 项原则简单表述为：（1）相关性、公正性和平等获取；（2）职业标准和道德；（3）接受问责制和透明度；（4）防止不当使用；（5）官方统计资料来源；（6）保密；（7）立法；（8）国内协调；（9）使用国际标准；（10）国际合作。2014 年 1 月，联合国大会进一步强调了这 10 项基本原则，用于推进各国政府统计和全球发展议程的实现，并将统计工作的基本价值观法制化，强调统计机构的专业独立性和问责制，推动其在政治层面受到应有的尊重。

以下全文列示官方统计基本原则：

原则 1：官方统计是民主社会信息系统不可或缺的要素，为政府、经济部门和公众提供有关经济、人口、社会和环境状况的数据。为此，应由官方统计机构公正不偏地编纂通过检验证明有实际用途的官方统计并加以公布，以尊重公民的公共信息权。

原则 2：为了保持对官方统计的信任，统计机构应基于严格的专业考虑，包括科学原则和职业道德，确定统计数据的收集、处理、储存和公布方法和程序。

原则 3：为便于对数据的正确解读，统计机构应按照统计来源、方法和程序的科学标准提供资料。

原则 4：统计机构有权就统计数字的错误解读及不当使用发表评论意见。

原则 5：可为统计目的从各种来源提取数据，不论是统计调查还是行政记录。统计机构在选择来源时应考虑到数据的质量、及时性、成本和给应答者造成的负担。

原则 6：统计机构为统计汇编收集的个体数据，不论涉及自然人还是法人，都应严格保密，而且只用于统计目的。

原则 7：应公布规范统计系统工作的法律、规章和措施。

原则 8：各国国内各统计机构之间的协调对统计系统实现一致性和效率至关重要。

原则 9：各国统计机构使用国际性概念、分类和方法可促进各级官方统计系统的一致性和效率。

原则 10：统计方面的双边和多边合作有助于完善各国官方统计系统。

统计组织手册：统计机构的运作和组织

英文标题	Handbook of Statistical Organization: the Operation and Organization of a Statistical Agency
牵头组织	联合国经济社会委员会
版本信息	2003年第3版，1980年第2版，1954年第1版
文件链接	http://unstats.un.org/unsd/dnss/hb/
中文版	http://unstats.un.org/unsd/dnss/hb/

政府统计机构的基本职能和工作可以概括为：利用各种来源渠道、以各种调查方式获取基础数据信息，然后以不同统计手段对基础数据信息予以加工整理，最终形成具有全面性、能够反映国家整体特征的综合统计数据予以发布。在这其中包含着两对关系和一个过程：与官方统计数据用户之间的关系，与基础数据信息提供者之间的关系，从基础数据到综合数据的加工过程。由此我们不难体会，国家政府机构主持下的官方统计是一个复杂的系统：要动员各方提供"优质的原材料"，然后形成一套进行数据加工的"高效生产线"，最后要以"用户友好方式"提供加工后的产品——官方统计数据。如何保证这个系统的有效运转？这就是联合国编写《统计组织手册：统计机构的运作和组织》的初衷。

《统计组织手册》第1版形成于1954年，第2版形成于1980年，书名为《统计组织手册：国家统计机构组织与有关管理问题研究》，这些文献在各国政府统计机构建设过程中发挥了重要作用。时隔20年之后，各方提出对该手册进行修订，于是第3版问世并于2003年正式发布。该手册编写的宗旨是提出一个成功的统计机构必须考虑的事项清单，为管理好官方统计的运作和组织提供蓝本。全书包括十三章，以下主要从五个方面做简要介绍。

1. 统计机构和体系

官方统计机构的存在，是因为它能向公众、政府和企业界提供经济、人口、社会和环境领域的信息。而这种信息的质量又主要取决于公民、企业和其他调查对象的合作，为了使公众对官方统计充满信心，统计机构就必须坚持联合国发布的《官方统计基本原则》，即保证统计机构地位上的独立性、官方统计内容上的相关性、官方统计质量和统计机构的可信性并尊重调查对象。

为实现上述目标，官方统计机构应该如何组织呢？组织统计机构的方式有多种，其核心问题包括：（1）确定统计体系的结构是采用单一机构还是多个机构，确定如何协调整个统计体系，确定在其他政府部门和公众眼中的品牌识别地位；（2）确定什么样的人担当首席统计长官掌管统计机构，并赋予其什么样的权力；（3）确定如何设立国家统计理事会来保证该体系的主管能够正确行事，发挥指导和保护机制的作用；（4）确定以怎样的统计立法保证统计机构收集数据的权力，以及其为调查对象提供的私密性保证；（5）确定生产统计数据的经费来源。

统计机构若无法提供相关信息、不具有高度独立的地位、不能保证为调查对象保密，没有健全的数据收集和编制程序，保证不了健全的内部运作，那么它就不能提供有意义的信息，因此，也就没有存在的必要。倘若缺少统计体系的有效组织，统计机构也就无法实现其有效的运作。从这个意义上说，统计机构和体系就是组织统计机构运作的基础。

2. 数据收集和调查对象政策

如何实施有效的现场调查搜集基础数据，是官方统计生产流程的第一步。为达成这一目标，通常需要将以下四种基本因素组合起来，形成所谓调查对象政策：（1）通过法律手段强制调查对象遵守，或劝阻其不要违抗；（2）通过激励调查对象的道德感来鼓励合作；（3）保证信息不会被滥用；（4）其他各种鼓励措施。

在实施恰当的调查对象政策的同时，统计机构还应当确定与调查对象打交道的方式，才能有效确保数据收集目的的实现，获得高质量的数据。问题是该如何组织统计机构才能有效地与调查对象打交道，最大限度地调动调查对象的参与，进行数据收集呢？方法是设立并维持一个现场运作的组织——现场调查组织。首先，它要同调查对象互动，传达统计机构对信息的需求；在适当的时候以正确的形式获取相关信息；最大限度地促进同调查对象的合作和友好关系；充分解释拒绝的后果。其次，在统计机构内部它还应当注重与专业部门的互动，尤其是同负责处理收集经常性数据的部门沟通，避免因视野单一而导致的偏差和不一致。

3. 用户需求管理

如果没有用户对统计机构提出要求，那就说明已经没有用户关注其存在了，这样的统计机构也就毫无价值。因此，用户的需求显示出了统计机构的价值。

用户需要汇编统计数据一般是为了解答问题，有时也是为了充分精确地表述问题。统计机构面临四种用户的需求：政府的需求、公众的需求、企业的需求、研究及其他需求。那么，统计机构将如何有效地应对这些需求呢？

统计机构应当努力争取在其预算、员工能力及其调查问题的难易范围内，能够制定出最适当的统计计划，以便为带有各种各样问题和关注点的用户提供服务，提高其生产具有通用性、满足多方需求的数据的能力。为了做到这些，统计机构还应考虑行使以下专门职能：（1）加强与各部门的联系，确定未来应关注哪些需要统计机构支持的问题；（2）保持与用户的联系，跟踪各部门代表的反馈意见，确定统计机构所提供的服务是否充分。

面对各式各样的需求，统计机构最终要形成一项行动计划，以此可以保证数据供应与需求间的平衡。但是，每项活动的意义并不相同，而且各项活动的意义也并非一成不变，因此就需要进行统筹，对统计机构所承担的工作重点加以排序，即确定工作的优先重点。工作的优先重点应该根据一个框架来确定，即所谓战略观、战略框架或总体战略，相当于统计机构的中期计划，通过这一计划，统计机构既能获得、维持或改变现有的能力，同时又能继续满足新的要求。

4. 组织和管理的原则

确定组织结构是一件非常重大的事情。如何组建一个机构，没有唯一的、理想的方式，但以下一般性原则已经得到普遍的认可：（1）在建立组织结构方面，有一些可供选择的类型；（2）要考虑在总体上影响组织结构的新趋势，与统计机构特别有关的趋势包括：需改进时效性、需减轻报告负担、进一步重视迅速变化的用户需求，以及为客户定制的数据传播的方法；(3)可以按专业划分或者按功能搭建组织的结构，实践中，大多数统计机构都是根据专业或功能组建的，通常是这两者的结合；(4)除非有特殊必要，一般应尽量避免对组织结构做重大重组；(5)各统计机构之间必须有充分的协调，对全机构的程序、产品和技能进行标准化，建立协调机制；(6)建立一种深厚的机构文化，包括共同的信念、价值观和准则。

组织和管理包括四个方面：人员管理、信息技术管理、无形资产管理和核心功能管理，其中前三个方面统称为资产管理。

统计机构进行资产管理的目的是，使统计机构的全部资产都尽可能保持最佳状态。统计机构的无形资产包括：法律与政策，传统与声誉，公众眼中的可信度，名录库、抽样框和分类等。针对员工量身定造相应管理政策，以便能够通过有效的人力资源管理，保证统计机构中最重要的资产——人才以及人才代表的知识库——的良好运作。人力资源是统计机构良好运作的关键因素，但同时其他有形资产和无形资产也需要在观念、技术和运作上不断进行维护和提升。这就需要统计机构保持良好的管理和有效的组织工作，并在财务和人才方面采取必要的预防措施。

一个统计机构的基本功能包括计划、执行和处理、分析、发布、协调和标准化。统计机构的核心功能管理是要考虑组织和管理工作的基本点。首先，统计机构需要有开展普查和调查的能力，能够开展必要的工作以开展常规调查，拥有员工、技术和组织单位以开发新的调查工具并成功加以运用；其次，除开展常规调查的能力之外，统计机构还应建立快速反应的能力，表明其对临时出现的需求具有敏感性。

5. 信息发布的指导方针

1980年版的《统计组织手册》中提到，"在大多数国家，以出版物或其他形式提供的统计数据没有得到用户的充分利用……部分原因是统计数据没有广为人知……根据对用户的研究，通过积极宣传，更加广泛地利用统计数据，是传播工作不可分割的一部分。"时至今日，这个问题依然存在，有待于统计机构持续努力。

首先，在一般性传播问题上，统计机构应该平等对待所有用户，使他们有同等机会接触到数据，同时还必须在以下两个与传播政策有关的问题上取得平衡：一是将多少诠释和分析工作留给中介机构去处理，二是应该发布多少元数据。

其次，传播政策还应明确获取详细统计信息的费用。统计机构必须在以下两个方面寻求平衡：普遍推行的政策是要求用户对某些种类的服务支付费用；统计机构有责任在经费允许的情况下，使官方统计数据尽可能向社会开放。

（以上内容曾以"官方统计的运作和组织"为题，刊于《中国统计》2012年第2期，作者：袁东学）

附：文件目录

序言
引言
1. 统计机构的基础
  1.1 独立性
  1.2 相关性
  1.3 可信性
  1.4 调查对象政策
2. 统计体系
  2.1 统计体系的结构
  2.2 协调工具
  2.3 首席统计长官
  2.4 国家统计理事会

    2.5   法律
    2.6   统计体系的经费
3. 用户及其需求
    3.1   政府的需求
    3.2   公众的需求
    3.3   企业的需求
    3.4   研究及其他需要
4. 确定优先重点
    4.1   用户需求分析
    4.2   制定进度计划
5. 组织结构与重组的原则
    5.1   理论与趋势
    5.2   按专业划分或按功能划分的组织结构
    5.3   组织结构和重组
    5.4   协调机制和机构文化
6. 人员管理
    6.1   员工组成
    6.2   人力资源政策
    6.3   招募
    6.4   第一日
    6.5   培训
    6.6   岗位轮换
    6.7   挽留员工
    6.8   一位新任首席统计长官的选择
    6.9   人力资源管理：一揽子做法
7. 信息技术管理
    7.1   两种信息技术管理模式
    7.2   回顾20世纪70年代末流行的一些问题
    7.3   与商业部门合作：外包
    7.4   合适的信息技术项目管理实践
8. 无形资产
    8.1   质量标识
    8.2   法律效力
    8.3   政策
    8.4   名录库
    8.5   国民核算体系
    8.6   对调查表进行集中评估和控制
    8.7   术语与分类
    8.8   财务
9. 核心功能管理
    9.1   重要功能
    9.2   调查和普查
10. 现场调查组织
    10.1   与调查对象互动
    10.2   与专业部门的互动
11. 将信息送达用户
    11.1   一般的传播问题
    11.2   传播的不同形式
    11.3   发布工作的成本回收
    11.4   信息辅以分析
    11.5   统计年鉴
12. 尊重隐私和保守秘密：履行契约
    12.1   对于调查对象的政策
    12.2   数据保护
    12.3   保密与泄露
13. 众流同归
    13.1   组织原则
    13.2   内部功能
    13.3   营造外部支持
附录一：国家统计法的注释范本
附录二：官方统计基本原则
附录三：统计机构职能的可能组织方法图

3

所有经济活动的国际标准行业分类

英文标题	International Standard Industrial Classification of All Economic Activities
牵头组织	联合国统计司
版本信息	2006年修订版4，2002年修订版3.1，1989年修订版3，1968年修订版2，1958年修订版1，1948年第1版
文件链接	http：//unstats.un.org/unsd/cr/registry/isic-4.asp
中文版	http：//unstats.un.org/unsd/cr/registry/isic-4.asp

国际标准行业分类是联合国统计委员会最先完成的国际标准分类之一，它为统一收集和提供经济数据确定了一个完整的框架。标准行业分类可以为用户提供持续不断的信息流，是长期监控、分析以及评估经济形势所不可或缺的。第1版《所有经济活动的国际标准行业分类》（以下简称ISIC）由联合国统计委员会在各成员国的协助下编制完成，于1948年发布。随着社会进步、新的经济活动的不断涌现，该标准也一直保持更新，分别在1958年、1968年和1989年形成了3个修订版本（ISIC Rev.1、ISIC Rev.2和ISIC Rev.3），2002年又作了微小调整，形成修订版本3.1（ISIC Rev3.1）。时至今日，手册最新版本是2006年审议通过的修订本第4版（ISIC Rev4）。以下对ISIC Rev4作简要介绍。

1. 分类范围与原则

ISIC是对经济活动的分类。在ISIC中，"活动"指的是生产活动，即使用投入而形成产出的行为，从活动得到的产出可以向其他单位转移/销售、储存或者由生产单位自行使用。有些活动是将投入转化为产出的简单工艺，如面料的染色，其他活动则以十分复杂的整合工序为特点。经济活动是由各个经济单位完成的，具体分类需要借助于经济单位而实现，即要把各个经济单位依据其经济活动性质划分到不同的行业部门，一个经济单位就是一个统计单位。

ISIC定义的经济活动范围主要以国民核算体系（SNA）的生产界限为依据（一个例外是"未加区分的私人家庭自我服务提供活动"，此类活动与"未加区分的私人家庭自用物品生产活动"一起，用于衡量未另分类的家庭生存活动，目的是涵盖那些很难划入其他类别的综合家庭活动）。如何将各个经济单位划分到不同产业？ISIC依据的原则可概括为二：一般指导原则和自上而下原则。一般指导原则是指应根据一个单位的主要经济活动进行分类。对于具有混合性质的生产单位，其主要活动的鉴别成为一个非常重要的环节。自上而下原则所依据的是层级思想，要求对最低层级单位的分类需与对较高层级单位的分类相一致。按照这项要求，先确定较高层级的相关类别，并采取以下办法按顺序降低层级分类：第一步，确定增加值比例最大的活动所属门类；第二步，在该门类范围内，确定增加值比例最大的活动类别，以及该类别所属大类；第三步，在该大类范围内，确定增加值比例最大的活动类别，以及该类别所属大组；第四步，按照同样的程序，确定增加值比例最大的活动类别，以及所属组别。

需要明确什么是主要活动、次要活动与辅助活动。对一个经济实体而言，其主要活动就是对该实体生产中所创造增加值贡献最大的那类活动——不一定要占到50%或以上，但应超过该实体任何其他活动的增加值。主要活动生产的产品通常是该实体的主要产品，但也可以是副产品，后者是生产主要产品时必然产生的产品，如在屠宰牲畜生产肉类时产生的兽皮。次要活动肯定不是该实体的主要活动，但必须是其产出被最终提供给其他经济实体使用的各种单独活动，这些产出构成该实体的次要产品。无论是主要活动还是次要活动，都需要相应辅助活动的支持，例如会计、运输、贮藏、采购、推销、清洁、维修、安全等，如果这些活动由该实体自行完成，用于支持其主要（以及次要）生产活动，即可视其为该实体范围内的辅助活动。分类时应将主要活动与次要活动区分开来，同时还应将辅助活动区分开来。

2. 分类依据与结果

ISIC 的目标，是按照各单位所从事经济活动对所有单位进行分类，将其归入相应类别。实际划分层级类别时需要考虑许多因素，其中最主要的两个因素是分类的有用性和数据的可得性。在某种意义上，这两个因素是对立的：有用性要求区分出来的类别越细越好、越纯越好，但这样区分出来的类别，其数据可得性就会受到影响。

总体而言，ISIC 是建立在以生产/供应为导向的理论框架基础上的。据此框架，要根据经济活动的相似性——具体包括投入、工艺、生产技术、产出的特点及产出的应用等——将生产单位划归各个具体行业。类别之间、各层次分类之间，到底应该采用投入、产出抑或生产技术进行划分，可能会有不同考量。一般而言，在最详细的分类层次上，ISIC 应当优先考虑在生产工艺层面上来界定各个类别，即把产品生产/服务提供时采用相同或类似工艺/技术的活动划分为一类。

最终，所有经济活动按四级互斥类别的结构进行划分，选用字母和4位十进制阿拉伯数字作为分类符号，共分门类、类、大组和组四个级别，表1所示为 ISIC‐Rev4 的具体分类结果，表2罗列了全部的行业门类。

表 1   ISIC Rev4 的类别数量与编码

分类层次	数量	编码
门类	21	A-U
类	88	01 - 99
大组	238	011 - 990
组	419	0111 - 9900

表 2   ISIC Rev4 行业门类编码与名称

编码	行业门类名称
A	农业、林业及渔业
B	采矿和采石
C	制造业
D	电、煤气、蒸汽和空气调节的供应
E	供水；污水处理、废物管理和补救活动
F	建筑业
G	批发和零售业；汽车和摩托车的修理
H	运输和储存
I	食宿服务活动
J	信息和通信

续表

编码	行业门类名称
K	金融和保险活动
L	房地产活动
M	专业、科学和技术活动
N	行政和辅助服务活动
O	公共管理与国防；强制性社会保障
P	教育
Q	人体健康和社会工作活动
R	艺术、娱乐和文娱活动
S	其他服务活动
T	家庭作为雇主的活动；家庭自用、未加区分的物品生产及服务的活动
U	国际组织和机构的活动

资料来源：根据 International Standard Industrial Classification of All Economic Activities 中相关内容整理。

3. 备选归并

ISIC 的目标是为认识全部经济活动提供一般服务，是全景式的，不会聚焦于特定研究或管理领域给出具体划分结果。使用者需要按照自身的研究/管理目标，在 ISIC 基础上作进一步开发，对相关行业进行归并，以满足自身需要。考虑到有一些开发模式带有共同性，或者其开发结果有广泛应用，ISIC‐Rev4 给出了以下四项备选归并模式。

一是《国民账户体系》（SNA）数据报告中的归并。SNA 对经济活动的覆盖范围与 ISIC 完全一致，所谓归并，是将后者提供的类别归并到数目较少的类别中，便于在 SNA 框架内进行分析。比如，在较高级别（门类）上，可以将 ISIC‐Rev4 的 21 个门类归并为 10 个，其中，B、C、D、E 归并为制造业、采矿和采石及其他工业活动，G、H、I 归并为批发零售贸易、运输和储存、食宿服务活动，M、N 归并为专业、科学、技术、行政和辅助活动，O、P、Q 归并为公共管理和国防、教育、人体健康和社会工作，R、S、T、U 归并为其他服务活动。

二是信息经济的备选归并。对信息经济相关数据的需求与日俱增，应按照信息经济的新定义对 ISIC 相应活动进行归并。尽管 ISIC 通过不同的类和组对信息经济相关的所有活动已经做出了说明，但有关各组的解读以及信息经济本身的界定还一直存在争议。ISIC‐Rev4 给出的实例是信息和通信技术部门（ICT 部门），其中分别信息和通信技术制造业、信息和通信技术贸易、信息和通信技术服务业三个部分，归并了可以纳入 ICT 部门的各个行业类别，有些属于二位码行业（比如 61 电信，62 计算机程序设计、咨询及相关活动）、三位码行业（比如 631 数据处理、存储及相关活动），还有一些则属于四位码行业（比如 2610 电子元件和电子板的生产，4651 计算机及其外部设备和软件批发）。

三是非正规部门数据报告的备选归并。非正规部门家庭企业涵盖活动范围广泛，尽管经济活动（或行业）种类并不是定义非正规部门的标准，但仍是描述该部门特征的重要因素。此项归并的目的是对 ISIC 中与非正规部门有关的各项活动进行划分，使之更加适合非正规部门分析。实际处理方法是：ISIC 中的任一门类，如果其组成部分中至少有一些包括非正规部门的活动，则这个门类就划分到备选归并中去。

四是非营利机构部门的数据归并。非营利机构的地位不是由产品或收入的特点来决定的，而是更多地与该机构的法律、结构和运营特点有关，因此，非营利部门不能通过一组 ISIC 类别的归并来界定。即使非营利机构集中在教育、人体健康和社会工作等服务活动方面，原则上非营利机构仍可能会出现在 ISIC 的任何一类。

4. 其他行业分类标准

行业分类在经济分析及其他领域有非常重要的应用，除联合国发布的 ISIC 外，还有其他国家和组织制定的符合自身特点和使用便利的行业分类标准，常见的此类标准包括欧盟统计局开发的欧盟行业标准分类（The Statistical Classification of Economic Activities in the European Community，NACE），美国、加拿大与墨西哥统计局共同开发并使用的北美行业标准分类制度（The North American Industry Classification System，NAICS），澳大利亚与新西兰统计局公布的澳大利亚和新西兰标准行业分类（The Australian and New Zealand Standard Industrial Classification，ANZSIC）。中国《国民经济行业分类》作为国家标准也属于此列。

（执笔人：王文静）

附：文件目录

第一部分
导言
1. 概述
2. 分类的基本原则
   2.1 分类的目的与性质
   2.2 建立分类所采用的原则
   2.3 分类的结构和编码制度
3. 分类的应用
   3.1 主要、次要和辅助活动
   3.2 统计单位
   3.3 统计单位的分类
   3.4 收集单位活动信息和按《国际标准行业分类》
4. 其他问题
   4.1 在进行有关的国家分类方面对 ISIC 的应用
   4.2 利用不同分类级别提供统计数据
   4.3 与其他分类的关系
   4.4 分类索引
   4.5 对应表
   4.6 ISIC 的备选归并

第二部分
1. 总体结构
2. 具体结构

第三部分
具体结构与解释性说明

第四部分
备选归并

第五部分
1. 方法的变化
2. 结构的变化

4

产品总分类

英文标题	Central Product Classification
牵头组织	联合国统计司
版本信息	2015年2.1版，2008年2.0版，2002年1.1版，1998年1.0版，1990年第1版
文件链接	http：//unstats.un.org/unsd/cr/registry/regdnld.asp？Lg=1
中文版	http：//unstats.un.org/unsd/cr/registry/regdnld.asp？Lg=1

产品分类体系源自于1976年开发的商品与服务的国际分类体系。在联合国统计委员会1976年召开的第19次会议上，联合国专家小组建议协调联合国、欧共体和经济互助理事会的现有分类计划，开发一个体系不同，但与经济活动、商品和服务相关的分类体系，即产品总分类体系（Central Product Classification，CPC）。该体系不仅打算吸收"一致的商品描述及代码体系"中可运输商品的有关成果，还打算充分考虑SNA在经济供给和使用目的下的分类需求。联合国统计司于1990年推出了第1版《产品总分类》手册（以下简称《手册》），1997年联合国统计委员会第29次会议上，CPC1.0版被批准实施。随后根据国际经济贸易的发展，经过若干次修订，于2015年推出修订版CPC2.1版，并继续由联合国统计司负责协调管理。

CPC是一种涵盖货物和服务的完整产品分类，该分类的首要目的是对经济体生产的所有货物和服务进行分类。该分类对详细研究货物和服务交易很有用处，也可以此为基础编制各种货物和服务列表，用于特定目的，如物价统计调查。CPC的主要优点是满足了作为国际标准的准则，可用于充当一种国际标准，用于汇集和以表格列出各种要求给出产品细目的数据，其中包括工业生产、国民核算、服务业、国内外商品贸易、国际服务贸易、国际收支、消费及物价统计。它还可为国际比较提供一种框架，促进全球有关货物和服务的各种统计的统一。

CPC是一种既完备又互斥的分类体系。这意味着，如果某项产品不适合CPC的某一类别，它必定自动适合另一类别，在各个类别内部则应尽量实现同质性。CPC根据产品的物理性质和固有性质及原产业的原则进行分类。产品的物理性质和固有性质是产品本身专有的区分特征；同时，为了能够将那些作为单一产业产出的产品归入CPC下同一个次级类别，还要突出货物服务原产业的重要性，也就是说，CPC的结构中要考虑产品与原产业标准、投入结构、技术和生产组织的联系。但即使如此，有些同源货物仍然可能被放在不同类别中，如肉类和生皮均由屠宰场生产，《手册》并未将这些产品归为一类，甚至未归入CPC的同一部门。另外一些情况下，不同原产业的货物也会列入CPC的同一个类别。

在CPC2.1版中，用5位十进制阿拉伯数字作为其5级分类体系的分类符号，其中，第1位十进制阿拉伯数字代表部门，第2位十进制阿拉伯数字代表大类，第3位十进制阿拉伯数字代表组，第4位十进制阿拉伯数字代表类，第5位十进制阿拉伯数字代表子类。表1是分类结果，其中包含各个部门和大类，表中数字则显示在每一个大类之下所包含的组数、类数、子类数。

表 1　　CPC2.1 的部门和类的分类数

部门	大类	组	类	子类
0	**农业、林业和水产品**			
01	农业、园艺和商品园艺产品	9	53	157
02	活动物和畜产品	5	18	50
03	林业和伐木业制品	2	8	11
04	鱼类和其他水产品	6	31	62
1	**矿石和矿物：电、气和水**			
11	煤和褐煤；泥炭	1	5	5
12	原油和天然气	1	3	3
13	铀和钍矿石	1	1	1
14	金属矿石	2	6	6
15	石、沙和黏土	4	8	8
16	其他矿物	3	8	8
17	电、城市煤气、蒸气和热水	4	4	4
18	水	1	1	1
2	**食品、饮料和烟草；纺织品、服装和皮革制品**			
21	肉类、鱼类、水果、蔬菜和油脂	9	44	161
22	乳制品	3	12	22
23	磨谷制品、淀粉和淀粉制品；其他食品	8	32	54
24	饮料	4	9	11
25	烟草制品	1	3	3
26	纱和线；机织织物和簇绒织物	8	51	53
27	纺织制成品，服装除外	4	18	29
28	针织物或钩编织物；服装	3	11	30
29	皮革和皮革制品；鞋类	6	17	17
3	**其他可运输货物，金属制品、机械和设备除外**			
31	木材、软木、秸秆及编结材料制品	8	18	34
32	纸浆、纸和纸制品；印刷品及有关物品	8	25	51
33	炼焦炉制品；精炼石油制品；核燃料	7	20	23
34	碱性化学品	8	41	68
35	其他化学制品；人造纤维	5	29	35
36	橡胶和塑料制品	5	24	29
37	玻璃和玻璃制品及其他未另列明的非金属制品	7	34	51
38	家具；其他未另列明的可运输货物	8	41	64
39	废料或碎屑	4	31	51
4	**金属制品、机械和设备**			
41	碱性金属	6	25	90
42	金属制品，机械和设备除外	4	15	36
43	通用机械	6	28	60
44	专用机械	9	36	118
45	办公、会计和计算机械	2	15	24
46	电动机械和装置	6	23	37
47	收音机、电视和通信设备和装置	8	24	46
48	医疗器械、精密和光学仪器和钟表	4	24	56
49	运输设备	7	22	48
5	**建筑与建筑服务**			
53	建筑	2	10	24
54	建筑服务	7	37	61

一、综合

续表

部门	大类	组	类	子类
6	**经销行业服务；住宿；食品和饮料服务；运输服务；及公用事业分配服务**			
61	批发业服务	2	18	120
62	零售业服务	5	45	269
63	住宿；食品和饮料服务	4	10	16
64	陆路运输服务	2	8	28
65	水运服务	3	7	28
66	空运服务	1	3	8
67	支助性和辅助运输服务	7	22	25
68	邮政和信使服务	1	3	7
69	电分配，通过主要管道的燃气和水分配服务	2	5	6
7	**金融及有关服务；不动产服务；及出租和租赁服务**			
71	金融中介、保险和辅助服务	7	24	57
72	不动产服务	2	7	14
73	不配备技师的租赁或出租服务	3	16	28
8	**商业和生产服务**			
81	研究与开发服务	4	8	40
82	法律和会计服务	4	9	12
83	其他专业、技术和商业服务	9	33	80
84	电信服务；信息检索和提供服务	6	21	38
85	支助服务	6	27	47
86	农业、狩猎、林业、渔业、矿业及公用事业附带服务	3	12	25
87	保养、修理和安装（建造除外）服务	3	17	29
88	对他人拥有的有形投入进行的制造服务	9	31	125
89	其他制造服务	4	8	10
9	**社区、社会和个人服务**			
91	对整个社会的公共管理和其他服务；强制性社会保障	3	17	32
92	教育服务	6	12	14
93	卫生和社会服务	5	12	32
94	污水和垃圾处置、卫生及其他环境保护服务	6	15	28
95	成员组织服务	3	6	14
96	娱乐、文化和体育服务	7	23	38
97	其他服务	4	13	13
98	家庭服务	1	1	1
99	国外组织和机构提供的服务	1	1	1
	合计	**329**	**1299**	**2887**

资料来源：Central Product Classification（CPC）Version 2.1, United Nations, New York, 2015, pp. 27-28.

（执笔人：王文静）

附：文件目录

前言

历史背景

致谢

CPC 用户指南

缩略语

第一部分 简介

1. 概览

2. 分类基本原则

2.1 分类目的与本质

2.2 CPC 构建原则

2.3 货物、服务与其他产品

2.4 分类编码系统

3. 分类应用

3.1 表达规则

3.2　注释
4. 其他主题
　　4.1　利用产品总分类进行本国产品分类
　　4.2　不同级别分类的使用
　　4.3　CPC 与其他分类的关系
　　4.4　相关表格
　　4.5　字母排序的分类
　　4.6　其他结构
第二部分　总结构
　　CPC2.1 的总结构
第三部分　详细结构
　　CPC2.1 的详细结构，与 ISIC4、海关商品分类

2012、CPC2.0 的对照

第四部分　解释说明

第五部分　备选分类
　　1.1　综述
　　1.2　信息经济产品
　　1.3　农业统计的 CPC 扩展

第六部分　从 CPC2.0 到 CPC2.1 的变化
　　1.1　综述
　　1.2　方法变化
　　1.3　结构变化

按经济大类分类

英文标题	Classification by Broad Economic Categories
牵头组织	联合国统计司
版本信息	2002年第4版，1986年第3版，1976年第2版，1971年第1版
文件链接	http://unstats.un.org/unsd/cr/registry/regcst.asp?Cl=10
中文版	无

按经济大类分类是一个过渡分类，用于连接国际贸易标准分类和国民经济行业分类。联合国统计委员会于1965年召开的第十三届会议上提出建议，编纂每个报告国的、全世界的以及各主要区域的大型经济类别商品——分为食品、工业用品、资本设备、耐用消费品及非耐用消费品——的各类数据，以补充按《国际贸易标准分类》（SITC）各部分编纂的汇总数据。此后，经过统计司和统计委员会的反复研究和磋商，统计委员会于1970年第16次会议决议中提请秘书长批准颁布《按经济大类分类》（BEC），供各成员国参考。随着形势的变化，到目前为止，该标准已修订了三次，当前版本是2002年发布的第四版。

BEC具体分为19个基本类别，分别对应《国际贸易标准分类》第三版（SITC Rev.3）中各部门、组、分组以及基本标题，这种对应关系由SITC Rev.3中每个基本标题下的商品主要最终用途来确定。BEC的19个基本类型及其同国民账户体系中基本货物类别之间的对应关系如表1所示。

表1　BEC同国民账户体系中基本货物类别之间的对应关系

BEC分类	SNA的基本货物类别	BEC分类	SNA的基本货物类别
1　食品和饮料		4　资本货物及其零配件	
11　初级		41　资本货物	资本货物
111　主要用于工业	中间货物	42　零配件	中间货物
112　主要用于家庭消费	消费品	5　运输设备及其零配件	
12　加工		51　载客汽车	见备注
121　主要用于工业	中间货物	52　其他	
122　主要用于家庭消费	消费品	521　工业	资本货物
2　未另归类的工业用品		522　非工业	消费品
21　初级	中间货物	53　零配件	中间货物
22　加工	消费品	6　未另归类的消费品	
3　燃料和润滑剂		61　耐用品	消费品
31　初级	中间货物	62　半耐用品	消费品
32　加工		63　非耐用品	消费品
321　汽油	见备注	7　未另归类的货物	见备注
322　其他	中间货物		

注：表中321、51和7这三个类别在国际贸易中有独特的重要意义，必须在BEC中将它们单列出来。使用者可以根据自身需要将这三个类型的货物分列到SNA的各货物类别之中。

资料来源：根据Classification by Broad Economic Categories相关内容整理。

BEC 主要供联合国统计司按照经济大类商品划分来综合国际贸易数据时使用。BEC 同时又被设计成一种数据转换手段，用于将按标准国际贸易分类编纂的数据转换为按国民账户体系中最终用途分类的数据。因此，给出的类别基本符合国民账户体系的三大基本货物类别：资本货物、中间货物和消费品。也就是说，BEC 的各个亚类可以进行合并，同国民账户体系的三大货物类别基本相符，这样就可以将对外贸易统计同国民核算、工业统计等其他类型的一般经济统计放在一起处理，以便进行国家、区域或全球层面的经济分析。就此意义而言，BEC 是现有分类方法的补充。

第二部分是手册的重点，介绍基于 SITC Rev.3 以及《商品名称及编码协调制度》第三版（HS-2002）界定的 BEC 类别，即分别列出 BEC 中 19 个基本类型及与各种亚类相对应的 SITC Rev.3 和 HS-2002 代码关系[①]。附录部分则进一步补充和介绍了 SITC Rev.3、HS-2002 各自与 BEC 的双向对应关系。

（执笔人：黎煜坤）

附：文件目录

导言
1. 按经济大类分类（BEC）
2. BEC 下 SITC Rev.3 和 HS-2002 对照
附录
  附录 1 SITC Rev.3 与 BEC 对照
  附录 2 BEC 与 SITC Rev.3 对照
  附录 3 HS-2002 与 BEC 对照
  附录 4 HS-2002 与 SITC Rev.3 对照
  附录 5 SITC Rev.3 与 HS-2002 对照

[①] 2008 年，联合国统计司以注释的形式给出了 BEC 和 HS-2007 的对应关系。2017 年 1 月，世界海关组织发布了 HS-2017，详见第 123 篇国际规范。

6 统计活动分类

英文标题	Classification of Statistical Activities
牵头组织	联合国欧洲经济委员会
版本信息	2009年第2版，2005年第1版
文件链接	http://ec.europa.eu/eurostat/ramon/other_documents/csa/index.cfm?TargetUrl=DSP_CSA
中文版	无

附：文件目录

1. 人口和社会统计
   1.1 人口和迁移
   1.2 劳动力
   1.3 教育
   1.4 卫生
   1.5 收入和消费
   1.6 社会保护
   1.7 人员安置与住房
   1.8 司法和犯罪
   1.9 文化
   1.10 政治和其他社区活动
   1.11 时间分配
2. 经济统计
   2.1 宏观经济统计
   2.2 经济账户
   2.3 商业统计
   2.4 部门统计
   2.5 政府财政和公共部门统计
   2.6 国际贸易和国际收支平衡
   2.7 价格
   2.8 劳动力成本
   2.9 科学、技术与创新
3. 环境和多领域统计
   3.1 环境
   3.2 区域和小地区统计
   3.3 多领域统计和指标
   3.4 年鉴和同类简编
4. 数据收集、处理、发布及分析方法
   4.1 元数据
   4.2 分类
   4.3 数据来源
   4.4 数据编辑和数据联动
   4.5 发布与数据仓库
   4.6 统计保密和披露保护
   4.7 数据分析
5. 政府统计的战略管理问题
   5.1 体制框架和原则、角色和官方统计机构
   5.2 统计方案与统计系统内协调
   5.3 质量框架和统计系统性能测量
   5.4 管理和人力资源开发
   5.5 管理和技术资源
   5.6 国际统计工作协调
   5.7 技术合作和能力建设

7 综合经济统计准则

英文标题	Guidelines on Integrated Economic Statistics
牵头组织	联合国统计司
版本信息	2013年第1版
文件链接	http://unstats.un.org/unsd/nationalaccount/ies/
中文版	http://unstats.un.org/unsd/nationalaccount/ies/

附：文件目录

前言
缩略语
1. 导言
　1.1 制定准则的目的
　1.2 准则的内容和结构
　1.3 在线查询补充资料
2. 综合经济统计的政策需求、裨益和挑战
　2.1 对综合经济统计的需求
　2.2 政策需求
　2.3 综合经济统计的裨益
　2.4 综合经济统计的挑战
3. 综合经济统计的总体框架
　3.1 导言
　3.2 综合经济统计的范围
　3.3 综合经济统计的组成部分
4. 管理综合经济统计的制度安排
　4.1 导言
　4.2 立法、业务、战略规划和过程管理框架
　4.3 协调和治理安排
　4.4 人力资源和财政资源
　4.5 综合经济统计的国际安排

5. 综合经济统计的编制过程
　5.1 导言
　5.2 标准和方法
　5.3 企业登记和框架
　5.4 调查和行政数据来源
　5.5 传播和交流
6. 实施综合经济统计
　6.1 导言
　6.2 调整原始数据
　6.3 行业账户
　6.4 投入—产出账户
　6.5 部门账户
　6.6 国际账户
　6.7 劳动力账户
　6.8 价格和物量核算系统
　6.9 区域账户
　6.10 卫星账户
　6.11 环境账户
综合经济统计的领域清单
参考文献

8 国际标准分类法

英文标题	International Classification for Standards
牵头组织	国际标准化组织
版本信息	2015年第7版
文件链接	http://www.iso.org/iso/home/store/catalogue_ics.htm
中文版	无

国际标准化组织（International Organization for Standardization，ISO）成立于1947年，到目前为止已发布21632个国际标准，覆盖了多数现有行业和技术。ISO在制定国际标准的过程中，形成了一套自己的分类系统，即《国际标准分类法》，在此分类法之下，ISO将其颁布的国际标准进行归类和检索。

《国际标准分类法》具体的分类代码由3组共7位数字组成，格式是"12.345.67"，自左向右3组数字分别构成3个层级。前两位数字是第一层级，共有40个类别，或称作"领域"；第3至5位数字表示第二层级，共有392个类别，或称作"类"；第6至7位数字表示第三层级，该层级将第二层级392个类别中的144个进一步细化，形成909个第三层级类别，或称作"子类"。

附：文件目录

1. 简介
    1.1 ICS的目的
    1.2 ICS的说明
    1.3 ICS的使用规则
    1.4 ICS的版本更新
    1.5 如何使用ICS指数
    1.6 ICS领域列表
2. 专业领域、类、子类的体系表格
3. ICS索引

9 用于统计目的的国家或地区标准编码

英文标题	Standard Country and Area Codes for Statistical Use
牵头组织	联合国统计司
版本信息	1999年第4次修订，1996年第3次修订，1982年第2次修订，1975年第1次修订，1970年第1版
文件链接	http：//unstats.un.org/unsd/methods/m49/m49.htm
中文版	无

附：文件目录

导言

表

1. 国家或地区、编码和简称
2. 大地理（洲）区域和地理分区域的组成
3. 国家或地区的经济、贸易和其他集团
4. 数字编码清单

附录表

A 1982～1999年增添或改变数字编码的国家或地区

B 1982～1999年地理区域和集团数字编码变化情况

10

综合指标构建手册：方法与使用者指南

英文标题	Handbook on Constructing Composite Indicators：Methodology and User Guide
牵头组织	经济合作与发展组织
版本信息	2008 年第 1 版
文件链接	http：//www.oecd.org/std/42495745.pdf
中文版	无

社会经济现象错综复杂，往往是多种因素综合作用的结果。例如，福利、幸福、人类发展、可持续发展、产业竞争力等概念都无法很好地用单独指标反映，为此需要将各表现维度用一定的方法汇总起来，通过建立综合指标来解决这一问题。所谓综合指标，是指在多维概念基础上，通过建立模型来汇总单项指标而最终构建的指标。综合指标是分析与归纳复杂、多维问题的有效工具，在经济、社会、全球化、环境、创新及科技领域应用广泛。

理论上说，综合指标利用了更多信息，分析结果应当优于单一指标。但是，由于当前普遍存在对综合指标的误用现象，不规范的指标构建方法可能导致综合指标值出现极大偏差，结果往往不能达到有效分析多维问题的目的。因此，经济合作与发展组织（OECD）在 2008 年出版了《综合指标构建手册：方法与使用者指南》（以下简称《手册》），目的是为综合指标的构建提供指导。《手册》的主要内容分为两个部分：第一部分介绍构建综合指标的步骤，第二部分列举了构建指标过程中常用的技术方法。

1. 构建综合指标"十步曲"

综合指标可以在不损失多项单一指标所提供信息的基础上，帮助决策者全面分析复杂的多维现象。但是，若综合指标建立不当，也会误导决策者做出错误判断；在构建指标时若采取了过于主观的方法，它也会成为导致扭曲结论的工具。为了规范综合指标构建过程，使之更加科学、易于操作，《手册》将综合指标的构建过程总结为以下十个步骤。

（1）建立理论框架。为了使指标选择更加有逻辑可循，无论是进行单一指标选择，还是构建合成指标，都需要以一个合理的理论框架为依据。在理论框架中，应当清晰地定义需要度量的现象及其要素。例如，度量 GDP 这一综合指标时所依据的理论框架就是国民账户体系（SNA），该框架自提出以来已经有 50 年以上的历史。然而，并非所有"多维概念"都有如此坚固的理论和经验支持，在一些新出现的领域，例如竞争力、可持续发展、电子商务等，可能尚不具备完善的理论框架支持综合指标的构建，还需继续研究。

建立理论框架，要做好定义概念、决定子组与确定单项指标选择标准三项工作。在定义概念时，需深入概念内涵，并阐述概念所包含的内容。多维概念由多个维度的要素组成，它们在概念上存在联系，但在数据获取上又彼此不相关，为此，在框架中应当将它们之间的联系作充分描述。

确定单一指标选择标准时，应当以尽可能准确描述被度量现象为原则。例如，为了度量给定国家的创新活动情况，在选择单一指标时应当包括 R&D 经费（投入）以及新产品和服务的数量（产出）两个方面，而如果只想度量创新产出情况，则应当只包括产出指标。

（2）选择数据。建立综合指标时，要先按照理论框架的指引进行单一指标的选择，但在实际收集指标数据时，上述选择可能会遇到许多问题。有些指标可能存在不同口径，或存在较多数据来源，还有的指标甚至缺乏相关数据，这些问题都会限制综合指标的构建。

如果数据不可得，或者指标数据无法实现国际可比，可以采用最接近指标的数据作近似替代。比如，如果使用计算机的雇员人数得不到，可用能够接触到计算机的雇员数作为近似替代指标。在数据允许情况下，近似指标的准确度应当通过相关系数和敏感度分析来确认。在建立综合指标时，需要对此类数据近似处理做出说明。

出于不同规模国家之间作比较而建立综合指标时，应当注意所选择的单项指标是否依赖于与规模相关的因素，要剔除不同经济体规模的影响，还要关注指标的国际可比性。

（3）缺失数据处理。实际工作中收集到的数据常常会有缺失，而且缺失形式也不尽相同，大体可分为完全随机缺失（Missing completely at random，MCAR）、随机缺失（Missing at random，MAR）和非随机缺失（Not missing at random，NMAR）。完全随机缺失的缺失值不依赖于核心变量。随机缺失的缺失值虽不依赖于核心变量，但却依赖于数据集中的其他变量。若缺失值与核心变量有关，则属于非随机缺失形式。

（4）多元分析。在建立了理论框架、选择好单项指标后，还需对众多单项指标进行多元分析。《手册》指出，采用某种多元分析方法分析数据的潜在结构并合成综合指标是一门艺术。为了构建综合指标，按照理论框架和选择标准可能会得到大量单一指标，但是，如果不能采用合理的多元分析方法对这些单一指标进行分析，就会进入"指标丰富但信息缺乏"的困境。常用的多元分析方法有主成分分析法和因子分析法。

（5）标准化。为了使不同量纲的数据信息可以累加，需对原始数据进行标准化处理。常用的标准化方法包括正态标准化、极值标准化、参考距离法等，这些在指标构建工具箱中均有详细介绍。

（6）赋权及汇总权重。权重对综合指标的构建具有非常大的影响。有些赋权方法是在统计模型中衍生出来的，如主成分分析中的特征值就可作为构建综合指标的权重。但有些分析者认为，仅依靠统计方法选择权重可能会遗失一些重要信息，因此，可在其基础上纳入专家意见以使其更加全面。

与赋权方法类似，汇总方法也非常多。如果想使综合指标的各"维度"得到一致对待，可使用线性加总；如果需对不同"维度"作不同处理，则可选择使用几何汇总方法。需注意的是，在确定权重与汇总方法时存在一定的主观性，选择不同的方法往往会带来不同的结果。因此，要特别注意整个计算过程的透明性，建模者应完整反映赋权与汇总的具体结果，并给以合理解释。

（7）稳定性与敏感性。综合指标的稳定性和敏感性也是考察统计结果质量的一个关键因素。在构建综合指标的过程中，指标选择、标准化、赋权与汇总以及多元分析等各个步骤往往都存在众多方法可以使用。实践中，为了保证综合指标结果的稳定性，需对选择不同方法得到的结果进行综合评估，观察不同选择是否对综合指标值存在重大影响。同时，还要度量综合指标值在不同选择下的变化，从而得到综合指标对某项处理或方法的敏感度。《手册》给出了不确定性分析的七个步骤。

（8）回归细节。经过以上步骤，一项综合指标已经被构建出来。但是，当使用综合指标进行具体分析时，仍要回归到对单一维度的深入分析和研究，以说明和印证当初设定的多维概念。路径分析、贝叶斯网络以及结构方程模型都可以深入反映综合指标及其内部成分的联系，同时对各内部成分作针对性研究。在展示单一指标时，《手册》推荐了三个例子：雷达图；交通指示灯展示；领导者与落后者展示。

（9）与其他指标的联系。综合指标常常与其他一些备受关注并且易于测度的现象有密切关联，这些联系可用于检测该综合指标的解释力。在实际操作中，可用图表反映这些联系。例如，度量商业环境这一多维概念的综合指标与新公司的进入率有关，如果商业环境综合指标表现良好，就会有较高的进入率，分析两者的相关趋势可用于监测综合指标的正确性。

（10）展示与传播。综合指标应当能够为决策者和使用者提供快捷、准确的信息，这里强调统计图形的运用。统计表能展示具体数据，但有时一幅精心设计的图形比文字更有说服力。表格提供的数据不便直观观察趋势，而图形就一目了然。

2. 数据的质量评估框架

《手册》提到，国际上有许多组织致力于研究统计产品的质量评估问题。在过去很长时间内，质量就等同于"数据精确"，但如今统计学家更倾向于从多维视角考察质量，认为质量更接近于"适用"，例如除精确之外还要考虑获取周期问题等。

IMF主张从五个维度来考察综合指标的质量：（1）完整性；（2）稳健性；（3）精度和可靠性；（4）服务于分析的能力；（5）可得性。

欧盟统计体系则更加注重统计产出，它给出六个维度的考察框架：（1）相关性；（2）准确性；（3）及时性和准确性；（4）可得性和明确性；（5）可比性；（6）一致性。

OECD则认为质量应当取决于用户的需求和要求优先的事项，这些会因用户群的不同而发生变化，并非一成不变。它提出七个方面的衡量框架：（1）相关性；（2）准确性；（3）可信性；（4）及时性；（5）可获得性；（6）可解释性；（7）一致性。

3. 工具箱

《手册》利用大量篇幅介绍了构建综合指标的具体方法工具，方法清单如表1所示，其中包含多方面的应用统计和数据处理方法，是应对综合指标处理的重要工具和依据。

表1　　　　　　　　　　　　　工具箱的技术方法清单

问题	工具箱
缺失数据	单一插补、无条件均值插补、回归插补、期望最大法插补、多重插补
多元分析方法	主成分分析、因子分析、克朗巴哈系数法、聚类分析、其他多元分析方法
标准化	Z-Score标准化法、极值法、参考距离法、周期性指标方法、年度差异处理
赋权	基于主成分或因子分析的赋权、数据包络分析、BOD方法、未观测成分模型、预算分配过程、公众意见调查、层次分析法、连接分析法
汇总	附加汇总方法、集合汇总方法、汇总规则问题、非补偿性多标准方法
稳定性与敏感性分析	不确定性分析、基于方差的敏感性分析

资料来源：根据OECD的 *Handbook on Constructing Composite Indicators: Methodology and User Guide* 整理得到。

（执笔人：王文静）

附：文件目录

引言

第一部分　构建综合指标

1. 建立综合指标的步骤

　1.1　建立一个理论框架

　1.2　选择变量

　1.3　缺失值处理

　1.4　多元分析

　1.5　数据标准化

1.6 赋权以及汇总
1.7 稳定性与敏感性
1.8 回归细节
1.9 与其他指标的关联
1.10 展示和传播
2. 综合指标的质量框架
2.1 针对综合指标的质量描述
2.2 基础数据的质量维度
2.3 建立与传播综合指标过程的质量维度

第二部分 指标构建的工具箱

3. 缺失数据插补
3.1 单一插补
3.2 无条件均值插补
3.3 回归插补
3.4 期望最大法插补
3.5 多重插补
4. 多元分析方法
4.1 主成分分析
4.2 因子分析
4.3 克朗巴哈系数法
4.4 聚类分析
4.5 其他多元分析方法
5. 标准化方法
5.1 规模变换优先于标准化
5.2 Z-Score 标准化法
5.3 极值法
5.4 参考距离法
5.5 高于或低于均值的指标

5.6 周期性指标方法
5.7 超过连续年度差异的比重
6. 赋权以及汇总方法
6.1 基于主成分分析或因子分析的赋权
6.2 数据包络分析（DEA）
6.3 BOD 方法
6.4 未观测成分模型（UCM）
6.5 预算分配过程（BAP）
6.6 公众意见
6.7 层次分析法（AHP）
6.8 连接分析（CA）
6.9 不同赋权方法的表现
6.10 附加汇总方法
6.11 集合汇总方法
6.12 汇总规则问题
6.13 非补偿性多标准方法（MCA）
6.14 不同汇总方法的表现
7. 稳定性与敏感性分析方法
7.1 总体框架
7.2 不确定性分析
7.3 基于方差的敏感性分析
7.4 分析一
7.5 分析二
8. 回归细节

结论

参考文献

附录

数据公布特殊标准指导手册

英文标题	SDDS Guide for Subscribers and Users
牵头组织	国际货币基金组织
版本信息	2013年第3版，2007年第2版，1996年第1版
文件链接	http：//dsbb.imf.org/Default.aspx
中文版	无

为了提高各国经济信息的透明度，国际货币基金组织（IMF）制定了统一的数据发布标准，以便成员能够在统一的框架和要求下提供全面、准确的经济金融数据。为了适应不同发展水平的国家，IMF制定的数据公布标准分为两个层次：第一层是为统计体系欠发达成员制定的一套标准，即"数据公布通用标准"（General Data Dissemination Standards，GDDS）；第二层是为进入或寻求进入国际资本市场的成员制定的标准，即"数据公布特殊标准"（Special Data Dissemination Standards，SDDS）。在随后推进过程中，IMF又针对已参与SDDS且具有系统性金融部门的成员进一步制定了更高标准，即SDDS Plus，称为"SDDS增强版"。

为帮助各国能够提高数据公布水平并加入SDDS，同时帮助用户更好地使用SDDS中的指标和数据，IMF于2013年推出《数据公布特殊标准指导手册》（以下简称《手册》）。以下简要介绍该手册的内容，据此即可对SDDS的内容组成、指标要求、申报SDDS程序及参与国的义务有所了解。

1. SDDS的内容组成

SDDS主要内容包含以下四个方面的规定性：指标与数据；公众获取；数据诚信；数据质量。

（1）指标与数据的发布周期和及时性。SDDS覆盖实体经济、财政、金融、对外四个部门的指标数据，这些指标是反映部门经济绩效和政策的最重要的基础数据。每个部门的数据均分为三大类，即综合统计框架指标、跟踪指标、其他相关指标。其中，综合统计框架是衡量经济体状况完善的统计框架，编制复杂，及时性差，一般按季或年的频率发布；跟踪指标也来自综合统计框架，但编制相对简单，公布周期更短，适用于短期分析；其他相关指标是综合统计框架指标和跟踪指标以外要求公布的数据，包括劳动力市场和价格指数、中央政府债务、利率、股票价格、汇率等。综合统计框架可以衡量经济体的基本状况，跟踪指标和其他相关指标起到了辅助补充的作用。

（2）按指标公布的不同要求，所有指标可以分为以下三类。一是必须公布的指标，属于反映每个部门活动绩效和政策最为重要的数据类别，强制公布。二是鼓励公布的指标，指的是鼓励公布但不强制公布的指标，这些指标对于分析宏观经济是十分重要的，但其编制可能更复杂、发布频率和及时性要求更高。三是视相关性公布的指标，是由成员自己斟酌发布的指标，目的是从各国统计水平差异和经济体的特殊性考虑，给予成员一定的灵活性和选择性。

（3）公众获取。官方统计数据作为一项公共产品，应能够及时、机会均等地被公众获取。因此，SDDS规定应向所有有关方同时发布统计数据，以体现公平原则。为了使公众平等地获得数据，SDDS有两条规定：一是预先制定数据发布日历表，这样，既可方便使用者安排利用数据，又可显示统计工作管理完善，表明数据编制的透明度。二是同时向所有有关各方公布数据，保证相关人能够同时获得数据。发布时可先提供概括性数据，然后再提供详细的数据，当局应至少提供一个公众知道并可以进入的网址，数据一经发布，公众就可以公平地获得。

（4）数据诚信。为了使数据的使用者对官方数据的客观性和专业性具有信心，应帮助使用者评价数据的诚信性。SDDS有如下四方面的规定：第一，颁布有关官方统计数据生产及公布的法律法规；第二，指明在数据公布前政府部门是否可从内部获得数据，要求开列数据编制机构以外，可以在数据发布前获得数据信息的政府人员名单及职位；第三，指明统计数据公布时有关部委是否作了评述，列出数据发布后哪些政府部门有资格进行评论，目的是使公众了解这些评述的出处，了解哪些政府部门的评论具有专业性和客观性；第四，提供数据修正的方法和统计方法上的主要变动。

（5）数据质量。为帮助数据使用者评价数据质量，SDDS规定：第一，要提供数据编制的参考文件，通常是数据编制参考的国际标准，鼓励各国采用最新的国际标准，如果数据编制不符合国际公认的统计标准，还要提供与国际标准的差异之处；第二，要公布各部门核心指标的细项内容、相关数据的核对方法、支持交叉验证数据合理性的统计框架，统计框架内应该公布有关总量数据的分项、核算等式和统计关系，以及比较核对方法。

2. SDDS 指标的要求

SDDS指标的统计范围涉及实体经济、财政、金融、对外四个部门。

实体经济部门的综合统计框架是国民账户，跟踪指标为生产指标。具体内容包括：（1）国民账户。按照支出法或生产法计算的名义GDP、实际GDP、相关价格GDP，应至少公布其中的两个；鼓励公布国内生产总值和储蓄，每季度公布一次。（2）生产指标。为了在更高频率上跟踪GDP，应公布一个或多个生产指数；生产指标的选择取决于该国的经济结构，每个月（或视相关性）公布一次。（3）前瞻性指标。鼓励公布反映未来经济状况的前瞻性指标，例如工业产品排名调查、企业景气调查和一些综合指标，每月或每季公布一次。（4）劳动力市场。必须公布的指标有就业率、失业率、工资（收入）；每季度公布一次。（5）价格指数。必须公布的指标有消费者价格指数、生产者价格指数或者销售价格指数；每个月度公布一次。

财政部门的综合统计框架是广义政府（或公共部门）运作，跟踪指标是中央政府运作。具体内容包括：（1）广义政府（或公共部门）运作。必须公布的指标有收入、支出、收支余额，国内（银行及非银行）及国外融资，融资可根据期限、工具、币种等特征分组，鼓励公布支出分项中的利息支出；每年公布一次。（2）中央政府运作。相对于广义政府运作，中央政府运作指标能够更频繁、更及时地反映财政态势，必须公布的指标与广义政府运作中要求的指标一致，但须每月公布一次。（3）中央政府债务。必须公布反映中央政府全面债务的数据；根据分析需要，鼓励公布其他政府单位的债务数据；债务数据根据各国的情况定义分组，鼓励优先按照期限特别是剩余到期时间分组，也可以按照国内外债务、币种、债务工具、债权人等分组特征进行分组；鼓励公布利息和分期偿还的数据；每季度公布一次。

金融部门的综合统计框架是存款性公司概览（DCS），跟踪指标为中央银行概览。具体内容包括：（1）存款性公司概览。统计对象覆盖所有存款性公司，即银行和其他的存款性公司（ODC），必须公布的指标有货币总量、公共部门和私人部门国内信贷、银行部门的对外头寸（外国资产总额、总外债）；每月公布一次，可延迟一个月公布。（2）中央银行概览。相对于银行分析账户，中央银行分析账户能更及时反映货币和信贷情况，必须公布的指标有储备货币、基础货币、公共部门和私人部门国内信贷、中央银行的对外头寸（外国资产总额/总外债）；每月公布一次，可延迟两周颁布。（3）利率。必须公布的指标有短期和长期政府债券利率（如 3 个月期国债利率、10 年期政府债券利率）、政策可变利率（如中央银行贷款利率），鼓励公布更多存贷款利率；每天公布一次。（4）股票市场。股票价格指数是必须公布的指标，每天公布一次。

对外部门的统计框架是国际收支平衡表和国际投资头寸表，具体内容包括：（1）国际收支平衡表。经常账户中必须公布的指标为货物和服务的进出口、分配净收入、经常转移净支付；资本账户中必须公布的指标为国际储备、其他金融交易，鼓励金融交易根据直接投资和证券投资分组；每季度公布一次。（2）官方储备资产。必须公布的指标为官方储备资产总量以及分项（外汇、黄金、特别提款权、在基金组织的头寸、其他储备资产）；每月公布一次，鼓励每周或更频繁公布。（3）储备数据模板。必须公布的指标有官方储备资产和其他的外汇资产、可预测资产外流、可能的短期资产外流、其他相关的项目（本币或美元）；每月公布一次，鼓励每周或更频繁公布。（4）商品贸易。必须公布的指标为总进口和总出口；在参考期期末的 8 周内公布进出口总额数据，同时鼓励在更长的延迟时间后公布主要商品进出口数据；每月公布一次。（5）国际投资头寸。必须公布的指标有资产和负债，并要按直接投资、证券投资（股本和债务）、其他投资、储备分组，其中证券投资和其他投资鼓励根据币种和最初期限再细分，另外，鼓励公布金融衍生品数据；每年公布一次，鼓励每个季度或更频繁地公布。（6）汇率。必须公布的指标为主要的现期汇率，鼓励公布 3 个月和 6 个月的远期汇率；每天公布一次。（7）外债。广义政府、货币当局（央行）、银行部门和其他部门的外债数据，各部门数据分别统计，按照期限、债务工具、币种分组，另外，鼓励公布未来偿还债务的数据；每季公布一次。

3. 申报 SDDS 程序及参与国的义务

申报 SDDS 的一个基本原则是该国愿意让公众了解它统计了什么数据，并可以更及时、更频繁地公布数据。成员在自愿的基础上提出申请。如果某国有意愿加入 SDDS，应该先向 IMF 表达加入的意愿，并提供元数据，同时指派一名官员作为与 IMF 的协调沟通员。IMF 有关人员与成员协商，看元数据是否达到 SDDS 要求。若需改进，则修改元数据直至达到标准。然后成员便可以向 IMF 提出申请加入 SDDS。IMF 将申请者的元数据公布在 SDDS 的公告板（DSBB）上，即标志着该成员已成功加入 SDDS。

一旦加入 SDDS，国家需要承担以下相应的义务：（1）统计数据的类别和分项达到 SDDS 的要求。（2）提供英文版元数据，采用 IMF 之前提供的电子版格式。（3）提供数据发布日历（ARC），并公布在 SDDS 的公告板上。按照 SDDS 规定的统一格式，提供当月以及至少 3 个月内公布数据的日期。（4）在国家数据汇总页面（NSDP）上及时公布 SDDS 规定的数据。（5）每年确认元数据的准确性，如果有改动，需在规定时间内更新元数据。

（以上内容曾以"SDDS 对一个国家的统计体系意味着什么"为题，
刊于《中国统计》2015 年第 5 期，作者：王娟）

附：文件目录

前言
缩略词
1. 背景和主要内容
  1.1 背景和目的
  1.2 主要内容
  1.3 数据发布形式
  1.4 如何申请加入 SDDS
  1.5 数据发布标准电子公告板

1.6 参与国的责任
1.7 监督办法
1.8 联系方式
1.9 数据公布特殊标准指导手册
1.10 指导手册的内容架构
2. 指标、发布周期、及时性概述
2.1 指标
2.2 发布周期
2.3 及时性
2.4 灵活性
3. 实体经济部门：指标、发布周期、及时性
3.1 国民账户
3.2 生产指标
3.3 前瞻性指标
3.4 部门资产负债表
3.5 劳动力市场
3.6 价格指数
3.7 人口
4. 财政部门：指标、发布周期、及时性
4.1 概述
4.2 广义政府运作或公共部门运作
4.3 广义政府债务
4.4 中央政府运作
4.5 中央政府债务
5. 金融部门：指标、发布周期、及时性
5.1 存款性公司概览
5.2 中央银行概览
5.3 利率
5.4 金融稳健性指标
5.5 股票价格指数
6. 对外部门：指标、发布周期、及时性
6.1 国际收支平衡表
6.2 官方储备资产
6.3 国际储备和外汇流动性模板数据

6.4 商品贸易
6.5 国际投资头寸
6.6 外债
6.7 汇率
7. 公众获取、数据诚信、数据质量
7.1 概述
7.2 公众获取
7.3 数据诚信
7.4 数据质量
8. 参与国的责任：数据发布日历、元数据、国家数据汇总页面
8.1 概览
8.2 数据发布日历
8.3 数据发布的灵活性
8.4 数据同时发布的规定
8.5 元数据
8.6 国家数据汇总页面
9. 数据发布标准电子公告板
9.1 概述
9.2 数据发布日历
9.3 元数据
9.4 国家数据汇总页面
10. 监督办法
10.1 概述
10.2 违反SDDS规定的认定程序
10.3 违反SDDS规定的实例
10.4 其他监督内容
附录
1. 自2007年起SDDS内容的主要变化
2. 申请加入的程序及申请信范例
3. 建立国家数据汇总页面的指导
4. 数据质量评估框架
5. 元数据的格式
索引

一、综合

12

数据公布通用标准指导手册

英文标题	GDDS Guide for Participants and Users
牵头组织	国际货币基金组织
版本信息	2013年版，1997年第1版
文件链接	http：//dsbb.imf.org/Default.aspx
中文版	无

20世纪90年代金融危机后，人们意识到全面、及时的经济金融数据可有利于促进健全的宏观经济政策的制定和正确的投资决策，减少金融危机爆发的频率和严重性。因此，国际货币基金组织（IMF）认为必须制定统一的数据发布标准，使各成员按照统一程序提供全面、准确的经济金融信息。

"数据公布通用标准"（General Data Dissemination Standards，GDDS）是国际货币基金组织针对统计体系欠发达成员制定的一套数据统计基础标准，目的是鼓励成员提高数据质量，并提供一个评估及改进数据质量的框架，指导成员向公众提供全面、及时、可靠的数据。以下分三个主题简要介绍IMF2013年推出的《GDDS指导手册》：GDDS的内容组成、GDDS指标的要求、申报GDDS程序及参与国的义务。

1. GDDS的内容组成

GDDS主要内容包含四个方面的规定性：指标与数据；公众获取；数据诚信；数据质量。

（1）指标与数据的发布周期和及时性。GDDS的指标覆盖实体经济、财政、金融、对外四个宏观经济部门，这些指标是反映经济绩效和政策的重要的基础数据。此外，还包括社会人口数据，用于反映经济发展的成果和社会结构变化，其中包含了千年发展目标要求的多数指标。每个部门的数据分为三大类，即综合统计框架、跟踪指标、其他相关指标。其中，综合统计框架是衡量经济体状况的完整统计框架，编制复杂，及时性差，一般按季或年的频率发布；跟踪指标也来自综合统计框架，但编制相对简单，公布周期更短，适用于短期分析；其他相关指标是综合统计框架指标和跟踪指标以外要求公布的数据，包括劳动力市场和价格指数、利率、股票价格、汇率等。

按指标公布的不同要求，所有指标可以分为以下三类：第一，必须公布的指标，是反映每个部门活动绩效和政策最为重要的数据类别，必须公布。第二，鼓励公布的指标，指鼓励公布但不强制公布的指标，这些指标对于分析宏观经济是十分重要的，但其编制可能更复杂、发布频率和及时性要求更高。第三，视相关性而公布的指标，是由成员自己斟酌发布的指标，目的是从各国统计水平的差异和经济体的特殊性考虑，给予成员一定的灵活性和选择性。

周期性是指数据汇编的频率。某项统计数据的公布频率应根据编制工作难度和分析需要来决定。GDDS鼓励提高数据编制的频率。及时性是指数据公布的速度，就是参考期末日期和颁布日期之间的延迟时间。

(2) 公众获取。官方统计数据是一项公共产品，及时、机会均等地获得统计数据是公众的基本要求。因此，GDDS 规定应向所有相关各方同时发布统计数据，以体现公平原则。为了使公众平等地获得数据，GDDS 有两条规定：第一，预先制定数据发布日历表，这样，既可方便使用者安排利用数据，又可显示统计工作管理完善，表明数据编制的透明度；第二，同时向所有相关各方公布数据，保证相关者能够同时获得数据。发布时可先提供概括性数据，然后再提供详细的数据，当局应至少提供一个公众知道并可以进入的网址，数据一经发布，公众就可以公平地获得。

(3) 数据诚信。为了使数据的使用者对官方数据的客观性和专业性具有信心，帮助使用者评价数据的诚信性，GDDS 规定：第一，颁布有关官方统计数据生产及公布的法律法规；第二，指明在数据公布前政府部门是否可从内部获得数据，要求开列除数据编制机构之外可以在数据发布前获得数据信息的政府人员名单及职位；第三，指明统计数据公布时有关部委是否作了评述，列出数据发布后哪些政府部门有资格进行评论，目的是使公众了解这些评述的出处，了解哪些政府部门的评论具有专业性和客观性；第四，提供数据修正方法和统计方法上的主要变动。

(4) 数据质量。为帮助数据使用者评价数据质量，GDDS 规定：第一，提供数据编制的参考文件，通常应是数据编制参考的国际标准，鼓励各国采用最新的国际标准，如果数据编制不符合国际公认的统计标准，还要提供与国际标准的差异之处；第二，公布各部门核心指标的细项内容、相关数据的核对方法、支持交叉验证数据合理性的统计框架。统计框架内应该公布有关总量数据的分项、核算等式和统计关系，以及比较核对方法。

2. GDDS 指标的要求

GDDS 指标统计范围涉及实体经济、财政、金融、对外四个部门以及社会人口数据。

(1) 实体经济部门。第一，国民账户是实际部门的综合统计框架。应编制和公布全套的名义、实际国民账户总量和平衡项目，包括国内生产总值、国民总收入、可支配总收入、消费、储蓄、资本形成、净贷出或净借入，此外，应编制和公布有关部门账户，国家和部门的资产负债表；数据发布频率为年。第二，生产指数，核心指标为制造业或工业生产指标，初级产品、农业或其他生产指标视相关性公布；数据发布频率为月。第三，价格指数，核心指标为消费者价格指数，鼓励公布生产者价格指数；数据发布频率为月。第四，劳动力市场，核心指标有就业率、失业率、工资/收入；数据发布频率为年。

(2) 财政部门。第一，中央政府运作，这是财政部门的综合统计框架。应编制并公布交易和债务的综合数据，使用适当的分析框架，建立一整套详细的分类标准（税收和非税收收入、经常性和资本性支出、国内及国外融资），并作适当细分（根据债务持有人、债务工具和币种）；数据发布频率为年。第二，广义政府（或公共部门）运作，鼓励公布广义政府或公共部门运作数据，尤其鼓励在那些地方政府或公共企业操作具有重要分析或政策意义的国家；数据发布频率为年。第三，中央政府债务，核心指标有国内债务、国外债务（视相关性），并根据币种、期限、债权人、工具作适当细分；鼓励公布政府担保债务；数据发布频率为年（鼓励按季度发布）。

(3) 金融部门。第一，存款性公司概览，是金融部门的综合统计框架。应编制和公布综合数据，使用适当的分析框架，建立对外资产和负债、按部门分类的国内信贷，以及国内货币（流动性）和非货币债务的分类标准；数据发布频率为月。第二，中央银行总量，只有一个核心指标——储备货币；数据发布频率为月。第三，利率，核心指标为长期和短期政府债券利率、政策可变性利率，鼓励公布货币或银行间市场利率及一套存贷款利率；数据发布频率为月。第四，股票市场，鼓励公布股票价格指数；数据发布频率为月。

（4）对外部门。第一，国际收支，是对外部门的综合统计框架。应编制和公布国际收支主要总量数据和平衡项目，包括货物和服务的进口和出口、贸易差额、收入和转移、经常项目差额、国际储备和其他金融交易、总差额，并适当进行细分；数据发布频率为年（鼓励按季度发布）。第二，国际投资头寸，鼓励公布国际投资头寸数据，这些数据具有分析和政策意义；数据发布频率为年。第三，外债，核心指标为公共债务和公共担保外债（根据期限细分），以及公共债务和公共担保外债偿还时间表，鼓励公布私人外债和偿还时间表；公共债务和公共担保外债数据发布频率为季，公共债务和公共担保外债偿还时间表一年发布两次，私人外债数据发布频率为年。第四，国际储备，核心指标是以美元标价的官方储备总额，鼓励公布与储备有关的负债；数据发布频率为月。第五，商品贸易，核心指标为总进口和总出口，鼓励在较长时间后公布主要商品的进出口；数据发布频率为月。第六，汇率，核心指标为现期汇率；数据发布频率为日。

（5）社会人口。社会人口统计包括人口、健康、教育、贫困四个方面的数据。人口统计的核心指标有人口数（按常住地、年龄、性别分组）和人口增长率。健康统计的核心指标有医生-人口比率、预期寿命、婴儿/儿童/产妇死亡率。教育统计的核心指标有成年人文盲率、学生-教师比率、小学/中学入学率。贫困统计的核心指标有获得洁净水的情况、每个房间居住的人数、收入分配、最低收入标准以下的家庭数。数据发布频率为年（贫困数据要求频率为3~5年）。

3. 申报 GDDS 程序及参与国的义务

IMF 成员国可在自愿的基础上申请加入 GDDS。如果某国有意愿加入 GDDS，则需完成以下三项要求。(1) 承诺按照 GDDS 规定的统计框架编制和发布经济、金融和社会人口数据；(2) 指定一名负责人，与 IMF 工作人员联络沟通；(3) 提交元数据，参考数据发布标准电子公告板（Dissemination Standards Bulletin Board，DSBB）上的数据质量评估框架（DQAF）的格式，内容包括现阶段数据编制和发布情况、短期以及中长期改进计划。IMF 将申请国的元数据公布在电子公告板上，即标志着该国已成功加入 GDDS。

一旦加入，参与国需承担相应的义务。IMF 在官网上建立了数据发布标准的电子公告板。参与国每年需更新公布在电子公告板上的元数据和改进计划。此外，鼓励成员国在互联网上建立国家数据汇总页面（NSDP），及时公布 GDDS 规定的数据，并在 DSBB 上建立 NSDP 的超链接；鼓励成员国在互联网上公布数据发布日历（ARC），提供当月以及至少 3 个月内公布数据的日期，并在电子公告板上建立 ARC 的超链接。

（执笔人：王娟）

附：文件目录

序言
前言
缩略语
1. GDDS 简介
  1.1 背景
  1.2 GDDS 的性质
  1.3 GDDS 的目的
  1.4 GDDS 的作用
  1.5 GDDS 的加入

2. GDDS 概述
  2.1 GDDS 的目的和内容框架
  2.2 指标、发布周期、及时性
  2.3 公众获取
  2.4 数据诚信
  2.5 数据质量
3. 指标、发布周期、及时性概述
4. 实体经济部门：指标、发布周期、及时性
  4.1 国民账户

4.2 生产指标
  4.3 劳动力市场
  4.4 价格指数
5. 财政部门：指标、发布周期、及时性
  5.1 概述
  5.2 广义政府运作
  5.3 中央政府运作
  5.4 中央政府债务
6. 金融部门：指标、发布周期、及时性
  6.1 存款性公司概览
  6.2 中央银行概览
  6.3 利率
  6.4 股票价格指数
7. 对外部门：指标、发布周期、及时性
  7.1 国际收支平衡表
  7.2 外债和债务偿还计划
  7.3 官方储备资产
  7.4 国际储备和外汇流动性模板数据
  7.5 商品贸易
  7.6 国际投资头寸
  7.7 汇率
8. 社会人口数据
  8.1 人口
  8.2 教育
  8.3 健康
  8.4 贫困
9. 数据发布标准电子公告板
10. GDDS 的评估和退出 GDDS
附录
  1. 千年发展目标指标表
  2. 官方统计的基本原则
  3. 参与国负责人的作用
  4. 数据质量评估框架
索引

13

亚洲及太平洋地区经济统计核心集

英文标题 Core Set of Economic Statistics for Asia and the Pacific
牵头组织 联合国亚太经济与社会委员会
版本信息 2010 年第 1 版
文件链接 http：//unstats.un.org/unsd/nationalaccount/workshops/2011/bangkok/ESCAP-22.PDF
中文版 无

附：文件目录

1. 背景情况
2. 经济统计发展技术咨询组
3. 核心经济统计项目
   3.1 核心统计项目及其目的
   3.2 决定核心项目内容的信息需求
   3.3 核心统计项目与国民账户体系
   3.4 指导核心项目内容的现有国际要求
   3.5 核心经济统计项目
   3.6 覆盖核心经济统计项目的完整流程：统计编制流程
   3.7 核心项目与区域方案
   3.8 核心项目作为国家统计系统能力开发的准则

附录

二、国民核算

14

国民账户体系

英文标题	System of National Accounts
牵头组织	联合国、欧盟委员会、经济合作与发展组织、国际货币基金组织、世界银行
版本信息	SNA-2008，SNA-1993，SNA-1968，SNA-1953
文件链接	http：//unstats.un.org/unsd/pubs/gesgrid.asp？id＝419
中文版	中国统计出版社，2012年

国内生产总值、经济增长、价格指数、进出口、固定资产投资、政府债务、信贷规模、引进外资，这些词汇及其数据天天见诸报道，受到全社会的关注。这些看似纷繁庞杂的数据其实有一个共同的出处——国民账户体系（中国长期以来习惯称为国民经济核算体系）。国民账户体系是各国宏观经济统计的核心，其中包括国内生产总值在内的一整套宏观经济指标，服务于各国的经济决策和研究。同时，国民账户体系已经形成统一的国际规范，在这一规范的指导下，各国的宏观经济数据具有高度的可比性，进一步加强了这些数据对于经济决策和研究的意义。以下简要介绍国民账户体系的发展概况、基本框架及其最新进展。

1. 国民账户体系的发展概况

国民账户体系（SNA）是一套宏观经济统计的国际标准，该体系覆盖了国民经济运行的各类经济主体在各个经济运行环节的主要流量与存量，目的是全面、系统地反映各国国民经济运行过程及其结果。

第一版SNA于1953年问世，此后分别于1968年、1993年和2008年进行了三次重大修订。其中，SNA-1993的出版标志着国民账户体系真正启动了全球一体化的进程，截至2010年，78%的联合国会员国实施了SNA-1993。目前，联合国正在努力推进由SNA-1993向SNA-2008的转型，该转型将分三个阶段实施，虽然三个阶段的持续时间由各会员国自行决定，但是，预期从2014年起，大多数会员国将在每一阶段经过2~3年的逐渐过渡之后，改用2008年国民账户体系。

经过半个多世纪的发展，国民经济核算在政府经济统计体系中已经处于中心地位。主要体现在：

一方面，SNA 提供的主要总量数据已经成为各国制定宏观经济政策和进行商业决策的重要参考依据，同时也是经济研究的主要对象；另一方面，SNA 的定义、分类、核算原则以及核算方法已经成为其他几大国际统计体系（包括国际收支统计、政府财政统计、货币与金融统计、综合环境经济核算等）的基准，从而使不同体系下的数据具有高度的可比性，为决策和研究提供了极大的便利。

正是由于国民经济核算具有重要意义，各国统计部门都把国民经济核算作为核心工作之一。例如，在中国国家统计局列出的十二项职能中，第二项便是建立、实施和管理全国的国民账户体系；美国重要的经济统计机构经济分析局将编制国民收入与生产账户（National Income and Product Accounts，NIPAs，即美国国民账户体系）作为其核心任务；英国统计局把国民账户作为其首要的产出。

从国民经济核算工作的全球化进程来看，联合国统计司国民账户处以及国民经济核算秘书处间工作组发挥着重要作用。联合国统计司国民账户处致力于 SNA 开发与更新的国际协调工作，搜集并发布成员国的年度国民经济核算数据，数据在年鉴《国民经济核算：主要总量与细目表》上发布。该年鉴于 1958 年首次发布时，仅覆盖了 70 个国家和地区的数据，到 2011 年，报告数据的国家和地区已经超过 200 个。国民经济核算秘书处间工作组（Intersecretariat Working Group on National Accounts，ISWGNA）由欧盟委员会、国际货币基金组织、经济合作与发展组织、世界银行以及联合国五大国际组织共同成立，负责 SNA－1993 及其后的 SNA 修订与更新工作，并承担着 SNA 研究议题的方法论研究。可以说，联合国统计司国民账户处和 ISWGNA 是 SNA 实现全球化的组织保障。

2. 国民账户体系的基本框架

SNA 中心框架是一个环环相扣的账户体系，一整套宏观经济总量指标通过这个账户体系生成且相互衔接。在这个账户体系中，既有记录一定时期内经济运行过程的流量账户，也有记录特定时点资产负债的存量账户。其中，存量账户记录总资产和总负债，生成资产净值；流量账户则有以下序列：

（1）生产账户，记录总产出和中间消耗，生成国内生产总值；
（2）收入分配账户，记录收入分配流量，生成国民总收入和国民可支配收入；
（3）收入使用账户，记录最终消费支出，生成储蓄；
（4）资本账户，记录非金融投资，生成净金融投资；
（5）金融账户，记录金融交易，从而解释净金融投资的来龙去脉。

此外，SNA 还包括两个反映资产负债其他变化的账户（资产物量其他变化账户、重估价账户），以及反映对外经济往来的国外账户。

可以看出，SNA 的流量账户系列覆盖了国民经济运行过程的各个环节。既描述了货物和服务的来龙（生产与进口）与去脉（消费、积累与出口），也描述了资金的流动（收入、消费与投资）与融通（净金融投资）；既解释了由交易引起的资产负债存量变动（非金融投资与金融交易），也解释了其他原因引起的资产负债存量变动（资产物量其他变化与重估价）。

SNA 提供的总量指标并不是相互割裂的，其账户编制方法清晰展现了各个总量指标的内在关系。在 SNA 的流量账户系列中，上一个账户生成的指标成为下一个账户的起点，由于账户形式等价于数学恒等式，因此，由账户体系可以序贯推导出各个总量指标之间的相互关系；而流量账户叠加起来则可以解释存量在期初到期末的期间内所发生的各种变化。打个比方，SNA 的流量账户系列如同摄像机，沿着符合经济运行逻辑顺序的路线，动态跟踪了经济运行的全过程；而存量账户则如同照相机，不断将经济运行的阶段性成果定格。

SNA 账户编制层次不是单一的，不仅可在经济总体层次编制，还可在机构部门层次编制。经济总体层次的账户能反映国民经济运行的全景以及一国经济与国外部门的联系，而机构部门层次（包括非金融公司部门、金融公司部门、政府部门、为住户服务的非营利机构部门、住户部门）的账户则能够体现各部门在国民经济运行中的作用以及部门之间的经济联系，为经济决策和研究提供更为丰富的信息。

最后需要指出的是，SNA 在保持一致性、严密性与完备性的同时，还设置了卫星账户（如旅游卫星账户、环境卫星账户和健康卫星账户等）以及一些补充项目和补充表，目的是保证账户体系的灵活性。

3. 国民账户体系的最新进展

作为 SNA 的最新版本，SNA－2008 的基本框架与 SNA－1993 保持一致，但在细节上作了很多调整，仅 SNA－2008 附录 3 列出的重要变化就有 61 项。由于多数变化反映了经济环境的发展动态和宏观管理的关注焦点，例如与技术创新、金融创新、企业管理创新、公共管理创新、资源环境管理以及经济全球化等有关的核算方法的变化，因此，SNA－2008 具有重要的现实意义。下面列举若干比较重大的变化：

（1）严格区分了经济所有权和法定所有权，明确将资产记录在经济所有者而非法定所有者的资产负债表中。

（2）引入知识产权产品的概念，承认进行研究与开发乃是投资活动，研究与开发的产出被资本化为"知识产权产品"，属于固定资产项下。

（3）引入资本服务的概念，新增了一章来阐述资本服务的功能和表现，从而在 SNA 中引进近年来在经济增长和生产率研究领域的新进展。

（4）引入金融衍生工具类别，并对其进行扩展，将雇员股票期权也包括在内。

（5）详细阐述了公司重组过程中涉及公共单位的核算方法，澄清了通过公—私合伙所创立的固定资产所有权的核算原则。

（6）严格按照所有权变动原则来记录进口和出口，加工贸易涉及的货物不再记录为货物进口和出口，而记录为加工服务的进出口。

在 SNA 日臻完善的同时，也留有很多尚待解决的问题，这些问题将在 ISWGNA 的组织下逐步加以研究解决。事实上，随着经济和社会的持续演进，新的核算方法和理论将不断涌现，用户需求也会推陈出新，因此，SNA 必将迎来一次又一次的修订，其生命力将在不断扬弃中常青。

（以上内容曾以"SNA：宏观经济统计的核心"为题，刊于《中国统计》2012 年第 4 期，作者：李静萍）

附：文件目录

前言
目录
序
缩略语
1. 绪论
2. 综述
3. 存量、流量和核算规则
4. 机构单位和部门
5. 企业、基层单位和产业
6. 生产账户
7. 收入初次分配账户
8. 收入再分配账户
9. 收入使用账户
10. 资本账户
11. 金融账户
12. 资产其他变化账户
13. 资产负债表
14. 供给使用表及货物和服务账户

15. 价格和物量核算
16. 账户综述和整合
17. 账户的交叉和其他特殊问题
18. 账户的扩展与呈现
19. 人口和劳动投入
20. 资本服务和国民账户
21. 公司活动核算
22. 广义政府和公共部门
23. 非营利机构
24. 住户部门
25. 非正规经济
26. 国外账户及其与国际收支的联系
27. 与货币统计和资金流量的联系
28. 投入产出及其他基于矩阵的分析
29. 卫星账户和其他扩展

附录

参考文献

术语与词汇

索引

15

季度国民核算手册

> **英文标题** Quarterly National Accounts Manual
> **牵头组织** 国际货币基金组织
> **版本信息** 2014～2017 年修订中，2001 年第 1 版
> **文件链接** http：//www.imf.org/external/pubs/ft/qna/2000/textbook/
> **中文版** 中国国家统计局国民经济核算司内部出版，2009 年

国民经济核算作为经济社会发展的重要测量系统，不仅能够为一个国家的宏观经济管理和分析提供坚实的数据基础，而且可为决策者在制定经济发展战略和各种宏观经济政策等方面提供重要依据。在国民核算的具体实践中，较为常见的是年度国民账户，但除此之外也有必要编制季度国民账户。

相对于年度国民账户，季度国民账户能更加及时地评估、监测当前经济发展变化。为了帮助各国加强季度国民账户的建设，国际货币基金组织（IMF）在 2001 年发布了一套力求系统化的、协调一致的季度核算体系——《季度国民核算手册》（以下简称《手册》）。该《手册》依据 SNA－1993 核算框架，阐述贯穿国民账户整个体系的问题、概念和技术，其内容涵盖了季度国民核算的总体规划、编制体系、统计处理过程、修订策略等。2013 年，IMF 发布了《更新的季度国民核算手册纲要》，目的是对《手册》进行修订，以满足新的需求并与 SNA－2008 保持一致，此后陆续推出了各章的修订版草案。鉴于新版手册尚未完整发布，以下主要基于 2001 年《手册》介绍其基本内容。

1. 季度国民核算的框架

为了促进季度国民核算（QNA）顺利、有效地进行，需要特别关注统计问题和管理问题。统计核心问题包括：季度核算与年度核算（ANA）的关系、季度核算覆盖的范围、季度原始数据的评估，以及账户编制的程序。管理核心问题则包括：数据发布周期、编制过程的时间安排，以及组织编制中的有关人员。考虑这些战略问题时，需要对核算的全过程有一个粗略的认识。

首先是季度国民账户的创建，包含以下主要步骤：（1）与潜在用户协商，要确定可能的用户，以及所需要的核算范围和内容；（2）列出编制清单，一是涉及年度编制方法的清单，二是可得到的季度和年度原始数据的清单；（3）设计编制方法和程序，要明确 QNA 的范围和编制层次，选择编制方法体系，制定编制时间表；（4）对原始数据的质量和编制过程作复审，其中要研究年度和季度原始数据之间的相互关系，给出基于历史数据研究主要总量的修订方法，以及对季度编制系统的修订方法；（5）生成以往年份 QNA 数据的时间序列，并将季度原始数据的时间序列衔接到年度数据的时间序列；（6）试运行，并用当年（y 年）的季度估计值更新季度时间序列；（7）首次发布数据。

进而考虑季度国民账户的维护，包含以下主要步骤和处理方法：（1）当可以获得新的季度数据时，应如何修订当年的季度估计值；（2）当可以获得新的年度数据时，应如何修订季度估计值；（3）如何利

用下一个当年（y+1 年）的估计值更新季度时间序列。

2. 编制体系

季度国民账户的编制体系比较灵活。对于具有全面而详细的年度国民账户体系的国家，常采用独立的体系，运用供给使用表（S-U 表）编制季度账户。该体系的弊端在于难以实现大规模横截面上的协调，不能达到与年度账户相同的详细程度。对于在年度核算中不使用 S-U 框架的国家，常采用与年度账户体系结合起来的方法，该方法能够使年度和季度账户在相同的处理系统中完成，更容易完成两组数据的衔接，但是年度数据和季度数据详细程度的差异以及年度账户是否具有时间序列特点等都会影响该方法的使用效果。

在选择原始数据时，一方面要考虑潜在用户的需求及使用目的，另一方面要结合统计学家对未来需求的预测，在数据可得性前提下做到尽可能全面和详细。一般原始数据来源于年度账户体系以及一些行业的月度或季度数据。

3. 统计处理过程

季度国民核算的统计处理过程主要包括校验和协调、衔接、季节调整三个阶段。

（1）校验和协调。国民账户的编制是一个十分复杂的过程。要把不同时期、不同来源、不同质量的数据集中在一起，因此，校验和协调是统计数据生产过程中必不可少的环节，也是国民账户编制中最具有技巧性的部分。QNA 中的校验和协调问题与 ANA 相同，然而 QNA 的发布期限和时间要求比 ANA 紧迫，前期可获得的信息量比 ANA 少，因而难度相对较大。《手册》中介绍了确认数据问题的常用方法：一是目测法，在数据公布之前对数字进行审核，没有任何附加的计算、表或者图，是最基本的数据校验方法；二是分析检验法，使用附加计算或图形帮助检查收据，是一种更为高级的校验方法，包含逻辑校验、似真性校验。针对一个项目有两种或多种相互独立的估计量时，往往会出现不一致的现象，协调就是处理这种不一致的过程。可以选择的方法包括：通过详细调查进行协调，通过数据方法进行协调，或者公布不同方法之间的差异。

（2）衔接。衔接是针对某一个变量，将季度数据与对应的年度数据合并成一个具有一致性的时间序列的过程。在 QNA 中，需要通过基准—指标比率（简称 BI）框架将单个指标序列转化成单个 QNA 变量的估计值。《手册》介绍了两种方法处理衔接问题。一是利用指标进行分摊和外推的基本技术。分摊是指将一个流量序列的年度总计分配到相应年份的四个季度中，常常根据四个季度观察值的比例对年度总计进行分解。外推是指利用短期指标的变动来更新那些还得不到年度数据的 QNA 估计值的季度时间序列。二是 Denton 比例法。如果采用按比例分摊法，季度增长率的所有调整很有可能都集中到某一个季节，导致台阶问题，进而扭曲季节变动模式。为了避免这种扭曲，需要保证季度 BI 比率从一个季度到下一个季度时是平稳变化的，同时季度 BI 比率的平均值要等于年度 BI 比率。Denton 比例法就是在年度衔接提供的约束前提下，通过使相邻季度间相应的调整量之差最小（最小二乘法意义上），从而使经衔接的序列尽可能与短期指标序列成比例。

（3）季节调整。所谓季节调整，是指根据分析技术将一个序列分解成趋势—循环成分、季节成分、不规则成分，从而确定时间序列的不同组成部分，以便更好地把握随时间而发生的经济动向。进行季节调整最通用的方法就是 X-11 家族的三个程序——X-11、X-11-ARIMA 和 X-12-ARIMA，核心是建立在一系列移动平均的基础上。《手册》认为，初始未经调整的 QNA 估计值、经季节调整的估计值以及趋势循环成分三组数据从不同方面提供了经济变动的有效信息，就国民核算总量而言，这三组数据都应该提供给用户。由于季节效应可能随时间而变化，季节模式可能受到经济行为、制度安排和社会安排变化的影响而发生改变，《手册》对与季节调整相关的问题进行了一一说明，如季节模式变化，修订和摆尾问题，进行季节调整的时间序列最小长度的规定等，还有 QNA 中的一些特殊性问题，如平衡项和总量应直接进行季节调整还是作为残余项导出，是否应保持现价价值量、价格指数和物量估计之间的关系，是否应保持供给、使用及其他核算的一致性，是否应严格保持与年度账户的关系。

4. 修订策略

修订是完整编制季节国民账户必不可少的重要环节，也是向用户及时提供准确数据的前提和保障。国民核算数据需要在时效性和准确性上有所权衡。时效性要求数据及时发布，特别是季度核算数据，每年有四次明确的发布时间点。为了减轻权衡压力，通常的做法是先编制初步数据，当可以获取更多、更好的原始数据时，再进行后期修订。作为一项合理的修订策略，其要素主要包括以下三方面。

（1）用户需求和资源限制。时效性与准确性、可靠性之间的权衡，是由各种各样的用户需求和有限的统计资源之间的冲突引起的。国民核算数据被用于多种目的，而这些目的之间存在着一部分相互冲突的要求。为了及时采取正确的政策措施，需要向政策制定者和其他用户尽可能最快、最新地提供一幅反映当前经济形势的连贯、全面、合理、准确的图景。而采集十分准确和详细的原始统计数据，无疑又需要耗费大量的人力、财力和时间成本。最终为了保证及时性，往往只能得到有限的一些月度或季度原始数据，更为详细的、全面的数据要在参考年之后很久才能得到，期间伴随着不同程度的滞后。

（2）修订周期。在国民核算过程中，会经历获取统计原始数据的三个波动，进而形成三个修订周期：季度修订周期、年度修订周期、定期的大修订周期。季度修订周期是由短期数据的变化所决定的，如具体的短期原始数据的订正和修改，或者额外的不太及时的短期数据的编入。把更可靠的年度数据纳入季度估算中，意味着随时间的推移要对 QNA 估计值作多次修订，这样做的优点在于可以把年度数据的准确性和可靠性传递给 QNA，并且顾及了短期原始数据本身所不容许的全面性。定期的大修订周期是伴随着定期基准普查，或者是开发了经改进的编制方法，或者是国际准则发生了修订，为此需要对序列数据进行修订。

（3）编制和发布时间。确定编制及发布时间表会受到如下因素影响：一是主要来源数据的获得时间和原始数据的修订策略；二是重要经济政治文件的准备时间；三是对时效性与准确性进行权衡的态度，以及对修订规模和频率的态度；四是推广方式；五是国民账户编制体系的工作量和设计。不同国家对季度初始数据发布的时间差异很大，一些国家数据发布是在参考季度之后的第 1 个月内，而另一些国家则选择在季后 2~3 个月发布。

（以上内容曾以"按季度进行国民经济核算的方法指导"为题，
刊于《中国统计》2017 年第 5 期，作者：贾向丹）

附：文件目录

序
前言
1. 导论
　1.1 引言
　1.2 季度国民账户的用途
　1.3 作为时间序列的季度国民核算
　1.4 经季节调整的数据和趋势循环估计
　1.5 季度账户和年度账户的概念联系
　1.6 季度国民核算的透明性
　1.7 初步估计
　1.8 本手册的内容构造
　附录 1.1 拐点的确认

2. 季度国民核算的总体规划
   2.1 引言
   2.2 统计问题
   2.3 推广
   2.4 管理方面的问题
3. 国内生产总值及其构成项的资料来源
   3.1 一般问题
   3.2 按行业划分的国内生产总值
   3.3 按支出类型划分的GDP
   3.4 按收入类型划分的GDP
   附录3.1 存货变化的测算
4. SNA-1993其他组成部分的资料来源
   4.1 一般问题
   4.2 主要经济总量指标
   4.3 经济总体账户
   4.4 机构部门账户
5. 校验和协调
   5.1 引言
   5.2 数据问题的成因
   5.3 怎样确认数据问题
   5.4 协调
   5.5 作为编制过程组成部分的校验
6. 衔接
   6.1 引言
   6.2 利用指标进行分摊和外推的基本技术
   6.3 Denton比例法
   6.4 几个特殊问题
   附录6.1 其他衔接方法
   附录6.2 外推基础和前向台阶问题
   附录6.3 DENTON比例法衔接公式的一阶条件
7. 机械预测
   7.1 引言
   7.2 基于季度数据的趋势预测
   7.3 基于月度和季度数据的预测
8. 季节调整和趋势——循环估计
   8.1 引言
   8.2 季节调整的主要原则
   8.3 季节调整程序X-11家族的基本特征
   8.4 季节性问题
9. 价格和物量测算：特殊的QNA-ANA问题
   9.1 引言
   9.2 随时间变化汇总的价格和物量测算
   9.3 QNA物量测算的价格权数选择
   9.4 QNA中的链接
   附录9.1 随时间变化的汇总和年度与季度估算的一致性
   附录9.2 季度拉氏物量测算的年度链接：年度和单季重叠技术的正式表达
10. 价格和物量测算：特殊的QNA-ANA问题
    10.1 引言
    10.2 为什么在制品应该被视作产出
    10.3 在制品的测算
    10.4 有关农业的一些特殊问题
    附录10.1 在SNA-1993账户序列中记录在制品
11. 修订策略、编制及发布时间表
    11.1 引言
    11.2 用户需求和资源限制
    11.3 原始数据"波"和相关的修订周期
    11.4 编制和发布时间表
    11.5 修订政策的其他方面

参考文献

索引

后记

16

购买力平价方法手册

英文标题	Methodological Manual on Purchasing Power Parities
牵头组织	欧盟统计局、经济合作与发展组织
版本信息	2012年版，2005年版，1994年版
文件链接	http://www.oecd.org/std/prices-ppp/eurostat-oecdmethodologicalmanualonpurchasingpowerparitiesppps.htm
中文版	无

基于国内生产总值（GDP）进行国际比较，随手可用的换算方法是汇率法，即基于货币的市场比价，用市场汇率将以本国货币单位表示的GDP转换成目标国货币单位或主要国际货币单位进行比较。基于同质商品或货币实际购买力进行GDP比较，则为我们开拓了另一个思路。通过国际比较项目（International Comparison Program，ICP）得出的购买力平价（Power Purchasing Parity，PPP），已经被广泛应用于转换不同经济体GDP，进而对各经济体进行GDP比较。

国际比较项目最早于1986年在美国宾夕法尼亚大学开展，当时只是一个小型研究项目。如今发展成为全球性的统计项目，经济合作与发展组织（OECD）在其中发挥了重要作用。联合国统计委员会第39届会议通过了世界银行组织2011年国际比较项目，并于2014年4月发布了评估结果，形成了《2011年购买力平价报告》（Purchasing Power Parities and the Real Size of World Economies: A Comprehensive Report of the 2011 International Comparison Program）。参与此轮测算的经济体达到199个。项目实施由设在世界银行内的ICP全球办公室领导和协调，由8个地理区域内监管经济活动的区域性机构合作开展。这8个地理区域包括非洲、亚洲与太平洋、独联体、拉丁美洲、加勒比海地区、西亚、太平洋岛屿，以及由欧盟统计局和OECD管理的定期PPP项目国家。

相对于世界银行侧重于结果的报告，《购买力平价方法手册》（以下简称《手册》）更侧重于国际比较方法和应用，以下分若干部分介绍该《手册》：购买力平价指数的概念、数据来源和编制程序。

1. 购买力平价的概念

某经济体购买力平价指的是购买一定数量货物或服务所需的货币单位数量，这个"一定数量"的货物或服务应与基准国一个货币单位可以购买的货物或服务等量。例如，亚洲及太平洋地区将港元选定为基准货币，所有其他经济体的支出将被换算成港元表示。假设在中国香港市场购买一定数量的货物或服务需要100港元，而在印度市场购买相同数量的货物或服务需要250印度卢比，则印度的购买力平价为2.5，实际是卢比和港元基于基准商品的换算指数。购买力平价的测算需要涉及一定数量的基准货物和服务，其测算结果会因所选择的货物和服务而异。因此，购买力平价的测算应该以特定支出群体为基础，比如居民消费支出、政府支出以及投资等。

测算 GDP 可采用三种方法，即生产法、收入法和支出法。由于采集支出法 GDP 各支出组成部分的价格数据较为容易，故而在国际比较中常常采用支出法计算 GDP。GDP 的支出指标包括以下三项之和：居民和政府的最终消费支出；企业和政府的固定资本形成总额；出口额减去进口额得到的净出口。

2. 价格和支出数据的搜集

编制购买力平价指数的步骤与消费者价格指数（CPI）常规编制所采用的步骤非常相似。要先收集消费者购买货物服务的价格数据，随后加总计算主要支出类别（如食品、服装、住房、医疗、教育、交通及其他商品）的价格指数，最后是整体居民消费支出的价格指数。二者之间的区别在于，PPP 不仅包括居民消费，同时还囊括了投资、政府支出和净出口，因为这些都是 GDP 的组成部分。我们可以这样理解：CPI 是对价格的时间比较，而 PPP 是对价格的空间比较。故而编制购买力平价指数主要有两大步骤：一是所需的价格和支出数据的收集；二是购买力平价的计算。

价格数据收集主要包括四个阶段：编制产品清单，设计适当的调查框架，收集价格，对价格数据进行审查和编辑。在价格数据的收集过程中需要注意以下三点。

第一，在编制产品清单的时候需要考虑可比性和代表性两个要素。可比性指的是，由于购买力平价代表着不同经济体的价格水平的测算值，因而所选的产品必须十分明确，以保证某一特定产品的价格在各经济体之间可比；代表性指的是，各经济体的产品必须能够代表该经济体一般人群的消费习惯。在国际比较场景下，这两个要素很可能是相互抵触的，为此在编制产品清单时需要在这二者之间进行平衡。

第二，最终敲定的产品清单是设计价格调查方案和参与该项目的各经济体进行后续数据收集的主要考虑因素。在覆盖范围方面，国际比较项目得出的结果会涉及整个经济体，因此，所收集的价格必须代表整个经济体，而不能仅仅是某个经济体的首都或城市地区。另外，购买力平价计算所用的价格必须是全国年平均价格，价格调查设计必须要能够获取同时涵盖农村和城市地区的全国年平均价格。

第三，价格和 GDP 数据质量对于购买力平价的计算尤为关键。要保证数据质量，需要对数据进行审核。数据审核一般从三个不同的层面来进行。首先是地区层面，要采用一系列跨经济体方法（包括 Quaranta 和 Dikhanov 表）验证价格数据。其次是国家层面，要核查报价是否存在异常值，确保不同渠道和地区之间的产品价格具有可比性。最后是全球层面，世界银行的 ICP 办公室要针对居民消费类全球核心产品清单上的产品以及政府补贴、建筑品、机械和设备等进行一致性验证。

3. 购买力平价计算方法

在 ICP 项目中，购买力平价的测算包括以下三个阶段。

第一阶段是基于 GDP 支出基本分类层级进行购买力平价计算。ICP 项目定义了 155 个基本分类，这些基本分类随后被加总为 126 个种类、61 个群组、26 个大类以及 7 个主要类别。需要应用多边比较方法，对各国的具体规格品进行比较汇总，形成基本分类一级购买力平价。计算基本分类一级购买力平价的常用多边比较方法有 EKS 法和 CPD 法。

（1）EKS 法。EKS 法并不是用来计算 PPP 的方法，它最大的贡献在于能够将不具有可传递性的双边指数转换为具有可传递性的多边指数。该方法基于双边比较，先计算所有参加国的双边 Fisher 指数，再对所有双边 Fisher 指数进行几何平均，从而得到具有传递性的 EKS 指数。在用 EKS 法计算 PPP 时，篮子产品中在两国都具有代表性的产品越多，计算的效果就越好。但在实际操作中，往往会迫不得已将许多非代表性产品放入篮子中，且参加国越多，非代表性产品可能会越多。因此，EKS

法适用于经济发展水平相似、消费模式相近的区域进行多边比较。

根据所选产品代表性的强弱不同，应用相应的权数进行不同处理，可分别得到三个版本的EKS法，即原始EKS法、EKS*法以及EKS-S法。其中，EKS*法和EKS-S法都是在改进前一种版本的基础上提出的。原始EKS法忽略了篮子产品的代表性，而EKS*法给代表性不同的产品赋予不同的权重，解决了这一问题，然而，EKS*对PPP的计算存在偏差，因此，有学者进一步提出EKS-S法来得到无偏估计量。

（2）CPD法。CPD法是一种以回归为基础来计算PPP的方法。起初它只用于填补价格数据的缺失值，随后在ICP的前几轮比较中得到应用，逐渐成为汇总基本类一级价格数据的常用方法。根据CPD法，购买力平价更多地是估算问题而非指数计算问题。使用CPD法有两个假设：第一，除非有随机干扰，基本分类内部单个产品的购买力平价在给定的任何一对经济体之间密切相关；第二，某特定基本分类内部不同产品的相对价格模式在所有经济体中相似。根据CPD法的基本假设，某一经济体产品的价格主要受两个因素的影响：国家类别以及产品类别。因此，在构造回归模型时，可以将产品价格作为被解释变量，将国家类别因素和产品类别因素作为产品价格的解释变量，这两个解释变量都是虚拟变量。PPP则是通过最小二乘估计方法估计出来的国家虚拟变量的系数。在CPD法中，所有价格数据都被赋予了相同的权重，忽略了产品代表性不同的问题。为了解决这一问题，将代表性作为新的变量引入CPD模型中，由此产生了CPRD法。

第二阶段是对基本分类结果逐级汇总，形成区域综合购买力平价指数。某国的综合购买力平价指数是以该国家基本分类的支出构成为权重，对基本分类一级的购买力平价进行逐级加权计算得到的。计算综合购买力平价一般也采用多边的汇总方法，比较常见的有EKS法、CPD法以及最小间隔数法。计算综合购买力平价的过程与计算基本分类购买力平价类似，只是需要以支出构成为权重进行加权计算。

需要注意的是，在计算购买力平价这一综合性指标时，没有哪一种是绝对正确的方法。例如，OECD和欧盟一直采用EKS法计算基本分类级购买力平价以及综合购买力平价，而亚洲开发银行在计算基本分类级购买力平价时采用CPD法，在计算综合购买力平价时则采用EKS法。

第三阶段是将区域购买力平价连接成为全球购买力平价。每一个区域分别根据能够反映本地区支出和消费模式的产品确定产品目录，收集价格和支出数据，进而计算以该区域基准货币表示的购买力平价。为此需要把各区域的购买力平价连接成以美元为基准货币的全球购买力平价，从而进行国际比较。在2011年ICP项目中，采用的是国家再分配法（CAR）进行购买力平价的全球连接。需要注意的是，在进行购买力平价的全球连接时，不是以各区域的综合购买力平价为基础，而是以各区域155个基本分类层级购买力平价为基础。CAR法包括两个步骤：第一，通过各参加经济体的155项基本分类层级购买力平价，将各个国家的购买力平价连接起来，形成全球范围内按照统一货币（美元）表示的155项支出基本分类层级的购买力平价。第二，利用EKS*法将各基本分类购买力平价进行汇总，得到全球范围内各国的综合购买力平价。

4. 购买力平价的主要应用

相关研究已经指出了汇率与购买力平价之间的差异，并强调在进行实际GDP及其组成部分的国际比较时使用购买力平价更为合理。与此同时，购买力平价测算方法的改善大大提升了其可用性，也使得在不同地区使用购买力平价进行比较成为可能。

总体来说，购买力平价可以应用于以下五个方面。

（1）研究全球经济的实际规模以及各区域在全球经济中实际所占的份额。世界银行认为，按购买力平价方法计算的实际GDP能够更好地反映一个经济体占全球GDP的比例。

(2) 计算价格水平指数、研究价格水平指数模式。2011 年全球范围内价格水平最高的三个国家为瑞士、挪威和百慕大。以全球平均价格指数为 100 来计算，这三个国家的价格水平指数分别为 209.6、206.4 以及 201.6。

(3) 计算 GDP 各组成部分的物量，例如居民消费支出、政府公共支出以及固定资本形成总额。

(4) 计算世界基尼系数。2011 年以 PPP 方法计算的世界基尼系数为 0.49，而以汇率法计算的基尼系数为 0.64。

(5) 换算国际贫困线，即 1 美元/天和 2 美元/天，用于估算全球不平等和贫困的发生率。

（以上内容曾以"衡量世界各国真实 GDP 的方法"为题，刊于《中国统计》2015 年第 4 期，作者：刘丹丹）

附：文件目录

前言
概述
1. 购买力平价目的
　1.1　引言
　1.2　一般方法
　1.3　汇率和购买力平价
　1.4　使用购买力平价
2. 数据规范
　2.1　引言
　2.2　与国民核算的一致性
　2.3　可比性和代表性
　2.4　实际数据规范
3. 组织
　3.1　引言
　3.2　制度框架
　3.3　调查组织
4. 支出法 GDP 组成部分
　4.1　引言
　4.2　支出法 GDP
　4.3　支出分类
　4.4　支出数据的报告和验证
　4.5　后续改进
5. 消费和服务
　5.1　引言
　5.2　调查过程
　5.3　概览和规划
　5.4　预调查和产品清单
　5.5　价格采集和国内验证
　5.6　国际验证
　5.7　评估
　5.8　年度全国价格的获得
　5.9　非调查年份的购买力平价估计
　5.10　PPP 和 CPI 价格采集之间的协同效应
6. 住房
　6.1　引言
　6.2　实际租金和虚拟租金
　6.3　租金调查
　6.4　计算住房购买力平价
　6.5　住房数据的确认
7. 健康
　7.1　引言
　7.2　健康支出的分类
　7.3　价格采集：市场生产者的购买
　7.4　价格采集：政府的卫生服务
　7.5　医院服务
　7.6　面向产出
8. 教育
　8.1　引言
　8.2　产出法
　8.3　数据来源
　8.4　质量调整因素
　8.5　教育的购买力平价计算
　8.6　教育数据的验证
9. 公共服务
　9.1　引言
　9.2　公共服务
　9.3　投入价格法
　9.4　政府雇员消费调查
　9.5　生产力差异
10. 机器设备

- 10.1 引言
- 10.2 一般方法
- 10.3 调查过程
- 10.4 预调查和产品清单
- 10.5 价格采集
- 10.6 报告价格
- 10.7 价格验证
- 10.8 非增值税抵扣的调整
- 10.9 非调查年份装备制品的购买力平价估计
- 11. 建筑
  - 11.1 引言
  - 11.2 一般方法
  - 11.3 调查过程
  - 11.4 工程量清单
  - 11.5 滚动调查方法
  - 11.6 价格采集和报告
  - 11.7 价格验证
  - 11.8 非增值税抵扣的调整
- 12. PPP 的计算与汇总
  - 12.1 引言
  - 12.2 基本类购买力平价的计算
  - 12.3 基本类购买力平价的汇总
- 13. 结果展示及发布
  - 13.1 引言
  - 13.2 结果展示
  - 13.3 欧盟统计局年度出版计划
  - 13.4 OECD 的非基准年购买力平价估计
  - 13.5 数据获取政策
  - 13.6 欧盟统计局、OECD 和国际比较项目结果的一致性

附录

术语

国民核算手册：国民账户实用简介

英文标题	Handbook of National Accounting National Accounts：A Practical Introduction
牵头组织	联合国统计司
版本信息	2004 年第 1 版
文件链接	http：//unstats.un.org/unsd/nationalaccount/pubsDB.asp？pType=2
中文版	http：//unstats.un.org/unsd/nationalaccount/pubsDB.asp？pType=2

国民账户体系由一套连贯而完整的宏观经济账户、资产负债表和其他统计表组成，其基础是一系列国际公认的概念、定义、分类和核算原则。它全面详尽地记录发生在一个经济体内部错综复杂的经济活动，以及不同经济活动参与者之间的相互作用。《国民核算手册：国民账户实用简介》（以下简称《手册》）是联合国统计司组织编写的国民账户系列手册中的一部，目的是向不熟悉国民账户的经济学家、决策者和国民核算领域的初入门者介绍国民账户体系的基本概念和结构。

《手册》内容有三大部分。

第一部分是国家账户。首先明确构成国民账户基础的宏观经济概念和经济核算等式；其次介绍了生产账户、收入初次分配账户、收入再分配账户、收入使用账户、资本账户、金融账户、资产负债表等国内账户序列以及国外账户，介绍过程中对账户序列予以图形表示并举出具体例子；最后对国民账户体系中的总量指标和专门统计指标的作用进行总结和归纳。

第二部分是按产业和机构部门分列的综合账户。首先，审议各产业和机构部门的统计单位和机构部门类型，将经济体划分为五个机构部门；其次，介绍了一套检查货物和服务流量统计资料一致性的工具，即供给使用表，并在阐述说明中列示出按产业和机构部门的产出、中间消耗和总增加值的完整交叉分类；再次，着重介绍机构部门账户，包括每个部门的增加值、初始收入、可支配收入、最终消费支出、储蓄、资本形成总额、净借出（＋）或净借入（－），并讨论了关于国内部门之间和国内部门与国外之间的收入交易及金融流量信息，还对机构部门账户中的两个重要问题——最终消费支出与实际最终消费、企业会计与国民账户——作了说明；最后，讨论了通过使用不同价格指数得到国内生产总值物量的方法。

第三部分简单介绍了如何收集数据以及如何将估计方法用于国民账户的编制等问题。

《手册》简明易懂，可作为阅读和理解国民账户体系的指南。此外，《手册》收录了简单的练习题，可帮助读者更清楚地了解相关概念和账户体系的结构。《手册》附录 A 提供了 Excel 模式下的具体例子，读者可通过其中的公式摸清体系中的各种联系；附录 B 则准备了可用来编制国民账户的一份汇编电子表格，作为手册编写的重要参考。

（执笔人：黎煜坤）

附：文件目录

导言

第一部分：国民账户

1. 概述
2. 生产账户与货物服务账户
   2.1 目标
   2.2 国民账户的基本概念及其与货物服务的关系
   2.3 生产范围和估价原则
   2.4 货物服务其他总量的基本定义
   2.5 核算问题
   练习：生产法和最终支出法 GDP
   答案
3. 收入账户
   3.1 目标
   3.2 重要的收入概念
   3.3 初始收入
   3.4 国民总收入
   3.5 经常转移：无回报的交易
   3.6 国民可支配总收入
   3.7 机构部门收入与经济总体收入之间的关系
   练习：国民总收入、国民可支配总收入和总储蓄
   答案
4. 资本账户
   4.1 目标
   4.2 非金融投资和资金来源
   4.3 总储蓄
5. 金融账户
   5.1 目标
   5.2 资产和负债的定义
   5.3 与资本账户的关系
   练习：交易分类
   答案
6. 国外账户
   6.1 目标
   6.2 与国外的交易
   6.3 国外账户的平衡
   6.4 贸易统计与货物服务贸易平衡之间的关系
7. 国民资产负债表
   7.1 目标
   7.2 资产负债表的组成部分
   7.3 净值
8. 经济总体的 SNA 框架
   练习：基于国家建立一套完整的账户体系
   答案

第二部分：按产业和机构部门列示的综合账户

9. 产业和部门分类
   9.1 目标
   9.2 什么是产业/基层单位？
   9.3 什么是机构单位？
   9.4 辅助法人公司/活动
   9.5 经济体中的机构部门
   9.6 同时进行产业和机构部门分类的例子
   9.7 法人公司
   9.8 住户部门
   9.9 非营利机构和为住户服务的非营利机构
   9.10 广义政府部门
   9.11 应将什么排除在政府部门之外？
   练习：政府部门账户
   答案
10. 供给和使用表：产业、产品和机构部门的整合
    10.1 供给使用表的目标
    10.2 供给使用表的组织
    10.3 使供给使用表达到平衡
    10.4 最终使用分类
    10.5 部门层面的增加值
    10.6 对部门层面生产核算的数据需求
    练习：构建使用和供给表
    答案
11. 机构部门账户
    11.1 目标
    11.2 收入类型
    11.3 各部门初始收入
    11.4 各部门业主收入
    11.5 各部门可支配收入
    11.6 各部门总储蓄
    11.7 各部门净贷出（＋）/净借入（－）
    11.8 各部门金融账户
    11.9 各部门资产负债表
12. 部门账户中的其他问题
    12.1 最终消费支出与实际最终消费

12.2 企业会计与国民账户
练习：企业会计与国民账户的联系
答案
13. 国民账户中的价格和物量计量
13.1 目标
13.2 价格指数的类型
13.3 物量指数的类型
13.4 国内生产总值物量的计算方法
练习：物量指数和双重减缩法
答案

第三部分：SNA 的数据收集和估算方法
14. SNA 的数据收集、编制和估算方法概述
14.1 目标
14.2 数据收集的方法
14.3 来自行政记录的数据
14.4 以统计方法收集的数据
14.5 SNA 的估算方法

附录
附录 A 《国民账户体系》供给使用表及综合核算框架的说明：例子
附录 B 《国民账户体系编制》工作单：编制框架

18

国民核算手册：生产核算的数据来源与方法

英文标题	Handbook of National Accounting
	Accounting for Production：Sources and Methods
牵头组织	联合国统计司
版本信息	1986 年第 1 版
文件链接	http：//unstats.un.org/unsd/pubs/gesgrid.asp？id=31
中文版	无

附：文件目录

前言
1. 第一部分　概览
　1.1　什么是生产
　1.2　基本关系
　1.3　来源和使用
2. 第二部分　GDP：生产法
　2.1　生产法：定义与分类
　2.2　农林牧渔业
　2.3　采掘业
　2.4　制造业
　2.5　电力、燃气和水
　2.6　建筑业
　2.7　批发和零售贸易，餐饮和酒店
　2.8　交通和通讯
　2.9　金融、保险房地产和商务服务
　2.10　社区、社会和个人服务
3. 第三部分　GDP：收入法
　3.1　收入法：定义和一般来源
　3.2　分不同活动的数据来源和方法
4. 第四部分　GDP：支出法
　4.1　商品流量分析
　4.2　最终消费支出
　4.3　资本形成总额
　4.4　货物服务进出口

附录
　附录1　所有经济活动的国际标准产业分类
　附录2　政府职能分类
　附录3　为住户服务的非营利机构目的分类
　附录4　个人最终消费目的分类
　附录5　按货物类型对固定资本形成总额进行分类
　附录6　货物服务进出口分类

19

国民核算手册：国民账户中的金融生产、金融流量与存量

英文标题	Handbook of National Accounting Financial Production, Flows and Stocks in the System of National Accounts
牵头组织	联合国统计司，欧洲中央银行
版本信息	2015 年第 1 版
文件链接	http：//unstats.un.org/unsd/nationalaccount/pubsDB.asp? pType=2
中文版	http：//unstats.un.org/unsd/nationalaccount/pubsDB.asp? pType=2

《国民账户中的金融生产、金融流量与存量》（以下简称《手册》）由联合国经济与社会事务部秘书处国民账户工作组和欧洲中央银行统计部共同编写，是帮助各国和国际组织实施 SNA-2008 的基础手册之一。《手册》与《货币与金融统计手册编制指南》（MFSMCG）是互补关系，前者关注金融公司部门和经济体其他部门，以及与国外部门之间的联系，后者则关注货币统计和金融统计。

《手册》的原则、概念与 SNA-2008 保持一致，可以大体看做国民账户体系有关金融生产、流量与存量内容的延伸和具体化。因此，《手册》在正文中不可避免地大量引用了 SNA-2008 的相关内容，特别是每一章的开头部分。但《手册》不是完全照搬，而是根据实际所需将 SNA-2008 的原则与概念在具体章节中予以细化或分组。

《手册》正文分十章。第一章概述 SNA-2008 的框架及其账户序列、机构部门分类、估价和记录原则。第二章描述金融企业部门如何细分为子部门，即中央银行、中央银行以外的存款性公司、货币市场基金、非货币市场投资基金、保险公司和养老基金以外的其他金融中介机构、金融辅助机构、专属金融机构和贷款人、保险公司和养老基金，这种分类遵循了国际标准产业分类（ISIC），并按不同方法对子部门进行分组。第三章讨论金融服务的本质，详细介绍了以下四类金融服务：直接收费服务，与存贷款利率有关的服务，与金融资产负债收购及处置有关的服务，与保险和养老金计划有关的服务，同时还介绍了如何计算和分配这些服务的收费和产出，以及金融公司应收应付的财产收入类型和计算这些财产收入的数据来源。第四章解释 SNA-2008 中金融资产和负债的定义和八大类别，还介绍了四种其他分类方式，即按流动性、按收入类型、按利率类型和按期限分类。第五章回答 SNA-2008 如何对金融资产和负债进行估值和重估价。

《手册》前五章内容反映了由哪些部门或者子部门发生了借贷或存取，但尚未深入研究部门间的作用过程，无法显示金融机构从谁获取资金再以何种金融工具提供给谁的过程。第六章通过介绍如何从二维投融资表到三维"从谁到谁"金融平衡账户系统，以此来解决上述问题。第七章回答数据收集和账户编制问题。其中，金融数据可以从金融公司直接获得，也可以从交易对手方获得，还可以直接或间接从非金融企业和住户部门获得。此外，在一些微观数据库中也能找到相关数据。第八章介绍用于展示数据的文本和图表使用规范，同时介绍数据传播方式。第九章力图把金融账户落实到货币与金

融、金融结构和宏观金融稳定三个应用主题中去。第十章讲解如何超越经济领土，基于经济或者货币同盟编制金融账户与资产负债表。

（执笔人：黎煜坤）

附：文件目录

致谢

缩略语

引言

1. SNA–2008 的结构
    1.1 引言
    1.2 中心框架
    1.3 中心框架的范围
    1.4 中心框架的核算原则
    1.5 综合经济账户
    1.6 金融交易和资产存量的三维核算
2. SNA–2008 框架中的金融公司
    2.1 引言
    2.2 金融公司部门及其子部门
    2.3 金融公司部门的子部门分组
3. 金融生产与收入
    3.1 引言
    3.2 金融服务的本质与产出度量
    3.3 金融公司应收应付财产收入
4. 金融资产与负债
    4.1 引言
    4.2 金融资产、负债的定义
    4.3 金融资产、负债的分类
    4.4 金融工具的分类
    4.5 金融资产与负债的其他分类
5. 估价与应计利息
    5.1 引言
    5.2 资产负债表
    5.3 存量和流量的关系
    5.4 估价原则
    5.5 金融资产与负债的估计
    5.6 重估价
    5.7 资产与负债的其他物量变化
    5.8 应计利息
6. 从投融资表到"从谁到谁"的金融账户与资产负债表
    6.1 引言
    6.2 投融资表
    6.3 用 Step-by-Step 方法扩展投融资表
    6.4 机构部门账户综合体系
    6.5 积累账户与资产负债表的多维体系
7. 数据来源
    7.1 引言
    7.2 收集金融数据
    7.3 编制机构部门账户
8. 账户展示与传播
    8.1 引言
    8.2 部门账户与资产负债表的协调模版
    8.3 与使用者交流国民账户数据
    8.4 文本使用
    8.5 图表设计
    8.6 数据传播
9. 按机构部门分类的金融账户和资产负债表应用
    9.1 引言
    9.2 货币与金融分析
    9.3 金融结构分析
    9.4 宏观金融稳定分析
    9.5 季度部门核算例子
10. 货币与经济同盟的金融账户和资产负债表
    10.1 引言
    10.2 货币同盟
    10.3 经济同盟
    10.4 海关安排
    10.5 货币同盟金融账户与资产负债表
    10.6 汇总编制

参考文献

20 国民核算手册：企业会计与国民账户的联系

英文标题	Handbook of National Accounting Links Between Business Accounting and National Accounting
牵头组织	联合国统计司
版本信息	2000 年第 1 版
文件链接	http://unstats.un.org/unsd/EconStatKB/KnowledgebaseArticle10052.aspx
中文版	联合国出版物，2000 年版

附：文件目录

序言
简介
1. 基于企业会计编制国民账户：非金融公司
　1.1　概览
　1.2　收入和支出表
　1.3　财务状况和资产负债表的变化
　1.4　企业会计和国民核算中的重估价
　附录1　股票的重估价
　附录2　OCAM 损益表和资产负债表
2. 利用营业成本会计确定企业特定产品的成本
　2.1　一般会计和成本会计
　2.2　企业和机构
　2.3　成本会计中使用的一般方法
　2.4　本会计对于 SNA 数据收集的影响
　附录1　微观成本核算的例子
　附录2　生产部门分配过程的例子
3. SNA 和企业会计中库存变化的记录：来自加拿大的实例研究
　3.1　概览
　3.2　加拿大实例
　3.3　加拿大国民账户与 SNA-1993 的比较
　3.4　高通货膨胀率下的库存变化
　3.5　总结

4. 利用企业会计编制国民账户：来自法国的经验
　4.1　从标准化税收统计到企业中间系统
　4.2　企业中间投入
　4.3　建立企业的中间系统
　4.4　从中间系统到 SNA 总体框架
　4.5　结论
　参考文献
5. 美国国民账户编制中对企业会计账户的利用
　5.1　美国的企业会计账户
　5.2　NIPA 的筹备
　5.3　企业会计账户的作用
　5.4　利用企业会计账户的问题
　5.5　提高企业会计账户的应用
　附录1　NIPA：简要的方法论
　附录2　资产负债表之金融部分使用的源数据
　附录3　NIPA 的产品分类
　附录4　NIPA 的企业利润与国税局公布的相应措施
6. 非金融公司部门中企业会计账户和国民账户的联系
　6.1　马来西亚编制 SNA 机构部门账户简介
　6.2　非金融公司部门账户编制

6.3　结论
7. 编制非金融公司部门账户：来自拉美的经验
　　7.1　企业会计和国民核算
　　7.2　数据来源
　　7.3　从财务报表到 SNA 非金融企业部门账户的转换
　　7.4　数据整合
　　7.5　各国的实例
　　附录1　非金融企业损益表和资产负债表：中间数据实例
　　附录2　SNA 的非金融公司部门账户：实例
　　附录3　编制非金融公司部门账户：秘鲁实例
　　附录4　西班牙实例
8. 固定资本存量和固定资本消耗的计量
　　8.1　固定资产估值的理论基础
　　8.2　永续盘存法
　　8.3　生产性资本存量的生产率分析
　　附录1　折旧方法列表
　　附录2　退役和生存函数
　　附录3　各国实例
　　附录4　平均使用寿命
9. 资产负债表估价：生产性无形资产和非生产资产
　　9.1　引言
　　9.2　资产负债表：概念问题
　　9.3　生产资产：无形固定资产
　　9.4　生产资产：贵重物品
　　9.5　非生产资产：有形资产
　　9.6　非生产资产：无形资产
　　9.7　总结

参考文献

21 国民核算手册：非营利机构手册

英文标题	Handbook of National Accounting
	Handbook on Non-Profit Institution in the System of National Accounts
牵头组织	联合国统计司
版本信息	2003 年第 1 版
文件链接	http：//unstats.un.org/unsd/nationalaccount/pubsDB.asp？pType＝2
中文版	http：//unstats.un.org/unsd/nationalaccount/pubsDB.asp？pType＝2

《国民核算手册：非营利机构手册》（以下简称《手册》）基于 SNA-1993 介绍了非营利机构部门的数据编制标准和准则。这些部门的重要性在日益提高，但其作为国民账户整体数据编制的一部分，却往往遭到忽视，因此，需要对此类部门予以重视。《手册》编写的目的就是通过编制非营利机构数据的统计标准和准则来改善或获得此类部门的数据。

具体而言，《手册》的编写目的在于：一是开发一个卫星账户以提供非营利机构的核算全貌；二是建议增加关于非营利机构的其他数据项目和收集方法，并查明其他数据来源，以协助各国统计机构改进国民账户体系内所包括的非营利机构范围；三是形成的统计数据将对全球非营利机构的范围、规模、结构、资金供应和影响等相关研究提供支持。

《手册》内容除导言外共有五章。第二章提出如何在国民账户体系范围内界定非营利机构的问题。其中回顾了 SNA-1993 中有关非营利机构的定义，审查了将非营利机构划分到不同机构部门所用的标准，然后概述在卫星账户体系目的下使用的非营利机构部门定义。第三章阐述用于卫星账户的非营利机构分类标准，主要依据是《国际非营利组织分类》，这是比经济活动产业分类中相应部分更为详细的分类方法。第四章介绍非营利机构核算的主要变量，强调要重视那些与非营利机构特性相关的变量，如慈善捐献、志愿劳动和第三方支付等，并给出非营利机构附属账户的表式结构，通过附录和附表的方式给予详细的列示。第五章的目标是吸收统计机构和非营利研究界的经验，为在现有数据收集活动中识别非营利机构相关变量及数据项目，并为在得不到直接数据的情况下如何估计或调查，提供实际指导和技术援助。该章还介绍了可能的数据来源，讨论了如何将其用于卫星账户编制，并就官方统计机构执行卫星账户体系可以采取的具体步骤提出了建议。第六章着重介绍非营利机构产出的计量方法，并按照该类机构比较集中的行业进行分领域讨论，提出了非营利机构产出的一些实物量度方法。

《手册》的一个突出特点是，先在正文中对相关问题进行列示和交代，而后主要通过附录的形式给出详细的分类、定义、表式、操作指南、调查方法、估计方法等具有操作性的内容，并援引了非营利机构专题研究的一些材料和信息，由此对非营利机构的相关研究和核算提供了一个很好的索引和总结。

（执笔人：黎煜坤）

附：文件目录

前言
缩略语
1. 导言
   1.1 背景
   1.2 为什么编制本《手册》
   1.3 方法
   1.4 SNA-1993是开发非营利机构全球信息系统的平台
   1.5 《手册》概览
   1.6 金融交易和资产存量的三维核算
2. 界定非营利机构
   2.1 引言
   2.2 SNA-1993中非营利机构的定义
   2.3 非营利机构的部门划分
   2.4 需要有一套非营利机构卫星账户
   2.5 卫星账户的实际定义
3. 非营利机构分类
   3.1 引言
   3.2 《国际非营利组织分类》
   3.3 《国际非营利组织分类》与《国际标准产业分类》及《为住户服务的非营利机构目的分类》的联系
   3.4 未来发展建议
4. 非营利机构卫星账户的主要变量和表式
   4.1 引言
   4.2 用于分析非营利机构的主要变量
   4.3 非营利机构卫星账户表式
   4.4 非营利机构的卫星账户程序
   4.5 一些新货币变量的核算处理
5. 执行非营利机构附属账户：数据源
   5.1 概述
   5.2 非营利机构数据的编制
   5.3 专题
6. 非营利机构产出的计量
   6.1 引言
   6.2 具体领域的物量指标
附录
   附录A1 国际非营利组织分类：细目表
   附录A2 非营利机构卫星账户表式
   附录A3 供非专家使用的国民账户体系简要指南
   附录A4 国民账户体系术语表
   附录A5 有用的工具
   附录A6 非营利机构卫星账户与《1993年国民账户体系》的关系
   附录A7 非营利部门的工作：形式、格局和方法

22

国民核算手册：投入产出表的编制与分析

英文标题	Handbook of National Accounting
	Handbook of Input-Output Table Compilation and Analysis
牵头组织	联合国统计司
版本信息	1999 年第 1 版
文件链接	http：//unstats.un.org/unsd/EconStatKB/KnowledgebaseArticle10053.aspx
中文版	无

附：文件目录

1. 基本的投入产出对称模型
    1.1 历史背景
    1.2 简单的投入产出框架
    1.3 逆矩阵
    1.4 计量单位
    1.5 价格和成本
    附录 数理基础
2. SNA 中的供给使用表（SUT）
    2.1 SUT 的基本概念
    2.2 SUT 的结构
    2.3 SUT 和生产账户的联系
    2.4 数据收集的统计单位和分类方案
    附录 A 产业分类
    附录 B 产品总分类
    附录 C 政府功能分类
3. 估价
    3.1 概念
    3.2 估价和税收制度
    3.3 基本价格下推导 SUT：增值税和非增值税情形
    3.4 生产者价格下推导 SUT
    3.5 SUT 和增值税
4. 从 SUT 到投入产出表：次要产品的处理

    4.1 引言
    4.2 次要产品的类型
    4.3 按同质生产企业归类
    4.4 次要产品的处理
    4.5 用数学方法转化次要产出和相关投入
    附录 投入产出系数矩阵的优点
5. 生产账户的编制
    5.1 引言
    5.2 生产账户的总体说明
    5.3 关于 SNA 生产概念的回顾
    5.4 机构单位的生产活动
    5.5 选定行业生产账户的编制
    附录 A 存货的估价
    附录 B 金融中介产出的计量
6. 对进口的处理
    6.1 编制进口商品数据
    6.2 使用表中对进口的处理
    6.3 投入产出模型中对进口的分析
7. 最终需求的编制
    7.1 引言
    7.2 最终消费支出和实际最终消费
    7.3 资本形成总额
    7.4 出口

8. 商品流量理论和平衡表
   - 8.1 引言
   - 8.2 表的结构
   - 8.3 各种加价成分
   - 8.4 表的最终平衡
9. 投入产出表的更新：RAS法
   - 9.1 投入产出系数的稳定性
   - 9.2 RAS法的数理基础
   - 9.3 简单RAS法的迭代求解
   - 9.4 修正的RAS法
   - 9.5 对RAS法和修正RAS法的评价
   - 9.6 RAS法在国家层面的实务
   - 9.7 其他更新投入产出系数的方法
10. ISIC产业分类无法识别的行业：国际旅游业
    - 10.1 引言
    - 10.2 国际旅游业：定义和简介
    - 10.3 投入产出表中的国际旅游业
    - 10.4 新行业的一般处理
11. 投入产出表和生产账户（不变价）
    - 11.1 引言
    - 11.2 基准年的双缩减法
    - 11.3 年度国民账户的双缩减法
12. 影响分析
    - 12.1 成熟的分析方法
    - 12.2 其他分析方法
    - 12.3 SNA和SAM
13. 计算绿色GDP的一种方法
    - 13.1 调整投入产出框架以计算绿色GDP
    - 13.2 基于简单投入产出模型计算绿色GDP
    - 13.3 基于更现实的投入产出模型计算绿色GDP
    - 13.4 调整投入产出模型研究治污政策效应

国民核算手册：宏观账户的政策分析应用

英文标题	Handbook of National Accounting
	Use of Macro Accounts in Policy Analysis
牵头组织	联合国统计司
版本信息	2002 年第 1 版
文件链接	http：//unstats.un.org/unsd/nationalaccount/pubsDB.asp? pType=2
中文版	http：//unstats.un.org/unsd/nationalaccount/pubsDB.asp? pType=2

在联合国出版的国民账户系列手册中，大多数是基于 SNA 而开发和更新的国际规范，或解决国民账户的编制问题。而《国民核算手册：宏观账户的政策分析应用》（以下简称《手册》）与其他手册不同，它关注的是国民账户编制后的数据分析应用问题，并根据实际应用反过来审视国民账户的概念与原则。1998 年 10 月，联合国统计司组织来自国民核算、政策研究和计量经济三大领域的专家展开讨论，根据会议书面和口述资料整理形成了《手册》初稿，并于 2002 年正式出版。

《手册》以国民账户体系为主线，讨论了宏观账户的核算范围、账户编制和数据分析三者的相互关系。《手册》强调，宏观账户的政策分析应与计量方法相结合，且不同的分析类型需要不同的账户形式。《手册》正文共有七章，可概括为三个部分。

继第一章简介之后，第二章回顾了 SNA 的框架和概念，进而介绍宏观账户政策分析的应用框架思路，其中重点陈述关于宏观账户和政策分析二者关系的两个观点：一是 Lawrence R. Klein 从分析者角度看两者关系；二是 Graham Pyatt 从实践者角度看两者关系。

第三、第四、第五章集中讨论核算范围和分析范围之间的关系。第三章回顾了各种基于 SNA 核心数据的经济分析，重点强调各种经济指标及其在经济分析中的应用。第四章把指标分析从 SNA 经济核心数据扩展到了卫星账户，介绍了经济、社会和环境的多种指标；该章还提到了区域和国际层面指标分析的广泛应用，并介绍如何通过核算方法支持指标开发，消除指标间数据的不一致。第五章展示宏观账户如何服务于国际事务管理。

最后两章对核算范围与分析范围进行比较，讨论账户编制方法对分析的影响。第六章介绍短期核算和分析，即如何使用短期指标建模以预测经济周期的上升和衰退。第七章从使用指标简单建模延伸到更为复杂的建模方法，重点落在核算范围和分析范围的联系上；该章最后一节讨论了账户编制中使用的估计方法和建模分析中使用的有关方法之间的差别。

（执笔人：黎煜坤）

附：文件目录

致谢
1. 引言
2. 宏观经济与社会核算在政策分析中的作用
   2.1 SNA 核算框架与概念
   2.2 宏观经济基础
   2.3 SNA、SAM 及国民核算的作用
3. 国民账户在经济分析中的应用
   3.1 生产、收入和储蓄分析指标
   3.2 投入—产出需求
   3.3 资金流量账户和宏观经济政策
   3.4 满足 2000 年以后菲律宾宏观政策分析对数据的需求
4. 经济核心之外的政策分析
   4.1 韩国的人力资源账户
   4.2 将人类发展指数纳入宏观核算
   4.3 指标在政策分析中的应用：世界银行经验
   4.4 绿色国民账户：方法和政策应用
5. 国际组织及各国关于国民账户的行政及其他政策使用
   5.1 宏观账户在国际及国内层面的数据应用问题
   5.2 国民账户数据在欧盟政策中的应用
   5.3 OECD 成员研究对数据的需求
   5.4 政府间论坛对宏观账户的应用：联合国经验
   5.5 世界银行操作指南中对经济统计的应用
   5.6 政策分析与规划机构的数据要求：加纳案例
   5.7 匈牙利利用国民账户数据进行分析的例子
6. 短期核算与分析
   6.1 周期性指标与国民账户
   6.2 数据需求、编制技术和短期核算范围：法国经验
   6.3 中央银行金融项目的数据需求：中美洲各国的短期分析框架
   6.4 评估与优化国民账户编制方法对指标分析的影响
   6.5 积累账户与资产负债表的多维系统
7. 模型具体化和宏观账户设计
   7.1 建模与国民账户的结合：挪威经验
   7.2 为支持 LINK 计划而进行数据开发
   7.3 扩展的 RMSM-X 模型：世界银行与数据支持结构的使用
   7.4 加勒比海地区国民核算与建模的结合：Antillyse 模型与荷兰属地国民账户

附录

24

国民核算手册：国民账户体系在转型经济体中的使用

英文标题	Handbook of National Accounting Use of the System of National Accounts in Economies in Transition
牵头组织	联合国统计司
版本信息	1996 年第 1 版
文件链接	http：//unstats.un.org/unsd/nationalaccount/pubsDB.asp？pType＝2
中文版	http：//unstats.un.org/unsd/nationalaccount/pubsDB.asp？pType＝2

附：文件目录

前言
说明
导言
1. 向市场性生产的转变以及影响生产分析中所用概念的其他因素
　1.1　产出的范围和估价
　1.2　经济转型国家部分产业产出估计问题
2. 扩展投入产出分析中的 SNA 概念
　2.1　资产账户编制方面的问题
　2.2　消费计量中的问题
　2.3　货物服务进出口计量中的问题
3. 经济转型国家的部门划分
　3.1　机构单位和部门
　3.2　非金融公司相对于各级政府的范围：市场单位与非市场单位的区分
　3.3　金融公司的范围
　3.4　住户和私营非法人企业与准法人企业之间的区分
　3.5　为住户服务的非营利机构与法人和政府单位相比的范围
　3.6　经济总体的范围
4. 经济转型国家的社会福利
　4.1　工资和薪酬
　4.2　社会缴款、福利和实物转移
　4.3　企业向雇员及其他人提供的社会福利
　4.4　税和其他经常转移
5. 私有化和新兴金融市场
　5.1　私有化的核算
　5.2　资本转移的识别和范围
　5.3　新兴金融市场上的交易
6. 调整数据来源
　6.1　数据开发的方向
　6.2　独联体各国的统计来源
　6.3　产出、中间消耗和增加值分析的数据来源
　6.4　最终使用的数据来源
　6.5　财产收入和转移的数据来源
　6.6　综合部门账户的数据
附录　SNA 与物质产品平衡表体系（MPS）的联系

二、国民核算

25

个人消费目的分类

英文标题	Classification of Individual Consumption According to Purpose
牵头组织	经济合作与发展组织
版本信息	1999 年第 1 版
文件链接	http：//unstats.un.org/unsd/cr/registry/regdnld.asp? Lg=1
中文版	http：//unstats.un.org/unsd/cr/registry/regdnld.asp? Lg=1

1993 年版《国民账户体系》（SNA-1993）中包含四种依照目的划分的支出分类，分别是政府职能分类（COFOG）、个人消费目的分类（COICOP）、为住户服务的非营利机构目的分类（COPNI）、生产者支出目的分类（COPP）。这四种支出分类下均有三个层次细目，第一层为"类"，第二层为"组"，第三层为"级"。SNA-1993 仅概述了这些分类的结构，到 1995 年，国民经济核算秘书处间工作组邀请经济合作与发展组织（OECD）编制了 SNA-1993 所列四种支出目的分类中前三种分类的修订版，同时邀请联合国修订了第四种分类，即 COPP。

确定四种支出分类的目的，是要对住户、为住户服务的非营利机构（NPISH）、政府和生产者进行的各种引起"应付款项"的交易进行区分，辨识其中为获得经常性、资本性货物或其他服务，以及为获得金融资产或清偿金融债务而支付或应付的各种款项。其中，COFOG 和 COPNI 分别用来识别各级政府和 NPISH 进行的一系列交易，包括最终消费、中间消耗、资本形成总额以及资本转移和经常转移支出。COICOP 用于识别住户、NPISH 和各级政府的个人消费支出。COPP 用来识别非金融和金融法人企业的中间消耗和资本支出。

COICOP 由经济合作与发展组织编制，是 SNA 支出分类的重要组成部分，对住户、NPISH 和各级政府的个人消费支出进行了划分。依据《个人消费目的分类》，以下从三个方面对该支出分类作简要介绍。

1. 编制范围与原则

（1）从个人消费支出到个人实际消费。

个人消费支出指那些为个人或住户利益而承付的支出。COICOP 按照以下三个部门确定个人消费支出：住户、NPISH 和各级政府。所有住户的消费支出都为个人消费；所有 NPISH 的消费支出也可作为个别住户来处理；但对于政府，各级政府的消费支出只有一部分定义为个人消费支出，那些用于一般公共服务、防务、公共秩序和安全、经济事务、环境保护以及住房和社会福利设施等的支出被认为是为整个社区而不是个别住户的利益，所以这些支出称为"集体消费支出"，不包括在 COICOP 中。

在 SNA-1993 中，由 NPISH 和各级政府完成的个人消费支出被称为"实物社会转移"，与住户个人消费支出相加，便可得出"住户实际最终消费"（或者"实际个人消费"）。通过 COICOP，才能实现住户、NPISH 和各级政府关于个人消费支出的汇总,确定组成个人实际消费总量的有关支出。

(2) 多用途货物服务与混合目的的货物服务的处理。

所谓多用途货物服务,是指不能明确归为某一个目的,可以归为一个以上目的的货物或服务,例如,发动机燃料可以用于运输类汽车,也可以用于娱乐类汽车,摩托雪橇和自行车可以用于运输,也可以用于娱乐。在划分多用途货物服务时,遵循的原则是将其划归到作为主要用途的类别,因此,发动机燃料归在运输项下。另外,如果主要用途因国家而异,则根据此物品在其占重要地位的国家里所代表的主要用途来分类,因而摩托雪橇和自行车划归为运输,因为在购买这些机械的国家其重要用途是运输。遵循此原则,家庭外的食物划分在餐馆和旅馆下而不是食品和非酒精饮料下;野营车划归在娱乐和文化项目下而不是运输项下;日常穿的篮球鞋等运动鞋划归在服装和鞋类下而不是娱乐和文化下。如果一个国家认为某种多用途货物或服务的分类不符合本国情况,可以调整其分类,并对重新分类作附加说明。

所谓混合目的的货物服务,是指满足不同目的的货物服务,例如旅游服务的费用包括交通费、住宿费和餐饮费,教育服务的费用包括食宿费、教育费等。对于混合目的的货物服务,没有统一的划分标准,而是视具体情况处理,根据获得数据的多寡进行目的细分,并尽可能准确。例如,一揽子旅游服务费用不再将交通、住宿和餐饮等不同目的分开;住院医疗服务不再将医疗费、住宿费和伙食费细分,统一归入医院服务项下;运输服务费的膳食费和交通费也不再细分,一并归入运输服务项下;但是,为教育服务而花费的费用则要细分到教育、卫生、运输、餐馆和旅游、娱乐和文化项下。

(3) 不同产品的分类。

个人消费支出分为货物和服务。货物分为非耐用品、半耐用品、耐用品,分别用 ND、SD、D 表示。服务用 S 表示。非耐用品和耐用品的区别在于是一次性使用还是可以在一年以上较长时间内反复或连续使用。较之耐用品,半耐用品虽然使用寿命超过一年,但是仍然较短,而且价格也低很多。

有些消费目的既包括货物又包括服务,很难细分为货物和服务,通常按照占支配地位的性质归类。同样,有些消费目的同时包括耐用品和半耐用品,或同时包含半耐用品和非耐用品,通常按照最重要的一类货物划分。

2. 内容框架

COICOP 分类层级分为三层,即"类"、"组"、"级"。COICOP 共分为 14 大类,01 至 12 类为住户的个人消费支出,13 类为 NPISH 的个人消费支出,14 类为各级政府的个人消费支出。各类的分组目录如表 1 所示。

表1　　　　　　　　　　　　　　　COICOP 组别分类目录

类别	组别
1. 住户个人消费支出	
01　食品和不含酒精饮料	01.1　食品
	01.2　不含酒精饮料
02　酒精饮料、烟草和麻醉品	02.1　酒精饮料
	02.2　烟草
	02.3　麻醉品
03　服装和鞋类	03.1　服装
	03.2　鞋类
04　住房、水、电、煤气和其他燃料	04.1　实际住房租金
	04.2　虚拟住房租金
	04.3　住房的保养和维修
	04.4　寓所的供水和其他服务
	04.5　电、煤气和其他燃料

续表

类别	组别
05 用具、家用设备和住房的日常维修	05.1 家具和用具、地毯和其他地面覆盖物
	05.2 家用纺织品
	05.3 家用电器
	05.4 玻璃器皿、餐具和家用器皿
	05.5 住房和花园使用的工具和设备
	05.6 家庭日常维修所需物品和服务
06 卫生保健	06.1 医疗产品、器械和设备
	06.2 门诊服务
	06.3 医院服务
07 运输	07.1 车辆的购置
	07.2 个人运输设备的操作
	07.3 运输服务
08 通信	08.1 邮政服务
	08.2 电话和电传设备
	08.3 电话和传真服务
09 娱乐和文化	09.1 音像、摄影和信息处理设备
	09.2 其他主要娱乐和文化耐用品
	09.3 其他娱乐用品和设备、花园和宠物
	09.4 娱乐和文化服务
	09.5 报纸、图书和文具
	09.6 一揽子度假服务
10 教育	10.1 学前和初等教育
	10.2 中等教育
	10.3 中等教育后的非高等教育
	10.4 高等教育
	10.5 无法定级的教育
11 餐饮和旅馆	11.1 饮食服务
	11.2 住宿服务
12 其他物品和服务	12.1 个人护理
	12.2 宿娼
	12.3 未另分类的个人用品
	12.4 社会保护
	12.5 保险
	12.6 未另分类的金融服务
	12.7 未另分类的其他服务
13 为住户服务的非营利机构的个人消费支出	13.1 住房
	13.2 卫生保健
	13.3 娱乐和文化
	13.4 教育
	13.5 社会保护
	13.6 其他服务
14 各级政府的个人消费支出	14.1 住房
	14.2 卫生保健
	14.3 娱乐和文化
	14.4 教育
	14.5 社会保护

资料来源：根据 Classification of Individual Consumption According to Purpose 相关内容整理。

3. COICOP 的用途与数据来源

COICOP 的用途主要有以下方面。第一，COICOP 是基于消费者支出的分类，各国统计部门可以按照自己的需要作进一步开发，以满足各种分析性应用。例如，住户在食品、服装、住房、卫生保健、教育方面的支出，是国民福利的重要指标。低收入住户在食品、服装和住房上的花费占比比较高，而较富有的住户在运输、教育、卫生保健和娱乐方面的开支较大。第二，COICOP 将支出分为"服务"、"非耐用品"、"半耐用品"、"耐用品"，这种补充分类可以满足其他分析性应用。例如，在研究住户支出和储蓄时，可以把耐用消费品支出当作资本性支出而不是经常性支出，依据"耐用品"来估计住户拥有的"资本性货物"。

COICOP 中所涉住户消费支出，基本数据来源是住户支出调查、零售销售额统计以及"商品流量"估计。所谓商品流量估计，就是通过估计将货物服务总供给量在中间使用、最终使用之间分配的过程。

（执笔人：王娟）

附：文件目录

导言	COICOP：按类和组划分的细目
COICOP：类	COICOP：按级定义

26

生产者支出目的分类

> **英文标题** Classification of the Outlays of Producers According to Purpose
> **牵头组织** 联合国统计司
> **版本信息** 1999年第1版
> **文件链接** http：//unstats.un.org/unsd/cr/registry/regcst.asp？Cl=7
> **中文版** http：//unstats.un.org/unsd/cr/registry/regcst.asp？Cl=7

SNA-1993 列有按目的划分的四种支出分类，包括政府职能分类（COFOG）、个人消费目的分类（COICOP）、为住户服务的非营利机构目的分类（COPNI）和生产者支出目的分类（COPP）。其中，COPP 于1999年由联合国统计司在《按目的划分的产业支出分类草案》基础上进行修订得来。

COPP 主要用来划分非金融和金融法人企业的中间消耗和资本性支出，划分层次包括类、组和级三个细目，其主要划分方式如下。

（1）基础设施支出。该类支出用于维持和扩展基层单位基础设施的能力及其增长，显示提高生产力的潜力，但其中不包括研究与试验发展支出、教育和培训支出、营销支出、可能与其他具体目标有关的资本形成支出。

（2）研究与试验发展支出。研究与试验发展活动中应包含明显的革新或创新成分，主要包括下列方面支出：基础研究（以获得不具特定用途的新知识）、应用研究（以获得实现具体目标的新知识）和试验发展（目的在于生产新的材料、产品和装置，安装新工艺、系统和服务，或对已有材料、产品和装置等加以改进），但不包括专门从事研发的机构、与研发相结合的教育支出、市场研究支出。

（3）环境保护支出。涵盖整个环境保护活动分类（CEPA），这些支出的受益者大多与该机构没有关系。其中不包括改善雇员健康、舒适或安全措施的支出以及研发支出。

（4）营销支出。此类支出不仅覆盖直接销售活动，还包括广告、营销研究、公共关系和游说等便利销售的有关活动。但不包括那些为他人进行营销、为直接销售提供方案的机构，比如广告业。

（5）人力资源开发支出。此类支出覆盖提高人力资源效率以及向雇员提供福利的一系列活动，包括有关设备、设施、人员等方面支出。但不包括提供食品或服装、免费住房或住房津贴，工作地点的安全装置和措施，向为公众服务的文化、娱乐和教育设施提供的捐助等实物付款。

（6）生产项目及行政管理支出。此类支出覆盖基层单位层面从事一系列生产活动中的支出，以及总体层面的运输、安全、警卫等行政管理支出。

COPP 全面列示了不同类、组和级别的主次结构，并对其类别进行了详细说明，它的发布为建立规范、统一的生产者支出分类提供了框架，使得生产者支出数据具有国内及国际可比性。

（执笔人：高洁）

附：文件目录

1. 基础设施支出
   1.1 道路、建筑和土地改良支出
   1.2 工程和有关技术工作支出
   1.3 信息管理支出
2. 研究与试验发展支出
   2.1 自然科学和工程领域研究与试验发展支出
   2.2 人文社会科学领域研究与试验发展支出
3. 环境保护支出
   3.1 保护环境空气和气候支出
   3.2 废水管理支出
   3.3 废料管理支出
   3.4 保护土壤和地下水支出
   3.5 减低噪声和振动支出
   3.6 保护生物多样性和自然景观支出
   3.7 未另分类的环境保护支出
4. 营销支出
   4.1 直接销售活动支出
   4.2 广告支出
   4.3 未另分类的营销支出
5. 人力资源开发支出
   5.1 教育和培训支出
   5.2 卫生保健支出
   5.3 社会服务支出
6. 当前生产的计划、行政和管理支出
   6.1 现行生产方案支出
   6.2 外部运输支出
   6.3 安全和警卫支出
   6.4 管理和行政支出

27 政府职能分类

英文标题	Classification of the Functions of Government
牵头组织	经济合作与发展组织
版本信息	1999年修订版
文件链接	http：//unstats.un.org/unsd/cr/registry/regcst.asp?Cl=4&Lg=1
中文版	http：//unstats.un.org/unsd/cr/registry/regcst.asp?Cl=4&Lg=1

为了对各国政府内部和政府间经济活动进行管理和统计分析，经济合作与发展组织（OECD）编制了一套按目的划分的支出分类体系，《政府职能分类》（COFOG）就是其中一种。以下对其背景和内容作简要介绍。

1. COFOG框架与用途

COFOG是按目的划分的支出分类，主要是为了与1993年国民账户体系（SNA）进行对照和转换而设计。COFOG最初版本于1980年设计完成，后来在1999年进行了修订，主要用于按照政府活动目的对政府支出进行归类统计。分类共设三个层次的类目：一级类目（类）10个，二级类目（组）69个，三级类目（级）109个。可将一级类目视为政府的广泛目标，二级类目以及三级类目则是对实现一级类目的之手段的具体细化。其中一级类目体现了最关乎民生同时也是最为基础的政府职能。

COFOG的主要用途是对一段时期内政府用于某些方面的支出趋势进行检查。常规的政府账户常常与政府的组织结构有关，一旦组织结构发生变动，就会引发相关记录的不准确性。因此，常规的政府账户通常不能达到按照支出职能方向进行统计这一目的，而按照COFOG标准进行归类则解决了这个问题。

COFOG也可以用来统计以及确定针对住户的消费支出，从而得出某年按SNA定义的住户部门的实际最终消费总额（或称个人实际消费额）。分类方法中给出了针对这一用途的操作方法，明确表明了所涉及的类、组和级。

COFOG还可以针对政府参与经济社会职能的程度来进行国际比较。正如COFOG有助于统一处理一国内部政府组织结构变动一样，它对消除国家之间组织结构的差异也提供了帮助。例如，在某些国家，与供水有关的所有职能可能是由一个政府机构来行使的，而在另一些国家，这一职能可能由几个部门共同承担。在这种情形下，如果使用按目的划分的支出分类，所有这些不同的部门与单位都可以统一归入单一的"供水"职能，从而方便进行数据比较。

2. COFOG 具体解读

（1）分类单位。

COFOG 给出的分类单位原则上是单笔交易。这就是说，应当根据交易所服务的职能，给每项购置、工资支付、转移、拨付或其他支出分配一个 COFOG 代码。原则上说，应该基于所有交易严格执行这项原则，但就大多数的其他支出而言，一般不可能把交易用做分类单位，而只能将 COFOG 代码分配给各个机构、办事处以及政府各部委内部一些负责相应职能的单位，通过这些单位的 COFOG 代码统计该单位除了资本转移、经常转移以及金融资产净购买方面以外的所有支出。

然而，采用政府机构作为分类单位，会出现所确定的最小机构可能不止履行一个 COFOG 职能的情形。COFOG 对此给出的建议是：原则上应将多职能单位的所有支出归入占总支出最大部分的服务目的项下，特殊情况下可以根据用于不同职能的工作月比例来分摊多职能机构的 COFOG 支出。

（2）职能分类。

大多数政府支出都可以明确无误地归入分类的某一职能，但有些时候则需要根据现实情况进行判断。比如，针对向农业、制造业和其他目的类别下的企业或者机构提供的补贴以及优惠贷款，可能会出现判断困难。对此，COFOG 指出，要将这些行为的政治目标与实际职能区分开来。例如，向造船厂提供的政府补贴需要划分在制造业一栏，给农民所提供的补贴划在农业一栏，给煤矿的补贴列入煤和其他固体矿物燃料一栏，给医院提供的补贴被列入医院服务一栏。需要注意的是，主要目的在于增加一般就业机会的方案和补贴（比如在经济不发达地区增加就业机会的方案）则不作这样的产业拆分，而是归入一般劳工事务项，因为该方案的重点不是基于 COFOG 所划定的任意一个产业上面的。

在确定环境保护支出方面，COFOG 也给出了相应的操作原则。环保支出很可能总是作为一个小的支出项出现在具有不同职能的行政机关支出项目中，因而在统计上加以归集就会遇到困难。比如，交通部成立了对新建公路的环境影响调查研究组，能源部成立了对于温室气体排放的调查小组，或者农业部有一个监测化学杀虫剂对于环境影响的跟踪方案等。在许多国家，用于环境保护的政府支出总额在逐年上升，因此，COFOG 建议统计数据汇编人员应当将此类支出都划分在环境保护项下。

COFOG 对社会福利有特殊关注。社会保护项下的一些实物社会福利很可能会被纳入 COICOP 的其他部分中。例如，尽管食品券被明确应归入社会福利项下，但有时候出于某些分析目的，可能会将此类数据归类为食品和非酒精类饮料，以便估计用于食品和非酒精类饮料的实际消费总额。COFOG 建议，应将社会福利项下的主要支出作为备忘项目列出，以便于数据的分析。需要注意的是，即使按照 COICOP 对个人实际消费进行分类，食品券等具体社会福利也是作为备忘项目列入社会福利项下，而不是将其从 COFOG 的社会福利一栏重新归类列入 COICOP 的食品和非酒精类饮料等具体名录之下。

（3）政府各部门和行政支出的处理。

政府一般由各部委负责制定、执行、协调和监测各类计划以及预算，同时编制各类资料、技术文件以及统计资料，但部委层面的支出与 COFOG 的处理可能有所区别。主管部门的支出可能要被分开列入具体分类，比如将交通部的支出分开，列入陆路运输、水上运输、铁路运输、空运、管道以及其他运输。

3. COFOG 与 SNA 的关联

COFOG 的一级分类目录如表 1 所示，与 SNA 的对应项目如表 2 所示。其中，最终消费支出并不一定是费用（P2、D1 和 K1）总和减市场性产出之差，它也包括政府从市场性生产者购买作为实物社会转移直接分配给住户的货物和服务。

表1　　　　　　　　　　　　　　　COFOG 的一级分类目录

类别代码	名称
01	一般公共支出
02	国防
03	公共秩序和安全
04	经济事务
05	环境保护
06	住房
07	健康
08	娱乐、文化与宗教
09	教育
10	社会保护

表2　　　　　　　　　　　　　　　按 COFOG 分类的支出

支出	SNA 交易代码
最终消费支出	
其中：	
中间消耗	P3
雇员报酬	P2
固定资本消耗	D1
（减）市场性产出	K1
资本形成总额	P11
补贴	P5
财产收入	D3
实物社会转移以外的社会福利	D4
其他经常转移	D62
资本转移	D7
股票以外的证券	D9
贷款	F3
股票和其他产权	F4
	F5

资料来源：Classification of the Functions of Government，1999 年版。

需要注意的是，由于国民核算目的下的固定资本消耗几乎都是使用永续盘存法（PIM）进行估计的，这使得政府可能在按职能对固定资本消耗进行归类时面临困难。实践中，大多数国家只能使用近似法对固定资本消耗按职能予以归类。当政府内各具体组织单位有"账面价值"折旧数据时，则可按此折旧数据对固定资本消耗进行归类。此外，也可以按过去几年固定资本形成总额支出的比例在职能单位内对固定资本消耗进行归类。

（执笔人：张潆元）

附：文件目录

1. 一般公共服务
    1.1 行政及立法机关、财政及财政事务、对外事务
    1.2 对外经济援助
    1.3 一般服务
    1.4 基础研究
    1.5 一般公共服务的 R&D
    1.6 一般公共服务的其他内容
    1.7 公共债务交易
    1.8 各级政府之间的一般性转移
2. 国防
    2.1 军事防御
    2.2 民间防卫
    2.3 外国军事援助
    2.4 国防 R&D
    2.5 未另分类的国防
3. 公共秩序与安全
    3.1 警察服务
    3.2 消防保护服务
    3.3 法院
    3.4 监狱
    3.5 公共秩序和安全 R&D
    3.6 未另分类的公共秩序与安全
4. 经济事务
    4.1 一般经济、商业和劳动事务
    4.2 农林牧渔业
    4.3 燃料和能源
    4.4 采矿、制造和建筑
    4.5 运输
    4.6 通信
    4.7 其他行业
    4.8 经济事务 R&D
    4.9 未另分类的经济事务
5. 环境保护
    5.1 废弃物管理
    5.2 废水管理
    5.3 污染治理
    5.4 保护生物多样性和景观
    5.5 环保 R&D
    5.6 未另分类的环境保护
6. 住房和社区福利设施
    6.1 住房发展
    6.2 社区发展
    6.3 供水
    6.4 街道照明
    6.5 住房和社区设施 R&D
    6.6 未另分类的住房和社区设施
7. 医疗保健事务
    7.1 医疗用品、器械和设备
    7.2 门诊服务
    7.3 医院服务
    7.4 公共卫生服务
    7.5 医疗保健事务 R&D
    7.6 未另分类的医疗保健事务
8. 娱乐、文化与宗教
    8.1 娱乐和体育服务
    8.2 文化服务
    8.3 广播和出版服务
    8.4 宗教及其他社区服务
    8.5 娱乐、文化与宗教 R&D
    8.6 未另分类的娱乐、文化与宗教
9. 教育
    9.1 学前与初级教育
    9.2 中等教育
    9.3 中等以上非高等教育
    9.4 高等教育
    9.5 不可定义水平的教育
    9.6 辅助教育服务
    9.7 教育 R&D
    9.8 未另分类的教育
10. 社会保障
    10.1 疾病和残疾
    10.2 老年人
    10.3 幸存者
    10.4 家庭和儿童
    10.5 失业
    10.6 住房
    10.7 未另分类的社会排斥
    10.8 社会保障 R&D
    10.9 未另分类的社会保障

28

为住户服务的非营利机构目的分类

英文标题 Classification of the Purposes of Non Profit Institutions Serving Households
牵头组织 经济合作与发展组织
版本信息 1999 年第 1 版
文件链接 http：//unstats.un.org/unsd/cr/registry/regcst.asp? Cl=6
中文版 http：//unstats.un.org/unsd/cr/registry/regdnld.asp? Lg=1

非营利机构是不以营利为目的的组织，即在公众支持下为实现公益和互益而存在的组织。近年来，非营利机构在教育、环境保护、科学研究、文化卫生及社会服务等领域发挥着积极作用，其地位也越来越受到关注。所谓《为住户服务的非营利机构目的分类》（COPNI），是根据住户的个人消费支出目的对非营利机构的支出进行分类，目的是服务于住户实际最终消费总量计算，支持非营利机构相关数据的国际比较。联合国统计司会同经济合作与发展组织（OECD）统计局以此前成果（即基于 SNA1968 开发的为住户服务的私营非营利机构按目的分类）为基础合作出版了 COPNI。

COPNI 按照非营利机构活动的服务目的对其各项支出进行分类，共分为 9 类，主要内容如下：

（1）住房支出。该类别主要涉及承担开发、建造、管理、租赁、融资、房屋翻新和修复的非营利机构。

（2）健康支出。包括医疗产品、器械及设备、门诊支出、住院支出、公共卫生支出、健康研发支出和其他卫生支出等。该类别支出主要涉及由宗教机构资助的医院、疗养院和手术活动等，但不包括老年人和残疾人住宅、为无家可归的人提供的避难所等。

（3）娱乐文化支出。对应的活动包括娱乐及体育服务、文化服务。

（4）教育支出。包括学前及初等教育支出、中等教育支出、中学后教育及专科教育支出、高等教育支出、无法按教育标准定义的其他教育支出、教育研发支出以及其他教育支出。涉及该类别活动的非营利机构，但不包括托儿所，以及以帮助学生克服残疾为目的而不是提供通识教育的学校。

（5）社会保障支出。包括社会保障支出及社会保障研发支出。这里所定义的社会保障包括为老年人、残疾人、职业伤害和疾病患者、失业者、贫困和无家可归者、低收入者、移民、难民和酒精滥用者等提供的帮助和支持服务，同时，还包括向部分家庭和儿童提供的援助和支持服务。

（6）宗教服务支出。

（7）政党、劳工组织及其他专业组织支出。

（8）环境保护支出。包括环境保护支出和环境保护研发支出。

（9）其他服务支出。包括其他服务支出和其他服务研发支出。

多数非营利机构支出只服务于一个目的，此时，可将其直接划分到上述分类中的某一个目的下。倘若一个所涉范围较广的非营利机构同时发挥两种或多种功能，如既开办医院（或学校）又主持宗教仪式的宗教组织，则应该区分负责每种功能的单位然后归类。如果无法确定负责每种功能，或者无法就每种功能做出估计，则只能将整个非营利机构划入其工作人员或总支出额占支配地位的那种目的之下。此外，对那些资助多功能研究工作的信托基金和慈善机构，其研究支出应分别计入各有关功能，而不应只计入主要功能。

（执笔人：高洁）

附：文件目录

1. 住房
   1.1 住房
2. 卫生保健
   2.1 医疗产品、器械和设备
   2.2 门诊服务
   2.3 住院服务
   2.4 公共卫生服务
   2.5 卫生保健方面的研发
   2.6 其他卫生保健服务
3. 娱乐和文化
   3.1 娱乐和体育服务
   3.2 文化服务
4. 教育
   4.1 学前和初等教育
   4.2 中等教育
   4.3 中学后的非高等教育
   4.4 高等教育
   4.5 无法定级的教育
   4.6 教育方面的研发
   4.7 其他教育服务
5. 社会保障
   5.1 社会保障服务
   5.2 社会保障方面的研发
6. 宗教
   6.1 宗教
7. 政党、劳工和专业组织
   7.1 政党服务
   7.2 劳工组织服务
   7.3 专业组织服务
8. 环境保护
   8.1 环境保护服务
   8.2 环境保护方面的研发
9. 未另分类的服务
   9.1 未另分类的服务
   9.2 未另分类服务的研发

29 地区账户方法手册

> **英文标题** Manual on Regional Accounts Methods
> **牵头组织** 欧盟统计局
> **版本信息** 2013年第1版
> **文件链接** http://ec.europa.eu/eurostat/en/web/products-manuals-and-guidelines/-/KS-GQ-13-001
> **中文版** 无

附：文件目录

1. 引言
   1.1 概述
   1.2 地区账户的政策分析应用
   1.3 相关统计
   1.4 历史背景
   1.5 地区账户的原则与概念
   1.6 方法
   1.7 质量
   1.8 手册范围
2. 地区账户的基础
   2.1 引言
   2.2 经济领域
   2.3 选择单元
3. 地区化方法
   3.1 引言
   3.2 地区化所需的数据
   3.3 地区化方法
   3.4 分行业增加值指标应用的理论概念
   3.5 推荐的地区化方法
   3.6 改进的自下而上、自上而下和混合方法
   3.7 从地区总值到国家总值，以及未观测经济
   3.8 初步及最终的地区估计
   3.9 地区账户的估计精度
4. 分行业分地区生产总值的地区总增加值编制：一般原则与方法
   4.1 引言
   4.2 应用生产法或收入法
   4.3 多区域活动单位、辅助单位和没有长期雇员单位场景下的指标选择
   4.4 从地区总增加值到地区生产总值
   4.5 人均地区生产总值与地区人口
5. 特定行业当年价格总增加值的地区分配原则
   5.1 引言
   5.2 采矿与采掘
   5.3 电力、燃气、蒸气与空气调节供应，供水，污水、废物管理与治理
   5.4 建筑
   5.5 运输、仓储与通信
   5.6 金融与保险
   5.7 按用户行业间接测算的金融中介服务分配
   5.8 业主自用住房服务
6. 上年价格地区总增加值的分配和物量值测算
   6.1 引言
   6.2 手册提供的三个原则

- 6.3 恰当的地区价格与物量指标
- 6.4 编制地区总增加值的三种方法
- 6.5 地区总增加值编制方法——应用于特定行业
- 6.6 地区总增加值的物量增长率
7. 将固定资本形成总额分配到地区的基本原则
  - 7.1 引言
  - 7.2 分配原则
  - 7.3 现有资产的售卖
  - 7.4 方法选择
  - 7.5 推荐的方法
  - 7.6 编制地区固定资本形成的三种方法
8. 特定行业固定资本形成地区编制方法
  - 8.1 引言
  - 8.2 采矿与挖掘，电力、燃气、蒸气与空气调节供应，供水，污水、废物管理与治理
  - 8.3 建筑
  - 8.4 运输、仓储与通信
9. 分行业地区劳动力统计原则
  - 9.1 引言
  - 9.2 就业
  - 9.3 雇员薪酬
  - 9.4 劳动生产率
  - 9.5 方法选择
10. 住户收入转移及汇总的地区分配原则
  - 10.1 住户账户的概述
  - 10.2 账户分类
  - 10.3 来源
  - 10.4 指标来源选择
  - 10.5 固定资本消耗的分配
  - 10.6 特定交易的联系
  - 10.7 变量、定义和相关资源

附录

索引

二、国民核算

30

未观测经济测算手册

英文标题	Measuring the Non-Observed Economy: A Handbook
牵头组织	经济合作与发展组织、国际货币基金组织、国际劳工组织、英联邦
版本信息	2002 年第 1 版
文件链接	http://www.oecd.org/std/na/measuringthenon-observedeconomy-ahandbook.htm
中文版	无

理论上讲，国民核算是针对全部经济活动的核算，能否保证其实际核算范围覆盖所有活动，是影响其数据质量的一个重要因素。但在现实操作中，有些经济活动会因为各种原因无法直接观测而被遗漏掉，还有一些活动会被故意隐藏起来，由此会直接造成 GDP 等指标值的低估，并间接影响国内与国际经济发展状况的可比性。这部分被隐藏起来的经济活动就是所谓的未观测经济（Non-Observed Economy，NOE）。

2002 年经济合作与发展组织（OECD）编写了《未观测经济测算手册》（以下简称《手册》）。该手册可视作 SNA 的增补手册，其基本概念范围来自于相关的国际标准——SNA-1993，所涵盖范围就是基于 SNA-1993 所定义的经济生产活动，目的在于对国民账户体系进行评估，针对其中未测算部分（即未观测经济），通过对基础数据收集方案进行改进以增加数据收集的涵盖面，从而减少未观测经济对国民经济核算的影响。《手册》的基本内容是帮助统计人员准确估计 GDP 及未观测经济所占比重，进而针对那些这一比重较大的国家进行政策制定，一方面为宏观经济统计人员提供指导，另一方面为数据使用方提供信息。

1. 未观测经济的概念

未观测经济包括以下五个部分：地下生产、非法生产、非正规部门生产、住户为自身最终使用的生产、由于基础数据收集方案不完善而遗漏的生产。其中，地下生产是指那些合法生产但故意逃避公共当局以达到避税或避开法律责任目的的经济生产活动；非法生产是指那些生产非法或由未经许可生产者非法交易货物服务的经济生产活动；非正规部门生产是指发生在住户部门但未承认其运营的经济生产活动——可能是未注册或未达到特定规模；住户为自身最终使用的生产是指那些所产生货物服务由家庭用户自身使用的经济生产活动。

分析未观测经济所采用的方法，是将未观测经济分为几个互斥且穷尽的部分，分别对每一个部分进行定义和分析，再对各部分进行加总得到整体结果。但实际情况是未观测经济所包含的五个部分并不是完全互斥的，针对这一问题，可以采用如下方法：将未观测经济的其中一部分先作为第一部分，然后再剔除下一部分中已包含在前一部分中的内容，并将余下内容作为第二部分，以此类推直至穷尽。这种分类法对于分析来说显得太烦琐，于是产生了按特征分类法，可用于分类的特征包括：经济活动执行企业的类型，活动类型，观测方式，造成测算缺陷的原因。

针对手册所给出的未观测经济概念，目前存在四种分析框架：意大利国家统计局分析框架、欧盟统计局分析框架、单元和劳动力输入分析框架以及生产收入框架。意大利国家统计局和欧盟统计局所制定的分析框架是从未观测经济问题所涉及的领域和统计测算问题入手的；而单元和劳动力输入分析框架则是从数据收集方案和造成未观测生产活动的主要原因入手的；当分析重点是生产中的未统计收入时，一般使用生产收入分析框架。

2. 未观测经济测算方法

基于以上未观测经济的概念定义和分析框架，《手册》给出了未观测经济的测算流程。大体包含以下环节：(1) 为未观测经济测算确定合适的概念和分析框架；(2) 对基础数据和汇编方法进行评估，确定未观测经济活动的范围，并分别长期和短期建立对其进行处理的优先权；(3) 通过调整及补充调查改进国民核算方案，以尽可能减少未测算经济活动的影响；(4) 将测算方案与国际规范联系起来，改进基础数据收集方案的基础设施和内容，以达到减少未测算经济活动影响的目的；(5) 建立执行计划。

未观测经济的测算可分为两种方法：微观法是通过微观数据收集方案来测算未观测经济；宏观法则是使用计量模型间接测算未观测经济。

微观法的核心是基础数据收集方案。所谓基础数据收集方案，是指用于收集和处理原始数据的统计基础设施和调查。统计人员通过调查从受访者处或通过行政管理资料直接得到原始数据，对原始数据进行编辑和汇总而生成基础数据并提供给国民核算部门，经过转换之后将基础数据纳入国民核算编辑过程。可以通过对该方法的改进来减少未观测经济或进行未观测经济的测算。数据收集主要有两个渠道：一是行政记录，可以提供登记注册数据和交易数据这两种可供数据使用者使用的信息；二是统计调查，一般可以分为五类，即企业调查、家庭调查、混合型家庭—企业调查、间接企业调查和价格调查。

宏观测算未观测经济多采用宏观模型方法，根据国内外学者的总结归纳，宏观模型方法主要分为以下三类。

第一类是货币法。该方法假设未测算的经济生产活动可以通过货币存量或流量进行测算，且未解释的货币量均来自于官方 GDP 未涵盖的范围，核心是使用回归方法建立货币与官方 GDP 间的关系以达到测算目的。具体可分为三个方法。(1) 交易法。该方法起源于 Fisher 公式：$M \times V = P \times T$，针对国民核算特征进行调整得到：$M_t \times V_t = k \times (Yofficial_t + Yunder_t)$，针对第 t 年的数据，其货币存量 (M)、货币流动速率 (V) 和官方估计增加值 ($Yofficial$) 已知，通过基准年的地下经济与官方经济比率 k 来推算未观测经济。(2) 现金/存款比率法。该方法基于流通货币与存款货币的比率（即现金/存款比）测算未观测经济，其基本思路是，现金/存款比会随着人们支付意愿的改变而改变，如果人们为了避税等原因而隐藏了一部分经济活动，就会造成现金/存款比的变化。(3) 现金需求法。在现金/存款比例模型基础上改进而成，其基本思路是：除了税务与国家法律条款外，流通货币量还受其他因素影响，为此可将流通货币量（现金）视为全部货币的一个比率，通过回归分析得出名义现金需求的估计值，名义现金需求与实际现金需求的差额即未观测经济估计值。

第二类是全局指示法。该方法仅以单变量来对未测算经济生产活动实施建模，其中最常用的是物量投入（电力消耗）法。该方法假设电力消耗与经济活动产量间存在一个固定的关系，将电力消耗视为经济活动整体的一个单一实物指标，通过计算电力消耗来测算未观测经济。该方法存在一定缺陷，尤其在发展中和转型中国家，电力并不是主要能源，所以电力消耗法并没有得到广泛使用。

第三类是潜在变量法。该方法考虑两组变量来进行建模：一组变量用于描述未观测经济的规模和增长；另一组变量用于追踪未观测经济生产活动。该方法通过对未观测因变量和解释变量进行截面分析，分析结果就是各国或各时间段的未观测经济规模估计量，若两个国家间或两个时间段间的基准估计值已知，则可得出未观测经济实际规模的估计值。

3. 数据收集方案的改进与实现

从上述微观法中可以看出，数据收集的遗漏是造成未观测经济活动的直接原因，且基础数据收集方案与未观测经济活动之间存在极其密切的关系。首先，一些小规模公司没有在国家行政资料中登记注册，提供附加调查就能够涵盖这些遗漏的小规模公司；其次，一些企业漏报的经济活动可以通过专门调查予以查明，有的调查还存在企业无回答的情况，但这些企业的经济活动不应归纳入未观测经济。因此，对基础数据收集方案进行评估和改进，有助于减少未观测经济活动数量。

对数据收集方案的评估需要考虑以下几个要点：统计数据需求，机构和概念框架，数据收集机制，调查框架，调查设计准则和实践，与未观测经济分析框架的关系等，据此可以根据评估的不同侧重而分别加以改进。在评估过程中，由于统计数据需求取决于数据使用者和用途，因此，对未观测经济不同成分重要性进行评估，就可以简化为对数据使用状况所进行的评估，即只需对数据使用者和用途进行分类即可。用途可以分为宏观经济分析、微观经济分析和区域分析；使用者可以分为统计局内部用户、国家政府部门、区域和地方政府、工商业界和交易所、非政府机构和学术界、媒体和一般公众以及国际组织等。

如何从操作层面改进基础数据收集方案，以减少未观测经济活动或更好地测算未观测经济活动，是一个值得关注的问题。执行政策包括以下几个要点：一般目标和用户咨询规划；分析框架的选择；国民核算和基础数据收集方案的评估；未观测经济改进措施的识别和优先级；执行计划；文档归类和评估。对于转型中的国家和住户部门生产规模较大的国家，则可采取考虑优先级的执行政策。除了以上所述政策改进以外，还有方法上的改进，大体存在三种选择：（1）对过去年份国民账户中改变比较大的部分应用新方法，而对其他应用旧方法的部分采用比率调整的方式进行过渡；（2）使用新方法进行计算但并不公布，在累计足够年份后一次性公布累计值；（3）对以上两种方法进行折中，公布使用旧方法计算的估计值，但使用新方法计算增长率。

（以上内容曾以"未观测经济测算难题的解决之道"为题，
刊于《中国统计》2017年第6期，作者：管乐）

附：文件目录

前言和致谢
缩略语表
1. 引言
 1.2　范围与对象
 1.3　手册使用者
 1.4　概念和专业术语
 1.5　测算策略
 1.6　手册框架
2. 概念框架
 2.1　引言
 2.2　生产的概念边界
 2.3　交易和其他流量

 2.4　单元和单元分类
 2.5　经济领域和住宅
 2.6　当前价格和物量测算
 2.7　劳动力相关概念
 2.8　生产法
 2.9　支出法
 2.10　收入法
3. 未观测经济的概念
 3.1　未观测经济的定义
 3.2　未观测经济问题的领域
 3.3　未观测经济的分析框架
4. 国民账户的评估

4.1 引言
4.2 数据比较和差异分析
4.3 上限估计
4.4 来自辅助和专门调查的分析材料
4.5 IMF 数据质量评估框架
4.6 欧盟统计局国民核算流程表

5. 国民核算方法
5.1 引言
5.2 生产法：一般方法
5.3 生产法：行业具体方法
5.4 生产法：意大利的方法
5.5 生产法：编制事项
5.6 支出法：来源与方法
5.7 供给使用框架

6. 数据收集方案的评估与改进
6.1 引言
6.2 统计数据需求
6.3 行政机构框架
6.4 概念框架
6.5 数据收集机制
6.6 调查框架和商业登记
6.7 调查设计准则和实践
6.8 附加调查和行政数据收集
6.9 与未观测经济分析框架的关系

7. 执行策略
7.1 引言
7.2 执行策略的要素
7.3 转型中国家的执行策略
7.4 住户部门生产规模较大国家的执行策略
7.5 估计的改进

8. 地下生产
8.1 引言
8.2 备择含义及相关术语
8.3 测算工具
8.4 地下生产及相关项目的测算

9. 非法生产
9.1 引言
9.2 非法生产活动的类型
9.3 非法生产活动的记录要点
9.4 观察和测算方法
9.5 重复计算的问题

10. 非正规部门生产
10.1 引言
10.2 非正规部门的定义
10.3 非正规部门的测算

11. 住户为自身最终使用的生产
11.1 引言
11.2 住户为自身最终使用的货物生产
11.3 住户为自身最终使用的服务生产
11.4 数据来源
11.5 估计方法

12. 宏观模型方法
12.1 引言
12.2 货币法
12.3 全局指示法
12.4 潜变量法
12.5 结论

附录
附录1 参考
附录2 词汇表
附录3 数据需求和来源
附录4 未观测经济的分析框架
附录5 IMF 数据质量评估——生成框架

图列表

表格列表

31

ESA95 金融账户编制资源与方法手册

英文标题	Manual on Source and Methods for the Compilation of ESA95 Financial Accounts
牵头组织	欧盟统计局
版本信息	2011年第2版，2002年第1版
文件链接	http://ec.europa.eu/eurostat/en/web/products-manuals-and-guidelines/-/KS-RA-09-010
中文版	无

附：文件目录

1. 引言
2. 建议
    2.1 金融账户与非金融账户之间的一致性
    2.2 金融工具估值
    2.3 流量与存量的一致性
    2.4 合并
    2.5 资产负债数据在金融账户中的应用
    2.6 非上市股票转换为上市股票的记录
    2.7 工具与分类单元选择
    2.8 应付利息的实际问题
    2.9 非上市股票估值
3. 保加利亚
4. 捷克
5. 丹麦
6. 德国
7. 爱尔兰
8. 西班牙
9. 拉脱维亚
10. 立陶宛
11. 匈牙利
12. 马耳他
13. 荷兰
14. 奥地利
15. 波兰
16. 葡萄牙
17. 罗马尼亚
18. 斯洛文尼亚
19. 芬兰
20. 瑞士

资本测算手册

英文标题	Measuring Capital：OECD Manual
牵头组织	经济合作与发展组织
版本信息	2009 年第 2 版，2001 年第 1 版
文件链接	http：//unstats.un.org/unsd/EconStatKB/KnowledgebaseArticle10222.aspx
中文版	中国统计出版社，2004 年

经济合作与发展组织（OECD）编写的《资本测算手册》（以下简称《手册》）对此前有关资本测算方面的研究进行了整合，据此系统介绍了资本测算中的重要概念、分类以及基本方法，并且将视野扩展到了资本服务及其测算领域。资本测算在实践上可以直接应用于国民账户的编制，也可以架构起不同资本测算间的连贯性和一致性。以下简要介绍《手册》的内容。

1. 基于资本的存量与流量：概念与指标

存量与流量是一对相互联系并可相互转化的概念。要全面反映整个经济活动的运行与成果，需将两者紧密结合起来，存量可用于反映某时点的宏观经济状况，流量则可呈现当前与以前相比的变化以及具体的变化过程。资本测算涉及的主要存量概念有资本存量总额、资本存量净额，流量概念有固定资本形成、固定资本消耗。

资本存量是生产出来然后又作为投入品进入生产过程的资产。《手册》指出，所谓资本存量是指某一时点上生产者所持有的资产价值，该资产在估价时不考虑其实际年龄和状况，而是采用"将其作为新资产"的价格。正确理解资本存量的定义，需要知道哪些资产属于资本存量的核算范围，以及明确"作为新资产"的价格应当如何获得。根据《手册》界定，存量测算的主要内容包括有形固定资产、无形固定资产加上有形非生产资产的重大改良，以及非生产资产所有权转移的有关费用；"作为新资产"的价格则指通过采用相同类型资产的价格指数对以前时期获得的资产进行重估价而得到的价格。

固定资本形成被定义为有形和无形固定资产的获得减处置，再加上土地改良。所获得的资产可能是新的，也可能是通过二手市场得到的使用过的资产。另一个重要概念是固定资本消耗，固定资本消耗是指在核算期间内因自然变质（或破损）、正常过时或正常意外损坏而导致的生产者拥有和使用的固定资产存量现期价值的下降。

资本存量总额、资本存量净额、固定资本形成与固定资本消耗四个指标之间存在密切关联。将不变价计算的固定资本形成总额累计起来，可以得到资本存量总额；再扣除固定资本消耗，结果就是资本存量净额。四者之间的测算关系在资本存量核算部分有详细阐述。

2. 资产价值的确定

资产价值核算是资本存量核算的基础，资本存量是由不同时间获得的资产价值转换为相同价格基础后加总得到的。

资产价值首先取决于该资产在其使用年限内预期赚取的租金收入的价值。租金收入是指某一资产在每一核算期内赚取的收入，等于资产所产出的资本服务数量乘以服务的单位价格。使用年限是指某一资产从首次被安装或建造的那一刻起一直用于生产的整个期间。由于资产产生的租金收入是若干年内得到的，因此，在计算任一时点的资产价值时需要对各年产生的租金收入进行贴现。另外，当资产被丢弃或废弃时，可能会具有残余价值（残值）。

以上提到的四个变量即租金收入、贴现率、使用年限和残值决定了资产的价值。忽略残值，资产价值的标准公式可写为：$V_t = \sum_{t=1}^{T} \frac{f_{t+\tau-1}}{(1+r)^{\tau}}$。其中，$V_t$ 为某一资产在 t 年开始时的实际价值，f 为每一阶段的实际租金收入，T 为资产的使用年限，τ 为获得价值的第 $1,2,\cdots,T$ 年，r 为贴现率，等于名义利息率减去总的通货膨胀率。

租金收入与资产价值关系密切。租金收入等于资产所提供的资本服务数量乘以单价。资产在使用过程中可能会损失效率，因此，资本服务的物量随着使用会呈下降趋势；由于采用不变价测算，资本服务的价格会保持固定。对于每一个给定的租金收入序列，都有且仅有一个资产价值序列，反之亦然。

资产价值标准公式还有另一种使用。在考虑是否购买某一资产时，理性生产者需要计算他们期望通过该资产得到的租金收入，并由资产价值标准公式计算出贴现率——此时可称作回报率，只有回报高于将资金用于其他途径所能得到的盈利时，他们才会购买该资产。

3. 资本存量的测算

《手册》归纳了三种测算资本存量的方法：永续盘存法、固定资产平衡表法以及调查法。其中使用最多的是永续盘存法，故而介绍最为详细。永续盘存法要对过去购置并估算出使用年限的资产进行累加计算。该方法考虑到资产在使用过程中效率会发生变化，资产价值也会发生改变，因此，还会涉及对资产效率的假设。《手册》列举了常用的效率模型，包括：（1）"单驾马车"模式，即资产在使用寿命内能够保持不变的效率，常见的例子有桥梁建筑、堤坝等；（2）线性递减模式，这种模式假定资产的效率每年以固定量下降；（3）几何递减模式，表示资产效率每年以固定比率下降；（4）双曲线模式，这种模式下资产效率在使用初期下降缓慢，后期效率下降速度增加。

各国使用永续盘存法核算资本存量时有两种不同的应用途径，《手册》将其归纳为标准应用与新应用两项内容。标准应用的具体操作步骤是：首先，利用现有资产价格指数，将现价固定资本形成总额换算成不变价固定资本形成总额；其次，在"死亡函数"假定下，计算出退役资产，从资本形成中扣除退役资产得到资本存量总额，同时利用"折旧函数"计算各期固定资本消耗；最后，从资本存量总额中扣减固定资本消耗即得到资本存量净额。

执行标准应用前，需要掌握一些基本资料，包括资本存量初始基准数据、回溯到基准年份的固定资本形成总额数据、资产价格指数、不同资产的平均使用年限以及有关资产的"死亡函数"和"折旧函数"。《手册》建议：（1）资本存量初始基准数据可从人口普查、火灾保险记录、公司财务报表、行政财产记录以及股票股价记录中获得。但需注意的是，这些资料并不能直接提供满足资本存量定义的"作为新资产"的资产价值，还需要利用价格指数进行调整。（2）"死亡函数"则有同时退出、线性、延长线性以及钟形几种常见模式，其中钟形死亡函数可应用各种数学函数来拟合，包括伽马、二次方程、威布尔、温弗里以及对数正态方程等。（3）资产的使用年限是指资产在资本存量中存在的时间长度，估算使用年限的资料来源于税务部门、公司财务报表、统计调查以及行政记录。（4）对固定资本消耗进行测算时需注意其与会计核算的"折旧"存在差异。"折旧"基于资产的历史成本测算，当存在通货膨胀时，历史价格会导致得到的折旧额偏低，而固定资本消耗在测算时应当基于资产的当前价格。

所谓永续盘存法的新应用，是指其中利用了年龄—效率和年龄—价格函数之间的关系。年龄—效率函数用于描述某一资产所生产的资本服务数量的形式，年龄—价格函数则反映使用年限期间内资产价格的形式。年龄—效率函数与贴现率一起生成了用于估算资本存量净额的年龄—价格函数。以标准效率单位表示的存量的成比例变化，表现了在此期间内这一特殊种类资产所生产资本服务的实际比例的变化。实际资本存量净额中的变化可以被分解为两部分，一是年内由于固定资本形成所产生的增加，二是由于固定资本消耗所产生的减少。

4. 资本服务的概念与测算

资本是提供资本服务的载体，资本服务是资本对生产的贡献，它是一个物量概念。资本服务被定义为每一时期从资产流向生产过程的生产投入。要充分理解这一概念，还需认真界定能够产生资本服务的资产的范围。《手册》指出，产生资本服务的资产是对生产有贡献的非金融资产，具体包括固定资产、存货、自然资源，以及那些在生产中使用的合约、租约、许可等。

《手册》指出，资本投入应当用资本服务度量，并提出构建一个用于测算资本存量在每一阶段所产出的资本服务物量的指数，即资本服务物量指数，来对资本服务进行测算。

理论上说，编制资本服务物量指数要先将某一类资产转换为标准效率单位，被称为"生产性资本存量"。举例来讲，货车产出的资本服务由吨公里构成，假定其年龄—效率函数每年下降1/10，可表示为系数序列1.0，0.9，0.8，…，0.3，意味着对于给定的投入量，以吨公里为单位的效率每年下降1/10。有3辆货车，其年龄分别是2年、4年和5年，可计算标准效率单位的货车存量＝0.9+0.7+0.6＝2.2，3辆货车每年共同产出的吨公里流量也可以由2.2辆新货车来产出。

实际工作中所记录的常常是固定资本形成总额的报告价值，而非已安装的资产的数量。这些价值必须用不变价表示，方能与标准效率单位匹配并予以记录。若一辆新货车的价格在基期为20万美元，以标准效率计算的货车不变价存量价值＝2.2×20万＝44（万美元）。还需注意的是，固定资本形成总额的数据一般会基于更粗的资产分类，不能做到"货车"这一细分程度，可能会使用"运输设备"这一类别。

将不同种类的资产都转换为标准效率单位后，还需要经过合并，以得到某一机构单位或某一类活动的全部资本服务。这一合并过程并非简单加总，而是需要加权汇总，权重为不同种类资产的年度租金收入（也被称作"资本的使用者成本"）。经加权计算后的指数即为资本服务的物量指数。

（执笔人：王文静）

附：文件目录

1. 引言
  1.1 目的
  1.2 手册未包括的内容
  1.3 手册包括的内容
  1.4 手册是如何编写的

2. 资本测算中的概念
  2.1 引言
  2.2 资产的价值是如何确定的
  2.3 租金收入和资产价格的关系
  2.4 年龄—效率和年龄—价格函数

- 2.5 固定资本消耗
- 2.6 资产加总以得到存量
- 2.7 资本服务的物量指数

3. 资本存量和流量的范围及分类
- 3.1 范围
- 3.2 分类
- 3.3 按使用者或所有者进行分类
- 3.4 按资产类型进行分类
- 3.5 按机构部门进行分类
- 3.6 按活动类型进行分类

4. 资本存量和流量：基本定义和应用
- 4.1 对资本存量进行估价
- 4.2 固定资本存量总额
- 4.3 固定资本消耗
- 4.4 资本存量净额
- 4.5 资本服务

5. 测算方法综述
- 5.1 资本存量总额
- 5.2 资本存量净额
- 5.3 固定资本消耗
- 5.4 资本服务

6. 永续盘存法
- 6.1 永续盘存法的两种应用方法
- 6.2 永续盘存法的标准应用方法
- 6.3 永续盘存法的另一种应用

7. 固定资本消耗的测算
- 7.1 引言
- 7.2 实证分析
- 7.3 年龄—效率函数、资产价格及折旧
- 7.4 各种计算折旧的方法
- 7.5 如何评价实际应用中的折旧计算方法

8. 调查及其他直接测算方法
- 8.1 引言
- 8.2 公布的公司财务报表
- 8.3 固定资产平衡表
- 8.4 市场经济中的统计调查
- 8.5 行政记录
- 8.6 综述

9. 资本服务
- 9.1 引言
- 9.2 生产能力的利用
- 9.3 资本服务的物量指数
- 9.4 资本服务测算的发展

附录一：手册中使用的技术指标
附录二：四个国家的资本存量和流量估算
附录三：四个国家所采用的资产使用年限
附录四：资本存量和流量研究计划
堪培拉小组报告及文献索引
后记

33

有形资产统计指南

英文标题	Guidelines on Statistics of Tangible Assets
牵头组织	联合国统计司
版本信息	1979 年第 1 版
文件链接	http://unstats.un.org/unsd/pubs/gesgrid.asp?id=128
中文版	无

附：文件目录

引言
1. 有形资产统计的应用
   1.1 经济分析
   1.2 协助编制国民账户及资产负债表
2. 统计范围与测度
   2.1 统计范围
   2.2 测度难题
3. 与流量账户、资产负债表的关系
   3.1 与流量账户的关系
   3.2 与资产负债统计建议的关系
4. 统计单元及其分类
   4.1 统计单元
   4.2 按经济活动分类
   4.3 按部门分类
   4.4 经济单元的其他分类形式
5. 有形资产的分类
   5.1 可再生有形资产：按类型分类
   5.2 不可再生有形资产：按类型分类
   5.3 生产和非生产资产的区别
   5.4 按年龄对固定资产分类
   5.5 对有使用权但没有所有权的资产的处理
   5.6 不归属于使用者的资产
6. 有形资产的估值
   6.1 基本考虑
   6.2 可再生有形资产的估值
   6.3 自然资源的估值
7. 调整项
   7.1 项目分类
   7.2 项目内容
8. 统计表
   8.1 目的
   8.2 表格的基本结构
   8.3 表格的内容
   8.4 用统计表编制与展现数据
9. 方法来源
   9.1 概述
   9.2 主要方法
   9.3 统计优先

附录

34

知识产权产品的资本测算推导手册

英文标题	Handbook on Deriving Capital Measures of Intellectual Property Products
牵头组织	经济合作与发展组织
版本信息	2010年第1版
文件链接	http://www.oecd-ilibrary.org/economics/handbook-on-deriving-capital-measures-of-intellectual-property-products_9789264079205-en;jsessionid=1er0glxk1mw2n.x-oecd-live-03
中文版	无

随着知识经济的发展，知识产权越来越成为一个国家"软国力"的重要内容，并作为资产进入核算视野范围。国民账户体系（SNA-2008）已经将原来的"无形生产资产"正式更名为"知识产权产品"（IPP），并尝试改进其核算处理方法。从实践来看，由于知识产权产品的特性，通常无法直接测算其资产价值，由此给各国之间的比较带来了困难。《知识产权产品的资本测算推导手册》（以下简称《手册》）在此背景下得以问世。

《手册》由经济合作与发展组织（OECD）牵头、会同其他统计组织合作编纂而成，其中，OECD负责R&D和软件部分，欧盟统计局（Euro-stat）负责娱乐、文学和艺术品原件，澳大利亚统计局（ABS）则负责矿藏勘探与评估部分。以下分别概念和资本测算方法两部分介绍该《手册》的相关内容。

1. 知识产权产品的相关概念

所谓知识产权产品，是指在研究、开发、调查或创新活动中产生的受法律保护的知识性产权商品。SNA-2008将IPP分为五类：研究与开发（R&D），软件与数据库，矿藏勘探与评估，娱乐、艺术与文学原件，以及其他知识产权产品。其中，R&D是指为增加知识储备并利用这种知识储备开发新的应用而系统性完成的创造性工作。计算机软件包括计算机程序、程序描述和上述系统与应用软件的支持材料，数据库是以某种允许高效访问和使用数据的方式组织起来的数据文件。矿藏勘探与评估是对石油、天然气和非石油矿藏进行勘探，并随后对这些发现进行的评估。娱乐、文学与艺术品原件是指记录或体现有戏剧表演、广播电视节目、音乐表演、体育比赛、文学和艺术作品等的影片、录音、手稿、磁带、模型等。

可以看到，这些产品或多或少都具有"无形"性质，无法以一个商品实体形式出现，比如R&D、矿物勘探与评估，并不是以其发明或发现的成果为标志，我们只能从其为创新或发现而花费的支出来感受它的存在；即使依托于某种实物存在，比如音乐存储在光碟中，但其作为知识产权产品的内在价值肯定大大超越了该光碟本身。为此，要对IPP进行资本测算，把握资产价值的范围，必须明了知识产权产品作为资产的以下特性：第一，知识产权产品的类型是多样化的；第二，可以以最小成本复制，不易磨损；第三，通常是为自用而生产的。

这些特性给 IPP 的资本测算带来很大挑战。例如，如何确定一项知识产权产品的使用属于固定资本形成（可反复使用、长期存在）还是属于中间消耗（一次性或短期使用）；IPP 具有可复制性，为此如何处理 IPP 复制品、复制 IPP 的购买许可和使用许可等，都成为需要讨论的问题。对此，《手册》提出如下建议：应满足 SNA-2008 中资产的定义，预期在生产中使用 1 年以上的 IPP 才被视为资产。此外，《手册》还对维护与修缮、生产其他 IPP 使用的 IPP 资产进行了讨论。另外要考虑两个较特殊的问题：一是未成功的 IPP 原件，《手册》认为应与成功的原件同等对待；二是政府生产免费提供但并未直接在生产中使用的 IPP，《手册》认为应与直接在生产中使用的 IPP 同等对待。

2. 知识产权产品的资本测算方法

虽然 IPP 的四种主要类型性质迥异，测算可得数据也不尽相同，但是 SNA 用于测算资本形成总额（GFCF）的原则方法却普遍适用。依据 IPP 产品的特性，《手册》将所有 IPP 资产分为两类，即购买的资产和自给性生产的资产，分别讨论其资本测算方法。

对购买的 IPP 资产，《手册》建议应同时使用需求和供给两种方法估算其资本价值。需求方法主要依托企业和政府调查来实现。由于不同类型的 IPP 区别较大，因而设计统一的调查形式比较困难，但可以大体遵从以下几个一般性原则：第一，调查范围应是所有单位，软件的调查范围应是整个经济体，而其他类型则应注意将调查负担减至最小化，此时鼓励另一种缩小调查范围的方法，比如矿藏勘探调查的范围应仅限于矿藏类别下的单位，或提供矿藏相关支持服务的单位；第二，调查问卷的项目应包括购买自用 IPP 的价值和生产自用 IPP 的成本估算值，此外还有中间计算的估计值。供给方法则通过估计资本品的供给（产出加进口）并分配到不同的用途来测算，同样需要区分购买和生产自用两种类型。对购买的 IPP 而言，资本形成总额（GFCF）＝国内产出＋进口－（出口＋住户支出＋避免重复核算值）。

对自给性生产的 IPP 资产，用加总生产成本来估计其资本价值。《手册》介绍了两种方法。其一是"微观方法"，即对企业和政府部门作调查，以得到生产固定资产的成本估算；其二是"宏观方法"，即以相关劳动投入（生产 IPP 的劳动力人数和生产时间）与单位劳动力投入的工资率和其他成本相乘，则得到 IPP 原件的总产出，然后扣除为销售而生产的那部分价值，则得到基于自给性 IPP 的资本形成总额（GFCF）测算值。此时，GFCF＝雇员总人数×平均雇员报酬×花费时间＋其他中间成本＋名义营业盈余＋其他生产税减补贴。为便于展示，《手册》也将这两种方法分别归为需求方法和供给方法。

具体到测算每一种 IPP 类型的资本额形成总额估算，《手册》都分别提供了测算方法和数据来源的详细指导，解释每一步的具体流程。由于各类产品之间区别显著，因此，所给出的测算方法也各有不同。关于矿藏勘探与评估，由于相关活动主要是由专营企业和自产自用型企业承担，其 GFCF 测算高度集中于少部分采矿企业，因此，得到 GFCF 测算值的最佳办法是对采矿企业作调查。在此类别上，澳大利亚最为典型，《手册》中附有相关调查问卷。关于娱乐、文学与艺术原件，《手册》建议电影、电视、电台节目原件的测算应通过加总生产成本方法估计（包括其他原件的特许权使用费），文学、音乐、摄影及影像原件应通过对未来收入贴现为现值的方法。

需要对 R&D 作特别说明。OECD 编撰的《弗拉斯卡蒂手册》（Frascati Manual，以下简称《FM手册》）是对 OECD 成员的 R&D 各项指标及其测度方法进行详细解说的指导性文献，它提供了关于 R&D 的丰富数据信息来源，为实施 R&D 活动统计调查的国际标准化和规范化奠定了良好基础，并与 SNA 体系形成对照。为此，在阐述 R&D 产品的资本测算问题之前，《手册》介绍了《FM 手册》

调查数据的特征，《FM手册》与SNA之间的联系，《FM手册》的R&D内部支出与SNA产出之间的联系，以及《FM手册》中支出、融资分类与SNA供给—使用表的联系。《手册》认为，可以用按照《FM手册》搜集的数据来测算R&D的资本形成总额，但是若有更多的其他附加数据（如进口数据）支持，即可在很大程度上改进该测算值的质量。

在现价IPP资本价值基础上，还需要分解IPP产品的价格和物量测算。《手册》分IPP原件、IPP复制品和自用型IPP三种类型对此进行阐述。一般而言，在市场上购买的IPP以购买者价格估价，自行开发生产的IPP以估算的基本价格估价，若无法获得基本价格，则以生产成本估价。

此外，与IPP资本测算有关，还牵涉到资本服务、资本存量净额以及固定资本消耗等指标的测算问题。有关这三个指标的测算方法是《资本测算手册》（第2版）的主要目标，《手册》中给出的测算方法与该文献是一致的，采用多数国家所使用的方法——永续盘存法（PIM），其中最重要的参数是服务寿命，并鼓励在年龄效率函数和年龄价格函数的选择上使用几何模式。在此方面，将两本手册对照起来看，可能会有比较好的效果。

（以上内容曾以"针对知识产权产品的资本测算方法"为题，刊于《中国统计》2012年第11期，作者：昌先宇）

附：文件目录

前言
摘要

1. 测算知识产权资产
   1.1 知识产权资产和固定资本形成总额
   1.2 估计知识产权GFCF
   1.3 需求法和供给法
   1.4 供给法
   1.5 国际贸易中的知识产权产品
   1.6 价格和物量
   1.7 资本测算

2. 研究与试验发展
   2.1 量化影响
   2.2 SNA-2008中R&D与GFCF的定义和范围
   2.3 《FM手册》调查数据的特征
   2.4 实践中GFCF和R&D测算指南
   2.5 《FM手册》与SNA之间的联系
   2.6 《FM手册》的R&D内部支出与SNA产出之间的联系
   2.7 《FM手册》中支出、融资分类与SNA供给—使用表的联系
   2.8 对核算的影响
   2.9 关于国际贸易的更多详情
   2.10 R&D的季度估算
   2.11 价格和物量
   2.12 资本测算

3. 矿藏勘探与评估
   3.1 国际标准和矿藏勘探与评估资产
   3.2 矿藏勘探与评估活动的定义和范围
   3.3 评估
   3.4 GFCF的估算
   3.5 价格和物量测算
   3.6 资本测算
   3.7 所有权

4. 软件和数据库
   4.1 软件
   4.2 数据库
   4.3 国际贸易中的软件和数据库
   4.4 价格和物量
   4.5 资本测算

5. 娱乐、艺术与文学原件
   5.1 定义和范围
   5.2 娱乐、艺术与文学原件的覆盖范围
   5.3 概念问题
   5.4 娱乐、艺术与文学原件的评估
   5.5 娱乐、艺术与文学原件的版税和版权
   5.6 价格和物量
   5.7 资本测算

OECD 生产率测量手册

英文标题	OECD Manual on Measuring Productivity
牵头组织	经济合作与发展组织
版本信息	2001 第 1 版
文件链接	http://www.oecd.org/std/productivity-stats/2352458.pdf
中文版	科学技术文献出版社，2008 年

生产率的测量是一个相对持久而备受关注的话题，在企业、行业和区域层面都有广泛的讨论和研究，并受到学术研究和政府工作的高度重视。生产率即产出与投入之比，是生产和经济发展效率的核心指示性指标。动态考察生产率，可表明随时间变化的生产进步状况和经济发展水平，静态进行生产率横向比较，则可表明国家或地区间生产和经济发达程度的相对水平。

生产率测度在政府统计中是一个特殊话题，一方面是因为它的重要性，另一方面则是因为它不仅涉及简单的数据搜集和核算，还需要量化模型的介入，存在着一些不确定性。为此，经济合作与发展组织（OECD）结合政府统计工作实务和学术研究，于 2001 年编制出版了《OECD 生产率测量手册》（以下简称《手册》），重点讨论行业层面的生产率测量问题，目的是提供一个生产率测量的操作性指南，推动国际数据向可比化发展。

生产率测量的目的在于理解技术进步、效率、成本节约、生产和生活水准等问题的衡量与比较。《手册》采用先"总"后"分"的结构，首先从生产函数角度出发，对计算生产率的要素进行了拆解，将做为分子的产出分为总产出和增加值两个要素，将做为分母的投入分为劳动力投入、资本投入、劳动力与资本联合投入，以及劳动力、资本和中间投入的联合投入等要素或要素组合。据此可以通过分子和分母不同要素的不同组合产生多种类型的生产率测算方式和结果。

《手册》随后按照产出和投入的不同要素与测量问题分列章节，分两大部分展开讨论。一是讨论各个要素在计量单位、测量方法、统计资源等方面的问题，二是对指数编制和比较、产业层面和产业汇总、推广应用路径、结果的解释等问题进行了专门讨论。第一部分各组成要素测量的讨论过程中，主要涉及该要素的准确定义、折旧、价格与价格平减、资本存量测算、劳动力和劳动时间的可比化处理、投入产出中间要素和产品计价等具体而又具挑战的问题。第二部分关于应用和比较的讨论中，涉及指数测算方法的选择、数据汇总和比较、应用途径等问题，并特别强调技术进步的测量，成本节约下的生产率，经济周期，产业和企业微观层面的增长，以及创新在生产率测量中的特殊地位等具体而前沿的问题。

《手册》的特点在于结构缜密，研究和操作思路清晰。一方面给出必要的推导公式和思路，同时附有丰富的具体的案例支持，并以一种开放的态度讨论问题。总之，该手册不仅是政府统计层面建立生产率可比数据的操作性指南，也可以作为宏观和微观层面研究生产率问题的一个概览性指南，还可以通过参考文献清晰理顺生产率研究的发展脉络。

(执笔人：甄峰)

附：文件目录

1. 概述
   1.1 目标
   1.2 手册的范围与结构
2. 生产率测量概览
   2.1 生产率测量的目的
   2.2 生产率测量的主要类型
   2.3 部分生产率测量的简要指南
   2.4 增长账户和理论框架的主要假设
   2.5 部分结论
3. 产出
   3.1 基于总产出和增加值的生产率
   3.2 折旧
   3.3 产出的量化
   3.4 统计资源与统计单位
4. 劳动力投入
   4.1 单位选择
   4.2 统计资源
   4.3 劳动时间的测量
   4.4 劳动力报酬与劳动份额
   4.5 不同类型劳动力投入的核算
5. 资本投入
   5.1 简介
   5.2 概览
   5.3 生产存量和资本服务的测量
   5.4 使用者成本的测量
   5.5 不同资产的整合
   5.6 资本利用率
   5.7 资本投资的范围
6. 中间投入
   6.1 投入产出表
   6.2 估值
7. 指数编制
   7.1 链氏指数和直接比较
   7.2 指数公式的选择
   7.3 其他方法：从 Malmquist 到 Tornqvist
8. 生产率增长的跨行业汇总
   8.1 整合、汇总与中间投入
   8.2 多玛权重：KLEMS 测量的汇总
   8.3 加权平均：基于增加值的生产率汇总
9. 应用指南
10. 生产率测量的解释
    10.1 技术与生产率测量
    10.2 生产率增长与降低成本
    10.3 跨经济周期的生产率测量
    10.4 产业和企业层面的生产率增长
    10.5 创新与生产率测量

附录1 词汇表
附录2 国别生产率统计的链接与参考
附录3 增长核算框架下的生产率测量
附录4 资本存量测量
附录5 使用者成本
附录6 产出、投入与生产率的汇总
附录7 致谢
参考文献

36 全球化对国民账户的影响

英文标题	The Impact of Globalization on National Accounts
牵头组织	欧盟统计局、经济合作与发展组织、联合国欧洲经济委员会
版本信息	2011年第1版
文件链接	https://unstats.un.org/unsd/EconStatKB/KnowledgebaseArticle10340.aspx
中文版	无

附：文件目录

前言
缩略语
1. 简介、概览与主要结论
   1.1 简介
   1.2 概览
   1.3 主要结论

第一部分 跨国公司

2. 跨国公司的产出与增加值在国家间的分配
   2.1 简介与背景
   2.2 国际规范中的统计处理建议
   2.3 测量问题和操作处理建议
   2.4 未来工作的建议
     附录2.1 跨国公司及其对国民账户和国际收支统计的影响：冰岛案例
     附录2.2 荷兰统计局的一致性单位：减少国民账户和相关统计的不对称问题
     附录2.3 芬兰和瑞典的大型企业统计

3. 跨国公司、外国直接投资与相关收入流动
   3.1 简介
   3.2 背景
   3.3 国际规范中的统计处理建议
   3.4 测量问题
   3.5 账户中的操作处理建议
   3.6 欧洲提高直接投资数据质量的举措
   3.7 关于此问题的未来工作建议
     附录3.1 2010年12月CDIS结果发布的贡献国
     附录3.2 俄罗斯联邦：估算再投资收益，以及生产共享协议项目的处理

4. 特殊目的实体
   4.1 简介
   4.2 背景
   4.3 国际规范中的统计处理
   4.4 测量问题
   4.5 未来工作的建议
     附录4.1 荷兰对特殊目的实体的处理
     附录4.2 爱尔兰的特殊目的实体
     附录4.3 匈牙利对特殊目的实体的处理
     附录4.4 特殊目的实体：欧盟统计局的分类表

第二部分 有关货物和服务贸易，以及全球制造问题

5. 送往国外加工的货物
   5.1 简介
   5.2 背景
   5.3 国际规范
   5.4 测量与分析问题
   5.5 操作处理

5.6 结语
6. 转口
　6.1 简介
　6.2 背景
　6.3 国际规范的统计处理建议
　6.4 账户的操作处理建议：转口活动的识别与记录
　6.5 未来工作建议：转口服务的进一步处理
　6.6 结语
　附录6.1 商品转口：SNA-1993和BPM5的处理与SNA-2008和BPM6的新标准比较
　附录6.2 国别实践：爱尔兰方式
　附录6.3 供给使用表中记录转口
　附录6.4 中国香港的案例
7. 知识产权产品的国际转移
　7.1 简介
　7.2 国际规范的统计处理建议
　7.3 测量问题
　7.4 账户的操作处理建议
　7.5 进一步研究：跨国公司知识产权产品的经济所有权
　附录7.1 OECD手册关于知识产权产品的资本测量方法摘录
8. 全球制造
　8.1 简介
　8.2 背景
　8.3 全球制造的案例
　8.4 土耳其项目，记录项目供应商的活动
　8.5 全球制造问题的未来工作建议
　附录8.1 以色列国民账户对全球生产的测量
　附录8.2 无工厂生产的产业分类
9. 贸易数据行政记录与全球化的相关测量问题
　9.1 简介
　9.2 背景
　9.3 国际规范的统计处理建议
　9.4 测量问题
　9.5 账户的操作处理建议
　9.6 未来工作建议
　附录9.1 部分欧盟国家间准过境贸易的价值
　附录9.2 部分欧盟国家国际收支平衡中的贸易总收支

　附录9.3 与世界其他地区交易的估值问题：匈牙利中央统计局案例
　附录9.4 欧盟转口贸易数据搜集

第三部分　住户相关问题

10. 国际劳动力转移
　10.1 简介
　10.2 背景
　10.3 定义与统计建议：术语一致吗？
　10.4 国际规范中的测算原则：数据源
　10.5 测算问题的经验
　10.6 测算问题的可能解决方法
　10.7 分析的问题
　10.8 结论
　附录10.1 捷克共和国的劳动力流动测算
　附录10.2 德国跨国劳动力流入与流出的测算
　附录10.3 以色列劳动力流入测算
　附录10.4 摩尔多瓦劳动力流出测算
　附录10.5 乌克兰的劳动力流出测算
11. 汇款
　11.1 简介
　11.2 背景：方法的开发
　11.3 国际规范中的统计处理建议：概念问题
　11.4 测算问题
　11.5 账户的操作处理建议
　11.6 进展与未来工作建议
　附录11.1 俄罗斯联邦的跨境汇款统计
　附录11.2 移民劳工的收入与汇款：乌克兰劳动力移民统计结果
　附录11.3 捷克共和国的汇款估算
　附录11.4 保加利亚的汇款估算经验
　附录11.5 荷兰的汇款估计
12. 国外第二居所
　12.1 简介
　12.2 背景
　12.3 统计处理
　12.4 测算问题
　12.5 推进第二居所问题议程
　附录12.1 欧洲非居民的度假居所
　附录12.2 挪威国际收支平衡表和国民账户中的度假居所

附录12.3　爱尔兰依照行政记录识别和汇编外国所有者第二居所统计
　　附录12.4　墨西哥的度假居所与旅游业
　　附录12.5　美国自住度假居所租金的测算
13. 电子商务
　　13.1　简介
　　13.2　定义
　　13.3　电子商务的经济理论基础
　　13.4　国际规范的统计处理
　　13.5　测算
　　13.6　结论建议
　　附录13.1　荷兰的电子商务测算
　　附录13.2　荷兰电子商务的有关数据
14. 未来工作与研究议程
　　14.1　一般结论
　　14.2　未来工作建议
附录　金融危机的影响
　　a　简介
　　b　背景：金融危机的起源
　　c　修订国际统计规范以满足危机揭示的问题
　　d　金融危机揭示统计与测算问题的主要差距：伊辛委员会与G20的报告
　　e　ECB/ESCB统计基于全球化与经济危机的新发展
　　f　金融危机与欧盟政府财政统计
参考文献

37 全球生产测度指南

英文标题 Guide to Measuring Global Production
牵头组织 联合国欧洲经济委员会
版本信息 2015年第1版
文件链接 http://www.unece.org/index.php?id=42106
中文版 无

附：文件目录

前言
背景
致谢
缩略语
1. 简介
   1.1 全球生产
   1.2 《指南》的结构
   1.3 全球供应链、价值链与生产链
   1.4 生产协议的组织
2. 全球生产安排分类
   2.1 简介
   2.2 全球生产安排分类
      案例A：国内厂商的加工活动
      案例B：转口
      案例C：无工厂产品生产者
   2.3 服务业相关全球生产安排
      案例D：服务产品分割，知识产权产品
      案例E：服务产品分割，不含知识产权产品
      案例F：服务产品分包
   2.4 无工厂产品生产者的替代性观点
   2.5 结论与建议
3. 跨国公司内部的经济所有权原则
   3.1 简介
   3.2 国际统计标准指南
   3.3 工商会计实务
   3.4 一组复杂案例
   3.5 结论与建议
4. 全球生产中知识产权产品的所有权
   4.1 简介
   4.2 现有指南概览
   4.3 确定知识产权产品的存量与流量：数据源评论
   4.4 确定知识产权产品的经济所有权
   4.5 结论与建议
5. 测度全球生产：数据源与编制挑战
   5.1 简介
   5.2 送往国外加工的货物（案例A）
   5.3 转口（案例B）
   5.4 无工厂产品制造（案例C）
   5.5 数据源评论
   5.6 结论与建议
6. 大型复杂企业单位
   6.1 简介
   6.2 背景
   6.3 大型复杂企业单位的运转
   6.4 结论与建议
   附录6.1 大型复杂企业单位运转问卷

7. 增加值贸易测算
   7.1 简介
   7.2 增加值贸易的核心原则
   7.3 增加值贸易的需求
   7.4 OECD-WTO 数据的早期证据
   7.5 增加值贸易的测算
   7.6 对全球投入产出表的数据需求
   7.7 投入产出有关核算问题
   7.8 增加值贸易之外
8. 跨国企业
   8.1 简介
   8.2 概念背景
   8.3 案例研究
   8.4 统计源挑战
   8.5 建议
9. 准过境贸易和类似现象的测算问题
   9.1 简介
   9.2 背景
   9.3 准过境贸易在 BPM6 和 SNA2008 的处理
   9.4 相关现象的报告
   9.5 结论与建议
10. 服务贸易转口
    10.1 简介
    10.2 现有国际概览的相关定义
    10.3 定义阐释
    10.4 基于总值或净值记录服务贸易转口
    10.5 结论
11. 未来工作的结论与建议
    11.1 简介
    11.2 主要结论与建议
    11.3 未来工作的组织
    11.4 未来研究的行动目标

三、人口与就业

38

人口与住房普查的原则和建议

英文标题	Principles and Recommendations for Population and Housing Censuses
牵头组织	联合国统计司
版本信息	2015年第3修订版，2008年第2修订版，1998年第1修订版，1958年第1版
文件链接	http：//unstats.un.org/unsd/demographic/sources/census/census3.htm
中文版	http：//unstats.un.org/unsd/pubs/gesgrid.asp? id＝383

人口与住房普查是政府统计的基础调查。为了协助各国制定计划和执行人口普查，联合国统计司发布了一系列的统计规范，《人口与住房普查的原则和建议》是其中最基本的一部。联合国统计司早在1958年就形成人口与住房普查的基本原则和建议，并经过1998年、2008年和2015年修订，形成目前用于指导实践的《人口与住房普查的原则和建议》（以下简称《建议》）。相对于2008年版本，2015年的修订对整体结构进行了重新排列和组合，使得《建议》的可操作性大大增强。

1. 普查对象

所谓人口普查的普查对象，是指被普查登记的人，也就是指什么样的人将被普查登记。一般来说，可采用实际在场人口和常住人口两种口径进行人口普查登记，收集相关资料，前者涉及每个人于普查日的所在地点，后者则立足每个人惯常住所。惯常住所可按照国际标准（12个月）来界定，即在最近12个月的大部分时间中（即至少为6个月零一天）一直居住的地方（不包括因度假或工作引起的短暂出行）。

随着国际移徙问题日益显著，按照惯常住所而非实际所在地进行统计的需求越来越突出。相比之下，比较简单的是按照每个人于普查之日所在地点进行查点，以获得实际在场人口的分布情况，但就报告和分析所获得的资料而言，基于惯常住所的人口分布资料要更加准确。如果需要同时掌握常住人口和实际在场人口两种口径的资料，可以查点普查日在场的每个人和每一个暂时离开的常住者。为此，必须视情况在调查表上明确区分：（1）惯常居住在该地并于普查日在场的人，（2）惯常居住在该地，但于普查日临时离开的人，（3）非惯常居住在该地，但于普查日暂时在场的人。另外，对于频繁搬迁并且没有惯常住所的人员，应按其在普查时的所在地进行查点。

2. 普查时刻

如果普查时间仅为一日，通常可将普查"时刻"定于普查日开始时的午夜时分。到普查时刻为止活着的每个人都应被列入调查表，并计入总人口，即使填写调查表的过程直到普查时刻或甚至普查日之后才开始，并且在此期间内该人或许已经死亡，也应做如此处理。同理，普查时刻之后才出生的婴儿不得列入调查表或计入总人口，即使在其住户内的其他人被查点时婴儿已处于存活状态。

倘若普查过程中分配给调查的时间很长，以致不太可能提供截止过去某个时刻的人口资料，查点时就有必要采用不同的时刻，甚至可能以普查员查访的前一晚作为查点时刻。如果采用这种做法，则应在普查报告内明确说明，并应指出查点的全部持续时间，这时需要指定普查期间的某一日作为正式"普查日"。例如，可将半数人口已被查点的日期定为普查日。

3. 普查的方法和内容

人口普查的方法主要有四种：传统普查法、登记法、滚动普查法和每年更新特征的传统式查点法。《人口和住房普查的原则和建议》重点阐述了传统普查法，其要点是：在特定时间按照一系列的调查细目从个人和住户收集相关信息，随后要据此汇编、评价、分析和传播有关一国或一国内某一明确划定地区的人口、经济和社会数据。

调查过程中，要求公众对普查调查表做出答复，或由查访员通过邮递、电话、互联网、亲自访问跟踪等方法从调查对象处收集信息。在这种方法中，长表和短表都有可能被采用。短表只包括用于全面调查的问题，而长表则用于通过住户和人口抽样收集信息，除了复杂的调查细目（如生育率）外，通常还会包括有关特定调查细目的详细问题。两种表都在同一普查时间框架内使用。

《建议》给出了一整套在重要性和普查数据收集可行性方面被各国广泛认可的内容，大致归为八类：

（1）地域和国内移徙特征：常住地、普查时所在地、出生地、持续居住时间、前一居住地、过去某一特定日期的居住地、居民区、城市和农村；

（2）国际移徙特征：出生国、国籍、抵达一国的年份或时期；

（3）住户和家庭特征：与户主或住户其他基准成员的关系、住户和家庭组成、住户和家庭状况；

（4）人口和社会特征：性别、年龄、婚姻状况、宗教、语言、族群、土著民族；

（5）生育率和死亡率：活产子女数、健在子女数、最后一个活产儿的出生日期、过去12个月的出生情况、过去12个月出生的儿童死亡情况、首次婚姻的年龄和持续时间、第一胎活产儿出生时母亲的年龄、在过去12个月住户人口的死亡情况、丧母或丧父情况；

（6）教育特征：识字情况、在学情况、受教育程度、学习科目和学历；

（7）经济特征：活动状况、职业、行业、就业状况、工时、收入、就业的机构部门、非正规部门中的就业、非正规就业、工作地点；

（8）残疾特征：残疾状况。

各国实践中，没有必要全面覆盖上述人口普查清单中所列的所有细目，而需要考虑各自的具体情况做出选择。

4. 普查的组织实施

人口普查也许是一个国家进行的最广泛、最复杂和最昂贵的统计行动，其中涉及一系列复杂而相互关联的阶段。为确保各种不同的阶段能有序、及时地进行，必须事先认真规划整个普查及其各个阶段的工作。

普查过程并不都是同一种模式，但一般来说至少应包括以下六个阶段：(1) 筹备工作；(2) 基于查点日进行数据采集；(3) 数据处理；(4) 建立所需的数据库和传播普查结果；(5) 评价普查结果；(6) 分析普查结果。显然，这些阶段并不是相互排斥或在时序上完全分开的。例如，一些普查结果通常在所有数据处理活动完成之前即予以公布；普查结果的分析和传播工作通常会同时进行。

5. 普查结果的发布

无论是一般公众，还是政策制定机构，都会希望尽快获得普查得到的人口数据。因此，有些国家在查点后不久就开始公布"临时结果"，以此提供大致的人口趋势。接下来应尽一切努力尽快公布人口普查的主要结果，否则这些资料的效用及其对公众的吸引力将会降低。此外，各个国家还可以编写各类主题或区域分析报告、其他报告和程序报告。

(以上内容曾以"关于人口普查的若干国际规范"为题，刊于《中国统计》2012年第3期，作者：穆骑旎；增补：管乐）

附：文件目录

导言

第一部分：基本特征和普查方法
1. 普查的基本特征
2. 定义和基本特征
3. 人口和住房普查的应用
4. 普查方法
5. 基于注册式普查或组合方法的应用
6. 抽样技术在人口和住房普查中的应用

第二部分：规划、组织和管理
1. 简介
2. 总体普查规划
3. 战略目标和管理
4. 单位、时间和地点的列举
5. 法律基础
6. 财务管理
7. 行政管理
8. 用户咨询、交流与宣传
9. 普查日历
10. 人力资源管理
11. 物流管理
12. 外包
13. 技术应用
14. 质量保证

第三部分：普查操作过程
1. 简介
2. 普查问卷：内容与设计
3. 建立普查基础设施
4. 测绘和地理空间数据
5. 实验性调查
6. 居住区和住户名单
7. 现场调查
8. 数据处理
9. 结果评估
10. 普查产品、数据传播和利用
11. 普查经验总结
12. 个人记录存档
13. 普查总体评估

第四部分：人口和住房普查主题

第一章：人口普查主题
1. 确定主题的要素选择
2. 主题列表
3. 人口计数
4. 主题的定义和规范

第二章：住房普查主题
1. 确定主题的要素选择
2. 主题列表
3. 主题的定义和规范

2010年人口与住房普查建议

英文标题	Conference of European Statisticians Recommendations for the 2010 Censuses of Population and Housing
牵头组织	联合国欧洲经济委员会
版本信息	2006年
文件链接	http://unstats.un.org/unsd/censuskb20/KnowledgebaseArticle10219.aspx
中文版	无

附：文件目录

前言
简介
第一部分　普查方法与技术
1. 方法
2. 新兴普查技术

第二部分　人口普查主题
3. 需普查的人口
4. 地理特征
5. 人口特征
6. 经济特征
7. 教育特征
8. 国际及国内移民
9. 民族文化特征
10. 残疾
11. 住户及家庭特征
12. 农业

第三部分　住房普查主题
13. 住处、住宅及房屋安排
附录

40

人口与住房普查编辑手册

英文标题	Handbook on Population and Housing Census Editing
牵头组织	联合国统计司
版本信息	2010年修订版，2001年第1版
文件链接	http://unstats.un.org/unsd/censuskb20/KnowledgebaseArticle10064.aspx
中文版本	https://unstats.un.org/unsd/publication/SeriesF/seriesf_82rev1c.pdf

人口与住房的普查工作在全球范围内已有一定的历史可循，为了获得准确的普查或调查结果，数据必须尽可能地避免出现误差和不一致的情况。实践中，各国可结合采取各种方法来处理数据误差和回答不一致的问题。在普查间隔时间较长的情况下，各国为新的普查或调查重新制定早些时候数据收集活动中使用过的程序。为了填补普查和调查数据编辑方法中存在的这种知识差距，并且向相关官员提供各种普查编辑方法的信息，联合国经济和社会事务部统计司出版了《人口与住房普查编辑手册》（以下简称《手册》），就普查和调查数据的编辑方法向各国提供标准参照，向有关政策制定者提供关于如何使用各种不同普查编辑方法的信息；同时鼓励各国保管一份关于本国编辑经历的历史备查，以促进各种主题研究专家与数据处理专家之间的沟通，并且做好有关当前普查或调查活动的文献资料工作，以避免下次普查或调查期间重复劳动。

在收集和录入数据期间，以及在调整个别项目时，探查数据记录之内和之间存在的误差的程序，这就是所谓人口与住房普查编辑。《手册》首先介绍普查过程、普查中发生的各种误差类型，说明了编辑的重要性，以及普查编辑工作的基本原则，考察编辑工作在普查和调查中发挥的作用；其次提出了编辑程序的具体应用，通过介绍手动校正和自动校正来为数据校正提供指导方针，其中包括各种缺失数据插补方法。余下3章对分专题进行了介绍，第3章介绍结构编辑。用于判定和纠正结构误差的技术变化非常快，普查或调查中所使用的特定结构编辑程序在一定时间内就需要有所改变。结构编辑旨在考察有关项目有效性记录之间和记录内部各种项目关系的比较等问题。第4章概述了人口编辑，指出需要同时考虑人口统计特征、移民特征、社会特征、经济特征。第5章主要介绍了住房编辑。最后由一系列附录来逐一审查同人口与住房普查的编辑和插补程序有关的特定问题。

《手册》在总结普查数据所存在的缺陷的情况下，明确了人口与住房普查编辑的必要性，给出了普查编辑的官方定义，制定了普查编辑工作的基本原则，并介绍了在各个不同处理阶段编辑普查数据的程序和方法，评论了手工编辑与计算机辅助编辑的长处和短处，可供参与制定普查（调查）编辑规范和方案的专家、数据处理专家或方法学家参考，也有助于各国选用最适合本国目前统计现状的编辑方法。《手册》内容具有官方性和可操作性，与其他联合国系列手册相互补充，可有效协助各成员国制定计划，并进行有效的人口与住房普查。

（执笔人：管乐）

附：文件目录

前言
导言
    本《手册》的宗旨
    普查过程
    普查过程中的误差
    本《手册》的结构

1. 普查和调查中的编辑工作
    1.1 编辑工作的历史回顾
    1.2 编辑团队
    1.3 编辑实践：经编辑的数据与未经编辑的数据
    1.4 编辑的基本原则

2. 编辑应用程序
    2.1 编码方面的考虑
    2.2 手工校正与自动校正
    2.3 数据校正的指导方针
    2.4 有效性和一致性检查
    2.5 数据的校正和插补方法
    2.6 其他编辑系统

3. 结构编辑
    3.1 地域编辑
    3.2 覆盖范围检查
    3.3 住房记录的结构
    3.4 住房和人口记录的一致性
    3.5 重复记录
    3.6 特殊人口
    3.7 确定户主和配偶
    3.8 年龄和出生日期
    3.9 无效输入项的计数

4. 人口项目编辑
    4.1 人口统计特征
    4.2 移民特征
    4.3 社会特征
    4.4 经济特征

5. 住房项目编辑
    5.1 核心细目和补充细目
    5.2 住用和空置的住房单元

附录1 衍生变量
附录2 调查表格式与键入的关系
附录3 扫描与键盘输入
附录4 流程图示例
附录5 插补方法
附录6 计算机编辑软件包
术语表
参考文献

41

人口与住房普查管理手册

英文标题	Handbook on Census Management for Population and Housing Censuses
牵头组织	联合国统计司
版本信息	2001年第1版
文件链接	http：//unstats.un.org/unsd/censuskb20/KnowledgebaseArticle10066.aspx
中文版	无

人口与住房普查是一项大型统计调查工作，涉及面广，动用资源多，为此凸显出整个流程管理工作的重要性。联合国统计司于2001年编撰出版了《人口与住房普查管理手册》（以下简称《手册》），目的是指导各国在该项普查实施过程中对各个步骤进行管理、协调与监督，以保证流程可控，使数据质量有保证，提高普查产品的可信度。

《手册》依托人口与住房普查的整个流程，讨论了前期准备、中期调查和后期处理各个环节的操作规范、质量管理和流程控制问题，特别强调管理团队的选择和管理结构的设计，并运用国家案例进行了详细的讨论和对照。

《手册》第1章是普查管理的一般概述，即管理所涉及的主要方面，包括管理结构、计划愿景、准备工作、访员培训、数据获取、数据使用和后期评估的流程，每个流程都需注意预算、质量保障、管理结构设计等具体管理问题。第2章强调普查准备工作很烦琐以及管理工作的重要性，包括从时间安排、材料准备、调查要素（总体、个体、抽样单元、抽样框等）的设计管理、问卷设计到具体调查实施展开时的各类管理问题。第3章主要讨论普查的组织安排和流程控制问题，即从招聘与培训到数据搜集中的质量控制，如何规范和减小误差，并对如财务管理、工资绩效等细节问题进行讨论。第4章是数据填报后的处理流程管理，依法讨论建立数据处理中心、招募合格人才、保证数据质量等问题，并强调数据处理技术在其中的重要作用。第5章针对数据传播中的各个环节，讨论了传播模式、提供咨询、数据产品设计、数据产品使用过程中的定价和管理等问题。第6章简要列举了普查产品质量保障的主要分析方面，包括一般总体概括、普查问题的概括和普查流程的控制。《手册》还通过正文中的框图和正文后的多个附录进行举例，展示具体操作流程、概念定义和流程图。

《手册》的公布从管理和操作层面对人口与住房普查的各个环节进行了定义和分类，并具体给出了管理层面需关注的问题和解决方案，是一部具有操作性的指导手册。

（执笔人：管乐）

附：文件目录

前言
1. 普查管理概览
   1.1 综合管理的重要性
   1.2 普查计划
   1.3 质量保证
   1.4 管理结构
   1.5 软件和硬件的估值与购置
   1.6 抽样的用途
   1.7 外部咨询和外购的选择与管理
2. 准备工作
   2.1 建立普查细目的基础
   2.2 工作人员的结构
   2.3 绘制地图
   2.4 图表设计与测试
   2.5 指导手册
   2.6 图表和其他文件的打印
3. 各领域的操作
   3.1 宣传
   3.2 招聘与薪金
   3.3 外地工作人员的培训
   3.4 材料的分配与归还
   3.5 对各操作领域的监控
   3.6 各领域操作的质量保证
   3.7 各领域操作的技术问题
4. 数据处理
   4.1 处理策略
   4.2 处理中心的定位
   4.3 员工结构的建立及员工招聘
   4.4 处理过程
   4.5 数据处理的质量保证
   4.6 数据处理的技术问题
5. 普查产品
   5.1 充分宣传策略
   5.2 使用者咨询过程
   5.3 产品发展
   5.4 市场战略
   5.5 销售策略
6. 评估
   6.1 引言
   6.2 关于整体质量的基础测量
   6.3 详细分析
   6.4 普查过程的变化
   6.5 质量问题的表达

附录
   附录1 赞比亚国家普查委员会1990年普查的相关参考文献
   附录2 一个模拟普查项目进度表范例
   附录3 一个模拟项目的甘特图范例
   附录4 1996年的普查过程：一个质量管理策略的实际范例
   附录5 普查日期手动输入和普查日期扫描输入的时间与设备估计
   附录6 普查处理系统规定的标准目录表范例
   附录7 普查的调查问卷格式范例

42

人口统计：44个欧洲国家的定义及方法回顾

英文标题　Demographic Statistics: a review of Definitions and Methods of Collection in 44 European Countries
牵头组织　欧盟统计局
版本信息　2015年第2版，2003年第1版
文件链接　http://ec.europa.eu/eurostat/web/products-manuals-and-guidelines/-/KS-GQ-15-002
中文版　　无

关于人口统计的基本定义、调查方法，各国都有自己单独的一套官方统计体系。为了深入比较欧洲各国在人口统计方面的异同，为了给从事人口统计工作的研究人员提供更有价值的参考信息，欧盟统计局于2003年编制了《人口统计：31个欧洲国家的定义及方法回顾》（以下简称《手册》）；此后在2015年修订了该《手册》，被调查国家从31个扩充到44个。《手册》涉及人口统计的五个领域：人口、出生、死亡、结婚和离婚。下面就此五个领域作简要介绍。

1. 人口统计

人口统计包含三个方面的内容：人口总量、平均人口、人口基本结构。

《手册》将人口总量定义为四种口径，分别为合法人口、现住人口、注册人口和常住人口。合法人口指居住在该国的所有合法居民，包括公民、持有居留许可或签证的居民等。现住人口指人口统计期间该国所居住的所有人。注册人口指国家各种人口登记系统中的居民列表。常住人口指到人口统计基准日为止，在该国持续居住至少12个月的居民。其中，常住人口概念应用最为广泛，被调查的44个国家中，有34个国家使用该概念。

估计人口总量所需的数据，其来源主要有两类，分别为人口普查和人口登记系统。被调查的44个欧洲国家中，21个国家使用人口普查方法，11个国家使用人口登记系统，8个国家同时使用该两种方法来进行人口总量的估计。人口总量统计的基准日主要有1月1日零时（或上一年12月31日12时）和7月1日零时。部分国家使用4月1日零时或10月1日零时作为人口统计的基准日。

平均人口指某一时期内人口的平均数。它是一些重要经济指标的基础，如人均GDP等。理论上说，其计算方法为每天的人口数相加，再除以相应的日历天数。实际统计工作中，通常用简单平均、加权平均和年中人口数三种方式来估计平均人口。简单平均法的计算公式为期初人口数与期末人口数之和除以2。年中人口数方法就是直接应用7月1日零时的人口数作为平均人口数。44个被调查的国家中，26个国家使用简单平均法，16个国家使用年中人口数法，剩下的2个国家（德国、奥地利）使用加权平均法。德国先用简单平均法计算月平均人口数，再将12个月的月平均人口数之和进行平均从而得到年平均人口数。奥地利则在每个季度的初期和末期分别统计人口数，从而得到8期人口数

据（中间重叠的3个时间各计算2次），再平均即可。

人口结构统计如今越来越多地应用于人口行为研究中，并为政策制定提供依据。绝大多数被调查国家都会提供老年抚养比、青年抚养比和年龄中位数这三个人口年龄结构指标。部分国家还会提供性别比、人口负担系数、人口增长率等指标。

2. 出生统计

出生统计的对象是活产婴儿。世界卫生组织关于活产婴儿的定义是：不论妊娠期长短而自母体完全排除或取出的受孕产物，在与母体分离后，不论脐带是否切断或胎盘是否附着，只要能够呼吸或显示任何其他生命证据，如心脏跳动、脐带搏动或随意肌肉运动，这样出生的每一产物均被视为活产婴儿。

每一个新生儿出生后，都应向有关部门进行出生登记，这就是所谓"出生公告"，出生统计要以此为依据。每个国家的出生公告事项各有不同，以下是所调查的44个欧洲国家的出生公告情况。（1）出生公告人有三类，分别为父母亲、医院和民政局（登记机关）。有些国家的公告人可有多个，如波兰的公告人可以为父母亲或民政局，匈牙利、塞尔维亚的公告人可以为医院或民政局，土耳其、瑞士、瑞典的公告人可以为父母亲和医院。（2）不同国家的公告期限相差很大。匈牙利、葡萄牙、芬兰和斯洛伐克的公告期限仅为出生后1天内。塞尔维亚、克罗地亚、罗马尼亚等国家要求15天以内进行出生公告。塞浦路斯、爱尔兰和立陶宛规定公告期为出生后90天内。（3）关于出生公告内容，所有国家均包括新生儿的名字、性别、出生日期、出生地、父母亲年龄及婚姻状况。部分国家的公告内容还会涉及新生儿的出生方式、出生次序等其他项目。

总和生育率（TFR）是人口统计分析中的重要指标，指刚进入育龄期的妇女若一直按照某年的年龄别生育率完成其生育过程时所生育的平均子女数。关于育龄期，绝大多数国家规定为15~49岁；法国、希腊、意大利及爱沙尼亚的育龄期上限为50岁，芬兰、马耳他和卢森堡对育龄期未做年龄限制。此外，在进行总和生育率的计算时，一种是以1岁组年龄别生育率计算，另一种是以5岁组年龄别生育率计算；在被调查的44个国家中，21个国家基于前者计算TFR，16个国家基于后者计算TFR，7个国家同时使用两种方法计算TFR。

3. 死亡统计

死亡的定义有三种，分别为临床死亡、生物学死亡和脑死亡。医生根据患者临床的生命体征指标（呼吸停止、心跳停止、血压持续为零等），经抢救后上述指标仍未恢复，即可判断为临床死亡。生物学死亡是指在临床死亡的基础上，生命体征和新陈代谢永久性停止。脑死亡指临床上虽有心跳但无自主呼吸，脑功能已经永久性丧失。被调查的44个国家中，41个国家定义死亡为临床死亡。丹麦使用脑死亡标准来定义死亡，立陶宛使用生物学死亡标准，而俄罗斯同时使用脑死亡和生物学死亡两个标准。

每位公民死亡后，都要在规定期限内，由相关人持死亡证明相关文件，向有关部门进行死亡登记。这就是所谓"死亡宣告"，它是进行死亡统计的依据。绝大多数被调查国家的死亡宣告人为医生或亲戚。关于死亡宣告期限，绝大多数被调查国家为死亡后7天内；阿塞拜疆、阿尔巴尼亚和土耳其的宣告期限为死亡后10天内；爱尔兰和塞浦路斯的期限较长，可在死亡后1年内进行死亡宣告；荷兰则对死亡宣告期限未作要求。关于死亡宣告内容，各个国家不尽相同。死亡宣告中常见的内容有死者姓名、性别、个人身份识别标志、死者年龄、死亡日期、死亡地点、出生日期、婚姻状况、教育水平、死因等。其中，44个国家的死亡宣告内容中，均包含死亡日期；芬兰和瑞典的死亡宣告内容最少，芬兰只包括个人身份识别标志（即人口号）和死亡日期两项，瑞典包括人口号、死亡日期和死因三项；爱沙尼亚、希腊、意大利、匈牙利、罗马尼亚、斯洛伐克、波黑的死亡宣告内容最多，均不低于 14 项。

有关死亡的统计指标有多个。一是年龄别死亡率，是指某年龄段的死亡人数与同期平均人口数的比值。该指标可按 1 岁组进行计算，也可按 5 岁组进行计算。被调查国家中，22 个国家按 1 岁组计算年龄别死亡率，6 个国家按 5 岁组计算，8 个国家按 1 岁组和 5 岁组分别计算。

二是婴儿死亡率（IMR），指不满 1 周岁的婴儿死亡人数与同期出生人数的比率，一般用千分比表示。但在 IMR 的实际计算过程中，会遇到关于死亡婴儿及出生婴儿的统计口径一致性问题，如在本年死亡的未满周岁的婴儿中，既有本年出生本年死亡的，也有去年出生而在本年未满周岁前死亡的，故计算 IMR 时每个国家使用的方法不一致。其中，立陶宛等国采用的方法是，t 年出生、t 年死亡的婴儿人数除以 t 年出生人数，加上 t－1 年出生、t 年死亡的婴儿数除以 t－1 年出生人数，结果用千位数表示；白俄罗斯等国采用的方法是，t 年出生、t 年死亡的婴儿人数加上 t－1 年出生、t－1 年死亡的婴儿人数，再除以 t－1 年、t 年共两年的出生人数平均值；德国等国采用的方法是，根据婴儿出生后 1 年内每个月的死亡风险概率来计算婴儿死亡率。

三是平均预期寿命，它可以从生存角度反映年龄别死亡率水平，定义为：在一定年龄组的死亡率水平下，该年龄组的一批人从出生到死亡平均可能生存的年（岁）数，通俗来说，就是指刚出生的一批人平均一生可能存活的年数。平均预期寿命通过编制生命表来计算。生命表编制过程中，有 30 个国家对年龄别死亡率不作修匀处理；其余对生命表进行修匀处理的国家中，保加利亚和捷克使用冈佩茨（compertz）方法，意大利和希腊使用移动平均方法，爱沙尼亚应用八参数 Heligman－Pollard 模型，葡萄牙应用 Goderniaux 模型。

4. 婚姻统计

欧洲有两种婚姻形式，分别为公证婚姻和宗教婚姻。公证婚姻指经过民事登记的婚姻；宗教婚姻指在基督教堂举办宗教式婚礼而结合的婚姻。被调查的 44 个国家均承认公证婚姻。33 个国家承认宗教婚姻和公证婚姻相当，丹麦、意大利、芬兰等 11 个国家认为宗教婚姻对公证婚姻有一定程度的影响。此外，有 8 个国家认为同性恋合法，分别为比利时、西班牙、法国、丹麦、荷兰、挪威、葡萄牙和瑞典。

婚姻统计的依据是婚姻证明。除丹麦外，其余国家均出具结婚证明，以证明夫妻之间合法的婚姻关系。绝大多数国家的结婚证明由婚姻登记处出具，葡萄牙、白俄罗斯和阿塞拜疆 3 国由司法部出具，爱沙尼亚、希腊、罗马尼亚、斯洛文尼亚和土耳其 5 国由内政部出具，瑞典和挪威由税务局出具。关于婚姻证明中所包括的内容，不同国家各有不同。大多数国家的婚姻证明中会有结婚日期、结婚地点、夫妻双方姓名、夫妻双方出生日期、夫妻双方国籍等内容。葡萄牙、意大利、奥地利、白俄罗斯等 17 个国家还包括夫妻受教育水平、职业信息、经济状况等内容。

法定婚龄指法律规定的结婚必须达到的年龄。被调查的 44 个国家中，除奥地利规定男女法定婚龄为 16 岁外，其余国家规定均为 18 岁。很多国家允许男女双方可在不满法定婚龄时结婚，前提是要得到司法、父母或监护人的批准。如捷克、丹麦、意大利等国，经父母允许，男、女均可在 16 岁结婚。希腊的司法部门允许男性可在 14 岁、女性可在 12 岁结婚。卢森堡、奥地利和葡萄牙规定结婚时男方年龄比女方大 2 岁。

5. 离婚统计

不同国家的婚姻法对离婚条件做出了不同规定。比利时、捷克、丹麦、希腊、荷兰等 9 个国家规定，夫妻感情破裂且无调解可能性是离婚的首要条件。法国、马耳他、立陶宛和英国规定，若一方发生通奸行为，应准予离婚。捷克和立陶宛2个国家要求，夫妻离婚前，其婚姻应持续一段时间。荷兰、斯洛文尼亚、捷克等国要求，被抚养者（老人、儿童、残疾人等）的抚养金在离婚前需准备好。此外，其他国家还要求夫妻离婚前需分居一段时间，如丹麦和芬兰要求分居1年，瑞士要求分居2年，意大利为3年。

离婚统计的依据是离婚证明。关于离婚证明中所包括的内容，不同国家各有不同。大多数国家的离婚证明中会有如下信息：离婚登记日期、结婚日期、夫妻双方姓名、夫妻双方出生日期、夫妻双方国籍。保加利亚、丹麦、瑞典、波兰、葡萄牙等国的离婚证明中包括离婚原因的有关信息。

（执笔人：张一青）

附：文件目录

前言
简介
1. 人口
   1.1 估计人口总量
   1.2 流动人口登记
   1.3 人口结构指标
   1.4 平均人口
2. 出生
   2.1 活产婴儿定义
   2.2 公告出生
   2.3 出生公告的内容
   2.4 外籍及非本地活产婴儿
   2.5 生育指标
   2.6 人工流产
3. 死亡
   3.1 死亡定义
   3.2 宣告死亡
   3.3 死亡宣告的内容
   3.4 外籍及非本地死亡
   3.5 死亡指标
4. 婚姻与合法同居
   4.1 婚姻登记
   4.2 法定婚龄
   4.3 年龄定义
   4.4 婚姻宣告内容
   4.5 非本国居民结婚
   4.6 合法同居
   4.7 婚姻指标
5. 离婚
   5.1 离婚法
   5.2 离婚条件
   5.3 离婚证明内容
   5.4 非本国居民离婚
   5.5 离婚指标
附录
   附录1 国家代码表
   附录2 分年龄组的人口比率
   附录3 基于事件和比率的平均年龄
   附录4 词汇表
   附录5 国别登记表

43 国际标准年龄分类暂行指南

英文标题	Provisional Guidelines on Standard International Age Classifications
牵头组织	联合国统计司
版本信息	1982 年第 1 版
文件链接	http：//unstats.un.org/unsd/pubs/gesgrid.asp？id=134
中文版	无

在经济、社会诸多领域中，年龄是一个重要且应用广泛的分类变量，经常作为公共政策或标准划分的核心考察因素。然而，由于数据来源的领域、主题不同，使得国家和国际层面的年龄数据对比及分析较为困难。鉴于此，联合国于 1982 年出版了《国际标准年龄分类暂行指南》（以下简称《指南》），对年龄分组制定了国际标准，以更好地理解来自不同领域、不同主题数据之间的联系与差异，从而进一步提高国际年龄相关数据的可比性。

《指南》所制定的年龄分组标准涉及经济社会中的 12 个领域、34 个主题，以期尽可能全面、详细地为各国实践提供充分指导。此外，由于各国期望使用或提供不同详细程度的年龄数据，《指南》将年龄分组标准分为三个级别，第一级是最为详细的年龄分组，第三级的分组最为简略。表 1 对《指南》中不同领域和主题下的年龄分组标准进行了总结。

表 1　　　　　　　　　　　　不同领域和主题的国际年龄分组标准

领域	主题	年龄分组		
		第一级	第二级	第三级
人口	人口规模和地理分布	(1) 0～99 岁（每 1 年为一组） (2) 100 岁以上	(1) 0～99 岁（每 5 年为一组） (2) 100 岁以上	(1) 0～99 岁（每 10 年为一组） (2) 100 岁以上
	母亲生育年龄	10～49 岁（每 1 年为一组）	10～49 岁（每 5 年为一组）	(1) 10～14 岁 (2) 15～24 岁 (3) 25～44 岁 (4) 45 岁以上
	婴儿死亡率和其他死亡率	与世界卫生组织制定的标准一致，但最后一组为 90 岁以上	与世界卫生组织制定的标准一致，但最后一组为 75 岁以上	(1) 1 岁以下 (2) 1～14 岁 (3) 15～24 岁 (4) 25～44 岁 (5) 45～64 岁 (6) 65 岁以上
	国内、国际移民和集体户	(1) 25 岁以下（每 1 年为一组） (2) 26～84 岁（每 5 年为一组） (3) 85 岁以上	(1) 25 岁以下（每 5 年为一组） (2) 26～84 岁（每 10 年为一组） (3) 85 岁以上	(1) 15 岁以下 (2) 15～24 岁 (3) 25～44 岁 (4) 45～64 岁 (5) 65 岁以上

续表

领域	主题	年龄分组 第一级	年龄分组 第二级	年龄分组 第三级
家庭	结婚、离婚、家庭和住户资料	(1) 15 岁以下 (2) 15~28 岁（每 1 年为一组） (3) 29~84 岁（每 5 年为一组） (4) 85 岁以上	(1) 15 岁以下 (2) 15~28 岁（每 5 年为一组） (3) 29~84 岁（每 10 年为一组） (4) 85 岁以上	(1) 15 岁以下 (2) 15~24 岁 (3) 25~44 岁 (4) 45~64 岁 (5) 65 岁以上
学习和教育服务	入学正规教育和成人教育	(1) 2~24 岁（每 1 年为一组） (2) 25~74 岁（每 5 年为一组） (3) 75 岁以上	(1) 2~4 岁 (2) 5~24 岁（每 5 年为一组） (3) 25~64 岁（每 10 年为一组） (4) 65 岁以上	(1) 2~14 岁 (2) 15~24 岁 (3) 25~44 岁 (4) 45~64 岁 (5) 65 岁以上
学习和教育服务	受教育程度	与招生年龄分组一致，但年龄范围为 15 岁以上	(1) 15~19 岁 (2) 20~24 岁 (3) 25~64 岁（每 10 年为一组） (4) 65 岁以上	(1) 15~24 岁 (2) 25~44 岁 (3) 45~64 岁 (4) 65 岁以上
学习和教育服务	文盲	与受教育程度分组一致	与受教育程度分组一致	与受教育程度分组一致
收入	劳动力参与度、就业/失业/不充分就业、就业补偿和非劳动人口	(1) 10~24 岁（每 1 年为一组） (2) 25~54 岁（每 5 年为一组） (3) 55~74 岁（每 1 年为一组） (4) 75~84 岁（每 5 年为一组） (5) 85 岁以上	(1) 15~24 岁（每 5 年为一组） (2) 25~64 岁（每 10 年为一组） (3) 55~74 岁（每 5 年为一组） (4) 75~84 岁（每 10 年为一组） (5) 85 岁以上	(1) 15 岁以下 (2) 15~24 岁 (3) 25~44 岁 (4) 45~64 岁 (5) 65 岁以上
收入分配、消费和储蓄	收入分配、消费和储蓄	与收入领域分组一致	与收入领域分组一致	与收入领域分组一致
社会保障和福利服务	社会保障和福利服务	(1) 1 岁以下 (2) 1~24 岁（每 1 年为一组） (3) 25~54 岁（每 5 年为一组） (4) 55~74 岁（每 1 年为一组） (5) 75~84 岁（每 5 年为一组） (6) 85 岁以上	(1) 1 岁以下 (2) 1~24 岁（每 5 年为一组） (3) 25~54 岁（每 10 年为一组） (4) 55~74 岁（每 5 年一组） (5) 75~84 岁（每 10 年为一组） (6) 85 岁以上	(1) 1 岁以下 (2) 1~15 岁 (3) 15~24 岁 (4) 25~44 岁 (5) 45~64 岁 (6) 65 岁以上
卫生、健康服务和营养	疾病和残疾、医疗服务、食品消费和营养不良	(1) 0~24 岁（每 1 年为一组） (2) 25~54 岁（每 5 年为一组） (3) 55~74 岁（每 1 年为一组） (4) 75~84 岁（每 5 年为一组） (5) 85 岁以上	(1) 1 岁以下 (2) 1~4 岁 (3) 5~74 岁（每 10 年为一组）	(1) 1 岁以下 (2) 1~14 岁 (3) 15~24 岁 (4) 25~44 岁 (5) 45~64 岁 (6) 65 岁以上

续表

领域	主题	年龄分组 第一级	年龄分组 第二级	年龄分组 第三级
住房及其环境	住房及其环境	(1) 15岁以下 (2) 15~84岁 （每5年为一组） (3) 85岁以上	(1) 15岁以下 (2) 15~24岁 （每5年为一组） (3) 25~54岁 （每10年为一组） (4) 55~74岁 （每5年为一组） (5) 75~84岁 （每10年为一组） (6) 85岁以上	(1) 15岁以下 (2) 15~24岁 (3) 25~44岁 (4) 45~64岁 (5) 65岁以上
公共秩序和安全	罪犯特征	(1) 10岁以下 (2) 10~24岁 （每1年为一组） (3) 25~64岁 （每5年为一组） (4) 65岁以上	(1) 10岁以下 (2) 10~24岁 （每5年为一组） (3) 25~64岁 （每10年为一组） (4) 65岁以上	(1) 15岁以下 (2) 15~24岁 (3) 25~44岁 (4) 45~64岁 (5) 65岁以上
	受害者特征	(1) 0~84岁 （每5年为一组） (2) 85岁以上	(1) 0~14岁 (2) 15~84岁 （每10年为一组） (3) 85岁以上	(1) 0~14岁 (2) 15~24岁 (3) 25~44岁 (4) 45~64岁 (5) 65岁以上
	惩教机构人员	与罪犯特征分组一致	与罪犯特征分组一致	与罪犯特征分组一致
时间分配	时间分配	(1) 0~84岁 （每5年为一组） (2) 85岁以上	(1) 0~24岁 （每5年为一组） (2) 25~54岁 （每10年为一组） (3) 55~74岁 （每5年为一组） (4) 75~84岁 （每10年为一组） (5) 85岁以上	(1) 15岁以下 (2) 15~24岁 (3) 25~44岁 (4) 45~64岁 (5) 65岁以上
娱乐文化	娱乐文化的参与者和使用者	与时间分配领域一致	与时间分配领域一致	与时间分配领域一致
	娱乐文化的消费支出	与收入分配、消费和储蓄领域一致	与收入分配、消费和储蓄领域一致	与收入分配、消费和储蓄领域一致
社会分层与流动	社会分层与流动	(1) 0~84岁 （每5年为一组） (2) 85岁以上	(1) 15岁以下 (2) 16~84岁 （每10年为一组） (3) 85岁以上	(1) 15岁以下 (2) 15~24岁 (3) 25~44岁 (4) 45~64岁 (5) 65岁以上

（执笔人：高洁）

附：文件目录

1. 国际标准年龄分类的目的
2. 人口、社会和其他经济领域所使用的国际年龄分类标准
   - 2.1 人口
   - 2.2 家庭
   - 2.3 学习和教育服务
   - 2.4 收入
   - 2.5 收入分配、消费和储蓄
   - 2.6 社会保障和福利服务
   - 2.7 卫生、健康服务和营养
   - 2.8 住房及其环境
   - 2.9 公共秩序和安全
   - 2.10 时间分配
   - 2.11 娱乐文化
   - 2.12 社会分层与流动

附录

44

人口动态统计系统的原则和建议

英文标题	Principles and Recommendations for a Vital Statistics System
牵头组织	联合国统计司
版本信息	2014年第3修订本，2001年第2修订本，1973年第1修订本，1953年第1版
文件链接	http://unstats.un.org/unsd/demographic/standmeth/principles/default.htm
中文版	http://unstats.un.org/unsd/demographic/standmeth/principles/default.htm

　　登记和记录人口动态事件，制定相应的行政和法律以处理各种事务（包括居民行使民事权和人权等），利用这些统计信息协助社会和经济规划，这些都是政府的基本职责所在。对于一个国家或地区来说，人口动态统计的重要性不言而喻。

　　人口动态统计被定义为这样一个总过程：（1）采用登记或计数的方法，收集关于人口动态事件发生频率以及这些事件、人员相关特点的信息；（2）采用统计形式编制、处理、分析、评价和传播这些数据。由于这些事实要连续不断地、按照严格的国家标准在其发生之时进行记录，为此联合国在1953年即发布了相关建议，并经过1973年、2001年和2014年三次修订，形成了《人口动态统计系统的原则和建议》第3修订本（以下简称《建议》），目的是对已经采用或正计划采用民事登记系统进行人口动态统计的国家开展相关统计工作提供指导。

1. 人口动态统计系统

　　人口动态统计系统是一个广泛的人口变动范畴，其过程可以用图1来概括。

　　图1中，左侧首先定义了人口动态事件，包括出生和死亡、婚姻关系、婚姻关系解除、子女收养和合法化等大类，它们分别由医疗服务机构、婚姻登记授权部门和司法部门负责记录，进而构成了人口动态统计的核心数据源，即民事登记信息系统。

　　在民事登记信息的基础上，结合人口普查和抽样调查的结果以及其他行政记录来源，即可完成人口动态统计，即：搜集汇编不同来源数据，对数据信息进行处理，在保证质量的前提下完成统计，并向需求方展示和传播数据。

　　人口动态统计资料搜集需遵循四个基本原则，即：

　　（1）普遍覆盖。人口动态统计系统应包括在每个地理区域、在构成国家区域的每一人口群体中发生的所有人口动态事件。如果采用样本登记系统而不采用完整民事登记系统，所设计的样本必须要能够代表每一人口群体、国家区域以及亚国家层次的每一区域。

　　（2）连续性。人口动态统计资料收集和汇编应保持连续性，使数据能反映包括季节性变动在内的短期波动及长期变动。如果民事登记系统是完善的，连续性很容易实现，因为每月或每季和每年的报告都是该系统的例行部分。如果是采用抽样调查作为补充手段以获取人口动态率的估计数，就需要做

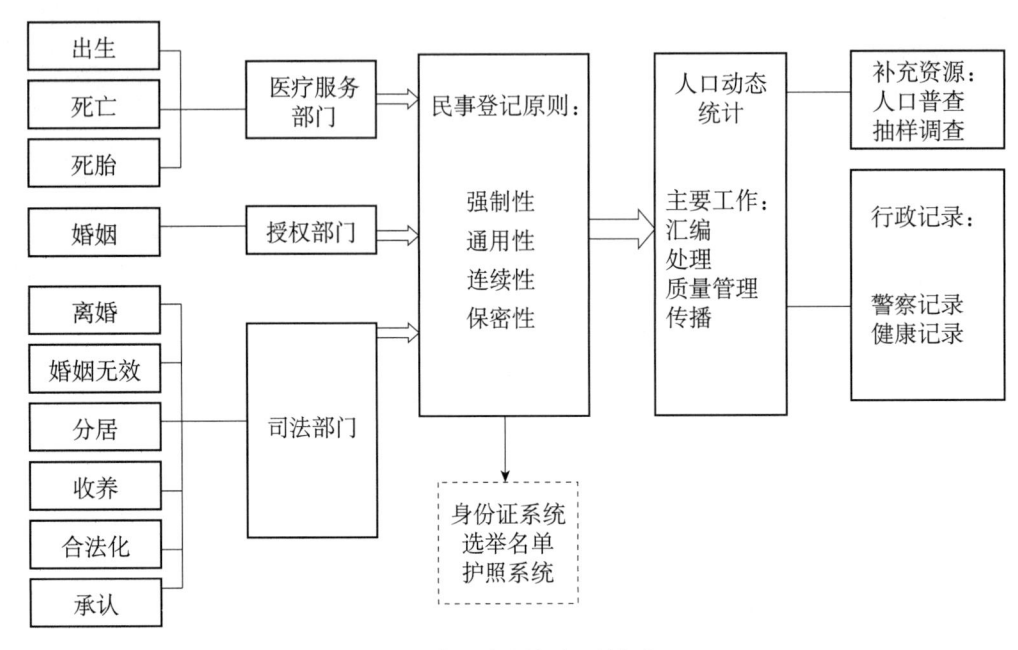

图 1　人口动态统计系统框架

资料来源：Principles and Recommendations for a Vital Statistics System，2014 年第 3 修订本。

出专门设计，以确保能够经常和定期地取得数据。

（3）保密。登记记录和任何有关统计报告中的个人信息应予以保密。基于人口动态事件的统计报告，不论它产生于登记系统，还是采用其他替代手段如抽样调查等手段，只能在为提供数据的个人保守秘密的情况下合法使用。

（4）定期公布。编制人口动态统计资料的最低最终目标是，及时提供用于保健干预和人口估计方案等行政目的或其他需要的信息，以及按人口和社会经济特点编制各种人口动态事件的详细年度列表。

关于人口动态统计系统的运作与组织结构，《建议》提出了三种方法。第一种方法是将人口动态统计管理交给全国统计机构负责。在这种情况下，人口动态统计方案是总体统计方案的一部分。第二种方法是将人口动态统计管理放在民事登记管理的范围内。第三种方法是指定一个或多个政府机构来履行与这些机构工作有关的各种人口动态统计职能。无论如何，人口动态统计的管理必须得到政府长期的大力支持。在大多数国家，由于编制资料的机构大多并不承担实际事件登记的责任，导致职能分散，由此使得这些负责机构之间的协调显得尤为重要。

2. 民事登记系统

人口动态统计开发特别有赖于一套完整、准确的民事登记系统。

民事登记系统有四个特点，使之能够满足人口动态统计的基本原则和要求，并能很好保障和满足人口动态统计的进行。（1）强制性，即民事登记具有在人口动态事件发生后需强制登记方为有效的特点，由此保障了登记资料的全覆盖，并能够按照一定周期进行汇总和使用。（2）通用性，即民事登记覆盖国家行政权力所管辖的全部地理范围，并且具有一致的标准。（3）连续性，即民事登记在基本准则保持相对稳定的前提下，有连续的数据支持。（4）保密性，即民事登记作为一种行政记录，对微观个体数据有保密义务。此即联合国对民事登记的一般定义：连续、长期、强制性和普遍记录生命事件的发生和特点，并根据每个国家的法定条件通过法令或规章规定之。

民事登记具有宽泛的职能。具体包括：记录人口动态事件；存放、保存和检索人口动态记录；为发放的证明及其他客户服务保密；为统计目的记录和报告人口动态事件信息；向卫生部等其他政府机构提供可靠、及时的信息和数据；提供人口登记簿、养老基金系统；提供选举服务以及个人身份识别服务。为保证该系统在一国之内的顺利运作和效果，民事登记系统必须是强制性的。登记的强制性特点使其必须结合一定形式的处罚，并对未能遵守登记法即未能登记人口动态事件发生的人进行依法惩处；与此同时，必须建立物质激励，从而鼓励民众遵守强制性登记法。

与人口动态统计系统一样，民事登记系统的结构也可划分为整合型以及分散型。但不管一国适用集中的还是分散的民事登记系统，至关重要的是要颁布统一的登记法和条例，这些法律和条例确立了必须适用于全国各地的基本政策和程序。如果没有这类统一的标准和要求，登记的完整性在某些地区就可能得不到切实的保障。与此同时，机构之间以及民事登记系统内部的协调也起着十分重要的作用，良好的沟通与协调工作才能使民事登记系统的运行得到相应的保障与落实。

3. 质量保证

《建议》对民事登记的质量保证和评估问题进行了专题讨论，提出了评估的基本框架和标准，给出了评估民事登记质量的直接方法和间接方法，并对各自的应用范围进行讨论。同时，《建议》认为可以考虑通过培训、交流与信息共享、信息技术和自动化技术的应用等手段来提高民事登记质量。

（执笔人：张潆元）

附：文件目录

前言
致谢

第一部分　人口动态统计系统

1. 定义、概念与人口动态统计应用
   1.1 人口动态统计和基于统计目的的人口动态事件
   1.2 人口动态统计资料应用
2. 人口动态统计系统概览
   2.1 人口动态统计系统定义
   2.2 人口动态统计系统的数据来源
   2.3 数据搜集的优先次序
   2.4 人口动态统计系统的原则
   2.5 国家人口动态统计系统的责任和组织结构的确定
   2.6 人口动态统计系统的整合与协调
   2.7 质量保证与评估
   2.8 人口动态统计系统中的深入抽样调查
3. 人口动态统计系统相关主题
   3.1 主题的选取
   3.2 民事登记系统中覆盖的人口动态统计主题
   3.3 人口普查和家庭抽样调查中收集的人口动态统计主题
   3.4 主题的定义和规范
4. 人口动态统计的编辑和处理
   4.1 前期计划
   4.2 覆盖面
   4.3 从单一报告到国家层面汇总
   4.4 制表
5. 数据的展示与传播
   5.1 数据传播的类型
   5.2 数据的推广

第二部分　人口动态统计资源

6. 简介
7. 作为人口动态统计数据来源的民事登记系统
   7.1 民事登记的定义、方法和系统
   7.2 民事登记系统的基本作用
   7.3 民事登记的人口动态事件
   7.4 民事登记方法的原则
   7.5 民事登记方法的其他特征
   7.6 民事登记过程
   7.7 民事登记系统的计算机化

8. 作为人口动态统计数据来源的人口登记
9. 医疗机构的角色
   9.1 信息间接提供者功能
   9.2 死亡认证功能
10. 作为人口动态统计数据来源的人口普查与调查
    10.1 人口动态统计的补充来源
    10.2 人口动态事件和比率的可用信息
    10.3 估计人口动态事件和比率的间接技术

第三部分 人口动态统计的要素
11. 民事登记质量保证与评估
    11.1 质量保证与评估的基本框架
    11.2 质量保证与评估的标准
    11.3 质量保证
    11.4 质量评估方法
    11.5 直接与间接评估方法
    11.6 选择恰当的方法评估数据完整性与质量

12. 提高人口动态统计和民事登记质量的建议
    12.1 置于更高层次政治目的
    12.2 培训与其他策略
    12.3 通过公共教育、信息与交流提高效率
    12.4 评价研究
    12.5 应用信息技术与自动化
    12.6 选择恰当的方法评估数据完整性与质量

图目录
表目录
附录
   附录1 司法与行政目的的信息需求
   附录2 从民事登记到人口动态统计的年度制表程序

词汇表
参考文献
索引

人口间接估计技术

英文标题	Indirect Techniques for Demographic Estimation
牵头组织	联合国人口司
版本信息	1983 年第 1 版
文件链接	http：//www.un.org/esa/population/publications/Manual_X/Manual_X.htm
中文版	中国统计出版社，1992 年

人口统计是政府统计工作的基础，广泛联系到经济社会多个角度的统计数据，也是投入最大的统计项目之一。为提高人口统计数据质量，联合国人口司于1983年发布了《人口间接估计技术》（以下简称《手册》）。这是目前较为全面系统地介绍人口估计方法的手册，具有多方面的参考价值：（1）改善基于不完整数据的生育率和死亡率估计技术；（2）涉及发展中国家人口指标值的估算方法；（3）各类技术方法介绍详细且可通过实际案例提升可操作性。以下简要介绍《手册》的内容。

1. 间接估计技术

按照惯例，人口统计估计方法所使用的数据主要由民事登记和人口普查两种方式提供。如果民事登记和人口普查的结果都很理想，则人口指标值可直接从申报的人口数据中计算出来。但在实践中，这两种人口数据收集方式所提供的结果存在很多缺陷。比如，民事登记系统在很多国家不完善甚至不存在，由于社会客观条件的限制，民事登记常常不能记录所发生的所有生命事件及死亡事件；人口普查不能登记到有关人口的所有成员，常常出现错误的年龄申报。

因此，在人口统计中使用间接估计技术很有必要。所谓"间接"意为：估算某人口指标所依据的信息与该人口指标无直接关系，只是间接有关。一个典型的例子是利用20～24岁年龄组妇女所生育儿童的死亡比例来估算2岁以前儿童的死亡概率。

2. 人口模型

《手册》介绍了四种常见的人口模型，分别为死亡模型、稳定人口模型、生育模型和婚姻模型。这里仅介绍当前较为关注的前三种模型。

（1）死亡模型：模型生命表。常见的死亡模型有模型生命表、Lee-Carter模型、连续时间随机死亡率模型（又称CBD模型，Cairns-Blake-Dowd）等，其中最为经典的是模型生命表。模型生命表是能够概括许多国家和地区人口死亡风险的一套有代表性的生命表。利用它，可以在缺乏可靠的人口基础数据情况下估算出人口死亡率、平均预期寿命等人口指标。

常见的模型生命表有五种，分别为联合国模型生命表、寇尔—德曼区域模型生命表、里德曼模型生命表、布拉斯罗吉特生命表和联合国发展中国家模型生命表。其中，联合国生命表是首个系统规范的生命表，确立了模型生命表系统的有用性；寇尔—德曼区域模型生命表侧重于西方发达国家，可划分为东、西、南、北四种不同的死亡模式，具有"区性"特征；里德曼模型生命表运用因子分析法确定了导致各种生命表差异的主要因素；布拉斯罗吉特生命表通过 Logit 变换，将两个不同的生命表联系在一起；联合国发展中国家生命表将寇尔—德曼区域模型生命表的详细表格格式与布拉斯罗吉特生命表的灵活性变换结合起来，用于发展中国家死亡模式的分析。

（2）稳定人口模型。稳定人口的概念由洛特卡首次提出，他证明：若人口的生育率和死亡率长期保持不变，则人口最终会达到不变的年龄构成，且这一年龄构成与初始年龄构成无关。这种不变的出生率和死亡率所对应的最终结果称为稳定人口。

稳定人口模型的构建基于死亡率曲线或生命表的使用，其中使用最为广泛的生命表为寇尔—德曼区域模型生命表；当该生命表的"东西南北"四种死亡模式都不能充分反映实际人口的死亡经历时，可考虑布拉斯罗吉特生命表。

稳定人口模型的基本形式为 $C(x)=b\exp(-rx)l(x)$，其中，$C(x)$ 是稳定人口确切年龄 x 岁人口占总人口的无穷小比例，b 是恒定的出生率，r 是恒定的自然增长率，$l(x)$ 是从出生存活到年龄 x 岁的存活概率。

（3）生育模型。这里给出两种形式的生育模型。

一是寇尔—特拉塞尔模型。寇尔和特拉塞尔于 1974 年通过综合分析自然生育模型，构建了在自觉控制生育情况下的生育模型。该模型假设：若生育控制未有效实施，则生育率属于自然生育率；否则，生育率不属于自然生育率，其随妇女年龄增长，服从一个典型的年龄分布。该模型可简单理解为三个"率"函数的乘积，分别为年龄 x 岁的结婚比例 $G(x)$、自然生育率 $h(x)$、自觉控制生育情况下脱离自然生育率的标准模型年龄函数 $\delta(x)$，则 $f(x)=MG(x)h(x)\delta(x)$，其中 $f(x)$ 表示年龄别生育率。该模型需要估计的参数有 3 个，分别为初始结婚年龄 α_0、结婚速度 γ 和偏离自然生育率的程度 m。

二是布拉斯、冈泊茨相关生育模型。该模型假设：标准的年龄别生育率曲线和任何一个其他年龄别生育率曲线之间存在一种相关性。布拉斯基于该假设，找出了减少决定年龄别生育率曲线形状参数的办法，将寇尔—特拉塞尔模型需要的 3 个参数改为 2 个参数，分别为到确切年龄 x 岁时的累计生育率 $F(x)$、总和生育率 TF。两者之比 $F(x)/TF$ 服从冈泊茨（Compertz）分布函数，可得该生育模型基本形式，即 $F(x)/TF=\exp(A\exp(Bx))$。

3. 生育率

《手册》介绍了三种生育率估算方法，分别为逆推存活法（又称存活倒推法）、曾生子女资料法（又称平均生育数法）和模型稳定人口法。这里仅介绍模型稳定人口法。

稳定人口指年龄构成或年龄分布的不变性，而这种不变性是由出生率和死亡率的不变性所决定。该方法涉及两类人口，一为申报人口，二为稳定人口，其中稳定人口要与申报人口的两个特征（出生水平、死亡水平）相一致。稳定人口可由基于一系列增长率和死亡率的模型生命表（如寇尔—德曼生命表）来产生，所产生的稳定人口称之为模型稳定人口。当一个与申报人口相对应的模型稳定人口确定后，该模型稳定人口的某些特征值可作为申报人口相应特征的估算值。

应用模型稳定人口法估算生育率，主要基于三方面考虑：第一，如果人口生育率在近期近似恒定，死亡率在近期处于稳步下降的趋势，则该人口的年龄分布与稳定人口模型所产生的稳定人口年龄结构相近。第二，当前许多发展中国家人口特征为生育率在近期近似恒定，死亡率在近期处于近似恒定或稳步下降态势。第三，稳定人口模型灵活多样，能较为容易地确定一个与实际申报的人口年龄分布相近似的稳定年龄分布。

4. 死亡率

《手册》主要介绍了六种死亡率估算方法，分别为曾生子女数法（又称平均生育数法）、存活子女数法、模型稳定人口法、孤儿鳏寡法、死亡人数分布法、连续人口普查年龄分布法。其中，前两种方法主要用于估计婴儿死亡率和儿童死亡率，后三种方法主要用于估计成人死亡率，下面就后三种方法作简要介绍。

（1）孤儿鳏寡法。布拉斯于1973年首次提出了利用被调查者亲生父母存活状况资料来估计成人死亡率，即"孤儿法"；随后于1977年又提出了利用被调查者初婚配偶存活状况资料来估计成人死亡率，即"鳏寡法"。布拉斯所提出的这两种方法，其基本思想很简单，即人口中孤儿和寡居人数的多少从一定程度上反映了成年人的死亡水平。

在运用孤儿鳏寡法时，需要借助已有的人口学模型对人口年龄分布进行推断，孤儿法需要推断男女经历生育事件时的年龄分布，鳏寡法需要推断男女初婚年龄分布。一旦年龄分布推断出后，就可以通过布拉斯方法或回归方法，将被调查者某一亲属的存活状况数据应用到死亡率计算公式中去。此外，该方法可以估算成人条件存活概率，即一定年龄区间内的存活概率，因为被调查者父母或配偶的存活资料是到成人阶段才能有的，资料具有年龄区间性，这些资料不能形成一个完整的生命表。

（2）死亡人数分布法。该方法基于两个假设：一是被研究人口为稳定人口；二是各个年龄段的死亡申报完整程度大致相同。《手册》介绍了用死亡人数分布资料来估算成人死亡率的两种估算方法：一种由普雷斯顿和寇尔提出；另一种由布拉斯提出。

普雷斯顿—寇尔法。稳定人口理论认为，年龄 x 岁的人口同年龄在 x 岁以上的死亡人数有关，且这些死亡人数的增加受到同稳定增长率变化有关因素的影响。基于该理论，该方法用 x 岁以上死亡人数来估算 x 岁人口数，再将所估算的 x 岁人口数比上申报年龄为 x 岁的人口数，用 $\hat{N}(x)/N(x)$ 表示，该比率是死亡登记相对完整程度的一个体现；然后选择一个最佳的增长率值，这个最佳值可以为不同的 x 值产生一组最一致的 $\hat{N}(x)/N(x)$ 比率。普雷斯顿—寇尔法适用于偏离稳定性的各种情况下的估算，但该方法对某些类型的年龄误报极为敏感。

布拉斯增长平衡法。该方法基于一个等同关系来估算稳定增长率和死亡登记的相对完整程度。这个等同关系为：一个稳定人口的进入率等于该人口的退出率。其中，人口进入率由达到 x 岁的人口数来估算，退出率为死亡率加上该稳定人口的增长率。布拉斯增长平衡法不容易受到年龄误报的影响，但对由于死亡率急剧下降所造成的数据不稳定性极为敏感。

（3）连续人口普查年龄分布法。该方法的基本思想为：对于一个封闭人口来说，若两次精确的人口普查相隔 t 年，则第二次人口普查时年龄为 $x+t$ 岁的人口就是第一次人口普查时年龄为 x 岁人口的存活者。基于此，从 x 岁到 $x+t$ 岁的普查间存活概率可计算出来，然后从一组连续的初始年龄为 x 岁的存活概率中得到常用的死亡指标。

用连续人口普查年龄分布法估计成人死亡率时，要注意两点：第一，年龄分布应取自全面普查。若年龄分布来自于抽样调查数据，则抽样误差会使结果出现较大偏差。第二，人口最好是封闭的。若人口不封闭，则需要对人口迁移所造成的影响进行调整。

（执笔人：张一青）

附：文件目录

前言

引言

1. 人口模型
   1.1 基本背景
   1.2 死亡模型：模型生命表
   1.3 稳定人口模型
   1.4 婚姻模型
   1.5 生育模型
2. 根据曾生子女资料估算生育率
   2.1 方法的背景
   2.2 基于比较时期生育率与申报的平均曾生子女数的布拉斯方法
   2.3 根据两次调查间队列曾生子女数的增量值估算年龄别生育率
   2.4 根据按婚后年数划分的曾生子女资料估算生育率
3. 根据曾生子女和存活子女资料估算儿童死亡率
   3.1 方法的背景
   3.2 使用按年龄分类的数据估算儿童死亡率
   3.3 使用按婚后年数分类的数据估算儿童死亡率
   3.4 用调查间隔期假想队列数据估算调查间隔期的儿童死亡率
   3.5 已知真实队列的生育历程估算儿童死亡率
4. 根据孤儿和鳏寡资料估算成人存活概率
   4.1 方法的背景
   4.2 成人条件存活概率的估算
   4.3 估算从出生到成人的存活概率
5. 根据分年龄的死亡人数分布资料估算成人死亡率
   5.1 方法的背景
   5.2 普雷斯顿—寇尔方法
   5.3 布拉斯增长平衡法
6. 根据一组存活概率导出修匀生命表
   6.1 方法的背景
   6.2 对一组不完整的存活概率的修匀和内插
   6.3 儿童存活概率与成人条件存活概率的联接
7. 利用模型稳定年龄分布估算生育率和死亡率
   7.1 方法的背景
   7.2 对年龄分布的评估
   7.3 根据15岁以下人口比例和从出生存活到5岁的存活概率估算生育率
   7.4 根据15岁以下人口比例和增长率估算5岁期望寿命和5岁以上的死亡率
8. 通过逆推存活法估算生育率
   8.1 方法的背景
   8.2 通过逆推10岁以下的人口估算出生率
   8.3 估算生育率的亲生子女法
9. 利用连续的人口普查的年龄分布估算成人死亡水平
   9.1 方法的背景
   9.2 根据普查间存活概率估算死亡水平
   9.3 附有死亡年龄模式资料的普查间存活比
   9.4 根据年龄分布和普查间增长率估算儿童期后生命表

46

生育率和死亡率数据收集手册

英文标题 Handbook on the Collection of Fertility and Mortality Data
牵头组织 联合国统计司
版本信息 2004 年第 1 版
文件链接 http://unstats.un.org/unsd/pubs/gesgrid.asp?id=325
中文版 http://unstats.un.org/unsd/pubs/gesgrid.asp?id=325

生育率和死亡率是刻画人口总体特征的重要指标，经常被各种定性或定量分析所关注。但生育率和死亡率数据从哪里来？如何计算？其背后的工作过程是怎样的？联合国统计司于 2004 年编制了《生育率和死亡率数据收集手册》（以下简称《手册》），从生育率和死亡率数据的来源出发，介绍了这些数据的形成过程，可以为政府官员、统计工作者、研究人员及其他使用生育率和死亡率数据的人员提供帮助。以下基于该《手册》，对生育率和死亡率的数据来源——民事登记、人口普查和户口调查——作简要介绍。

1. 基本方法

生育率和死亡率数据的收集方法通常有三种，分别为民事登记、人口普查和户口调查。通过民事登记，可以收集发生在一国的出生、死亡和其他人口动态事件信息。通过人口普查，可以收集国家范围内每一个人和每一个住户在某个特定时点的经济和社会特征方面资料。通过户口调查，则可以针对相对较小但经过科学设计的住户样本来收集相关资料。

作为生育率和死亡率数据的来源，这三种收集方法具有互补性，没有哪一种是独立而完善的。民事登记是收集有关出生和死亡事件基本数据的理想方法，但很多国家和地区缺乏完善的民事登记系统，导致民事登记所提供的出生和死亡事件基本数据的覆盖面不完整。人口普查能提供计算生育率、死亡率及累加测度所需要的人数，能提供较为全面的人口信息。与民事登记和人口普查方法相比，户口调查方法灵活、调查费用相对较低，是获取有关影响生育率和死亡率条件的具体数据的最适当方法。

此外，这三种方法都不是单纯以收集生育率和死亡率数据为目的的。民事登记的目的是建立有关出生、死亡和其他人口动态事件的法律文件。人口普查除了提供人口方面信息外，还提供有关居住地点和迁徙、住户和家庭特征以及教育和经济特征方面的信息。户口调查收集许多不同类型的信息，生育率和死亡率数据只是其中一部分。

2. 民事登记

民事登记记录了生命事件的发生和特征。记录过程是连续、普遍、长期和强制性的。生命事件包括活产、死亡、死胎、结婚、离婚、婚姻无效，以及法律判决的分居、收养、私生子的合法化及承认等。

民事登记主要有两个功能：一是法律功能；二是统计功能。法律功能是首要功能，民事登记主要是为了制定法律文件，从法律上证明出生、死亡及其他生命事件；提供关于生命统计数据信息的统计功能只是民事登记的一个次要功能。《手册》主要针对民事登记的统计功能，下面就民事登记作为生育率数据来源和死亡率数据来源分别作简要介绍。

（1）基于民事登记的生育率数据。此类数据的收集流程大体可分为四个部分：出生事件登记、出生登记记录录入数据集、出生表编制和生育率计算。

关于出生事件登记，最重要的记录项目包括：发生日期和地点、登记日期和地点、胎儿类型（单胞胎、双胞胎等）、分娩时专责医务人员（医生、护士等）、出生地点类型（医院、家里等）、孩子性别、出生时体重、母亲出生日期、母亲常住地址、母亲的活产子女数、母亲的婚姻状况、母亲当前婚姻的缔结日期（若已婚）、母亲前一次活产的发生日期（若有）、母亲最后一次活产的发生日期（若有）、母亲最后一次行经日期、父亲的出生日期。

上述出生登记记录被纳入包括所有已登记出生事件的中央数据集。根据中央数据集信息进行周、月、季度或年度出生表的编制。一般来说，出生表按以下四组编制：第1组是用于计算生育率的表格；第2组是提供有关出生事件特征以反映人口的卫生健康条件信息的表格；第3组是用于分析民事登记系统的特征和运作情况的诊断表；第4组是其他杂项表。《手册》的关注重点是第1组表格，其中包括很多子表，如用于计算年龄别生育率的表格、用于计算年龄—胎次别生育率和生育概率表格等。

上述数据为计算生育率提供了基础资料。但需要注意的是，生育率数据不是直接通过民事登记收集得到的，而是通过计算间接得到的。生育率是一个相对数字，其分子为出生数，可从民事登记直接获取；分母为处于经历这些事件可能的人数，一般根据人口普查和调查数据估计得出。人口普查一般每隔10年一次，普查间隔期所进行的大规模样本调查通常不会超过一次，故人口普查和调查数据不是年度连续的；但生育率的分母部分通常需要年度、季度、月度甚至星期的出生数，故生育率的分母部分也不是直接得到的，而是估计得到的。

（2）来自民事登记的死亡率数据。与生育率数据收集类似，基于民事登记的死亡率数据收集流程为：死亡事件登记、死亡登记记录录入数据集、死亡表编制和死亡率计算。死亡事件登记最重要的记录项目包括：发生日期和地点、登记日期和地点、基本死因、死因证明人、死者常住地址、死者出生日期、死者性别、死者婚姻状况、死者（婴儿死亡）母亲的常住地址。

跟出生表的组别一致，死亡表也按四个大组编制。其中第1组表格用于计算死亡率，具体包括的子表有：用于计算年龄别死亡率和生命表的表格、用于计算死因别死亡率和生命表的表格、用于计算婴儿死亡率的表格等。

3. 人口普查和户口调查——生育率数据

通过人口普查和各种规模调查途径来获取生育率数据，主要估计方法有存活倒推法、亲生子女法、平均生育数法、生育史重建法、最近出生人数法和生育史法。以下简述前三种方法。

（1）存活倒推法。存活数是指人口普查中点查的1岁以下婴儿数目；如果不考虑迁移情况且死亡率估计数可获知，则可将这个数目进行适当调整，作为普查前一年度人口出生数的估计数，以此来倒推估计每次人口普查或规模调查前若干年的出生人数及生育率，这就是存活倒推法。

使用存活倒推法，需要的一个最重要信息为年龄信息，即按1岁分组的每一个普查对象或调查对象年龄；该信息可通过有关出生日期问题或直接询问年龄得到，其中关于出生日期问题是优选。这些年龄信息体现在一张按性别和按1岁分组的总人口表中，存活倒推法主要使用该表数据进行出生人数及生育率的估算。

（2）亲生子女法。亲生子女法是存活倒推法的延伸，即将母亲与其子女进行配对，配对完成后按母亲生育时年龄对用存活倒推法所计算的出生数进行分解，来计算年龄别出生率。该方法可计算人口亚群（如按母亲受教育程度）的年龄别出生率。

使用亲生子女法，需要两个重要信息：一是年龄信息；二是行号信息。关于年龄信息，可通过有关出生日期问题或直接询问年龄得到，这与亲生子女法所需的年龄信息一致。关于行号信息，可通过"该人母亲行号是多少"问题得到。行号指普查表或调查表上有关母亲信息那一行的编号，通过行号可将母亲与其亲生子女进行配对。配对完成后，可根据母亲年龄及子女年龄构造15岁以下人数的二维列联表，即亲生子女表。该表中，年龄必须按1岁分组。母亲年龄一般为15～64岁，母亲年龄从15岁开始是因为15岁为生育年龄范围的下限；50～64岁女性列入表中是因为这部分女性在普查或调查前15年中生产了人口。在亲生子女法中，任何年龄在15岁以下的人可被称为"儿童"，故子女年龄为0～14岁。

（3）平均生育数法。平均生育数法需要详细的子女数目信息，具体包括居住在这里的子女数、居住在其他地方的子女数、死亡的子女数和平均生育数等。关于平均生育数数据表的构造，涉及好些微妙之处，如年龄组后限设定、胎数组选择等，故世界各国所公布的平均生育数表格形式各异。《手册》对平均生育数表格的制定给出了一般性指导，其中涉及妇女年龄分组、年龄组后限、平均生育数、平均生育总数等要素的处理方法。

根据平均生育数数据表，可进行各种类型生育率的估计，具体有：第一，胎次分布，指按平均生育数显示的妇女比例分布，用各个生育数的妇女数目除以妇女总数与生育数不确定的妇女总数之差。第二，活产次数级数比率，指至少有特定数目子女的妇女中 继续再生一个子女的妇女比例，在平均生育表中，第 i 胎到第 $i+1$ 次胎的级数比率是以生有 i 胎或以上子女的妇女人数除生有 $i+1$ 胎或以上的妇女人数得到的。第三，平均生育数，用某年龄组中妇女总人数除这个年龄组中妇女生育的子女总数可得。第四，完全生育率，指同期出生群（即在某个时期出生的妇女群体）的平均生育数。第五，总年龄别出生率，当可以利用从连续两次或多次普查和/或调查中得到的按母亲年龄分列的有关出生婴儿数的数据时，可以区分同期出生人群的平均生育数，以估计该同期组群在普查和/或调查间隔期间的年龄别出生率。

4. 人口普查和户口调查——死亡率数据

通过人口普查和各种规模调查途径来获取死亡率数据，主要估计方法有平均生育数法、存活子女数法、生育史方法、近期住户死亡情况法和父母存活情况法。其中，前三种方法主要用于估计婴儿死亡率和儿童死亡率，后两种方法主要用于估计成人死亡率。以下对平均生育数法、存活子女法和父母存活情况法作简要介绍。

（1）平均生育数法和存活子女法。平均生育数和存活子女数是近50年来全世界常用的收集婴儿和儿童死亡率数据的方法。使用这两种方法，需要查明每个被调查妇女的以下情况：总共生育女孩数、总共生育男孩数、存活女孩数和存活男孩数。估计婴儿死亡率和儿童死亡率所需的基本思路为：从平均生育数中减去存活儿童数，便得出死亡儿童数；死亡儿童数除以相应的平均生育数，便得出死亡比例，从中可以推算出测定婴儿、儿童和青少年死亡率的生命表测度。

（2）父母存活情况法。在人口普查或调查中，作为受访者的父母亲，其所占比例反映了成人死亡率水平：存活比例高，则死亡率高；存活比例低，则死亡率低。从该信息中估计出人口普查或调查之前年份的成人死亡率水平和趋势，这种方法叫作父母存活情况法。成人死亡率的基本估算程序为：根据每个按 5 岁分组的年龄组（5～9 岁，10～14 岁）的男性、女性或男女两性所占比例估计生命表存活概率。未采用 0～4 岁年龄组，因为该年龄组父母的死亡比例一般非常低，且有不规则波动。

（执笔人：张一青）

附：文件目录

导言
1. 制定生育率和死亡率数据的收集计划
    1.1 生育率和死亡率数据
    1.2 审查过去的数据收集活动
    1.3 制定今后的数据收集活动计划
    1.4 协调数据收集活动
2. 实地工作、数据处理和存档
    2.1 实地工作
    2.2 数据处理
    2.3 存档
3. 评价、估计和传播
    3.1 评价
    3.2 估计
    3.3 传播
4. 作为生育率和死亡率数据来源的民事登记
    4.1 民事登记
    4.2 利用民事登记数据计算出生率和死亡率
    4.3 登记完整性的概念
    4.4 不完整民事登记数据的用途
    4.5 人口登记作为生育率和死亡率数据来源

5. 来自普查和调查的生育率数据
    5.1 存活倒推
    5.2 亲生子女法
    5.3 生育史重建
    5.4 平均生育数
    5.5 最近出生人数
    5.6 生育史
6. 人口普查和调查的死亡率数据
    6.1 出生婴儿的存活情况
    6.2 根据生育史得出的死亡率数据
    6.3 近期住户死亡情况
    6.4 父母存活情况
    6.5 兄弟姐妹的存活状况
7. 结论
    7.1 人口研究
    7.2 技术发展
    7.3 用户和用户需要
    7.4 数据收集环境
    7.5 国际合作

47

民事登记和人口动态统计制度手册：法律框架准备

> **英文标题** Handbook on Civil Registration and Vital Statistics Systems: Preparation of a Legal Framework
> **牵头组织** 联合国统计司
> **版本信息** 1998 年版
> **文件链接** http://unstats.un.org/unsd/pubs/gesgrid.asp?id=65
> **中文版** http://unstats.un.org/unsd/pubs/gesgrid.asp?id=65

《民事登记和人口动态统计制度手册：法律框架准备》（以下简称《手册》）旨在介绍一种方法，以便各国制定适合本国国情的民事登记制度相关法律。民事登记制度本身就具有一种统计职能，不仅可对国家人口动态统计方案的实施提供帮助，还可对民事登记基本法的制定提供必要的内容和程序。通过民事登记法，可确保影响国家民事状况的事件和记录在既定规则下、在法定时限内得以登记。《手册》是《国际加快改善人口动态统计和民事登记制度方案》的组成部分，由联合国统计司、人口基金会、世界卫生组织及国际生命登记与统计研究所共同制定，旨在与方案中的其他手册一道使用。

《手册》首先讨论了民事登记的概念、制度建立等问题。概念方面，《手册》对反映民事地位的资料来源——各种事件和法定记录做出了定义，并特别提到死胎，且对死胎的性质也作了具体规定。制度建立方面，《手册》建议从民事地位概念着手，逐步将更多的登记事件纳入民事登记制度，以便建立一个可以逐步被采纳的制度。民事登记制度的最终目的就是收集关于个人的所有事件和法定记录，包括有关个人生存和身份及其在家庭中所处地位等方面的情况。

《手册》随后讨论了民事登记的职能和与此相关的人权问题。职能方面，《手册》强调民事登记是一种公共服务，国家依赖这种公共服务向个人签发官方文件，这就意味着民事登记能够在家庭组织、人口动向、福利和住房等方面协助社会正常运转。人权方面，《手册》介绍了民事登记机构与体现在各种宣言及公约中的人权之间的关系，阐明民事登记机构在确保广泛取得这种权利的过程中如何起着决定性作用。《手册》指出，民事登记与人权之间的关系是在识别基础上建立起来的。识别是指民事登记能够通过对生存和身份的登记记录来识别个人。从自身利益来看，识别可以使个人享有特定的权利和义务；从公众利益来看，对人口进行正确识别，则可确保他们完全融入其所生活和归属的国家。

《手册》最后介绍了与民事登记相关的一些法律问题。从如何为国家民事登记制度起草一项基本法（包括几个需要在条文起草之前应该说明的问题），到法律草案大纲的样本，再到全国性综合法律文本等，一一做出了解释性说明。《手册》还通过示例的方式，对执行法律的有关条例起草作了介绍。

总之，《手册》的目标就是制定一个法律框架，用于组织民事登记制度，并管理其与人口动态统计制度之间的关系，并在考虑各国法律体制和具体情况下指导各国引进或改进自身相关制度。

（执笔人：景向）

附：文件目录

前言

导言

1. 民事登记的原理
    1.1 概念
    1.2 民事地位的概念
    1.3 登记立法的来源
    1.4 登记立法的原则
    1.5 法律事件和行为
    1.6 死胎状况
    1.7 登记方法
    1.8 社区的作用
    1.9 民事登记的职能
    1.10 结构和组织
    1.11 民事登记的管辖原则
    1.12 基本文件资料
    1.13 对民事登记的修正
2. 民事登记对社会正常运转的贡献
    2.1 个人身份
    2.2 家庭组织
    2.3 监测人口统计趋势
    2.4 社会福利
    2.5 住房
3. 人权和民事登记
    3.1 登记人口动态的权利
    3.2 可能取决于人口动态登记的人权
4. 行政人口动态统计制度
    4.1 背景
    4.2 概念和组成因素
5. 如何制定基本民事登记法的实例
    5.1 法律问题和条例问题
    5.2 基本民事登记法如何出台：多学科协作
    5.3 立法的作用
    5.4 起草法律前应采取的步骤
6. 基本民事登记法草案的纲要、解释性说明和条款
    6.1 背景
    6.2 民事登记理论
    6.3 条款
    6.4 解释性说明
    6.5 法律草案：条款
7. 制定《民事登记法》执行条例

48

民事登记和人口动态统计系统手册：信息化

英文标题	Handbook on Civil Registration and Vital Statistics Systems：Computerization
牵头组织	联合国统计司
版本信息	1999 年版
文件链接	http：//unstats.un.org/unsd/pubs/gesgrid.asp？id＝67
中文版	http：//unstats.un.org/unsd/pubs/gesgrid.asp？id＝67

附：文件目录

序言
导言
1. 民事登记与人口统计系统的框架
    1.1 民事登记的定义
    1.2 民事登记与人口统计系统的定义
    1.3 民事登记与人口统计的关系
    1.4 民事登记与人口统计信息化系统
2. 各国民事登记与人口统计系统的信息化和自动化概况
    2.1 引言
    2.2 可能的选择
    2.3 可使用的软件
    2.4 民事登记与人口统计系统信息化的阶段性
3. 信息化的主要决策过程和问题
    3.1 引言
    3.2 主要决策过程
4. 信息化的目的
    4.1 引言
    4.2 提高民事登记数据的质量
    4.3 协调和整合作用
    4.4 独特的注册码
    4.5 其他优势
    4.6 协调和整合人口统计数据
5. 项目阶段化
    5.1 引言
    5.2 先期计划：可行性研究
    5.3 投标和签订合同
    5.4 评估和获取系统
    5.5 下一阶段
6. 组织信息化
    6.1 引言
    6.2 民事登记的组织架构
    6.3 总体组织架构
    6.4 关于民事登记架构的建议
    6.5 可行性研究和系统开发阶段的组织架构
    6.6 系统实施后的组织架构
    6.7 主要统计组织架构
7. 民事登记注册系统初始化
    7.1 为什么要初始化民事登记注册系统
    7.2 如何初始化民事登记注册系统
    7.3 从初始化到实际操作的时间表
    7.4 纸质表格归档
8. 系统功能和需求
    8.1 软件需求、功能和设计
    8.2 硬件需求
    8.3 安全系统需求
    8.4 人口统计系统的功能性
    8.5 总结
附录
参考文献

49

民事登记和人口动态统计系统手册：管理、操作和日常业务

英文标题	Handbook on Civil Registration and Vital Statistics Systems：Management，Operation and Maintenance
牵头组织	联合国统计司
版本信息	1998 年版
文件链接	http：//unstats.un.org/unsd/pubs/gesgrid.asp? id＝66
中文版	http：//unstats.un.org/unsd/pubs/gesgrid.asp? id＝66

附：文件目录

序言
导言
1. 行政基础结构：集中、分散和地方民事登记系统及与人口动态统计系统的衔接
   1.1 民事登记系统的集中（国家）行政管理及与人口动态统计系统的衔接
   1.2 民事登记的分散行政管理及与人口动态统计系统的衔接
   1.3 地方方案行政
   1.4 来自人口普查和抽样调查的补充数据
   1.5 民事登记的法律要求
2. 民事登记和人口动态统计系统的管理
   2.1 民事登记和人口动态统计系统的行政结构
   2.2 管理部门的作用和责任
   2.3 技术系统的组成部分
3. 业务职能和活动
   3.1 职能部分
   3.2 系统的活动
   3.3 民事登记和人口动态统计系统：职能关系
4. 民事登记和人口动态统计各部分的维护
   4.1 业务要求
   4.2 技术要求
5. 整合民事登记和人口动态统计的方法选择
   5.1 行政和委员会基础
   5.2 整合民事登记和人口动态统计系统的职能关系
6. 民事登记和人口动态统计资料的应用
   6.1 民事登记资料
   6.2 人口动态统计的应用
附录
参考文献

50

民事登记和人口动态统计制度手册：
个人记录发布和存档的政策与协议

英文标题	Handbook on Civil Registration and Vital Statistics System: Policies and Protocols for the Release and Archiving of Individual Records
牵头组织	联合国统计司
版本信息	1999 年第 1 版
文件链接	http://unstats.un.org/unsd/pubs/gesgrid.asp?id=64
中文版	http://unstats.un.org/unsd/pubs/gesgrid.asp?id=64

附：文件目录

前言
导言

1. 建议规定有关人口动态记录的个人资料发布以供研究和统计之用的政策/协议
   1.1 导言
   1.2 保证保密的法律和行政基础
   1.3 建议的民事登记法保密规定
   1.4 建议的关于披露记录的条例
   1.5 在统计展示中防止泄露的程序
   1.6 避免在图表数据展示中泄露的指导方针

2. 人口动态记录的存档方法和存储
   2.1 导言
   2.2 关于保存民事登记记录和相关文件的问题
   2.3 备份及保存民事登记文件

民事登记和人口动态统计制度手册：信息开发、教育和传播

英文标题	Handbook on Civil Registration and Vital Statistics System: Developing Information, Education and Communication
牵头组织	联合国统计司
版本信息	1999 年第 1 版
文件链接	http://unstats.un.org/unsd/pubs/gesgrid.asp?id=63
中文版	http://unstats.un.org/unsd/pubs/gesgrid.asp?id=63

附：文件目录

前言
导言

1. 有效民事登记和人口动态统计制度的信息、教育和传播组织问题
   1.1 信息、教育和传播方案的组织
   1.2 信息、教育和传播方案的目标与目的
   1.3 重大活动
   1.4 咨询委员会最初的活动
2. 确定目标群体
   2.1 确定目标群体及其领导人
   2.2 确定有碍于进行有效登记的因素
   2.3 确定向一般居民和目标群体进行传播的最有效手段
3. 信息、教育和传播方案中使用的战略与方法
   3.1 制定要传递的信息和信息战略
   3.2 为信息、教育和传播领导人与主要官员及组织编写和出版一本手册
   3.3 培训信息、教育和传播领导人、主要官员和目标受众/群体
   3.4 制定信息、教育和传播行动计划
   3.5 媒体宣传：使用广播电台和电视台、网络和报刊媒体
   3.6 其他传播手段和所需材料的生产
   3.7 利用商业媒体和非营利媒体中的一般性节目（包括公共事务节目、社区活动通告等）
   3.8 同特别目标群体和条件较差的居民、农村地区等进行接触的方法
4. 资金调动
   4.1 拟订时限和开发资源
   4.2 组织和管理战略
   4.3 查明和调动所需的人力资源
5. 开展信息、教育和传播运动
   5.1 运动的发起
   5.2 监测
   5.3 传播影响/效果的研究
   5.4 评估
   5.5 修订/调整：正在进行的制度改进工作
6. 建议

附录
原始材料综合清单

52

国际移徙统计建议

英文标题	Recommendations on Statistics of International Migration
牵头组织	联合国统计司
版本信息	1998年第1修订版，1976年建议版
文件链接	http://unstats.un.org/unsd/pubs/gesgrid.asp?ID=116
中文版	http://unstats.un.org/unsd/pubs/gesgrid.asp?ID=116

世界各国都会在不同程度上涉及人口国际移徙问题。实际上，有大批移徙者流出或流入的国家数目一直在增加，原本仅发生在一个国家境内的人口流动问题逐渐变成了国际问题。面对这种状况，如何进行国际移徙统计成为一个需要规范的问题。1976年联合国通过《国际移徙统计建议》，目的是通过国际移徙统计，确定移徙流动的特点，监测其动态变化情况，为政府提供制定和实施政策所需的资料。此后，联合国等机构分别在1993年和1997年对1976年文本进行审查，最终形成了《国际移徙统计建议第1修订版》（以下简称《建议》）。以下基于建议修订版介绍相关内容。

1. 国际移徙者的定义

"国际移徙者"，是指所有改变其常住国的人。所谓常住国，是一个人居住的国家，即他/她拥有住所、在此日常作息的国家。临时前往其他国家游玩、度假、探亲访友、公务旅行、治病或从事宗教朝圣活动，并不改变一个人的常住国。

"长期移徙者"，是指前往本人常住国以外的另一个国家，其时间至少一年（12个月），使目的地国有效地成为其新的常住国的人。从离境国角度来看，此人为长期出境移民；从入境国角度来看，则为长期入境移民。

"短期移徙者"，是指前往他/她常住国以外的另一个国家，时间至少3个月但不足12个月，前往该国的目的并非是游玩、度假、探亲访友、公务旅行、治病或从事宗教朝圣活动的人。为方便国际移徙统计，短期移徙者的常住国被认为是短期移徙者逗留期间的目的地国。

2. 人口流动分类法和数据收集办法

如何对移徙人口分类，是进行移徙统计的前提。鉴于每个国家都具有移徙公民原籍国和移徙外国人接受国的双重职能，国际人口流动分类法从接受国的角度出发，按照所有流动都从公民自本国离境开始到公民返回本国结束的特定模式，将旅客按照离开本国时、抵达目的地国时、离开目的地国时、返回原籍国时四个不同的时点进行划分。这种模式可确保不同类别的旅客在派出和接受两个终端之间保持明确的相应关系。

产生国际移徙资料的数据来源可分成五大类：（1）行政登记册，包括人口登记册、外国人登记册、寻求庇护者登记册、其他；（2）其他行政来源，包括居留证、工作许可证、庇护申请书、出境证、移徙工人放行证、其他；（3）边防收集的资料，涉及在进入和离开一国的关口收集资料，不论这些关口是否实际位于边境（通常包括机场和人员正式进入或离开一国领土的其他地点）；（4）住户实地查询，包括人口普查、住户调查、其他；（5）其他来源。

3. 国际移徙者统计的基本内容

为便于报告和研究国际移徙有关的统计资料，在国际旅客流入和流出分类的基础上，《建议》提出了一个框架（标准方法），将不同来源产生的统计资料加以整理，使得分析者能够评估所列报数据的意义、可能性，并评估数据的质量。该框架包括 6 张表，用于报告一年期间发生的关于各种类型的国际人口移动的数据，同时通过适当编码列出其特征描述。其中第一张表用来编列关于非移徙流动的资料，其余各表用来编列与计量国际移徙流动有关的数据，具体内容如下。

（1）非移徙者流动数据表。该表专门用于统计不符合国际移徙者——不论长期还是短期，一般定义或传统上不列入国际移徙统计数字的一切类别的国际流动人口。具体内容包含公民身份（外国人和公民）、旅客种类、流动类型（流入和流出）。旅客种类主要分为七种：边境工人；过境外国人；出行游客（来自国外的外国人，出国的本国公民），进一步可细分为过夜游游客、一日游游客、商务旅客；回程游客（返回国外的外国人，回国的本国公民）；外交人员，具体包括外交和领事人员、家属和佣人；军事人员，包括军事人员本身、家属和佣人；游牧民。

（2）国际移徙外国人流入数据表。该表主要是整理有关国际移徙外国人流入的数据，具体内容包含入境原因、逗留时间、数据种类。入境原因包括七种：教育和培训、就业、家庭团聚或组成家庭、自由设置（其中家属单列）、定居、人道主义和身份合法化。逗留时间具体区分为以下类别：至少 3 个月，但不足一年；一年或一年以上，但有时限；无限期；情况不明或不详。数据种类统计中包括：数据来源；期间指数；代码（表示数据供应有无情况）。其中期间指数包括移徙者声称拟逗留的时间、签证或许可证的有效期、实际逗留时间、租赁或购买住所、设置居住地、短期移徙者逗留时间、其他。

（3）国际移徙外国人身份转变数据表。为了计量长期移徙外国人的流动情况，需要考虑有关群组的身份转变和合法化。有关的身份转变是指从短期移徙外国人、按某个非移徙者类别获准入境的外国人或非法入境的外国人转变为长期移徙外国人。数据表具体内容包含新身份、以前的身份、逗留时间、数据种类。新身份的类别划分与国际移徙外国人流入数据表中按入境原因划分的移徙者类别完全一致。以前的身份则分为长期和其他两种。逗留时间具体区分为以下类别：至少 3 个月，但不足一年；一年或一年以上，但有时限；无限期；情况不明或不详等。

（4）国际移徙外国人流出数据表。该表主要是整理有关国际移徙外国人流出的数据，具体内容包含移徙者现有身份、离境人数、数据来源、期间指数、数据代码。其中移徙者现有身份类别包括六种：教育和培训、就业、自由设置、定居、人道主义、被驱逐出境的外国人（此类别只包括实际被递解出境的外国人，而不包括已收到驱逐令但尚未离境者）。

（5）国际移徙公民流出数据表。该表主要是整理有关国际移徙公民流出的数据，具体内容包含在国外停留目的、在国外停留时间、数据类型。在国外停留目的包括五种：教育和培训、就业、离境到国外自由安置、离境到国外定居、其他国际移徙公民。在国外停留时间具体区分为以下类别：至少 3 个月但不足一年；一年或一年以上。数据类型统计中包括数据来源、期间指标、数据代码。其中期间指标包括：移徙者声称打算在国外逗留时间、进修或培训课程期限、在国外工作的就业全国期限、实际在国外停留时间、短期移徙者逗留时间、其他。

(6) 国际移徙公民流入数据表。该表主要是整理有关从国外返回的各类国际移徙公民的数据，具体内容包含在国外停留目的、在国外停留时间和数据类型。在国外停留目的包括五种：教育和培训、就业、人道主义、被外国驱逐出境的公民、其他返回公民。在国外停留时间具体区分为以下类别：至少3个月但不足一年；一年或一年以上。数据类型统计中包括数据来源、期间指标、数据代码。其中期间指标包括：移徙者声称打算在国外逗留时间、有意设置居住地、租赁或购买住房、实际逗留时间、短期移徙者逗留时间、其他。

除上述六个基本统计资料外，《建议》还专门讨论了庇护统计汇编框架，主要包括庇护申请审理程序的统计、批准庇护申请的方式的统计、按庇护申请人身份列出申请数和审理决定的统计、关于驳回庇护申请或拒绝提供庇护理由的统计四个汇总内容。

4. 国际移徙统计所需资料

收集有关国际移徙者的资料，有利于通过国际移徙动态方式来界定国际移徙者。总结以上，所需核心资料主要涉及：公民国籍、性别、出生日期、抵达日期、出境日期、拟逗留日期、拟在国外逗留的时间、前常住国、今后常住国、出生国、婚姻状况、教育程度（任选）、接受国的预计常住地点、在出境国的常住地点、在先前常住国居留的时间、在国外逗留的目的、签证或许可证类别、现有签证或许可证的有效期、现有签证或许可证到期日、在出境国逗留的时间，任选资料则有职业、行业和就业状况。

利用上述不同类别核心资料，对国际移徙者流入和流出资料进行汇总，会对分析国际移徙动态有很大帮助。

（以上内容曾以"国际迁徙统计简介"为题，刊于《中国统计》2016年第5期，作者：刘茜）

附：文件目录

序言
解释性说明
1. 导言
   1.1 需要有更好的国际移徙统计数据
   1.2 1976年建议的审查过程
   1.3 国际移徙统计的现状
   1.4 本出版物的编排
2. 用于计量流动情况的"国际移徙者"定义
   2.1 人口的国际流入和流出分类法
   2.2 根据不同数据收集办法计量国际移徙情况
   2.3 结论
3. 国际移徙者流入和流出统计数据汇编框架
   3.1 非移徙者流动数据的汇编
   3.2 国际移徙外国人流入资料汇编
   3.3 国际移徙者外国人身份转变统计资料汇编
   3.4 国际移徙外国人流出统计资料汇编
   3.5 国际移徙公民流出统计资料汇编
   3.6 国际移徙公民流入统计资料汇编
   3.7 短期移徙的计算
4. 识别国际移徙者所需资料及相关表格的建议
   4.1 关于国际移徙者的建议资料
   4.2 关于国际移徙者流入和流出表格的建议
   4.3 关于办理正式身份的人所需数据和表格
5. 关于庇护统计的建议
6. 与研究国际移徙问题有关的总量数据
   6.1 定义和数据收集问题
   6.2 关于外籍人口和外国出生人口的建议汇总表

参考文献
术语

53 移民统计数据交换指南

英文标题 Guidelines for Exchanging Data to Improve Emigration Statistics
牵头组织 联合国欧洲经济委员会、欧盟统计局
版本信息 2010 年第 1 版
文件链接 http：//www.unece.org/index.php? id=17456
中文版 无

2005 年，联合国欧洲经济委员会和欧盟统计局共同建立了移民统计数据交换工作小组，旨在统一各国相关统计概念和指标的定义，改进移民统计工作，研究制定各国之间存量和流量数据的交换指南。工作小组在 2006 年、2008 年、2009 年分别组织了针对移民统计数据交换的专门会议，邀请欧洲各国、各国际组织的统计学家和相关专家发表意见，通过对以往工作成果和专家意见进行总结，编辑出版了《移民统计数据交换指南》（以下简称《指南》）。以下简述《指南》的相关内容。

1. 概念与起因

国际移民是从一个国家转移到另一个国家居住的人群总称。国际移民影响两国的常住人口，在统计上会记录两次，一次在移民输出国进行，另一次在移民接收国进行。但两国的统计数据可能存在不一致性，主要原因有两个：一是大量移民离开某国并非光彩的记录，所以大多数国家的政府不愿意且无法密切监控境内居民的离境，移民本身也没有动机在离开时通知当局。二是很难对离开本国的移民进行统计调查，例如各国的人口普查和抽样调查都是针对国内居民展开的，很难获得出国移民的相关信息，特别是举家移民的信息更难得到。

考虑到这两个难点，联合国欧洲经济委员会和欧盟统计局开始探讨进行移民统计数据交换的可能性，即在移民接收国进行移民统计调查，来弥补在输出国进行移民统计调查的限制和不足。在移民接收国，通常可以通过行政登记系统（如人口登记、出入境登记等）和常规统计调查（人口普查、住户抽样调查等）获得移民群体的数据。尽管其中也会出现各种问题，但从移民接收国得到的数据仍比移民输出国更为可靠。因此，各国之间针对移民统计的数据交换非常重要。

2. 移民分类与数据需求

不同类型的移民可以根据移民人群的具体特点来确定。从统计学角度看，可以确定以下四种类别：一是按居住地分类，可以分为在本国居住的他国移民和在他国居住的本国移民。二是按出生地分类，可以分为本国出生的国际移民和他国出生的国际移民。三是按移民居住时间分类，可以分为短期移民和长期移民，短期移民在国外居住 3 个月至 1 年，长期移民在国外居住 1 年以上。四是按在该国

停留的合法状态分类，可以分为正规移民和不正规移民。

针对不同类别的移民，移民统计需要面对不同情况，同时形成了不同的数据需求。以下分别介绍有关情况下的统计及其数据需求。

（1）人口调查。移民统计信息对国家人口调查有显著的影响，是移民接收国人口账户中的一个重要因素。通过对国际移民的人口特征进行统计调查，如年龄、性别、教育水平等，可以对国家人口调查提供辅助作用。接受国进行人口调查时需要移民统计中有关长期移民的统计信息。

（2）国际移民返回统计。所谓移民返回，即国际移民返回到原籍国或惯常居住地的运动。移民未必是永久性的举动，很多移民由于经济或家族的原因，会重新回到原籍国或者出生地。通过长期对返回原籍国的移民进行统计调查，可以了解促使他们返回原籍国的原因，进而了解国内劳动市场的变化。对返回移民调查时需要长期移民的原籍国或出生国等信息。

（3）移民外流统计。由于劳动力市场和社会网络关系的不断发展，关于移民外流的统计信息日益重要。然而，因为国民出入境自由度的提高，移民外流的数据越来越难以收集。全球化进程导致了新的生活方式，更多的人选择了根据实际情况在不同的国家居住和工作。目前很多国家没有针对移民外流的详细统计信息，但当它们针对本国劳动力市场进行调查时，就会发现这些统计信息是多么重要。移民外流统计需要移民在国外的居留时间、居留性质等信息。

（4）技术移民统计。全球化提高了人力资本（特别是高端技术人力资本）的流动性，因为知识经济已经成为全球经济的重要组成部分。具备高教育水平和高技术能力的人才进行移民，意味着移民输出国人力资源库的收缩，由此会带来技术劳动力市场的变化。针对这种人才流失，需要进行详细的统计调查，了解高技术人员离开本国的原因及对劳动力市场的影响。技术移民统计需要国际移民的职业状态和教育程度等信息。

（5）短期移民统计。由于正式的和非正式的国际经济协作的发展，国际移民往往是短期活动，他们因为工作任务的需求，在不同的国家短期居住和工作。短期移民在许多国家经济中扮演重要的角色，但由于他们的不定期性，难以进行针对性统计。短期移民统计需要关于短期移民的相关信息。

3. 数据来源

《指南》鼓励各国根据国内行政系统等各种数据来源进行移民统计，主要来源可以概括如下：
（1）人口登记制度，包括各国中央和地方的人口登记；
（2）特别人口数据库，例如外国人居住登记、避难者居住登记等；
（3）收集跨国境者信息的出入境登记系统；
（4）住户抽样调查；
（5）移民调查，通过间接手段，了解移民在国内的工作情况；
（6）人口普查；
（7）其他国家的国民登记，包括移民部分。

每个数据源都在一定程度上覆盖了部分移民信息，通过对不同数据源信息的综合运用，即可以获得反映移民信息的主要数据，再通过不同国家的数据交换，就可以实现无遗漏的国际移民统计。

4. 如何利用其他国家移民统计数据

一般来讲，不同国家移民数据的来源是一样的，但从移民接受国得到的数据往往比输出国的数据更为可靠全面。不同的来源有不同的作用，具体可见表1。

表 1　　　　　　　　　　　　　　移民数据的不同来源

	流量数据		存量数据	
	移民输入	移民输出	移民输入	移民输出
人口普查	√		√	
住户抽样调查	√		√	
出入境抽样调查	√	√		
人口登记制度	√	√	√	
*居留许可登记系统	√		√	
外籍人口登记系统	√	√	√	
旅客登记系统	√	√		

注：*表示外国人长期居留许可。

资料来源：UNECE & Eurostat, 2010, Guidelines for Exchanging Data to Improve Emigration Statistics.

其中，人口普查提供了特定时间段移民接收国中移民的数量，通过对这些移民进行调查，可以了解其相关统计信息。住户抽样调查针对的往往是在移民接收国长期居住的长期移民，相比于人口普查，住户调查得到的移民信息可能更为丰富。出入境抽样调查在接收国的边境进行，对象同时涵盖长期移民和短期移民，但对短期移民的调查作用可能更大。人口登记调查与人口普查类似，但普查往往每隔几年才进行一次，而人口登记调查则可以对居住在本国的外国移民进行跟踪调查，人口登记可能是强制性的，也可能是自愿的，当国际移民需要医疗保险、教育服务等时，则会自愿参加人口登记。外籍人口登记是人口登记中的特殊部分，相比于一般的人口登记，其能反映更多的国际移民信息。旅客登记系统针对的是短期移民，由于他们会经常出入国境，所以用旅客登记系统进行跟踪调查会更有效率。

如何利用上述数据，其中涉及以下关键问题。

（1）数据的准确性。了解数据的准确性非常必要，特别是当数据产生于其他国家的数据来源。但很明显，评价他国的统计数据准确性是很难的。为了保障国际交换数据的准确性，《指南》要求各国通过行政奖励惩罚手段保障交换数据的准确性，对负责数据收集的人员实行法律制度上的追责。

（2）数据的可得性。为保障数据的可得性，《指南》要求各国在对本国居民人口进行统计调查时，要针对他国移民进行专门的登记和区分。各国可以以立法的方式要求不同国籍的移民接受本国的统计调查，如实填写相关信息。

（3）数据质量审查。各国收集到他国移民者的统计数据后，要先对数据进行自查，通过与不同来源数据的比较，与本国国民数据的比较，可以发现其中的质量问题。各国查询之后，要将数据上报给联合国欧洲经济委员会，再作进一步的质量审查，通过与其他国家数据的比较，找寻质量问题。通过质量审查后，各国的移民数据将由委员会工作小组进行交换和发布。

（4）元数据的一致性。为实现数据的交换，《指南》要求各国交换数据的元数据要具备一致性。各指标的定义、口径、单位都由《指南》统一规范要求，当然，由于各国国情不同，规范允许国家有一定的调整。各国在上报数据时，要将元数据以表格的方式一起上报，由委员会统一之后再进行数据的交换和发布。

（5）数据提交的标准表格。各国应努力使其移民数据可供其他国家使用，以方便输出国对移民进行统计。因此，应先从发送国家的角度出发考虑，同时为了方便其他国家使用，这些数据应该使用《指南》提供的标准化表格进行编译。编译后的数据要连同元数据一起上报欧洲经济委员会，经审核后统一发布，供其他国家访问使用。《指南》给出了七种标准表格，包括："按出生地划分的移民居住地"、"按国籍划分的移民居住地"、"按输入国划分的移民"、"按国籍划分的移民"、"按出生地划分的移民"、"按出生地和居住地划分的人口"和"按父母出生地划分的移民"。

（执笔人：王鹏）

附：文件目录

前言

致谢

概述

1. 引言
2. 不同移民统计需要的数据和各种类型的移民
   2.1　人口估计和国家人口统计账户
   2.2　各国的移民
   2.3　关于国民和国民外流的信息
   2.4　移民特定群体的信息
   2.5　短期移民
3. 移民国家的数据来源
4. 利用其他国家移民数据提高移民统计水平
   4.1　主要的数据来源
   4.2　使用接受国移民数据的关键问题
   4.3　匹配信息需求与数据来源
5. 提高数据的可用性、质量和可访问性
   5.1　数据生产
   5.2　数据访问
   5.3　数据采集和上报
6. 参考文献

人口普查中在业人口计量手册

英文标题	Measuring the Economically Active in Population Censuses: A Handbook
牵头组织	联合国统计司,国际劳工组织
版本信息	2010年第1版
文件链接	http://unstats.un.org/unsd/pubs/gesgrid.asp?id=432
中文版	http://unstats.un.org/unsd/pubs/gesgrid.asp?id=432

人口普查可以全面了解与人口和住户有关的性别、年龄、受教育程度、行业、职业、迁移流动、婚姻生育、社会保障、收入情况等经济特征信息,在经济社会政策制定中发挥着重要作用,因而受到广泛关注。尽管人口普查有诸多好处,但也存在一些明显缺点,比如成本高昂、某些主题的测量概念模糊、普查结果与其他调查结果难以协调等。为了更有效地从人口普查中收集和理解人口经济特征,更好地指导各国人口普查实践工作,联合国统计司和国际劳工组织于2010年出版了《人口普查中在业人口计量手册》(以下简称《手册》)。《手册》内容主要覆盖国际标准的概念和定义,行业、职业和就业状况的国际标准分类,以及度量经济特征的方法等方面,且对已有相关标准和相关手册进行了补充和说明。

《手册》首先定义了人口普查的一般性问题,即设计普查方案时应考虑的问题,主要包括:人口普查的组织机构,如何利用过去的经验,普查日期的选择,以及相关技术性问题,如人口普查所涉及的统计概念和方法、数据的充分性、问卷的内容和传播形式以及统计数据将如何满足用户的需求等。

随后,《手册》讨论了人口经济特征的度量框架,并对当前经济活动、在业人口等概念进行了定义。在业人口与《国民账户体系》具有联系,《国民账户体系》的生产范围发生了变化,经济活动的概念范围也会发生变化。当前在业人口包括就业人口和失业人口,非当前在业人口则为总人口减去那些在基准期内被确定为"就业"或"失业"人口后的部分,《手册》对其计量方式进行了较为详细的介绍。

接下来,《手册》给出了行业、职业和工作状况的度量方法与标准,讨论了主要职业、行业的描述性特征,工作时间和收入的规定,以及行业和职业的编码等问题。同时,《手册》对普查数据的加工、可视化、分析和传播进行了介绍,对诸如特定主题的数据加工、数据质量检验、传播、元数据、用于数据处理和输出的新兴技术和数据采集编码方法等问题给出了原则性建议。

《手册》最后一部分强调了人口普查与劳动力统计以及其他相关统计间的关系,基本要点包括:人口普查是住户调查、农业调查和小域经济调查的框架;人口普查是评估普查后抽样调查的结果的重要方法;人口普查应与抽样调查相结合,运用多样化的调查估计方法,使调查结果更加准确、客观。

(执笔人:高洁)

附：文件目录

第一部分　一般性问题
1. 重点和内容：基本原理和结构
2. 人口普查中对收集经济特征数据的规划和设计

第二部分　人口普查中经济特征的计量
3. 计量框架
   3.1　经济活动概念的理解
   3.2　国民账户体系中的生产范围
   3.3　经济活动和《国民账户体系》生产范围之间的对应关系
   3.4　与经济特征计量有关的决定
   3.5　第四章至第八章的布局
4. 当前劳动人口（劳动力）
   4.1　劳动力框架
   4.2　就业人口
   4.3　失业人口
   4.4　非在业人口
5. 通常经济活动状况
   5.1　导言
   5.2　通常在业：可用定义
   5.3　通常在业：应用定义的必要条件
   5.4　通常在业：关于各国普查所用问题的评述
   5.5　通常在业人口：关于提高问题效果的建议
   5.6　通常在业人口：计量事项

第三部分　工作、基层单位和人员特征的计量
6. 主要工作的描述性特征
   6.1　就业身份
   6.2　职业
   6.3　工作地点
7. 基层单位的描述性特征
   7.1　行业
   7.2　机构部门
   7.3　非正规部门和非正规就业
8. 工作时间和收入
   8.1　工作时间

第四部分　数据处理、制表、分析和公布
9. 数据处理、制表、分析和公布
   9.1　导言
   9.2　特定项目的数据处理
   9.3　数据质量和核实
   9.4　公布
   9.5　元数据
   9.6　数据处理新技术与产出品
   9.7　数据捕获与编码方法
   9.8　产出

第五部分　职业和行业编码
10. 职业和行业编码的筹备工作
    10.1　目标
    10.2　编码和处理的策略选择
    10.3　编码活动的规划与组织
11. 编码索引的编写与使用
    11.1　什么是编码索引
    11.2　编写和更新职业编码索引
    11.3　利用职业编码索引
    11.4　行业编码索引的编写和更新
    11.5　利用行业编码索引

第六部分　利用人口普查改进劳动力统计和相关统计
12. 劳动力和其他经济特征的数据收集类型
    12.1　第六部分的布局
    12.2　来源多样化
    12.3　基于住户的调查
    12.4　根据人口经济特征和活动进行的基层单位调查
    12.5　行政来源
13. 劳动力调查结构和安排
    13.1　劳动力调查的目的
    13.2　在业人口调查的共同特点
    13.3　多样化的劳动力调查结构和设计
    13.4　调查频率
    13.5　劳动力调查和其他调查之间的联系
14. 抽样和普查信息的相关用途
    14.1　抽样与人口普查相结合
    14.2　作为抽样框来源的调查
    14.3　劳动力和其他住户调查中基于普查的地区框
    14.4　为住户调查选取查点区主样本
15. 作为基于住户的普查框以及农业和小规模经济单位调查框的人口普查
    15.1　导言

- 15.2 基层单位的普查和抽样调查：与住户调查设计之间的相同点
- 15.3 经济调查抽样的专有特点
- 15.4 样本设计和选取的数据要求
- 15.5 一级抽样单位和分层
16. 利用普查数据编制调查估计数据
    - 16.1 导言
    - 16.2 样本数据的加权
    - 16.3 设计权重
    - 16.4 无应答权重
    - 16.5 利用更可靠的外部信息修正样本分布
    - 16.6 总量数据的估计
    - 16.7 估计数据的重新修订
17. 为调查数据评价提供基础的普查
    - 17.1 调查内容
    - 17.2 调查覆盖面和代表性
    - 17.3 编制简单无偏估计数据的重要性
18. 结合使用普查和调查数据：小域当前估计数据，包括局部估计数据
    - 18.1 小域估计数据的必要性
    - 18.2 什么是小域
    - 18.3 方法的多样

附录
参考文献
索引
表目录
图目录

55

国际劳工组织统计学家会议决议

英文标题 Resolutions Adopted by International Conferences of Labor statisticians
牵头组织 国际劳工组织
版本信息 1926年至2013年共颁布21项决议
文件链接 http://www.ilo.org/global/statistics-and-databases/standards-and-guidelines/resolutions-adopted-by-international-conferences-of-labour-statisticians/lang—en/nextRow—20/index.htm
中文版 无

国际劳工组织统计学家会议（International Conference of Labor Statisticians，ICLS）是由国际劳工组织的统计部门定期召开的常规会议，该会议致力于讨论并解决劳工领域的统计问题，指导各国的劳工统计实践。会议公认的研究成果以"决议"（Resolution）的形式公开发布，成为劳工统计领域的国际规范，为统一该领域的重要概念、分类提供有效的统计方法发挥了巨大作用。1926～2013年共颁布21项劳工统计相关决议，以下就该系列决议中的部分内容进行介绍。

1. 劳动力与就业统计

国际劳工统计学家会议共有三项决议针对劳动力与就业统计提供规范，分别是《关于经济活动人口、就业统计的决议》、《关于不充分就业与劳动力利用不充分统计的决议》和《关于工作、就业和不充分就业的决议》。它们具体提出了统计指标体系、各指标的概念定义及核算口径与方法，并对实际统计工作中应注意的事项加以归纳。

《关于经济活动人口、就业统计的决议》将人口根据国民账户体系（SNA）定义的生产活动状态进行划分。最大范围为"经济活动人口"与"非经济活动人口"，对"经济活动人口"分别采取较长与较短参考期度量，可得到"经常活动人口"与"当前活动人口"。"当前活动人口"可再进一步分类为"就业"、"不充分就业"和"失业"人口。自首项决议颁布以来，该领域的研究还在持续完善与更新。《关于工作、就业和不充分就业的决议》在SNA生产活动的基础上定义了"工作"的概念，明确了"工作"的分类及包含的具体内容，从"工作状态"出发重新描述了"就业"的定义，并提出"劳动力利用不充分"的概念，将"与时间相关的不充分就业"、"失业"与"潜在劳动力"归入劳动力利用不充分类别中。

"决议"认为，为了满足国际比较，国际劳工组织的各成员国应当制定各国的数据收集措施，以便可以向劳工组织提供如下统计数据：（1）年度基础统计数据，主要是关于就业、失业和劳动力利用不充分，以及生活必需食品生产者总数信息，旨在用于监测短期趋势和季节性变化；（2）年度基础数据，主要是关于劳动力和包括失业在内的劳动力利用不充分数据；（3）频率较低的基础统计数据，例如自用产品生产性工作、无酬学员培训性工作和职员工作的参与及工作时间；（4）一些特殊统计科目，如移民工人、童工等。数据来源通常可通过劳动力调查、住户调查、人口普查、经济普查等方式获得。

在确定工作年龄人口的年龄标准时，应当确定年龄下限，但不应设置年龄上限，以便全面覆盖全部成年人口的工作活动。对工作年龄人口分类时，可以根据人们对劳动力市场和不同工作的参与情况进行，也可按照短期参考期内的劳动力状态分类。为了满足对统计信息的需要，"决议"还建议按照国际统计标准对工作年龄人口进行分组，尽量获得各年龄组工作人口的数据。

2. 工资、收入与劳动力成本统计

工资具有双重性质，既是劳动者获得的报酬，构成劳动者收入的一部分，也是雇主为雇佣劳动力而付出的成本，是用人单位劳动力成本的组成部分。这一双重性质将工资、收入与劳动力成本三个指标联系起来。考虑到工资的重要特征，国际劳工统计学家会议对劳动工资问题的研究也从工资出发，向两个方向延伸：一方面从收入角度展开，提出与雇佣有关的收入概念，并讨论了该指标的统计；另一方面则探讨劳动力成本的统计问题。

国际劳工统计学家会议针对工资、与雇佣有关收入和劳动力成本问题共提出了三项决议：《关于工资统计集成系统的决议》、《关于与雇佣有关收入的度量的决议》和《关于劳动力成本统计的决议》。基于此三项决议的主要内容构建了工资统计指标体系，明确了各项与工资相关指标的概念定义、核算口径，并就如何开展实际统计工作进行了讨论。

《关于工资统计集成系统的决议》提出应建立综合工资统计系统。该系统需包含两部分：满足短期需求的经常性统计和满足长期需求的非经常性统计。经常性统计应当包括对工资率、劳动所得、正常工作小时数与实际工作小时数四个指标的统计，而非经常性统计则可进一步延伸到对工资的结构、分布以及劳动力成本进行统计。

对"与雇佣有关的收入"进行统计时，针对不同分析目的可设计两种统计单元：如果目的是反映不同经济活动的创收能力，以"工作"（Jobs）为统计单元，其具体划分需遵循国际就业状态分类（ICSE）；如果目的是分析就业为雇员带来的经济利益，则以"个人"作为统计单元。为了消除季节变动对个体收入及工作强度的影响，调查期间应至少为1年。

3. 工作时间统计

《关于工作小时数统计的决议》针对工资收入者和取得薪金的雇员两类劳动力提出了工作小时数指标，统计对象的范围较窄。后续的《关于工作时间统计的决议》则拓展了先前决议的内容，在之前基础上提出了新的核算工作时间的统计指标，用于完善对不同类型从业人员在所从事的不同职业下的工作时间。

"决议"共给出七个工作时间统计指标，分别为"实际工作时间"、"付薪工作时间"、"正常工作时间"、"合同工作时间"、"通常工作时间"、"加班工作时间"、"缺勤时间"，并具体阐述了各指标的定义、核算口径和适用范围。

实际工作时间是最核心的工作时间统计指标。实际工作时间适用于所有类型的工作，不论其是否在SNA生产边界之内，并且这一概念与管理、法律无关，是对真实发生的工作时间的计量。实际工作中会出现生产、停工、休息等多种情形或状态，因此，在统计实际工作时间时，还可针对不同情形将其细分为"直接生产时间"、"与生产相关的时间"、"停工时间"和"休息时间"四个部分进行统计。

正常工作时间是指在较短的参考期间（例如1天或1周）内按法律规定、集体协议或仲裁协定的工人应当进行工作活动的时间。合同工作时间就是该项协议中明确规定的工作时间，但并非所有劳动合同都会对工作时间进行具体规定。合同工作时间适用于全部生产活动，不论其是否在SNA的生产边界内。由于合同工作时间是劳动关系双方约定的，因此，即使针对同一类型工作，其合同工作时间也可能不同，在不同行业、职业、企业间的差异也非常大。

通常工作时间适用于所有类型的工作，该指标可以超越合同工作小时数，反映经常性的工作小时数。加班工作时间指标也适用于全部类型工作，其核算基准有两种情况：一是在有合同规定的情况下，按合同规定执行；二是在合同未规定的情况下，需要考察工作时间中超过"通常工作时间"的部分。缺勤时间也应用于全部工作类型，与加班工作时间类似，该指标的核算基准也有两种情况：在合同中有相关规定时，其核算范围是"合同工作时间"内未工作的时间；合同中没有具体规定时，核算范围是"通常工作时间"内未工作的时间。

在实际统计工作中，"以住户为调查对象的调查"与"以企业为调查对象的调查"都可进行对工作时间的统计，基于两项调查的数据来源可用于满足不同数据使用者在调查范围、样本量等方面的要求。由于直接调查对象的不同，两项调查能够捕捉的信息也有区别，因此，其有各自的适用范围。

4. 国际分类标准

分类是统计工作的重要一环，建立统一的分类标准有助于对各国数据进行比较与分析。在劳工统计中也用到了多种分类标准，《关于职业分类国际标准更新的决议》、《关于就业状态分类的国际标准的决议》和《关于职业分类国际标准的进一步工作的决议》这三项决议就主要围绕这些分类标准进行讨论。

《国际标准职业分类（2008）》（ISCO-2008）是对《国际标准职业分类（1988）》（ISCO-1988）的更新。决议辨别了两个概念："工作"与"职业"。工作是"某人为雇主（或自我雇佣）而被动（或主动）承担的任务和职责的总和"，而职业是"主要任务和职责高度相似的工作的总和"。ISCO-2008对职业进行分类采用的基本标准是承担相应任务或职责所需的"技能水平"和"技能的专业程度"，据此将职业区分为大类、中类、小类和细类。限于篇幅，这里只列举大类项目供参考：管理者，专业人员，技术和辅助专业人员，办事人员，服务与销售人员，农业、林业和渔业技工，工艺与相关行业工，工厂、机械操作与装配工，初级职业，武装军人等。

《国际标准就业状态分类1993》（ICSE-1993）对劳动力的就业状态进行了统一分类，包括以下部分：雇主、雇员、自营劳动者、生产合作社成员、贡献于家庭的劳动者和未分类劳动者，其分类依据主要是"他人支付薪酬的雇佣"还是"自我雇佣"。"雇员"全部来自于"他人支付报酬的雇佣"工作类别，以隐性的或显性的合约为前提；其他类别则基本属于"自我雇佣"状态。

（执笔人：王文静）

附：文件目录

1. 劳动力与就业统计
   1.1 经济活动人口、就业、失业及不充分就业统计决议
   1.2 不充分就业与劳动力利用不充分的度量决议
   1.3 工作、就业与劳动力利用不充分统计决议

2. 工资、与雇佣有关收入和劳动力成本统计
   2.1 工资统计集成系统决议
   2.2 与雇佣有关收入的度量决议

  2.3 劳动力成本统计决议
3. 工作时间统计
  3.1 工作时间统计决议
  3.2 工作时间度量决议
4. 劳工统计的其他方面
  4.1 集体协商统计决议
  4.2 社会保险统计决议
  4.3 非正规部门的就业统计决议
  4.4 罢工、停工与劳动争端统计决议
  4.5 工伤统计决议
  4.6 童工统计决议
5. 所用到的国际分类标准
  5.1 职业分类国际标准的更新决议
  5.2 就业状态分类的国际标准决议
  5.3 职业分类国际标准的进一步工作

56

《劳工统计公约》与《劳工统计建议书》

英文标题	C160-Labor Statistics Convention R170-Labor Statistics Recommendation
牵头组织	国际劳工组织
版本信息	1985年第71届国际劳工大会通过
文件链接	http://www.ilo.org/dyn/normlex/en/f?p=NORMLEXPUB:12100:0::NO::P12100_ILO_CODE:C160 http://www.ilo.org/dyn/normlex/en/f?p=NORMLEXPUB:12100:::NO:12100:P12100_ILO_CODE:R170:NO
中文版	中华人民共和国国务院公报，1987年

国际劳工组织是处理全球范围劳工事务的专门机构，其职责之一就是建立有关劳工事务的各种原则、规范与准则。这些规范构成了《国际劳工标准》，由国际劳工大会负责审核、批准，并监督成员国执行。《国际劳工标准》有公约与建议书两种形式，两者的法律效力不同：公约一经批准，成员国必须遵守和执行；而建议书则作为成员国的参考，没有必须执行的义务。

建立劳工统计的国际规范，有助于各国在进行劳工统计时采用相同的口径和统一的方法，提高劳工统计的国际可比性。但还需注意，一个国家劳工统计的统计项目、范围、分类与统计周期等事项的定义安排以及其经济结构、就业状况、劳动关系等许多因素有关。因此，各国对劳工统计的要求也不会完全一致。基于此，劳工统计的国际规范需兼顾统一与灵活。《国际劳工标准》中第160号公约即《劳工统计公约》（以下简称《公约》）和第170号建议书即《劳工统计建议书》（以下简称《建议书》）是有关劳工统计的基本规范，也是针对劳工统计的法律性规范。以下对第160号公约及第170号建议书的内容作简要介绍。

1. 《劳工统计公约》的基本内容

《劳工统计公约》将劳工统计归纳为八个方面的内容，分别是：（1）经济活动人口、就业、失业与明显不充分就业；（2）工作时间；（3）工资结构和分布；（4）人工费用；（5）消费品价格指数；（6）住户开支或家庭开支、住户收入或家庭收入；（7）职业伤害和职业病；（8）劳资争端。通过《公约》，规范了劳工统计需收集的基本资料、统计分组以及统计资料的代表性等问题。

《公约》规定，有关经济活动人口、就业、失业和不充分就业的最新统计资料应当能代表整个国家。为进行详细分析且用做基准资料的经济活动人口结构与分布统计应当在全国范围内进行，其统计结果应能代表整个国家的情况。关于经济活动人口、就业、失业与不充分就业的具体统计方法和注意事项，在国际劳工统计学家会议的系列相关决议中给出。

劳工统计的两个核心指标分别是"平均劳动所得"（Average earnings）和"工时数"（Hours of work）。劳动所得是指"在工作时间或非工作时间内以货币或实物形式支付给雇员的报酬"，具体内容有直接工资和薪水、非工作时间的报酬、奖金和津贴、雇主直接支付给雇员的住房和家庭定期补贴。工时数是指实际工作时间或有报酬的工作时间。另外，在对平均劳动所得与工时进行统计时，应体现重要的雇员类别及重要经济活动分组。

工资和工时的另外一组统计指标是"计时工资率"和"标准工时"。它们应当在全国范围内按重要雇员类别、重要经济活动部门进行统计，如条件允许，还可针对重要职业进行分组统计。

劳动力成本也是劳工统计关注的重要变量。劳动力成本指雇主为雇佣劳动力付出的成本，包括：直接工资和薪水；非工作时间的报酬；奖金和津贴；餐饮、燃油及其他实物形式的支出；雇主为员工支付的住房成本；雇主的社会保险支出；职业培训成本；服务形式的支出；其他劳动力成本；被归为劳动力成本的税费。《公约》指出，应统计不同经济活动部门的劳动力成本数据；为了更有助于分析，该统计资料的范围应尽量与就业、工时的资料保持一致。

各国应计算消费者价格指数，以衡量基于重要人口组别或总人口之消费内容的商品价格在一段时间内的变化情况。消费者价格指数的具体统计方法在《国际劳工统计学家会议决议》中给出。住户开支或家庭开支、住户收入或家庭收入的统计资料应覆盖各种类型与规模的私人住户家庭，并具有全国代表性。职业伤害与职业病、劳动争端均需在全国范围内进行统计，且应当尽可能包括所有经济活动部门。

国际劳工组织的成员国有履行公约条款的义务，凡是国内批准该公约的成员国都应当按照公约的约定定期收集、编制和公布基本劳工统计资料，并且向国际劳工组织报告其可得统计资料。

2.《劳工统计建议书》的主要内容

《劳工统计建议书》主要针对《公约》所涉八个方面内容的统计频率及统计分组给出建议。《建议书》指出，当前对经济活动人口、就业、失业与不充分就业的统计应至少每年进行一次，这些统计数据应当按照性别、年龄组以及经济活动分类。为了满足分析的需要，对经济活动人口结构和分布的统计应当至少每10年进行一次，这些统计应当能够提供按性别、年龄、职业、资格水平、经济活动、地理区域以及从业状态分组的信息。

平均劳动所得及工时数（实际工作时间或付薪工作时间）应当每年统计一次，统计数据应当按照经济活动、性别、企业规模大小以及地理区域等分组，情况允许时还应按年龄、职业和资格水平分组。小时工资率及正常工作时间的常规统计应当至少每年进行一次，所得信息应当能按照经济活动、性别、年龄、职业或资格水平、企业规模和地理区域进行划分。从长远需求及阶段性目的看，工资结构与分布的统计应当至少每5年进行一次，具体统计信息应按性别、年龄、职业或资格水平、经济活动、企业规模以及地理区域分组。前文中提及"劳动所得"指标有几个组成部分，为了获得更加丰富的统计资料，应当按"劳动所得"的详细组成信息（例如基本工资、加班工资、非工作时间报酬和奖金与红利）分组进行统计。同时，雇员的分布数据也十分重要，在条件允许时，应当按雇员特征如性别、年龄以及劳动所得、工作小时数来获得雇员分布的数据。从长远需求看，劳动力成本统计应当每5年进行一次，这些统计应当提供按经济活动分类的劳动力成本及劳动力成本各构成部分的数据。

编制一般消费者价格指数的调查样本应当能够代表全部人口，并覆盖全部消费项目。消费者价格指数应当按照重要消费品进行分组统计，如食物、饮料和烟草；服装和鞋子；住房；照明与燃料以及其他有重要意义的类别。该指数的数据应当每月发布，或至少每3个月发布一次。用于计算消费者价格指数的权重应当至少每10年更换一次，当消费模式发生显著变化时应当及时进行调整。

住户（或家庭）收入与支出统计应当至少每 10 年进行一次。相关统计资料应当提供住户（或家庭）支出的详细数据、按收入水平和来源分类的收入数据，以及按性别、年龄以及住户成员显著特征分组的收入与支出数据。职业伤害和职业疾病的统计应当至少每年进行一次，该项统计应当能够获得按经济活动、雇员显著特征（如性别、年龄组、职业或资格水平）的分组数据。劳动争端的统计也应当按照经济活动分组，至少每年进行一次。

为了能够顺利收集到前文所述的劳工统计信息，各成员国需要逐渐建立适用的国家统计基本机制。这些基本机制应当至少包括以下要素：（1）用于协助开展调查或普查的机构登记系统，且此登记系统能够提供抽样所需的抽样框信息；（2）能够协调各方、使机构调查得以实施的机制；（3）能够协调各方、使住户调查得以实施的机制；（4）在恰当的保密性约束下可顺利获取统计信息的机制。

（执笔人：王文静）

附：文件目录

1. 劳工统计公约
   1.1　一般规定
   1.2　基本劳工统计资料
   1.3　成员的义务

2. 劳工统计建议书
   2.1　前言
   2.2　基础劳工统计
   2.3　统计基本机制

国际就业状态标准分类

英文标题	International Standard Classification by Status in Employment
牵头组织	国际劳工组织
版本信息	1993年第2版，1958年第1版
文本链接	http://www.ilo.org/global/statistics-and-databases/statistics-overview-and-topics/status-in-employment/current-guidelines/lang—en/index.htm
中文版	无

国际劳工组织很早就开始关注就业状态分类标准问题，在其定期召开的国际劳工统计学家会议上曾多次对就业分类问题进行讨论，并最终形成相关决议。该主题的研究经过了漫长的修订与完善，力图保证所划分类别能够较好地符合当时的经济社会环境。其中几次主要修订有：1938年，统计专家委员会提出"从业人员个体状态"分类，包括：(1) 雇主；(2) 独立或在家庭成员帮助下为自己工作的个体；(3) 帮助户主工作的家庭成员；(4) 获得工资或薪水的个体。1947年，第六次国际劳动统计学家会议提出新的分类方式：(1) 为公共或私营雇主工作的个体；(2) 雇主；(3) 在没有雇员条件下为自己工作的个体；(4) 无薪家庭帮工。1958年联合国统计委员会将就业状态划分为：(1) 雇主；(2) 自营工作者；(3) 雇员；(4) 家庭帮工；(5) 生产合作社成员；(6) 未按状态划分的个体。在此之后，国际劳动统计学家会议上没有再讨论过就业状态分类问题，直至1993年第十五次会议提出《国际就业状态标准分类》(ICSE-1993)，并沿用至今。

1. 分类的用途

就业状态分类首先要明确分类的用途，特别是要从宏观角度考虑。总体而言，就业状态分类在经济社会分析中可以提供有关经济风险的重要信息，建立与就业人口之间的联系，还可以作为监测宏观经济形势的先行指标。劳动力市场上，此分类展现了员工与其受雇佣经济单位之间关系的本质。

从劳资关系看，伴随经济社会的不断进步，许多国家的政府与企业逐渐提出形式多样的雇佣合同类型，以便在越来越灵活的法律环境中创造更多的就业机会。一些劳动法体系中出现了一系列处于"中间状态"的劳动合同，如劳动者处于"准独立"（Quasi-independent）或"次从属"（Para-subordinated）地位的劳动合同。值得关注的是，越来越多的人从属于这些新的合同形式，这就要求就业状态分类及各类定义需要及时更新，以确保能够体现新合同形式下从业人员的就业状态。

就业状态的分布变化也会影响到经济周期以及就业人员的工作风险、收入与保障状况。例如，"贡献于家庭的劳动者"人数的增加意味着劳动力市场状况的恶化，一个从付薪工作中失业的人将从事多种多样的自我雇佣工作，从而会改变劳动者个体的工作风险、收入状况。从数据使用者角度看，经济与劳动力市场政策分析者常常使用就业状态统计来评估自我雇佣与企业就业各自对经济增长的影响，进而评估有关政府政策在经济发展和工作创造方面的效果。

在更广阔的社会统计领域，就业状态常被作为个体与住户社会经济状态统计的投入变量。社会—经济状态分类机制通常使用就业状态与职业数据来区分个体的社会—经济状态。自我雇佣个体可能比从事相同职业的雇员有更高的社会—经济地位。

最后，就业状态分类数据还为国民核算提供了重要的数据来源和分类基础。被雇佣与自我雇佣的区别在国民核算中具有重要意义：在国民账户中，雇员收入被当作雇员薪酬处理；而自我雇佣收入则属于混合收入。

2. ICSE-1993 分类及其作用

ICSE-1993 将就业状态划分为六个大类，各类定义及其基本边界分别是：

（1）雇员，从事付薪工作的劳动者。他们从雇主处获得基本收入，该收入与雇主的收入无关。

（2）雇主，从事自我雇佣工作，自己工作或雇佣一个及多个雇员为自己工作。

（3）自营工作者，从事自我雇佣工作，具体地，他们自己工作或与一个（或更多）合伙人共同工作，在参考期间，没有在持续基础上为其工作的雇员。雇员与自营工作者的区别很大程度上基于"是否在持续基础上从事雇员工作"的概念。这涉及雇员的定义，可以参考是否有稳定合同，其中"在持续基础上"是指就业期间应长于一国经济环境中所衡量的最短时间。

（4）生产合作社成员，在生产货物服务的协作机构中享受平等重大决策权的自我雇佣者。国际劳工组织没有给出此类别与"自营工作者"之间的区别。当前，很少国家专门统计生产合作社成员，其就业人数在各国呈降低趋势。

（5）家庭帮工，在与自己有关的、生活于同一家庭中所经营的企业里从事自我雇佣工作。这类就业状态与合伙人不同，区别在于对经营企业的职责不同，就工作时间或其他因素而言，他们与企业负责人不处于可比水平。经常有年轻人在与自己有关的但并不在同一家庭的人所经营的企业中免费工作，此时"生活在同一家庭中"这一条件可以忽略。

"家庭帮工"和"自营工作者"的边界可用不同方式表示。例如，在一些家族经营企业中，单个个体（通常是户主）可能被划分为"自营工作者"或者"雇主"，而其他对经营企业有相同义务的人，例如配偶或已成年子女则被划分为"家庭帮工"。在这个组别比较显著的国家，多数情况是女性比例高于男性。

（6）未分类劳动者，指没有足够的相关信息进行判断或者不能分入以上类别的员工。

以上类别中，第（2）到第（5）属于自我雇佣类别，（1）是付薪雇佣。"付薪雇佣"是指基于书面或口头雇佣合同给予基本收入的工作，这些收入并不依赖于其工作所在企业的收入，此类人的基本收入是工资或薪水，此外还有销售补贴、计件工资、红利或实物等。相反，"自我雇用"工作是指其收入与货物服务生产销售业绩直接相关的工作。

ICSE-1993 的具体作用体现在两个方面：一是提供就业状态的国际分类标准；二是提供进行国际可比的统计定义与基础。ICSE-1993 的核心是"按照个体与工作之间实际的或潜在的关系进行分类"，而"工作"类别的区分需依据劳动者与其他个体或组织的就业合同类别。划分组别的基本准则有两点：一是从业人员面临的经济风险的类型；二是个体与其工作之间的联系强度。

3. 数据搜集与报告

就业状态统计数据来自于多种渠道的收集，包括基于住户的劳动力调查、社会调查、人口普查或雇员调查。通过问卷中安排相应问题以及对不同类别进行提前编码，就可以区分不同回答者。由回答者直接提供信息的成本较低,但精确度常常不够好。解决这一问题的方法是将直接信息转换为一系列与分类有关的其他问题,根据回答者对这些问题的答案最终判定其所处的就业状态。

目前,国际劳工组织正在积极推动就业状态分类的再次修订,有劳动统计学专家提出,ICSE-1993中给出的六类划分已经不能反映一国从业人员的全部就业状态,其中对各就业状态边界的表述仍不够完善,还需基于国际比较目的补充更详细的分类。

(执笔人:王文静)

附:文件目录

1. 类别名称与概念基础
2. ICSE-1993 的分类
3. 各类定义
4. 对特殊组别的处理
5. 人员分类
6. 数据收集与国际报告

参考文献

58

国际职业标准分类

英文标题 International Standard Classification of Occupations
牵头组织 国际劳工组织
版本信息 2008年第4版，1988年第3版，1968年第2版，1958年第1版
文件链接 http://www.ilo.org/public/english/bureau/stat/isco
中文版 无

劳动力市场的全球化增进了对职业数据进行国际比较的需求，这种需求既体现在统计工作中也体现在管理工作中。《国际职业标准分类》通过提供统一的职业分类框架，为统计职业分类数据奠定了基础，从而方便了各国在就业方面的国际比较。《国际职业标准分类》目前有多个版本，最新版本为《国际职业标准分类》2008版（以下简称ISCO-2008）。ISCO-2008于2007年12月在关于劳工统计的三方专家会议上被采纳，随后于2008年3月获得主管部门批准，并正式发布。

ISCO-2008总共分为四个部分：第一部分是对分类原则、框架以及一些具体问题的阐释；第二部分以列表的形式，逐级展示了ISCO-2008的所有职业类别；第三部分对所有的职业逐一给出了定义；第四部分通过两个对比表，展示了ISCO-2008与ISCO-1988职业分类的不同。下面从职业分类框架的制定、对ISCO-1988的修订以及数据采集三个方面，对ISCO-2008作简要介绍。

1. 职业分类框架的制定

在设计制定职业分类框架时，ISCO-2008要以"工作"和"技能"这两个基本概念为基础。具体框架是：根据工作技能水平以及技能特点的不同，采用4位码的编码方式，将所有职业分为10个大类、43个中类、130个小类和436个基本类。在每一个基本类下面，还包括了若干个在技能水平和技能特点方面高度相似的职业。

2. 对ISCO-1988的修订

相比于ISCO-1988，ISCO-2008没有作根本性变动，但在一些职业分组上作了重要修订并给予详细说明，以反映最近二十年的职业发展变化。此外，从ISCO长期发展出发，ISCO-2008还新增了一些特殊问题及边缘职业的注释，以方便各国更清楚地界定一些容易混淆的职业。这些注释主要包括边缘职业、管理者与监管区别、农林牧渔的职业边界等。需要注意的是，由于各国情况不同，国际标准分类的出台并不是替代各国现存的职业分类，因此，ISCO-2008给出三种可供选择的方案：（1）直接采纳ISCO-2008；（2）依托ISCO-2008，对本国的分类进行修订；（3）把本国的职业统计数据转换成国际标准，匹配到ISCO-2008。这三种方案的最终目的都是要实现各国及地区之间职业统计

3. 数据采集

ISCO-2008 给出了三种提问方式用于采集数据。一是预先设置确定的职业，由被访者选择；二是设置一个开放式问题，由被访者描述职业相关信息；三是设置两个及以上的开放式问题。在开放式问题中，利用被访者回答的信息，由访员甄别其职业。对于开放式问题的具体提问方式，ISCO-2008 也列举了多个例子，以供选择。

（执笔人：景向）

附：文件目录

序言

第Ⅰ部分 简介和方法备注

1. ISCO-2008 的本质、目标与发展
   1.1 ISCO-2008 综述
   1.2 ISCO 的主要目标
   1.3 历史背景
   1.4 更新过程与结论
   1.5 更新工作的范围
   1.6 组别定义
   1.7 职位编码
2. 概念框架、设计、结构与 ISCO-2008 的内容
   2.1 内涵概念
   2.2 定义与四个技术等级
   2.3 四个技术等级的应用
   2.4 正规教育下的职业需求：因国家而异
   2.5 分类结构与编码机制
   2.6 主题回顾
   2.7 组的定义
3. 从 ISCO-1988 到 ISCO-2008 的主要变化
   3.1 变化及其原因总结
   3.2 职业管理与监管
   3.3 专家与技术职位
   3.4 办公室人员、销售与服务职业
   3.5 农业、林业与渔业中的职业
   3.6 手工、维修和机械操作业中的职业
   3.7 改善基础职业和非正规就业中主导性职业的识别
4. 特殊议题与边缘问题备注
   4.1 备注的目的
   4.2 影响职业广度的边界问题
   4.3 管理人、监管人和操作者
   4.4 不同技术等级的相关职业
   4.5 农业、林业和渔业职业组之间的边界
5. 按各国使用与国际比较需求改善 ISCO-2008
   5.1 各国采纳 ISCO-2008 的不同场景
   5.2 直接采纳 ISCO-2008
   5.3 基于 ISCO-2008 开发或修订本国分类
   5.4 匹配本国职业分类数据到 ISCO
   5.5 国家职业分类与 ISCO 的编码
6. 基于 ISCO-2008 的数据收集与编码
   6.1 编码需要的信息
   6.2 职业的问题类型
   6.3 测试与进一步开发的问题建议
   6.4 调查回答的分类编码
   6.5 模糊回答的编码

附录
 1. 第十七届国际劳工统计会议：决议Ⅲ. 关于未来国际职业标准分类相关工作的决议
 2. 关于更新国际职业标准分类的决议

参考文献

第Ⅱ部分 国际职业标准分类的结构（ISCO-2008）

大类
大类和中类
大类、中类和小类
大类、中类、小类和基本类

第Ⅲ部分 大类、中类、小类与基本类的定义

大类 1 管理人员
大类 2 专家

大类 3　技术员和助理
大类 4　办公室助理
大类 5　服务和零售人员
大类 6　有技术的农业、林业和渔业工人
大类 7　手工艺及相关贸易人员
大类 8　车间机器操作员及装配工

大类 9　初级职业
大类 0　武装部队人员

第Ⅳ部分　与 ISCO-1988 的对应表

对应表　从 ISCO-2008 到 ISCO-1988
对应表　从 ISCO-1988 到 ISCO-2008

59 就业质量测量手册

英文标题	Measuring Quality of Employment
牵头组织	联合国欧洲经济委员会
版本信息	2010 年第 1 版
文件链接	http：//www.unece.org/index.php？id=17495
中文版本	无

多年来有很多国际组织致力于就业质量的统计测量基础框架开发，大体形成三种思路：国际劳工组织对工作适宜性的测量；欧洲经济委员会对工作质量指标的测量；欧洲工作条件调查对就业质量的测量。2007 年，欧洲统计学家会议主持成立了一个研究就业质量测量的专家组，成员来自加拿大、法国、芬兰、匈牙利、以色列、意大利、波兰等国家，以及欧盟统计局、欧洲改善生活和工作条件基金会、国际劳工组织和联合国欧洲经济委员会等国际组织。经过三年的调查研究，专家组通过了《就业质量测量手册》（以下简称《手册》），提出了包含七个方面指标的概念框架，由此奠定了就业质量统计测量的基本结构，为各国就业质量统计方面的一致性和可比性提供了指导。以下简述《手册》的相关内容。

1. 如何理解就业质量

如何定义就业质量，应该用什么指标来评估这样一个概念，这两个问题都很难回答，从不同的角度看会得到不同的答案。欧洲改善生活和工作条件基金会确定了工作和就业质量的三个视角：社会、企业和个人。社会视角希望能有高质量的就业结构，进而带来更高的经济溢出。对于企业而言，高质量的就业意味着员工会高效率地完成工作。个人的看法则与企业有明显差异，如员工认为高工资具有吸引力，但雇主则希望用工成本越低越好。

《手册》对就业质量的定义主要基于员工个人角度，同时考虑了一些社会因素。由于工作同时会对个人和社会提供各种福利，并造成各种危害，不同的个体、不同的社会形态对工作的需求和期望不同，所以什么是"好的工作"并没有统一的标准。

这种视角在以下方面对概念框架产生了影响。第一，避免使用单一指标衡量就业质量，由此可以提高就业质量概念框架的综合性。第二，就业质量包含许多不同的内容，所以它需要用一组不同的综合指标来表征。对于一个员工来说，这些指标的变化可能是好消息，也可能是中性的甚至是消极的。因此，概念框架并不是简单地评价就业质量是好是坏，而是通过一系列指标反映就业质量的复杂性和整体状况。

2. 测量内容

为开发就业质量统计框架，《手册》认为应遵守以下主要原则：第一，对就业质量的测量应该是全面的，包括很多要素和维度。第二，为了使测量结果具有可比性，各国的测量方法需要进行一定的调整。第三，就业质量的测量应该有一个公开一致的逻辑结构和概念框架。第四，就业质量统计的数据是可得的，同时能满足国家统计机构的实际需要。第五，只要有可能，各国需要使用国际上通行的计算方法和概念定义。

在此基础上，《手册》建议从以下七个方面建立概念框架。

（1）就业安全与伦理。就业安全与伦理是就业质量测量的最基础内容。各国政府和企业应首先保障员工的工作安全，禁止强迫劳动或使用童工，消除工作中的歧视和不公平待遇。其中包含的要素有：第一，工作中的安全问题，不仅涉及那些最不安全的工作，实际上伤害或死亡的风险可能存在于所有类型的工作中。第二，消除童工，预防各种形式的使用童工行为。第三，所谓公平待遇问题，一是员工付出的劳动是否获得了公平的回报；二是付出同样劳动的员工是否得到了公平一致的回报。

（2）就业收入和福利，包括员工收入、工资以外的就业福利。员工得到的收入，明显是就业质量概念框架的组成部分。一般假设是，高工资和高经济效益的工作，其就业质量高；低工资和低经济效益的工作，就业质量低。收入的概念不仅包括雇主发放给员工的基础工资，更包括工资之外的其他福利，如医疗保险、休假、工资外奖励、应税津贴、股权激励、养老基金等。因为员工在选择工作时，这些福利都在他们的考虑范围内。

（3）工作时间和工作与非工作生活的平衡。工作时间与生活时间的平衡调节是就业质量的另一个重要方面。即使员工得到的工资和福利很高，但如果工作时间过长，则对员工仍然是比较苛刻的。《手册》认为，高质量的工作，其工作时间应该适中，既不影响员工的身体健康，也不影响员工的日常生活，毕竟健康和日常生活是高效率工作的基础。尤其是对待女性员工，企业要留给她们足够的时间照顾孩子和家庭。

（4）就业安全和社会保护。大部分工人都希望可以稳定地正规地就业。所谓稳定，是指不会经常地、无缘无故地被解聘，所以企业应给予员工足够的就业保障，尊重工会，不会随便解聘员工，并依法为员工缴纳失业保险。所谓社会保护，是指除了企业之外，社会政府部门给予员工的失业保障，例如，当员工被无理解聘之后，有社会政府部门帮助他向企业索要补偿。另外，养老保险缴纳、产妇的带薪休假等也是社会政府部门给予保障的内容。

（5）社会对话。社会对话，是工人自发成立的社会组织与企业雇主平等对话的权利。工会是员工依法成立的社会组织，代表员工的权益和意见，在一个高就业质量的社会中，工会可以与雇主和政府进行平等的对话。这种平等需要使用立法的形式来实现，《手册》在评价各国的社会就业质量时，应将是否有健全的相关法律纳入考察范围。

（6）技能开发和培训。技能开发和培训是同时有利于企业雇主和员工的考察内容。对于企业来讲，对员工的技能培训可以保证员工更有效率地工作，更能胜任企业岗位，为企业带来更多效益。对员工来讲，技能培训可以提升自身的工作能力和职业素养，即使员工以后离开了岗位，也能顺利找到其他相关的工作，在人才市场中具有足够的竞争力。

（7）工作位置关系及工作动机。职场人际关系是就业质量的另一个重要因素，它不仅可以提高工作满意度，更可以提高工作绩效。良好的职场人际关系，需要雇主友善地对待员工，避免颐指气使的态度，使员工能够感觉到尊重和理解。《手册》认为，当雇主与员工建立了朋友般的友谊，企业内的工作气氛会更和善团结，员工的工作动机会从单纯的赚钱向实现自身价值和企业价值转移。

3. 指标体系

《手册》就上述概念内容给出了一些推荐使用的表征指标，希望各国从中选择合适的指标评价本国就业质量，便于实现国际间的一致性和可比性。

关于就业安全与伦理，《手册》推荐的指标包括：致命职业伤害率、非致命工伤率、职业性疾病发病率、心理疾病发病率、工作岗位规定的最低年龄、平均工作时间、工作时间与生活时间的比例等。

关于就业收入和福利，《手册》推荐的指标包括：就业人口平均每周收入、有权享有年休假的雇员人数、每年员工休年假的平均天数、年内休过病假的员工比例、年内员工平均休病假的天数、加入医疗保险的员工比例等。

关于工作时间和工作与非工作生活的平衡，《手册》推荐的指标包括：每人每周工作的平均实际时间、工作时间比例、每人每周的平均加班时间、夜班工作员工比例、夜班加班时间比例等。

关于就业安全和社会保护，《手册》推荐的指标包括：员工中临时工比例、失业保险覆盖比例、社会保障支出占国内生产总值的比重、经济活动人口对养老基金的贡献等。

关于社会对话，《手册》推荐的指标包括：集体工资谈判中所涉及的员工份额、属于雇主组织的企业份额等。

关于技能开发和培训，《手册》推荐的指标包括：在过去 12 个月内接受在职培训的员工的比例、曾接受在职培训的员工的比例等。

关于工作位置关系及工作动机，《手册》推荐的指标包括：认为自己在工作中受到歧视的工人的比例、能选择工作或工作方法的工人的比例等。

（执笔人：王鹏）

附：文件目录

前言
致谢
概述
1. 就业质量统计测量
   1.1 抽样框的设计
   1.2 就业质量的统计范围
   1.3 从影响因素到指标
   1.4 怎样使用抽样框
2. 加拿大试点报告
   2.1 就业安全与伦理
   2.2 就业收入和福利
   2.3 工作时间和工作与非工作生活的平衡
   2.4 就业安全和社会保护
   2.5 社会对话
   2.6 技能开发和培训
   2.7 工作关系及工作动机
3. 加拿大移民劳动力市场
   3.1 加拿大移民就业质量统计
   3.2 就业安全与伦理
   3.3 就业收入和福利
   3.4 工作时间和工作与非工作生活的平衡
   3.5 就业安全和社会保护
   3.6 社会对话
   3.7 技能开发和培训
   3.8 工作关系及工作动机
4. 芬兰试点调查
   4.1 就业安全与伦理
   4.2 就业收入和福利
   4.3 工作时间和工作与非工作生活的平衡
   4.4 就业安全和社会保护
   4.5 社会对话
   4.6 技能开发和培训
   4.7 工作关系及工作动机
5. 法国试点调查
   5.1 就业安全与伦理
   5.2 就业收入和福利

5.3 工作时间和工作与非工作生活的平衡
5.4 就业安全和社会保护
5.5 社会对话
5.6 技能开发和培训
5.7 工作关系及工作动机

6. 德国试点调查
6.1 就业安全与伦理
6.2 就业收入和福利
6.3 工作时间和工作与非工作生活的平衡
6.4 就业安全和社会保护
6.5 社会对话
6.6 技能开发和培训
6.7 工作关系及工作动机

7. 以色列试点调查
7.1 就业安全与伦理
7.2 就业收入和福利
7.3 工作时间和工作与非工作生活的平衡
7.4 就业安全和社会保护
7.5 社会对话
7.6 技能开发和培训
7.7 工作关系及工作动机

8. 意大利试点调查
8.1 就业安全与伦理
8.2 就业收入和福利
8.3 工作时间和工作与非工作生活的平衡
8.4 就业安全和社会保护
8.5 社会对话
8.6 技能开发和培训
8.7 工作关系及工作动机

9. 墨西哥试点调查
9.1 就业安全与伦理
9.2 就业收入和福利
9.3 工作时间和工作与非工作生活的平衡
9.4 就业安全和社会保护
9.5 社会对话
9.6 技能开发和培训
9.7 工作关系及工作动机

10. 摩尔多瓦共和国试点调查
10.1 就业安全与伦理
10.2 就业收入和福利
10.3 工作时间和工作与非工作生活的平衡
10.4 就业安全和社会保护
10.5 社会对话
10.6 技能开发和培训
10.7 工作关系及工作动机

11. 乌克兰试点调查
11.1 就业安全与伦理
11.2 就业收入和福利
11.3 工作时间和工作与非工作生活的平衡
11.4 就业安全和社会保护
11.5 社会对话
11.6 技能开发和培训
11.7 工作关系及工作动机

博士学位持有者职业调查手册

英文标题	Mapping Careers and Mobility of Doctorate Holders: Draft Guidelines, Model Questionnaire and Indicators
牵头组织	经济合作与发展组织
版本信息	2012 年第 3 版，2010 年第 2 版，2007 年第 1 版
文件链接	http://dx.doi.org/10.1787/5k4dnq2h4n5c-en
中文版	无

人力资本是知识经济时代的核心资本要素，博士学位持有者属高端人才，是科学研究和创造发明的主体，其职业发展状况和生存状况体现了一国对智力资源的重视程度和应用能力，也折射了一国科学研究从业人员的整体状况，为此应当在全球范围内建立广泛可比的统计基础。

OECD 在"科学技术人力资本调查活动"统计框架下设计和开展了针对博士学位持有者的调查活动。2004 年，OECD 和联合国教科文组织合作实施旨在构建具有国际可比性的统计指标体系，描绘博士学位持有者的流动性、职业生涯轨迹和劳动力市场的调研项目，随后展开了广泛的讨论和调查工作，在统计调查、数据采集和数据汇总等方面逐渐形成一致意见。基于 2007 年和 2010 年的最初版本，OECD 已经完成两轮较大规模的数据调查，并在 2012 年推出《博士学位持有者职业调查手册》的第 3 版（以下简称《手册》）。相较于此前版本，新一版对指标定义和数据来源作了适当调整，提出一些统计调查的新方法，并用超过 1/3 篇幅给出了推荐的调查问卷样卷。

1. 调查的意义与目的

博士学位持有者受教育程度最高，是科学研究工作的主要从业者和领导者，也经常被认为是创新扩散和知识经济发展的关键环节。针对博士学位持有者进行统计调查，有助于了解科学技术人力资本的现状，有助于把握各国的科研开发潜在能力。考虑到一些发展中国家博士学位持有者相对较少，科研主力是硕士学位或更低学位持有者，《手册》也适当扩大了调查范围，将科技工作中起主要作用、有高级职称的科研工作者也纳入统计范围。由此可以说，所谓博士学位持有者调查，其最终目的是对一国或地区研发（R&D）和科学研究状况的考察。

对博士学位持有者的调查主要关注以下四个方面的问题。一是博士学位持有者在知识经济和创新中所扮演的角色，即是否在科研领域工作，具体在哪个领域工作。二是这一高端劳动力市场的供需平衡状况，即现有的博士学位持有者是否能满足需求，劳动力市场中是否存在供给和需求不匹配问题，什么因素在影响该市场的供需平衡。三是教育与学习的持续性，如从博士毕业到实现就业的时间，博士后生涯的时间，实际工作与博士学位的相关性等。四是职位的流动性，包括研究领域间的流动，研究和非研究岗位的流动，国际间的流动，以及对母国的贡献等。

2. 调查的基本要素

（1）目标人群。考虑到教育资源全球分布的不均衡性，需在国际可比的前提下设定博士学位持有者职业调查的目标人群，为此《手册》定义了该目标人群的基本特征为：一是拥有被国际承认的某国家的博士学位；二是在实施调查的国家中居住（永久居住或非永久居住）；三是虽然不拥有博士学位，但拥有某国家的科研高级职称；四是年龄在70岁以下（不包括70岁）。图1展示了以调查国X国为核心的目标人群认定。基于以上特征定义并使用同样的调查周期，即可避免不同国家开展调查工作时可能出现的对象重叠现象。

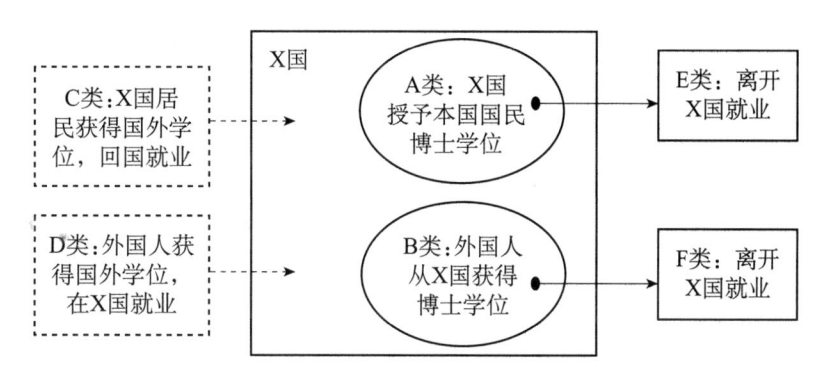

图 1　目标人群的划分

资料来源：Mapping Careers and Mobility of Doctorate Holders：Draft Guidelines，Model Questionnaire and Indicators，2012 年第 3 版。

（2）基础分类。参照目标群体的确定原则，博士学位持有者的基础分类主要考虑其国籍国、所在国和学位取得国的差异，按照居住地和博士学位授予地进行划分。在图1定义的框架下，共包括六个类别，以调查开展的地点为基准，前面四类属于调查时仍在调查国家（X）的目标人群，后面两类则属于与X国有关但观察个体已离开的非X国目标人群。即：A类-X国公民，博士学位由X国授予；B类-他国公民，博士学位由X国授予；C类-X国公民，博士学位由他国授予；D类-他国公民，博士学位由他国授予；E类-X国公民，博士学位由X国授予，但已经离开了X国；F类-他国公民，博士学位由X国授予，但已经离开了X国。

（3）调查时点与周期。《手册》发布时推荐的当期调查时点是2012年12月1日，特殊情况下可以采用10月1日至12月31日之间的其他基准时间，但越接近12月1日越好。同时，为了实现时间序列数据和国际可比，建议随后的调查周期为每1年调查一次。

（4）抽样框。获得博士学位（或高级职称）者一般都保留有质量较高的行政记录，这是构建抽样框的信息基础。期间为了防止数据信息的模糊不可辨识，或一些重叠问题，需要对原始信息进行调整和补救，通过一些基本变量来区分被观察个体，如姓名、学位授予年份、出生日期等。可以作为数据来源的国家登记系统和以往调查结果包括：国家教育注册系统；各高等学府的学生注册信息；过去对博士生进行的调查；国际和国家资助机构；国家图书馆；校友组织；人口和住房普查；外国公民中央登记；R&D统计；就业/商业登记；其他社会经济调查。

3. 调查方法与数据处理

（1）调查方法。行政记录数据源之外，需要补充一手数据以丰富和提升数据质量。《手册》推荐了三种调查方法：毕业调查、纵向跟踪调查和横截面回顾调查。这三种调查相互补充，单独使用一种调查可能很难全面覆盖目标人群，因此，各国要依据自身国情配合使用其中两种或者三种调查方法，以获取最为全面的一手数据。其中,毕业调查是在博士生毕业时进行的调查。这种调查适合收集博士在学习期间的相关数据,包括学习时间、毕业年龄、研读课程、参与的科学研究等。纵向跟踪调查在收集博士生职业生涯的数据上有优势,通过跟踪调查期内的样本博士生的工作经历,了解他们的科研工作状态。横截面调查是定时对某年毕业的博士生进行的截面抽样调查,从一个截面上了解同一个阶段的博士学位持有者的就业情况和科研情况。

(2)数据采集方法。在进行数据采集时,要考虑到不同国家的具体国情,使用具备现实可行性的方法,很多时候要综合使用几种不同方法,《手册》推荐的方法包括邮寄问卷和互联网调查、电话访谈和个人访谈等。其中邮寄问卷调查是最常用的,优点是费用相对便宜,但应答率可能会比较低,需要与其他方法相配合。计算机辅助电话调查(CATI)和个人访谈技术在数据采集方面有显著作用,应答率高但价格昂贵。《手册》也认识到互联网调查已逐渐成为主要的调查方式,尽管难以保证应答率,但十分方便廉价,且能够快速找到目标人群。

(3)数据的汇总与处理。为了实现汇总数据的一致性和国际可比性,《手册》给出了41张定式汇总表格,表1是对各表格内容的分类和描述。

表1　　　　　　　　　　　　　博士学位持有者职业调查表分类特征

类别	表格编码	表格内容
个人特征	P1-8	年龄、性别、居住国家和出生国家等数据信息
教育特征	ED1-6	受教育国、学位授予国、博士学位领域和完成博士学位的资金来源;获得博士学位的年龄、攻读博士学位所用时间等信息
劳动力状况与就业特点	EMP1-10 PERC1-2	就业状况(就业合同类型、工作时间等)、所在研究机构、研究部门、平均年收入、年收入的中位数、就业流动性和工作能力等
国际流动性	IMOB1-4 OMOB1-2	曾居住地、转移居住地的理由、返回祖国的频率和路程距离、迁出国家的意图和理由等
科学产出	OUTP1-2	过去三年中的科研产出总数,包括文章、书籍、专利、创业公司和商业化专利等

(4)数据报送。参与该项调查的各个成员国应将数据和元数据按要求传输给OECD和联合国教科文组织。元数据应至少包括以下信息:数据来源、指标定义、指标口径、单位等。《手册》要求,在数据报送阶段,相关数据和元数据都是保密的,不能对外公布。OECD在收到数据后,首先会对各国数据进行一致性检查,对不符合一致性要求的数据,退回各国进行修改调整。而后再进行质量检查,通过一系列数据质量标准考察各国数据的质量情况,对未通过质量检查的国家,会限期要求相关负责人重新报送数据。

除上述内容之外,《手册》还利用较大篇幅给出了调查问卷的样卷,以及问卷中所涉关键概念如雇员/自雇、全职/兼职等的详细定义。

(以上内容曾以"话说《博士学位持有者职业调查手册》"为题,
刊于《中国统计》2016年第7期,作者:王鹏)

附:文件目录

前言
致谢
1. 引言
2. 博士学位统计的目的
　　2.1　为什么要对博士学位持有者做统计
　　2.2　数据使用者的需求
　　2.3　数据生产方法
　　2.4　数据公布与国际传播
3. 目标总体
　　3.1　引言

3.2 目标总体的定义
3.3 基准年
3.4 基准日
3.5 基准时间段
3.6 年龄范围
3.7 活跃和不活跃的博士学位持有者
3.8 目标总体的结构
3.9 最近的博士学位调查
4. 调查方法
4.1 国家层面的数据采集
4.2 抽样框的设计
4.3 调查方式
4.4 分层抽样
4.5 分配与抽样
5. 数据搜集与整理
5.1 数据采集与处理
5.2 调查问卷设计
5.3 数据值的编码
5.4 数据编辑
6. 数据质量控制
6.1 响应率
6.2 未响应单位和未响应调查
6.3 责任划分
6.4 加权和校准
6.5 覆盖面之外
6.6 覆盖面之内
7. 数据发布
7.1 需要发布的数据
7.2 发布工具
7.3 截止日期

附录

附录 A 可能的数据来源
附录 B 不同统计方法的细节描述

61 劳动力市场政策统计方法

英文标题	Labor Market Policy Statistics：Methodology 2013
牵头组织	欧盟统计局
版本信息	2013 年第 1 版
文件链接	http://ec.europa.eu/eurostat/web/products-manuals-and-guidelines/-/KS-GQ-13-002
中文版	无

附：文件目录

引言
1. 范围和关键定义
   1.1 范围
   1.2 干预类型
   1.3 目标群体
   1.4 劳动力市场政策数据库之外的干预例子
2. 统计单元与范围
   2.1 统计单元
   2.2 地理范围
   2.3 度量期间
3. 干预分类
   3.1 劳动力市场政策服务
   3.2 劳动力市场政策度量
   3.3 劳动力市场政策支持
   3.4 混合干预
   3.5 记录干预的分类
4. 支出
   4.1 支出的收集
   4.2 支出分组
   4.3 支出的元数据
   4.4 支出数据完善指南
5. 参与者
   5.1 参与者变量
   5.2 参与者分组
   5.3 参与者的元数据
   5.4 参与者数据完善及解释指南
   5.5 参与者的平均持续时间
6. 量化数据
   6.1 干预的识别
   6.2 干预的描述
   6.3 目标群体
   6.4 其他量化事项
7. 参考数据
   7.1 劳动力市场政策参考数据分类
   7.2 数据规范
附录

62

时间利用统计数据生产指南：测量有酬和无酬劳动

英文标题	Guide to Producing Statistics on Time Use：Measuring Paid and Unpaid Work
牵头组织	联合国统计司
版本信息	2005年第1版
文件链接	http：//unstats.un.org/unsd/pubs/gesgrid.asp? id＝347
中文版	http：//unstats.un.org/unsd/pubs/gesgrid.asp? id＝347

附：文件目录

序
引言
1. 时间利用统计的计划与组织
    1.1 时间利用统计的理论基础
    1.2 时间利用数据收集计划
2. 时间利用调查的主要设计规范
    2.1 时间利用数据的范围
    2.2 收集时间利用数据的调查工具
    2.3 收集时间利用数据的调查框架
    2.4 时间利用调查样本设计
3. 收集与处理时间利用数据
    3.1 时间使用调查的详细过程
    3.2 时间利用调查数据的处理
    3.3 时间利用调查的赋权与估计
    3.4 调查产出的准备
4. 时间利用数据的评审与传播
    4.1 时间利用数据的质量评审
    4.2 时间利用数据的传播
5. 时间利用统计的活动分类
    5.1 所推荐的时间利用统计活动的国际分类
附录
词汇列表
参考文献

63 度量非正规现象：非正规部门和非正规就业统计指南

英文标题	Measuring Informality：A statistical Manual on the Informal Sector and Informal Employment
牵头组织	国际劳工组织
版本信息	2013 年第 1 版
文件链接	http：//www.ilo.org/global/publications/ilo-bookstore/order-online/books/WCMS_222979/lang—en/index.htm
中文版	无

附：文件目录

导言
缩略语
1. 引言
　1.1　手册的目的
　1.2　非正规部门和非正规就业的重要性
　1.3　相关国际统计标准
　1.4　度量目标
　1.5　数据收集过程
　1.6　确认主要使用者的数据需求
　1.7　内容
2. 非正规部门和非正规就业的概念、定义与分类
　2.1　引言
　2.2　非正规部门
　2.3　非正规就业
　2.4　"非正规经济"作为统计术语的弊端
　2.5　生产单位和机构部门
　2.6　非正规部门、非正规就业和未观测经济间的关系
　2.7　子分类
3. 度量目标和数据收集方法
　3.1　引言
　3.2　数据需求
　3.3　统计单位
　3.4　住户调查
　3.5　调查和普查设计
　3.6　住户和企业的混合调查
　3.7　间接估计方法
　3.8　总结
4. 非正规部门的住户调查和其他非正规就业类型
　4.1　引言
　4.2　问卷设计
　4.3　工作类型为农业的处理方法
　4.4　第二职业
　4.5　数据处理
　4.6　其他与调查设计相关的问题
　4.7　调查目标和实施过程
5. 设计调查和普查
　5.1　引言
　5.2　普查设计
　5.3　调查设计

5.4　计划和设计
　　5.5　世界各国的普查和调查设计
6. 混合调查
　　6.1　引言
　　6.2　非正规部门的混合调查
　　6.3　独立的非正规部门混合调查
　　6.4　住户和机构框架编制方法
　　6.5　计划和设计
　　6.6　世界各国的混合调查
7. 表格、发布和传播
　　7.1　引言
　　7.2　数据收集项目
　　7.3　选择派生变量和指标
　　7.4　表格
　　7.5　元数据
　　7.6　传播报告
　　7.7　基于计算机的产品
　　7.8　宣传推广
8. 国民账户体系中非正规部门和非正规就业的统计应用
　　8.1　引言
　　8.2　SNA-2008的非正规部门和非正规就业
　　8.3　国民账户中非正规部门的统计
　　8.4　非正规部门调查方法用于国民账户估计
参考文献
附录

64

妇女参与非正规部门的测算方法

英文标题	Methods of Measuring Women's Participation in the Informal Sector
牵头组织	联合国统计司
版本信息	1990 年第 1 版
文件链接	http：//unstats.un.org/unsd/pubs/gesgrid.asp？id＝39
中文版	http：//unstats.un.org/unsd/pubs/gesgrid.asp？id＝39

附：文件目录

前言

第一部分 妇女和非正规部门统计概念与方法开发

1. 导言
2. 概念和定义
    2.1 非正式经济活动的范围和给非正规部门下定义的建议
    2.2 归属于 1968 年国民账户体系范围的非正规经济活动
    2.3 非正规部门的生产
    2.4 国民账户体系以外的非货币生产
3. 数据来源
    3.1 人口普查
    3.2 经济普查和调查
    3.3 住户抽样调查
    3.4 价格统计
    3.5 行政记录
    3.6 其他来源
    3.7 未来展望
4. 妇女对非正规部门发展所作贡献的计算方法
    4.1 乡村地区
    4.2 城市地区
    4.3 SNA-1968 概念以外、属于其扩展的概念范围

第二部分 收集和汇编时间使用情况统计资料以计量妇女参与非正规部门活动情况

5. 发展中国家的国民调查
    5.1 发展中国家时间利用情况调查及应用中的问题
    5.2 对非正规部门工时的计量
6. 发达国家的国民调查
    6.1 属于 SNA 生产范围的非正规经济活动
    6.2 在 SNA 以外的非货币生产
   附录
7. 13 个国家时间利用情况调查
8. 说明性活动分类
    8.1 尼泊尔
    8.2 挪威

第三部分 收集关于妇女参与非正规部门活动情况的统计资料：拉丁美洲使用的方法

9. 导言及主要结论
10. 妇女劳动的突出特征
    10.1 按性别所作分工
    10.2 劳动力队伍中的妇女
11. 妇女在非正规部门中从事工作：识别的难度
    11.1 非正规部门的概念和定义
    11.2 妇女参与非正规部门活动的评估

11.3 妇女参与非正规部门活动的不同范畴——可识别的和难以识别的
12. 使用普查和调查方法测量非正规部门
    12.1 人口普查
    12.2 住户调查及为分析妇女参与非正规部门活动情况而设置的家庭变量和表格
13. 利用住户调查所得资料计量妇女在非正规部门中的作用的建议
    13.1 妇女在非正规部门中的作用特征及其计量方法
    13.2 根据该地区住户调查经验所提出的具体建议
    13.3 家庭调查中计量收入所遇到的困难

第四部分　对妇女经济状况的计量：可供选择的方法

14. 导言

15. 对经济活动的计量
    15.1 劳动力统计
    15.2 时间利用情况统计
    15.3 评论
16. 对经济福利的计量
    16.1 工资
    16.2 个人收入
    16.3 家庭收入和消费
    16.4 评论
17. 各种方法的比较
    17.1 经济活动指标
    17.2 福利指标
    17.3 直接和间接计量
    17.4 结论摘要

表目录

65 基于住户和机构调查的职业伤害统计：ILO 方法指南

英文标题	Occupational Injuries Statistics from Household Surveys and Establishment Surveys: An ILO Manual on Methods
牵头组织	国际劳工组织
版本信息	2008 年第 1 版
文件链接	http://www.ilo.org/global/publications/ilo-bookstore/order-online/books/WCMS_090996/lang—en/index.htm
中文版	无

附：文件目录

导言
致谢
缩略语
1. 引言
　　1.1　体面劳动必须是安全的工作
　　1.2　数据需求
　　1.3　指南的目的
　　1.4　指南的范围和内容
　　1.5　国际统计
2. 国际指南
　　2.1　ILO 的公约和建议
　　2.2　统计决议
　　2.3　ILO 项目
3. 概念和定义
　　3.1　职业伤害的统计框架
　　3.2　主要项目的定义
4. 覆盖范围
　　4.1　职业伤害与事故
　　4.2　工人
5. 数据类型与测量
　　5.1　数据类型
6. 指标
　　6.1　共同特性
　　6.2　指标的计算
　　6.3　各指标间的概念框架
　　6.4　更具实用性的框架
7. 影响数据收集方法选择的因素
　　7.1　通知和调查系统
　　7.2　基准调查
　　7.3　"重"或"轻"调查
　　7.4　工人和工作小时数的数据可得性
　　7.5　无法收集到详细工作信息怎么办
　　7.6　其他问题
8. 住户调查
　　8.1　住户调查设计
　　8.2　住户调查实施

8.3 附录 8.1 住户调查问卷模板
9. 机构调查
   9.1 机构调查设计
   9.2 机构调查实施
   9.3 附录 9.1 机构调查问卷模板
10. 数据处理和分析
   10.1 数据编辑
   10.2 表格
   10.3 调查数据的权重
   10.4 附录 10.1 职业伤害调查表
   10.5 附录 10.2 职业伤害调查结果列表

后记

附录

四、住户

66

住户调查手册

英文标题	Handbook of Household Surveys
牵头组织	联合国统计司
版本信息	1984 年第 2 版，1964 年第 1 版
文件链接	http：//unstats.un.org/unsd/pubs/gesgrid.asp? id=22
中文版	无

住户调查数据是经济社会研究中不可或缺的重要资源，对政策制定尤为重要。面对经济社会发展，住户调查要时刻面对新的机遇和挑战。联合国统计司早在 1964 年即发布了第 1 版《住户调查手册》（以下简称《手册》），并于 1984 年进行再版修订，其编写目的是协助各成员国规划和实施家庭调查，更好地搜集数据，并向此类调查的管理和协调提供技术支持。

《手册》可分为三个相对独立的部分，分别介绍如何调查，调查什么，以及国别层面的实践经验。

第一部分从操作层面介绍了调查实施的基本流程，包括前期的组织计划和准备工作的开展，数据搜集过程，以及后期对数据的处理、评估和使用，其中特别强调数据质量报告的重要性。此部分与一般经济社会调查项目的具体操作基本相同，如强调抽样设计、问卷设计、访员培训等内容，同时又指出地理分类系统在调查中的特殊作用。

第二部分分类列出统计意义上所关心的住户特征，分章节讨论其具体调查内容，涵盖了基本人口特征、收入、消费、就业、营养与健康、教育、文化等领域。其中，基本人口特征包括年龄与性别、出生与死亡、人口增长与移徙等；收入和消费关注收入的来源和如何持续调查问题；就业方面关注不同形态的就业状态、就业人口特征等；针对与饮食卫生有关的食品、农业和健康问题，分别针对特定问题讨论了调查的特殊性和组织方式；教育文化方面则关注教育分类与实施效果、时间分配与文化消费状况等问题。

第三部分是国别经验，分别选取各大洲有代表性的住户调查项目，介绍项目实施的组织过程、质量控制、分类与数据搜集、后期处理以及各类各具特色的具体问题。各地区都要面对统计能力和地域特色的不同影响，通过对比分析可有助于发现问题，提升区域住户调查水平。

总之，《手册》从流程、技术、案例不同层面对住户调查作了全面介绍和概括，并提供了具体操作指南，可为各国和地区开展住户调查提供技术支持。

（执笔人：留杰）

附：文件目录

引言

第一部分　调查计划与操作概述

1. 住户调查在国家统计服务中的作用
2. 调查活动的组织
3. 调查计划
4. 调查准备
5. 数据收集
6. 数据处理
7. 调查结果的评估、传播、分析与保存
8. 数据质量评估

第二部分　调查内容、设计与执行

9. 人口特征与主题
10. 收入、消费与支出
11. 就业与工作
12. 食品消费与营养
13. 农业
14. 健康
15. 教育与扫盲
16. 文化

第三部分　区域调查经验中的部分议题

17. 欧洲经济委员会的调查经验
18. 亚洲与太平洋经济委员会的调查经验
19. 拉丁美洲经济委员会的调查经验
20. 非洲国家的调查项目
21. 西亚经济委员会的调查经验

住户调查抽样设计：实用准则

英文标题	Designing Household Survey Samples：Practical Guidelines
牵头组织	联合国统计司
版本信息	2008 年第 1 版
文件链接	http：//unstats.un.org/unsd/pubs/gesgrid.asp?id=398
中文版	http：//unstats.un.org/unsd/pubs/gesgrid.asp?id=398

《住户调查抽样设计：实用准则》（以下简称《准则》）的主要目的是为住户调查提供一部技术手册，对抽样技术的各个环节进行标准化，指导成员国在此方面开展实施应用。《准则》围绕抽样技术与方法本身展开，讨论住户调查各个环节中抽样技术的核心概念、方法与实施问题。

《准则》共 9 章，按照抽样调查的一般流程，分章讨论了住户调查中抽样设计的具体操作准则。除背景介绍外，第 3 章概述抽样调查的实施策略与方法，分别介绍各类概率和非概率抽样的适用性问题，讨论如何用多阶段抽样覆盖稀疏的被调查对象，以及如何通过抽样估计人口变化趋势。第 4~6 章讨论抽样操作过程中各个步骤的技术和流程问题，包括对抽样框的确定，样本的选取与评估，以及非等权的样本权重赋值等。第 7~8 章讨论抽样误差问题，包括抽样误差的来源、计算与控制，以及非抽样误差的来源和全面评估。前者强调误差的计算和总体参数的估计问题，因而涉及一些统计软件的运用；后者虽不可避免，但尽量通过标准化流程予以控制，并便于评估。第 9 章讨论数据的初步处理过程，但并不涉及数据的应用与开发问题。附录则类似于教科书，给出了各主要抽样方式的基本理论与总体估计方法。

《准则》以住户调查为主题，基于抽样技术的基础知识，按照抽样各个环节顺次介绍了在政府统计中如何实际实施抽样方法采集样本、获取数据，进行抽样误差和非抽样误差的估计与控制。应该说，这是一部工具书式的住户调查抽样操作手册。

（执笔人：留杰）

附：文件目录

序言
1. 社会及人口统计资料来源
    1.1 导言
    1.2 资料来源
2. 调查计划与执行
    2.1 调查计划
    2.2 调查的执行
3. 抽样策略
    3.1 导言
    3.2 住户调查中概率抽样法与其他抽样法的比较
    3.3 确定住户调查的样本规模

- 3.4 分层
- 3.5 整群抽样
- 3.6 分阶段抽样
- 3.7 与规模成正比的概率抽样和与估计规模成正比的概率抽样
- 3.8 抽样选项
- 3.9 特别话题：两阶段样本和趋势抽样
- 3.10 当实施工作出毛病的时候
- 3.11 准则概要

4. 抽样框和主样本
- 4.1 住户调查中的抽样框
- 4.2 主抽样框
- 4.3 准则概要

5. 样本设计的文件编制与评价工作
- 5.1 导言
- 5.2 样本文件编制与评价工作的必要性和类别
- 5.3 设计变量的标号
- 5.4 选择概率
- 5.5 各个选样阶段的反应率和覆盖率
- 5.6 加权：基权数、不答复和其他调整
- 5.7 关于抽样和调查实施成本的信息
- 5.8 评估：调查数据的缺陷
- 5.9 准则概要

6. 样本权数的构建与使用
- 6.1 导言
- 6.2 抽样权数的必要性
- 6.3 抽样权数的开发
- 6.4 不均等选择概率的加权
- 6.5 针对不答复的样本权数调整
- 6.6 针对未覆盖问题的样本权数调整
- 6.7 加权导致抽样方差的增加
- 6.8 权数的修整
- 6.9 结论意见

7. 调查数据抽样误差的估算
- 7.1 导言
- 7.2 简单随机抽样项下的抽样方差
- 7.3 抽样误差的其他量度
- 7.4 计算其他标准设计的抽样方差
- 7.5 住户调查样本设计和数据的共同特征
- 7.6 抽样误差信息的表述准则
- 7.7 住户调查中估计方差的方法
- 7.8 在使用标准统计软件包分析住户调查数据方面易犯的错误
- 7.9 抽样误差估算用的计算机软件
- 7.10 各种软件包的一般比较
- 7.11 结论意见

8. 住户调查的非抽样误差
- 8.1 导言
- 8.2 偏差和变动误差
- 8.3 非抽样误差来源
- 8.4 非抽样误差的各种分量
- 8.5 非抽样误差的评估
- 8.6 结论意见

9. 住户调查的数据处理
- 9.1 导言
- 9.2 住户调查流程
- 9.3 调查策划和数据处理系统
- 9.4 调查工作和数据处理

附录

68

住户收支统计

> **英文标题** Household Income and Expenditure Statistics
> **牵头组织** 国际劳工组织
> **版本信息** 2003年第1版
> **文件链接** http://www.ilo.org/wcmsp5/groups/public/—dgreports/—stat/documents/meetingdocument/wcms_087588.pdf
> **中文版** 无

有关住户家庭收支及资产统计，各国一般都是通过住户收支调查获得。通过住户收支调查，可以为以下方面的应用提供数据：编制消费价格指数（CPI）；评价居民生活状况；为国民核算提供基础信息；评价政府相关政策效果；研究消费者需求等。目前，有关住户收支调查的通用国际规范是2003年由国际劳工组织出版的，即基于第17届国际劳工统计学家会议内容总结的《住户收支统计》。以下对此手册作简要介绍。

1. 住户家庭收入

住户收入包含多种所得。判别何种所得能够作为住户家庭收入，有以下三条准则：（1）该所得必须是定期发生的；（2）所得对当期的生活水平有所贡献；（3）因资产净值减少而产生的所得应该排除在收入概念之外。

基于以上准则，《住户收支统计》根据收入的来源将家庭收入分为以下五类。（1）工资收入。所有因受雇于他人的所得均应纳入工资收入，其中包括工资和薪金、现金奖励、佣金和实物消费、董事的"薪酬"、利润分红，以及非工作时间的酬劳、临时雇佣的报酬等。所得可以是现金，也可以是实物和服务等形式。（2）个体经营收入。特指经营非法人公司所得的收入。（3）财产收入。即通过让渡金融或非金融资产使用权给他人所得到的收入，包括利息收入、股息、出租非生产资产（如土地、水资源等）的租金、出租生产资产（如版权等）的租金。（4）自给性生产的收入。（5）转移收入，即无偿获得的收入，包括现金、商品和劳务，住户领取的养老保险金、保险红利、从信托基金定期获得的收入、享受政府提供的教育医疗等服务，以及从其他住户处获得的收入都包含其中。

除上述之外的收入被称为住户家庭收入之外的所得，包括赌博所得、非人寿保险索赔、一次性退休金、人寿保险索赔、意外收入等。在调查中必须要将这些所得明确排除在住户家庭收入之外。这些所得会和家庭收入一起成为住户家庭支出的基础，也有可能形成家庭的资产，从而影响下一期的家庭支出。之所以将这些所得排除在收入之外，是因为其发生的无规律性和不可重复性，不符合判别收入的第1条准则。

以下几个有关收入所得的关系式经常在分析中用到：

(1) 雇员收入＝工资收入＋个体经营收入；

(2) 生产性收入＝雇员收入＋自给性生产收入；

(3) 初次分配收入＝生产性收入＋财产收入；

(4) 总收入＝初次分配收入＋转移收入；

(5) 可支配收入＝总收入－强制性费用和罚款。

其中，可支配收入是核心指标，大体相当于住户能用于消费的最大数额，故而在许多国家住户家庭收支调查中被作为衡量家庭收入的指标。

2. 住户家庭消费支出

家庭消费支出是指为满足家庭成员自身需要而消耗的货物服务的价值。消费支出包括从市场中直接用货币购买的货物与服务，也包括通过以货易货方式获得的货物与服务，以及家庭自产自用的货物与服务。按照消费支出的去向，《住户收支统计》将家庭消费支出分为以下五类：第一类是来自市场的商品，其中包括非耐用品和耐用品，以购买价值衡量；若是实物收入或是以货易货方式得到的，则要虚拟估计其价值。第二类是自产货物，来自住户自己生产，内涵与来自市场的货物相同，但需要虚拟估计其价值。第三类是来自市场的服务，包括金融服务费用、利息支出、保险费、住宅装修等。有一些国家将赌博支出也纳入其中，但赌博支出的归属一直存在很大争议。第四类是自产服务，包括自住房屋服务、耐用品服务和未支付的家庭劳动服务。第五类是各种其他支出，原则上，一些非法的、不受欢迎的、奢侈性的货物与服务支出都应该包括在家庭消费支出中，但是这些数据常常难以获取。

目前，国际通用的家庭消费支出分类由《个人消费目的分类》（COICOP）提供。其中，按照消费目的将支出分为以下 12 个类别：食品和非酒精饮料，酒精饮料、烟草和麻醉剂，衣物和鞋，住房、水、电、气和其他燃料，家具、家用电器和住房日常维护，医疗，交通，通信，文化娱乐，教育，在外就餐与住宿，其他货物与服务。这种分类方法被广泛用于各国住户收支统计中，一是因为其对家庭支出进行了非常详细的划分，二是在收集数据时这样分类的支出更易于受访者进行回忆或是记账。除了消费性支出之外，家庭支出中还包括一些非消费支出，即不是为满足家庭成员需求的支出，如税费等。这部分支出虽然不能满足家庭成员需要，但反映了居民与政府之间的收入分配关系，会影响家庭可支配收入，进而限制家庭成员的消费支出，因此，对于研究政府政策和居民福利也有重要意义。此外，所有营业性支出、投资性支出都要排除在家庭消费支出之外，这些与住户消费没有直接关系。

3. 住户收支调查实施与数据发布

《住户收支统计》中对调查实施过程和方法进行了非常详尽的描述，其中包括测量范围、数据收集方法、抽样设计等。其中，调查的统计单位有三个层次：个人、家庭、住户，其关系是层层包含的。就是说，住户中可以包含一个或多个家庭。辨别单人住户和多人住户的依据是，食品、房屋和其他支出中任何两种物品被独立使用的程度。据此标准，寄宿者应包括在多人住户内。

住户收支调查的结果可以通过调查报告、调查手册、会议、方法总结、专题报告、分析论文、供公众使用的文件等各种形式发布。要尽可能详细地披露调查过程，相应的数据要形成表格，而且要求给出数据的误差（如抽样误差、非抽样误差等）。在体现支出与收入水平时，要披露总量和均值（平均数和中位数）以及相关的比率。

（执笔人：黄秋莹、张一青）

附：文件目录

1. 绪论
   - 1.1 历史背景
   - 1.2 其他组织的活动
   - 1.3 新建议
   - 1.4 报告结构
2. 目标和用途
   - 2.1 消费价格指数（CPI）
   - 2.2 福利分析
   - 2.3 国民核算
   - 2.4 政府政策评价
   - 2.5 其他分析
   - 2.6 消费者需求及市场研究
   - 2.7 其他特殊用途
   - 2.8 结论
3. 家庭收入
   - 3.1 引言
   - 3.2 概念框架
   - 3.3 实用性定义
   - 3.4 总量
4. 家庭消费支出
   - 4.1 基本概念和定义
   - 4.2 消费时点
   - 4.3 消费支出
   - 4.4 关于耐用品及自用住房的消费支出
   - 4.5 实用性定义
   - 4.6 家庭支出
   - 4.7 排除在家庭支出外的项目
5. 测量问题
   - 5.1 统计单位
   - 5.2 覆盖范围
   - 5.3 住户特征
   - 5.4 参考期
6. 家庭收支统计的来源
   - 6.1 收支统计调查
   - 6.2 范围
   - 6.3 调查设计
   - 6.4 样本设计
   - 6.5 频率
   - 6.6 其他家庭调查来源
   - 6.7 公司调查
   - 6.8 行政来源
   - 6.9 来源结合
7. 分类、估计、分析与发布
   - 7.1 分类
   - 7.2 评价方法
   - 7.3 估计
   - 7.4 分析
   - 7.5 发布
8. 后续工作

参考文献

附录

69

欧元区住户金融和消费调查：
第一轮调查技术报告

英文标题	The Eurosystem Household Finance and Consumption Survey: Methodological Report for the First Wave
牵头组织	欧洲中央银行
版本信息	2013 年第 1 版
文件链接	http://www.ecb.europa.eu/pub/pdf/other/ecbsp1en.pdf?4a7fb347634b9d0b4779473c1ba7dd0c
中文版	无

以家庭为单位的居民金融和消费情况是经济运行过程中微观因素的核心体现，对宏观经济金融走势判断有非常重要的指导意义。有关住户金融和消费方面的调查在许多国家均有开展，如美国的"消费金融调查"（Survey of Consumer Finance，SCF）、意大利的"住户收入和财富调查"（Survey of Household Income and Wealth，SHIW）、荷兰的"住户调查"（DNB Household survey，DNS）等。这些数据有助于各国对自身住户金融状况进行观测和分析，但受制于样本选择和变量选取等差异，各国之间的数据结果并不能直接拿来进行对比，为此，有必要考虑建立一个可用于进行国际对比的数据库。欧洲中央银行（ECB）从 2006 年开始策划的"住户金融和消费调查"（Household Finance and Consumption Survey，HFCS），就是立足欧元区范围内获取可比数据的尝试。该项工作的进展主要体现在 2013 年 4 月发布的《欧元区住户金融和消费调查——第一轮调查的方法论报告》（以下简称《报告》）中。以下对该《报告》的主要内容作简单介绍。

1. 住户金融和消费调查简介

为了建立具有国际可比性的微观数据库，2006 年末欧洲中央银行理事会成立了住户金融和消费网站（HFCN），该网站的工作人员由欧洲中央银行、欧元区的国家中央银行、各国统计机构的学者、统计学家和调查专家等组成，该网站的成立为住户金融和消费调查的启动和实施奠定了基础。2008 年欧洲中央银行理事会决定开展"住户金融和消费调查"，这项调查旨在提供一套欧元区关于家庭财富和消费支出的微观数据。第一轮调查由 HFCN 各参与单位联合 ECB 共同实施，大部分国家始于 2008 年年末，为期将近 3 年，覆盖 15 个欧元区国家的 62000 户家庭，内容涉及收入、消费支出、储蓄、金融资产、负债、信贷约束、养老金、就业、代际转移等多个方面，并且大部分参与国计划分别于 2014 年和 2017 年开展第二轮和第三轮调查。HFCS 的最大优势在于其在统一的调查框架下收集了多个国家的微观数据，不仅能够进行国与国之间的横向对比，而且该调查具有可持续性，能够进行动态分析，由此可为国家相关政策的制定提供有力的依据。

四、住户

2. 调查问卷中的核心变量

有关住户的概念，HFCS将其定义为一人独自居住，或者多人共同居住在同一住所并共同分担开支、承担家庭必需品的单位。整个调查问卷是以国家调查问卷为基准，采用英语作为官方语言。问卷中的核心变量分为家庭和个人两个层面，总共包含九个话题，形成家庭问卷和个人问卷两部分。当一户有多个成员时，要确定主要受访者然后回答家庭问卷，其他成员只需填写个人问卷即可。主要受访者的确定非常关键，一般由财务知识渊博的人承担，因为问卷中需要提供家庭财务信息，这些信息要反映整个家庭的资产、负债等。

问卷中涉及的九个话题集中反映了住户调查的核心内容。具体包括：A. 人口统计；B. 实物资产和融资；C. 其他负债和信贷约束；D. 私营企业和金融资产；E. 就业；F. 养老金和人寿养老政策；G. 收入；H. 代际转移；I. 消费和储蓄。其中，A、E、F的信息来自于个人问卷，住户成员中所有16岁及以上人员都要填写；B、C、D、H、I的信息来自于家庭问卷；G的信息一部分来自于家庭问卷，一部分来自于个人问卷。

3. 调查的实际组织

调查的实际组织包含两个方面内容，一是样本抽取；二是针对样本住户填写调查问卷。

HFCS项目采取等概率抽样原则，选择的抽样方法为分层抽样。由于各国的样本规模存在着较大差异，具体实施过程中又分为一阶段分层抽样和多阶段分层抽样。其中，比利时、塞浦路斯、芬兰、卢森堡、马耳他、荷兰和斯洛伐克7国采取一阶段分层抽样的方法；德国、法国、意大利、葡萄牙、斯洛文尼亚、奥地利、西班牙、希腊8国采取二阶段分层抽样的方法。一阶段的抽样框一般是区域数据，大部分源自行政记录；二阶段的抽样框则体现个人、家庭或者住所信息。分层标准基本上按照地区的人口规模划分，芬兰和卢森堡按照个人收入和劳动状况进行分层，西班牙按照个人应纳所得税金额进行分层。所分的层数也因不同国家而不同，其中层数最少的是德国，只有3层，最多的是奥地利，达193层。此外，针对财富、拒访率分布不均匀的客观现实，还要对最富裕家庭群体增大样本量，以保证收集到的有效样本能够达到规定的数额。

调查方式的选择对于控制测量误差尤为重要，HFCS采取的是计算机辅助面访系统（Computer Assisted Personal Interviews，CAPI），通过该系统，能够全面实现以计算机为载体的电子化入户访问，有效地减少了由于人为因素所造成的非抽样误差，如减少人为数据录入错误等。在实际调查中，各个国家最大程度地采用且仅采用一种调查方式即CAPI，但是，出于可操作性和预算的考虑，一些国家仍旧采取了其他调查方式。如意大利85%的问卷采取CAPI，15%的采取纸笔调查（PAPI）；荷兰全部采用计算机辅助网络调查（CAWI）；芬兰3%采取CAPI，97%采取计算机辅助电话访谈（CATI）。

4. 调查数据的处理过程

《报告》中对单元无回答、项目无回答和方差估计进行了详细讨论。

所谓单位无回答，即无法从符合条件的样本单元获取信息。HFCS项目为了减小无回答率、降低无回答偏差，采取了一系列措施，如加强调查员的筛选和培训，根据调查员的工作量进行奖励，形成激励机制；或者在联系受访者时出示条款或规定，强制其接受访问等。在HFCS第一轮调查中，不同国家的单位回答率呈现出显著的差异，其中，芬兰的回答率最高，为82.2%；法国和葡萄牙排在其后，分别为 69% 和为 64.1%；其余大部分国家的回答率均低于 50%。

对于单位无回答和由其他不符合要求的样本造成的偏差，可通过加权过程予以调节。HFCS 在加权过程中考虑了以下四个方面：(1) 样本单元被抽中的概率；(2) 覆盖率的问题；(3) 单位无回答率；(4) 根据外部数据调整权重。具体的实现过程与现行的国际标准保持一致。

对于 HFCS 这样一个财富调查，涉及诸多敏感且难以回答的问题，其项目无回答率会高于普通调查，为此需要通过插补解决由此带来的偏差。HFCS 借鉴美联储和西班牙银行组织类似调查的经验，采取多重插补法（MI）。在参与第一轮调查的 15 个国家中，有 13 个国家采取了 MI，芬兰和意大利的项目无回答率较低，采取了单一插补法。第一轮调查中对四个显著变量进行了插补，分别为住房价值、未偿还贷款、储蓄和雇员收入。插补对主要变量的计算结果发挥着重要影响，一般而言，对金融财富的影响程度要高于对收入的影响程度。《报告》指出，有 7 个国家其插补值超过了金融财富总价值的 20%，而对收入的插补值则低于收入总值的 10%。

5. 信息披露和可比性问题

统计信息披露的控制主要包括两个方面：数据安全和用户安全。为了保证数据的安全，要求在收集数据过程中受访者为匿名，以解除受访者的后顾之忧，使其能够最大限度地填报真实数据。用户的安全则涉及 HFCS 数据库的访问权限问题，在数据向第三方公开之前，数据用户需要签订保密协议。

HFCS 项目的最主要目的就是提供一套能够进行国际比较的数据库，而这个庞大的项目横跨了不同的国家，涵盖了不同的文化背景、社会结构，要实现可比性这一目的绝非易事，为此项目组也做出了巨大的努力。《报告》最后对 HFCS 项目的数据可比性进行了多个维度的评估，主要包括：(1) 调查时间。大部分国家开展此次调查的时间在 2008 年 11 月至 2011 年 8 月之间，问卷中的资产、负债等问题所对应的时间也锁定在 2008 年年末到 2011 年年初，以保证问卷中变量的时间维度可比。(2) 购买力平价。考虑到各国的生活成本存在较大差异，HFCS 项目采用 PPP 对财富数据进行调整，增强了各国数据的可比性。(3) 收入。各国对收入的统计口径存在差异，其中，9 个国家的收入数据为总收入；意大利的收入数据为净收入，希腊的收入数据为雇员收入，其总收入是根据税收等信息估算得出。未收集总收入数据的国家经过辅助信息估算出的总收入与收集总收入国家的数据进行对比，克服了收入不同口径问题，增强了数据的可比性。

（以上内容曾以"《欧元体系的住户金融和消费调查》简介"为题，刊于《中国统计》2016 年第 2 期，作者：贾向丹）

附：文件目录

摘要
1. 引言
   1.1 目的
   1.2 HFCS 的基本特征
2. 问卷设计
   2.1 简介
   2.2 问卷中的核心问题
   2.3 问卷结语
   2.4 数据收集方法
   2.5 问卷中的非核心问题

3. 实地调查和数据收集
   3.1 调查方式
   3.2 实地调查
   3.3 与其他数据源的比较
4. 抽样设计
   4.1 特征概述
   4.2 主要参与国的抽样方案
5. 单位无回答和样本权数
   5.1 财富调查中的单位无回答
   5.2 HFCS 中的单位无回答

5.3 样本权数

5.4 评估和后期研究

6. 项目无回答、多重插补和数据编辑

6.1 HFCS 数据的插补

6.2 无回答和插补的信息对比

6.3 数据编辑

7. 方差估计

7.1 重复抽样法的目的

7.2 调整的自助法及扩展

7.3 重复抽样加权和多重插补的结合

7.4 估计总体方差的软件程序

8. 统计披露控制

8.1 HFCS 的一般原则

8.2 特殊案例

8.3 随机进位

9. 可比性问题

9.1 什么是可比性问题

9.2 可比性评估的维度

10. 附录

10.1 HFCS 中的基本定义

10.2 HFCS 第一轮调查中包含的核心项目

10.3 第一轮调查中非核心项目的信息收集

10.4 HFCS 和国民账户的对比：概念和定义

10.5 HFCS 和 EU–SILC 的收入数据对比

10.6 统计披露：附加信息

参考文献

附录

家庭财富微观统计指南

英文标题	Guidelines for Micro Statistics on Household Wealth
牵头组织	经济合作与发展组织
版本信息	2013 年第 1 版
文件链接	http://www.oecd.org/statistics/guidelines-for-micro-statistics-on-household-wealth-9789264194878-en.htm
中文版	无

家庭财富的微观研究在经济社会问题研究中的地位越来越重要。在这一趋势的引导下，经济合作与发展组织于 2013 年编辑出版了《家庭财富微观统计指南》（以下简称《指南》），介绍和推广如何开展家庭财富调查、测算个人资产和债务组成等问题和解决方案，以指导成员国开展相关调查和研究。

《指南》分为 9 章，可概括为四个部分。

第一部分是基础概念和一般分类的介绍，阐述家庭财富统计的一些基本特性，包括：家庭、财富、资产、负债等概念的定义；估值、记录时间、总值与净值、范围、测量单位等记录原则的说明；家庭分组的分类问题等。在此过程中，《指南》对不同方法下收集和编辑家庭财富数据的优劣势进行了比较，并对成员国政府统计机构开展相关调查给出一般建议和度量方法。

第二部分涉及如何获得数据以衡量家庭财富，即如何通过住户调查这一主要数据获取途径获得比较准确的家庭微观财富数据。一方面强调抽样调查的重要性；另一方面也强调利用政府行政记录以及一些个人和组织的私人数据库作为辅助手段获得家庭财富数据的重要性。

第三部分讨论如何以数据为基础开展家庭财富应用分析，进而形成政策建议。文中列举了常用的数据分析方法，从最基础的基于均值与中位数的比较和分析，到包括频数分布分析、分布函数分析、分位数估计、洛伦兹曲线、等价量表分析等应用方法，还介绍了如何通过间接计算获得基尼系数、变异系数、指数量度、泰尔和阿特金森指数等相对度量指标。

第四部分是数据的传播使用和质量保障问题。附录则列举了与家庭财富数据搜集、分析、国际比较有关的案例和基础信息。

《指南》是第一部反映家庭财富微观统计和研究方法的国际性规范，诠释了家庭财富微观数据的收集、发布和分析应用方法，据此可帮助政策制定者更好地制定居民收入、分配和消费相关政策，还有助于央行和经济管理部门做好经济金融政策适时调整、调节收入分配相关政策。

（执笔人：管乐）

附：文件目录

前言
致谢

1. 引言
   1.1 指南的目的
   1.2 指南的开发
   1.3 与现有国际标准的关系
   1.4 报告的结构
2. 家庭财富统计综述
   2.1 家庭财富信息的需求
   2.2 家庭财富微观统计的目的与应用
   2.3 家庭财富微观统计与其他统计的结合
   2.4 国际数据收集与测量方案
   2.5 小结
3. 家庭财富统计的标准概念、定义与分类
   3.1 家庭财富微观统计的概念框架描述
   3.2 家庭财富微观统计与收入、消费之间的概念关系
   3.3 家庭财富统计的基本概念和定义
   3.4 财富与净值
   3.5 资产与负债
   3.6 基本记录原则
   3.7 家庭财富的标准组成
   3.8 资产和负债分组
   3.9 家庭分组
   3.10 与财富/净值相关的其他变量
   3.11 与其他国际统计标准的一致性
4. 数据来源和编制家庭财富统计的方法
   4.1 不同类型的数据来源与方法
   4.2 不同方法的优缺点
   4.3 合并不同来源：目的与方法
   4.4 小结
5. 家庭财富标准组成的度量指南
   5.1 度量单元
   5.2 参考时点与参考期间
   5.3 价值基础
   5.4 非金融资产
   5.5 金融资产
   5.6 负债
   5.7 小结
6. 通过调查度量家庭财富
   6.1 基本度量问题
   6.2 财富调查的具体度量问题
   6.3 调查开展与数据收集
   6.4 小结
7. 分析方法
   7.1 生命周期视角与总体分组分析
   7.2 分析单元
   7.3 具体分析方法及其应用情况
   7.4 不平等指标
   7.5 调整价格差异
   7.6 国际统计比较
   7.7 小结
8. 传播
   8.1 传播类型
   8.2 分析
   8.3 财富数据传播的具体问题
   8.4 小结
9. 家庭财富统计的质量保证
   9.1 质量保证框架
   9.2 小结

参考文献

附录
   附录 A 欧元区家庭财富与消费调查
   附录 B 卢森堡财富研究案例
   附录 C 家庭财富微观与宏观研究的区别
   附录 D 获取微观数据的国别方法概览
   附录 E 其他统计标准对家庭的定义

71

发展中国家与转型国家住户抽样调查手册

英文标题 Household Sample Surveys in Developing and Transition Countries
牵头组织 联合国统计司
版本信息 2005 年第 1 版
文件链接 http：//unstats.un.org/unsd/hhsurveys/
中文版 http：//unstats.un.org/unsd/publication/seriesf/seriesF_96c.pdf

住户调查是社会经济数据的重要来源，也是政府统计的核心内容。联合国统计司在 2005 年发布了《发展中国家与转型国家住户抽样调查手册》（以下简称《手册》），以期对发展中国家与转型国家开展住户调查进行指导，使之在流程上可控，在数据上可比。《手册》共分五部分 25 章，对该专题下的调查流程进行了非常详细的介绍，其中以调查对象、调查方法、误差控制等核心问题为重点，并给出了各种代表性案例。

A 部分是调查设计和实施的概述。从整体上概括说明住户调查在样本设计、问卷设计和操作流程等环节所涉及的问题，从哪些方面讨论这些问题，为随后各个部分做出提纲式介绍。

B 部分以抽样误差为中心展开对抽样设计的讨论。包括：样框和样本选择问题，如何计算设计效应，以及对抽样和设计效应的分析。

C 部分讨论非抽样误差。首先介绍抽样框错误、无回答误差和测量误差的来源，量化估计和控制此类误差的方法。其次，通过标准程序的介绍，希望通过培训、标准化设计、质量控制等技术手段，在整个调查流程中尽量控制此类误差来源，提高调查质量。该部分还引入巴西住户调查的案例，讨论了其在控制抽样误差和改善调查结果方面的尝试。

D 部分主要介绍调查成本的核算、控制和调整问题。首先介绍一般调查成本预算框架的编制、会计科目的设立和合规限制等问题；其次讨论在调查过程中为控制误差和提高精度可能会出现的预算调整和成本变化，强调全面分析此类成本是调查的重要组成部分。

E 部分篇幅较长，主要讨论调查数据分析问题，即如何应用调查数据展开统计分析、获得经验结果。（1）数据管理是数据分析的基础，需考虑如何安全有序地录入、提取、介绍、提供和使用数据，这是分析的前提；（2）描述统计是数据开发的初始但重要步骤，应受到重视；（3）从数据构建变量，从变量计算数据，进而进行量化模型分析，是数据进一步深入开发所必须，不仅有许多常规模型可以利用，也有很多复杂样本方法予以控制；（4）构建指数是另一个便捷直观的数据应用分析途径，可以为政策制定提供重要依据。除上述分析方法应用之外，还应关注调查数据的抽样误差问题，因为最终目的还是希望通过抽样得到住户总体信息特征，因此，要对误差进行恰当估计和分析，《手册》列举了一些分析抽样误差的常用软件程序。

在上述以专题展开的五部分讨论后，《手册》又从调查内容涉及的问题出发展开个案研究。针对住户调查中所包含的核心经济社会问题，如就人口与健康问题、生活质量问题、家庭收支调查问题等，展开详细的讨论，并对转型国家住户调查进行了专题讨论。

综合来看，《手册》针对发展中国家和转型国家的特征，对住户调查的操作过程、技术方法、误差控制等内容进行了详细介绍，是一部操作性很强的技术性手册。

（执笔人：留杰）

附：文件目录

序言

第一部分 调查设计、实施与分析

1. 导言
   1.1 发展中国家和转型国家的住户调查
   1.2 本出版物的目标
   1.3 上述目标的现实意义

A部分 调查设计与实施

2. 发展中国家和转型国家住户调查样本设计问题概述
   2.1 导言
   2.2 分层多级抽样
   2.3 抽样框
   2.4 "域"的估算
   2.5 样本规模
   2.6 调查分析
   2.7 结论

3. 发展中国家住户调查问卷设计概述
   3.1 导言
   3.2 大致结构
   3.3 问卷设计的细节问题
   3.4 问卷准备过程
   3.5 结论

4. 发展中国家住户调查实施概述
   4.1 导言
   4.2 进入现场调查前的活动
   4.3 现场调查过程中开展的各项活动
   4.4 实地工作、数据录入和数据处理之后需要开展的活动
   4.5 结论

B部分 样本设计

5. 发展中国家住户调查主抽样框和样本设计
   5.1 导言
   5.2 主抽样框和主样本：概述
   5.3 主抽样框的设计
   5.4 主样本的设计
   5.5 结论

6. 供样本设计使用的设计效应要素估算
   6.1 导言
   6.2 设计效应诸要素
   6.3 设计效应模型
   6.4 在样本设计中应用设计效应
   6.5 结论

7. 发展中国家的调查设计效应分析
   7.1 导言
   7.2 调查
   7.3 设计效应
   7.4 同质性比率的计算
   7.5 讨论

C部分 非抽样误差

8. 发展中国家住户调查中的非观测误差
   8.1 导言
   8.2 理解未覆盖和无回答误差的基本框架
   8.3 未覆盖误差
   8.4 无回答误差

9. 住户调查测量误差：来源和测量
   9.1 导言
   9.2 测量误差的来源
   9.3 量化测量误差的方法
   9.4 结束语：测量误差

10. 调查中的质量保证：标准、准则和程序
    10.1 导言
    10.2 质量标准和保证程序
    10.3 质量保证准则的切实实施：世界卫生调查实例
    10.4 培训
    10.5 调查的实施
    10.6 数据输入
    10.7 数据分析
    10.8 质量指标
    10.9 国别报告

10.10 实地访问
10.11 结论
11. 巴西调查中非抽样误差的报告和补救：目前的做法和未来的挑战
    11.1 导言
    11.2 巴西住户调查中非抽样误差报告和抵消的现行做法
    11.3 挑战和展望
    11.4 有关进一步阅读的建议

D 部分 调查成本

12. 发展中国家和转型国家调查成本问题分析
    12.1 导言
    12.2 调查成本的组成部分
    12.3 拥有广泛基础设施可资利用的调查的成本
    12.4 事先调查基础设施有限或没有此种设施的调查的成本
    12.5 同调查目标修改相关的因素
    12.6 关于调查成本报告的某些告诫
    12.7 摘要和结束语
13. 收支调查的成本模型
    13.1 导言
    13.2 成本模型和成本概算
    13.3 有效样本设计的成本模型
    13.4 案例研究：2002 年老挝支出和消费调查
    13.5 老挝 2002 年支出和消费调查（LECS-3 调查）实地工作成本模型
    13.6 结束语
14. 为发展中国家住户调查制定预算编制框架
    14.1 导言
    14.2 初步考虑
    14.3 预算框架内的主要会计科目分类
    14.4 预算框架内的主要调查活动
    14.5 汇总
    14.6 潜在预算限制和缺陷
    14.7 保存记录和摘要
    14.8 结论

E 部分 调查数据分析

15. 住户调查数据管理指南
    15.1 导言
    15.2 数据管理和调查问卷设计
    15.3 数据录入和编辑的操作策略
    15.4 质量控制标准
    15.5 数据录入程序的开发
    15.6 调查数据集的整理和散发
    15.7 抽样过程中的数据管理
    15.8 建议摘要
16. 根据住户调查数据编制简单描述性统计资料
    16.1 导言
    16.2 变量与描述性统计资料
    16.3 编制描述性统计资料的一般建议
    16.4 为住户调查编制综合报告（摘要）
    16.5 结论意见
17. 利用多主题住户调查改善发展中国家减贫政策
    17.1 导言
    17.2 描述性分析
    17.3 住户调查数据的多元回归分析
    17.4 小结
18. 构建指数的多变量法
    18.1 导言
    18.2 关于使用多变量法的一些限制
    18.3 多变量法概述
    18.4 图和汇总法
    18.5 类集分析
    18.6 主成分分析（PCA）
    18.7 多变量指数构建法
    18.8 结论
19. 调查数据的统计分析
    19.1 导言
    19.2 描述统计学：权数与方差估计
    19.3 分析统计
    19.4 关于回归建模的一般性评论
    19.5 线性回归模型
    19.6 逻辑回归模型
    19.7 多层次模型的应用
    19.8 旨在支持调查过程的建模
    19.9 结论
20. 较先进的调查数据分析方法
    20.1 导言
    20.2 复杂样本数据分析的基本方法
    20.3 回归分析和线性模型
    20.4 分类数据分析

20.5　总结与结论

21. **调查数据的抽样误差估计**
    21.1　调查样本设计
    21.2　复杂样本调查的数据分析问题
    21.3　方差估计方法
    21.4　方差估计的软件包比较
    21.5　布隆迪样本调查数据集
    21.6　使用非样本调查程序分析样本调查数据
    21.7　SAS 8.2 中的样本调查程序
    21.8　SUDAAN 8.0
    21.9　STATA 7.0 中抽样调查程序
    21.10　Epi-Info 6.04d 和 Epi-Info 2002 样本调查程序
    21.11　WesVar 4.2
    21.12　PC-CARP
    21.13　CENVAR
    21.14　IVEware（Beta 版）
    21.15　结论和建议

第二部分　个案研究

22. **人口与健康调查**
    22.1　导言
    22.2　历史
    22.3　内容
    22.4　抽样框架
    22.5　抽样阶段
    22.6　无回答情况的报告
    22.7　无回答率比较
    22.8　人口与健康调查的样本设计效应
    22.9　调查实施
    22.10　编制与翻译调查文件
    22.11　事先检验
    22.12　实地工作人员的征聘
    22.13　访调员培训
    22.14　实地工作
    22.15　数据处理
    22.16　分析及报告的编写
    22.17　传播
    22.18　人口与健康调查数据的使用
    22.19　能力建设
    22.20　吸取的教训

23. **生活水平衡量研究调查**
    23.1　导言
    23.2　为什么开展生活水平衡量研究调查
    23.3　生活水平衡量研究调查的主要特征
    23.4　进行生活水平衡量研究调查的成本
    23.5　生活水平衡量研究设计对质量的影响
    23.6　生活水平衡量研究调查数据的使用
    23.7　结论

24. **住户预算调查的调查设计和样本设计**
    24.1　导言
    24.2　调查设计
    24.3　样本设计
    24.4　个案研究：1997/1998 年老挝支出与消费调查
    24.5　吸取的经验教训
    24.6　结论

25. **转型国家住户调查**
    25.1　对转型国家住户调查的综合评估
    25.2　转型国家的住户抽样调查：个案研究

72 OECD 住户收入、消费和财富分配统计框架

英文标题	OECD Framework for Statistics on the Distribution of Household Income, Consumption and Wealth
牵头组织	经济合作与发展组织
版本信息	2013 年第 1 版
文件链接	http://www.oecd.org/statistics/302013041e.pdf
中文版	无

附：文件目录

前言
致谢
概述
1. 简介
  1.1　简介
  1.2　框架的目的
  1.3　框架的开发
  1.4　与其他国际规范的关系
  1.5　内容概览
2. 经济幸福感
  2.1　简介
  2.2　定义幸福感
  2.3　物质条件对幸福感的重要性
  2.4　经济幸福感测量：微观数据的重要性
  2.5　住户经济幸福感的多维特征
  2.6　收入、消费和财富微观数据的使用
  2.7　结论
3. 综合框架
  3.1　简介
  3.2　收入、消费、财富和经济幸福感
  3.3　收入、消费和财富的综合框架
  3.4　收入和其他经济资源的获得
  3.5　消费和其他经济资源的使用
  3.6　储蓄
  3.7　财富
  3.8　收入类型及其与消费和财富的关系
  3.9　经常转移和资本转移的区分
  3.10　统计单位
  3.11　等价量表
  3.12　参考时期
  3.13　估值问题
  3.14　时间和空间的价格差异处理
  3.15　微观和宏观统计
  3.16　现有国际框架和标准
  3.17　总结
4. 住户收入
  4.1　政策环境与应用
  4.2　微观和宏观层面的国际标准
  4.3　收入的定义
  4.4　数据采集
  4.5　统计与测量的核心问题
  4.6　传播与分析
  4.7　总结
5. 住户消费
  5.1　简介
  5.2　住户支出数据的使用

5.3 定义
5.4 特定类别支出的特殊处理
5.5 支出分类
5.6 测量的关键问题
5.7 数据搜集
5.8 分析与传播
5.9 总结

6. 住户财富
6.1 简介
6.2 财富数据的使用
6.3 财富的国际标准
6.4 定义
6.5 财富分类
6.6 统计与测量问题
6.7 数据搜集、传播与分析
6.8 总结

7. 综合统计
7.1 简介
7.2 收入调查
7.3 收入和支出调查
7.4 收入、支出与财富调查
7.5 实践问题
7.6 频率

7.7 数据搜集
7.8 问卷设计
7.9 抽样设计
7.10 提高应答率
7.11 数据匹配与事后整合
7.12 总结

8. 综合分析框架
8.1 简介
8.2 生命周期角度
8.3 等价量表
8.4 经济幸福感的多维度分析
8.5 收入与消费：再分配分析
8.6 总结

9. 未来工作
9.1 简介
9.2 本框架的国家层面应用
9.3 进一步的国际合作

参考文献

附录 A 各要素详细框架和关系
附录 B 微观与宏观框架的比较
附录 C 社会救助、养老金计划、保险计划和其他相似内容的扩展

住户收入、消费和财富微观数据与国民账户汇总数据的跨国比较

英文标题	A Cross-country Comparison of Household Income, Consumption and Wealth between Micro Sources and National Accounts Aggregates
牵头组织	经济合作与发展组织
版本信息	2013年第1版
文件链接	http：//www.oecd.org/officialdocuments/publicdisplaydocumentpdf/？cote＝STD/CSTAT/WPNA（2013）9/RD&docLanguage＝En
中文版	无

附：文件目录

致谢
摘要
1. 简介
2. 来源与方法
    2.1 微观与宏观数据源
    2.2 微观与宏观差异的解释
    2.3 微观与宏观差异的量化
3. 收入要素的详细结果
    3.1 概览
    3.2 聚焦主要差异
    3.3 估算租金和实物社会转移的详细说明
    3.4 主要结论
4. 消费要素的详细结果
    4.1 概览
    4.2 聚焦主要差异
    4.3 领土调整影响的详细说明
    4.4 主要结论
5. 财富要素的详细结果：概览
6. 汇总数据的概要结果
7. 结论与建议
参考文献
附录1 国民账户汇总：包含要素列表
附录2 量化差异的因素
附录3 最低限实践的比较
附录4 国别评论

74

住户核算概念与编制经验：
住户部门账户与卫星账户拓展

> **英文标题** Household Accounting Experience in Concepts and Compilation
> Vol. 1 Household Sector Accounts, Vol. 2 Household Satellite Extension
> **牵头组织** 联合国经济和社会事务部
> **版本信息** 2000 年第 1 版
> **中文版** 无
> **文件链接** https://unstats.un.org/unsd/publication/SeriesF/SeriesF_75v1E.pdf
> http://unstats.un.org/unsd/publication/SeriesF/SeriesF_75v2E.pdf

附：文件目录

第一卷：住户部门账户

1. SNA-1993 中的住户部门
   1.1 住户部门的概念及解释
2. 非正规住户部门
   2.1 非正规部门：统计定义与调查方法
   2.2 非正规部门统计信息的收集：FIRST 方法
   2.3 非正规部门统计：专业调查经验
   2.4 非正规部门的最小数据集
   2.5 非正规部门测算的进展：就业与 GDP 占比
3. 编制住户部门账户的经验
   3.1 个人账户编制：加拿大
   3.2 非正规住户部门：印度
   3.3 家庭生产与性别方面的量化：尼泊尔
   3.4 住户部门账户的编制：马来西亚
   3.5 住户部门核算的宏微观数据链接
4. 住户部门与其他部门的联系
   4.1 住户部门实际最终消费及其与政府部门的联系
   4.2 非营利机构与住户部门
   4.3 家庭与全球经济：德国和墨西哥案例
   4.4 住户部门与其他地区：加勒比地区视角

第二卷：住户卫星账户扩展

5. 住户卫星账户的类型
   5.1 劳动力账户
   5.2 功能性卫星账户
   5.3 住户生产账户
   5.4 人力资源账户
   5.5 SAMs 和 SESAMEs
6. 社会问题的测量
   6.1 社会现象测量（1954~1997 年）：有进步么？
   6.2 能力贫困与贫困测量辅助方法
   6.3 生活水平测量调查指南

五、行业与企业

75

工业统计国际建议

英文标题	International Recommendations for Industrial Statistics
牵头组织	联合国统计司
版本信息	2008年版，1983年版，1968年版，1960年版，1953年版
文件链接	http://unstats.un.org/unsd/industry/guidelines.asp
中文版	http://unstats.un.org/unsd/industry/guidelines.asp

联合国统计司编制和维护的《工业统计国际建议》（IRIS）提供了一套收集、编制和发布工业统计数据的国际标准框架，目的是保证工业活动测度的协调一致，使各个国家能够按照国际公认的原则、概念定义开发全面且具有国际可比性的工业统计数据。为保证与其他国际统计标准相一致并适应新的需求，IRIS自1953年发布以来，已经进行过四次修订，当前应用的是2010年正式公布的2008年版。IRIS-2008与SNA-1993（1993年国民账户体系）等国际统计标准具有一致性，并体现了工业生产全球化和电子商务应用等方面的变化。以下从工业统计范围和单位、数据项及统计指标、数据生产过程三方面简述IRIS-2008的内容。

1. 统计范围和单位

工业统计的对象是一系列工业活动单位的特征及其经济活动。结合《国际标准行业分类》（ISIC v4.0），IRIS-2008所覆盖的工业包括：采矿和采石，制造业，电、煤气、蒸汽和空调的供应，供水、污水处理、废物管理及补救活动。另外，国际水域的工业活动，如石油和天然气矿井的作业，若受有关国家法律、条例的约束和管理，也应当包括在内。

理想地说，工业统计应该能够涵盖基于基层单位定义的所有工业活动，其中包括以非工业为主的基层单位所从事的工业活动（即作为这些单位次要活动出现的工业活动）。但实际中存在大量从事混业活动的基层单位，很难获取其有关工业活动的数据，所以实际做法往往是将基层单位按以工业活动为主和非工业活动为主划分，只统计以工业为主的基层单位。除此之外，如果可能，还应该将企业部门之外从事工业活动的单位也包括在内，例如住户从事的小规模采矿和采石、制造和供水活动，政府单位所从事的工业活动。

还可以按照《产品总分类》(CPC) 划分工业部门。工业活动生产的所有产品都划归门类 1-4，分别是：矿石和矿物，电力、煤气和水；食品、饮料和烟草，纺织品、服装和皮革制品；除金属产品、机械和设备以外的其他可运输产品，金属产品、机械和设备。相关服务划归采矿业配套服务（862 大组），电力、煤气和水配送配套服务（863 大组），维护、维修和安装（建筑除外）服务（87 类，其他产品的维修服务除外），对其他方拥有的物质投入开展的制造服务（88 类），其他制造服务、出版、印刷和复制服务、材料回收服务（89 类）。

进行工业统计调查时，为确定经济体中的经济行为人，需要识别统计单位，即接受调查、提供信息并最终被编纂成统计数据的实体。统计单位分为观测单位和分析单位，其中包含多种不同的类型：机构单位、企业集团、企业、地方单位、活动类型单位、基层单位等。理想的工业统计单位应该是基层单位，它是能够提供所需系列数据的最小单位，比较有利于根据活动类型、地理区域和规模等特征对所收集到的数据进行分组。但在实践中可能难以得到这样理想的基层单位，因为基层单位往往是在一个地点从事一种以上活动的企业的一部分，受组织结构约束以及报表制度影响，它可能无法分别各类活动产出及其相应投入独立提供数据。在这种情况下，就需要使用地方单位作为统计单位，即所有经济活动都在单一所有制或管理下的一个地点开展。

2. 统计项目与统计指标

工业统计的内容取决于向工业统计单位调查的内容。这些调查的内容可以概括为两部分，一部分是工业活动单位的特征描述，另一部分是其具体的经济活动，全部包含在若干类数据项中。总括而言，数据项主要包括以下大类信息：总体特征、雇佣、雇员报酬、其他开支、交货值、服务收益和其他收入、存货、税收和补贴、产出、中间消耗和普查投入、增加值、固定资产形成总额、订单、环保。基于这些数据项进行汇总，结果就是统计指标。以下归纳起来简述其内容。

(1) 总体特征和单位数。统计单位总是要以能够对其进行适当识别的若干描述性变量为特征，主要包括识别码、地点、营业时期、经济组织类型、法定组织类型和所有权、规模、活动类型、单位类型。这些特征有助于收集单位及其结构信息，为统计调查提供了样本基础，使不同来源的数据之间可以进行对比和联系，从而在很大程度上减少数据的重复收集和应答负担。在统计单位基础上形成的指标是统计单位数，即企业数量，分为单基层单位企业和多基层单位企业两种。

(2) 雇员和雇员报酬。雇员统计包括雇佣人数、平均人数和工作时数。人数统计包括雇员总人数、租赁雇员数量、非正规部门雇员总人数以及雇佣的平均人数；工作时数分为雇员工作时数、租借雇员工作时数。雇员报酬有三类：以现金和实物支付给雇员的工资和薪金；法人企业董事出席会议的报酬；雇主应为雇员缴付的社会保险相关费用。

(3) 其他开支。其他开支指的是对货物和服务的采购，按类区分包括：原材料以及除煤气、燃料和电力以外供应的成本，购买煤气、燃料和电力的成本，水和污水处理成本，除租赁以外服务的购买、为转售所购货物和服务的成本、租借支出、为基层单位财产应付的非寿险保费。

(4) 交货值、服务收益和其他收入。该部分数据项包含两部分：一部分是常规营业，另一部分是电子商务，相关指标包括营业额、销售额、交货值、服务收益及其他收入。另外，还可以就各种重要产品的数量和价值进行统计。

(5) 存货。要按照以下三个时间对存货进行统计：期初存货、期末存货和变动。分别统计总存货、材料燃料和供应品库存、在制品和制成品存货，以及为转售所购货物的库存。

(6) 产出、中间投入和增加值。分别统计当期工业活动完成的产出、中间投入，并在此基础上计算工业增加值。原则上，产出用基本价格估价，中间投入用购买者价格估价。

(7) 固定资产、资本支出、报废与折旧。围绕固定资产进行统计，包括：期初固定资产总值（按购置成本计算），当期新旧固定资产（购置）资本支出，当期销售、报废和销毁（处理）的固定资产总值，固定资产折旧，期末固定资产总值。固定资产的统计范围包括住宅和其他构筑物、机器设备，还有以研究与开发、探矿权、大型计算机软件和数据库为代表的知识产权产品。

(8) 其他数据项。除上述以外的各个数据项，如税收和补贴、订单、环境保护支出等。

对上述工业统计数据项直接汇总，可以形成大量的总量指标，反映了工业各类经济活动及统计单位的规模。以总量指标为基础，还可以构造许多业绩指标，用于衡量经济体内工业的整体业绩状况，供决策者和经济规划者使用。这些业绩指标可划分为三大类：动态指标、结构指标、强度指标等。最典型的动态指标是增长率，例如工业增加值的增长、工业部门的就业增长；强度指标以比率指标为主，例如单位雇员产出、单位工作小时产出、单位雇员增加值、所接订单与交货值比、库存与交货值比、各活动的能耗强度、各经济活动的用水强度、环保支出与增加值之比；结构指标也就是份额指标，例如工业增加值占总增加值的比重（贡献率）、工业就业占总就业的比重。

IRIS-2008建议各国应根据本国实际状况收集上述统计数据，并在国际上以年度和季度为周期发布部分公认的工业统计指标。年度统计指标中，企业数量、雇佣总人数、雇员总人数、以现金和实物形式支付给雇员的薪资等指标可按照活动和规模类型细分，其他统计指标仅按照经济活动细分；季度统计指标则仅按照经济活动细分。年度数据建议在统计期结束后18个月内发布，季度数据建议在3个月内发布。

3. 数据生产过程

工业统计数据是一个复杂数据生产过程的终端产品，整个生产过程包含数据的收集、编纂、质量控制和发布等诸多阶段。

(1) 数据收集。数据收集的途径有两个：行政资源和统计调查，两者相互补充。行政程序所形成的行政记录等资源所获取的数据比较准确，可以避免无应答情况，也没有抽样调查的抽样误差及应答负担等，但在时效性、与统计数据之间的转换等方面存在许多不便。统计调查可以克服行政数据固有的缺点，但也有资源耗费大、应答负担重、无应答率高、抽样误差大等缺点。

(2) 数据编纂。数据编纂即对数据进行验证和编辑插补。首先，要对从被调查者处收集来的数据进行常规核查、有效值范围核查和合理性核查，根据事先确定的规则，对无法采纳、不一致以及高度怀疑的数值作进一步确定和最终修订。其次，要对数据项无应答情况作处理，可采用平均值或众数插补、事后分层替代、冷卡、热卡等方法进行插补。最后，要对数据汇总，得到相应的总量指标。

(3) 质量控制。在数据发布前，需要确定数据是否"适合使用"，比如，数据准确度是否符合其期望用途、数据的解释程度如何等。这就需要进行数据的质量控制。IRIS-2008采用一套质量管理指标体系来评估工业统计数据的质量，包括以下质量维度：相关性、准确性、及时性、方法的健全性、连续性和可获得性。

(4) 元数据。工业统计的元数据包括以下六个方面：数据覆盖面、周期性和适时性；公众对数据的获取；所发布数据的可信性；数据质量；概括方法；发布格式。之所以编制元数据，一方面是需要对统计数据的质量进行描述；另一方面，元数据本身即是一个质量要素，有利于提高统计数据的可用性和可获得性。

(5) 发布及修订。数据的发布应该本着保密性、平等性和客观性的原则，不仅要通过聚合、隐藏等手段保证数据机密，还要保持客观公正，并保证每个公民平等的使用权。另外，还需要依据一定的准则，根据新的资料信息对以往不同阶段公布的统计数据进行必要的修订，以保证数据的准确性和国际可比。

（执笔人：苏兴国）

附：文件目录

前言

第一部分　国际建议

1. 工业统计范围
   - 1.1 经济活动
   - 1.2 经济活动的综合性
   - 1.3 本出版物所指工业部门的范围和结构
   - 1.4 本出版物所含经济活动的概述
   - 1.5 外包：制造和批发的分界
   - 1.6 工业活动的范畴
   - 1.7 按照《产品总分类》划分的工业部门

2. 统计单位
   - 2.1 概述
   - 2.2 统计单位
   - 2.3 法定实体
   - 2.4 统计单位的类型
   - 2.5 工业统计的统计单位
   - 2.6 非正规部门的统计单位

3. 统计单位的特征
   - 3.1 识别码
   - 3.2 地点
   - 3.3 活动类型
   - 3.4 经济组织类型
   - 3.5 法定组织和所有制类型
   - 3.6 规模
   - 3.7 人口特征

4. 数据项及其定义
   - 4.1 企业会计与企业统计之间的关系
   - 4.2 数据项列表
   - 4.3 数据项定义
   - 4.4 用于国际报告的数据项

第二部分　执行指南

5. 业绩指标
   - 5.1 业绩指标及其应用
   - 5.2 业绩指标的目的
   - 5.3 业绩指标的类型

6. 数据来源和编纂方法
   - 6.1 数据来源
   - 6.2 数据编纂方法

7. 数据收集策略
   - 7.1 作为工业统计框架的企业登记
   - 7.2 数据收集策略
   - 7.3 调查方法
   - 7.4 各种调查的范围和覆盖面
   - 7.5 非经常性或年度基准调查与亚年度调查结果之间的协调
   - 7.6 参考期间

8. 数据质量和元数据
   - 8.1 提高工业统计数据的质量
   - 8.2 质量指标与直接质量尺度
   - 8.3 工业统计的元数据

9. 工业统计数据的发布
   - 9.1 发布
   - 9.2 数据修订
   - 9.3 发布格式

附录
- 附录A　《国际标准行业分类》第四次修订规定的工业统计范围内的经济活动
- 附录B　采用自上而下法确定统计单位的主要活动
- 附录C　新闻发布范例
- 附录D　进行企业景气调查的机构选择

参考文献

76

工业统计指南与方法

英文标题	Industrial Statistics Guidelines and Methodology
牵头组织	联合国工业发展组织
版本信息	2010年第1版
文件链接	http：//www.unido.org/publications/cross-cutting-services/industrial-statistics-guidelines-and-methodology.html
中文版	无

经济调查获得的数据可以为国家经济计划和政策部署提供战略支持，其中工业统计是最为重要的部分之一。为了提高发展中国家收集、处理、发布和使用工业统计信息的能力，保证工业统计方法的一致性和数据的国际可比性，联合国工业发展组织（UNIDO）在2010年出版发行了《工业统计指南与方法》（以下简称《指南》）。该《指南》所使用的概念定义、原则等皆继承了《工业统计国际建议2008》，并与《国民账户体系（2008）》(SNA-2008)、《工业生产指数国际建议2010》等新的国际标准相匹配，但更加侧重具体操作方法，并介绍了部分国家的典型做法。通过《指南》，不仅可以给从事基层单位调查的统计专家提供工业统计方法指导，而且可以用于工业核算以及经济趋势的分析。以下从工业统计具体操作入手，简要介绍工业统计中的企业登记、抽样设计、调查数据项、数据处理等主要阶段，同时介绍测度工业活动变化的指数和业绩指标。

1. 企业登记

工业统计调查分为三种类型：一是工业普查，可了解工业整体情况；二是年度调查，重点调查获取产出、物质投入、劳动投入和成本、环境影响以及金融方面的数据；三是月度或季度等短期调查，重点获取样本企业产出、投入等时间序列数据。普查主要编制两个数据集：企业登记和所有工业企业信息集。

企业登记是工业统计调查中的关键工具，既可作为工业调查的统计框架，又可用于工业普查的管理。企业登记需要不断更新，以保证能够从就业、增加值和商业登记等方面形成可靠的时间序列数据。一般而言，企业登记是一国所有企业或基层单位的列表，每个单位都有一个识别码，还有雇员数量及其他规模方面的信息，活动类型、活动状态、联系信息，以及满足年度工业调查的其他信息。

企业登记有多种渠道形式。要对经济实体的进入、退出和创建进行监测，第一类即最优数据来源应该是税务登记。发达国家和转型国家普遍使用该数据，而许多发展中国家因为政府部门之间的合作水平较低，一般很难使用此类数据。第二类是单独的非税务行政数据列表，大部分国家只用于更新统计注册信息，缺点是不能显示企业的退出，会造成一定的信息冗余。第三类是多种行政记录组成的系统，这是一个有效地更新企业登记的系统，虽然操作非常复杂，但仍不失为一种满意的解决方法。

2. 抽样设计

抽样调查中非常重要的一环就是确定抽样框，经济调查的抽样框往往是包含所有企业或基层单位的名录或数据库。企业登记是常用的经济调查的抽样框之一，除此之外还有基于经济普查的基层单位、所有地区的单位列表，也可以做为抽样框。具体调查中，最优的抽样框应该是一个国家所有基层单位的企业登记。但是企业登记只记录正规经济单位，有些国家非正规经济规模相当大，就需要单独进行处理。抽样框需要随着时间的推移而不断地更新，纳入新成立的基层单位、剔除已关闭的单位。抽样框的更新是一个复杂的工作，要求工作人员核查不同部门负责登记和注册基层单位的部门列表，例如工业和贸易部门以及其他政府部门。这对发展中国家而言，是一个比较大的挑战。

选定抽样框之后，应按照已有资源和精确度的要求确定样本量，选择合适的抽样方案。工业统计中常用的抽样设计有两大类：基于设计的抽样和基于模型的抽样。前者往往指传统的分层抽样、整群抽样和概率已知的抽样（如简单随机抽样、系统抽样等）；后者往往适用于样本单位特征和规模差异较大的情况，其目标是最小化估计量的均方误差。该类设计方法的典型就是"截断抽样"，实施时，有三种思路：（1）抽样框只包含特定规模以上的单位；（2）将抽样框分成至少两层，一层包含所有规模以上单位，另一层则对规模以下单位进行抽样；（3）将抽样框分为三层，第一层包含所有规模以上单位，第二层就中等规模的单位进行抽样，第三层是规模特别小的单位，可剔除。

除上述的核心问题外，还有一些值得关注的点，包括抽样框的分层、无回答和样本替换、加权等。一项有效的样本设计，其最重要的特点就是能将抽样框分成不同的同质组，在每个组内，单独进行抽样。调查中至少有两类分层：一是依据所有经济活动国际标准行业分类（ISIC）进行的经济活动分层；另一类是按照雇员规模进行的分层。《指南》建议雇员规模按照如下区间进行分层：1人，2~4人，5~9人，10~19人，20~49人，50~99人，100~149人，150~199人，200人以上。具体使用时，可按照需要对这些层进行重新合并。当然，也可以按照生产总值、资本或其他变量进行分层。

无回答一般有两类：项目无回答；单位无回答。前一种情况或单独列出无回答项目（定性数据常用），或进行缺失数据的插补。插补方法常用如下四类：用历史数据插补、同一问卷中另一变量成比例插补、用相似基层单位的值插补、用统一层内所有回答单位的均值插补。后一种情况会降低有效问卷的数量，所以应尽量避免出现，弥补的办法往往是进行加权处理、使用历史数据插补，或者用同一层内相似的单位替代。

3. 调查数据项

具体工业调查的数据项与《工业统计国际建议2008》（IRIS-2008）不同。《指南》强调具体工业调查中问卷设计、数据收集的便利性，由此就要求数据项应更贴近企业会计（而不是采用国民核算的术语）。鉴于此，《指南》对数据项进行了重新分组，保证其与企业会计格式保持一致。工业调查采用FIRST法，将所有营业的工业企业分为规上企业和规下企业，规上企业规模较大、容易识别、账目完善，可通过问卷收集全部数据项；而规下企业采用地区抽样调查的方法获取数据，抽样框往往使用经济普查的企业名录。具体的调查问卷也相应地分为大企业问卷和小企业问卷。两者主要的区别在于大企业调查问卷的信息比小企业更加详细，囊括了18类数据项，分别是识别码，雇员、工资和薪金、工作时数，收入，支出，存货和库存，利润，固定资本，燃料（内含可再生能源），电力（内含可再生能源发电），水和废水处理，原材料，生产，销售额和盈利性，商业环境，研发，订单，货物贸易和贸易差额。另外一个不同在于，大企业的统计时期比较确定，往往是一个会计年度，而小企业要通过最早收回的调查问卷才能确定统计参考期，不同企业在各数据项上的统计周期可能是不相同的。

4. 数据处理

工业调查数据处理系统中最为重要的两个过程是基于调查的数据录入程序和编表。具体设计数据处理系统时，需要着重考虑一般入户调查和具体工具应用的关系、调查问卷的可能变更和测试、数据库的所有者和一致性、技术选择等。编制的统计表有三种类型：（1）包含一个分类变量及一个或多个数值变量的简单分类表；（2）有行变量、分类变量以及具体数据的交叉分类表；（3）包含一类或多类数据的普通数据表（例如名字、地址、手机号码等）。数据处理完成后，需要基于调查数据作相应的调查报告，供全体公众使用。

调查报告系统包含以下四类内容：（1）描述性信息，包括数据库及其别名、主表和关键字、带有选择查询表的分类变量、数值变量、一般数据变量、筛选项。（2）报告系统，包括调查名称和具体调查年份。（3）主要数据库，包括数据库名称、主表的所有分类变量和数据以及开放数据源的别名。（4）变量，包括分类变量、数值变量和数据。这些变量往往包含表名、字段及查询字段等内容。

具体调查时，都会使用便携式个人数字助理（PDA）辅助工业调查中数据的录入。但为方便应答者回答问题，还需要使用纸质问卷。这也有利于后期问卷编号。

5. 工业相关统计指标

与工业活动相关的统计指标有两大类：一类是反映工业活动短期或中期变化的指数，即生产指数和生产者价格指数；另一类是工业表现指标。

工业活动生产量和价格变化可以通过生产指数和生产者价格指数表现。这两个指数使用的数据量是最少的，而且往往在统计期末就可以对统计期内发生的工业活动的变化做出初步的评估。《指南》建议生产指数采用拉式指数，以增加值作为权重；生产者价格指数采用帕氏指数，以产出作为权重。编制指数收集具体数据时，采用"70/70/70"的原则：首先，在ISIC4位码水平上选择活动水平最大的企业，要求累计占总活动水平的70%；其次，在选中的行业中选择活动水平最高的企业，总量累计占到该行业总水平的70%；最后，每个选中企业内选择企业产品产量最大的生产线，累计达到最产量的70%。前两步往往按照基本价格增加值来测度规模，最后一步使用产出值作为规模的测度。

要测度工业生产的经济效率则需要工业表现指标。IRIS-2008中提到的工业表现指标有三类：增长率、强度（比率）指标和结构指标。《指南》着重介绍工业表现中最重要的三个指标：生产率、结构变化和竞争力。

（1）生产率：从投入产出比率角度测度一定时期内工业的生产效率。具体指标有人均制造业增加值、单位就业人员（雇员）增加值、单位工时增加值、每单位资本增加值、资本生产率指数、单位就业人员资本量、资本强度指数、多因素生产率指数、增加值率。

（2）结构变化：反映行业产出占比变动情况。反映结构变化的指标有部门占比变化、绝对结构变化系数、相对结构变化系数、秩（等级）相关、区域差异指数、制造业贡献率等。

（3）竞争力：测度生产者在市场上销售产品的能力。具体指标有出口率、自给率、人均制造业出口额、制造业出口占比、出口聚集度指数。

为综合评价一国工业表现，《指南》构建了一个综合指数——工业竞争力绩效指数（CIP）。该指数包含生产能力、出口能力、工业化强度和出口质量等四个维度。在具体比较中，如果该指数变化为正，则意味着该国工业生产能力增强，产品质量提高，更有机会打入国际市场。

（执笔人：苏兴国）

附：文件目录

前言

致谢

缩略语

1. 用于工业统计的企业登记
   - 1.1 简介
   - 1.2 企业登记的辅助应用
   - 1.3 数据源
   - 1.4 识别新生基层单位的替代数据源
   - 1.5 匹配技术
   - 1.6 登记附加过程
   - 1.7 创建和更新企业登记操作总结
   - 1.8 企业登记的数据结构
   - 1.9 更新程序
   - 1.10 更新系统
   - 1.11 企业数统计
   - 1.12 层次和概述
   - 附录1 斯里兰卡工业登记更新系统
   - 附录2 斯里兰卡登记更新系统截屏

2. 工业调查数据项的定义和概念
   - 2.1 简介
   - 2.2 调查方法
   - 2.3 大企业问卷：数据项定义
   - 2.4 小企业问卷：数据项定义
   - 附录1 工业调查大企业问卷
   - 附录2 工业调查小企业问卷

3. 发展中国家经济调查抽样操作指南
   - 3.1 简介
   - 3.2 抽样基本概念
   - 3.3 经济调查的目的
   - 3.4 经济调查的抽样框
   - 3.5 更新企业登记
   - 3.6 抽样框分层
   - 3.7 ISIC和规模分组的变化及错误分类
   - 3.8 分段抽样
   - 3.9 基于模型的抽样
   - 3.10 样本规模和分配
   - 3.11 抽样过程
   - 3.12 无回答和样本替换
   - 3.13 加权过程
   - 3.14 调查评价类型
   - 3.15 抽样误差计算
   - 附录1 ISIC（第四版），主要经济子部门（二位码ISIC）
   - 附录2 示例：小型工业基层单位的抽样率、抽样间隔、随机起始点以及雇员规模分层、样本基层单位的分布
   - 附录3 区域样本示例：与规模成比例等概率抽样中普查地区的选择
   - 附录4 IMPS数据词典：使用CENVAR投入文件分析国家工业调查样本中标准误差
   - 附录5 CENVAR应用示例：按区域估计参与人员总量的标准误表

4. 工业调查数据处理手册
   - 4.1 简介
   - 4.2 从问卷到制表
   - 4.3 调查数据过程
   - 4.4 一般调查的报告模块
   - 4.5 使用便携式个人数字助理进行工业调查
   - 附录1 调查报告系统：用户手册
   - 附录2 报告模块XML文件

5. 工业活动短期和中期变化测度指数系统
   - 5.1 简介
   - 5.2 方法
   - 5.3 指数序列的限制
   - 5.4 未来可能的发展
   - 附录1 生产指数：权重计算
   - 附录2 完成基准调查问卷的说明
   - 附录3 完成月度调查问卷的说明
   - 附录4 新的生产指数和生产者价格指数系统的说明
   - 附录5 PRIMA软件的描述

6. 工业表现统计指标
   - 6.1 简介
   - 6.2 数据源
   - 6.3 表现指数的类型
   - 6.4 工业表现的混和测度
   - 附录1 数据分析中所用ISIC第三版的行业分类

国民信息系统中的粮食与农业统计

英文标题 Food and Agricultural Statistics: in the Context of a National Information System
牵头组织 联合国粮食及农业组织
版本信息 1977 第 1 版
文件链接 http://www.fao.org/docrep/012/w9519e/w9519e00.htm
中文版 无

联合国粮农组织（FAO）一直致力于帮助各国尤其是发展中国家开发及改善粮食与农业统计。此前已经有很多文献都对规划农业发展，收集、处理和分析粮食与农业的相关数据方法进行了阐述，也有文献涉及国民粮食与农业信息系统的核心要素，但总体而言还缺少一个使信息生产者和使用者可以不断沟通互动，从而能更有效地生产和使用信息的制度性框架。《国民信息系统中的粮食与农业统计》（以下简称《手册》）就是在这样的背景下产生的，它将包括决策者、统计及分析人员的国民信息视为一个系统，系统中每一项活动都是与其他活动相互影响、相互补充的，由此可以使这个系统能更有效地提供信息。

《手册》编制的主要目的是，促进对一国粮食与农业决策信息系统结构和运行方式的理解，指导作为粮食与农业决策系统一部分的粮食和农业统计项目的规划和实施。这个信息系统希望达到如下目的：一是有效地为粮食和农业决策者提供及时、相关、准确、可获得且及时一致的信息；二是从结构及概念上不断适应变化的条件和推进的政策议程；三是与一国不断变化的人力、财政及制度资源条件相适应。以下对《手册》内容作简要介绍。

1. 同粮食与农业有关的决策者和决策

粮食与农业决策者是那些负责指导和管理粮食与农业系统开发与执行的公共或私人决策者。在这里，粮食与农业系统的范围包括粮食与农业产品在生产、加工、分配及使用中同物理、气候、生物、经济和社会因素发生的各种复杂作用过程。这个过程涉及众多角色参与：当地、地区或国家的政府机构，农业和非农业住户，农业生产单位和非农业生产单位，国外。其中农业生产单位最为重要，其主要活动体现在国际标准行业分类的大组"111 农牧产品生产"和"112 农业服务"中。

所谓粮食与农业决策，是将政策工具运用到粮食与农业部门从而达到绩效目标直至国家政策目标的过程。国家政策目标通常主要涵盖以下三个方面：（1）增长，包括提高粮食与农业生产和投资的效率；（2）公平，包括对农业资源、产品和收入在不同国家、不同群体及不同个体间的分配；（3）稳定，降低年与年之间产量的波动性。绩效目标是政策工具要求绩效指标达到的水平，其中绩效指标是测量政策工具达成政策目标程度的变量。政策工具按市场可分为：应对要素市场的价格和数量工具；应对产品市场的价格和数量工具。

粮食与农业决策具有复杂性、不确定性、时间和空间的紧迫性、多视角性和有限理性。决策过程中，这些问题都可以通过对信息的有效利用予以改善。决策可以视为是一个识别问题、形成替代解决方案、分析选项、做出决定、实施决定、观测结果、评估状态、继续处理新的或正在发生的问题等一系列步骤的持续循环过程。这个过程的各个阶段都需要使用信息，较多信息的利用可以改善决策的不确定性。

2. 系统与信息系统

系统是由一系列目标和过程（也称为组分）构成的，这些组分相互作用以履行一定的功能。不同组分的链接产生于不同组分物质、能源和信息流动的路径中。系统的结构唯一地由系统的组分和链接决定。系统方法是一个程序化解决问题的过程，在这个过程中，问题被定义为一种情形，决策者必须在一系列可行的备择方案中做出达成目标的决策。《手册》运用系统方法来设计粮食与农业信息系统。

信息系统可以视为一个动态过程，其主要目的是为决策者提供特定的决策信息。这个系统包含五个组分（每个组分都是一个过程）：（1）概念化；（2）概念的操作性定义；（3）观察和测量；（4）解释和分析；（5）决策和实施。概念化是人们潜意识中对目标世界形成的粗糙概念。概念的操作性定义是指对概念化过程中形成的粗糙概念进行详细和明确的定义。这两个过程为目标世界的观察和测量提供了一个过滤器。观测和测量由数据收集与数据处理两个子组分构成，它可以获得对目标世界的经验知识。解释和分析过程包括问题定义、综合和分析选项两个子组分，它结合观测和测量提供的数据以及决策过程的其他信息，形成决策选项，分析各选项产生的各种影响，最后形成有用的决策信息。实施决策除需要信息系统之内的信息外，还需要部分信息系统之外的信息，这些信息包括选择选项的决策规则、权力的行使、决策责任的承担等。

3. 粮食与农业决策信息系统

信息系统的概念运用到粮食与农业范围中，形成了粮食与农业决策信息系统。

（1）测度和分析的操作性概念。信息系统主要有两个过程提供决策所需信息，即观察和测量过程、解释和分析过程。这两个过程需要建立在一致的基本概念及操作性概念上。《手册》对粮食与农业决策范围内的信息进行了分类和定义，具体将粮食与农业决策范围内的信息分为 17 个大类，下设若干大组、小节、小组和具体类别。《手册》附录一中列出了所有分类及其操作性的定义。

（2）统计项目。所谓统计项目，主要通过观察和测量来生产数据、处理数据，然后通过解释和分析程序的统计分析实现数据升级。当完成了对信息项的分类后，对于统计学家来说，需要一定的工具对其测量；对于结果的使用者来说，需要测量结果的报告，并注明数据来源。粮食与农业信息决策系统涉及多种数据来源，一方面是专门针对农业的普查、生产调查、管理调查、粮食调查、土壤调查、牲畜调查；另一方面是针对农户、农村的调查，如农村劳动力调查、农户收入与支出调查，还会借助于其他相关调查，如人口普查和调查、城镇住户收入支出调查、工业调查，以及相关行政记录等。在设计和实施农业普查和调查时，需要考虑很多技术因素，例如概念定义、时机、项目的协调与整合、抽样框和抽样技术、问卷与制表、数据处理、质量审核和事后调查、公布等技术问题。最后，统计项目的实施还要考虑制度结构、人力资源以及支撑设施等组织结构问题。

（3）分析项目。统计项目提供的数据产品只有通过分析项目的解释和分析，才能更好地为决策所利用。分析项目的主要职能是根据已存在的信息解释和分析数据，形成决策选项，预测各选项可能产生的各种影响，评估可行性，形成有用的决策信息，并传递给决策者。为了利用相关信息对真实问题予以必要抽象，剔除非必要信息，保留粮食与农业决策所需的核心要素，分析人员需要利用模型。一个正式的模型通常综合了统计数据、概念框架、假设以及目标等元素。模型的这些元素通常以模拟、线性规划的算法或者其他数学模型的形式为决策者提供预测性或规范性的信息。《手册》介绍的模型包括预测趋势的简单模型，供给和需求模型，指数、综合价格及生产率模型，以及农业经济账户、项目分析、模拟分析、数学规划等。

（4）项目的实施。按基本问题的解决步骤，信息系统包含五个相互独立的过程，即概念化、概念的操作性定义、观察和测量、解释和分析、决策和实施，由此可以转化为以下五个实施阶段：政策与项目设定；粮食与农业的概念化和操作化；综合统计项目；分析项目；报告。项目实施的各个阶段是相互关联、相互作用的。

（执笔人：吴淑丽）

附：文件目录

1. 引言
   1.1 背景
   1.2 目标与概要
2. 粮食与农业决策
   2.1 粮食与农业范围
   2.2 粮食与农业公共决策范围
3. 信息和决策
   3.1 粮食与农业决策问题
   3.2 信息的来源与使用
   3.3 信息的本质
4. 信息系统
   4.1 系统观点：一般概念
   4.2 信息过程的系统视角
   4.3 设计问题
   4.4 作为组织的信息系统
5. 测度和分析的操作性概念
   5.1 标准分类方案
   5.2 在粮食与农业决策中使用信息项
   5.3 操作性定义
   5.4 细化和标准化
6. 统计项目
   6.1 测量工具和数据源
   6.2 技术考虑
   6.3 组织考虑
7. 分析项目
   7.1 政策分析过程
   7.2 模型和建模
   7.3 分析趋势的简单工具
   7.4 供给和需求模型
   7.5 指数、综合价格和生产率
   7.6 农业经济账户
   7.7 项目分析
   7.8 模拟分析
   7.9 数学规划
   7.10 土地改革与农村发展
   7.11 结论
8. 项目实施
   8.1 信息系统方法概要
   8.2 实施指南
   8.3 结论

农业调查的抽样方法

英文标题	Sample Methods for Agricultural Surveys
牵头组织	联合国粮食及农业组织
版本信息	1989年第1版
文件链接	http://www.fao.org/fileadmin/templates/ess/ess_test_folder/Publications/SDS/3_sampling_method_for_agricultural_survey.pdf
中文版	无

食品和农业领域是统计学理论和实践的发源地之一，也是现代经济社会统计体系不可或缺的组成部分。该领域有多种国际性相关规范和文件，《农业调查的抽样方法》（以下简称《方法》）即为其中之一，它是粮农组织在农业抽样调查及抽样设计领域提出的国际规范，为农业抽样调查提供了一个标准。

《方法》共16章，可以分成四部分。

前四章为第一部分，主要对抽样调查中的一些知识性问题进行讨论，如样本设计与调查设计的联系、调查的多样性等。发展中国家农业人口较多，但农业调查开发程度较低，农业调查在发达国家与发展中国家区别和差距较大。文中首先对抽样调查中的一些重要概念做出了解释说明，包括目标总体、抽样总体、抽样框、抽样单元、调查单元、总体的目标统计量、抽样设计效应、抽样标准误差等；进而主要介绍概率抽样以及对于大而复杂的总体可能遇到的问题及其相应的解决方法；最后给出抽样设计效果的评判标准。

第二部分包括第5~9章。文中首先对概率抽样中的简单随机抽样、分层抽样、整群抽样、系统抽样、多阶段抽样等几种抽样类型作系统概述，比较它们之间的区别和联系。其中，简单随机抽样是最基本的抽样方法，是后面几种抽样方法的基础。接着介绍每种抽样方法的总体特征、总体估计量的计算公式和推导说明等。《方法》指出，在调查时可将总体划分为几个感兴趣的部分，称为子总体，并给出子总体均值、总量、抽样设计效应等的计算公式。此外，《方法》还针对一些稀有事件的抽样方法作了相应介绍。

第三部分是第10章和第11章，主要介绍如何解决区域抽样中遇到的问题。在农业调查中，区域抽样可以通过提前准备好的相关地图，对住所、农场等研究对象进行划分，从而对所抽取的样本进行估计分析。在区域抽样中，经常遇到缺失、异常、新单元进入、区域划分、户主识别等相关问题，《方法》对这些问题都进行详细的讨论并提出解决方案。

第四部分是从第12~16章，主要是对抽样调查一些研究问题的延伸讨论。具体包括：如何通过比率估计和回归估计方法对总体目标估计量进行估计，如何进行加权估计以及如何赋权。实际调查中，样本数据可能来自复杂抽样设计，不再是单一抽样方法，而是多种方法组合。《方法》首先介绍了复杂样本的定义和复杂样本的方差估计，给出几种复杂样本的方差估计方法，包括JRR、平衡半样本方法、刀切法，并讨论了每种方法的适用情况，对这些方法进行比较与总结。在此基础上，《方法》

对抽样调查中偏差、均方误差、抽样误差和非抽样误差作了比较详细的介绍。只要采用抽样调查，抽样误差就不可避免，虽然其无法消除，但可以通过增大样本量来控制。非抽样误差可以分为多种类型，它的产生不是由于抽样的随机性，而是由于多种其他原因引起的估计值与总体参数之间的差异，《方法》介绍了多种措施来确保抽样结果的准确性，以提高抽样调查资料的质量。

（执笔人：卫晓宇）

附：文件目录

前言
1. 范围及界限
    1.1 调查设计的样本决定
    1.2 农业调查
    1.3 调查的综合性与多样性
    1.4 发展中国家的情况
    1.5 简单概括
2. 总体和元素
    2.1 定义与调查单元
    2.2 总体的四个水平
    2.3 其他抽样方法
    2.4 总体值与统计
3. 基础
    3.1 概率抽样
    3.2 设计、偏误与推断模型
    3.3 大且复杂的样本
    3.4 均值与标准误
    3.5 好设计的评估标准
4. 简单列表与复杂框架
    4.1 简单列表与复杂框架
    4.2 四个框架问题与解答
    4.3 避免框架问题
    4.4 具有不相等概率的框架
5. 抽样单元
    5.1 非整群法选择元素
    5.2 简单随机抽样
    5.3 分层随机抽样
    5.4 比例分层随机抽样
    5.5 系统抽样
    5.6 最佳配置
6. 整群与多阶段抽样
    6.1 整群抽样的原因
    6.2 群样本量不相等的分层抽样
    6.3 初始选择时的分层
    6.4 配对选择
    6.5 二次抽样：多阶段选择
    6.6 整群抽样的设计效应
    6.7 整群抽样的成本与效率
7. 整群抽样的过程
    7.1 整群的第一阶段选择
    7.2 简单整体抽样
    7.3 整体部分的系统性选择
    7.4 PPS抽样
    7.5 各层应用PPS
    7.6 控制规模的简单技巧
    7.7 精确的子样本规模
8. 领域与子类
    8.1 类型与类别
    8.2 子类统计的共同效应
    8.3 子类的分层效应
    8.4 子类的整群效应
    8.5 小领域统计：技术与规则
    8.6 稀有事件的抽样
9. 多目标样本设计
    9.1 单目标设计
    9.2 目标
    9.3 目标间冲突的十个方面
    9.4 综合最优
    9.5 折衷配置
10. 区域抽样
    10.1 住房、土地、平面图的区域框架
    10.2 准备地图
    10.3 划分VS列举元素
    10.4 划分的建议
    10.5 列举的建议
11. 选择问题与方法
    11.1 多框架
    11.2 缺失、新建及异常的补充
    11.3 街区与划分规模的选择
    11.4 从居住区中选择成年人

11.5 识别住户与业主
11.6 从列表与框架中重复选择
11.7 创建调查组织

12. **估计、加权与分析**
    12.1 统计估计与分析
    12.2 简单与复杂均值和比例
    12.3 均值、总和及事后分层的比率与回归估计
    12.4 两阶段抽样、筛选校验
    12.5 加权估计
    12.6 权重的影响

13. **复杂抽样的方差计算**
    13.1 比率均值的方差
    13.2 简单方差
    13.3 方差的系数
    13.4 复杂统计的方差

13.5 重复抽样：JRR，BRR，BOOTSTRAP

14. **一般抽样误差**
    14.1 设计效应
    14.2 近似与联结模型
    14.3 抽样误差的对策
    14.4 稳定的抽样误差

15. **偏差和非抽样误差**
    15.1 偏差与变量误差
    15.2 偏差效应
    15.3 未覆盖与无回答
    15.4 无回答控制

16. **跨期调查**
    16.1 展示时间
    16.2 概念与描述
    16.3 目的与设计
    16.4 面板研究

79 建筑业统计国际建议

英文标题	International Recommendations for Construction Statistics
牵头组织	联合国统计司
版本信息	1997年第1版
文件链接	http://unstats.un.org/unsd/pubs/gesgrid.asp?id=106
中文版	http://unstats.un.org/unsd/pubs/gesgrid.asp?id=106

附：文件目录

1. 引言
   1.1 本建议的历史
   1.2 建筑物统计的特殊需求
   1.3 建筑业的特点
   1.4 本建议的性质与范围
2. 建筑物统计的范围
3. 建筑物调查中的统计单元
   3.1 法人
   3.2 企业
   3.3 活动种类单元
   3.4 地方单元
   3.5 机构单元
   3.6 创建
   3.7 附属活动
   3.8 其他单元
4. 建筑物调查设计
5. 数据收集指南
   5.1 建筑业企业
   5.2 非建筑业企业
   5.3 项目
   5.4 住户调查的补充
6. 数据定义
   6.1 交叉分类项目
   6.2 基本定义
   6.3 表IV.1中各项定义
   6.4 表IV.2中各项定义
   6.5 表IV.3中各项定义
   6.6 表IV.4中各项定义

参考文献

附录

80 经销业统计国际建议

英文标题	International Recommendations for Distributive Trade Statistics
牵头组织	联合国统计司
版本信息	2008 年第 1 版
文件链接	http：//unstats.un.org/unsd/pubs/gesgrid.asp？id=407
中文版	http：//unstats.un.org/unsd/pubs/gesgrid.asp？id=407

批发与零售业统计又称经销业统计（DTS），统计对象是以批发和零售（即不加改造地销售）各种货物并附带修理、安装和交货等销售服务为主要活动的经济单位。联合国统计司组织编写了《经销业统计国际建议》2008 版（以下简称《建议》），其目的在于围绕适用于批发与零售业统计的概念、定义、分类、数据来源、数据汇编方法、数据质量评估办法、数据诠释以及数据传播政策等方面为各国提供建议和指导，以确保该领域的统计数据制作转达到用户的要求，保证其与政策密切相关、及时、可靠、具有国际可比性。

《建议》共分九章外加三个附录，以下分别统计范围与单位、数据项目与指标、数据收集与处理、数据质量与公布四个部分进行介绍。为与《建议》一致，以下仍然将批发与零售业统计称为经销业统计。

1. 统计范围与单位

《建议》先从经济活动角度对经销业的统计范围进行了界定，包括：（1）通过储存和展示供选择的商品并使其可供购买，向各类顾客（零售商和其他商业用户或一般公众）提供某种服务；（2）提供这些商品销售附带的或从属于销售的其他服务，诸如交付、售后修理以及安装等服务。界定中包含两个要点：一是转卖，导致货物转卖的各类行动的每一种组合都代表经销行业范围内的某种活动；二是不加改造地销售，如果商品在形式、外观或性质上经过实质性改变然后出售，就不能属于经销业的统计范围。在此基础上，可以按照相关分类标准确定经销业的具体分类，其中最基本的分类是参照《所有经济活动的国际标准行业分类》，将经销行业分为三类，见表 1。其中，45 类包括与汽车和摩托车销售与修理有关的一切活动，而 46 类和 47 类则分别批发和零售包括所有其他销售活动。

表 1　　　　　　　　　国际标准行业分类中的经销业相关分类

类 45	汽车和摩托车批发和零售以及修理
451	汽车销售
452	汽车的修理与保养
453	汽车零件和附件的销售
454	摩托车及有关零件和附件的销售、修理与保养

续表

类 46		批发贸易，汽车和摩托车除外
	461	在收费或合同基础上的批发
	462	农业原料和活畜的批发
	463	食品、饲料和烟草的批发
	464	家庭用品的批发
	465	机械、设备和物资的批发
	466	其他批发
	469	非专门批发贸易
类 47		零售贸易，汽车和摩托车除外
	471	商店的非专门零售
	472	专门商店中食品、饮料和烟草的零售
	473	专门商店中汽车燃料的零售
	474	专门商店中信息和通信设备的零售
	475	专门商店中其他家用设备的零售
	476	专门商店中文化娱乐用品的零售
	477	专门商店中其他产品的零售
	478	通过售货摊和市场进行的零售
	479	不在商店、售货摊和市场进行的零售

在经销业统计中，确定统计单位的特征很重要，其主要特征包括标识码、地点、活动种类、经营类型、经济组织类型、法定组织类型、所有权类型、规模等。获取统计单位的特征信息，是为了有效组织统计抽样调查、在不同资料来源之间进行比较并建立联系，从而大幅减少数据收集工作重复并减轻受访者负担。除此之外，《建议》还提出了收集单位和报告单位的概念，它们和统计单位一起，分别对应于数据收集、汇编过程的不同阶段。统计单位是主要关注对象，所有数据项目都与这些单位有关，收集单位和报告单位则在取样和数据收集阶段显得十分重要。

2. 数据项目与指标

《建议》给出了经销统计业统计中涉及的数据项目，以及从基本体系派生出的各种附加数据项目，并在附录一中进行了详细说明。以下是对数据项目的简要列举：（1）基本特征，包括统计单位的特征、统计单位数统计；（2）雇工情况，包括雇用人数、平均雇用人数、工时数；（3）雇员的报酬，包括雇员的现金和实物工薪，以及雇主应付社会保障缴款等；（4）其他支出，包括原材料和供给品成本、燃气燃料和电力成本、供水和污水服务成本、购买服务的成本等；（5）营业额、销售额、发货价值、服务收款额和其他收益；（6）存货，总量和分类存货；（7）税收与补贴；（8）产出，即按照毛利计算的总产出；（9）中间投入；（10）增加值和固定资本形成总额以及与固定资产有关的交易活动。

此外，《建议》还对经销行业相关业绩指标进行了详细的说明。业绩指标常常以比率形式出现，可以概括两个以上重要总量之间的联系。业绩指标不仅可用于评估经销行业部门总体绩效，还可以帮助决策者和经济计划人员评价贸易活动的组织效果，确定有待改进的潜在领域。《建议》将业绩指标大致分为三类，即增长率、比率指标及份额指标，具体推荐的主要业绩指标如下：（1）增长率，包括增加值的增长率、经销行业就业增长率、零售贸易/批发贸易营业额指数；（2）比率指标，包括雇员人均产值、雇员人均增加值、每工时增加值、雇员人均营业额、毛利对营业额的比率、存货对营业额的比率、每个零售空间的销售额；（3）份额指标，包括经销贸易附加值在总附加值中所占的份额、电子商务销售额在总营业额中所占的份额；（4）附加指标，包括应收账款（年末未结清的分期付款和赊账余额）、零售商店数、固定市场售货台和/或摊位数。

3. 数据收集与处理

《建议》将数据来源区分为两个基本部分：专门统计调查和行政记录。统计调查是编制经销行业统计数据的主要资料来源，主要有普查和抽样调查两种方式。贸易单位普查既可以作为整个经济体普查的一部分，也可以作为经销行业部门或只针对其活动的独立普查。抽样调查方法相对于普查而言较为廉价，是更为常用的收集数据方法，可以按照实际需要实施。行政记录常常是根据立法或管理规章建立起来的，可以用于统计目的但要特别注意此类资料的局限性。

收集数据仅是经销业统计数据编制的开端，编制数据的过程不仅是调查数据的汇总，更需要对收集数据进行一系列检查、验证，以便达到预期的统计产出水平。其中最重要的程序包括：（1）数据的验证和编辑，是统计调查数据处理中的重要组成部分。（2）按重要性进行选择性编辑，将重点放在对经销行业调查结果有重要影响的微观项目或记录方面。

数据编辑可在数据输入阶段进行（输入编辑），也可在数据输入之后进行（输出编辑）。检查经销行业数据误差的有用手段有：（1）例行检查，用于检测是否所有应该回答的问题确实都得到回答。（2）验证检查，用于检测回答是否可以接受。（3）合理性检查，这是一套基于调查应答数据统计分析的检查方法。

4. 数据质量与公布

经销行业统计的数据质量涉及是否向用户提供足够的信息，以判断数据是否达到了适合其预期用途的适当质量标准，亦即判断其"适用性"。大多数国际组织和国家都制定了数据质量评估框架，内容涉及质量的先决条件、相关性、可信度、精确度、及时性、方法的稳妥性、协调一致性、可利用性。

数据公布是整个统计过程的最后但却较为关键的一步。《建议》中针对数据公布提供了很多建议。首先是统计保密问题。应考虑如下两个要素：一个是列表方格中的单位数量；另一个是单位的支配地位或单位对列表方格总值的贡献率。其次是数据公布时间表问题。通常需要在编制信息的及时性与公布数据的精确度和详细程度之间做出取舍。此外还涉及数据修正的问题，稳妥的修正政策包括如何修订、何时修订、如何实现修订事项及结果的透明化等方面。最后是数据公布的方式。数据公布既可采用电子方式，也可采用纸质出版物方式。《建议》认为，各国应该选择最适合用户需要的方式对数据进行公布，确保让用户清楚地知道获得附加统计数据的可能性和获得这种数据的程序。此外，提供适当的数据诠释也同提供相关数据一样重要，数据诠释的主要成分有：数据覆盖面、发布周期和及时性，公众的可利用性，公布数据的完整性，数据质量，汇总方法，公布的方式。

（以上内容曾以"批发与零售业统计的国际规范"为题，刊于《中国统计》2012年第7期，作者：周宣宇）

附：文件目录

序言
致谢
导言
1. 经销行业的统计范围
   1.1 作为一类经济活动的经销行业
   1.2 《国际标准产业分类》第4版中经销行业的范围和结构
   1.3 《产品总分类》第2版以及《个人消费目的分类》中经销行业的范围与结构
   1.4 其他活动分类中的经销行业
   1.5 一些特殊界限问题
   1.6 经销行业的统计范围

2. **统计单位和报告单位**
   2.1 概述
   2.2 统计单位的定义
   2.3 关于统计单位、报告单位和收集单位的建议
   2.4 作为经销行业统计单位的实体：概述
   2.5 非正规部门的统计单位
3. **统计单位的特征**
   3.1 标识码
   3.2 地点
   3.3 活动种类
   3.4 业务类型
   3.5 经济组织类型
   3.6 法定组织类型和所有权类型
   3.7 规模
   3.8 人口统计特征
   3.9 运营期
4. **数据项目及其定义**
   4.1 了解商业会计与基本经济统计之间的联系
   4.2 各种数据项目的定义
5. **业绩指标**
   5.1 业绩指标的必要性
   5.2 业绩指标的宗旨
   5.3 业绩指标的种类
   5.4 附加指标
   5.5 如何解释业绩指标
6. **资料来源和数据汇编方法**
   6.1 资料来源
   6.2 数据编制方法
   6.3 收集数据的策略
   6.4 调查方法
   6.5 经销行业调查范围和覆盖面
   6.6 所涉时期
7. **短期经销行业统计**
   7.1 背景
   7.2 经销行业指数
   7.3 季节性调整
   7.4 基准检测
8. **数据质量与数据诠释**
   8.1 提高经销行业数据质量
   8.2 质量指标和质量的直接量度
   8.3 经销行业统计数据诠释
9. **数据公布**
   9.1 国家报告
   9.2 国际报告

附录

参考文献

81

服务业生产指数编制手册

英文标题	Compilation Manual for an Index of Services Production
牵头组织	经济合作与发展组织
版本信息	2007年第1版
文件链接	http://www.keepeek.com/Digital-Asset-Management/oecd/economics/compilation-manual-for-an-index-of-services-production_9789264034440-en#page1
中文版	中国人民大学国民经济核算研究所内部版本，2009

在过去几十年里，发达国家服务业均得到较快发展，服务业在经济活动中所占份额越来越大，对经济增长的作用越来越显著。在此背景下，传统的工业生产指数（IIP）已经不能很好地反映出一国经济总体运行状况，因此，需要一个类似IIP的指标来反映服务行业的短期经济现象。《服务业生产指数编制手册》（以下简称《手册》）的发布，为OECD各成员国服务业测度和比较分析提供了一套统计标准。

《手册》主要分成六个部分。

第一、第二部分主要介绍相关概念、工作背景以及当前面临的主要问题。生产指数在国民经济核算中扮演重要角色，特别是服务业生产指数，可以填补月度/季度GDP的空白。服务业生产指数（ISP）的编制目的是测算一个经济体中各行业生产活动的短期波动，帮助经济分析人员和决策者能尽快掌握相关信息，了解所关注产业的发展态势。文中就"统计单元"、"分类"等基本概念及服务业覆盖范围给出了定义，并进行了相应的分类。

第三部分主要介绍ISP编制过程中与市场或非市场服务有关的重要概念。基于国民账户体系（SNA-1993），对一些重要术语如服务活动、服务部门、市场或非市场服务等及其变体做出了详细比较与解释，并延续SNA的处理，给出服务业产出的两种测算方法：直接测算服务生产产出，或通过生产投入间接测算其产出。产出测算通常依据营业额、销售额、总收入作为基础数据，如果这些变量数据不易获得，就业人数可以作为服务产出测算的一个重要输入变量。

第四部分首先介绍了编制ISP的首选方法、替代方法及其他方法。随后，从覆盖范围、及时性、周期性、准确性、相关性和持续性六个方面，对编制ISP过程中涉及的变量、数据来源及方法进行评价，并就编制ISP中相关变量如何进行平滑提出建议。

第五部分是重点内容，主要介绍如何实施指数编制。指数编制类型一般可以分为三种：拉氏指数、帕氏指数和费雪指数。拉氏指数是将同度量因素固定在近期水平上，帕氏指数是将同度量因素固定在报告期水平上，费雪指数则相当于拉式指数和帕氏指数的几何平均值。ISP的编制方法是利用各个服务行业的个体指数计算加权平均值。其中，个体指数来自于报告期除以基期的实际产出，权重则取决于各服务行业创造增加值的份额。随后《手册》概述了编制指数的过程及变量数据的预处理，其中ISP可以从四位码、三位码和二位码三个不同水平来编制，以满足不同使用者的需求。

最后一部分主要介绍 ISP 相关信息的展示方式，便于用户能够根据自身的需求，通过网站、光盘、纸质出版物和在线数据库等多种媒介获取相关信息。

（执笔人：卫晓宇）

附：文件目录

前言
1. 导言
   1.1　短期服务业生产指数的需求与目标
   1.2　测度短期服务业生产活动的国际努力
   1.3　手册的目的与使用
   1.4　手册的组织
2. 基础
   2.1　统计单元
   2.2　分类
3. 服务业生产指数的术语
   3.1　与 ISP 有关的术语
   3.2　测度服务业生产的变量类型与定义
4. 编制 ISP 的来源与方法
   4.1　编制 ISP 的首选、替代及其他方法
   4.2　评估数据来源与方法的恰当性
   4.3　概念适用性的标准
   4.4　分类服务活动的变量与平减指数
5. 指数编制
   5.1　指数类型
   5.2　投入数据的转换
   5.3　合并
   5.4　不同编制阶段所实施的处理
6. 展示与传播
   6.1　ISP 的展示
   6.2　传播

参考文献

附录

企业景气调查手册

英文标题	Business Tendency Surveys：A Handbook
牵头组织	经济合作与发展组织
版本信息	2003年第1版
文件链接	http://www.oecd.org/std/leading-indicators/businesstendencysurveysahandbook.htm
中文版	无

　　判断宏观经济形势，必须掌握相关统计数据。所谓相关统计数据包括两类：一类是传统统计调查所提供的定量数据，主要是那些可测量指标在当期的实际发生数值，比如经济产出量、消费额、投资额、就业人数等；另一类则是描述主观感受的定性调查数据，是针对处于经济体系中的交易者的主观感受以及未来预判进行调查所形成的数据。企业景气调查就属于此类定性调查：通过询问企业负责人对当前企业状况的感受以及对企业近期发展的预期来达到定性反映经济运行现状的目的。相比于繁复的报表数据收集，企业景气调查实施周期短、发布数据快，因此，能及时为经济运行提供参考。

　　企业景气调查涉及面广泛，要覆盖工业、建筑业、零售业及其他服务业等不同行业，所搜集指标要包容有关企业景气各个方面的不同内容，而且，其调查组织实施也有特定要求。这就提出一个问题：如何根据需要设定调查目标，规范调查内容和实施步骤，以保证获得有效反映现实状况的调查结果。《企业景气调查手册》（以下简称《手册》）就是这样一本具有指导意义的方法性文献，它出版于2003年，由经济合作与发展组织（OECD）开发，其前身可以追溯到国际经济趋势调查研究中心（CIRET）以及欧盟经济执行委员会为构建企业景气调查标准框架而完成的工作。出版该手册的目的是帮助亚洲和拉丁美洲国家实施规范的调查，同时为已采取企业景气调查的国家提供参考。全书分为8章，分别从设计问卷，选择样本，误差控制，结果的处理、发布和使用，以及实施协调体系这六大方面为调查实施提供了综合性指导。以下将分别就问卷设计、调查的质量控制、数据处理、调查结果的用途和发布这四个方面对《手册》做简要介绍。

1. 问卷设计

　　定性调查的基础工作是问卷设计。问卷设计的一个个问题，就像一张拼图的不同板块。问卷调查就是要凭借这些板块获取相应调查者的主观判断信息，以此反映经济的未来走势。

　　企业景气调查问卷内容可以归为以下三个方面：（1）对当前生产状况的评估；（2）对过去变动的描述以及对未来变动的预测；（3）企业生产力以及生产约束状况。《手册》给出了欧盟成员国应用的标准统一调查问卷，以下以工业（包含采矿业、制造业、电力、能源）为例，显示一份问卷所包含的基本内容。

> Q.1 除去正常的季节变动,在过去 3~4 个月中您公司生产量的变化为:上升/不变/下降。
> Q.2 除去正常的季节变动,您预计在未来 3~4 个月中生产量的改变为:上升/不变/下降。
> Q.3 除去正常的季节变动,您认为当前的总订单量为:高于正常/正常/低于正常。
> Q.4 除去正常的季节变动,您认为当前的出口订单量为:高于正常/正常/低于正常。
> Q.5 除去正常的季节变动,您认为当前的制成品存货量为:高于正常/正常/低于正常。
> Q.6 除去正常的季节变动,您预计在未来 3~4 个月中平均售价会怎样变化:提高/不变/下降。
> Q.7 除去正常的季节变动,您预计在未来 3~4 个月中您工厂的雇佣人数会怎样变化:增加/不变/减少。
> Q.8 是什么因素在限制您工厂增加生产量?请选最重要的几项:国内需求不足/国外需求不足/有竞争力的进口产品/劳动力短缺/缺乏合适的设备/缺乏半成品/缺乏原料/缺乏能源/财务问题/不清楚经济法规/不确定的经济环境/其他。
> Q.9 您当前的设备使用率是多少(相对正常状态的百分比)。
> Q.10 您认为您公司当前的经济状态为:好/满意/不好。
> Q.11 您预计您公司的经济状态在未来六个月内会:更好/一样/更糟。
> Q.12 您认为您公司当前的财务状况为:好/正常/不好。
> Q.13 您认为您公司当前的借贷渠道为:容易/正常/紧缩。

资料来源:OECD(2003),Business Tendency Surveys: a Handbook.

从调查内容看,企业景气调查涉及生产、订单、存货、出口、价格、雇佣人数等客观经济量,同时加入了一些体现主观感受的因素,基于此,可以提炼企业管理者对生产资料利用状况、制约生产的"瓶颈"、规划和预期、对整体经济的评价等隐性经济因素的相关信息。

从方法而言,景气调查问卷设计应以简明、清晰、规范为原则。一份设计规范、问题清晰的问卷,不仅能缩短企业家回答问题的时间,增加配合调查的积极性,还能减少因表意不明出现的理解偏差,提高回答的准确性。在这里,每一个问题都有明确的时间范围,如"在过去三到四个月中"、"在未来六个月内";在问题的设置上,也增加了填空,通过企业家主观感受和具体数字,能更好地反映企业的真实状况。其中要特别注重季节性对回答的影响。在上述示例性问卷中,有的问题引用了"除去正常的季节变动"这样的描述,有的问题只针对当前的经济状态,由此区分了季节性和非季节性的问题,避免了细微差别可能对问卷回答造成的影响,从而有助于准确反映季节性因素的变动。

企业景气调查属于常规性的调查,逢月、季度或者每半年进行调查,在月报核心问题的基础上,季报和年报一般会增加一些相关附加问题,从而形成月报用短问卷、大型调查用长问卷的调查体系。

2. 调查的质量控制

衡量调查的质量有多方面的标准:调查单位的合理性、可靠性、及时性、可比性和透明公开性等。

(1)合理选择样本是调查的前提。关于调查框架,《手册》建议国家统计部门建立定期的全面企业登记制度,以便得到企业的主要经济活动、规模、是否存在分公司等生产信息。抽样之前,要先明确几个概念:报告单位、选样单位和应答单位。报告单位是向统计部门提交生产数据的单位,一般来说,报告单位可以分为单一区域报告单位和单一生产活动报告单位,它可以是一个企业,也可以是企业的某一个部门,而选样单位和应答单位往往是企业的负责人。如何选择合理的被访者是一个问题,针对此问题,《手册》专门对如何确定目标样本进行说明,讨论了不同性质的样本对调查产生的影响,还对不同抽样方式给出具体的处理办法。

（2）可靠性是保证调查质量的关键。一个科学系统的调查不仅应该对误差的产生给予说明，还应该对所有可能的误差提供统一的控制和处理方法。《手册》讨论了各种误差出现的可能情况，并指出标准清晰的调查问卷对后期误差处理有至关重要的影响，同时给出了测量和控制误差的办法。

（3）及时性是具有参考价值的前提。系统、及时的经济数据有助于经济决策者做出正确判断，也能给企业家提供更清晰的经济形势。常规化的填报体系给经济数据的发布以及相关综合指数的计算提供了可能。

（4）可比性为横向比较和纵向比较提供了可能。统一的标准不但有利于数据的解释和分析，也有利于体系内不同国家之间的比较。不同年份的统计口径常常会发生变动，各个国家的产业分类也会有所差异，这就给相关数据的对比造成了障碍。所以《手册》指出，应当在世界范围内建立统一的调查体系，保证各国之间具有可比性，同时各国应根据调查口径的变化适时调整经济指标的计算方法。

（5）透明性是使用者获知调查信息的保证。收集和处理数据所采用的方法是隐含在调查结果之中的，要比较调查质量的高低，就必须了解原始的调查设计。《手册》分别从调查框架、选样、数据收集和整理、精确度和可比度等方面规定了调查需公开的信息，确保调查使用者能够完整地了解调查的全过程。同时，透明的调查方法也给比较不同国家的数据提供了口径依据。

3. 数据处理

完成初期的设计、抽样、回答之后，需要对问卷的数据进行处理。企业景气调查是带有季节性的综合问卷式调查，而目前国际上处理分类数据的方法多种多样，用不同方法处理的数据，得出的表述结果也繁简不一。这就需要谨慎对待，比如，问卷中的题目主要为多项选择题，如何把描述性的百分比式的结果转化为一个确定的数字，这涉及多选项结果的转换；填写问卷往往遇到无回答的情况，这涉及如何处理无回答数据；同时，还需要检查不同时点的数据是否存在时序相关，必要时需消除季节性；此外，定性数据有概率加权和大小加权，不同加权方式适用的场合也不同，概率加权建立在随机抽样的假设之下，认为抽到的频率和实际的概率相等，而大小加权考虑到了企业的规模、数值变量的大小等因素。《手册》不仅提供了各类型多选题参考性的转换方法和计算公式，对一般和简化的加权方式进行系统阐述，还给出了表格式的结果发布范例。

4. 调查结果的用途和发布

企业景气调查作为经济调查，已经在众多实施调查的国家中证明了其有效性。作为一项系列调查，它已经被当作监视和预测经济周期的常规项目。企业景气调查不仅用于预测综合经济指标的变动，如预测GDP拐点和工业总产量变化等，在具有经验的国家中，企业景气调查的数据也被用来编制多种衡量经济情况的指数。由于企业景气调查涉及行业众多、问题覆盖面广泛，使得调查能够按照要求组合数据，并参考数量数据得出多种有用的信息。其中最著名的是信心指数体系和经济周期指数体系。信心指数是综合调查机构意见、判断经济状况的综合指数，有工业信心指数（ICI）、建筑业信心指数（CCI）、零售业信心指数（RCI）和服务业信心指数（SCI）等。《手册》提出了以上四种指数的关联问题，并且就指数的编制给出了关联问题的计算公式。经济周期指数是反映经济涨落的监测型指标，通过综合多种经济指数和客观数量数据，可全面准确地提供经济的先行、现状以及滞后信息。企业景气调查由于具有高度的经济相关性、周期性和可操作性，已成为提供经济周期数据的主要调查之一。

企业景气调查数据是一个庞大的数据集合，不同的调查使用者对数据的理解程度不同，对调查结果的要求也不一样。如何使人们得到他们最想要的经济数据，对有需要的使用者发布最有效的数据，是发布数据结果时应注意的问题。比如，经济分析师出于研究目的可能需要多年的详细调查资料，但新闻媒体为保证简短可能只需要最主要的指标，而企业负责人关心的则是该行业的基本情况和本企业的系统分析。通用的发布方式有针对分析师的报告、面向决策者的报告和媒体新闻发布。同时，为了不同使用者都能方便地获得数据，不仅需要及时发布调查结果，也应该同时公布完整的调查数据，建立相关的数据库。

企业景气调查不仅是企业家义务参与的活动，也是可以为企业家创造效益的活动。通过调查，企业家不仅能够了解本行业的经济形势，还能借助调查体系内的其他调查了解供货商以及消费者所在行业的现状和近况，获取多方面的信息。不仅如此，企业景气调查还可以帮助预测企业的生产活动，提供被调查者潜在客户的信息，以及帮助企业做更多细节分析等。这些激励措施旨在使企业家留在调查体系内，并配合调查提供有质量的数据。

（以上内容曾以"以定性调查数据支持宏观经济形势判断的基本规范"为题，刊于《中国统计》2013年第6期，作者：武竞）

附：文件目录

前言
1. 简介
   1.1 目的
   1.2 定性数据与定量数据
   1.3 企业景气调查的发展
   1.4 企业景气调查的信息收集
   1.5 企业景气调查的应用
   1.6 手册框架
2. 问卷设计
   2.1 简介
   2.2 问题选择
   2.3 问卷设计
   2.4 注意事项
   2.5 季节性问题
   2.6 标准问卷
3. 样本选择
   3.1 调查框架
   3.2 报告单位和选样单位
   3.3 目标群体
   3.4 抽样设计
   3.5 样本量
   3.6 联系被访者
   3.7 抽样方法
4. 企业景气调查的可靠性
   4.1 调查质量
   4.2 可靠性
   4.3 无应答
   4.4 测量误差
   4.5 处理误差
5. 数据处理
   5.1 简介
   5.2 多选项问题的转换
   5.3 季节调整
   5.4 结果加权
6. 结果发布
   6.1 简介
   6.2 关于方法的信息（元数据）
   6.3 不同用户的需求
   6.4 调查结果的发布
7. 结果用途
   7.1 调查数据的可解释性
   7.2 企业景气调查数据与定量统计的比较
   7.3 企业调查和周期分析
   7.4 经济周期指标体系
8. 企业景气调查的统一体系
   8.1 简介
   8.2 所覆盖的活动种类
   8.3 目标群体
   8.4 单位
   8.5 抽样设计
   8.6 加权
   8.7 响应率

8.8 无应答的处理
8.9 调查的周期性
8.10 及时性
8.11 内容
8.12 标准变量
8.13 测量尺度
8.14 季节性调整
8.15 行业分类

附录
    附录 A 调查问卷和回答选项
    附录 B 企业景气调查的问卷范例
    附录 C 新闻发布范例
    附录 D 进行企业景气调查的机构选择

术语

参考文献

企业统计手册

英文标题	Eurostat – OECD Manual on Business Demography Statistics
牵头组织	欧盟统计局，OECD
版本信息	2007年第1版
文件链接	http://ec.europa.eu/eurostat/en/web/products-manuals-and-guidelines/-/KS-RA-07-010
中文版	无

企业统计建立在欧洲理事会和欧洲议会关于商业统计的法律基础上。近年来，伴随对企业统计需求的不断增长，认可程度不断加深，其已成为OECD创业指标项目的核心组成部分，并得到相关基金的支持。企业数据生产与使用的实践和理论需要有统一的标准，为此，欧盟统计局与经济合作与发展组织（OECD）联合编制了《企业统计手册》（以下称《手册》）。

《手册》主要关注企业的成立与消亡、生命预期、企业在经济活动和制造过程中扮演的角色等方面相关数据的生产与使用，对解决经济社会统计问题提供了大量信息，特别是对政策制定者及分析人士提供了很大帮助。《手册》还阐述了企业统计数据收集分析方法，包括自我雇佣者所拥有的企业。《手册》中提供的统计指标体系对OECD成员国之间的比较有重要意义。

《手册》共8章，可以分成三个部分。

第一部分包括前4章。该部分首先给出了企业统计的一些相关定义。不同国家统计部门对企业所涉经济活动范围的定义有很大差别，而与企业有关的定义将直接影响企业数量增加、减少以及比例的计算。例如，对活跃企业总体规模的度量主要取决于对企业产生与消亡的定义。第一部分还从企业统计和企业注册两个角度来阐释可能影响企业转变的事件，如合并、消亡、分裂、内部重组等事件的发生，都会影响到该事件发生前后的企业数量。《手册》指出，企业统计数据的主要来源是企业的商业注册、企业调查、职员检查以及税收来源等，其中商业注册机制在欧盟国家中趋于一致，由此可为比较分析提供便利。

第二部分包括第5~7章，主要介绍企业从建立、持续经营到消失的过程及相关指标。(1) 企业从开始创建到真正建立需要一个过程，因此，有必要对企业建立这一基本概念进行定义和覆盖范围限定。企业建立分为雇主企业建立和经济企业建立两类，可以通过五个步骤来识别企业建立。一旦我们知道经济体中有多少个新企业创立，就可以通过新增加的就业机会、实际工作量、每千人拥有公司的数量、公司数量的增长率等指标来衡量其对经济产生的影响。(2) 一个正常的企业创立后就要面对存续和成长，企业存续发展可以分为两种状态：一是自建创立后一直有活跃的经营活动，二是接管存续。所谓接管存续，是指一个新的法律单位接管原企业以前中止的业务，使得原企业业务由中止变为活跃的经营状态。企业的成长意味着规模扩大，可以通过新生企业雇员人数增加比率、已存企业人数增长率和新增企业5年内平均雇佣人数来度量企业成长，这三个指标对于不同国家的企业具有可比性。(3) 企业由破产到消亡也需要一个过程，可以从企业消亡的不同类型及其产生影响、识别确认灭亡等方面来收集统计资料。

第三部分主要针对高速增长企业而设。高速增长企业是很多分析人士感兴趣的一类企业。各国对高速增长的定义不尽相同，一般可以通过计算 3 年内就业人数或营业额的增长比率来评断是否属于高速增长，也可以从企业个数方面来考虑，如企业总数中前多少比例属于高速增长，类似统计学中分位数的概念。

（执笔人：卫晓宇）

附：文件目录

1. 引言
　　1.1　关于本手册
　　1.2　目标与用户需求
　　1.3　统计单元与覆盖
　　1.4　法律基础
2. 数据来源
　　2.1　商业注册
　　2.2　其他来源
3. 活跃企业总体
　　3.1　总体范围
　　3.2　指标
4. 统计事件类型
　　4.1　类型
5. 企业建立
　　5.1　从创意到企业建立
　　5.2　雇主企业建立和经济企业建立
　　5.3　新建立企业的雇佣
　　5.4　指标
6. 生存与成长
　　6.1　新企业的生存
　　6.2　增长的测度
7. 死亡
　　7.1　从企业破产到死亡
　　7.2　雇主企业死亡和经济企业死亡
　　7.3　清算单元
　　7.4　关于死亡的估计数据
　　7.5　死亡的影响
　　7.6　指标
8. 高速增长企业
　　8.1　定义
　　8.2　测算
　　8.3　不在计算范围内的企业
　　8.4　飞跃
　　8.5　指标

词汇表

国际旅游统计建议

英文标题 International Recommendations for Tourism Statistics
牵头组织 联合国统计司
版本信息 2008年第2版，1994年第1版
文件链接 http://unstats.un.org/unsd/tradeserv/tourism/manual.html
中文版 http://unstats.un.org/unsd/tradeserv/tourism/manual.html

2008年《国际旅游统计建议》（以下简称《建议》）是对1994年出版的《旅游统计建议》的修订，旨在为各国进行旅游统计实践提供一个全面的方法框架，并在此框架下建立一个具有内部一致性的定义、概念、分类和指标体系。另外，《建议》还协调了旅游统计与旅游卫星账户、国际收支及劳工统计等其他官方统计规范之间的一致性，在旅游统计与其他官方统计之间建立了联系。以下简要介绍《建议》的主要内容。

1. 概念与定义

旅游统计的基础工作是明确旅游的基本概念及其统计范围。一般理解的旅游是一种社会、文化和经济现象，涉及人员向其惯常居住地以外的地方移动，通常以娱乐为动机。但从统计意义上说，旅游的定义还不是这样简单。

《建议》平行定义了"旅行者"和"旅行"、"旅客"与"旅游"两组基本概念。旅行者是指往返于两个不同地理区域之间的人，不管该往返活动的目的如何、持续时间有多长。旅行者所做的活动被称作"旅行"。所谓游客，是指个体目的为商务、休闲等而非受聘于被访问国家某居民实体前提下，在持续时间不足一年的期间内，出行到其惯常环境之外某个主要目的地的旅行者。"游客"所做的活动被称为"旅游"。可见，旅游是旅行的一部分，游客是旅行者的一部分。

在进行旅游统计时界定旅游活动需明确以下统计事项：（1）基准经济体；（2）居住国或惯常居住地；（3）公民身份与国籍；（4）个体的惯常环境；（5）旅游性出行和旅游性访问情况；（6）旅游以及是否在到访地受聘于某个居民实体的情况。

旅游与游客的定义对"惯常性环境"这一概念很敏感，《建议》中指出，确定"惯常性环境"应以下列标准为基础：（1）出行频率（前往度假屋除外）；（2）出行持续时间；（3）跨越行政或国家边界；（4）与惯常居住地之间的距离。除了利用频率和持续时间标准来确定"惯常环境"外，还建议在实践中将跨越行政边界与距离标准结合起来。例如，有些个人的惯常居住地可能在行政边界附近，他们的跨越行政边界行为可能与旅游并不相关。

此外还可以将旅游的形式划分为本国、入境与出境三种基本形式，相应的游客分别称为本国游客、入境游客与出境游客，其旅游活动分别称为本国游、入境游和出境游。以上三种基本旅游形式还

可按照各种方式组合，衍生出其他形式的旅游形式定义，例如国内旅游、国民旅游与国际旅游。国内旅游包括本国游和入境游，国民旅游包括本国游和出境游，国际旅游则包括入境游和出境游。其中，国内旅游为属地原则，考察基准国境内居民或非居民游客的活动；而国民旅游为属人原则，考察的是居民游客在基准国境内或境外的旅游活动；国际旅游则包括居民游客在基准国境外的活动以及非居民游客入境旅游性出行期间在基准国内的活动。

2. 需求角度的统计

旅游的综合性非常强，旅游活动本身涉及国民经济诸多方面，这一特点为旅游统计带来极大挑战。为了使统计工作更有条理，必须将旅游统计纳入一定的分析框架。《建议》从需求—供给角度搭建了旅游统计逻辑框架，将复杂的旅游统计概念按需求和供给两个角度分别相对独立地进行讨论。

从需求角度看，不同的游客出于各自目的与需求，选择不同的旅游性出行方式发生旅游活动，并在此过程中发生了旅游支出。因此，游客特征、旅游性出行的特征以及旅游支出都是需求统计的主要内容。

（1）游客特征。游客是旅游观测的核心。在实际旅游活动中，游客并不总是单独旅行，他们可能会结成团体，共享所有或部分活动、访问以及与出行相关的支出，这种形式称作旅行派对。游客的特征包括其性别、年龄、经济活动状态、职业、住户家庭或个人的年收入、教育水平等。另外，游客惯常居住地的人口、出生地、与国家或行政边界的远近等特征也可能会对旅游倾向产生影响，在条件允许时应当一并观测。游客的其他社会人口特征，应采用劳工组织和联合国教科文组织的国际标准，并根据国情进行调整。游客的个人特征可以通过行政办法收集，如出入境记录、集体膳宿机构的管理资料等，或通过住户或边境调查收集，或在特定地点或与出行有关的特定环境中收集。

（2）旅游性出行。旅游性出行的特征一般体现在以下方面：主要目的；"旅游产品"类型；出行或访问的持续时间；始发地和目的地；交通方式；膳宿类型。为了规范各国旅游统计的可比性，《建议》进一步给出了旅游性出行主要目的的分类，划分为"个人目的"与"商务和职业目的"两个基本类别。个人目的又可进一步划分为：度假、休闲和娱乐，走亲访友，教育和培训，保健和医疗，宗教或朝圣，购物，过境与其他等七个目的。商务和职业目的则特指自营职业者、雇员、投资者与商人等活动，还需强调，这些活动不存在与到访国或到访地某个常住生产者之间的隐性和显性雇佣关系，具体包括参加会议、交易会和展览，参加非政府组织使团，参加科学或学术研究等事项。

旅游性出行的另一个特征即选择的"旅游产品"类型。旅游产品是以特定兴趣点为中心，将不同方面（到访地特点、交通方式、膳宿类型、目的地的具体活动等）相结合的结果。兴趣点包括自然游、农场生活、历史和文化景点游、特定城市游、从事特定体育活动、沙滩等。需注意的是，这里"旅游产品"的概念与经济统计中的"产品"概念不太一样，而与旅游业务中专业人员用来推销具体套餐或目的地的概念有关。由于对这些"产品"的特征确定还不够统一，因此，对于这种分类尚无国际建议。

（3）旅游支出。旅游支出是指游客直接购买消费货物和服务的货币支出。旅游支出并不是游客可能发生的所有支出，以下各项应当排除在外：未计入游客所购产品购买价的国内税和关税付款；所有利息支出，包括为出行目的和在出行期间各项支出的利息；金融和非金融性资产的购买，如土地和不动产，但贵重物品除外；购买用于转售的货物，不管是为第三方还是为自己而购买；现金转移。何时记录旅游支出，《建议》指出要遵循 SNA-2008 的规定，即"住户的最终消费是在货物所有权转移时，或服务交付时发生，而非在其支付时发生"。因此，旅游交通服务的消费支出在运输时发生，旅游膳宿服务的支出在入住膳宿地时发生，旅行社服务的支出在提供信息和预定旅行服务时发生。

（4）其他相关问题。《建议》还从需求角度对出行时间、交通方式、膳宿类型等进行了分类和讨论。出行时间可划分为一日游和过夜游，交通方式可划分为空运、水运和陆运，膳宿类型则主要分为短期膳宿与购租度假屋等。

3. 供给角度的统计内容

旅游供给是指向游客直接提供作为旅游支出对象的货物和服务，其统计首先要说明生产者能够向游客提供货物服务的条件是如何创造的；其次要反映旅游流程、生产成本和供应商在旅游产业中的经济绩效。

（1）基层单位。旅游统计使用的统计单位为基层单位，指位于一个地点，只从事一种生产活动，或者其主要生产活动在增加值中占大部分的某个企业，或某个企业的一部分。在旅游统计和旅游卫星账户中，基层单位是分析生产和生产流程的基本单位。

在旅游统计中，有许多生产实体是非法人企业、家庭企业甚至非正式生产单位（有时称为灰色经济），但只要能提供计算营业盈余所需的数据，则不管组织形式如何，其中每个实体都视作一个独立的基层单位。满足游客需要的基层单位通常具有一种以上的生产活动。从统计角度看其是否具有一种以上活动，将取决于是否可能区分其不同的产出，如酒店除提供膳宿外，通常还经营会议中心。基层单位分类的依据是其主要活动，而主要活动则取决于能够产生最大增加值的活动。

（2）旅游产品。根据SNA-2008的相关规定，旅游相关产品可以划分为旅游特色产品与旅游关联产品两个类别。旅游特色产品指满足以下一项或两项标准的产品：第一，针对该产品的旅游支出应在总的旅游支出中占有显著的份额；第二，针对该产品的旅游支出应在经济体内该产品的供应中占有显著比重。其他与旅游有关但不满足以上两个标准的产品为旅游关联产品。生产旅游特色产品的活动被称为旅游特色活动。

对旅游相关产品进行分类，一级分类为消费品和非消费品。消费品又可分为旅游特色产品和其他消费品。其中，旅游特色产品包括两个子类，分别是具有国际可比性的旅游特色产品（代表旅游支出国际比较的核心产品）与国家特有的旅游特色产品（各国根据国情确定）。其他消费产品也由两个子类组成，分别是旅游关联产品和与旅游无关的消费品。

（3）旅游产业。主要活动属于直接服务于游客的特定旅游特色活动的基层单位集合在一起，构成旅游产业。《建议》指出，可从行业本身对旅游产业进行分析，具体指标包括：按基本价格和生产价格计算的产出总值，以及按产品划分的产出；按购买价格计算且按主要产品类型划分的中间消耗总值；按基本价格计算的合计总增加值；雇员报酬和营业盈余；按资产类型划分的固定资本形成总额；土地和无形资产净值；就业信息等。

4. 其他统计

（1）就业统计。旅游统计中关于就业的定义参照了国际劳工组织制定的一系列标准。旅游行业的就业包括有酬就业或者自营就业，相关数据采集来自以下来源：基于住户的抽样调查；基于基层单位的抽样调查；行政记录。住户抽样调查的优势在于，可以从个人处收集那些不只有一个职位（其中至少有一个是旅游行业）的人员信息。而基于基层单位的调查则更具针对性，可以专门对旅游行业的企业进行调查。从行政记录获得的统计资料通常指社会保障文件、税收报告以及就业报告等，它们的覆盖范围有限且内容不全面，在实践中使用不多。

（2）旅游卫星账户。旅游统计与旅游卫星账户、国际收支中的旅游和客运以及可持续发展等项目有着密切联系。旅游卫星账户是从宏观经济角度了解旅游的概念性框架，可以对旅游的不同形式（入境游、本国游和出境游）进行描述和计量，同时突出了游客消费和经济体（主要为旅游行业）货物服务供应之间的关系。有了该工具，就可以估算旅游国内生产总值，确定旅游对经济的直接贡献。

在国际收支平衡表中，"旅游"项下所包括的范围比旅游统计更广，涵盖了国际间发生的不属于游客的那些旅行者的活动，如边境工作者、季节性工作者或其他短期工作者等。该项目贷方记录由非居民在访问某个经济体期间，从该经济体获取的供自己使用或馈赠的货物或服务；借方记录由居民在访问其他经济体期间，从其他经济体获取的供自己使用或馈赠的货物和服务。其中，"获取"概念比旅游支出概念范围更广，不仅包括实际购买支出，还包括虚拟支出，如免费提供膳宿。

最后，值得一提的还有旅游与可持续发展之间的关系。旅游在对经济产生巨大影响的同时也会对环境、生态系统造成一定影响，甚至是不可逆的破坏。如何在纳入环境因素的框架内进行旅游统计，还是在不断探索研究之中的重要课题。

（3）质量评估。《建议》讨论了旅游统计的数据质量问题。旅游统计数据是一个复杂流程的"终端产品"，因此，需要向用户提供充分信息以使其判断统计数据是否符合预期用途。世界旅游组织与联合国统计司正在致力于根据统计领域的质量评估框架开发适用于旅游统计的数据质量评估框架。此外，世界旅游组织还有一个促进记录旅游统计元数据开发的项目，该项目提供了各国开发的不同旅游统计的元数据。

（以上内容曾以"旅游统计的基本框架"为题，刊于《中国统计》2016年第11期，作者：王文静）

附：文件目录

前言
1. 发展与旅游统计需求
　　1.1　历史发展
　　1.2　迈向2008年国际旅游统计建议
　　1.3　文件结构
2. 需求观：基本概念和定义
　　2.1　旅行和旅游
　　2.2　概念背景
　　2.3　旅游形式
　　2.4　国际游客和本国游客
　　2.5　游客流量测量
3. 需求观：游客和旅游性出行特征的确定
　　3.1　游客特征
　　3.2　旅游性出行的特征
　　3.3　游客和旅游性出行特征测量
4. 需求观：旅游支出
　　4.1　旅游支出的覆盖范围
　　4.2　旅游支出的时间记录和有关经济体
　　4.3　旅游支出类别
　　4.4　分类
　　4.5　旅游支出测算
5. 旅游产品和生产活动分类
　　5.1　基本原则
　　5.2　旅游产品和旅游分类
　　5.3　确定旅游支出产品和活动
　　5.4　货物情况
6. 供应观
　　6.1　统计单位
　　6.2　分类
　　6.3　旅游行业特征的确定
　　6.4　若干旅游行业：基本基准
　　6.5　旅游行业服务供应的测量
　　6.6　特殊情况的旅游运营商和套餐游
7. 旅游行业的就业
　　7.1　概念和定义
　　7.2　作为劳动力需求和供应的就业
　　7.3　就业特征
　　7.4　计量就业
8. 了解旅游与其他宏观经济框架之间的关系
　　8.1　旅游卫星账户
　　8.2　旅游和国际收支
　　8.3　亚国家各级旅游的测量

8.4 旅游和可持续性

9. 补充主题

    9.1 质量

    9.2 元数据

    9.3 发布

    9.4 机构间合作

    9.5 方案实施和政策更新

参考文献

索引

术语表

附录

85

旅游统计方法手册

英文标题	Methodological Manual for Tourism Statistics
牵头组织	欧盟统计局
版本信息	2014 年第 3 版，1998 年第 2 版，1996 年第 1 版
文件链接	http://ec.europa.eu/eurostat/documents/3859598/6454997/KS-GQ-14-013-EN-N.pdf/166605aa-c990-40c4-b9f7-59c297154277
中文版	无

附：文件目录

前言
1. 基本概念
   1.1 旅行与旅游
   1.2 居住国家
   1.3 惯常环境
   1.4 旅游统计与国际收支平衡表
   1.5 旅游卫星账户（TSA）
2. 供给方：膳宿统计
   2.1 基本方法问题
   2.2 观察范围
   2.3 容量变量
   2.4 占用变量
   2.5 容量和占用的要素分解
   2.6 非租住膳宿变量
   2.7 非租住膳宿的要素分解
   2.8 统计方法
   2.9 附加内容
3. 需求方：旅游参与、旅行团及其他成员和一日游
   3.1 基本方法问题
   3.2 观察范围
   3.3 旅游参与变量及要素分解
   3.4 旅游团及其成员变量与要素分解
   3.5 一日游变量与要素分解
   3.6 统计方法
   3.7 附加内容
4. 欧盟法律
   4.1 法规与修订案
   4.2 授权法案
   4.3 实施方法

参考文献

86

旅游卫星账户：方法性框架建议

英文标题	Tourism Satellite Account: Recommended Methodological Framework
牵头组织	联合国统计司、世界旅游组织、欧盟统计局、经济合作与发展组织
版本信息	2010年第2版，2000年第1版
文件链接	http://unstats.un.org/unsd/pubs/gesgrid.asp?id=434
中文版	http://unstats.un.org/unsd/pubs/gesgrid.asp?id=434

为使旅游统计与整个经济统计体系保持一致，使旅游及其相关数据具有可信的国际可比性，需要建立一个国际通用的旅游核算框架来测量旅游及其相关产品和服务。为此，联合国统计司于2000年联合欧盟统计局、经济合作与发展组织和世界旅游组织，共同编写了《旅游卫星账户：建议方法框架》（以下简称TSA），作为各国编制旅游卫星账户的国际规范；随后时间里，进一步参考《国际旅游统计建议2008》、各成员国执行旅游卫星账户的经验，以及与宏观经济核算有关的最新框架，对原版本进行了更新，形成了TSA-2008。以下从旅游卫星账户的定义、要素、报表和编制四个方面作简要介绍。

1. 基本定位

旅游业不是一个独立的产业部门。一个产业通常被定义为生产相同产品或提供相同服务的企业的总和，而旅游业企业并非生产同一类产品或提供同一类服务。比如餐饮企业和客运企业，它们只是其他产业中为满足旅游需求而生产的产品和服务的一部分。

针对旅游业这一特性，国民核算提出了两种不同的方法来测度旅游业。一是修改国民账户体系，在每个与旅游相关的产业和产品下细分旅游子目录；二是采用与国民账户体系相对独立的结构体系——卫星账户（也称"附属账户"）。第一种方法的缺点和后果显而易见，它会破坏国民账户体系原有的完整性，改变体系的基本结构；相比之下，采用第二种方法，通过卫星账户来对现有国民账户体系中尚未或不能被作为一个产业的经济部门进行核算，可以在不过分加重国民账户体系负担或打乱该体系的前提下，针对某些特定领域（如环境、旅游等）进行专门核算，以充分灵活的方式扩大了原国民核算的分析容量，显然更加可取。由此得到的卫星账户与国民账户体系同构，是该体系的补充和完善，也可与该体系进行比较。

因此，旅游卫星账户可以这样定义：在国民账户体系之外，按照其概念和分类要求，将由旅游活动产生的消费和产出部分从各旅游相关部门中剥离出来单独表示，这样便可以准确地测度旅游业对GDP的贡献率，支持旅游业与国民账户中的其他经济部门进行比较。

2. 核算要素

一个完整的旅游卫星账户包括以下五大要素。

基本概念。包括旅游消费、旅游活动、旅游需求、旅游产业、旅游企业、旅游特征产品、旅游特有产品、旅游特征生产活动、惯常环境、旅游经营者、旅游形式、投入产出模型等。

主要总量。包括境内旅游消费、旅游集体消费、旅游业总固定资产、旅游就业、总体旅游需求、旅游国内总产出、旅游增加值、旅游业增加值等。

相关分类。包括主要产品分类、旅游产品分类、旅游特有产品列表、旅游特征产品列表、旅游活动的国际标准分类等。

基本表式。包括按产品和形式分类的境内旅游消费表、按产品和形式分类的国内旅游消费表等。

其他衍生内容。包括区域化 TSA、TSA 超国家展望、TSA 功能展望等。

核算表是旅游卫星账户编制的核心。TSA–2008 给出了 10 张核算表，内容上相互连接，将上述的概念、总量、分类等要素有机结合在一起，以此可以反映出一国旅游业的规模和结构状况。

3. 基本核算表

以下顺序列出 TSA–2008 给出的 10 张核算表。

表 1 是按产品和游客类别分列的入境旅游消费。横行按游客细分，纵列按产品细分，分类统计入境旅游者、一日游游客在旅游特征产品、旅游相关产品及非旅游产品上的支出。

表 2 是按产品和游客类别分列的国内旅游消费。内容同表 1，但对象限于国内旅游。

表 3 是按产品和游客类别分列的出境旅游消费。内容同表 1，但对象限于出境旅游。

表 4 是按产品和游客类别分列的境内旅游消费。内容由表 1～表 3 汇总而成，包括现金消费和非现金消费两个部分。

表 5 是按产品和行业分列的旅游产品供给和旅游产业生产情况。横行按行业细分，纵列按产品细分，上半部分分类统计旅游特征行业、旅游相关行业和非旅游行业对应提供的产品，下半部分显示旅游产业的总产出和增加值。

表 6 是按产品和行业分列的国内旅游供给和境内旅游消费。内容由表 4 和表 5 复合而成，主要计算某产品的游客消费比例和某行业的旅游贡献比例，其计算结果可显示直接用于旅游的消费，以及旅游增加值。

表 7 是按产品和行业分列的旅游就业统计。主要是统计各类企业（组织）的数量、旅游就业数量、行业总就业人数以及就业状态等。

表 8 是按产品和行业分列的旅游固定资本形成总额。内容主要包括无形资产和有形资产以及因旅游而发生的土地升值等资本项目。

表 9 是按政府职能和政府级别分列的旅游公共消费。主要显示在以下领域因旅游而发生的政府支出：旅游宣传促销、旅游规划、事务协调、统计和信息搜集、信息管理、游客接待部门调控和管制、特定游客管理实务、为保护游客而产生的国防费用等。

表 10 是旅游非货币性指标。所展示的内容主要是为了更好地辅助解释货币指标欲说明的问题。

表 6 在整个 TSA 中处于最核心地位，旅游消费和供给的数据及对 GDP 的贡献就是出自该表。需要注意旅游增加值、旅游业增加值、旅游 GDP 三个核心总量指标之间的区别：旅游业增加值和旅游增加值都包括旅游产业通过服务旅游者创造的增加值，但除此之外，前者中还包含了旅游产业通过服务非旅游者所创造的增加值，后者中还包含了非旅游产业通过服务旅游者创造的增加值；旅游 GDP

则是在旅游增加值基础上加减相关税收、补贴之后的结果。

4. 主要编制步骤

针对上述核算表，TSA 的编制主要包括以下步骤。

步骤 1　根据一国实际情况，进行 TSA 编制可行性分析，划分 TSA 编制阶段，确定每一阶段的 TSA 编制目标和资源投入；

步骤 2　分析 TSA 结构，界定 TSA 相关概念、指标和分类，尤其是旅游产品和旅游产业的分类，明确本阶段要编制的表格，建立表式和账户；

步骤 3　明确数据资料的来源，界定所属的各类调查（一手资料）以及可用的二手数据资料（来自其他部门或其他统计），评价二手资料的可用性，进一步改善调查模式；

步骤 4　和相关部门协作，进行游客调查、行业调查，这些都是了解一国旅游经济结构和模式的必备调查；

步骤 5　汇总调查结果，将旅游支出（主要来自游客调查、行业调查以及政府支出调查）和旅游收入（主要来自行业调查和居民调查）纳入相应核算表中（例如 TSA 表 1～表 5）；

步骤 6　按照投入产出的供需平衡原则，针对基本 TSA 表内容作测算，得到旅游 GDP 等总量指标（主要涉及 TSA 表 6）；

步骤 7　对得到的 TSA 数据作评价，进行恰当的修正，保证恰当的应用；

步骤 8　总结 TSA 编制经验，为下一阶段继续完善做准备。

（执笔人：张一青）

附：文件目录

1. 导言
    1.1　旅游统计和旅游卫星账户：概况
    1.2　历史背景
    1.3　《2008 年旅游卫星账户：方法性框架建议》的内容和结构
2. 需求角度：概念和定义
    2.1　背景
    2.2　旅游支出和旅游消费
    2.3　旅游业固定资本形成总额
    2.4　旅游集体消费
3. 供给角度：概念和定义
    3.1　旅游业产品和生产活动分类
    3.2　特殊问题
    3.3　旅游产业特定的变量
4. 表、账户和总量
    4.1　表和账户
    4.2　总量

参考文献

索引

术语表

附录

附录一　2000 年与 2008 年《旅游卫星账户：方法性框架建议》之间的主要差异

附录二　旅游卫星账户与《国民账户体系（2008）》中心框架之间的关系

附录三　分别记录预定服务

附录四　对货物和零售贸易活动的处理方法

附录五　旅游单一目的的耐用消费品，属于旅游业固定资本形成总额和与旅游业集体消费有关的非市场商品的建议物品清单

附录六　旅游业经济影响计量

附录七　亚国家各层级旅游卫星账户应用

附录八　OECD 旅游就业单元

旅游卫星账户开发通用指南：旅游需求测度

英文标题	General Guidelines for Developing the Tourism Satellite Account（TSA）：Measuring Total Tourism Demand
牵头组织	世界旅游组织
版本信息	2000年第1版
文件链接	http：//statistics.unwto.org/publication/measuring-total-tourism-demand-general-guidelines-vol-1
中文版	无

世界旅游组织一直致力于推行世界通行的旅游统计方法，其中一项标志性成果就是与联合国统计司等国际组织一起，于2000年推出《旅游卫星账户：方法性框架建议》，同时出台了一系列文件和技术文档，用以规范旅游统计中的基本概念、基本统计方法和处理，《旅游卫星账户开发通用指南：旅游需求测度》（以下简称《指南》）就是这类技术文档中的一卷。

《指南》从微观和宏观两个角度对旅游需求统计进行了详细阐述。

与《旅游卫星账户：方法性框架建议》相对应，《指南》先从概念、定义、分类、统计规则和账户处理方面对旅游消费支出、最终支出等概念进行了明确的定义，并理清了各概念之间的关系和应用范围。其中支出可依照旅游过程大致分为：在旅游前发生的支出，包括耐用消费品、非耐用消费品和服务支出，按照支出分类归类的在途消费，以及旅游后续服务支出。同时，《指南》给出了国内游、出境游、入境游在旅游统计中的区别，并从旅游用品和服务、目的地两个维度进行统计，构建出完整的旅游支出平衡表。

在具体统计方法上，《指南》给出了基本统计的问卷格式和数据采集方式，包括：游客访问、入户访问、交通工具访问、卖家访问等。《指南》指出，由于难以区分游客的非旅游支出和卖家的非旅游收入，考虑多种数据搜集方式能够减少一定误差，还可通过定义各类消费品和服务，使调查更加实际可行。

宏观旅游卫星统计以国民账户体系（SNA-1993）为基本参照。旅游卫星账户包含的内容比游客旅游支出更加丰富，其中最明显的项目就是为使游客获得服务而发生的由政府提供的固定资产支出以及公共服务支出。此外还涉及对游客消费的定义，但不局限于现金消费，而是广义的消费，包括易货方式下发生的最终消费、公共性社会安全利益消费、个人非市场旅游消费和旅游业成本等，此外还厘定了国民旅游消费、境内旅游消费、境外旅游消费、国内旅游消费等基本概念和核算范围，并进一步说明了SNA-1993和旅游卫星账户在口径上的不同处理。

（执笔人：韩泽宇）

附：文件目录

旅游卫星账户和准备过程中的通用指南

简介

技术文档1 现金支出：游客最终消费支出测度
- 1.1 简介
- 1.2 游客消费
- 1.3 游客在途消费的主要范围
- 1.4 支出的估计方法
- 1.5 旅游卫星账户中的游客支出

附录 A 旅游耐用消费品

附录 B 参考文献

技术文档2 旅游需求测量
- 2.1 简介
- 2.2 旅游卫星账户：旅游需求有关概念定义
- 2.3 问题提出与讨论
- 2.4 从理论到实践：怎样测度旅游总需求
- 2.5 结论

附录 参考文献

88 旅游卫星账户开发通用指南：旅游供给测度

英文标题	General Guidelines for Developing the Tourism Satellite Account (TSA): Measuring Total Tourism Supply
牵头组织	世界旅游组织
版本信息	2000年第1版
文件链接	http://statistics.unwto.org/publication/measuring-total-tourism-supply-general-guidelines-vol-2
中文版	无

《旅游卫星账户开发通用指南：旅游供给测度》（以下简称《指南》）归纳了长期摸索中形成的旅游业供给方统计经验，是联合国统计司与世界旅游组织为实现旅游卫星账户和旅游业统计而制定的一系列技术文档中的核心文件之一，与《旅游卫星账户开发通用指南：旅游需求测度》构成上下篇。

《指南》以国民账户体系（SNA-1993）为基本框架，首先按照旅游主题将货物服务划分为特征性和非特征性的货物服务，又将特征性货物服务划分为直接货物服务与关联货物服务。《指南》中没有明确给出如何区分，只是通过对本次旅游是否具有重要意义来区分，遵从常识给出了图表归纳。为了在实际工作中发挥更大的参考价值，《指南》给出了国际标准旅游活动分类，并将货物服务与相应的旅游活动加以对照，根据旅游活动的目的为各方提供可利用信息。《指南》描述了应搜集的数据内容、数据定义和解释、旅游供给统计主要对象和所涉及的统计单元，还给出了旅游卫星账户关键表格的填写方法，包括旅游业和相关产业产出的5表、与就业有关的7表、非货币指数的10表等。

其次是旅游业GDP统计，主要按照GDP统计框架展开，明确了统计范围，给出旅游统计表和平衡核算方法。其基本思路是，参照国民核算的办法，分别旅游产业内供给、产业外供给对生产活动作统计并予以加总，构造出旅游业投入与产出表及其指标计算方法。然后着眼于数据实际应用分析，《指南》进一步给出了进行旅游影响分析的步骤、注意事项和基本假设。

《指南》发布可使旅游业供给统计在国际上能够实现统一化，同时结合SNA-1993将旅游统计推广到旅游GDP核算。此外，《指南》提纲挈领，对实际统计工作中容易出现的错误和注意事项给予了详细说明，比如特殊类别货物和服务的划分，一些具体指标的计算和前提假设等。与《旅游卫星账户开发通用指南：旅游需求测度》相比，本《指南》的公式和分析较多，两者在功能上是相辅相成的。

（执笔人：韩泽宇）

附：文件目录

旅游卫星账户和准备过程中的通用指南

简介

技术文档 3　旅游货物和服务供给统计
- 1.1　简介
- 1.2　旅游供给统计的目标与依据
- 1.3　旅游供给侧概况
- 1.4　国民旅游活动的信息需求
- 1.5　数据搜集内容
- 1.6　完成一套 TSA 供给表
- 1.7　满足旅游供给统计需求
- 1.8　汇编旅游机构登记表
- 1.9　可替换的数据搜集方式评价

附录　联合国数据内容的格式

技术文档 4　旅游国内生产总值的测量
- 2.1　简介
- 2.2　基本的测度概念
- 2.3　分析框架
- 2.4　效应分析
- 2.5　总结和结论：使用

附录 1　变形后的投入产出表
附录 2　如何在 TSA 中利用投入产出表
附录 3　注释
附录 4　参考文献

89

旅游业就业测量：指南与最佳实践

英文标题	Measuring Employment in the Tourism Industries: Guide with Best Practices
牵头组织	世界旅游组织，国际劳工组织
版本信息	2014 年第 1 版
文件链接	http://www.ilo.org/global/industries-and-sectors/hotels-catering-tourism/WCMS_329309/lang—en/index.htm
中文版	无

附：文件目录

致谢

序

导言

1. 旅游业就业
   1.1 世界旅游业工作
   1.2 就业作为一个重要的统计变量
2. 旅游业就业的测量
   2.1 旅游业经济的机制
   2.2 旅游业就业的测量：遭遇挑战
   2.3 旅游业就业的不同概念测量
3. 主要国际旅游业测量框架和数据来源
   3.1 主要国际旅游业测量框架
   3.2 国际劳工组织/联合国世界旅游组织联合出版物
   3.3 统计能力
   3.4 旅游业就业统计的主要数据来源
4. 关注多国就业统计可比性的议题
   4.1 用于国际比较的是什么
   4.2 数据为何不同
   4.3 国际比较的"尺度"
   4.4 就业统计的比较、调整、协调与整合
5. 旅游业就业测量的最佳实践
   5.1 各国实践简述
   5.2 奥地利
   5.3 巴西
   5.4 加拿大
   5.5 爱尔兰
   5.6 新西兰
   5.7 西班牙
   5.8 瑞士
   5.9 英国

附录

90 旅游统计的社区方法

英文标题	Community Methodology on Tourism Statistics
牵头组织	欧盟统计局
版本信息	1998年第1版
文件链接	http：//ec.europa.eu/eurostat/en/web/products-manuals-and-guidelines/-/CA-21-99-028
中文版	无

附：文件目录

引言
基本概念和基础定义
旅游涉及的领域

第一部分 基本方法
1. 旅游需求
2. 旅游供给
   2.1 旅游供给的定义
   2.2 旅游活动的供给
   2.3 旅游产品的供给
   2.4 旅游膳宿统计

第二部分 旅游市场划分
1. 城市旅游及旅游的区域概念
   1.1 概念与定义
   1.2 统计单元
   1.3 变量与分类
   1.4 与其他统计的联系
   1.5 收集指南
2. 文化旅游
   2.1 概念与定义
   2.2 统计单元
   2.3 分类
   2.4 变量
   2.5 与其他统计的联系
   2.6 收集指南

第三部分 与旅游有关的统计
1. 经济体系
   1.1 旅游支出与国际收支平衡表中的旅游
   1.2 旅游价格、成本与关税
   1.3 旅游与就业
2. 旅游与环境

附录
参考文献

六、价格

91

消费者价格指数手册：理论和实践

英文标题	Consumer Price Index Manual: Theory and Practice
牵头组织	国际劳工组织，国际货币基金组织，经济合作与发展组织，欧盟统计局，联合国欧洲经济委员会，世界银行
版本信息	2010年修订版，2004年第1版
文件链接	http://www.imf.org/external/pubs/cat/longres.cfm? sk=17165.0
中文版	中国财政经济出版社，2008年

价格的变化会迅速被消费者体验并感受到，因为他们的购买力和福利水平（或福利分配）会随之发生变化，为此他们必须调整维持其固定的生活标准或效用水平的费用（生活成本）。消费者要面对各种消费品和服务，而不同消费品的价格上涨率又不一致，所以就必须通过一个综合价格指数来量化所有消费品的价格上涨率，这个综合指数就是消费者价格指数（CPI）。许多国家编制消费者价格指数的初衷主要是为了调整工资，以补偿通货膨胀对购买力的影响。随着控制通货膨胀成为多数国家的一项高度优先的宏观政策目标，消费者价格指数的作用进一步扩大了，被广泛用于衡量和监视通货膨胀，并同社会福利（如养老金、失业救济以及政府其他付款等）挂钩，还会用于自动调整长期合同中的价格。

消费者价格指数的国际标准肇始于1925年第二届国际劳工统计学家会议首次为"生活费用"指数制定的国际标准，此后经过国际劳工统计学家会议在1947年、1962年和1987年通过有关决议进行的三次修订，才在1989年撰写出编制方法手册。到20世纪90年代，相关法规及大量私人合约均开始以消费者价格指数作为通货膨胀指标来调整各种付款（如工资、租金、利息和社会保障福利金等），该指数的任何微小误差或偏差就可对政府、企业及住户产生巨大和广泛的金融影响。基于此，政府部门（尤其是财政部）及其他机构必须更认真仔细地审查其准确性和可靠性。2004年版的《消费者价格指数手册》（以下简称《手册》）就是基于这个背景开发出来的，其内容涵盖了消费者价格指数的计算方法及其所依据的基本经济理论和统计理论。这是一部份量很重的手册，以下分三部分作简要介绍：消费者价格指数是什么；消费者价格指数的编制程序；消费者价格指数理论。

1. 基本定义

有关消费者价格指数是什么的问题，主要涵盖三个方面：概念、范围和分类。

（1）消费者价格指数的概念。消费品/服务的购买与使用之间可能存在区别，因此，消费者价格指数有两种不同概念：可以将其视为衡量两段时期住户购买消费品/服务之价格的平均变化（固定篮子，属于纯价格指数），也可以将其视为两段时期住户为满足其需要和愿望而使用消费品/服务之价格的平均变化（固定消费水平，属于"生活费用"指数）。第十届国际劳工统计学家会议（1962）决定采用同时涵盖这两个概念的较笼统的"消费者价格指数"术语（此前主要采用生活费用指数的概念，此后实践中多采用固定篮子的方法），因为他们认为这两个概念不应相互抵触，而且不管是编制消费者价格指数，还是编制生活费用指数，其最佳做法可能是很相似的。

（2）消费者价格指数的涵盖范围。要确定消费者价格指数最合理的涵盖范围，就必须严格界定其包含的货物、服务及住户类型，而这些范围的确定则要受制于所计划指数的主要用途。一般来说，消费者价格指数主要用于衡量住户购置或使用货物/服务之价格的变化，也就是说，它主要局限于住户消费的货物与服务价格（尽管未必涵盖所有住户以及住户消费的所有货物与服务）。基于这样设定的预期用途，需要通过住户范围（即"参考住户"或"参考总体"）、商户范围和价格范围来确定指数的合理覆盖范围。第一，关于住户。消费者价格指数的范围仅限于私人住户，不包括机构住户。鉴于住户是权数的数据来源，还可能会将极端富裕/需要接受救助的住户排除在外。第二，关于商户。消费者价格的涵盖范围由参考住户的购买行为决定，但实践中，我们不能直接从住户那里收集信息，只能从销售端通过电子收银机数据和零售商店或其他商户对所售产品的报价为依据。也就是说，商户才是编制消费者价格指数的数据来源。第三，关于价格范围。指数本身应该反映有关消费者的感受，所以就必须记录消费者实际为货物与服务所支付的价格，这样形成的支出才应包括在指数范围内。为此，记录的支出和价格中应该包含所有产品税、折扣、补贴以及大部分回扣（即使是歧视性或有条件的），是体现消费者的所有支付。

（3）消费者价格指数的分类。消费者价格指数中包含一套分类体系，它具有两方面的意义。首先它为编制价格指数奠定了结构性基础，包括加权和汇总框架、产品抽样的分层基础；其次它还决定了所公布的分类指数范围。在构建消费者价格指数分类体系时，应考虑：第一，分类必须反映现实经济；第二，在汇总层面给出的分类指数应该体现数据用户的需要；第三，类别明确且相互之间不重叠，能够完全涵盖其范围内的所有产品。一般推荐在最高层次上采用目的分类法，以下层次则按产品分类，后者可根据《个人消费目的分类》中的 01 大类到 12 大类以及《产品总分类》中的产品小类和细类确定。

2. 编制程序

编制消费者价格指数有一套计算程序，涵盖了其中所涉及的计算方法。计算程序一般分两个阶段：第一阶段收集每个基本分类的代表性价格样本，并计算样本的平均价格变动，从而计算出每个基本分类的价格指数；第二阶段以基本分类的支出为权重，计算基本分类指数的加权平均值。以下简要介绍整个价格指数计算程序中所包含的技术问题。

（1）推算支出权重。消费者价格指数是其涵盖的各种消费性货物/服务价格变化的加权平均数，权重反映了各项货物/服务的相对重要性，以其占住户消费总额的份额度量。可以说，赋予每种货物/服务的权数决定了其价格变化将对整个指数带来多大影响。权数数据主要来源于住户支出调查，其推算和编制包含了一系列步骤，通常可能需要使用其他相关来源的补充信息（如国民核算数据）以调整住户调查的结果，还可能要直接或间接地对某种价格变化做出假定。

（2）选择抽样方法。抽样主要针对单位（货物或服务）进行。之所以只做单位抽样，是因为要收集所有商品及商户的价格不仅不可行，而且成本极高。在做出抽样决定后，主要涉及两个问题：如何选择样本（对抽样设计的选择）；如何利用样本来估计参数（对估计程序的选择）。

（3）价格采集最佳调查方法。抽样完成后，还应当从效率、准确度及消费者购物规律代表性等方面考虑价格采集/调查的最佳方法来合理安排价格调查。其中涉及：第一，采集频率与时间选择，取决于价格指数是否应涉及月度平均价格还是仅限于某一时点（如某月的某天或某一星期）的价格。第二，对产品规格的说明，具体的代表性商品应当体现消费价格指数篮子中典型的价格变动。第三，确定价格采集程序，包括对现场采集程序的选择：直接从一个地区或国家的各个商户采集价格信息（地方式价格采集），还是由国家统计机构总部或地方办公室的工作人员统一采集价格（集中式价格采集）。此外还包括对价格采集技巧、设计调查表，以及对降价、讨价还价和不得已的替换、产品替代及质量调整的处理。

（4）价格的质量调整。价格采集中遇到的典型困难是被定价的商品已经退市，此时价格采集员就要实地结合那些对决定价格和购买习惯最有影响力的特征来找到替代品，并详细描述新产品以便总部能够辨别相关的质量变化，目的是确保价格指数能继续反映购买一篮子固定的、质量恒定的货物的成本。总部要利用这些采集的信息来决定如何进行相关质量调整，其间还需采集新产品或替换品在基础月份（比如上月）的名义价格，这可向店主索取，也可根据处理质量差异的不同方法之一估算：直接对比（在无质量变化时进行对比）、直接（显性）质量调整、间接（隐性）质量调整。在采集新产品而不是可比的替换品时，可能有必要在短期内把新产品排除在指数之外，直到有了其长期可用性及价格稳定性的充分证明，再将其纳入指数计算。

3. 相关理论基础

指数理论的发展由来已久，指数分类齐全、方法成熟。对消费者价格指数而言，其关键在于选定一种基本指数类型。现实中并不存在一种完全理想的公式，《手册》介绍指数理论的目的，就是要基于指数理论，通过各种调整、最优化处理来得到最为相近的指数值，即寻找最优指数。下面从消费价格指数在价格统计体系中的地位谈起，介绍四种主要的指数理论方法。

经济统计系统中有四项基本价格指数：消费者价格指数、生产者价格指数、出口价格指数和进口价格指数。它们是反映货币购买力的直接指标，对政府制定和实施财政货币政策以及私人部门的经济决策有着重要作用，也可作为缩减指数对生产和消费的货物/服务量进行综合衡量，并通过它们全面了解有关产品和服务的生产、消费以及国际交易的价格趋势。进一步看，在这四个价格指数中，进口价格指数和出口价格指数主要与国际市场有关，生产者价格指数处于经济过程的上游，相比之下，消费者价格指数更接近于经济产品的最终使用，所涉及的总量与国民核算中 GDP 支出价值总量的构成直接关联，因此，它在价格统计体系中处于中枢地位。

从统计指数理论而言，构造价格指数有三种主要的思路。一是固定篮子法以及固定篮子的对称平均法。固定篮子法是基于货物/服务篮子的价格指数，在基期与报告期中住户消费品与服务基本不变前提下，只计算两时期总购置成本的百分比变化。固定篮子指数中最具有一般意义的是 Lowe 指数，日常所用帕氏（Paasche）和拉氏（Laspeyres）价格指数都属于 Lowe 指数的特例，以这两个指数的均匀加权（算数和几何）平均来估计这段时期价格变化的方法就是对称平均法，如 Fisher 理想指数和 Walsh 价格指数。二是随机法，又称统计估算法，其基本思想是，对固定篮子里的每个商品计算其基期和报告期的价比（报告期价格除以基期价格），并以此作为这段时期的共同通货膨胀率的估计值，所有价比的加权（含等权）平均值就是价格指数。三是检验法或称公理法，即在设定公理（指数公式所满足的基本数学特性）的基础上来考察和评估各种指数的数学特性。对检验法来说，需要在两个方面做出选择：确定一个指数框架并对指数实施何种检验或施加何种特性。理想的检验结果是所建议的检验既可取又可以完全确定一个公式的函数形式。三者相比，固定篮子法属于基本指数理论，随机法和检验法都是在固定篮子的基础上讨论的。然而，固定篮子法没有考虑到经济学和实践中的替代效应——人们对商品的需求会随着价格的上涨而下降，从而会高估价格指数，于是出现了以不固定篮子为特征的经济分析法。比如生活费用指数，它从经济理论角度来解释消费者价格指数，用于衡量人们消费的货物/服务价格变化所导致的维持某一给定效用或福利水平所需最低费用的变化。随着时间的推移，固定篮子中的产品带给人们的效用以及所能享受到的福利水平必然会发生变化，所以若要在恒定的效用和福利水平条件下考虑价格指数，权数选择的篮子就不能固定。进一步看，影响人们福利与实际效用的不仅有经济因素，还有非经济因素，所以生活费用指数又可分为有条件的（假定其他非经济因素恒定，仅考察经济因素的影响）和无条件的（无任何限制约束），国际规范中一般是基于条件生活费用指数来研究。此外，可观测的 Lowe 指数的两个极端（拉氏和帕氏指数）正好是不可观测的生活费用指数的上下限，因为生活费用指数本质上就是在 Lowe 指数基础上考虑长期价格趋势和替代效应的影响，并将该影响通过效用不变的形式表现出来。

（以上内容曾以"测度和监视通货膨胀的工具"为题，刊于《中国统计》2012 年第 12 期，作者：袁东学）

附：文件目录

前言
序言
鸣谢
读者指南

1. 消费者价格指数方法简介
    1.1 消费者价格指数的起源和用途
    1.2 指数的选用
    1.3 基于产品和服务篮子的价格指数
    1.4 指数的公理检验法和随机检验法
    1.5 生活费用指数
    1.6 集合问题
    1.7 数据示例
    1.8 季节性产品
    1.9 初级价格指数
    1.10 概念、范围和分类
    1.11 支出权数
    1.12 采集价格数据
    1.13 根据质量变化调整价格
    1.14 项目替代与新产品
    1.15 实际计算消费者价格指数
    1.16 组织与管理
    1.17 发表与公布
2. 消费者价格指数的用途
    2.1 消费者价格指数备选系列
    2.2 指数化
    2.3 实际消费与实际收入
    2.4 在发生通货膨胀情况下将消费者价格指数用于核算目的
    2.5 消费者价格指数与广义通货膨胀
    2.6 消费者价格指数作为经济指标的普及性
    2.7 维护消费者价格指数独立性与信誉的必要性
3. 概念与范围
    3.1 导言
    3.2 其他消费总量
    3.3 获取与使用
    3.4 篮子指数与生活费用指数
    3.5 消费者价格指数范围以外的支出和其他付款
    3.6 购买与销售外币
    3.7 付款、融资与信贷
    3.8 住户生产
    3.9 住户范围与商户
    3.10 价格差异
    3.11 对一些特定住户支出的处理
    3.12 价格涵盖范围

3.13 分类

4. 支出权数及其来源
   4.1 导言
   4.2 消费者价格指数的权数结构
   4.3 数据来源
   4.4 权数的实际计算

5. 抽样法
   5.1 导言
   5.2 概率抽样技术
   5.3 概率抽样在消费者价格指数上的运用
   5.4 非概率抽样技术
   5.5 抽样方法的选择
   5.6 估算程序
   5.7 消费者价格指数的估算程序
   5.8 方差估算
   5.9 最佳配置
   5.10 总结

6. 价格采集
   6.1 导言
   6.2 采集频率与时间选择
   6.3 产品说明（规格）
   6.4 价格采集程序
   6.5 相关问题

7. 质量变化调整
   7.1 导言
   7.2 为什么可比型号法可能会失败
   7.3 质量变化的特征
   7.4 可比项目退市时质量调整方法概述
   7.5 隐性质量调整方法
   7.6 显性质量调整方法
   7.7 选择质量调整方法
   7.8 型号更新率高的高科技部门和其他部门
   7.9 长期与短期比较

8. 项目替代、样本空间和新产品
   8.1 导言
   8.2 可比的样本
   8.3 样本空间和样本替换或替代
   8.4 样本轮换、链可比和特征指数
   8.5 质量调整策略所需要的信息
   8.6 新产品及其与发生质量变化的产品的不同之处
   8.7 纳入新产品

8.8 总结

9. 消费者价格指数的实际计算
   9.1 导言
   9.2 基本分类价格指数的计算
   9.3 较高层级指数的计算
   9.4 作为初级指数加权平均数的消费者价格指数
   9.5 数据编辑

10. 一些特例
    10.1 导言
    10.2 房主自住房
    10.3 服装
    10.4 电信服务
    10.5 金融服务
    10.6 房地产代理服务
    10.7 财产保险服务

11. 误差与偏差
    11.1 导言
    11.2 误差类型
    11.3 误差和偏差的计量
    11.4 误差最小化方法
    11.5 偏差类型
    11.6 偏差要素
    11.7 偏差估算值的汇总
    11.8 结论

12. 组织与管理
    12.1 导言
    12.2 实地采集
    12.3 实地采集工作的质量
    12.4 实地采集过程中的质量检查：审计人员的作用
    12.5 总部的质量检查
    12.6 编制和公布指数
    12.7 质量管理和质量管理体系
    12.8 业绩管理、发展和培训

13. 发布、传播和用户关系
    13.1 导言
    13.2 以时间序列表示水平和变化
    13.3 指数的季节调整与修匀
    13.4 分析引起变化的原因
    13.5 对指数的经济评注和解释
    13.6 列示相关或其他指标

13.7　新闻发布稿、公告和方法说明
13.8　发布消费者价格指数的国际标准
13.9　消费者价格指数的发布时间
13.10　发布及时性与数据准确性
13.11　数据可得性
13.12　保密性
13.13　电子公布
13.14　与用户的磋商

14. 价格统计体系
　14.1　导言
　14.2　国民核算作为价格统计体系的框架
　14.3　主要价格指数中的消费者价格指数
　14.4　国民核算中的其他价格指标
　14.5　产品和服务价格统计体系的框架
　14.6　产品和服务支出的国际比较

15. 基本指数理论
　15.1　导言
　15.2　将总量值分解为价格和数量两部分
　15.3　固定篮子价格指数的对称平均数
　15.4　年度权数和月度价格指数
　15.5　Divisia 指数及对指数的离散近似

16. 指数理论的公理法和随机法
　16.1　导言
　16.2　指数理论的水平法
　16.3　双边价格指数的第一公理法
　16.4　价格指数的随机法
　16.5　双边价格指数的第二随机法
　16.6　Törnqvist – Theil 价格指数和双边指数的第二检验法

17. 指数理论的经济分析法：单一住户情况
　17.1　导言
　17.2　Konüs 生活费用指数和可观测的界限
　17.3　同位偏好时的真实生活费用指数
　17.4　最优指数：Fisher 理想指数
　17.5　r 阶二次平均最优指数
　17.6　最优指数：Törnqvist 指数
　17.7　最优指数的近似属性
　17.8　最优指数和两阶段汇总
　17.9　Lloyd – Moulton 指数公式
　17.10　年度偏好和月度价格
　17.11　零价格提高到正价格的问题

18. 指数理论的经济分析法：多住户情况

　18.1　导言
　18.2　金权生活费用指数和可观测的界值
　18.3　Fisher 金权价格指数
　18.4　民主生活费用指数与金权生活费用指数

19. 使用人工数据集测定的价格指数
　19.1　导言
　19.2　人工数据集
　19.3　早期的价格指数：Carli、Jevons、拉氏和帕氏指数
　19.4　不对称加权价格指数
　19.5　对称加权指数：最优指数和其他指数
　19.6　按两个汇总阶段构建的最优指数
　19.7　Lloyd – Moulton 价格指数
　19.8　Fisher 理想指数可加性百分比变动分解
　19.9　Lowe 指数和 Young 指数
　19.10　基于 Lowe 公式的中间年份指数
　19.11　Young 型指数

20. 初级指数
　20.1　导言
　20.2　理想的初级指数
　20.3　基本分类的汇总和分类问题
　20.4　实践中采用的初级指数
　20.5　常用初级指数之间的数值关系
　20.6　编制初级指数的公理法
　20.7　编制初级指数的经济分析法
　20.8　编制初级指数的抽样法
　20.9　构建基本分类过程中扫描数据的使用
　20.10　编制初级指数的简单随机法
　20.11　结论

21. 质量变化和特征
　21.1　导言
　21.2　新的和正在消失的项目
　21.3　特征价格和隐性市场
　21.4　特征指数
　21.5　新产品与服务

22. 季节性产品的处理
　22.1　导言
　22.2　季节性商品数据集
　22.3　同比月度指数
　22.4　同比年度指数
　22.5　滚动年份年度指数

- 22.6 使用当期同比月度指数来预测滚动年指数
- 22.7 最大重叠月环比价格指数
- 22.8 对不可得价格采用结转价格的年度篮子指数
- 22.9 对不可得价格进行虚拟的年度篮子指数
- 22.10 Bean 和 Stine C 型或 Rothwell 指数
- 22.11 使用月环比年度篮子指数来预测滚动年指数
- 22.12 结论
23. 耐用品和用户成本
   - 23.1 导言
   - 23.2 获取法
   - 23.3 租金等价法
   - 23.4 用户成本法
   - 23.5 用户成本和获取成本间的关系
   - 23.6 其他折旧方式
   - 23.7 独特耐用品和用户成本法
   - 23.8 房主自住房的用户成本
   - 23.9 与房主自住房有关的成本的处理
   - 23.10 房东与房主的用户成本
   - 23.11 支付法
   - 23.12 房主自住房定价的其他方法
   - 23.13 租金等价法

主要词汇表

附录

参考文献

索引

生产者价格指数手册：理论和实践

英文标题	The Producer Price Index Manual：Theory and Practice
牵头组织	国际劳工组织，国际货币基金组织，经济合作与发展组织，联合国欧洲经济委员会，世界银行
版本信息	2004 年第 1 版
文件链接	https：//www.imf.org/external/pubs/cat/longres.aspx？sk=16966.0
中文版	国家统计局城市司内部版本

　　生产者价格指数（PPI）是测量生产者买卖货物与服务的价格变化的指标，可用于反映国民经济的运行状况。联合国曾于 1979 年发布了《工业品生产价格指数手册》，用于规范各国对 PPI 的编制。经历了几十年发展变化，该规范已无法满足当今要求。鉴于此，2004 年，国际劳工组织（ILO）、国际货币基金组织（IMF）、经济合作与发展组织（OECD）、欧盟经济委员会和世界银行一起建立内部秘书处工作组做为合作机制，联合发布了《生产者价格指数手册：理论和实践》（以下简称《手册》）。

　　正如标题中所言，《手册》紧紧围绕 PPI 的"理论"和"实践"两个主题展开，不仅阐述了 PPI 实践过程中遇到的问题，还提供了解决问题的理论方法。《手册》总体可分为四大部分。

　　在第一部分，《手册》介绍了 PPI 的一些基本信息及主要编制步骤，包括 PPI 的基本概念、原则分类以及指数覆盖范围。需要明确的是，PPI 的覆盖范围可能由于国家不同而有较大差异。《手册》概述了 PPI 的发展历史，为了能够更全面、更广泛地测量价格变化，PPI 编制一直在改进。

　　在第二部分，《手册》详细讨论了指数编制的主要步骤，包括确定权重、采集样本、加工原始数据、计算最终指数等。在确定不同的货物与服务权重时，借鉴其他普查或调查的结果是常用的方法。对于设计抽样方案及问卷，《手册》给出了详细的案例，并推荐了数据收集方法。在加工原始数据和计算最终指数时，可能会出现无法被价格反映的商品，以及货物质量变化、旧产品退出、新产品加入等诸多问题，需要分别采取相应的调整方法，以便提高 PPI 的准确性。

　　在第三部分，《手册》主要论及 PPI 编制过程中组织及管理方面可能出现的问题。对于采集过程、后期数据与计算的核查，以及工作团队的业绩管理与培训等事项在操作中的组织管理，《手册》均提出了建议。在最终发布指数时，《手册》强调要注意数据的及时性、可得性、便利性、易理解等方面，同时建议提前制定发布时间表，并邀请相关专家进行解读。

　　在第四部分，《手册》阐述了一些理论上的问题。《手册》指出，在整个价格统计系统中，PPI 并不是一个孤立的统计量，比如通货膨胀的分析需要深入探讨 PPI、CPI 以及进出口价格指数之间的关系，国民账户体系能够为这些指数之间的关系分析提供概念框架。在计算指数时，对于可能出现的各种误差，《手册》也从数理角度作了详细、深刻的推导与证明。

　　总之，《手册》的推出，既为 PPI 的生产者提供了参考，也照顾到了 PPI 使用者的需求。对生产者而言，《手册》与其他规范、指南一起，以其专业的理论、丰富的经验为各国 PPI 的编制提供了一套可供借鉴的制度；对使用者而言，《手册》不仅可以帮助他们了解官方编制 PPI 的流程，还可进一步加深其对 PPI 的理解。

（执笔人：景向）

附：文件目录

序言
前言
读者指南
缩略语

第Ⅰ部分　方法、用途和范围

1. PPI 方法综述
   1.1　PPI 的用途和起源
   1.2　基本的指数公式
   1.3　公理检验法
   1.4　随机检验法
   1.5　经济分析法
   1.6　集合问题
   1.7　解释性数值数据
   1.8　指数的选取
   1.9　基本价格指数
   1.10　季节性产品
   1.11　概念、范围和分类
   1.12　价格数据的抽样和采集
   1.13　价格的季度调整
   1.14　价格的质量调整
   1.15　产品替代与新产品
   1.16　收入权重
   1.17　基本指数计算
   1.18　组织与管理
   1.19　公布与发布

2. PPI 的背景、目的和用途
   2.1　价格指数的背景和起源
   2.2　官方价格指数
   2.3　价格指数的国际标准
   2.4　PPI 的目的
   2.5　PPI 的用途
   2.6　PPI 系列

3. 范围与分类
   3.1　总体涵盖
   3.2　价格涵盖
   3.3　地理涵盖
   3.4　统计单位
   3.5　分类

第Ⅱ部分　编制问题

4. 权数及其来源
   4.1　导言
   4.2　权数的角色
   4.3　权数及构成
   4.4　基本分类和分层权数
   4.5　货物和贸易权数
   4.6　选择及确定权数的步骤

5. 价格采集的抽样问题
   5.1　导言
   5.2　价格调查抽样中的常见问题
   5.3　起点
   5.4　抽样设计
   5.5　样本选择及机构招募案例
   5.6　样本维护及轮换
   5.7　PPI 抽样技术概览

6. 价格采集
   6.1　导言
   6.2　采集频率与时间选择
   6.3　产品规格
   6.4　价格采集程序
   6.5　响应者关系
   6.6　核实
   6.7　相关问题

7. 质量变化调整
   7.1　导言
   7.2　质量变化的特征
   7.3　可比项目退市时质量调整方法的概述
   7.4　隐性质量调整方法
   7.5　显性质量调整方法
   7.6　选择质量调整方法
   7.7　型号更新率高的高科技部门和其他部门
   7.8　长期与短期比较

8. 项目替代、样本空间和新产品

- 8.1 导言
- 8.2 抽样问题及可比性
- 8.3 质量调整策略所需要的信息
- 8.4 纳入新产品
- 8.5 总结
9. 实践中 PPI 的计算
   - 9.1 导言
   - 9.2 基本分类价格指数的计算
   - 9.3 较高层级指数的计算
   - 9.4 数据编辑
10. 特例产品的处理
    - 10.1 导言
    - 10.2 农业
    - 10.3 服装
    - 10.4 石油加工
    - 10.5 钢铁
    - 10.6 计算机
    - 10.7 机动车
    - 10.8 造船
    - 10.9 建筑
    - 10.10 零售
    - 10.11 通讯
    - 10.12 银行
    - 10.13 保险
    - 10.14 软件咨询与支持
    - 10.15 合法服务
    - 10.16 医院
11. PPI 中的误差与偏差
    - 11.1 导言
    - 11.2 误差与偏差
    - 11.3 用途、范围和估算
    - 11.4 抽样误差和变差的产生
    - 11.5 抽样误差和变差的动态特征
    - 11.6 价格测量：响应误差和偏差、质量变化、新产品
    - 11.7 替代偏差

第Ⅲ部分 操作问题

12. 组织与管理
    - 12.1 导言
    - 12.2 价格采集过程的开始
    - 12.3 实地数据采集工作的质量
    - 12.4 价格采集的质量检查
    - 12.5 PPI 生产与质量保证
    - 12.6 业绩管理、发展和培训
    - 12.7 质量管理和质量管理体系
13. 公布、散发和用户关系
    - 13.1 导言
    - 13.2 指标列示类型
    - 13.3 发布问题
    - 13.4 与用户的磋商
    - 13.5 新闻发布案例

第Ⅳ部分 概念及理论问题

14. 价格统计体系
    - 14.1 导言
    - 14.2 产品和服务价格统计体系的框架
    - 14.3 产品和服务支出的国际比较
15. 基本指数理论
    - 15.1 导言
    - 15.2 将总量值分解为价格和数量两部分
    - 15.3 固定篮子价格指数的对称平均数
    - 15.4 年度权数和月度价格指数
    - 15.5 Divisia 指数及对指数离散近似
    - 15.6 定基与链指数
16. 指数理论的公理法和随机法
    - 16.1 导言
    - 16.2 指数理论的水平法
    - 16.3 双边价格指数的第一公理法
    - 16.4 价格指数的随机法
    - 16.5 双边价格指数的第二公理法
    - 16.6 Low 和 Young 指数的检验特性
17. 指数理论的经济分析法
    - 17.1 导言
    - 17.2 Fisher-Shell 产出价格指数
    - 17.3 中间价格指数经济分析法的建立
    - 17.4 附加值缩减指数经济分析法的建立
    - 17.5 最优指数近似：年中指数
18. 汇总问题
    - 18.1 导言
    - 18.2 汇总的编制
    - 18.3 拉氏、帕氏、最优指数和两阶段汇总
    - 18.4 附加值缩减指数与生产者价格指数的关系
    - 18.5 国民附加值缩减指数的汇总编制
    - 18.6 国民附加值缩减指数与最终需求缩减

指数
19. 使用人工数据集测定的价格指数
　　19.1　导言
　　19.2　关于最终需求的价格指数
　　19.3　年中指数
　　19.4　Fisher 指数可加性百分比变动分解
　　19.5　工业生产者价格指数
　　19.6　全国生产者价格指数
20. 初级指数
　　20.1　导言
　　20.2　理想的初级指数
　　20.3　实践中采用的初级指数
　　20.4　常用初级指数之间的数值关系
　　20.5　编制初级指数的公理法
　　20.6　编制初级指数的经济分析法
　　20.7　编制初级指数的抽样法
　　20.8　编制初级指数的简单随机法
　　20.9　结论
21. 质量变化和特征

21.1　季节性产品问题
22.2　季节性产品数据集
22.3　同比月度指标
22.4　同比年度指标
22.5　滚动年份年度指数
22.6　使用当期同比月度指数来预测滚动年指数
22.7　最大重叠月环比价格指数
22.8　对不可得价格采用结转价格的年度篮子指数
22.9　对不可得价格进行虚拟的年度篮子指数
22.10　Bean 和 Stine C 型 或 Roth‐Well 指数
22.11　使用月环比年度篮子指数来预测滚动年指数
22.12　结论

术语
参考文献

93 进出口价格指数手册

英文标题	Export and Import Price Index Manual
牵头组织	国际劳工组织、国际货币基金组织、经济合作与发展组织、欧盟统计局、联合国欧洲经济委员会和世界银行
版本信息	2009年第1版
文件链接	https：//www.imf.org/external/pubs/cat/longres.aspx？sk=19587.0
中文版	无

进出口商品价格指数（XMPI）是反映一国或地区在一定时期内进出口商品价格变动趋势和幅度的相对数，在国民核算、宏观经济管理和对外经济贸易管理中有十分重要而广泛的应用。联合国曾于1981年发布《对外贸易价格和数量测度方案》。2009年，国际劳工组织（ILO）、国际货币基金组织（IMF）、经济合作与发展组织（OECD）、欧盟统计局、欧盟经济委员会和世界银行联合发布了《进出口价格指数手册》（以下简称《手册》），从理论和实践两个层面详细介绍了进出口价格指数（XMPI）的编制过程，还为解决编制过程中可能遇到的难题提出了建议。

《手册》同其他两部手册（《消费者价格指数手册》、《生产者价格指数手册》）编制思路基本一致，主要从概念、定义、分类、范围、评价、数据、公式等方面进行阐述。

《手册》在第一部分介绍了编制XMPI所涉及的理论和实践、适用范围以及XMPI如何适应商品价格的变化，具体包括基本概念、估价原则、分类标准、商品替代、数据来源以及指数所覆盖的范围等。横向来看，XMPI的覆盖范围可能由于地区不同而有较大的差异；纵向来看，XMPI为了满足更全面、广泛的测量价格变化的要求，也一直随时间进行着改进。

《手册》在第二部分着重讨论如何收集、处理价格数据，并提出了编制过程中需要考虑的问题。进行进出口商品调查统计首先需要编制一个样本框；在方案设计时需要根据不同的抽样目的选择不同的抽样方案；还需要全面考虑抽样过程中可能涉及的问题，如商品及货物质量变化、旧产品退出以及新产品加入所引起的价格变化等。《手册》针对这些难题提出了相应的解决方法，以期提高编制XMPI的准确性。对一些本应包含在进出口价格指数当中但由于缺少标准而容易被忽略的产品和服务价格，如电力、煤气和水供应服务、农业、服装等，《手册》也作了详细讨论，并给出建议。

对于XMPI编制过程中涉及的组织管理，《手册》指出，从进出口价格采集过程开始，到数据处理审核、估价定价，再到后期指数编制的计算与审核，以及工作团队的业绩管理及培训，都需要认真详细的计划和组织。在进出口价格指数发布时，需要考虑其展示的类型、宣传的途径以及与用户咨询。数据发布之后，如何及时、准确、详细地向用户解读价格指数的意义，也在组织管理内容中。

最后，《手册》对商品质量变化及特征值、季节性产品处理和如何度量贸易条件改变带来的影响这三个较难的概念性问题进行了说明，并对XMPI编制中涉及的指数理论以及跨国公司商品定价转移问题作了深入剖析。此外，《手册》特别指出，XMPI在国民经济中也具有重要的地位，例如，在计算一国 GDP 总量时，一旦涉及进出口，就需要使用进出口商品价格指数。

（执笔人：卫晓宇）

附：文件目录

序言
前言
读者指南
1. 出口和进口价格指数方法综述
   1.1 导言
   1.2 单位价格指数和价格指数
   1.3 XMPI 的用途
   1.4 概念、范围和分类
   1.5 源数据：权重
   1.6 源数据：价格
   1.7 价格转换
   1.8 缺失价格和调整价格质量
   1.9 商品替代和新产品
   1.10 基本指数公式和 XMPI 的经济方法
   1.11 基本价格指数
   1.12 基本指数计算
   1.13 组织与管理
   1.14 出版与推广
   1.15 贸易相关术语
   附录 1.1 实施 XMPI 的必要步骤概述
2. 单位价格指数
   2.1 导言
   2.2 国际建议
   2.3 单位价值指数及其潜在的偏差
   2.4 单位价值偏差的证据
   2.5 战略选择：混合指数的编制
   2.6 战略选择：提高单位价格指数
   2.7 战略选择：基础实施价格调查概要
   2.8 概要
   附录 2.1 分层好处的一些限制
3. 国际贸易的价格和成交量：背景、目的、进出口价格指数的使用
   3.1 价格指数的背景与起源
   3.2 官方价格指数
   3.3 价格指数的国际标准
   3.4 出口和进口价格指数的目的
   3.5 XMPI 家族

4. 覆盖范围、估价和分类
   4.1 导言
   4.2 覆盖范围
   4.3 估价
   4.4 分类
5. 数据来源
   5.1 行政管理来源
   5.2 调查来源
   5.3 概述
6. 价格收集中的抽样问题
   6.1 导言
   6.2 起始位置
   6.3 商品：多重基本项目的汇总检验
   6.4 货物与服务：调查企业以识别基本项目
   6.5 价格抽样调查中的常见问题
   6.6 样本设计
   6.7 样本选择及确定调查对象的例子
   6.8 样本维护和转移
   6.9 XMPI 抽样策略概述
7. 价格采集
   7.1 导言
   7.2 采集频率与时间选择
   7.3 商品规格
   7.4 价格采集程序
   7.5 响应者关系
   7.6 核实
   7.7 相关问题
8. 质量变化调整
   8.1 导言
   8.2 质量变化的特征
   8.3 质量调整方法简介
   8.4 隐性质量调整方法
   8.5 显性质量调整方法
   8.6 选择质量调整方法
   8.7 型号更新率高的高科技部门和其他部门
   8.8 长期与短期比较
   附录 8.1 Hedonic 回归数据说明

9. 项目替代、样本空间和新产品
  9.1 导言
  9.2 抽样问题及可比性
  9.3 质量调整策略所需要的信息
  9.4 纳入新产品
  概要
  附录9.1 商品和设施的出现与消失
  附录9.2 新产品及其替代
10. XMPI的实际计算
  10.1 导言
  10.2 基本分类价格指数的计算
  10.3 较高层级指数的计算
  10.4 数据编辑
11. 特殊产品及其问题处理
  11.1 导言
  11.2 农业
  11.3 服装
  11.4 原油和汽油
  11.5 金属
  11.6 电子计算机
  11.7 机动车
  11.8 服务
  11.9 国际贸易中的定价问题
12. XMPI的误差与偏差
  12.1 导言
  12.2 误差与偏差
  12.3 用途、范围和估算
  12.4 抽样误差和变差的产生
  12.5 抽样误差与变差的动态特征
  12.6 价格测量：响应误差和偏差、质量变化、新产品
  12.7 替代偏差
  12.8 质量管理和质量管理体系
  12.9 数据管理
  12.10 世界商品价格
13. 组织与管理
  13.1 导言
  13.2 组织结构和资源管理
  13.3 发布问题
  13.4 启动过程
  13.5 重定价过程
  13.6 估计过程
  13.7 出版和文档处理
  13.8 质量保证
14. 出版、传播和用户关系
  14.1 导言
  14.2 展示的类型
  14.3 传播问题
  14.4 用户咨询
  14.5 新闻发布案例
15. 价格统计体系
  15.1 导言
  15.2 主要产品和服务价格统计与国民核算
  15.3 产品和服务支出的国际比较
16. 基本指数理论
  16.1 导言
  16.2 将总量值分解为价格和数量两部分
  16.3 固定篮子价格指数的对称平均数
  16.4 年度权数和月度价格指数
  16.5 Divisia指数及对指数离散近似
  16.6 固定基地对战链指数系列
  附录16.1 帕氏指数和拉式指数标的关系
  附录16.2 Lowe指数和拉氏指标的关系
  附录16.3 Young指数及其时间对立的关系
17. 指数的公理法和随机法
  17.1 导言
  17.2 指数理论的水平法
  17.3 双边价格指数的第一公理法
  17.4 价格指数的随机法
  17.5 双边价格指数的第二公理法
  17.6 Low和Young指数的检验特性
  附录17.1 关于Törnqvist指数在第二双边价格指数中最优的证明
18. 指数理论的经济分析法
  18.1 导言
  18.2 经济理论与居民和非居民方法
  18.3 设置阶段
  18.4 单个基础设施的出口价格指数
  18.5 高级出口价格指数
  18.6 进口价格指数
19. 转让定价
  19.1 转让定价相关问题
  19.2 转让定价概念的替代
  19.3 没有贸易或所得税条件下的转让定价

- 19.4 存在贸易或利润税金和无外部市场条件下的转让定价
- 19.5 统计机构能否有效收集到转让定价信息
- 19.6 结论
20. 支出法下的进出口及基于简单案例和人工数据集编制的相关价格指数
 - 20.1 导言
 - 20.2 国际贸易流量的扩张性产量的解释
 - 20.3 人工数据集
 - 20.4 国内最终需求的人工数据集
 - 20.5 国民生产价格指数
 - 20.6 增加值价格缩减指数
 - 20.7 两阶段增加值价格缩减指数
 - 20.8 价格指数最终需求
 - 20.9 结论
21. 初级指数
 - 21.1 导言
 - 21.2 理想的初级指数
 - 21.3 实践中采用的初级指数
 - 21.4 常用初级指数之间的数值关系
 - 21.5 编制初级指数的公理法
 - 21.6 编制初级指数的经济方法
 - 21.7 编制初级指数的抽样方法
 - 21.8 编制初级指数的简单随机法
 - 21.9 结论
22. 质量变化和特征值
 - 22.1 导言
 - 22.2 特征价格和隐性市场
 - 22.3 特征指数
 - 22.4 新产品和服务
 - 22.5 附录
23. 季节性产品的处理
 - 23.1 季节性产品的问题
 - 23.2 季节性产品数据集
 - 23.3 同比月度指标
 - 23.4 同比年度指标
 - 23.5 滚动年度年份指数
 - 23.6 使用当期同比月度指数来预测滚动年指数
 - 23.7 最大重叠月环比价格指数
 - 23.8 对不可得价格采用结转价格的年度篮子指数
 - 23.9 对不可得价格进行虚拟的年度篮子指数
 - 23.10 Bean 和 Stine C 型或 Roth-well 指数
 - 23.11 使用月环比年度篮子指数来预测滚动年指数
 - 23.12 结论
24. 度量贸易条件变化带来的影响
 - 24.1 导言
 - 24.2 实际出口价格变化的影响
 - 24.3 实际进口价格变化的影响
 - 24.4 进出口价格变化的综合影响
 - 24.5 直接进口货物和服务价格的变化对家庭生活成本指标的影响
 - 24.6 结论

名词解释

参考文献

索引

CPI 编制实用指南

英文标题	Practical Guide to Producing CPI
牵头组织	联合国统计司
版本信息	2009 年第 1 版
文件链接	http://unstats.un.org/unsd/EconStatKB/KnowledgebaseArticle10296.aspx
中文版	无

维持物价稳定是宏观经济政策调控的主要目标之一，而衡量物价水平变动的一项重要指标就是消费者价格指数（Consumer Price Index，CPI）。

CPI 的原型是"生活费用"指数。1925 年第二届国际劳工统计学家会议制定了首套编制"生活费用"指数的国际标准，此后经多次改进，于 1989 年出版了《消费者价格指数：国际劳工组织手册》，并于 2004 年由若干国际组织（包括国际货币基金组织、国际劳工组织、经济合作与发展组织、欧盟统计局、联合国统计司、世界银行）联合再版经过修订后的《消费者价格指数手册：理论和实践》（Consumer Price Index Manual：Theory and Practice）。该手册从理论上对 CPI 进行了全面阐释，无疑是各国编制 CPI 的重要指导性文件。但从实际应用过程看，仅有这样一部理论性手册还不够，还需要针对不同国家的具体情况给出具有实务性的操作指导，为此国际组织又于 2009 年联合颁布了《CPI 编制实用指南》（以下简称《CPI 指南》）。

《CPI 指南》主要侧重实际问题的解决，是对《CPI 手册》的补充，共 18 章，涉及 CPI 的适用范围、支出权数来源与更新频率、价格数据调查方法、质量变化调整方法、特殊案例分析以及结果的输出发布和使用等六大方面。以下主要就其前面几部分内容作简要介绍。

1. CPI 的适用范围

CPI 是一项综合价格指数，覆盖了与居民消费相关联的各种货物和服务价格。但在实际应用过程中，CPI 也不是一成不变的；面对不同用途，CPI 的编制方法会有所不同。《CPI 指南》主要从使用用途、地理范围、参考人群范围和消费范围四个角度对 CPI 的应用范围进行阐释。

CPI 可以用于多种目的。其中比较典型的应用包括：（1）工资、租金、合同和社会保障的指数化；（2）在国民核算中，作为剔除价格因素影响的工具；（3）作为一般的宏观经济指标，对通货膨胀目标及利率的制定发挥重要作用。

从地理范围看，CPI 的适用范围包括国家和区域两个层面。在国家层面，CPI 编制有国民范围和国内范围之分。国民范围涵盖常住人口所有的非经营性支出，不管支出是在何处（国内还是国外）发生的，这样编制的 CPI 对收入指数化应用非常有意义。国内范围则是说 CPI 应涵盖国内发生的一切非经营性支出，其中包括由外国旅客在当地实现的支出，比较适用于监测和分析一国通货膨胀状况。

除了国家层面之外，如果数据条件许可，还应在区域层面编制 CPI，反映区域价格变化趋势，但此时可能要面临很多问题，比如，区域调查需要花费的成本较大，也涉及国民范围和国内范围的选择，而且会因为区域间往来频繁而更加难以识别，等等。

从人群角度区分，CPI 的适用范围与其使用目的的紧密相连。所谓人群主要分为两种：一种是由一人或多人组成的、共同享有资源的私人家庭（其中包括生活在军队、疗养院和寄宿学校的人）；二是集体户，如生活在宗教机构、医院、监狱和养老院等场所的居民，以及临时性外国工人。面对不同使用目的，CPI 覆盖的人群不同。例如，从工资指数化用途出发，所编制的 CPI 往往不会包括非常富有的人。而如果目的是研究通货膨胀水平，CPI 覆盖的人群应尽可能全面。

从内容覆盖范围看，作为反映通货膨胀水平的指示器，CPI 原则上应覆盖国内零售市场上所出售的全部消费性货物和服务。然而，在实际编制过程中，某些产品或服务将不得不排除在外，比如非法销售的货物（如毒品）、二手商品、赌博和卖淫等服务。

2. CPI 的编制步骤

编制 CPI 的主要步骤大体可以概括为：一是确定一篮子的消费产品和服务；二是确定篮子中各类产品及服务的权数；三是数据采集；四是价格指数计算。每一步都涉及具体操作方法问题。

（1）产品分类体系。选择一个合适的产品分类体系是编制 CPI 的第一步，即确定一篮子的消费产品和服务。COICOP（即按目的划分的个人消费分类）是目前国际通用的被用于 CPI 编制的产品分类体系。以 COICOP 为基础，CPI 采用分级制度：一级为类，二级为组，三级为小组，基本分类单位为活动。全部消费支出划分为：食品和不含酒精饮料，酒精饮料、烟草和麻醉品，衣着和鞋类，住房、水、电、煤气和其他燃料，陈设品、家用设备和住房的日常维修，医疗保健，交通，通信，教育，餐馆和旅馆，其他商品和服务等 12 个类，在此之下具体区分为 47 个组、117 个小组。各国可结合本国实际情况作进一步细分，据此编制 CPI 的分项指数。

（2）消费支出权数。CPI 要衡量具有代表性的一篮子服务的成本变化，由此需要用一套分类消费支出作为权重对各类货物服务价格进行加权。支出权重的选择，有固定篮子指数之说和生活费用指数之说。前者反映消费者购买固定篮子的货物服务时平均支出的变化，后者则表示消费者为维持相同效用水平其所购买的两期最优货物服务篮子平均支出的变化。实践中，大多数国家采用的是固定篮子理论，即拉式指数，它的计算方式更为简便并容易理解。

（3）数据采集。编制 CPI 所使用的价格数据主要来源于抽样调查，抽样方法主要包括概率抽样和非概率抽样两类。每种抽样方法都有一定的适用条件，尽管现代统计理论更推崇概率抽样，但由于其抽样过程复杂且成本较高，现实中大多数国家还是依赖于非概率抽样。在进行价格调查时，既需要对消费品和服务进行抽样，也要对地理区域和商户进行抽样，具体抽样过程中会设计许多具体问题，《CPI 指南》均给出了具体指导，比如为避免消费品和服务抽样过程中的主观性，明确提出选择代表品时应考虑的各种因素；按地理区域抽样时，通常要在各个区域单独进行，以确保样本代表性；对商户进行抽样时，可供选择的不同方法等。

（4）价格指数计算。CPI 的计算分为两个步骤进行：首先，对货物和服务进行基本项目分类，并估算初级价格指数；其次，对初级价格指数进行加权平均，获得高层级指数。初级价格指数有多种计算方法，最常用的是 Carli 指数、Dutot 指数和 Jevons 指数，Jevons 指数是国际上广为使用的初级价格指数计算方法。高层级价格指数的编制涉及两个问题：指数公式的选择、指数及其序列的选择。与计算初级价格指数相似，高层级价格指数的计算方法也有很多，《CPI 指南》中针对拉式指数计算方法有详细介绍。

3. 样本轮换和质量变化调整

CPI反映的是质量不变的一篮子消费品和服务的成本变化。随着产品的不断更新换代，市场上各种货物和服务的质量在不断变化，部分货物和服务被淘汰，新产品也会产生。因此，在编制CPI时应进行样本轮换和质量变化调整。

如果一个商户停业或拒绝参与，则应替换为在同一位置开展相同业务且与其实力相当的另一个商户。若消费品和服务需要替换时，应分两种情况考虑。（1）如果是货物和服务暂时缺货或无价格记录，CPI编制者有四种选择：第一，忽略缺失价格的货物或服务；第二，使用前一次的记录价格；第三，参照总体价格水平的平均变动插补价格；第四，参照相似商户的相似货物或服务的平均价格变动进行插补。（2）如果是货物和服务永久性消失、质量和规格发生变化或被新产品替代，CPI编制者应选择替代产品进行定价，做出质量变化调整并计算基准价格。

质量调整方法可简单地分为直接调整法和间接调整法。间接调整法主要适用于缺乏替代项目或难以对质量特征进行量化的情况下。直接调整法包括包装尺寸调整法、专家判断法、生产成本参考法、Hedonic回归法等。相比之下，直接调整法更为常用。

4. 特殊指数

除了CPI主要编制方法之外，《CPI指南》还为一些特殊指数的编制和应用提供了指南。

（1）季节调整。季节性变动会掩盖CPI的基本变动，由此可能导致对宏观经济的错误判断，因此，需要利用一些方法消除CPI中的季节性因素影响。进行季节调整的层次可以不同，有些国家会对所有项目CPI进行季节调整，有些国家则只对部分项目指数进行季节调整。季节调整的方法主要有X-12-ARIMA法和移动平均法。

（2）核心CPI的编制和应用。在实际中，许多研究通货膨胀的专家更感兴趣的是"核心通货膨胀"、"潜在通货膨胀"或诸如此类的指数，而不是基本消费价格指数。度量核心CPI的方法主要有剔除法、平滑法和有限影响估计法。剔除法是剔除掉构成CPI一篮子货物和服务中短期内价格波动较大的部分后，重新分配权重所形成的价格指数；平滑法是采用平滑或滤波的方法消除CPI中的高频噪声部分；有限影响估计法是采用加权均值来度量核心通货膨胀，其中最具代表性的方法是修剪均值法，即通过综合分析价格变动的数据，选取最合适的修剪值，将价格变动数据中的极端值剔除，再计算处于价格变动分布中间部分数据的均值，作为核心通货膨胀的估计值。

此外，在CPI的产品范围中，还存在某些特殊性质的产品或服务，比如自有住房、自产自用产品、健康和教育服务、关税、季节性产品和二手品等，《CPI指南》中对其处理方式均有涉及。

（以上内容曾以"《CPI编制实用指南》"为题，刊于《中国统计》2016年第4期，作者：高洁）

附：文件目录

前言
导言
1. 引言
    1.1 价格指数体系和支撑框架
    1.2 初级价格指数理论框架
    1.3 指数公式的选择
    1.4 初级价格指数公式
    1.5 获取、使用和支付方法
    1.6 手册内容
    1.7 手册术语
2. CPI的范围
    2.1 简介

六、价格

- 2.2 CPI 使用目的
- 2.3 地理范围
- 2.4 参考人群范围
- 2.5 人口和价格比重
- 2.6 产品剔除
- 2.7 消费量和价格估算
3. 产品分类
  - 3.1 简介
  - 3.2 分类体系：实际案例
  - 3.3 CPI 分类体系
  - 3.4 CPI 分类体系的特定要求
  - 3.5 COICOP 分类法
  - 3.6 采用 COICOP 分类法的优势
  - 3.7 亚 COICOP 分类
  - 3.8 在 CPI 分类体系中引入新产品
  - 3.9 由国民分类向 COICOP 的转变
4. CPI 中的支出权数
  - 4.1 简介
  - 4.2 背景
  - 4.3 权数的基础概念
  - 4.4 权数结构
  - 4.5 数据来源
  - 4.6 国民账户
  - 4.7 权数参考期
5. 抽样设计
  - 5.1 简介
  - 5.2 背景
  - 5.3 概述
  - 5.4 样本价格采集的说明性例子
6. 价格收集
  - 6.1 简介
  - 6.2 背景
  - 6.3 价格收集准则
  - 6.4 项目规格
  - 6.5 需收集的价格
  - 6.6 可能遇到的问题
  - 6.7 价格收集的频率和时间
  - 6.8 实际收集步骤：计划和组织
  - 6.9 实际收集步骤：收集价格
  - 6.10 培训和工作指导
7. 样本轮换和质量变化调整
  - 7.1 简介
  - 7.2 背景
  - 7.3 轮换步骤
  - 7.4 暂时的（非季节性）产品缺失
  - 7.5 永久性产品缺失
  - 7.6 价格差异的质量调整
  - 7.7 直接比较
  - 7.8 直接或间接的质量调整方法
  - 7.9 间接质量调整
  - 7.10 匹配模型
  - 7.11 总结
8. 新产品
  - 8.1 简介
  - 8.2 新产品的定义
  - 8.3 引进新产品的计划
  - 8.4 引进新产品的时间
  - 8.5 将新产品纳入指数的方法
  - 8.6 地理纬度
  - 8.7 先前免费提供的服务
9. 特殊案例
  - 9.1 自有住房
  - 9.2 自产自用
  - 9.3 服务
  - 9.4 关税
  - 9.5 季节性产品
  - 9.6 二手品
10. 指数计算
    - 10.1 简介
    - 10.2 背景
    - 10.3 初级价格指数的编制
    - 10.4 初级价格指数的计算公式
    - 10.5 高层级价格指数的编制
    - 10.6 链式指数
    - 10.7 定基和链式
    - 10.8 权重更新
11. 特殊指数
    - 11.1 简介
    - 11.2 背景
    - 11.3 CPI 的季节调整
    - 11.4 季节调整方法
    - 11.5 核心通货膨胀和平滑指数
    - 11.6 其他特殊指数
12. 数据有效性
    - 12.1 简介
    - 12.2 背景

- 12.3 数据有效性和编辑步骤
- 12.4 区域或国家总部数据的有效性
- 12.5 数据编辑
- 12.6 非统计检验
- 12.7 统计检验
- 12.8 异常值处理
- 12.9 价格缺失值
- 12.10 信用检查
- 12.11 指数的编辑输出
- 12.12 分析工具
- 12.13 优先权
13. CPI 中误差和偏误的来源
- 13.1 简介
- 13.2 背景
- 13.3 一般测量问题综述
- 13.4 CPI 中的偏误
- 13.5 抽样和非抽样误差
14. 出版、介绍、分析和解释
- 14.1 简介
- 14.2 出版时间
- 14.3 预览版获得方法
- 14.4 部长及官员的政治和政策声明
- 14.5 出版步骤
- 14.6 新闻通知的格式和内容
- 14.7 计算标准、特殊报告和分析
- 14.8 各国货币的内部购买力
15. 组织和管理
- 15.1 简介
- 15.2 质量管理系统概述
- 15.3 文件
- 15.4 内部审计
- 15.5 审查制度
- 15.6 业务连续性
16. 用户咨询
- 16.1 简介
- 16.2 咨询的一般原则
- 16.3 有关 CPI 咨询的特别安排
- 16.4 咨询谁？如何咨询？
- 16.5 咨询对象的选择——咨询委员会
- 16.6 咨询委员会——操作安排和参考条款
- 16.7 NSI 和国家统计人员的作用
- 16.8 利益相关者的参与和管理
17. CPI/ICP 的整合和协调
- 17.1 简介
- 17.2 空间和时间价格指数
- 17.3 ICP 和 CPI 间的基本数据关系
- 17.4 CPI 和 ICP 数据集的整合
- 17.5 加入 ICP 整合后的优势
18. 质量报告和提升 CPI 质量
- 18.1 简介
- 18.2 一个模型框架：质量报告
- 18.3 一个模型框架：清单
- 18.4 计划：工作系统
- 18.5 项目管理

附录 主要术语汇编

95

服务业生产者价格指数编制方法指南

> **英文标题** Methodological Guide for Developing Producer Price Indices for Services
> **牵头组织** 经济合作与发展组织、欧盟统计局
> **版本信息** 2014年第2版，2004年第1版
> **文件链接** http://www.oecd-ilibrary.org/economics/eurostat-oecd-methodological-guide-for-developing-producer-price-indices-for-services_9789264220676-en
> **中文版** 无

生产者价格指数是衡量产品出厂价格（以及原材料购买价格）变动趋势和变动程度的指数，用于反映某一时期生产领域价格变动情况，相关数据是观察市场动向、制定有关经济政策以及进行国民核算的重要依据。为此 IMF 于 2004 年出版了《生产者价格指数编制手册》（Methodological Guide for Developing Producer Price Indices，PPI），给出了关于生产者价格指数编制的国际标准，解决了各国在编制过程中发现的种种理论和实际问题，使得各国编制得到的生产者价格指数具有国际可比性。

但是，PPI 是针对生产过程中的货物（作为产品产出或者作为原材料采购）而编制的，众所周知，除了货物，生产过程中还会涉及各种商业性服务作为辅助。所谓商业性服务，是指服务业提供给各类生产过程使用的服务，用于居民消费的服务不在其内。相比于实物产品，商业性服务更难定价、更难确定不同服务行业的权重，其价格指数的编制难度也就更大。伴随分工深化，服务业在生产过程中的作用越来越显著，如何针对服务业编制生产者价格指数，成为迫在眉睫的议题。

为此，经济合作与发展组织（OECD）与欧盟统计局合作，并邀请英国、德国、法国等 19 个国家的统计学家和经济学家，成立了服务业生产者价格指数（SPPI）编辑委员会，专门负责讨论服务业生产者价格指数编制方面的各种问题，其成果就是《服务业生产者价格指数编制方法指南》（以下简称《指南》），目标旨在为各国编制 SPPI 提供统一的方法指导，提高各国 SPPI 的一致性和国际可比性。以下就定价和数据采集两个关键问题简要介绍这部《指南》的内容。

1. 商业性服务定价方法

不同的商业性服务有不同的特点。有的以服务时间为定价基准，有的以服务质量为定价基准，也有的主要以市场定价机制为基准。针对不同的服务，《指南》给出了不同的定价方法。具体如图 1 所示。

《指南》要求先将服务产出按计量单位进行分类，分为"有明确单位的服务"和"没有明确单位的服务"两种，对于后者，《指南》建议按照提供服务的时间对价格进行估计。然后按照"价格类型"再进行分类，最终确定了六种定价方法。

（1）重复服务定价。重复服务是指在一定时间内服务提供者为相对固定的客户反复提供同样的服务产出。这种服务是在一定时间内反复进行的，所以一般都有商业合同，SPPI 采集的价格即是商业

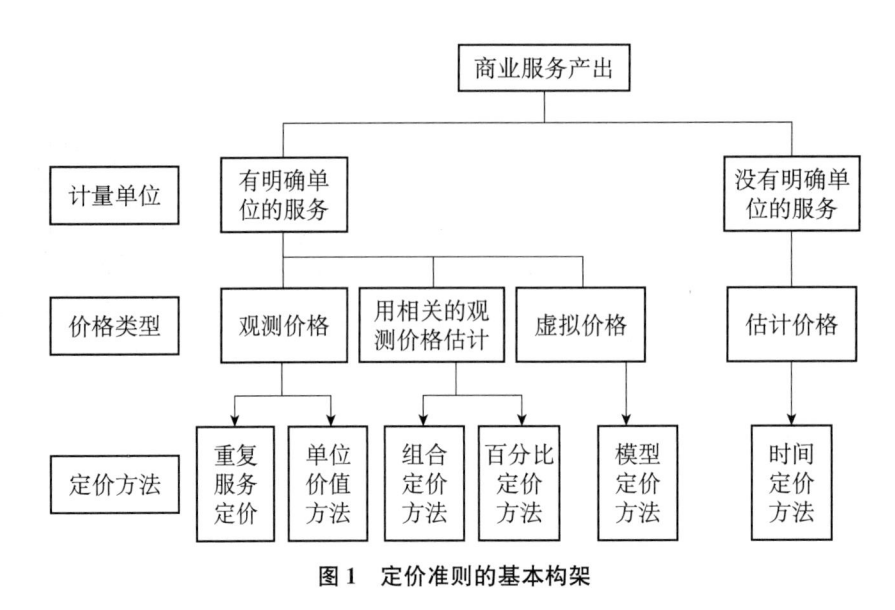

```
                        商业服务产出
                             │
           ┌─────────────────┴─────────────────┐
计量单位    有明确单位的服务                    没有明确单位的服务
           ┌──────┬──────────┐                      │
价格类型   观测价格  用相关的观    虚拟价格          估计价格
                    测价格估计
         ┌────┬───┤     ┌────┬────┐               │
定价方法 重复  单位  组合  百分比  模型              时间
        服务  价值  定价  定价    定价              定价
        定价  方法  方法  方法    方法              方法
```

图 1　定价准则的基本构架

合同中记载的价格。此外，服务企业对可重复的定式服务往往会明码标价，使用企业购买了这种服务，虽然可能没有签订实际合同，但仍然视作与服务企业签订了明码标价的合同，也要以服务企业标注的价格计价。

（2）单位价值方法。所谓单位价值方法，是指应用于以下一些情况下的估价方法：这些服务可以用某种单位进行衡量，例如货物运输业，可以用周转量单位"吨公里"来衡量，此时运输企业就可以通过对每吨公里运输量进行定价，作为每次货运服务的价格。

（3）组合定价方法。有些服务企业提供的服务是多元化的，由多种服务类型共同组成，那么，各种服务价格组合而成的价格就是多元化服务价格，具体组合计算的方法由各国根据自身情况决定。例如，电信服务就是由本地电话服务、远程电话服务、网络服务等共同组成的，那么，电信服务的定价就要由各国根据自身情况，在电话服务价格、网络服务价格等基础上组合起来确定。

（4）百分比定价方法。有时，服务业的产出表现为手续费（如房地产中介服务），而手续费往往要按照合同价值、资产或其他产品的百分比来计算，结果就是该项服务的价格。

（5）模型定价方法。如果服务产出的价格组成比较复杂，观测价格和相关观测价格都难以准确进行定价，那么就只能使用虚拟价格进行估计，模型定价方法就是《指南》推荐的计算虚拟价格的方法。模型定价方法主要考虑三方面因素：劳动力成本、管理费用和总利润率。通过对企业这三个因素的估计，可以采用适应不同具体情况的计算模型进行计算，得到服务产出的估计价格。

（6）时间定价方法。对于没有明确单位、需要用时间因素来衡量的服务，一般采用时间定价方法进行定价。时间定价法可以分为两个主要类别：一是直接按工作时间衡量服务的价格；如果服务产出的价格只有一部分与时间相关，其他部分与时间无关，因而要分为两个部分计算，第一部分按工作时间衡量，其他部分用其他定价方法计算。具体的时间定价模型包括十几种，《指南》允许各国服务业经营者根据自身情况进行选择。

2. 数据采集过程

整个数据采集和编制过程包含以下环节。

（1）目标总体的确定。在进行数据采集之前，先要明确针对哪些行业、哪些企业进行数据采集，即 SPPI 数据采集的目标总体是什么，覆盖面有多大。在行业层面，服务业生产者价格指数覆盖的是有经济交换、提供市场化服务的行业。也就是说，这个行业生产的服务必须是市场化的，在市场经济中进行交换。具体到企业而言，服务业生产者价格指数覆盖的企业应是在一国服务业行业中具有"经济利益中心"、提供市场化服务的企业。所谓"经济利益中心",是指一个企业在一个国家内有固定的经营场所,从事固定的服务业经济活动达一年以上,并有继续经营的倾向和意愿。

(2) 抽样框的确定。不同国家的服务产业体系不同,所以其抽样框差别比较大。在大多数国家,商业登记系统是抽样框的主要来源。商业登记系统通常有企业营业额、雇员人数等信息,但可能缺乏针对市场化服务的具体分类。有时候需要进行额外的企业调查,以确定企业和行业的可靠权重。贸易组织、监管当局或第三方进行的市场调查,也可以作为抽样框的来源,提供附加信息。在极端情况下,《指南》也允许将过去的电话簿调查或互联网调查结果作为抽样框的来源。

(3) 企业服务的识别。一个企业中的一项服务即是总体中的一个个体,不同来源的企业服务可能会有重叠,因此,需要进行服务的识别。《指南》提供的方法是设置一些服务的识别标志,不同来源的数据用相同的识别标志标注,这样可以按照标志将重叠的企业服务剔除。这些标注大体包括:服务名称、ID 号、服务具体内容、销售部门、客户、折扣、企业位置、付款方式等。

(4) 抽样方法。《指南》要求各国按照自身国情,抽取能代表各国商业性服务市场的样本。最好能够严格进行随机抽样,如果不能,也要尽可能近似。抽样比要求达到 30% 以上,这样计算出来的 SPPI 才有足够的代表性和说服力。

(5) 企业调查。接下来要对样本中的企业进行调查。不同的企业、不同的服务,其调查方法也不尽相同,需要在实践中摸索。由于 SPPI 指数编制工作开展实践并不久,所以企业调查方法并不是很完善,《指南》提出了几种典型的调查方式,要求各国在实践中找到适应国情的方式的组合。具体调查方法包括:

第一,现场调查。现场调查是最直接、最可靠的调查方式。由于可以与企业管理者直接对话,企业提供真实信息的可能性最高,获取的数据也最准确。缺点是人力成本太高,且缺乏效率。

第二,电话调查。传统的电话调查比现场调查高效,通过电话进行交流也可以获得较全面的信息。使用电话调查需要准确地找到负责统计数据的人员,所以各国都应有一个企业联系人手册,手册记录统计人员的电话、邮箱等信息,方便数据采集人员的工作。

第三,电子邮件调查。电子邮件调查的效率最高,只要预先对企业中统计人员的邮箱进行提前记录,电子邮件调查可以很快地获得需要的数据。缺点是获取的信息可能有限,不能直接与企业进行交流。另外,对被调查人的监督也较薄弱,获取的数据可信度不是很高。

此外,在有条件的国家,还可以建立网络数据上报系统,企业通过网络直接将数据上报给国家统计部门。

(6) 价格采集时机。商业性服务发生后,企业要第一时间对服务价格进行记录,以便上报给国家统计部门。国家在对价格进行调查时,也要重视价格的时间属性。不同时间的价格可能不同,所以记录价格时要明确写明提供商业服务的时间。

(7) 价格采集频率。价格最好能够实时采集,也就是按照权责发生制原则,当服务企业完成一项商业性服务时,即进行价格采集,这时采集价格是最有效、最可靠的。如果不能实现实时采集,则要按月和季度进行数据采集。《指南》建议,商业性服务市场较大的国家,应按月进行价格采集;较小的国家可以按照季度进行价格采集。很明显,采集频率越高,价格数据越准确。

(8) 权重的确定。对商业性服务权重的确定,可以分为主观赋权和客观赋权两种方法。所谓主观赋权,是由统计部门邀请相关专家进行讨论以确定权重。对于商业性服务市场较小的国家,《指南》推荐主观赋权,因为其市场规模较小,不足以作为客观赋权的依据;而参与主观赋权的专家,对本国服务市场情况更为了解,得到的结果比较有说服力。对于商业性服务市场规模较大的国家,《指南》建议采用客观赋权,可以以服务行业资产规模作为权重,或者以行业增加值作为权重。客观赋权的优势在于符合市场的客观规律,当市场规模较大时,使用客观赋权比较客观公正。

(执笔人:王鹏)

附：文件目录

前言

致谢

引言

1. SPPI 编制概况

    1.1　SPPI 的定义和范围

    1.2　统计单位

    1.3　产品和行业指数

    1.4　价格概念

    1.5　服务产品的识别

    1.6　价格收集时机

    1.7　质量变化的处理

    1.8　分组

    1.9　样本和权重

    1.10　与其他价格指数的关系

2. 主要定价方法

    2.1　引言

    2.2　服务产出的识别

    2.3　定价方法的分类

    2.4　直接使用价格的重复服务

    2.5　单位定价方法

    2.6　组合定价方法

    2.7　百分比定价方法

    2.8　模型定价方法

    2.9　时间定价方法

3. 实际开发过程

    3.1　引论

    3.2　服务产业描述

    3.3　与贸易组织的接触

    3.4　方法论

    3.5　试点调查

    3.6　质量变化的处理

    3.7　指数计算

    3.8　质量评价

    3.9　价格质量的维护

附录

    附录1　指数计算的例子

    附录2　法律服务的标准矩阵范例

住宅房地产价格指数手册

英文标题	Handbook on Residential Property Price Indices
牵头组织	欧盟统计局等
版本信息	2013 年第 1 版
文件链接	http://www.oecd-ilibrary.org/economics/handbook-on-residential-property-price-indices_9789264197183-en
中文版	无

住宅房地产作为居民财富的重要组成部分，其价格变化备受社会广泛关注。然而，有关住宅房地产价格变动的监测，不同国家往往采取不同的指标和测量方式，甚至一个国家内部也存在多种指标系统，这对于一国政策的制定和国际比较是非常不利的。鉴于此，欧盟统计局于 2009 年着手制定《住宅房地产价格指数手册》（以下简称《手册》），目的是为住宅房地产价格指数（RPPI）的研究提供规范性指导。《手册》的初始版本在 2010 年 UNECE-ILO 会议和 2011 年第十二届渥太华小组会议期间通过讨论并获得认可，并于 2013 年正式发布。

《手册》首先介绍了 RPPI 的作用及其在使用中的问题。从微观角度看，房产往往是家庭或个人最大的单笔投资或支出，因此，RPPI 往往会直接影响家庭或个人购买或出售房产的意愿。从宏观角度看，RPPI 发挥着更多作用，既可以作为宏观经济运行的指标，也可以为货币政策的制定提供参考，还可以用于估算整个社会财富中的房产价值。RPPI 不仅可以单独使用，还可用于完善其他统计体系及指标，如填补国民账户体系（SNA）和消费者价格指数（CPI）编制过程中的缺失信息等。但在 RPPI 使用过程中，应该注意其统计周期、更新政策以及季节调整等方面的问题。

《手册》随后介绍了编制 RPPI 的方法以及数据来源。《手册》详细讨论了四种 RPPI 的编制方法，分别是：分层或混合调整法、Hednoic 回归法、重复销售法和评估法。针对每一种编制方法，先从理论方面做介绍，然后就其中的技术细节作详细阐述，之后总结该方法的优缺点，最后通过真实的数据案例，演示如何利用该方法计算 RPPI，给出示范。关于编制 RPPI 的数据源，《手册》认为调查成本往往过高，统计机构可采用行政管理方面的数据，如新闻媒体、抵押公司、房产登记机关以及税务机构等。此外，《手册》还对每种数据来源的质量进行了讨论评估。

《手册》最后梳理了各国已有 RPPI 的情况，并从负责机构、数据来源、质量调整等角度进行探讨。同时，将加拿大、德国、日本、英国、印度、哥伦比亚、南非等国的指数编制情况作了单独的案例分析。根据这些国家的实际情况，《手册》从概念问题和指数编制的统计方法两个层面为各国推荐了最佳方案。

总的来说，《手册》为那些在住房价格指数方面仍然处于缺失状态的国家建立自己的 RPPI 提供了一套规范，还可为其他国家调整和改进现有价格指数提供帮助。

（执笔人：管乐）

附：文件目录

前言
序言
1. 概述
2. 住宅房地产价格指数的应用
　2.1　简介
　2.2　住宅房地产价格指数的不同用途
3. 概念性框架的元素
　3.1　简介
　3.2　住宅房地产价格指数与国民账户体系
　3.3　房地产价格指数与消费者价格指数
　3.4　主要方法
　3.5　RPPI 的统计周期与使用需求
　3.6　月度与季度估计的一致性
　3.7　更新政策
　3.8　季节调整
　3.9　附录
4. 分层或混合调整方法
　4.1　简单平均或中位数
　4.2　分层
　4.3　汇总与加权问题
　4.4　主要优缺点
　4.5　例子
5. Hednoic 回归方法
　5.1　Hedonic 建模与估计
　5.2　时间虚拟变量方法
　5.3　特征价格与插值方法
　5.4　分层 Hedonic 指标
　5.5　主要优缺点
　5.6　虚拟时间模型
　5.7　虚拟时间 Hedonic 回归模型
　5.8　Hedonic 插值回归模型
6. 重复销售法
　6.1　基础重复销售模型
　6.2　基础模型的改善
　6.3　主要优缺点
　6.4　一个例子
7. 基于评估的方法
　7.1　简介
　7.2　SPAR 模型
　7.3　方法与时间问题
　7.4　基于回归的插补解释
　7.5　主要优缺点
　7.6　一个例子
8. 将 RPPI 按土地和建筑物成分分解
　8.1　简介
　8.2　贬值与其他特征的核算
　8.3　汇总与赋权问题
　8.4　主要优缺点
　8.5　一个例子
9. 数据来源
　9.1　简介
　9.2　价格
　9.3　数据来源的目标适用性评估
　9.4　权数
　9.5　发展中国家、传统民居和非正式住房市场
10. 当前使用方法
　10.1　简介
　10.2　可用指数
　10.3　案例研究
11. 经验例子
　11.1　简介
　11.2　集中趋势法和分层法
　11.3　Hedonic 回归方法
　11.4　重复销售方法
12. 建议
　12.1　概念性问题
　12.2　编制质量指数的统计方法
词汇列表
参考文献
索引

七、财政与金融

97

政府财政统计手册

英文标题	Government Finance Statistics Manual
牵头组织	国际货币基金组织
版本信息	2014 年版，2001 年版，1986 年版
文件链接	https：//www.imf.org/external/np/sta/gfsm/
中文版	http：//www.imf.org/external/pubs/ft/gfs/manual/

《政府财政统计手册》（GFSM，以下简称《手册》）由国际货币基金组织（IMF）出版，是有关统计方法的重要国际指导准则之一。该系列研究开始于 20 世纪 70 年代，1986 年出版了 GFSM－1986，随后为了与 SNA－1993 保持一致，推出了 GFSM－2001，该版本总结了 20 世纪末东亚金融危机时期的经验教训，在核算范围、核算准则、财政收支、核心指标体系上做了革命性的变革，希望能够及时发现政府财政运营的脆弱性根源，以便尽早采取措施遏制危机的发生或扩展。在此之后，为了适应 SNA－2008 以及新的国际收支、货币与金融统计规则，IMF 又推出了 GFSM－2014，该版本保持了 GFSM－2001 的基本体系，在其基础上侧重于方法和分类方面作了适当调整。以下主要从核算范围、核算准则、财政收支和财政统计框架体系四个方面对《手册》的基本内容进行介绍。

1. 核算范围

政府财政统计应该覆盖多大的核算范围？《手册》从政府经济管理职能的角度来定义其核算范围，认为应该包括三大实体：（1）执行政府财政职能的政府机构；（2）受政府控制、所需经费全部或主要来自政府的非营利机构；（3）公共公司。为了准确地界定核算范围，明晰这三大实体的定义显得十分必要。由政府拥有或控制的非营利机构，如公立医院、公立图书馆、公立学校等，它们通常是以免费或者低于成本的方式向社会提供公共产品或服务，主要目的就是实现政府职能，政府的强制性征收是其经费的主要或全部来源。那么何为公共公司呢？《手册》定义，公共公司是指具有完全的市场性、由政府拥有或者控制，主要是通过市场活动来实施财政政策的企业，如中央银行、政府主权基金等。

从 GFSM-1986 到 GFSM-2001 的主要变革之一就是扩大了政府核算的范围，革命性地将非营利机构和公共公司也纳入政府的核算范围之中。之所以有如此变革，是由于非营利机构或公共公司通常是以低成本向社会大众提供产品和服务，为此很可能背负极高的负债率；政府是它们的最终控制者，当它们出现资金枯竭的问题时，必然会影响到政府的财政运行，导致政府权益价值的变动。因此，要更加全面地了解和分析政府财政运行的情况，非常有必要将核算范围扩大到所有由政府"埋单"的实体，这样就会将隐性负债显性化，能够尽早识别潜在的风险并予以消除。

2. 核算准则

如何确定一项经济活动是不是发生以及是在何时发生的呢？《手册》对于核算准则——确定流量发生的时间标准——也做出了一系列的规定。

综观各国财政统计的发展历程，较为主流的核算准则分为两种：现金收付制和权责发生制。按照权责发生制原则，流量在经济价值被创造、转换、交换、转移或消失时记录，无论是否收到现金。按照现金收付制的原则，流量只有在收到或支付现金时才进行记录。与此前版本不同，2001年版《手册》建议各国财政统计应采取权责发生制准则，即在经济事件发生时进行记录。对于货物而言，要在所有权发生转移时予以记录；对于服务而言，则是在服务发生过程中予以记录。之所以这样处理，主要是基于权责发生制具有以下四大优势。

第一，权责发生制所记录的时间与经济资源实际流动的时间相匹配，可以更好地估计政府财政政策的宏观经济影响。现金收付制只有在发生现金收入与支付的行为时才记录该项经济活动，记录时间会严重偏离有关经济活动发生交易的时间。

第二，权责发生制能够提供最全面的信息，记录全部资源的流动，由此可以使流量记录与资产负债表变化的记录统一起来。而现金收付制仅仅记录了货币交易，难以处理非货币交易的记录。

第三，权责发生制能够反映价格变动产生的其他经济流量。价格变动并不会发生现金的收支，但是基于权责发生制的原则，价格变动所产生的流量同样也发生了经济价值的创造、转移等，也将其记录在核算报表之中，由此可以反映政府所持资产可能贬值的风险。

第四，权责发生制能够全面显示拖欠这类现象。如果商品所有权发生了转移但并未支付现金，在现金收付制中是不予核算的，这在一定程度上会弱化政府的负债，由此可能会做出过于乐观的估计；权责发生制则将其作为应付账款进行记录，成为政府的一项负债，由此可反映政府资产负债的真实概貌。拖欠常常是财政运行出现危机的一大原因，拖欠会影响政府现金流，甚至造成政府流动性的枯竭。

因此，权责发生制很好地反映了政府资金的流动性状况、资产负债水平和偿付能力，揭示了财政运行的脆弱性根源，能够为各国的危机防范提供极大的帮助。

3. 财政收支

财政收入与支出是政府财政统计的主要内容。《手册》认为，增加政府净值的交易才能视为收入，减少政府净值的交易才能视为支出。从上述定义可知，一项经济活动能否作为财政收支必须符合两个条件：首先，它必须是一项交易；其次，该项交易活动必须引起净值的变动。事实上并非所有的交易都能引起政府净值的变动，如非金融资产的变现收入，这只是资产形式的转换，并没有增加政府的净值，所以该项交易不能划为财政收入。财政收支之所以强调交易和净值这两个条件，主要是出于两个原因：第一，政府对于交易活动具有较强的控制力，但是对于价格变动等其他经济流量只能处于被动地位；第二，净值是政府总资产减去总负债的余值，反映了政府的财富，政府财政政策和各种财政安排都要受到财富的制约，一国财富越是浑厚，其财政政策的可持续性和抗风险能力也就越强。

财政收入按经济性质可以划分为四类，主要包括税收、社会缴款、赠与和其他收入。税收是政府的一种强制性收入，包括那些与政府提供服务成本完全没有对应关系的各种收费；社会缴款可以是强制性的也可以是自愿的，可以由雇员、代表雇员的雇主、自营职业者缴纳，也可以由无业人员缴纳。如果某项交易是政府的强制性收入，或者缴款人所获得的福利与他所付出的成本无对应关系，则该项交易划为税收，反之则划为社会缴款。赠与是从其他政府或国际组织那里得到的非强制性转移，它是对一国政府自有资源收入的一种补充。其他收入主要包括出售商品和服务的收入、利息和其他财产收入、罚款罚金等。

对于财政开支的划分，《手册》有两种标准。一种是按经济性质划分，分为八大类：雇员报酬、货物/服务的使用、固定资本消耗、利息、补贴、赠与、社会福利和其他开支。雇员报酬是政府在会计期间内对政府雇员支付的现金或实物形式的总报酬，但不包括合同工、自我雇佣的外勤工作人员以及不是广义政府单位雇员的其他工人支付的数额，后者记录在货物/服务的使用中。固定资本消耗是指在会计期间内，由于物理消耗、正常淘汰或正常意外损坏，使得政府所拥有或使用的固定资产的价值减少。其他开支包括除利息以外的财产性支出、罚金和罚款等。

另一种财政开支分类是根据其功能进行划分，主要包括以下十个大类：一般公共服务支出，国防支出，公共秩序和安全支出，经济事务支出，环境保护支出，住房和社会服务设施支出，医疗保健支出，娱乐、文化和宗教支出，教育支出，社会保护支出。通过政府职能分类，可以对一段时期内政府某一特定职能或目的的开支发展趋势进行分析。传统的政府账户通常不适用于这一目的，因为传统的政府账户主要反映政府的组织结构，组织结构的变化不仅可能扭曲时间序列数据，而且在某一特定时点，一些组织可能负责执行多项职能，而一项职能可能由多个组织分担。此外，按政府职能分类的政府开支还能应用于国际比较，不仅避免了单个政府的组织结构的变化，也避免了各国间组织结构的差异问题。

4. 政府财政统计框架体系

政府财政统计框架体系主要建立在四张核心统计表基础上，分别是政府运营表、其他经济流量表、资产负债表、现金来源与使用表。这些统计表之间相互联系、相互补充，前面三张表结合起来，可以说明流量导致存量的全部变化，现金来源与使用表则提供了有关流动性的关键信息。整个框架体系如图1所示，从图1中可以看到两组关系：（1）期末存量＝期初存量＋当期流量；（2）当期的流量由两部分组成，一部分是由交易所引起的，另一部分是非交易活动所导致的流量。基于权责发生制的核算准则，各种流量引起的存量变动得到了全面的反映。

基于上述核心统计表，《手册》建立了一套核心指标体系来考察政府财政运营的总体情况，以此取代了传统财政分析的核心指标——财政赤字。

第一，净运行余额＝收入－支出。由于收入与支出是记录导致政府净值变化的交易活动，所以该项指标反映了政府净值变动的情况。通过它可以清楚地看到，经过一个会计年度的财政活动，政府财力增强了还是减弱了。若该项指标数值大于零，说明政府财力有结余，具有能力购买非金融资产或进行金融交易；若该项指标数值为负，表明政府的运行资金有缺口，需要通过出售非金融资产或者增加负债来弥补。

第二，总运行余额＝收入－除固定资本消耗以外的支出。由于固定资本消耗是一项前瞻性指标，一般很难精确度量，对其估值也往往得不到满意的结果，因此，从数据收集可得性而言，总运行余额比净运行余额更为可行。但是，对于分析而言，净运行余额更为可取，因为它考虑了政府运营当期的全部成本。

存量表	＋ 流量表		＝存量表
期初资产负债表	政府交易表	非交易流量表	期末资产负债表
	收入减支出		
	＝		
权益 ＋	因交易因素造成的政府权益的变化 ＋	非交易因素产生的政府权益的变化 ＝	权益
	＝	＝	
非金融资产 ＋	非金融资产的交易 ＋	非交易因素产生的非金融资产变化 ＝	非金融资产 ＋
＋	＋	＋	
金融净值 ＋	因交易因素造成的金融净值的变化 ＋	非交易因素产生的金融净值的变化 ＝	金融净值
＝	＝	＝	
金融资产 ＋	金融资产交易 ＋	非交易因素产生的金融资产变动 ＝	金融资产
－	－	－	－
负债 ＋	负债交易 ＋	非交易因素产生的负债 ＝	负债

图 1　政府财政统计框架体系

资料来源：IMF（2015），Government Finance Statistics Manual 2014.

第三，净贷款/借款＝净运行余额－获得的非金融资产净值。该项指标数值为正，说明政府是净贷出，表明政府可以在多大程度上让其他部门利用其财务资源；如果这项指标数值为负，则是净借入，说明政府要在多大程度上利用其他部门产生的财务资源。所以该项指标反映了政府和其他部门之间的财政影响程度。

上述指标体系多层次、多角度地展现了政府财政体系的可持续性、财政运行成本、偿债能力等方面的信息，它们弥补了财政赤字的缺点，从而有利于当局者尽早发现财政运行的脆弱性根源，有利于财政的稳健运行。

总之，政府财政统计体系的建立具有广泛的应用价值，一方面能够为财政调控决策提供科学的方法和依据，为全面、真实、充分地考察政府活动提供了依据；另一方面还能用于考察宏观经济形势，既可以通过政府财政状况来研究宏观经济形势，反过来也可以通过宏观经济形势来分析财政状况，避免财政政策分析中就财政论财政的片面性。

（以上内容曾以"浅析《政府财政统计手册（2001）》"为题，刊于《中国统计》2014年第5期，作者：张芸霞，此处针对2014年版有所调整）

附：文件目录

序
导言
1. 前言
　1.1　本《手册》的宗旨
　1.2　政府财政统计国际准则的演变
　1.3　政府财政统计体系的应用
　1.4　政府财政统计体系的结构与特点
　1.5　与GFSM－1986相比的方法变化
　1.6　GFS体系的实施
　1.7　本《手册》的结构
2. 机构单位和部门
　2.1　简介
　2.2　居民
　2.3　机构单位
　2.4　机构部门
　2.5　机构范围与公共部门

2.5　行业分类原则与应用
3. 经济流量、存量和会计准则
　　3.1　简介
　　3.2　经济流量
　　3.3　经济存量
　　3.4　会计准则
4. 政府财政统计分析框架
　　4.1　简介
　　4.2　分析目标
　　4.3　建立框架：与 GFSM-1986 的关系
　　4.4　分析框架的内容及概念
　　4.5　政府运营表
　　4.6　现金来源与运营
　　4.7　其他经济流量表
　　4.8　资产负债表
　　4.9　净值变动说明
　　4.10　影响未来社会福利的或有负债和净隐性负债
　　4.11　利用 GFS 作财务分析
5. 收入
　　5.1　收入的定义
　　5.2　收入的记录与测量
　　5.3　收入的分类
6. 支出
　　6.1　支出的定义
　　6.2　支出记录时间
　　6.3　支出的经济分类
　　6.4　附：政府支出的职能分类
7. 资产负债表
　　7.1　简介
　　7.2　资产和负债的定义
　　7.3　资产和负债的计价
　　7.4　资产和负债的分类

　　7.5　净值
　　7.6　备忘项目
　　7.7　金融资产与负债分类：按机构部门的交易对手
　　7.8　金融资产与负债分类：按到期日对应的债务工具
8. 非金融资产的交易
　　8.1　简介
　　8.2　所有制转移的成本
　　8.3　计价
　　8.4　记录的时间
　　8.5　固定资本消耗
　　8.6　流量轧差
　　8.7　非金融资产交易的分类
9. 金融资产和负债的交易
　　9.1　简介
　　9.2　估价
　　9.3　记录的时间
　　9.4　流量的轧差与合并
　　9.5　拖欠
　　9.6　按金融工具的类型与居民地位对金融资产和负债交易进行分类
　　9.7　金融资产和负债交易分类：按部门和居民地位
　　9.8　按到期日对应的债务工具对金融资产和负债交易进行分类
10. 其他经济流量
　　10.1　简介
　　10.2　持有收益
　　10.3　资产物量的其他变化
附录
索引

98

货币与金融统计手册

> **英文标题** Monetary and Financial Statistics Manual
> **牵头组织** 国际货币基金组织
> **版本信息** 修订版正在形成中；2000年第1版
> **文件链接** http://www.imf.org/external/pubs/ft/mfs/manual/
> **中文版** http://www.imf.org/external/pubs/ft/mfs/manual/chi/index.htm

面对全球化带来的益处与风险，国际社会动员力量，不断加强国际金融体系的架构建设。架构建设中的一项重要内容就是制定和实施国际通行的标准，严格遵守这些标准将有助于各国经济的正常运行。国际货币基金组织（IMF）在其主要职责范围内制定了多项标准，其中就包含与统计有关的各类标准，比如由成员国向公众公布经济和金融数据的标准，以及旨在帮助成员国改善数据质量的统计方法准则。

1. 内容概述

《货币与金融统计手册》（MFSM，以下简称《手册》）是由IMF发布的国际统计方法准则系列中的一部，其编写目的是为货币金融统计数据编制人员提供帮助，为货币金融统计表述提供准则。《手册》立足金融性公司部门编制，其内容覆盖了经济体中所有机构单位的金融资产和负债，其基本功用在于：第一，为分层次识别、划分、登录金融资产/负债的存量/流量提供一套工具；第二，形成一套系统描述货币金融统计数据的标准分析框架，由此可以获取一套有用的分析总量。通过这样一套货币金融统计框架，不仅可以协助制定和监测各国的货币政策，还为建立评估金融部门稳定性的统计框架提供了基础。

《手册》针对货币与金融统计所依据的一套基础概念和原则主要包括：机构单位和部门划分、金融资产及其分类、金融存量和流量以及会计准则等。遵守这些概念和原则，系统地登录和表述数据，可以促进基于债务人和债权人分别记录汇总数据的内在一致性，确保与其他主要宏观统计的一致和衔接，并有助于跨国比较。在这些方面，《手册》几乎完全遵循《国民账户体系》（SNA）的相关约定，只是将重心放在金融性公司部门的存量和流量，由此可以大体将其视为是SNA有关内容在货币金融领域的延伸和具体化。以下分别货币统计和金融统计介绍《手册》的核心内容。

2. 货币、信贷和债务：概念和基本特征

（1）广义货币总量。概念刻画有以下三个特征。一是范围。属于货币总量的金融资产，首先是现钞和可转让存款，最具流动性，所有国家都将其纳入广义货币总量；其次是金融资产，在决定是否归

入广义货币时，应考虑交易成本、可划分性、期限以及收益等因素。《手册》澄清了其他存款、非股票证券、可直接用做交换工具的外币存款、回购协议、短期限制的存款、存款性公司发行的一些非股票证券以及存款性公司发行的可转让存单和商业票据等应该归入广义货币。另外一些金融资产，如长期限制的存款、支票或其他可转让项目、贷款、股票和其他股权、金融衍生工具、保险技术准备金和其他应付/应收账款等通常不包括在广义货币之内。二是货币持有部门。货币持有者通常包括除存款性公司和中央政府之外的所有常住部门。三是货币发行部门。在很多国家，存款性公司是唯一的货币发行者；还有一些国家，其广义货币也可能来自由中央政府或公共非金融性公司发行的负债。

（2）基础货币。它又称"高能货币"，是中央银行为广义货币和信贷扩张提供支持的负债，用于测算支持货币总量的资金基础。具体包括由中央银行发行的被纳入货币总量的货币，也包括其他存款性公司持有的本币和在中央银行的存款。

（3）流动性总量。与广义货币相比，流动性总量覆盖的负债种类和包括的发行部门范围更广，除了广义货币负债之外，还包括其他一些被认为具有一定流动性的负债。

（4）信贷和债务总量。包含以下三个基本特征：属于信贷总量的金融资产；信贷持有部门；债务人部门。信贷创造涉及债权人向债务人提供资源。信贷是从资产方来看，债务是从负债方来看。狭义的信贷包括存款性公司对其他部门以贷款、非股票证券、贸易信贷以及预付款为表现形式的债权；广义的信贷则包括一个单位对另一个单位的大部分或所有债权，即所有金融性公司的债权。债务部门通常包括所有的非金融部门，常用的债务数据有住户债务、商业债务、公共部门债务和外债。

3. 货币统计框架

货币统计的对象是经济体中金融性公司部门的资产（含金融资产金融与非金融资产）和负债的存量和流量。货币统计分别两个层次进行数据编制和表述。

第一层框架是部门资产负债表，包括金融性公司部门以及分部门的各种资产和负债的分列存量与流量数据。一方面顺序列示期初存量和期末存量，以及在此期间内由交易、估值变化和资产物量其他变化产生的金融流量；另一方面则根据工具和债权人/债务人部门对金融资产和负债进行分类列示。编制部门资产负债表的目的是为收集和表述数据提供一种框架，同时为进一步编制概览和金融公司部门资金流量表提供支持。

第二层框架是概览，它对部门资产负债表数据的分析性表述方式重新进行安排。金融性公司分部门概览包括：（1）中央银行概览；（2）其他存款性公司概览；（3）其他金融性公司概览。（1）和（2）合并成存款性公司概览，是货币统计的主要内容，也是用于宏观经济分析的核心数据。金融性公司概览则是上述三个部门的合并，全面提供了金融性公司部门对国内其他所有部门与非居民部门的资产和负债数据，是范围最广的货币统计。

4. 金融统计

相比货币统计，金融统计范围更加广泛，包括覆盖经济体中各部门之间以及这些部门和国外之间形成的所有金融资产/负债的存量/流量数据。

金融统计框架由 SNA 相关内容扩展而成。首先是资产负债表和积累账户。资产负债表是存量账户，积累账户是流量账户，两者合起来构成一个完整的统计体系，用于显示核算期期初和期末的资产/负债以及期间内发生的所有变化。《手册》重点介绍了积累账户部分。积累账户由资本账户、金融账户和资产其他变化账户构成，后者可以进一步细分为两个次级账户——重估价账户和资产数量其他变化账户。

除积累账户外，金融统计还包括资金流量账户，这是金融统计的核心。资金流量账户是基于部门编制的，其中虽然强调金融性公司部门，但同时也考虑了其他部门的金融活动。它们通常与资产负债表相互关联并与每一机构部门的金融资产和负债存量账户一起编制。资金流量账户可用于考察金融政策的影响，也有助于金融预测。

资金流量账户有两种结构。一种是将资本账户和金融账户合并得到的资金流量账户，反映可用于非金融和金融积累的所有资源以及这些资源在资本形成方面的使用。这种合并的账户可用于分析整个经济体和每个机构部门的储蓄、资本形成和金融流量之间的关系。另一种是可以单独表述也可以与资本账户一起表示的针对金融交易的三种版本。《手册》没有规定各国应采用何种表述方式，但介绍了从基本到详细的三种版本，分别是：基本资金流量账户；基于 SNA 合并的金融账户；详细的资金流量矩阵。

基本资金流量账户分类比较粗略，只包括较少的部门和金融资产类别。对于统计资源有限的国家，可以根据现有的宏观经济数据（例如货币统计、政府财政统计和国际收支统计）编制基本账户，为建立宏观经济模型、进行金融规划提供支持。基于 SNA 合并的金融账户是一个二维矩阵，涵盖了所有机构部门和金融资产类别，可用于反映整个经济体和各部门产生的负债净变化（来源）和获得的金融资产净变化（使用），但它不能解决三维问题，即哪些部门通过特定的金融资产为哪些其他特定部门提供了融资。详细的资金流量矩阵向三维扩展，同时显示来源部门、使用部门和金融资产类别，由此可以展示各部门或细分部门之间以及这些部门与国外之间基于不同金融资产和负债所发生的交易，从而有利于分析经济体中各部门之间交易的方向和数量。在资产矩阵中，纵列是债权部门，横行是债务部门；负债矩阵中则相反。把纵列和横行联结起来，可以为核对数据编制的一致性提供保证，提高资金流量表的分析价值。

5. 货币与金融统计的最新进展

为了与 SNA-2008 等国际规范的新进展保持衔接，货币与金融统计也在更新之中。2016 年 3 月 IMF 发布了《货币与金融统计手册和编制指南（预用稿）》(MFSMCG)，大体相当于《货币与金融统计手册》和《货币与金融统计编制指南》的组合版与修订版。所谓组合，是说要规避两者的重复，使数据的编制和使用有所简化。修订之处主要是遵循了 SNA-2008 的相关更新，比如金融公司部门的细分部门个数从 SNA-1993 的 5 个增加到了 9 个，金融工具细分类中新增了三项内容，确认了特别提款权作为负债，修订了对外币关联型金融工具的处理，等等。MFSMCG 的目标是：在货币与金融统计领域内，帮助世界各国在数据收集、编制、报告和发布的工作中能够通过相容的方法论和原则，编制出可比的货币与金融统计数据，其中不仅介绍了方法论和原则，更可用于数据编制的实际工作指导。

（执笔人：黎煜坤）

附：文件目录

序
导言
1. 简介
2. 概览
    2.1 前言
    2.2 统计范围
    2.3 与《国民账户体系》的关系
    2.4 原则和概念
3. 机构单位和部门
    3.1 前言
    3.2 经济领土和经济利益中心
    3.3 机构单位

3.4 机构单位的部门划分
3.5 金融性公司部门
3.6 非金融性公司部门
3.7 住户部门
3.8 为住户部门服务的非营利机构部门
3.9 机构和职能统计

4. 金融资产的分类
4.1 前言
4.2 金融资产的定义
4.3 金融资产的分类
4.4 其他金融工具

5. 存量、流量和核算规则
5.1 前言
5.2 金融存量和流量
5.3 金融资产和负债的估价
5.4 登录时间
5.5 汇总、合并和轧差

6. 货币、信贷和债务
6.1 前言
6.2 广义货币
6.3 基础货币

6.4 流动性总量
6.5 信贷和债务

7. 货币统计框架
7.1 前言
7.2 框架介绍
7.3 部门资产负债表
7.4 金融性公司概览
7.5 货币当局账户
7.6 金融性公司部门的示范概览

8. 金融统计
8.1 前言
8.2 《国民账户体系》的账户
8.3 账户结构
8.4 资产负债表和积累账户
8.5 资金流量账户
8.6 资金流量账户的性质和使用
8.7 资金流量账户的结构

附录
附录一 与国际货币基金组织相关的账户
附录二 伊斯兰银行业
附录三 示范性部门资产负债表

99

证券统计手册

英文标题	Handbook on Securities Statistics
牵头组织	国际货币基金组织
版本信息	2015 年第 2 版，2012 年第 1 版第 3 卷，2010 年第 1 版第 2 卷，2009 年第 1 版第 1 卷
文件链接	http：//www.imf.org/external/np/sta/wgsd/hbook.htm
中文版本	无

随着金融业的迅猛发展，证券无论是从品种上还是从数量上都保持着高速度的增长。在证券之上附着有高度集约化的信息，包括经济信息、非经济信息、上市公司披露的信息和证券市场反映的信息等。正是这些信息，引领着社会资金在各个实体部门之间流动，服务于证券市场合理、高效的资源配置，并成为国民经济的"晴雨表"。为此，如何建立一套系统的证券统计体系，据以形成并发布一套完整、详细、通用的证券数据，就显得尤为重要。特别是 2008 年金融危机爆发后，各国专家一致认为当前证券市场缺少可供各国间进行比较的数据，呼吁提供更高质量的证券市场数据以满足各国管理对证券信息的需求。《证券统计手册》（以下简称《手册》）就是在这样的背景下形成的。该《手册》由证券数据库工作组（WGSD）编制，其成员由来自包括国际货币基金组织、国际清算银行、欧洲中央银行以及各国中央银行的专家组成。

《手册》的基本目标是：提供关于证券统计的框架，统一现有的各类证券分类标准，并提供一组高质量、详细的表格样式，以便更好地协助证券统计数据的汇总和发布，改善证券市场信息。此前 WGSD 小组分卷编制该《手册》：第 1 卷关于债券发行统计（2009 年出版），第 2 卷关于债券持有统计（2010 年出版），其重点集中于概念和统计数据的展示，第 3 卷则进一步延伸到权益性证券统计（2012 年出版）。2015 年 IMF 重新修订了该《手册》，将三卷内容综合在一起，与《国民账户体系》（SNA - 2008）、《国际收支》手册第六版（BPM6）中的相关内容保持了一致。以下先主要就债务类证券统计作介绍，然后就权益类证券作补充说明。

1. 证券的概念及分类

证券是一类可转让的金融工具，包括债务性证券、权益性证券和投资基金，其区别主要在于收入方式的不同：债务性证券的收入是利息，权益性证券的收入是股息和红利，投资基金的收入是投资者按照投资比例分享的基金收益。

（1）债务性证券包括票据、债券和资产支持证券。其中债券是这样一种债务凭证：发行者须偿付事先规定好的本金与利息给持有者。附着于债券上的主要特征包括发行日期、发行价格、偿还日期、偿还价格、发行期限、剩余期限、票息额、票息日、计价币种等，这些构成了债券统计分类的基本标识。

（2）债券的发行或持有部门分类。与国民账户体系（SNA-2008）的概念相一致，按照常住性原则，发行或持有债券的机构单位被划分为五个部门：金融机构、非金融公司、政府、住户、为住户服务的非营利机构（NPISH）。

（3）债券类型分类。债券类型按照货币种类、到期日、利率、风险等进行分类。其中，按照币种分类有本国货币和外国货币；按照期限分类有短期和长期、原始期限和剩余期限；按照利率类型分类有固定利率、浮动利率和混合型利率；按照市场分类有国内市场和国际市场；按照风险分类有收益率曲线、债券评级。

另外，《手册》还着重强调了通过资产证券化而发行的债券如何分类。资产证券化的债券，指债券的票息和本金收入都是依据某些特定的金融、非金融资产或其未来的现金流而确定的。资产证券化过程涵盖三种类型：一是资产持有者直接发行债券，不经过资产证券化机构；二是资产持有者通过资产证券化机构发行债券；三是也会通过资产证券化机构，但转让的只是信用风险，并不转让真正的资产。资产经过资产证券化后创造了不同类型的债券。这些债券涉及的机构单位主要特征也不尽相同。《手册》对这些债券的分类、机构单位的归类都一一作了说明。

与债务类证券并行的还有权益性证券。从资产的角度看，权益性证券是金融性投资的一种形式。以下类型的金融投资可根据涉及的投资者类型划分种类：一是组合投资，涉及广泛持有的权益性证券（多数已上市）；二是公司的股本证券，涉及公司的所有权；三是与私人企业相关的权益性证券。该类企业是指只有单一股东或很少股东的私人企业，通常来自住户部门，并且未上市。从负债角度看，权益性证券也是一种形式的外部融资。

2. 债券的记录及估值方法

债券发行是针对债务人的记录，债券持有则是基于债权人的记录，两方面合起来构成债券统计信息的全部。无论发行方还是持有方，债券统计都包含两类指标，即存量和流量，前者在某时点上记录其总量，后者则针对一段时期记录其发生量。

对债券发行而言，债券存量是指某时点上债务人在外承担的所有债券负债。对应的流量是两个时点之间债券负债的差，覆盖了在此时期内发生的债券交易、重估价及其他物量变化，其中交易指债券的净发行额（扣除了赎回额），交易记录方式与SNA-2008一致，依据权责发生制原则，采用四式记账法。

对债券持有而言，存量是指某时点上债权人在外持有的所有债券资产。对应的流量是指债权人在两个时点之间所持有债券存量的差，其中所包含的交易是指债券净获得额（即获得减处置）。

债券发行统计强调，债券发行估价数据必须同时提供市场价格和名义价格两类价格。关于利息的记录，《手册》建议采用债务人方法，即一段时间内债务人需付给债权人而不减少应付本金的金额。另外还有一种计息方式即债权人方法，其基本思路是按照市场利率计息，因记录太复杂而不建议采用。

在债券持有统计中，只须采用市场价格计价，以此与债券发行采用市场价格和名义价格双重记录原则不同。利息支付的记录与债券发行一样，建议采用债务人方法。

针对债券持有，交易数据的处理方式采用债权/债务人原则（debtor/creditor principle）。债券在二级市场交易时，买卖双方实际上都是债权人。在债权/债务人原则下，一笔交易发生，需要进行以下两个交易处理：先由债务人从卖方债权人A手中赎回债券，然后再由债务人卖给买方债权人B。《手册》不建议采用交易者原则（transactor principle），在此原则下，买卖债券时，虽然双方都是债权人，但是，要把卖方债权人看做债务人，买方看做债权人。

3. 数据展示及元数据

债券发行数据基本按照债券分类方式交叉展示，即以发行部门分类为基本分类方式，然后以币种、到期日、利率和市场类型进行交叉分类，在此框架内展示数据（如表1所示）。具体展示时要区分各部门显示其存量、流量及其关系。

表1　　　　　　　　　　　　　债券发行统计表示意

市场、币种、到期日、利率 \ 发行者		本国机构				所有国外机构	所有的持有者
		金融企业	非金融企业	政府	住户和NPISH	所有本国机构部门		
国内市场	币种							国内市场发行
	到期日							
	利率							
国际市场	币种							
	到期日							
	利率							
所有市场	币种							
	到期日							
	利率							
		本国机构发行						

资料来源：WGSD（2015），Handbook on Securities Statistics.

第2卷在债券持有数据展示部分专门介绍了 Whom-to-whom 框架下债券持有统计数据的展示原则。该框架下的表格有三个维度：债权人、债务人、债券种类。横行按债券发行人排列，纵栏按债券持有人排列，在发行人之下进一步按照不同债券类型（币种、到期日、利率和市场类型）作二次分组，由此详细记录部门间基于不同类型债券所进行交易的行为及其存量结果（如表2所示）。

表2　　　　　　　Whom-to-whom 框架下债券持有统计表示意

发行者 \ 持有者		本国机构					所有国外机构	所有的持有者
		金融企业	非金融企业	政府	住户和NPISH	所有本国机构部门		
本国机构发行	币种							
	到期日							
	利率							
国外机构发行	币种							
	到期日							
	利率							
所有的发行者	币种							
	到期日							
	利率							

资料来源：WGSD（2015），Handbook on Securities Statistics.

元数据是对数据资源的描述，即所谓描述数据的数据（Data about data），主要提供数据属性信息，用于支持如存储位置、历史数据、资源查找、文件记录等功能。《手册》提供了关于债券统计元数据的指导意见，这是国际上第一次尝试提供关于债券元数据的指导意见。所建议的元数据主要包括三类：一类是针对债券的元数据，描述债券发行的市场组织、监管环境，另外两类债券元数据与其他类型统计元数据相同，一部分是与金融统计元数据一致的元数据，另一部分是与其他所有类型统计元数据一致的元数据。

4. 权益证券统计

权益证券通常被称为股票，其持有人可以在债务人的要求得到满足之后分享公司的剩余价值。一般而言，股票有上市与非上市之分，既可能是普通股，也可能是优先股。

对于上市股票，可以在不同的股票交易所交易，如正式市场、第二规范市场、第三市场等。不同市场对上市公司的要求可能不同。通常来说，交易所会对上市公司资产总额或一些特定的财务信息提出要求。非上市股票则不会在交易所注册，股票持有人无法像上市股票那样获得由交易所提供的对投资者的保护，也很难进行交易。

普通股和优先股的区别主要体现在持有人享有权利的不同。在公司清算和分红时，相对于普通股，优先股的持有人对于公司的资产具有优先索取权，仅次于债权人之后；普通股持有人在债权人、优先股之后享有剩余索取权。然而，优先股股东通常无法参与股东大会投票，从而不能参与到公司的经营管理中去。

对于权益证券的估值，通常采用交易双方的实际成交价格。当一个大公司在多个交易所同时上市时，其股票价值有两种方法来确定：（1）采用最有代表性的交易所的市场价格；（2）采用可获得的多个不同市场的价格平均值。而对于非上市股票，公允价值不是在有组织市场的交易值，而是参考市场上类似股票所得到的估计值。SNA－2008和BPM6提供了六种不同的非上市股票估值方法：（1）最近的交易价格；（2）基于会计数据的净资产值；（3）通过折现预期收益得到的现值或市盈率比率；（4）市净率比率；（5）账面自有资金；（6）全球价值分配折现。从本质上来看，上述方法可以汇总为三种方法：（1）可比上市股票价值；（2）自有现金价值；（3）未来收益折现价值。

从货币政策和财政政策角度分析权益证券由哪些部门持有非常重要，同时也有助于金融稳定性分析。权益证券的发行人通常有金融和非金融企业、非居民金融企业和非金融企业、政府（在某些特殊情况下，国有公司也被列为政府的一部分），而权益证券的持有人既可以是金融企业，也可以是非金融企业。特别需要关注的是机构投资者，他们作为权益证券的重要持有人，可能会对金融稳定性产生影响。

（以上部分内容曾以"开启证券统计规范化之门的钥匙"为题，刊于《中国统计》2012年第9期，作者：鞠学祯。景向根据第3卷及2015年版新手册进行了补充）

附：文件目录

前言
卷首语
缩略语
1. 绪论
  1.1 手册目标
  1.2 手册范围
  1.3 作为可转让金融工具的证券
  1.4 债务证券、股本证券和投资基金
  1.5 证券分析的统计应用
  1.6 概念框架
  1.7 展示表格
  1.8 手册结构

2. 证券的主要特征
  2.1 债务证券
  2.2 股本证券
3. 归类到证券中的金融工具
  3.1 债务证券
  3.2 股本证券
  3.3 临界个案
  3.4 其他未归类到证券中的金融工具
4. 机构单位和部门
  4.1 机构单位的定义
  4.2 常住性的定义
  4.3 从机构单位到机构部门和子部门的分配

5. 头寸、流量和核算准则
   5.1 四式记账核算和记录时间
   5.2 头寸和流量的关系
   5.3 总交易和净交易
   5.4 重估
   5.5 资产和负债数量其他变化
   5.6 估价原则
   5.7 汇总、合并、取净额

6. 关于证券的具体操作
   6.1 资产证券化
   6.2 反向交易
   6.3 卖空
   6.4 拆开证券
   6.5 代理人账户
   6.6 股东权利和认股权力
   6.7 红股
   6.8 股票分割与合并
   6.9 股份回购
   6.10 并购
   6.11 私有化和国有化
   6.12 债换股交易

7. 证券分类
   7.1 按债券的发行或持有部门分类
   7.2 按股票的发行或持有部门分类
   7.3 按利率分类
   7.4 按到期日分类
   7.5 按币种分类
   7.6 按市场分类
   7.7 按违约风险分类

8. "From-Whom-to-Whom" 框架下证券的发行与持有
   8.1 "From-Whom-to-Whom" 框架
   8.2 债券的 "From-Whom-to-Whom" 交易
   8.3 股票的 "From-Whom-to-Whom" 交易
   8.4 交易者规则和发行人/持有人规则

9. 详情表
   9.1 A 类型表（"发行人常住性"法）
   9.2 B 类型表（"持有人常住性"法）
   9.3 C 类型表（"From-Whom-to-Whom"法）
   9.4 证券全球汇总报告表
   9.5 按发行人、市场、币种、到期日、利率分类的证券调整
   9.6 挑战

附录
   附录1 比较债券的市场价值和名义价值
   附录2 结构债务证券
   附录3 伊斯兰债券
   附录4 SBS 数据库
   附录5 债券和股票统计的元数据
   附录6 协调联合的证券投资调查和协调直接的证券投资调查
   附录7 SNA－2008 和公司集团法
   附录8 未上市股票的估值

金融稳健指标编制指南

> **英文标题** Compilation Guide on Financial Soundness Indicators
> **牵头组织** 国际货币基金组织
> **版本信息** 2006年第1版
> **文本链接** http：//www.imf.org/external/pubs/ft/fsi/guide/2006/index.htm
> **中文版** http：//www.imf.org/external/pubs/ft/fsi/guide/2006/index.htm

如何在微观审慎监管基础上引入宏观审慎监管，防范金融体系系统风险，已成为各国金融监管制度改革的共识。早在1996年，国际货币基金组织（IMF）就发表《银行体系稳健性和宏观经济政策》报告，提出金融稳健性指标（Financial Soundness Indicators，FSI）。此后，IMF（1999年）开始向各成员国推荐"金融部门评估规划"（Financial Sector Assessment Program，FSAP），意在为各国央行监控和预测金融风险提供统一、规范的评估手段，最后在2006年正式颁布了《金融稳健性指标编制指南》（以下简称《指南》），标志着基于金融稳健性形成了一个较为合理和广泛接受的评价体系。

《指南》就IMF确定的金融稳健指标概念、定义、来源以及编制和公布技术给出了系统说明，其目的旨在鼓励各国进行金融稳健指标编制，促进这些数据的跨国比较，支持对各国和国际金融体系的监督。以下对其内容作简要介绍。

1. 概念框架

金融体系是由机构单位和市场构成的，这些单位和市场之间相互作用，会以各种复杂的方式为投资项目筹集资金，为商业活动的融资提供便利，形成支付体系。在此体系中就包含了与金融稳健指标相关的各个要素：（1）各类机构单位，按照其属性分为五个部门，即金融公司部门、非金融公司部门、政府部门、住户部门和为住户服务的非营利机构部门（NPISH）；（2）市场体系，主要包括各实体进行金融债权交易的各种金融市场（包括货币、银行间、债券、股票、金融衍生工具等子市场）、进行房地产债权交易和进行房地产投资的房地产市场；（3）支付体系，是在金融体系和市场间传递冲击的一个渠道，包括确保货币流通的工具、银行程序以及银行间资金转移体系。

金融体系的运行会产生各种涉及流量和存量的数据。流量数据包括货物与服务、收入与转移、非金融资产以及金融资产的交易数据，价格或汇率变动导致的持有损益数据，以及资产物量其他变化（如意外事件导致的损失）数据。存量数据又称头寸数据，是指反映非金融或金融资产和负债存量的价值数据。这些流量、头寸均采用权责发生制原则记录，交易工具采用市场价值计价，非交易工具采用名义价值计价。一般采用本国货币作为计价货币，但是，若本国货币不稳定，则应选择其他外币计价。

2. 金融稳健指标及其说明

金融稳健指标是反映一国金融机构及其对应方——公司和住户——之金融健康状况和稳健性的一系列指标（见表1），有些指标通过汇总各单个机构数据而成，有些反映这些金融机构运作所在市场的情况。计算和公布金融稳健指标是为了帮助宏观审慎分析，评估和监督金融体系的实力和脆弱性，以提高金融体系的稳定性，特别是减少金融体系崩溃的可能性。

表1　　金融稳健指标组成：核心指标和鼓励类指标

核心类指标	
存款吸收机构	
资本充足率	监管资本/风险加权资产；监管一级资本/风险加权资产；不良贷款减去准备金/资本
资产质量	不良贷款/全部贷款总额；部门贷款/全部贷款
收益和利润	资产回报率；股本回报率；利差收入/总收入；非利息支出/总收入
流动性	流动性资产/总资产（流动性资产比率）；流动性资产/短期负债
对市场风险的敏感性	外汇净敞口头寸/资本
鼓励类指标	
存款吸收机构	资本/资产；大额风险暴露/资本；按地区分布的贷款/全部贷款；金融衍生工具中的总资产头寸/资本；金融衍生工具中的总负债头寸/资本；交易收入/总收入；人员支出/非利息支出；参考贷款利率与存款利率之差；最高与最低同业拆借利率之差；客户存款/全部（非同业拆借）贷款；外汇计值贷款/总贷款；外汇计值负债/总负债；股本净敞口头寸/资本
其他金融公司	资产/金融体系总资产；资产/GDP
非金融公司部门	总负债/股本；股本回报率；收益/利息和本金支出；外汇风险暴露净额/股本；破产保护的申请数量；住户债务/GDP
住户	住户还本付息支出/收入
市场流动性	证券市场的平均价差；证券市场平均日换手率
房地产市场	房地产价格；住房房地产贷款/总贷款；商业房地产贷款/总贷款

资料来源：IMF，《金融稳健指标编制指南》，中文译本。

全部指标分为核心指标和鼓励类指标。存款吸收机构是金融市场的核心角色，由此决定了核心指标都与存款吸收机构有关；然后再根据不同类型的机构部门，设计了各种鼓励类指标。《指南》具体介绍了各个指标的含义，为指标所反映的内容、监控目的以及计算方法等提供了指导意见。

3. 金融稳健指标的编制和公布

《指南》建议由牵头机构的一个专门部门负责编制、发布金融稳健性指标。核心金融指标建议每季度公布一次，关键的指标每月公布一次。公布标准应参照数据公布特殊标准（SDDS）和数据公布通用标准（GDDS）。为了公布数据的可靠性、真实性，需要严格控制源数据质量。

《指南》建议，存款吸收机构的基础数据可以来自于企业会计数据、国民账户数据和监管数据。其中，国民账户数据更适于在总量层面监控国内经济发展，而企业数据和监管数据更适于在跨境合并基础上监控各存款吸收机构的发展情况。对于非金融公司和住户，建议采用抽样调查或税收记录开展数据收集工作。

除了基础数据外，《指南》中还列出多个数据序列表，以便更好地进行数据合并加总。比如，计算相关指标所需的但国民账户数据未列入的数据序列；在部门一级加总所需的数据序列；需在合并基础上而不是在单独注册实体基础上提供的数据序列等。如果各国当局不能提供《指南》所提到的所有数据序列，则应该使用与《指南》原则最接近的数据，但要在数据诠释中指出每一数据序列与《指南》建议内容的偏差。

关于数据公布，《指南》鼓励各国经常性地公布核心金融稳健指标以及其他金融稳健指标。为此，《指南》为公布核心和鼓励类金融稳健指标提供了一个由两模块（金融稳健指标以及相关数据、解释金融稳健指标所需的数据诠释）构成的标准框架。可以对该框架进行适当调整，以适应各国的具体情况。《指南》还为公布信息提供了一个辅助框架，以在特定国家背景下（包括金融体系结构特征）进行金融稳健指标的解释分析。

4. 金融稳健指标的分析应用

《指南》就如何在宏观审慎分析中使用金融稳健指标数据进行了讨论。宏观审慎分析可以是对金融市场某个时刻状况的评估，也可以是对一段时间（例如整整一轮商业周期）内的发展状况进行评估，了解金融脆弱性如何随时间推移而积累起来，了解金融体系与实体经济部门之间相辅相成的动态相互作用。金融稳健指标数据是用于监测金融稳定状况的一整套信息和工具的必要组成部分。

为了加强对金融稳健指标的分析，《指南》建议应将其与压力测试以及银行监管有效性和金融体系基础结构牢固性的信息结合起来进行分析。在压力测试中，会对存款吸收机构的资产负债表进行标准化的冲击测试，然后把各个存款吸收机构的冲击测试结果进行加总，以了解对整个部门的影响。一般认为，金融稳健指标的变化通常是压力测试的产出。在评估金融稳定面临的风险方面，压力测试和金融稳健指标是两个彼此不同但互补的方法。

《指南》针对金融稳健性指标的具体应用提出了 CAMELS 框架，银行监管机构可以根据这个框架来评估各具体机构的稳健性。比如，针对存款吸收机构，可以通过资本充足率、资产质量、收益和盈利能力、流动性以及对市场风险的敏感程度等指标评估分析其强项和弱点。对于非金融公司、住户和房地产市场各类指标的应用，《指南》也提出了相关指导。

（以上内容曾以"《金融稳健性指标编制指南》简介"为题，刊于《中国统计》2014 年第 1 期，作者：鞠学祯）

附：文件目录

前言
缩略语
1. 导言
   1.1 背景
   1.2 《指南》的主要内容
   1.3 《指南》的结构
   1.4 术语
2. 金融体系概述
   2.1 导言
   2.2 什么是金融体系？
   2.3 金融公司
   2.4 非金融公司
   2.5 住户
   2.6 为住户服务的非营利机构（NPISH）
   2.7 广义政府
   2.8 公共部门
   2.9 金融市场
   2.10 支付体系
   2.11 房地产市场
3. 金融稳健指标的会计原则
   3.1 导言
   3.2 流量和头寸的定义
   3.3 流量和头寸的确认时间
   3.4 估值
   3.5 居民属性
   3.6 本币和外币、记账单位和汇率转换
   3.7 期限
4. 会计框架和部门财务报表
   4.1 导言
   4.2 会计框架

4.3 部门财务报表
5. 数据的加总与合并
   5.1 导言
   5.2 有关术语的定义
   5.3 以常住属性为基础的加总方法
   5.4 以合并为基础的方法
   5.5 采用合并的集团报告以满足金融稳健指标数据的需要
   5.6 合并方法产生的具体问题
   5.7 编制合并的部门一级数据
   5.8 附文：关于部门一级调整的详细说明
6. 关于存款吸收机构金融稳健指标的说明
   6.1 导言
   6.2 金融稳健指标
7. 关于其他部门金融稳健指标的说明
   7.1 导言
   7.2 金融稳健指标的计算
8. 金融市场
   8.1 导言
   8.2 利率
   8.3 证券市场
   8.4 附录：金融市场的结构性指标
9. 房地产价格指数
   9.1 导言
   9.2 测量房地产价格
   9.3 房地产市场的结构性指标
   9.4 建立房地产价格指数
10. 战略和管理问题
    10.1 导言
    10.2 战略问题
    10.3 管理问题
11. 金融稳健指标数据的编制：实践问题
    11.1 导言
    11.2 基础数据来源
    11.3 其他数据要求
    11.4 数据的可得性
    11.5 数据序列的中断
    11.6 季节性调整
12. 金融稳健指标比率和有关数据的公布
    12.1 导言
    12.2 公布做法
    12.3 公布金融稳健指标的框架
13. 金融稳健指标和宏观审慎分析
    13.1 导言
    13.2 为什么需要金融稳健指标数据
    13.3 金融稳健指标数据应该在什么样的金融稳定框架中使用
    13.4 还有哪些工具可以增加对金融稳健指标数据的使用和理解
14. 具体的金融稳健指标有哪些用途
    14.1 导言
    14.2 存款吸收机构
    14.3 其他金融公司
    14.3 非金融公司
    14.5 住户
    14.6 房地产市场
15. 同类组分析和描述性统计量
    15.1 导言
    15.2 同类组分析
    15.3 描述性统计量

附录
    附录1 关于宏观审慎指标的使用、编制和公布的调查
    附录2 各金融稳健指标指导意见概述
    附录3 金融稳健指标和有关数据序列的其他定义
    附录4 《指南》与国民账户体系和商业会计方法的协调
    附录5 计算示例
    附录6 其他问题：准备金提取、利率风险和压力测试
    附录7 术语表
参考文献
索引

101

国际金融统计指南

英文标题	Guide to the International Financial Statistics
牵头组织	国际清算银行
版本信息	2009 年第 2 版，2003 年第 1 版
文件链接	http：//www.bis.org/publ/bppdf/bispap14.htm
中文版	无

国际清算银行（Bank for International Settlements，BIS）早在 20 世纪 60 年代即开始国际金融统计工作，彼时的核心内容是监管 G10 国家央行共同收集数据用于反映经济增长和判断潜在风险；20 世纪 70～80 年代 BIS 开始关注发展中国家国际银行债务的增长；80 年代中期，BIS 被授权从一些商业数据库以及各国央行收集和发布国际债券与国际股票市场的数据；到 90 年代，BIS 开始收集和发布国际信贷和银团贷款数据，并主导各国央行参与一项联合调查；从 2005 年开始，BIS 开始针对衍生品市场发布更加完整的数据和报告。由此可以说，BIS 是当前国际金融统计数据收集和发布的重要机构，所覆盖的统计领域伴随国际金融市场的变化和创新在不断扩展，数据搜集的对象主要是各个国家或地区的中央银行和各主要市场交易商。

为了更好地完成国际金融统计工作，并为用户提供服务，BIS 于 2003 年发布了《国际金融统计指南》（以下简称《指南》），并与 2009 年 7 月发布了修订版。《指南》内容丰富，涵盖了 BIS 在国际金融统计领域的主要工作内容，以及统计数据的质量评估和应用。以下主要根据该《指南》介绍相关内容。

1. 常规统计内容

BIS 国际金融统计工作主要围绕国际银行业、证券、衍生品三个涉及交易和清算的方面展开。

（1）国际银行业统计。国际银行业统计主要包括常住银行统计、综合银行统计和银团贷款统计三部分。对应地，BIS 编制四套按季度发布的统计数据：按交易对象常住地编制的常住银行统计（IBLR）；按交易对象国别编制的常住银行统计（IBLN）；综合银行统计；银团贷款。

常住银行统计始于 20 世纪 60 年代，目的是监测银行的国际市场活动。统计对象是一国之内属于常住单位的所有银行（不论其财产所有关系属国内或国外），统计内容是这些银行的国际资产负债数据，其中，IBLR 从交易对象常住地的角度编制数据，IBLN 从交易对象所属国别的角度编制数据。目前有 42 个国家的央行向 BIS 报送这些数据。

综合银行统计始于 20 世纪 80 年代，目的是监测一国银行系统的风险敞口。统计对象是财产所有关系属于某国（或者说总行在某国）的所有银行（不论其常住地是国内还是国外），内容也是银行的国际资产负债数据，但包含的信息更加丰富，包括贷款期限、借款人所属部门和更细致的债权分类。

而且，它更关注最终风险敞口而不是直接借款人。例如，一家美国银行对香港地区和日本分别持有 1 美元债权，现在由日本一家银行做担保，这家美国银行再贷 1 美元给香港地区某厂商。那么，从直接借款人的角度，这家美国银行对香港地区的敞口增加了 1 美元，对日本不变；而从最终风险敞口来看，这家美国银行对香港地区的敞口仍是 1 美元，对日本的敞口增加到 2 美元（1 美元直接借款加 1 美元净风险转移）。正是因为上述种种，目前只有 30 个国家的央行有能力向 BIS 报送这些数据。

银团贷款统计则始于 20 世纪 90 年代，与前两者相比，银团贷款统计包含借方和借款的有关信息，如借方所属产业、借方评级、借款期限和目的等。这些数据源自"Dealogic Loan Analytics"商业数据库，并由 BIS 按照以下四点标准收集整理：第一，贷方必须是包含两个或以上金融机构的银团；第二，银团中至少有一个金融机构与借方属不同国籍；第三，贷款期限在 3 个月以上；第四，贷款形式是 BIS 所认可的金融工具。

（2）国际证券统计。国际证券统计的主要内容包括国际债券、国际股票和国内债券。BIS 从各个国家、市场和机构的数据库收集数据，对应编制了三套按季度发布的统计数据。这些数据可以与国际银行业统计一起监测国际金融活动，其分析的重点是未偿债券和新发行的国际/国内债券。

国际证券统计主要应用有以下方面：一是用于资本市场评估，看其作为金融中介相对于银行的作用大小；二是监控各国常住单位在国际市场上的证券发行；三是结合价格数据，研究资本市场中供给和需求因素的作用。

需要补充说明的是，2007 年以来，BIS 在证券数据工作组（由 IMF 主持，成员包括 BIS、世界银行和欧洲央行）的领导和支持下完成了以下两项工作：一是编纂《证券统计手册》，通过该手册明确了证券统计的相关概念和原则，得到国际认可；二是采用该手册倡导的框架，完善自身证券统计数据。也就是说，通过与其他组织合作，BIS 提高了自身国际证券统计数据的质量，减少了统计的重叠，扩大了统计的范围。

（3）国际衍生品统计。国际衍生品统计的主要目的是提供数据显示衍生品市场的规模和结构，以此监控相关市场动态。具体而言，BIS 分别国际衍生品的场内交易市场和场外交易市场，编制两套统计数据：一套是按季度发布的场内交易数据，数据源自各交易市场；另一套是按半年度发布的场外交易数据，数据源自各国央行。

国际衍生品统计数据的作用体现在以下方面：用于场内和场外交易的比较研究；监控市场结构演变；测度场外交易中所有合约和信贷敞口的总市值。可以说，将衍生品统计与银行统计和证券统计结合起来，可以全面描绘国际金融市场活动状况。

2. 国际合作框架下参与主导的专项工作

除上述常规统计工作之外，BIS 还在国际金融统计领域广泛参与国际合作，主导了联合外汇和衍生品调查以及联合外债中心两项工作。

BIS 每 3 年协调各国央行对外汇市场和衍生品市场作一次联合调查，以提供外汇市场和衍生品市场的成交额与未偿贷款总额数据。最早的三次调查（1986~1992 年）仅限于外汇市场，1995 年调查增加了对衍生品市场的统计，2007 年调查则开始收集信用违约掉期的数据。

1992 年，BIS、IMF、OECD 和世界银行成立了一个跨机构金融统计工作组，专司收集和公布各国对外债务数据。2006 年，以该工作组为基础，正式成立了联合外债中心（Joint External Debt Hub，JEDH）[①]。JEDH 提供了全面的一站式外债统计数据，具体包括三个部分：由债务人或国家数据源编制的外债统计；由债权人或市场数据源编制的外债统计；元数据。

---

① 官方网站 www.jedh.org

3. 数据的发布、质量评估和应用领域

BIS 发布国际金融统计数据有五个途径：（1）新闻稿，用于新数据的及时公布；（2）季刊，用于对特定主题的深入分析；（3）年报，用于分析长期趋势和新的政策问题；（4）高级官员演讲，主要是在演讲或被采访时公布新数据；（5）专题网页，可以提供详细的数据和统计指南与方法。

BIS 在数据发布前会对数据质量进行评估，评估标准遵守 IMF 的数据质量评估框架（DQAF），包涵前提条件、完整性、方法合理性、准确性和可靠性、可用性、可得性六个方面的内容，其中后五个方面体现了数据质量的五个维度。对于 BIS 数据质量而言，前提条件由其良好的法律和制度环境、高效的资源配置以及与时俱进的质量意识构成；完整性由机构独立性、业务专业性、公示透明和较高的职业操守来保证；方法合理性体现在其遵循国际公认的标准、指导原则或惯例；准确性和可靠性表现为数据源和统计技术是合理可靠的，统计结果恰当地描述了现实情况；可用性主要由数据的相关性、时效性、一致性和修订数据的及时公布来保证；可得性表现在数据和元数据在其出版物和网站上方便可得。

BIS 国际金融统计数据的主要应用可以概括为四个主题。

一是货币稳定。货币稳定是货币政策的主要目标之一，它有多个方面的内容，BIS 国际金融统计数据可以对其中两个问题的研究给予数据支持：银行贷款渠道和货币传递机制；货币和信贷总额的增量。

二是记录金融机构动态。因为 BIS 数据包含金融工具、交易对象以及报送机构的常住地等信息，所以可据此研究各细分市场的变化。在 BIS 季刊的"市场发展"章节可见许多相关研究。

三是辅助国际收支统计和外债统计。BIS 统计的国内信贷总量数据有助于国际收支账户中非金融企业对外国银行的资产负债数据的编制。另外，JEDH 的调查数据比各国报送的数据更具有时效性和全面性，使外债统计更加完善。

四是评估对外借/贷款的风险，测度贷方银行的风险敞口，以及度量各金融市场之间的关联程度。

（以上内容曾以"国际金融统计简介"为题，刊于《中国统计》2016 年第 3 期，作者：黎煜坤）

附：文件目录

1. 简介
2. 国际银行业统计
   2.1 常住银行统计
   2.2 综合银行统计
   2.3 银团信贷统计
   2.4 数据发布
3. 国际证券统计
   3.1 国际债券统计
   3.2 国际股票统计
   3.3 国内债券统计
   3.4 数据发布
4. 国际衍生品统计
   4.1 场内交易统计
   4.2 场外交易统计
   4.3 数据发布
5. 央行关于外汇和衍生工具的联合调查
   5.1 概述
   5.2 报送国家和机构
   5.3 基本内容
   5.4 分类
   5.5 数据发布
6. 联合外债中心
   6.1 由债务人和国家数据编制
   6.2 由债权人和市场数据编制
   6.3 元数据
7. 数据质量
   7.1 前提
   7.2 完整性

7.3 方法合理性
7.4 准确性和可靠性
7.5 可用性
7.6 可得性
8. 数据应用
　8.1 概览
　8.2 货币稳定
　8.3 金融机构的动态变化
　8.4 国际收支统计和外债统计
　8.5 对外借/贷款的风险

附录　术语

参考文献

国际储备和外币流动性数据模版准则

英文标题	International Reserves and Foreign Currency Liquidity: Guidelines for a Data Template
牵头组织	国际货币基金组织
版本信息	2013年第2版，2001年第1版
文件链接	http://www.imf.org/external/np/sta/ir/IRProcessWeb/dataguide.htm
中文版	http://www.imf.org/external/np/sta/ir/IRProcessWeb/dataguide.htm

20世纪90年代金融危机爆发，严重影响了国际金融的稳定性，同时也使实体经济出现动荡和混乱。其中原因多多，但有一条无论如何都不能忽视：各经济体官方外币资产的信息披露不能完全满足公众的要求，特别是储备资产的信息不完整、官方短期外币债务未能公开提供。《国际储备和外币流动性数据模板准则》（以下简称《准则》）正是在这种情况下由国际货币基金组织（IMF）提出并制定的。

《准则》提出了国际储备和外币流动性数据模板的基本框架，并为其应用提供了指导。通过这套准则，可以描述各经济体的官方外币资产，以及各种外币负责或承诺引起的对这些资产的消耗，其创新性在于将货币当局资产负债表表内和表外国际金融活动的数据以及补充性信息结合起来，以便于各经济体及时准确地进行信息披露，公众也可以根据各经济体公布的这些信息进行金融决策，从整体上改进全球的金融市场运作。

目前IMF已公布《准则》第2版。主体内容分为两大部分：第一部分是模板的结构和主要特征；第二部分则详细介绍了模板中各部分的编制方法，具有较强的技术性。下面按此两部分作简要介绍。

1. 内容结构及特征

《准则》的对象涉及两个基本概念：国际储备和外币流动性。国际储备是指"货币当局随时可以利用并控制的外部资产"，代表货币当局对非居民的债权，主要包括外汇资产（外币及外币存款和证券）、黄金、特别提款权、在IMF的储备头寸和其他债权；外币流动性则是指当局在考虑到对外汇资源预先确定和潜在的净消耗之后，随时可利用的外汇资源的数量。从概念范围看，外币流动性的范围比国际储备要宽，其差别主要在于：外币流动性的主体不仅涉及货币当局，还包括中央政府；涵盖内容既包括了对非居民的债权，也包括了对居民的债权；衡量范围包括表内和表外的活动两个部分，而不仅仅是表内。

进一步看数据模板的基本特征。模板中所包含的机构是指负责或参与应对货币危机的所有公共部门实体，在实践中，是指管理或持有国际储备的货币当局和与货币当局一起占官方外币债务大部分的中央政府，但不包括社会保障基金。模板中所包含的金融活动只限于以外币结算的工具，对于以外币计值或与外币指数挂钩但以本币（和其他手段）结算的工具则只作为备忘项报告。在报告过程中，要分别报告有关空头和多头的信息。在估值方面，资源的价值以市场价格或近似市场价值计量；对外汇资源的消耗以及与远期、期货和掉期有关的外币注入和流出以名义值计量；由于期权的特殊性，模板要求披露其假设价值。同时，为了提高数据的分析价值，《准则》还建议各经济体同时披露各经济体具体的汇率安排、储备管理政策的特点，以及对某些金融交易的会计做法和统计处理等。

最后看数据模板的结构。数据模板共分四个部分。第一部分涉及当局外币资源的信息，包括官方储备资产和其他外币资产；第二和第三部分说明短期内对这些外币资源的净消耗；第四部分则提供了补充信息，主要包括前三部分没有披露但对于评估当局的储备和外币流动性以及外汇风险暴露有用的头寸和流量，以及前三个部分披露内容的详细信息。

2. 编制方法

以下分别上述四个部分说明其编制方法。

（1）资产——外币资源。外币资源包含两部分，即储备资产和其他外币资产。储备资产是指货币当局为了满足国际收支融资需要、干预外汇市场和其他目的而持有的资产；其他外币资产是指未包括在储备资产中的货币当局的外币资产，以及中央政府持有的这类资产。两者的相同之处在于都必须是流动的外币资产。在数据模板中，官方储备资产一般分为外币储备（可兑换的外币）、在 IMF 的储备头寸、特别提款权、黄金（包括贷出的黄金）、其他储备资产等项目，其中外币又分为证券和总存款（存款所在机构为其他中央银行和国际清算银行、总部设在报告国的银行、总部设在报告国以外的银行，后两者还需要分别单独列示其中位于国外或报告国的份额）。原则上说，此部分列明的官方储备资产应与根据《国际收支手册》（BPM）编制的国际储备数据相符，虽然两者的体现方式不同，但涵盖范围几乎是相同的。原则上应对储备资产和其他外币资产采用市场价格进行计量，在无法确定市场价格的情况下可采用近似市场价格，但在最终计值时要包括外币资源累计的利息收入。

（2）负债——预先确定的短期净消耗。预先确定的短期净消耗是指事先已经知道或预定的外币合同债务，这种债务可能发生于资产负债表表内和表外的活动，其中表内活动包括贷款以及与证券有关的预先确定的本金和利息，表外活动包括远期、掉期和期货合同中所产生的债务。所谓短期，是指债务的剩余期限小于（或等于）1 年的债务，在报告的编写中，还需要将时间范围分为三段："不超过 1 个月"、"1 个月以上不超过 3 个月"、"3 个月以上不超过 1 年"。在数据报告中包括三部分内容：外币贷款和证券、外币对本币的远期和期货空头与多头（包括合计额以及空头和多头的分列数据）、其他。此外，还要对这三部分的数据按照期限（即剩余期限）分别列出数额。在估值方法上，此部分所涉及的外币流入和流出均按名义值确定，也就是按现金流量发生时点的价值计量，而不需要根据利率等进行贴现。在本币和外币转换过程中，如果转换个体是外币贷款、证券和资产负债表表内的其他债务，则使用参考日期的市场汇率；如果是远期、期货和掉期，则采用合同规定的汇率确定名义值，再按参考日期的市场汇率转换成报告货币。

（3）或有负债——对资产或有短期净消耗。所谓外币资产的或有短期净消耗，是指导致外币资产潜在的或可能的未来增加或损耗的合同义务，由于资产负债表反映的都是实际发生的资产和负债，因此，或有消耗都是指资产负债表的表外活动，流量可能来源于对居民的头寸，也可能来源于对非居民的头寸。内容主要包含四项，分别为：外币或有负债、含有期权的外币证券（具有实出期权的债券）、未提用的无条件信用额度（细分为给其他中央银行的、给总部设在报告国的银行和其他金融机构的、给总部设在报告国以外的银行和其他金融机构的等部分）、外币对本币的期权空头和多头合计额。与上一部分相比，此部分要求的期权数据更为详细，除了区分多头和空头外，还区分买入期权和卖出期权，以及卖出的期权和买进的期权。更值得注意的是，数据报告中还鼓励编制者在编制过程中，展现出在不同的汇率情况下由外汇流动性所引起的期权头寸所面临的风险，并进行适当的压力测试。与第二部分相似，此部分的数据也区分三个不同的时间段进行数据列示和汇总。在估值方法上，除期权以假设价值为基础外，其他项目均以名义值列示。

(4) 补充信息。补充信息统一展现在模板的第四部分备忘项中，主要涵盖前三部分没有披露但被认为有助于评估当局的储备和外币流动性状况以及外汇风险暴露情况的数据，前三部分所披露数据的详细解释，以及与前三部分相比采用不同的分类和估值标准衡量的头寸和流量。具体包括以下七个部分的内容：第一，与汇率指数挂钩的短期本币债务；第二，以外币计量并以其他手段（如本币）结算的金融工具；第三，被抵押的资产；第四，贷出和回购协议下售出的证券（以及掉期的黄金）；第五，金融衍生产品资产（按市价估值，净额）；第六，剩余期限超过1年并可有补缴保证金要求的衍生产品；第七，储备资产的货币构成。

最后简要说明该数据模板的实施进展情况。1999年3月，IMF的执行董事会将数据模板作为特别数据公布标准的一部分，以实现各经济体数据编制和发布的过渡，到2000年3月31日，过渡期结束，大多数国家在其后的1～2个月内公布了第一组模板数据。同时，IMF建立了一个数据库，在其网站上反映各经济体国际储备和外币流动性的模板数据。2013年，在第1版基础上，为适应BPM（第6版）和其2009年提出的数据收集新模板，IMF对部分内容进行了调整，并增加了3个附录。

（以上内容曾以"各经济体官方外币资产统计及信息披露的模板"为题，刊于《中国统计》2012年第10期，作者：刘璐）

附：文件目录

序言

1. **数据模板综述**
   1.1 有助于加强国际金融架构的创新性数据框架
   1.2 国际储备和外币流动性的概念
   1.3 储备数据模板的主要特征
   1.4 数据模板的结构
   1.5 《准则》的结构

2. **官方储备资产和其他外币资产（近似市场价值）：储备数据模板第Ⅰ部分**
   2.1 披露储备资产和其他外币资产
   2.2 界定储备资产
   2.3 报告储备资产中的金融工具
   2.4 列明总部设在报告国的机构和总部设在报告国以外的机构
   2.5 储备模板数据与《国际收支和国际投资头寸手册》第六版的储备概念的对应关系
   2.6 对储备资产和其他外币资产适用近似市场价值

3. **对外币资产预先确定的短期净消耗（名义值）：储备数据模板第Ⅱ部分**
   3.1 界定预先确定的消耗
   3.2 报告关于预先确定的消耗的数据
   3.3 储备数据模板中的外币交易与对外账户中的外币交易之间的关系
   3.4 报告与贷款、证券和存款有关的外币流量
   3.5 与远期、期货和掉期有关的外币流量
   3.6 报告其他外币消耗

4. **对外币资产的或有短期净消耗（名义值）：储备数据模板的第Ⅲ部分**
   4.1 界定或有净消耗
   4.2 或有负债
   4.3 含有期权的证券（具有卖出期权的债券）
   4.4 未提用的无条件信贷额度
   4.5 期权
   4.6 备注：实值期权

5. **备忘项：储备数据模板第Ⅳ部分**
   5.1 备忘项的涵盖范围
   5.2 以外币计值并以其他手段结算的金融工具
   5.3 贷出的证券和回购协议
   5.4 金融衍生产品资产（按市价计值净额）

附录
   1. 数据公布特殊标准和国际储备/外币流动

性数据模板
2. 在国际储备和外币流动性模板中提供数据的样表
3. 关于在模板中报告具体数据的准则概要
4. 在储备数据模板显示的五种方案下"实值"期权的压力测试
5. 向基金组织报告数据以便在基金组织的网站上再次公布
6. 储备资产和货币联盟
7. 关于储备资产特征的常见问题
8. 向基金组织贷款、向基金组织管理的信托贷款以及特别提款权的统计处理

外债统计：编制者和使用者指南

英文标题	External Debt Statistics: Guide for Compilers and Users
牵头组织	国际货币基金组织等
版本信息	2013 年第 3 版、2003 年第 2 版、1988 年第 1 版
文件链接	http://www.tffs.org/edsguide.htm
中文版本	http://www.tffs.org/external/pubs/ft/eds/eng/guide/

《外债统计：编制者和使用者指南》（以下简称《指南》）由国际货币基金组织（IMF）、国际清算银行等八家组织联合编写，在吸收各机构广泛经验的基础上，通过与各国外债和国际收支统计编制者的密切协商完成。《指南》于 1988 年第一次发布，此后为了与国民账户体系（SNA）和国际收支统计（BPM）相匹配，先后在 2003 年和 2013 年再版。与最初版本相比，更新后的版本强调私人部门资金流动统计，特别是流向私人部门债务人的资金，以及与这些资金流动相关的债务证券和金融衍生工具的统计。《指南》包括四部分内容，分别是概念框架、编制原则及做法、外债数据使用和国际机构的工作。以下对相关内容作简要介绍。

1. 概念框架

首先介绍外债的定义及其相关准则、外债分类方法、外债总额头寸表的内容。

（1）关于外债的定义。根据 IMF 给出的国际标准，外债总额是指在任一时点上的实际（不包括或有）负债余额，该项负债要求债务人在未来某一时点偿还本金和/或利息，并且是某一经济体居民对非居民的债务。在此定义基础上，这里还需要明确以下相关名词或准则。

外债的记录时间通常采用权责发生制。即当发生资产交易时，所有权变更的日期就是记录头寸的日期，也就是债权人和债务人各自在其账目上记录债权和负债的时间。或有负债只表示潜在的债务，不是目前企业真正的负债，因此，不能计入外债统计范围。

外债定义中采用了居民原则（即常住单位原则）。这里的居民是指在一个国家居住或停留超过 1 年的自然人、企业、团体等，需要重点关注住户、企业和政府的常住性。住户的常住性取决于其住所所在地，而不是工作所在地，例如边境工作者、留学生等均属于本国常住居民。企业常住性的主要依据是该企业在哪个国家范围内长期从事经济活动，而不是该企业的财产所有关系属于哪个国家，一国在国外设立的子公司或分支机构，如果准备长期经营，则应属于东道主国的常住单位。关于政府的常住性，需要注意的是，驻外使领馆、军事单位等仍属于该国的常住单位，而外国政府设在该国的使领馆等不是该国的常住单位。

（2）关于外债的分类。外债数据来源众多、时间各异、数据量大而零散，因此，需要按照既定的分类方法进行汇总，以便于未来的分析。《指南》重点介绍了外债的国际分类标准，其中包含多种不同分类，包括按偿还责任、按偿还期限、按机构部门等方式，为了与之后的头寸表对应，《指南》主要描述的是按偿还期限、机构部门和金融工具划分的三种分类方法。

按照偿还期限划分，外债可以分为中长期债务和短期债务。IMF 等国际机构规定，按原始期限方法划分，需在超过一年以上的时间内偿还的外债是长期外债，需在一年以内偿还的外债是短期外债。

就机构部门而言，外债统计涉及的经济体主要包含四个部门：广义政府、货币当局、银行部门和其他部门，其他部门又可进一步分解为非银行金融公司、非金融公司、住户和为住户服务的非营利机构。其中，货币当局部门涵盖了中央银行以及通常属于中央银行但由其他政府机构或商业银行执行的所有业务，如货币发行、国际储备的维护管理等。广义政府部门则涵盖了一国政府包含的公共当局及其下属机构，包括各级政府单位、在各级政府运作的所有社会保障基金、由政府单位控制和提供主要资金的所有非市场型非营利机构。

就金融工具而言，外债统计中涉及的类型主要包括债券、贷款、贸易信贷、通货与存款等，但是股权证券不包括在外债统计范围之内。其中，贸易信贷包括供应商在交易货物和服务时直接提供的信贷，以及购买方在交易货物和服务时所产生的债权或负债。

（3）外债总额头寸表。《指南》给出了依据国际标准制定出的外债总额头寸表的基本架构。外债总额头寸表里的指标要涵盖上述四个部门，并应按照期限提供分解数据。从主体部分看，外债总额头寸表可以分解为三个层次：第一层按照机构部门分类，主要分类是基于涉及外债统计的经济体的四个部门；第二层按照外债的原始长短期限分类；第三层按照债务工具类型分解。此外，为了进一步提高头寸中所列数据指标的分析价值，通常还会在主体之后增加备忘项目表，包括已应计但尚未偿付的期间利息费用、金融衍生工具投资等。外债总额头寸表可以有不同格式，《指南》只对其中最常用的一种表格形式作了详细介绍。

2. 编制原则及做法

在确定了表格的基本框架之后，接下来的主要任务就是数据收集工作，《指南》将这一块内容归入第二部分。不同国家的经济政策、发展状况等存在较大差别，因此，《指南》没有给出具体的数据收集方法，只是从总体层面及重点部门出发，提出了一些关注点。（1）注意官方机构之间的协调，如果不止一个机构从事外债统计的编制，各个机构之间应努力合作，避免重复劳动，并尽可能确保采用一致的方法收集数据。（2）数据收集需要法律的支持，国家应加强监管体系的建设，定期检查核对，保证数据的质量。（3）在不同的开放阶段应采用不同的收集方法。例如，在严格控制的环境下，数据主要由监管部门和商业银行提供；在部分开放的环境下，一些企业可以更自主地从国外借款，这时需要收集整理从国外直接借款的那些企业的报告，保证数据的完整性和可靠性。

针对外债管理重点涉及的几个部门，《指南》详细讨论了在编制外债统计时需要解决的一些重要制度问题。政府和公共部门应该有一个政府债务办公室专门负责政府债务，可以是设在财政部内或是政府部门内的独立机构，也可以在中央银行或其他政府机构中。对于银行和其他部门，可以由多种方式结合起来完成数据收集，主要包括商业银行向中央银行或监管机构报告资产负债数据、企业调查、外国贷款登记系统等。在此基础上，《指南》指出，应在不妨碍数据编制的情况下，通过计算机网络将不同机构部门联系在一起，建立数据平台，以便进一步提高数据收集统计效率。

为了给不同经济体制、不同发展现状、不同国家政策的各个独立经济体提供外债统计管理的经验和借鉴，《指南》给出了包括澳大利亚、印度、奥地利等多个代表性国家的外债数据统计和编制方法。

以澳大利亚为例，其统计局以季度为周期编制、公布国际收支和国际投资头寸数据，外债数据则是其经扩展的国际投资头寸数据的组成部分。澳大利亚采用的是自由浮动汇率制度，流入或流出该国的投资均不受管制。为了测算外债,其统计部门首先需要通过政府机构、行业协会、公开数据库等多种渠道收集企业信息,编制和维护一份参与国际业务的企业集团名录。其次根据名录确定企业集团中的法律实体,进一步明确投资关系,在此基础上从不同来源中确定企业可能从事的跨境融资形式,将企业纳入相应的国际投资调查。在编制外债数据的过程中,国际投资调查要收集直接投资者、证券投资者和其他投资者所利用的全套债务工具的投资流入及流出数据并形成调查表。

3. 外债数据使用

外债数据的主要使用方向包括外债分析、债务可持续性评估、收入与资产的影响力分析等,其中最为关键和普遍的应用方式就是外债分析。总结起来,主体研究层次可以分为外债总量及结构分析、外债流量分析、风险指标变化、跨境资金流动形势四大板块的内容。其中,总量结构分析中可以包括总量变化趋势、期限结构、债务主体结构、债务类型结构、资金行业投向等相关研究;外债流量研究包括流量总体情况、资金流入流出情况、资金净流动情况等方面;风险指标变化研究的着眼点包括负债率、债务率、偿债率、流动性指标变化等重点问题。

《指南》以如何利用债务比率进行外债可持续性分析为例介绍了外债数据的使用方向。针对不同经济形势和发展状态下的国家,可以选择不同表达形式的债务比率来反映其外债可持续性的高低。例如,在分析重债穷国的债务可持续性时,通常使用债务现值指标,特别是债务现值与出口的比率;而对经济相对开放、面临外债财政负担的国家而言,债务现值与财政收入的比率更适合于衡量其可持续性。

(执笔人:刘煜哲、张一青)

附:文件目录

序
前言
致谢
缩略语一览表
1. 概览
　1.1 《指南》的目的
　1.2 《指南》的概念方法
　1.3 《指南》的结构
第一部分　概念框架
2. 外债测算:定义和基本核算原则
　2.1 引言
　2.2 外债的定义
　2.3 未偿还的实际负债
　2.4 核心核算准则
　　附录　应计利息成本
3. 机构部门与金融工具的识别
　3.1 引言
　3.2 机构部门
　3.3 工具分类

4. 外债总额头寸的表述
　4.1 引言
　4.2 表述表
　4.3 备忘项目
5. 公共及公共担保的外债
　5.1 引言
　5.2 定义
　5.3 公共与政府保证的外债头寸
6. 外债核算的其他原则
　6.1 引言
　6.2 部门、期限和工具
　6.3 外债的具体特点
　6.4 偿债和其他还款时间表
7. 外债的其他表述方法
　7.1 引言
　7.2 按照短期剩余期限划分的外债
　7.3 偿债支付时间表
　7.4 外币和本币外债
　7.5 利率与外债

7.6 按照债权人部门划分的外债
7.7 外债净头寸
7.8 核对外债头寸与流量
7.9 被交易的债务工具
7.10 与贸易有关的跨境信贷

8. 债务重整
8.1 引言
8.2 定义
8.3 债务重整的类型
8.4 表述减债数据
8.5 与债务重整有关的其他交易

9. 或有负债
9.1 引言
9.2 定义
9.3 为什么要测算或有负债
9.4 测算或有负债

第二部分　编制——原则与实践

10. 数据编制综述
10.1 引言
10.2 官方机构之间的协调
10.3 资源
10.4 数据收集的法律支持
10.5 不同开放阶段的收集方法
10.6 数据源综述
10.7 外债统计数据的发布

11. 政府和公共部门债务统计
11.1 引言
11.2 债务办公室
11.3 主要数据源
11.4 数据收集与编制考虑
附录　债务办公室的作用

12. 存款性公司与其他部门的外债统计
12.1 引言
12.2 存款性公司

12.3 其他部门
附录　利用交易信息估计头寸数据

13. 债券
13.1 引言
13.2 总体看法
13.3 主要考虑因素
13.4 非居民投资于国内发行的证券：潜在的反馈者
13.5 居民在外国市场发行证券
13.6 涉及逆交易的证券信息
13.7 可能的测度方法
13.8 周期性头寸调查
13.9 对手方信息

第三部分　外债数据的使用

14. 债务可持续性分析
14.1 引言
14.2 基本概念
14.3 债务负担指标
14.4 债务可持续性分析的基本步骤
14.5 动态债务的主要驱动
14.6 评估债务的持续性

15. 外债分析：进一步的考虑
15.1 引言
15.2 资产负债表错配
15.3 外债构成
15.4 收入的作用
15.5 资产的作用
15.6 金融衍生产品及回购协议的相关性

附录
专栏
表格
图
参考文献
索引

104

国际汇款业务：编制者和使用者指南

英文标题	International Transactions in Remittances：Guide for Compilers and Users
牵头组织	欧盟统计局、国际货币基金组织、经济合作与发展组织、世界银行
版本信息	2009年第1版
文件链接	http：//www.imf.org/external/np/sta/bop/remitt.htm
中文版	http：//www.imf.org/external/np/sta/bop/remitt.htm

进入21世纪以来，国际汇款业务的重要性不断提高，在很多发展中经济体中，汇款收入已经成为一个重要、稳定的资金来源，甚至超过了货物服务出口收入以及外国直接投资资金流入。鉴于汇款对经济的重要性以及业界对汇款数据可靠性和一致性的关注，2005年1月，世界银行和国际货币基金组织达成共识，编制了《国际汇款业务：编制者和使用者指南》（以下简称《指南》），以此为汇款统计制定了一套典范做法，厘清了国际收支框架中与汇款有关的定义和概念，提出了与改善汇款交易源数据有关的问题和解决方案，还对数据编制和发布遇到的问题进行总结。以下对《指南》的基本内容作简要介绍。

1. 什么是国际汇款交易

汇款通常与移徙有关，国际汇款涉及人口的跨国迁徙，其中短期工人和移民为其在原籍国的亲属提供资助是国际汇款流量的一个主要来源。因此，一定时期国际汇款规模的大小常常与人口特征有关，比如移民和短期工人的多少、停留时间、平均收入水平、性别及法律地位、家庭状况等。一般认为，收入是决定汇款能力的主要因素。

国际汇款可以通过各种渠道进行，其中有些是正规的，有些则是非正规的。汇款者采用什么渠道，常常取决于服务的可得性、汇款人的偏好以及所涉两国的制度环境，比如，正规金融机构提供服务的便利程度，不同渠道在汇款速度、成本上的差异，母国是否存在税收减让和利率方面的鼓励措施等。一般而言，移民和短期工人可能采用的资金转移形式包括：银行、资金转移运营商、邮政网络、信用合作社、电信公司、互联网、快递公司、运输经营者以及不受监管的其他渠道等。

在汇款数据分录中，国际收支交易借助"借方"或"贷方"记录显示方向，汇款的贷方分录指汇款的收取，而其借方分录则指汇款的支付。此外，国际收支框架中的所有计值都以市场价值为基础，雇员报酬和转移按权责发生制记录，其中强制性转移原则上应在发生时予以记录。与汇款有关的三大补充项目包括：个人汇款、总汇款和向为住户服务的非营利机构（NPISH）的转移。这三大项目属于通过加总获得的指标，世界银行和国际货币基金组织希望各国对这部分数据进行更具体的编制和发布，但并未做出强制性的规定。

2. 怎样获得国际汇款交易数据

通常情况下，判断统计数据质量的依据主要是准确性、覆盖范围、时效性和频率。要想改善数据质量，最有效的途径是保证数据的来源准确可靠，对此，世界银行和国际货币基金组织认为改善汇款数据质量应该围绕以下几个方面展开：对既有数据来源进行检查，对其他潜在数据来源进行评估，并根据数据需求和优先顺序以及资源制约情况制定数据改善策略。目前，国际汇款交易数据获得的方法主要包括：国际交易申报制度（ITRS）、汇款服务提供商直接申报、住房调查，以及利用二手来源数据。

国际交易申报制度是指从银行和企业获取逐笔交易数据的数据采集制度。从交易渠道来看，这一系统可以用于收集信用合作社数据，但对邮政网络和快递公司数据却可能无法识别。从交易类型来看，一般不包括国内结算的居民和非居民交易，特别是在不发生货币兑换的情况下。这一制度的优点包括：能够及时向数据统计者提供信息、数据采集成本低、数据准确性高、具备较高的可获取性等。但同时也存在着一些问题：可能会遗漏非正规渠道国际汇款数据，由金融中介进行分类可能会造成分类错误，因为申报限额可能会引起信息缺失，采用净额申报可能会造成轧差结算，双边数据缺乏等。

汇款服务提供商直接申报是指统计者直接从一组交易者获取数据，而不是从结算系统获取数据。通过该方法获取的信息没有任何中间传达步骤，与前一种方法相比具有更多的优势：可以更好地提供单笔交易数据，数据更加详细、准确。经验证明，这种数据采集方法不仅可以改善统计数据质量，并且比较符合成本效益原则，还可以解决国际交易申报制度下汇总结算和轧差结算相关的缺陷。但这种方法也并非十全十美：交易方的地址确认错误、交易目的确认错误等很容易造成分类错误。另外，如果监管上存在缺陷，就会使得资金转移运营商不受监管或不申报有效信息，由此影响到最终的统计数据。

住户调查属于直接数据来源，可以提高估算数据的准确度，更好地反映汇款流程，并提供可用于经济计量建模方法中的参数。住户调查可以是全国性的调查，也可以是专项调查。与前两种方法不同的是，住户调查所得的数据具有全面性、对数据定义可进行直接控制、提供有用的间接数据等优点，但同时也存在着抽样误差、非抽样误差以及代表性、可比性和费用高昂等问题。

在一些情况下，直接计量汇款交易会存在困难或者不具有可行性，这时通常需要根据二手数据进行估算，即利用间接来源的数据，包括与汇款无关的既有国际收支项目、可观测的经济数据或者人口数据来估算所有相关的汇款项目。利用二手数据的优点在于：采集数据的费用较低、数据设定比较灵活、可获得双边数据、可以加深对汇款的了解等。但运用二手数据进行估算时需要注意：所依靠的源数据是否可靠，给定的假设是否可以核实，估算结果能否核实等。

3. 国际汇款交易统计的注意事项

国际汇款交易数据统计过程中需要综合考虑的因素有：从移民数据、行政数据、调查和申报系统等各种数据源中提取数据的综合性；需要处理和编制国际收支账户和补充序列数据；加强对数据的管理；对数据来源要有批判性评价和完备的数据质量评估体系。为了达到理想的数据统计效果，在制度编制过程中需要充分考虑如何选择适当的数据来源和评价源数据、选择适当的统计方法、严格核实中间结果和产出、对研究结果进行适当修订等。为保证统计方法和制度的适用性，还需要考虑其他因素，包括数据的周期和及时性、统计的一致性以及数据修订的具体政策和做法。

在数据的收集整理过程中，需要将不同来源的数据结合起来使用，以保证生成的数据具有足够的准确性、覆盖面、及时性和频率。为达到这一效果，各国在进行国际汇款交易数据统计时，第一步，需要了解个人汇款交易的现状，重点关注两个因素，即可能或可行的汇款渠道、该国所采用的主要汇款渠道；第二步，编制者应对国际收支统计中现有的汇款数据采集系统进行评估；第三步，要确定任务的优先次序，考虑对数据的覆盖范围、准确性、及时性、数据周期等方面的需求以及改善数据的成本；第四步，要按不同渠道改善和扩充数据，并特别注意现有来源的数据缺口和遗漏以及第三步中确定的优先事项。

汇款统计数据的发布可以有两种方式：一是基于国际收支平衡表发布；二是将其作为国际收支平衡表的补充项目。面向那些不经常使用国际收支统计数据的数据用户，如相关决策者、分析人员和移民事务活动人员等，数据发布需要选择更灵活的方式，比如可以通过有针对性的时事通讯、新闻发布，或者在相关网站上设置国际汇款数据专栏，以便公众获得信息。

（以上内容曾以"国际汇款交易统计不是小事"为题，刊于《中国统计》2012年第11期，作者：刘璐）

附：文件目录

前言
致谢
缩略词表
1.《指南》的背景和目的
  1.1　背景
  1.2　《指南》的目的
  1.3　《指南》的组织结构
  1.4　《指南》采用的术语
2. 了解汇款：人口、交易渠道和规章
  2.1　人口统计学视角的汇款
  2.2　交易渠道和制度环境概述
  2.3　法律法规问题
3. 概念和组成
  3.1　基本概念
  3.2　标准组成
  3.3　补充项目
  3.4　相关概念
4. 数据来源和估算方法
  4.1　国际交易申报制度
  4.2　资金转移运营商直接申报
  4.3　住户调查
  4.4　间接数据来源
  4.5　一览表
5. 编制和数据处理问题
  5.1　一般编制问题
  5.2　利用多个来源的数据
  5.3　改善汇款数据的综合方法
  5.4　数据库管理和计算要求
6. 发布事宜
  6.1　一般发布事宜
  6.2　标准组成和补充组成
  6.3　双边数据
  6.4　向特殊用户群发布
  6.5　实验性编制数据和数据诠释
附录
  附录1　术语表
  附录2　数据质量评估框架：通用框架
参考文献
索引一（英文字母排序）
索引二（汉语拼音排序）

国际银行业统计指南

英文标题	Guide to the International Banking Statistics
牵头组织	国际清算银行
版本信息	2003 年第 3 版，2000 年第 2 版，1995 年第 1 版
文件链接	http://www.bis.org/publ/bppdf/bispap16.htm
中文版	无

国际清算银行（BIS）编写《国际银行业统计指南》（以下简称《指南》）主要有两个目的：一是向报告国提供报送数据的定义和指南；二是详细说明当前各国报告数据的分解与覆盖范围。《指南》描述了两个统计系统：常住银行统计和综合银行统计。相比于 1995 年第 1 版，2000 年发布的第 2 版的最主要变化是要求各国报送基于最终风险的数据，以及将综合银行统计数据改为季度报送；2003 年发布的第 3 版则主要对报送数据的表格作了一些修改和更新。

常住银行统计，顾名思义，其基本组织原则就是报送数据的银行须是该报送国的常住单位。与国民账户体系（SNA）、国际收支（BPM）和外债统计的原则一致，常住银行既包括报告国国内银行，也包括外资银行在报告国的分行和办事处（作为分支机构）。这些常住银行不是直接向 BIS 报送数据，而是先报送至居住地的央行，经央行合计并折算成美元后再报送至 BIS。常住银行统计的内容是有关国际银行业务的季度数据。这里国际银行业务是指能够形成银行表内资产或负债的、与非常住单位以任何币种或记账单位发生的交易或与居民单位以外币发生的交易。这些数据要求能够按照交易对手的币种、部门和常住地以及报告银行的国别进行细分。

综合银行统计的统计对象是财产所有关系属于报告国（或者说总行在报告国）的所有银行（不论其常住地是国内或国外）。它更关注银行资产负债表中资产侧的数据，这些数据由各银行总行在其内部各分支机构间轧差后报送。它既能从最终风险的角度估定一国银行系统的风险敞口，也能通过直接借款人的数据衡量一国风险转移情况。相比于常住银行统计，综合银行统计的数据更完善，对债权和部门的分类要求更细，还包含了金融债权的期限。因此，从贷方编制外债统计数据时，综合银行统计能够很好地补充常住银行统计。但也因此导致只有少数国家的央行有能力向 BIS 报送这些数据。另外，综合银行统计只能体现一国银行的国际资产总数，而且不要求对币种和金融工具进行分类。

《指南》将看似复杂的国际银行统计分成常住银行统计和综合银行统计两个体系。BIS 设计两个体系各有特定的目的，在实际应用中还能起到互补的作用。

（执笔人：黎煜坤）

附：文件目录

简介

1. 常住金融统计指南
   1.1 综述
   1.2 报告地区和机构
   1.3 报告业务
   1.4 币种、部门和国家
   1.5 其他报告惯例
   1.6 国际银行市场中的国籍归属
   1.7 报告表格

2. 综合金融统计指南
   2.1 综述
   2.2 报告地区和机构
   2.3 报告业务
   2.4 金融债权到期、部门和国家
   2.5 其他报告惯例
   2.6 报告表格

术语表

附录

106

信贷风险与预期信贷损失核算指南

英文标题	Guidance on Credit Risk and Accounting for Expected Credit Losses
牵头组织	国际清算银行
版本信息	2015 年第 1 版
文件链接	http：//www.bis.org/bcbs/publ/d350.pdf
中文版	无

　　国际清算银行为指导其成员国对金融机构信用风险进行监管，制定了《信贷风险与预期信贷损失核算指南》（以下简称《指南》）。由于国际清算银行对于微观金融机构并无直接监管责任，因此该指南是建议各国金融监管当局或货币当局参照执行的一般性指导原则。

　　《指南》首先总结了监管信贷风险的 11 条基本准则，也即本文件展开的基本结构，其中前 8 条准则用于指导信贷风险与预期信贷损失核算的组织与实施，后 3 条准则用于实践中的效果评估。在此基础上，《指南》按照目的、愿景和应用对信贷风险识别与核算进行一般讨论，而后分具体原则讨论了信贷风险的组织与领导责任，识别与测度问题，数据与披露问题，以及信用风险管理、资本充足等评估问题。

附：文件目录

1. 文件的基本原则
2. 简介
3. 信贷风险与预期信贷损失核算监管指南
4. 信贷风险实践、预期信贷损失核算和资本充足率监管评估

附录　银行实施国际财务报告准则（IFRS）的特殊监管指南

107

有效风险数据整合与风险报告指南

英文标题 Principles for Effective Risk Data Aggregation and Risk Reporting
牵头组织 国际清算银行
版本信息 2013 年第 1 版
文件链接 http://www.bis.org/publ/bcbs239.pdf
中文版 无

国际清算银行和金融稳定委员会（Financial Stability Board，FSB）发现 2007 年金融危机的重要原因是金融机构无法对庞大的风险数据进行有效管理，导致对其所提示的风险无法进行识别和应对，进一步也体现了监管机构和金融该机构面对庞大数据的无奈。为此，国际清算银行联合全球主要金融监管机构，制定了《有效风险数据整合与风险报告指南》（以下简称《指南》），从一般原则角度提出应如何看待和整合风险数据，包括对相关数据的搜集、排序、合并和分解等处理，以达到对金融机构风险水平的及时测度和监管。

《指南》从五个方面讨论了风险数据整合的 14 条指导性原则：（1）风险数据整合和风险报告在金融机构治理中应占据重要地位，同时强调数据和 IT 基础设施的重要性；（2）强调风险数据的整合能力，包括准确、完整、及时的组织和分析数据，在机构内部和监管层面均能提供相应数据；（3）风险报告的准确性、全面性、实用性，以及报告频率和沟通方式；（4）强调监督检查中适当工具的应用，以及相关机构合作的重要性；（5）《指南》实际应用的时间表。

附：文件目录

1. 有效风险数据整合与风险报告原则
2. 简介
3. 定义
4. 目标
5. 范围及初步考虑
    5.1 首要监督和基础建设
    5.2 风险数据整合能力
    5.3 风险报告实践
    5.4 监督检查，工具和合作
    5.5 实施时间表和过渡性安排
附录 1 术语
附录 2 原则摘要

八、国际贸易、投资与全球化

108

国际收支和国际投资头寸手册

英文标题 Balance of Payments and International Investment Position Manual
牵头组织 国际货币基金组织
版本信息 2008 年第 6 版，1993 年第 5 版，1978 年第 4 版，1961 年第 3 版，1950 年第 2 版，1948 年第 1 版
文件链接 https：//www.imf.org/external/pubs/ft/bop/2007/bopman6.htm
中文版 https：//www.imf.org/external/pubs/ft/bop/2007/bopman6.htm

国际收支和国际投资头寸统计是一国宏观经济统计的必要环节，所提供信息是正确制定对外经济政策、评估对外经济状况的基础。随着全球化进程的不断加快，各国间贸易与投资的广度和深度也在不断加大，结果是国际收支和国际投资统计工作越来越繁重和复杂。《国际收支和国际投资头寸手册》（以下简称《手册》）的目的正是为了最大程度上解决这一问题，试图为各个经济体就其与国外之间的交易和头寸统计提供标准框架。

《手册》由国际货币基金组织（IMF）统计部编写，到目前为止共有 6 个版本，第 6 版（BPM6）发布于 2008 年，以下基于 BPM6 对其内容作简要介绍。

1. 基本原则与概念

针对一经济体与国外之间交易及头寸的国际账户，是一套标准化的账户体系。其中涉及一些具有共性的概念和核算原则。

（1）核算原则。《手册》遵循的核算原则包括以下三个方面的规定：记账原则、记录时间、估值。记账原则的基础是四式记账法，强调进行多边比较和数据合并时要保持账户记录的一致性。记录时间采用权责发生制，以此保证所有流量——其中包括非货币交易、虚拟估算交易和其他流量——都按照统一时间原则汇总到交易发生的时期，提供最全面的信息。估值统一采用市场价格，货物和其他资产、服务和劳动都要按照被交换的价值（或者被兑换为现金的价值）记录。

（2）单位、部门和经济领土。《手册》将参与对外交易的统计单位分为五类机构单位：公司型企

业单位、非营利机构单位、住户单位、政府单位以及其他单位（主要包括以基层单位形式存在的本地单位和全球企业集团）。这些机构单位被归入不同的机构部门，每个部门内的单位具有类似的经济目标、职能和行为。《手册》第6版将机构部门分为四大类：中央银行、中央银行以外的存款性公司、广义政府和其他部门。其他部门下又分为其他金融公司、非金融公司、住户和为住户服务的非营利机构。

无论是单位还是机构部门，都与经济领土有着极其密切的关系。从广义角度看，一国经济领土是指需要对其进行统计的所有地理区域或管辖区。《手册》认为经济领土主要包括五部分：陆地领域、领空、领海（包括对捕鱼权、燃料或矿物行使管辖的所在区域）、海上领土的岛屿以及世界其他地方的领土飞地。

（3）金融资产与负债分类。金融资产与负债的形式复杂多样，在国际收支与投资头寸核算中发挥着极为重要的作用，甚至在国际账户中会单独设立金融账户。金融资产与负债分类适用于头寸、相关收益和金融账户交易，并涉及金融资产和负债的其他变化。《手册》提及的分类方法主要有四种，分别是：按金融工具种类分类，按金融工具期限分类，按货币种类分类，以及按可变利率和固定利率分类。

（4）职能类别。职能类别是针对国际账户中每笔金融交易、头寸和收入所采用的基本分类。在国际账户中，对投资按以下五个职能类别进行区分，即直接投资、证券投资、金融衍生品（储备除外）和雇员认股权、其他投资、储备资产。职能类别与金融资产负债分类具有联系，但突出了那些特别有助于了解跨境金融流量和头寸的特征。例如，一项贷款可以列在直接投资也可以列在其他投资项下，但两者具有不同性质，如何处理对于分析具有重要意义，因为交易背后的风险和动机可能不同。

2. 账户内容简介

国际账户是对国际收支和国际投资头寸数据进行展示的基本方式，它不仅可以使所记录数据的意义变得一目了然，而且也为随后的经济分析奠定了坚实基础。

（1）国际投资头寸表。国际投资头寸表是在某个时点记录（也就是存量记录）的统计表，集中显示以下两类项目的价值构成：一是该经济体居民对非居民的债权和作为储备资产持有的金块等金融资产；二是该经济体居民对于非居民的负债。国际投资头寸是一国国民资产负债表的子集，国际投资净头寸加非金融资产价值等于该经济体的资产净值。头寸表中的主要项目与金融交易的五个职能类别相对应，包括直接投资、证券投资、金融衍生品（储备除外）和雇员认股权、其他投资以及储备资产。

（2）金融账户。金融账户记录发生于居民和非居民之间的涉及金融资产与负债的交易。金融账户中所设置的主要项目与国际收支头寸表一样，由五个部分构成，只不过国际投资头寸表记录的是存量，而金融账户记录的是流量。还需要注意的一点是，金融账户是按交易净额记录的，即金融资产和负债的净增加（或净减少），这对于展示金融账户各组成项的差额可能有其意义。例如，分析人员可能会对直接投资资产净获得减去直接投资负债净产生后的净直接投资感兴趣。

（3）金融资产与负债的其他变化账户。金融资产与负债的变化是期初到期末相应存量变化的原动力。金融账户记录的交易是引起变化的主要原因，在现实环境中，除了交易以外，还存在其他因素会导致存量发生变化，这些特殊变化记录在金融资产与金融负债的其他变化账户中。这些变化主要分为两种：其他物量变化和重估价引起的价值变化。其他物量变化包括因撤销和注销、资产的经济出现和消失、重新分类以及由于实体改变其常住地位而导致金融资产变化等因素引起的金融资产/负债数量上的变化。如果金融资产/负债的货币价值由于其价格水平和结构发生变动而改变时，便可以归因于重估价。

（4）货物与服务账户。与金融账户不同，货物与服务账户列示同生产活动成果有关的交易项目。该账户的侧重点是居民与非居民之间货物/服务的交换环节。因此，货物与服务账户的基本结构就是将生产活动成果交易项目分为货物与服务两大类，然后再各自细分小类进行记录。货物是有形的生产性项目，对其可建立所有者权益，且其经济所有权可以通过交易由一机构单位转移至另一机构单位。服务是改变消费单位条件或促进产品/金融资产交换的生产活动成果。服务一般属于不可以单独对其建立所有者权益的项目，通常无法与其生产分离开来。

（5）初次收入账户。初次收入账户显示居民与非居民机构单位之间的初次收入流量。国民账户体系（SNA）将收入初次分配记入两个账户：收入形成账户（记录生产过程中产生的初次收入）和初次收入分配账户（记录对提供劳务、金融资产和自然资源的机构单位分配的初次收入）。而在国际账户中，所有的初次收入流量都属于上述第二个账户的内容，即机构单位因其对生产过程所做的贡献，或向其他机构单位提供金融资产、出租自然资源而获得的回报，按其来源主要分为雇员报酬和投资收益。

（6）二次收入账户。初次收入记录的是居民与非居民机构单位之间的报酬给付，而二次收入账户则记录居民与非居民之间发生的经常转移。转移通常带有无偿性，可以是现金也可以是实物。国际账户中的经常转移主要有个人转移和其他转移两种，其中其他转移主要包括七类：对所得、财富等征收的经常性税收，社保缴款，社会福利，非寿险净保费，非寿险索赔，经常性国际合作，其他经常转移。

（7）资本账户。国际账户中的资本账户展示两类交易：一是居民与非居民之间的应收和应付资本转移；二是居民与非居民之间在非生产非金融资产上的获得和处置。需要注意的是，SNA中的资本账户要记录所有生产和非生产资产上的资本形成，而国际账户的内容则仅限于非生产非金融资产交易，生产资产交易要计入货物与服务账户，无论这些货物/服务是用于资本性还是经常性目的。

3. 分析与应用

国际账户各个主要账户中包含了丰富的数据信息和逻辑关系，开发这些数据信息，对宏观经济分析和决策具有重要意义。

分析应用的基本立论是总供给与总需求之间的平衡关系，即：总供给＝总需求，进而可以分别从两边展开，将货物/服务进口和出口引入，即：总供给＝产出＋货物和服务进口，总需求＝中间消耗＋住户消费＋政府消费＋资本形成＋货物和服务出口。在此基础上可以推导出国内生产总值（GDP）、国民可支配收入（GNDY）、总储蓄（S）、经常账户差额（CAB）等总量，形成核心内容与深入分析框架，进而可以演化和关注投资储蓄差额、资本账户差额、储备资产变动、信贷、广义货币等分析范畴。

国际收支差额分析在其中具有重要作用。从分析角度看，如果面对的是经常账户逆差，就要考虑在此逆差下如何进行国际融资和国际收支调整；如果面对的是经常账户顺差，则由此需要考虑随后带来的储备资产变动、财政货币政策调整等。

除以上正文之外，《手册》还用大量篇幅对一些附属问题作详细讨论。一是特殊融资交易问题，包括债转股问题，债务的拖欠、偿还、回购、再安排等；二是债务重组与再交易；三是区域货币及经济联盟的关税安排与区域性报表的设计；四是跨国企业经营和记录问题；五是汇款、金融租赁、保险、养老金等问题。

（执笔人：鲁焜、张一青）

附：文件目录

前言

序言

缩略词

1. 导言
   - 1.1 《手册》的目的
   - 1.2 《手册》的结构
   - 1.3 《手册》的历史
   - 1.4 2008年修订本
   - 1.5 《手册》各版本之间的修订
2. 框架概述
   - 2.1 导言
   - 2.2 账户结构
   - 2.3 数据诠释、发布标准、数据质量和时间序列
   - 附录2.1 附属账户和其他补充列示方式
   - 附录2.2 合并经济账户概览
3. 核算原则
   - 3.1 导言
   - 3.2 流量和头寸
   - 3.3 核算制度
   - 3.4 流量的记录时间
   - 3.5 估值
   - 3.6 加总和取净值
   - 3.7 报告的对称性
   - 3.8 衍生指标
4. 经济领土、单位、机构部门和居民地位
   - 4.1 导言
   - 4.2 经济领土
   - 4.3 单位
   - 4.4 机构部门
   - 4.5 居民地位
   - 4.6 与居民地位有关的问题
5. 金融资产和负债分类
   - 5.1 经济资产和负债的定义
   - 5.2 按工具类型划分的金融资产和负债
   - 5.3 拖欠
   - 5.4 按期限分类
   - 5.5 按币种分类
   - 5.6 按利率分类
6. 职能类别
   - 6.1 导言
   - 6.2 直接投资
   - 6.3 证券投资
   - 6.4 金融衍生产品（储备除外）和雇员认股权
   - 6.5 其他投资
   - 6.5 储备
7. 国际投资头寸
   - 7.1 概念和涵盖范围
   - 7.2 直接投资
   - 7.3 证券投资
   - 7.4 金融衍生产品（储备除外）和雇员认股权
   - 7.5 其他投资
   - 7.6 储备
   - 7.7 表外负债
   - 附录7.1 与基金组织的头寸和交易
8. 金融账户
   - 8.1 概念和涵盖范围
   - 8.2 直接投资
   - 8.3 证券投资
   - 8.4 金融衍生产品（储备除外）和雇员认股权
   - 8.5 其他投资
   - 8.6 储备资产
   - 8.7 拖欠
9. 金融资产和负债其他变化账户
   - 9.1 概念和涵盖范围
   - 9.2 金融资产和负债其他物量变化
   - 9.3 重估价值
10. 货物和服务账户
    - 10.1 货物和服务账户概览
    - 10.2 货物
    - 10.3 服务
11. 初次收入账户
    - 11.1 初次收入账户概览
    - 11.2 初次收入的类型
    - 11.3 投资收益和职能类别
12. 二次收入账户
    - 12.1 二次收入账户概览
    - 12.2 概念和涵盖范围
    - 12.3 经常转移的类型

13. 资本账户
   13.1 概念和涵盖范围
   13.2 非生产非金融资产获得和处置
   13.3 资本转移
14. 国际收支和国际投资头寸分析中的部分问题
   14.1 简介
   14.2 总体框架
   14.3 国际收支数据的各种表式
   14.4 为经常账户逆差融资
   14.5 针对经常账户逆差的国际收支调整
   14.6 经常账户顺差的含义
   14.7 资产负债表法
   14.8 补充资料

附录

专栏

109

国际商品贸易统计：概念和定义

英文标题	International Merchandise Trade Statistics: Concepts and Definitions
牵头组织	联合国统计司
版本信息	2011年第3版，1998年第2版，1970年第1版
文件链接	http://unstats.un.org/unsd/pubs/gesgrid.asp?id=449
中文版	http://unstats.un.org/unsd/pubs/gesgrid.asp?id=449

国际商品贸易是国际贸易的主要部分。随着全球化的步伐不断加快，各国贸易之间的关联性越来越强，贸易的广度和深度也在不断扩展，与此同时，进行国际贸易统计的难度和任务量也在不断加大。为解决这一问题，各国统计部门需要一个不断更新的概念框架及数据汇编和传播指南，并尽可能与关于国际服务贸易统计、国际收支统计和国民账户体系的修订建议相统一。这就是联合国统计司编写《国际商品贸易统计：概念和定义》（以下简称《手册》）的基本背景。该手册到目前为止共有三版：1970年的第1版、1998年的第2版，以及以下要着重介绍的2011年发布的第3版。全书包括十一章，以下主要从三个方面对其内容作简要介绍：概念框架、数据汇编、传播指南。

1. 数据收集记录过程中的概念框架

《手册》是一部纲领性文件，目的是根据当前国际商品贸易现状以及各国商品贸易统计的现实需要，为各国提供一部统一记录和数据汇编整理的总体法则。通过这样一套概念定义的实施，第一，可以最大程度降低各国统计和数据的收集成本；第二，可以提高数据的横向可比性。为达此目标，新版标准对如下几个重要概念与定义作了详细阐述。

（1）范围和记录时间。《手册》为各国使用者提供了两种准则。首先是一般准则，建议国际商品贸易统计应记录所有因进入（进口）或离开（出口）一国经济领土而引起该国物质资源存量增加或减少的货物。这是普遍适用的准则，但考虑到某些货物所具有的特殊性，相关交易的特殊性或复杂性，以及数据收集过程中需要面对的一些实际问题，在一般准则之外，还需要制定一些特定准则，来专门确认和阐明其特定情况下的处理方法。通过这些特殊准则，确定相关货物及其交易是否应列入国际商品贸易统计；如果不列入国际商品贸易统计，是否应单独记录以便用于国际收支统计并纳入国民账户，以满足其他统计需要。

（2）贸易体制。贸易体制其实就是一个国家的国际贸易统计数据汇编制度。《手册》给出了一般贸易制和专门贸易制两种模式。对一国而言，如果其国际贸易统计范围完全基于其经济领土范围而定义，则该国国际贸易统计就属于一般贸易制；如果其统计范围是基于该经济领土的一部分而定义，那就属于专门贸易制。两者之间的差异主要在于，如何处理一些属于本国经济领土但有可能不属于国际贸易统计领土的要素（如工业自由区、自由贸易区、海关仓库、进口加工场所等）进行的贸易活动。两种贸易制各有利弊，各国可以根据自身情况加以选择。

（3）商品分类。确定统一的商品分类，目的是"能够以国际统一的方式编制商品细目，以用于海关、统计、分析以及贸易谈判等各种用途"。根据数据汇编和分析方面的需要，《手册》强调该商品分类要与其他国际相关分类标准保持协调一致，主要涉及商品名称及编码协调制度、国际贸易标准分类、按经济大类分类、产品总分类、所有经济活动的国际标准行业分类。其中前四个分类是对产品的分类，最后一种则是对生产性活动的国际标准分类。

（4）估价。贸易统计数据最终要以价值量的形式进行体现，但由于贸易过程中的关税、运费等因素的影响，在对商品进行记录时需要面对不同价格，为此在统计过程中可能需要进行重新估价。《手册》建议各国采用《世贸组织海关估价协定》作为其商品贸易估价统计的基础。根据该协定，各国原则上可以采用两种估价方法：离岸价格（FOB）和到岸价格（CIF）。按FOB估算的价值中包括货物的成交价格和将货物交付到出口国边境的服务价格；如果按CIF估算其价值，其中不仅包括货物的成交价格、将货物交付到出口国边境的服务价格，还要包括将货物从出口国边境交付到进口国边境的服务价格，其间差异主要在于货物从出口国到进口国过程中所花费的保险费和运费等。

此外，还有关于物量计量、伙伴国、运输方式等方面的解释和约定。

2. 原始数据的汇编和整理

由于海关记录反映了国际商品贸易统计所需要的所有跨界货物的有形流动，而且大多数国家的海关记录通常都是比较可靠、详尽和可得的，因此，长期以来，海关记录一直被作为国际商品贸易统计首选的数据来源。但是，随着国际贸易广度和深度不断提高，产品门类不断增多，从某种程度上说，仅依靠海关记录来进行数据汇编已难以满足国际商品贸易统计的需要。比如有关电、水、气等物品的国际贸易数据就是海关当局所难以获取的，此时要想获得全面而完整的贸易数据，就需要在海关记录之外寻找新的数据来源。此类非海关数据的来源有很多，比如外国海运舱单、调查获取的穿梭贸易和边境贸易数据、飞机和船舶登记等。国际贸易统计的未来趋势就是要实现海关记录与非海关记录不同来源数据的协调和整合。

在获得初步数据之后，还需要进行加工以及汇编，才能得到最终的国际商品贸易统计数据。为提高统计数据在分析和决策中的有效性，必须确保汇编数据的质量，因此，对数据质量加以控制和评估并发布相关信息就显得尤为重要。一方面需要给出明确的质量评估标准，直接反映数据质量的某个具体方面，比如，从统计期间标准时间结束到统计数据发布日之间的时滞就是一项反映统计及时性的质量标准；另一方面需要通过提供定量或定性证据以表明数据的质量，比如抽样误差、非抽样误差、数据修订数目等。

3. 数据的发布及统计保密

数据就像产品，最终还是要为人所用才能发挥它的作用。因此，在数据汇编完成之后，发布和传播就成了这条"生产线"中的最后一环但也是非常重要的一环。数据发布和传播有多种渠道和模式，可以是以电子形式，也可以是以出版物形式，但归根到底最重要的是，要善于根据不同的数据形式、用户获取信息渠道的实际情况来选择最合适的传播方式。比如，数据新闻稿这种发布方式会有助于大众媒体利用这些数据做继续传播。一般而言，更具综合性或更加详尽的统计数据需要以电子手段和（或）文件格式加以传播。除了传播方式以外，还要注意发布的时间安排。为了维系与数据使用者之间的良好关系，国际商品贸易统计编纂者必须制定并遵守相关的数据汇编和发布时间表，以及时、准确地为用户提供所需数据信息。

与数据发布同样重要的是数据的修订。受到发布时间以及数据收集的限制，数据编纂的及时性和准确性往往是不可兼得的。因此，多数国家都选择了先汇编初步估算的数据、之后再在获得更为准确的信息基础上对数据进行修订的方法，这就产生了所谓数据修订问题。

除了数据修订这一特殊的问题之外，数据发布过程中还常会遇到统计数据的保密性问题。有时数据提供者并不愿意公开其所有的数据，因为公开可能会导致一些机密信息的泄露。例如，记录进入或离开有关国家的货物结关的海关文件，这类文件会包含有关个别交易的详细信息，而此类信息即使是在按商品和伙伴国归类的情况下，仍有可能泄露个别贸易商的某些信息。在贸易统计中，一种常见的做法是，只有贸易商提出要求，而且统计当局根据保密规则认为此要求正当合理时，方可提供机密的贸易数据，这种保密方法被称为"被动保密法"。

（以上内容曾以"国际商品贸易统计数据'生产线'的'说明书'"为题，刊于《中国统计》2013年第1期，作者：鲁焜）

附：文件目录

序言
鸣谢
缩写和简称
导言
1. 范围和记录时间
　1.1　一般准则
　1.2　特殊准则
2. 贸易体制
　2.1　基本术语概述
　2.2　一般贸易体制
　2.3　特殊贸易体制
3. 商品分类
　3.1　商品名称及编码协调制度
　3.2　国际贸易标准分类
　3.3　按经济大类分类
　3.4　产品总分类
　3.5　国际标准行业分类
4. 估价
　4.1　进口和出口统计价值
　4.2　货币换算
5. 物量计量
6. 伙伴国
　6.1　概论
　6.2　伙伴国归属类型
　6.3　比较伙伴国归属的不同方法
　6.4　建议
7. 运输方式
8. 数据汇编战略
　8.1　数据来源
　8.2　体制安排
9. 数据质量和元数据
　9.1　加强国际商品贸易统计质量
　9.2　国际商品贸易统计质量评估
　9.3　质量评估标准和指标
　9.4　跨国数据的可比性
　9.5　国际商品贸易统计元数据
10. 传播
　10.1　统计保密
　10.2　所涉时期和数据公布时间表
　10.3　数据修订
　10.4　传播战略
11. 补充提议
　11.1　对外贸易指数
　11.2　按季节调整的数据
　11.3　贸易统计与商业统计的连接
附录
索引

110

国际商品贸易统计编纂者手册

英文标题	International Merchandise Trade Statistics：Compliers Manual
牵头组织	联合国统计司
版本信息	2010 年版，2002 年版
文件链接	http：//unstats.un.org/unsd/pubs/gesgrid.asp？mysearch=COMPILERS+MANUAL
中文版	http：//unstats.un.org/unsd/pubs/gesgrid.asp？mysearch=COMPILERS+MANUAL

经济全球化促使了商品和服务跨越国境的流动，国际商品贸易作为国际贸易的重要组成部分，其统计数据可以反映商品在各国之间的流动情况。商品的跨境流动比较复杂，流动方式和数据来源渠道各式各样，各国国际贸易统计方法也存在差异。为了增加国际商品贸易数据的可比性，需要有统一的标准去规范各国贸易数据的编制。在此背景下，联合国经济社会事务部统计司于 2013 年出版和更新了《国际商品贸易统计编纂者手册》（IMTS 2010 - CM），为各国编制国际商品贸易统计数据提供了重要参考指南。

1. 法律框架及体制安排

法律框架对于国际商品贸易统计的编制和传播非常重要，主要表现在：保证海关记录和非海关来源数据的获取和访问，建立有效的体制安排以及确保统计资料的机密性。与国际商品贸易统计相关的法律法规有以下三种类型。

第一类是管理海关记录的法律法规，主要包括国际公约协定和各国法律法规。国际公约协定由世界海关组织（WCO）和世界贸易组织（WTO）这两个国际组织发起，其中，WCO 采用修订的京都公约（RKC）和协调制度公约（HS convention），WTO 采用世界贸易组织海关估价协定。国际公约的成员国必须在本国法律法规中体现公约内容，还应详细说明统计过程中不同组织机构的权利和义务。

第二类是管理非海关来源数据及体制安排的法律法规。管理非海关来源数据的内容以及维护、访问方式的法律对于国际贸易统计编制者非常重要，与编制有关的主要政府机构涉及国家统计局、海关总署、中央银行以及贸易部等。为了建立和保持有效的体制安排，国家法律必须对这些参与国际贸易统计的各个政府机构的角色、权利和义务以及合作机制进行明确的规定。

第三类是保护交易者和贸易信息机密性的法律法规。既要保证海关记录的机密性，又要保证贸易信息的机密性。海关申报的信息一旦传输到国际贸易统计编制的负责机构，负责机构就有义务确保其机密性。国际贸易统计的信息机密性包括个人信息和商业信息的机密性，负责机构应建立相应的制度确保不同机构之间基本信息交流的机密性。无论是个人信息还是商业信息都应该纳入贸易统计，为了确保这些信息不被识别出来，应该以汇总的方式进行报告。

2. 数据来源、编制方法和编制原则

（1）数据来源。国际商品贸易统计数据来源主要包括海关记录、非海关来源数据以及企业调查数据等。

第一，海关记录。海关申报是贸易数据的主要来源，货物都要在海关手续管理下进行申报，进入或离开一国海关领土。一些关税联盟例如欧盟，为了货物的自由流通可以免去海关手续，但联盟以外其他国家之间的交易以及联盟国和非联盟国之间的交易都需要通过海关手续来管理。

第二，非海关来源数据。有些类型的交易活动不用通过海关，其相关信息需要从其他机构的数据来源来获取。非海关来源数据可以补充海关数据，以实现国际商品贸易统计数据的全覆盖。非海关来源数据主要有包裹邮件和信件记录、飞机和船舶登记注册、外国海运单和各国之间的数据交换等。

第三，调查数据。企业调查也属于非海关来源，在大部分国家，企业调查并不是广泛用于国际商品贸易统计的编制。只有当调查以较低成本改进贸易统计的质量时，才建议替代海关记录。例如，在欧盟成员国之间的贸易属于关税联盟内的贸易，并没有相关的海关记录，此时企业调查才作为成员国国际贸易统计的主要数据来源。

（2）数据编制方法。国际商品贸易统计数据编制方法主要包括数据收集、数据来源整合、数据处理以及数据质量等方面的内容。

第一，统计领土和数据收集。IMTS 2010 的统计领土定义是"与贸易数据编制有关的领土"，统计领土要素包括岛屿、领水、大陆架、近海和外空设施装置、自由贸易区、工业自由区、海关仓库、进口加工场所。有关数据收集组织需要针对上述统计领土要素认真选择合适的数据来源，具体选择取决于各个国家的实际情况和优先权。

第二，数据来源整合。数据来源包括海关数据和非海关数据，这两种来源各有优点和局限。为了达到国际商品贸易统计的全覆盖，数据编制者需要合并、再核实海关和非海关来源的数据。数据合并包括将非海关来源数据添加到海关来源数据中，以及用非海关数据代替海关数据。

第三，数据处理。国际贸易统计的编制包括统计数据的收集、加工、储存、恢复、分析和传播。这些过程需要根据各国的相关体制安排去组织，并且需要借助于包括数据库管理系统在内的信息系统基础设施去执行。统计数据库管理系统的基本功能是在统计数据处理循环的各个过程中创建、恢复、更新和删除特殊数据。

第四，数据质量。数据质量保证、测度和报告被视为质量管理系统的一部分，通常被称为质量管理框架。数据质量保证取决于海关提供的数据以及与海关的合作。质量测度是对数据质量的直接反映，但在实践中很难给出确切的定量测度。质量报告包括用户导向和生产者导向的质量报告，前者让用户了解统计过程使用的方法和统计结果的质量，后者目的在于识别统计过程的优势和弱势，并进行相应的质量改进。

（3）数据编制原则。国际商品贸易统计数据编制过程中要遵循的原则包括很多方面，这里择要叙述。

第一，记录时间。IMTS 2010 - CM 定义的记录时间是货物进入或者离开一国经济领土的时间。海关记录是决定记录时间的主要依据，然而，在很多情况下经济领土和海关领土并不一致，并且一些货物的跨境移动可能没有充分反映在海关记录中。因此，要同时使用海关和非海关来源数据，还要开发没有可靠数据情况下的合理的近似技术，以此保证数据的可比性。

第二，商品名称和编码协调制度（HS）。HS 是用于国际商品贸易统计数据收集、编制和传播的商品分类方法。几乎所有国家都在贸易数据的收集和传播中使用 HS，它能保证各国贸易数据的国际可比性。现在实行的是第五修订版（HS12），HS12 包括具体到由 6 位码识别的共 5205 组商品，并提

供了必要的定义和规则以保证它的统一应用。

第三，估价。国际商品统计价值包括三个成分：货物的交易价值、运输货物到出口国边界的服务价值和运输货物从出口国的边界到进口国边界的服务价值。FOB 价包括前面两个成分，CIF 价包括全部三个成分。IMTS 2010 - CM 建议出口货物的统计价值采用 FOB 价，进口货物的统计价值采用 CIF 价。

第四，运输方式。按运输方式分类的贸易数据有很多用途，包括监测国际运输路线、制定运输政策以及评估贸易对环境的影响等。IMTS 2010 - CM 提供了运输方式贸易统计编制和报告中的一种分类，运输方式包括空中、水域、陆地和其他未分类情况。

3. 特殊问题处理

（1）供加工货物的处理。货物生产链在多个国家延伸，通常被称为全球价值链，这对参与生产过程各个国家的就业和增加值有着显著影响，同时也会引起各国特定经济部门的相互竞争。IMTS 2010 - CM 建议，供加工的货物应在进入或离开一国经济领土的时候予以记录，不论是否存在所有权的变更，而 BPM6（《国际收支手册》第 6 版）给出的交易记录原则是基于居民和非居民之间所有权的变更。

（2）管道贸易和固定输电线贸易的处理。通过管道输送的天然气、石油和水以及通过固定输电线输送的电力国际交易构成了国际商品贸易的一个重要部分，但一些国家的海关部门并没有对此做记录。IMTS 2010 - CM 建议要恰当地记录这些贸易，各个国家应该确保这些贸易记录的精确性。这些交易中的各贸易伙伴应该使用相同的方法记录这些流量以增加国际可比性。

（3）船舶和飞机的处理。国际商品贸易统计基于货物跨境的地理移动而编制，这些大都通过海关记录获取，但通过船舶和飞机的贸易却例外，因为船舶和飞机上的大部分贸易没有在地理意义上穿越海关，海关通常也不会收到任何申报信息。在某些国家，与飞机和船舶有关的国际贸易即使这些商品穿越边界也没有被海关记录，或者海关记录不完整。在这种情况下，相关部门应该通过飞机和船舶注册登记系统获取贸易交易的数据。

4. 元数据和传播

元数据是"关于数据的数据"，元数据包括结构元数据和参考元数据。结构元数据是发现、组织、恢复和加工统计数据集所必需的标识符和描述符，包括的项目有计量单位、时间跨度、商品代码和国家代码等。参考元数据对于整个数据收集过程和提供数据的机构来说是一类特殊的统计数据，包括的项目主要有概念和定义的解释、生产数据的详细方法和统计结果质量不同维度的描述信息等。

贸易数据和元数据的传播是国家贸易统计项目不可或缺的一部分，应该认真地去执行以满足用户需求，同时要保证数据提供者的机密性。在设计与采用数据和元数据传播战略时需要考虑以下影响因素：变量的可获得性、数据和元数据传播的及时性、所传播数据集的一致性、统计机密性、修订政策、用户群和特殊需求，以及传播的格式和方法。

（执笔人：徐礼志）

附：文件目录

序言
致谢
各国经验清单
缩写和简称

第一部分　法律框架与数据源
1. 国际商品贸易统计（IMTS）法律框架
2. 报关单和海关记录
3. 非海关数据源
4. 企业调查和其他调查

第二部分　数据收集
5. 体制安排
6. 统计领土和数据收集的组织
7. 不同数据来源的整合
8. 数据加工和数据库管理
9. 数据质量：保证、计量和报告
10. 关税联盟的数据编制
11. 贸易和商业统计的整合

第三部分　特定数据项的收集
12. 记录时间
13. 商品名称和编码协调制度（HS）
14. 估价
15. 物量计量
16. 伙伴国
17. 运输方式
18. 海关手续编码

第四部分　特定种类商品贸易的数据收集
19. IMTS 的范围
20. 供加工货物
21. 相关各方之间交易导致的跨境货物
22. 管道贸易和固定输电线贸易
23. 船舶和飞机
24. 其他特殊种类货物和国民账户编制以及收支平衡的目的

第五部分　元数据与传播
25. 元数据
26. 传播
27. 与贸易统计相关的其他国际分类

第六部分　外部贸易指数和季节调整
28. 对外贸易指数
29. 季节调整

国际服务贸易统计手册

英文标题	Manual on Statistics of International Trade in Services 2010
牵头组织	联合国、欧盟统计局、国际货币基金组织、经济合作与发展组织、联合国贸易发展会议、世界旅游组织、世界贸易组织
版本信息	2010 年版，2002 年版
文件链接	http：//unstats.un.org/unsd/tradeserv/TFSITS/manual.htm
中文版	http：//unstats.un.org/unsd/tradeserv/TFSITS/manual.htm

《国际服务贸易统计手册》（以下简称《手册》）是由联合国、国际货币基金组织、经济合作与发展组织、世界贸易组织、联合国贸易与发展会议、欧盟统计局和世界旅游组织等七个组织联合编制并发布的服务贸易统计标准。2010 年版《手册》的内容以 2002 年发布的第 1 版为基础，根据国际服务贸易及国际服务贸易统计的发展需求进行了修订和扩充。以下对其内容作简要解读。

1. 编制的背景和基础

自《手册》第 1 版问世以来，国际服务贸易内容在不断丰富，国际服务贸易统计的广度和深度也得到了较大的拓展，为此引发各界要求采用更加全面、更加统一的方法来处理与服务贸易有关的统计问题。于是有 2010 年版《手册》的问世，建议各国以此为依据，逐步扩充本国编制的资料，并按国际可比方式进行整理。

2010 年版手册编制的基础是《服务贸易总协定》（GATS）确定的供应模式和国际经济统计标准。GATS 确定了国际服务贸易的以下四种模式。

跨界供应（模式 1），即从一个（世界贸易组织）成员境内向任一其他成员境内提供服务，供应商和消费者分别位于各自国内（类似于传统意义上的贸易，包括通过电话或因特网提供的服务）；

境外消费（模式 2），即在一个（世界贸易组织）成员境内向任一其他成员的服务消费者提供服务，消费者在本国境外接受服务（出境旅游活动通常就属于这种情况）；

商业存在（模式 3），即由一个（世界贸易组织）成员的服务供应商通过在任一其他成员境内的商业存在方式提供服务，服务供应商在另一国家设立（或并购）子公司、分支机构或代表处，并通过后者提供服务（例如，在东道经济体投资的外国银行设立分行，以便开展银行业务服务）；

自然人的存在（模式 4），即由一个（世界贸易组织）成员的服务供应商通过在任一其他成员境内的某一成员自然人存在的方式提供服务，个人（如是自营职业者，则为供应商本人；如不是，则为供应商的雇员）身处境外，以便提供服务（例如，独立的建筑设计师在海外监督建筑工程，或者计算机专家被雇主派往海外提供信息技术服务）。

2010 年版《手册》针对上述提供服务的多种方式构建了统计框架：不仅在传统国际收支统计意

义下记录由常住单位与非常住单位之间发生的国际服务贸易，同时强调针对通过国外附属机构及分支机构以及以自然人存在形式提供的服务进行统计。

2. 概念框架和统计分类

《手册》对"国际服务贸易"一词做了广义解释，其概念框架源自于 GATS 有关谈判提出的各项要求，同时也包括《国民账户体系》（SNA-2008）和《国际收支和国际投资头寸手册》第 6 版（BPM6）确定的概念以及同国外分支机构统计有关的概念。这三者共同构成了本《手册》的三大支柱。由此，在阐述国际服务贸易统计时采用了两条主线和一条辅线。两条主线是：（1）常住者与非常住者之间的交易，以 BPM6 为基础；（2）通过国外分支机构的经营活动提供服务，以国外分支机构统计为基础。一条辅线是：通过自然人的存在（模式 4）开展服务贸易的国际收支统计。

从统计分类上，《手册》以《产品总分类》第 2 版为基础，其中囊括了各类产业的所有产出，可以满足统计人员和其他用户的多种分析需求，尤其适用于服务，此外还结合了《国际标准行业分类》（ISIC）第 4 版及国际劳工组织《2008 年国际标准职业分类》等标准。

3. 常住者与非常住者之间的服务贸易统计

关于常住者与非常住者之间的服务贸易，《手册》与 BPM6 的最新内容对接，阐述了有关常住者与非常住者之间服务贸易的定义、评估、分类和记录方法等方面的建议，在此基础上将服务贸易分为十二大类，分别是：（1）对他人拥有的有形投入进行的制造服务；（2）别处未包括的保养和维修服务；（3）运输；（4）旅行；（5）建筑；（6）保险和养老金服务；（7）金融服务；（8）别处未包括的知识产权使用费；（9）电信、计算机和信息服务；（10）其他商业服务；（11）个人、文化和娱乐服务；（12）别处未包括的政府货物和服务。交易估价以市场价格为依据，并按照权责发生制确认记录服务交易的恰当时间。

《手册》对 BPM6 的相关内容进行扩展，并做出调整。第一，结合《2010 年国际收支服务扩展分类》（EBOPS）的变动进行调整。EBOPS 增加了两项全新内容——"对他人拥有的有形投入进行的制造服务"以及"别处未包括的保养和维修服务"，同时取消了"其他商业服务"中的"经营"类别。所谓"对他人拥有的有形投入进行的制造服务"，是指企业对于非自身所有的货物进行加工、组装、贴标和包装等活动，例如炼油、天然气液化以及服装和电器组装，但预制建筑构件组装（属于建筑服务）、贴标和运输附加包装（属于运输服务）不在此列。"别处未包括的保养和维修服务"是指常住者对于非常住者拥有的货物进行的保养和维修工作（或反之）。第二，建议按照具体的贸易伙伴分类，逐一编制国际服务贸易统计。至少要按照主要伙伴国、以 BPM6 提出的 12 项主要服务分类为基础编制数据。在可行情况下，要采用更为详细的《2010 年国际收支服务扩展分类》、提供所有贸易伙伴国的统计数据。

4. 国外分支机构统计（FATS）

货物和服务的国际销售，不仅可以通过常住者与非常住者之间的交易来实现，还可以通过在国外建立商业存在来实现。对于服务来说，这种方式尤为重要，因为这通常是服务供应方近距离地、持续接近客户的唯一方式，假如服务提供方要同当地企业开展有效竞争，这是一项必要条件。从国际收支的角度来看，跨境服务贸易约占国际贸易额的 1/5；而从 OECD 成员资料来看，通过国外分支机构向市场提供的服务金额，至少与国际收支记录的跨境服务进（出）口额持平。因此，《手册》明确要将国外分支机构统计纳入国际服务贸易统计的范畴。

开展FATS统计，要先明确国外分支机构的所有权标准，以此确定一个企业是否能够纳入国外分支机构统计范围。《手册》提议将拥有10%的表决权作为外国直接投资企业（即国外分支机构）的下限，实际操作中，重点是针对外国控制的国外分支机构编制国外分支机构统计，即在所有权链条的各个环节都拥有多数所有权（50%以上），以此作为存在控制的标志。

开展FATS统计可以根据不同的方法进行归类。一种方法是根据国外分支机构在哪个国家进行生产或分支机构的所有者属于哪个国家，可以分为内向型和外向型国外分支机构统计。其中，内向型FATS是指外国控股分支机构在本国经济体内的活动；外向型FATS是指本国控股分支机构在外国经济体内的活动。另一种方法是按生产者的主要行业活动（产品）进行归类。结合统计实践来看，按照地域归类的FATS统计比按照生产者归类的行业活动（产品）统计更为现实。针对内向型FATS，一国（经济体）可以结合本国外商投资企业的情况进行调查统计；而外向型FATS，一国（经济体）可以结合本国企业对外投资的情况进行调查统计。相比较而言，《手册》建议将生产者活动或标准分类的产品细目作为FATS统计的长期目标，鼓励各国努力提供相应数据。

针对FATS统计需要选择统计变量。从贸易政策需求、分析全球化现象的实用性以及数据的可得性考虑，《手册》建议收集的FATS统计变量至少应包含如下基本指标：销售额（营业额）或产值、就业人数、增加值、货物和服务的进出口及企业数量。《手册》主要关注的是国外分支机构统计中与国际服务供应有关的内容，从这个意义上讲，与分支机构业务关系最密切的资料是其销售额（营业额）或产值资料。

5. 通过自然人存在提供的国际服务贸易统计

GATS将模式4定义为"某一成员的服务供应商通过在任一其他成员领土上的自然人的存在"提供服务。《手册》认为模式4通常涉及如下人员：（1）签约服务供应商，无论是外国服务供应商的雇员还是自营职业者，这些人根据服务合同进入消费者所在国家境内。（2）公司内部调动者和外国公司直接雇用的外籍员工。服务供应商在海外设立商业存在，并派遣员工前往分支机构，或是由分支机构直接雇用外国人，通过商业存在实现向消费者提供服务。（3）进入东道国为服务合同缔结合约关系的服务销售商，或是建立商业存在的负责人。

关于通过自然人存在（模式4）开展服务贸易的国际服务贸易统计存在一定的难度，主要困难在于如何把这种供应模式从具体服务交易中剥离出来单独估算。《手册》建议通过《国际移徙统计建议》修订版和《2008年国际旅游统计建议》来获取模式4的相关指标。

（以上内容曾以"浅析《2010年国际服务贸易统计手册》"为题，刊于《中国统计》2013年第10期，作者：陈谢晟）

附：文件目录

序言
鸣谢
缩略语
1. 引言和《手册》的基础
   1.1 引言
   1.2 《手册》修订概述
   1.3 《手册》的基础
   1.4 分阶段实施的建议
   1.5 《手册》的篇章结构
2. 编制国际服务贸易统计的概念框架
   2.1 引言
   2.2 国际服务贸易统计框架
   2.3 与国际服务贸易有关的统计系统和分类
   2.4 2010年《手册》的方法和框架

2.5 建议综述
3. 常住者与非常住者之间的服务交易
   3.1 引言
   3.2 常住地的概念和定义
   3.3 交易估价
   3.4 记录交易的时间
   3.5 常住者与非常住者之间服务贸易的范围
   3.6 《国际收支服务扩展分类》
   3.7 《国际收支服务扩展分类》、分析需求和《服务贸易总协定》信息需求
   3.8 相关（联营）企业之间的服务贸易
   3.9 按贸易伙伴进行统计
   3.10 提供服务和提供劳务的区别
   3.11 外包
   3.12 服务分包
   3.13 电子商务
   3.14 协调货物和服务贸易国际收支以及国际商品贸易统计
   3.15 《国际收支服务扩展分类》各项服务的定义
   3.16 服务贸易和非服务贸易的补充分组
   3.17 数据收集
   3.18 建议综述
4. 国外分支机构统计（FATS）和国际服务供应
   4.1 引言
   4.2 国外分支机构统计的覆盖范围
   4.3 统计单位
   4.4 国外分支机构统计和服务贸易
   4.5 内向型及外向型国外分支机构统计
   4.6 国外分支机构统计和外国直接投资统计
   4.7 国外分支机构统计用于分析全球化和满足与《服务贸易总协定》相关的需求
   4.8 国外分支机构统计变量的归类
   4.9 国外分支机构统计的经济变量
   4.10 国外分支机构统计的编制问题
   4.11 针对国外分支机构统计的主要建议综述
5. 按不同模式分类的国际服务供应统计
   5.1 引言
   5.2 《服务贸易总协定》提出的四种供应模式和相关信息需求
   5.3 不同模式的服务供应价值
   5.4 分析国际服务供应的其他补充指标
   5.5 数据收集
   5.6 建议综述
附录
词汇
参考文献
索引

112

扩展的国际收支服务分类

> **英文标题** Extended Balance of Payments Services Classification
> **牵头组织** 联合国统计司
> **版本信息** 2010 年第 2 版，2002 年第 1 版
> **文件链接** http：//unstats.un.org/unsd/tradeserv/TFSITS/msits2010/ebops2cpc_detailed.htm
> **中文版** 无

建立服务贸易统计体系的关键步骤之一是对服务贸易的分类。国际收支框架下的服务贸易分类标准有多种，其中一个重要的分类标准就是《扩展的国际收支服务分类》（EBOPS）。2002 年，联合国统计司、国际货币基金组织（IMF）和世界贸易组织（WTO）等机构共同编写出版了《国际服务贸易统计手册》，该手册将《国际收支》（第五版）（BPM5）下的标准服务分类进行细化，形成了《扩展的国际收支服务分类》，2010 年又进行了修订再版。

EBOPS 主要将国际服务贸易划分为以下类别：

(1) 对他人拥有的有形投入进行的制造服务。

(2) 别处未包括的保养和维修服务。

(3) 运输服务。包括海运，空运，空间运输，铁路运输，公路运输，内陆水道运输，管道运输和电力运输，其他支助和辅助性运输服务。

(4) 旅行服务。

(5) 建筑服务。

(6) 保险及养老金服务。包括人寿保险和养恤基金，货运保险，其他直接保险，再保险，辅助保险服务，养老金服务，以及标准化担保服务。

(7) 金融服务。包括金融服务和金融中介服务。

(8) 别处未包括的知识产权使用费，包括特许经营权和商标许可费，研发成果使用许可证，复制和/或分发计算机软件许可证，复制和/或分发视听产品许可证及复制和/或分发其他产品许可证。

(9) 通信、计算机和信息服务。包括通信服务、计算机服务和信息服务。

(10) 其他商业服务。包括研发服务，法律服务，会计、审计和税务咨询服务，商务、管理咨询和公共关系服务，广告、市场调查和民意调查，农业服务，工程服务，科学和其他技术服务，垃圾处理和去污染，农业、林业和渔业的附加服务，采矿、石油和天然气开采的附加服务，经营租赁服务，贸易相关服务，以及别处未包括的其他商业服务。

(11) 个人、文化和娱乐服务。包括视听服务，艺术相关服务，健康服务，教育服务，文化遗产和娱乐服务以及其他个人服务。

(12) 政府产品和服务。包括大使馆和领事馆，军事单位和机构，以及其他政府服务。

与第 1 版相比，EBOPS 第 2 版增加了第一、二类服务，并把通信服务与计算机、信息服务做了

合并。此外，新版本对各大类服务进行了更为详细的说明，尤其体现在其他商业服务的说明上。EBOPS 的发布对建立规范、统一的国际服务贸易统计体系，提高国际服务贸易数据的可比性，具有重要现实意义。

（执笔人：高洁）

附：文件目录

1. 对他人拥有的有形投入进行的制造服务
2. 别处未包括的保养和维修服务
3. 运输服务
4. 旅行服务
5. 建筑服务
6. 保险及养老金服务
7. 金融服务
8. 别处未包括的知识产权使用费
9. 通信、计算机和信息服务
10. 其他商业服务
11. 个人、文化和娱乐服务
12. 政府产品和服务

113

欧盟国际货物贸易统计编纂者指南

英文标题	Compilers guide on European Statistics on International Trade in Goods
牵头组织	欧盟统计局
版本信息	2015 年
文件链接	http://ec.europa.eu/eurostat/web/products-manuals-and-guidelines/-/KS-GQ-15-010
中文版	无

欧盟是世界第二大经济体，又是包括多个主权国家的松散国际组织。欧盟货物国际贸易统计有其特殊性，既包括成员国之间的内部贸易，又包括与成员国之外的外部贸易。为此，欧盟统计局于2015 年制定并公布了《欧盟国际货物贸易统计编纂者指南》（以下简称《指南》），对如何应用欧盟货物贸易统计条款提供了说明和建议，目的是指导欧盟国家统计部门参与编制欧洲货物贸易统计数据。

1. 基本框架

基本框架包含法律基础和制度安排两个层次。

（1）法律基础。为了保证欧盟成员国数据生产方法的一致性，各成员国都要基于欧盟立法进行国际货物贸易统计。欧盟立法包括主要立法和二级立法，前者包括欧盟条约、欧盟运作条约和拥有类似情况的其他协议，后者则是指各种法规、指令、决定以及基于条约的建议和观点。

除了欧盟立法，欧盟成员国和欧盟统计局还通过不具有法律约束力的所谓"君子协定"中约定了一些规范。比如欧盟统计局的国际货物贸易数据传输格式和其他技术协定，尽管其本身不具备法律效力，但所有成员国都会按照约定向欧盟统计局传输符合要求的数据。

（2）制度安排。欧盟立法的主要参与者包括欧盟委员会（欧盟统计局）、成员国国家统计当局和负责提供信息的当事人即经济运营商。法规界定了每一个利益相关者的责任：第一，欧盟统计局负责收集和发布欧盟统计数据；第二，成员国应按照既定规则编制国际货物贸易统计数据，并在最后期限内传输给欧盟统计局；第三，负责提供信息的当事者有义务按时向国家统计当局提供正确的信息。

成员国的各种制度安排为国际货物贸易统计数据生成提供了便利。统计信息的收集、加工和传播可能需要多个国家机构来执行。参与国际货物贸易统计数据编制的主要国家组织包括国家统计机构、海关、中央银行和其他政府机构。国际货物贸易统计数据的质量很大程度上取决于以下三个主要机构的密切合作：国家统计当局、海关、税务管理部门。为了建立有效的机构间合作机制，一些好的做法包括：第一，建立能清楚界定每个机构功能和职责的机构间协议；第二，正式工作小组的定期会议；第三，统计人员参与其他机构的立法/程序开发小组；第四，校正数据过程的定义；第五，建立非正式的定期专家联系；第六，邀请其他机构专家参与统计会议、培训和国际会议。

2. 数据来源及编制原理

（1）统计范围。联合国相关规范建议，国际商品贸易统计范围应与其统计领土保持一致，即一个国家进口是货物流入其统计领土，出口是货物流出其统计领土。具体定义则取决于统计领土的实际解释。

欧盟成员国的统计领土按海关领土定义，只有一个例外：赫里戈兰属于德国的统计领土但不是海关领土。欧盟国际商品贸易统计范围的特殊之处在于它包括欧盟内部贸易统计和欧盟外部贸易统计。欧盟内部贸易统计的对象是各成员国统计领土之间的货物贸易；如果货物贸易发生在欧盟的统计领土以外，则应记录在欧盟外部贸易统计。即使是内部贸易统计，也要符合国际商品贸易统计建议的一般准则，记录进入（到达）或离开（发送）经济领土、导致增加或减少成员国物质资源存量的所有商品。就是说，欧盟内部贸易统计关注在成员国统计领土之间的货物移动，所有可移动的货物进入或离开一个成员国，包括电力和天然气，都必须记录下来。

（2）数据来源及收集。欧盟内部贸易统计的数据来源包括内部申报、税务管理部门数据和海关数据。欧盟内部贸易统计可以从经济运行商、负责提供信息的当事人和税务管理部门收集数据。各成员国从提供信息的负责当事人处收集月度数据，这是内部贸易统计最根本的数据来源。税务管理部门向统计机构提供的信息包括：贸易商的识别、应税金额和应税时期。海关申报是标准的数据来源，获取的统计数据可以用来编制欧盟外部贸易统计。海关申报的所有数据只能在欧洲海关规定或国家指令明确要求的情况下收集。欧盟外部贸易统计数据收集过程包括标准海关申报和简化申报。海关和国家统计局之间一般按照每日、每周、每月或其他任何商定的周期进行数据传报。

（3）估价。无论是否收集数据的价值量，各国统计局都需要从当事者处收集应税金额数据——来自申报增值税的贸易。统计价值是指在越过成员国边境的时间和地点出售或购买全部货物所支付的金额。

属于欧盟内部贸易统计的所有交易都需要确定其统计价值，无论货物是出售、交换还是无付款的提供。统计价值中应包含运输过程中发生的费用，如运费和保险费。如果运费和保险费未知，则需要依据通常支付此类服务的成本进行估价。发送时的统计价值采用离岸价（FOB），到达时的统计价值采用到岸价（CIF）。如果发送或到达发生在国家边境附近时，申报的统计价值可以与各自货物的发票价值相等。

对于欧盟外部贸易统计来说，数据的"统计价值"是一个核心元素。各国统计局需要基于统计价值编制外部贸易统计数据，所需的数据来源于海关申报。为此，货物进出口商有义务按照海关规定提供相关信息；有些成员国的统计价值计算是通过国家海关清算系统来完成的，此时就无须交易商提供信息。

（4）运输方式。按运输方式分类的贸易数据很有用，比如交通政策的制定、国际运输路线的监测以及贸易对环境影响的评估等。欧盟内部贸易统计规定中直接将"运输方式"作为一个可选的数据元素；在欧盟外部贸易统计框架中，运输模式元素是必须编制的分组并要传输给欧盟统计局。有关"运输方式"的数据元素包括边境运输方式、内部运输方式和集装箱，具体代码包括海路运输、铁路运输、公路运输、航空运输、邮政委托、固定的交通设施、内河航运等。此外，运输工具的国籍也是一个必须编制的数据元素。

3. 特殊问题的处理

（1）船舶和飞行器。国际货物贸易统计覆盖的有关船舶和飞行器交易，既涉及包括欧盟内部贸易统计的到达/发送，也涉及欧盟外部贸易统计的进口/出口。根据经济所有权的概念，海关、财政和内部贸易申报数据不能保证能够全面覆盖船舶和飞行器贸易。为保证国家货物贸易统计的完整，各成员国需要利用各种可用的数据来源补充这一部分数据，其中包括国家和国际的船舶和飞行器注册数据。

（2）电力和天然气。根据国际货物贸易统计规则，电力和天然气是适用专门法律规定的特定货物，因为其流动性难以准确测量。之所以对气态天然气和电力采用专门的统计处理，主要原因在于：这些货物具有特殊的物理特性；相关交易和使用需要支付增值税。《指南》并未对电力和天然气的统计方法作特别处理，但各国统计局需要在欧盟内部贸易统计和外部贸易统计中记录电力和天然气的物理移动。

4. 数据质量、保密和传输

数据质量包括质量框架、质量项目和要求、成员国应用的方法和实践，以及年度报告的应用。质量框架里描述的数据质量监控系统包括国家质量报告、年度和月度欧盟内部贸易统计不对称报告、月度镜像异常值检测报告。总体目标是提供稳健、可靠、相关和及时的国际货物贸易统计数据，同时减轻交易商的报告负担，这需要各国统计局指导当事者如何正确填写内部贸易统计申报，给他们提供必要的手册和帮助平台。

企业和个人的微观数据都是机密信息，需要高度重视涉私信息的保护，统计局不能提供给其他公共管理部门或者用户。统计的保密性有两种类型：主动型和被动型。主动型保密应用于整个部门统计领域，此时国家统计局需要采取主动措施去压缩数据，以保证不能直接识别出个体企业的数据。被动型保密是指只有提供信息的当事者提出机密性请求时国家统计局才会压缩这些被传播的数据，以防止个体数据被识别。

成员国统计部门每个月必须将详细的和汇总的贸易数据传输给欧盟统计局，包括欧盟内部贸易统计和外部贸易统计。各国统计部门应该不晚于参考日期结束后 40 天向欧盟统计局传输月度汇总结果。文件应当通过 EDAMIS 平台进行传输。

（执笔人：徐礼志）

附：文件目录

图目录
表目录
缩略语
前言
1. 简介
   1.1 国际货物贸易统计的历史
2. 框架
   2.1 法律基础
   2.2 体制安排
   2.3 范围
   2.4 统计领土
   2.5 数据来源
   2.6 数据收集过程
3. 数据
   3.1 信息提供者或操作者的识别码
   3.2 参考日期
   3.3 商品编码
   3.4 伙伴成员国/伙伴国
   3.5 进口/出口成员国
   3.6 价值
   3.7 计价货币
   3.8 数量
   3.9 海关程序
   3.10 统计程序
   3.11 交易的性质
   3.12 进口的优惠条约
   3.13 运输方式
   3.14 地区
   3.15 交货条件
4. 特定货物或移动
   4.1 工业厂房
   4.2 错开装运的货物

4.3 船舶和飞行器
4.4 汽车和飞行器零件
4.5 向船舶和飞行器运送的货物
4.6 向近海设施来回运送的货物
4.7 海产品
4.8 航天器
4.9 电力和天然气
4.10 军用物资

5. 特殊贸易流
5.1 过境货物
5.2 三角贸易
5.3 准过境

6. 内部贸易统计系统采用的阈值
6.1 免除阈值
6.2 简化阈值
6.3 个体交易阈值

7. 欧盟外部贸易统计采用的阈值
7.1 国家统计机构采用的统计阈值
7.2 海关采用的阈值

8. 质量

8.1 不对称性

9. 保密性
9.1 被动保密性的原则
9.2 被动保密性在实践中的应用
9.3 保密数据向欧盟统计局的传送

10. 数据传送
10.1 文档格式 MET400
10.2 汇总数据
10.3 详细数据
10.4 按企业特征分类的贸易
10.5 按计价货币划分的贸易

专业术语
附录1 法定要求、建议和鼓励的概要
附录2 各国主管机构的联系方式
附录3 海关程序分配给不同类型的贸易和统计程序
附录4 国际货物贸易统计（ITGS）和国际收支统计（BOP）之间的协调
索引

114

欧盟国际货物贸易统计用户指南

英文标题	User Guide on European Statistics on International Trade in Goods
牵头组织	欧盟统计局
版本信息	2015 年
文件链接	http://ec.europa.eu/eurostat/web/products-manuals-and-guidelines/-/KS-GQ-15-008
中文版	无

为了让数据用户清晰地了解欧盟国际货物贸易统计数据的生产过程以及如何获取数据，欧盟统计局于 2014 年制定并颁布了《欧洲国际货物贸易统计用户指南》（以下简称《指南》），其目的是向广大数据用户解释欧盟成员国之间以及与非成员国之间国际贸易统计数据的收集、编制、加工和发布过程。

1. 统计范围

欧盟国际货物贸易统计记录了进入或者离开成员国统计领土的货物流量。这里的统计领土，相当于欧盟成员国的海关领土（德国的赫里戈兰是个例外，不包括在海关领土中）。同时对哪些货物属于或者不属于国际货物贸易统计进行了界定，以及哪些交易在范围之外。另外分别对欧盟内部贸易统计（intra-EU）和欧盟外部贸易统计（extra-EU）货物移动的范围进行了定义，其中，内部贸易统计记录成员国之间的货物移动，外部贸易统计记录成员国对非欧盟国家的进口和出口货物。

2. 数据收集和编制

国际货物贸易统计有两个数据收集系统：外部贸易统计（Extrastat）和内部贸易统计（Intrastat）。外部贸易统计数据主要通过海关当局收集，并基于报关单的贸易交易记录，而内部统计数据则每月直接从交易者那里收集。数据的编制包括缺失数据的估计、数据保密性、数据编制发送等方面的内容。为了保证贸易数据的全覆盖，欧盟成员国通过估计阈值以下的数据以及缺失数据来编制贸易数据。在编制数据的过程中，需要考虑数据的保密问题。保密性原则主要通过伙伴国代码和产品代码实施，届时真实的伙伴国代码和产品代码会被一个特殊代码所取代。欧盟统计局要求编制的数据包括单位价值和数量指数，以及经过季节调整的时间序列数据。货物贸易数据经过成员国收集、核对和加工后发送给欧盟统计局。

3. 数据质量和传播

欧洲国际货物贸易统计的数据质量不仅包括统计数据的准确性和可比性，还包括相关性、及时性、准时性、透明性、可获取性和连贯性。贸易统计数据有对称性，即一国的进口数据应与相应国家的出口数据相匹配，但实际数据收集过程中常常会出现数据不对称情况，其中原因主要是报告错误或者伙伴国采用的概念和定义存在差异。

数据发布涉及使用的分类标准、汇总数据和详细数据、发布数据的信息等。分类标准主要包括产品分类、国家分类和经济活动分类。汇总数据是指欧盟和欧元区的宏观经济指标，是按产品大类汇总的数据。详细数据是指按照CN、SITC、BEC和CPA等分类标准表示的最详细数据。发布数据的信息包括基本信息和附加信息，基本信息有报告国家、参考时期、贸易流向、按相关标准分类的产品以及伙伴国；附加信息主要包括统计程序、运输方式、关税制度、按企业特征分类的贸易以及货品计价货币等。

（执笔人：徐礼志）

附：文件目录

目录
缩写
1. 简介
2. 背景信息
3. ITGS的范围
4. 数据收集
5. 数据编制
6. 数据质量
7. 数据发布
8. 数据获取
附录1　不包括在ITGS中的货物移动清单
附录2　特殊货物和移动
附录3　字母数字代码
附录4　和ITGS有关的国家当局
专业术语

八、国际贸易、投资与全球化

115

国际贸易标准分类

英文标题	Standard International Trade Classification
牵头组织	联合国统计司
版本信息	2007年第4版，1986年第3版，1976年第2版，1966年第1版
文件链接	http：//unstats.un.org/unsd/pubs/gesgrid.asp? mysearch＝Standard＋International＋Trade＋Classification＋％28SITC％29＋Revision＋4
中文版	http：//unstats.un.org/unsd/pubs/gesgrid.asp? mysearch＝Standard＋International＋Trade＋Classification＋％28SITC％29＋Revision＋4

国际贸易分类是基础性分类标准之一。早在1938年，国际联盟即公布了其统计专家委员会的报告《国际贸易统计基本商品名称表》，联合国则在1950年出版了《联合国国际贸易标准分类》，并敦促各成员国通过该分类并加以利用。1960年，在联合国统计委员会的主导下，《国际贸易标准分类》的雏形形成，并被主要国际组织批准通过。随后，为解决各国使用过程中出现的问题，并及时反映"国际贸易量不断增长、地理分布和商品形态不断变化"等特点，联合国统计司对分类标准进行了多次修订，目前最新版本是2007年发布的修订版（SITC v4）。

作为分类标准，SITC v4的核心内容是分组逐条列示贸易商品分类代码和标准名称的对照关系，以及与另一个非常重要的《商品名称及编码协调制度》（HS - 2007）的协调和对照关系。SITC v4体现了分层的组织结构："基本目"一栏列示基本目的编码，"名称"一栏显示部门名称、类、组、分组和基本目5级划分依据，共包括10个部门、67大类、262组、1023个分组下的2970个基本产品目录，其具体分组如表1所示。

表1　　　　　　　　　　　　SITC的部门分类和分组个数

部门代码	部门名称	组	分组	基本目
0	食品和活动物	36	132	335
1	饮料及烟草	4	11	21
2	非食用原料（不包括燃料）	36	115	239
3	矿物燃料、润滑油及有关原料	11	22	32
4	动植物油、脂和蜡	4	21	41
5	未另列明的化学品和有关产品	34	132	467
6	主要按原料分类的制成品	52	229	767
7	机械及运输设备	50	217	642
8	杂项制品	31	140	420
9	未另分类的其他商品和交易	4	4	6
合计		262	1023	2970

资料来源：UN (2007), Standard International Trade Classification.

在附录部分，SITC v4给出了第4版分类项与《商品名称及编码协调制度》第4版（HS - 2007）

分目、《国际贸易标准分类》（修订3）各基本目之间的对应关系，以保证使用过程中数据口径的统一和前后对应。需要注意的是，SITC 所含项目仅限货物贸易，不包含服务贸易。

SITC v4 保留了第3版的总体结构，部门、类和组的数目相同，只在基本目和一些分组上有变动之处。但由于《协调制度》分类有重大变化，第3版 SITC 的238个基本目被删除，同时采用了87个新的基本目。修订后的 SITC v4 基本保证了与 HS-2007、《国际标准行业分类》和《产品总分类》的协调统一，成为国际标准的核心分类之一。通过该分类的应用，可有利于追踪和研究国际商品贸易的长期趋势，为在经济分析中应用更适宜的交易商品信息提供帮助。

（执笔人：李璐）

附：文件目录

导言
1. 历史背景
2. 《国际贸易标准分类》（第4版）
   2.1 一般用途
   2.2 修订准则
   2.3 变动概况
3. 缩略语和符号
4. 《国际贸易标准分类》（第4版）分类计划
   《国际贸易标准分类》（第4版）

附录
1. 《商品名称及编码协调制度》第4版（HS-2007）分目与《国际贸易标准分类》（第4版）的基本目之间的对应关系
2. 从《国际贸易标准分类》（第4版）和《国际贸易标准分类》（第3版）的对应
3. 从《国际贸易标准分类》（第3版）和《国际贸易标准分类》（第4版）的对应

116

商品名称及编码协调制度

英文标题 Harmonized Commodity Description and Coding System
牵头组织 世界海关组织
版本信息 2017 年第 6 版、2012 年第 5 版、2007 年第 4 版、2002 年第 3 版、1996 年第 2 版、1988 年第 1 版
文件链接 http://www.wcoomd.org/en/topics/nomenclature/instrument-and-tools/hs-nomenclature-2017-edition/hs-nomenclature-2017-edition.aspx
中文版 中国海关内部翻译

附：文件目录

简介
缩略语和符号
协调制度的一般规则

1. 活动物；动物产品
2. 植物产品
3. 动、植物油、脂及其分解产品；精制的食用油脂；动、植物蜡
4. 食品、饮料、酒及醋；烟草与烟草代用品的制品
5. 矿产品
6. 化学工业及其相关工业的产品
7. 塑料及其制品；橡胶及其制品
8. 生皮、皮革、毛皮及其制品；鞍具及挽具；旅行用手提包及类似品；动物肠线（蚕胶丝除外）制品
9. 木及木制品；木炭；软木及软木制品；稻草、秸秆、针茅或其他编结材料制品
10. 木浆及其他纤维状纤维素；纸及纸板的废碎品；纸、纸板及其制品
11. 纺织原料及其纺织制品
12. 鞋、帽、伞、鞭及其零件；已加工的羽毛及其制品；人造花；人发制品
13. 石料、石膏、水泥、云母、及类似材料的制品；陶瓷产品；玻璃及其制品
14. 天然及养殖珍珠、宝石或半宝石、贵金属、包贵金属及其制品；仿首饰；硬币
15. 贱金属及其制品
16. 机器、机械器具、电气设备及其零件；录音机及放音机、电视图像、声音的录制和重放设备及其零件、附件
17. 车辆、航空器、航舶及有关运输设备
18. 光学、照相、电影、计算、检验、医疗或外科用仪器及设备精密仪器及设备；钟表；乐器；上述物品的零件、附件
19. 武器、弹药及其零件、附件
20. 杂项制品
21. 艺术品、收藏品及古物

WTO 海关估价协定手册

英文标题	A Handbook on the WTO Customs Valuation Agreement
牵头组织	世界贸易组织
版本信息	2011 年第 1 版
文件链接	https：//www.wto.org/english/res_e/publications_e/handbook_cusval_e.htm
中文版	无

附：文件目录

图表目录
序言
前言
致谢
首字母缩写词和缩略语
1. 引言
　　1.1　海关估价的目的
　　1.2　发展史
　　1.3　协定概览
2. 交易价格法
　　2.1　定义
　　2.2　价格所需附加条件
　　2.3　无法使用交易价格时的解决方法
　　2.4　关键词解释
3. 替代估价方法
　　3.1　相同或相似货物的交易价格
　　3.2　扣减价格法
　　3.3　计算价值法
　　3.4　后退法
　　3.5　关键词解释
4. 实施与操作
　　4.1　外汇汇兑
　　4.2　进口商程序权利
　　4.3　海关核查
　　4.4　特殊问题的解决方式
　　4.5　关键词解释
5. 行政与争端解决
　　5.1　WTO 和 WCO 估价委员会
　　5.2　通知
　　5.3　争端解决
6. 结论
　　6.1　是否区分发达和发展中国家
　　6.2　海关现代化的需求
　　6.3　新的法律法规
　　6.4　未来发展趋势
附录 1　WTO 估价协定成本
附录 2　WTO 乌拉圭回合部长级决议
附录 3　WTO/GATT 估价委员会决议
附录 4　世界海关组织估价数据库指导方针
附录 5　世界海关组织：减轻伪估价现象的方法
附录 6　关于估值通知要求的 WTO 手册
附录 7　WTO 争端解决案例：海关估价
附录 8　WTO 网站和官方文件
索引

118

对外贸易价格与数量测算策略：技术报告

英文标题	Strategies for Price and Quantity Measurement in External Trade: A Technical Report
牵头组织	联合国经济社会事务部
版本信息	1981年第1版
文件链接	http://unstats.un.org/unsd/tradekb/Knowledgebase/Strategies-for-Price-and-Quantity-Measurement-in-External-Trade-A-Technical-Report
中文版	无

附：文件目录

引言
1. 数据来源
　1.1 出口与进口数据的一般特性
　1.2 作为基础数据的海关文件
　1.3 出口和进口价格调查
2. 测算方法
　2.1 单位价格的局限性
　2.2 调查价格的局限性
　2.3 单位价格和调查价格的对比
3. 定价的主要问题
　3.1 数量变换
　3.2 独特的货物
　3.3 季节性的和其他非连续性的
　3.4 估价的问题
　3.5 国民核算中的估价
　3.6 备择方法比较
4. 汇总过程中的问题
　4.1 指数公式的类型
　4.2 帕氏和拉式指数的计算
　4.3 指数的分层聚集
　4.4 新产品
　4.5 基期的选择
　4.6 基期的改变
　4.7 不同基期指数的关联
　4.8 指数的备择格式
　4.9 汇率问题
5. 一些尝试性的解决方法
　5.1 估计的可靠性
　5.2 测算单位价值的误差
　5.3 建立样本框
　5.4 改进单位价值
　5.5 结合数据来源
6. 编制指数的策略
　6.1 紧预算下的策略
　6.2 平均预算下的策略
　6.3 资金充足情况下的策略
　6.4 调查单位的作用

附录　对外贸易指数的范围和结构
参考文献

119

外国直接投资基准定义

英文标题	Benchmark Definition of Foreign Direct Investment
牵头组织	经济合作与发展组织
版本信息	2008年第4版，1996年第3版，1992年第2版，1983年第1版
文件链接	http://www.oecd.org/investment/fdibenchmarkdefinition.htm
中文版	无

《外国直接投资基准定义》是经济合作与发展组织（OECD）制定的为全球各国所遵循的外国直接投资（FDI）统计的基本规范，1983年首次发布，此后多次修订，2008年发布第4版（以下简称《基准定义》）。读者可能会问，国际收支平衡表和国际投资头寸表已经提供了关于FDI的统计数据，国际货币基金组织（IMF）的《国际收支和国际投资头寸手册》（BPM-6）中已经包含FDI统计方法指导，为什么OECD还要专门制定FDI统计标准。以下对《基准定义》作简要介绍，即可明白两者之间的差别，并了解进行FDI统计所面临的巨大挑战。

1. 两种统计框架

《基准定义》在汇总和发布FDI统计数据方面提出了两个基本原则：资产负债原则和方向原则。

资产负债原则旨在提供与BPM-6数据口径协调一致的FDI总量统计。在资产负债原则下，FDI统计按照资产（或者资产净获得，或者贷方）和负债（或者负债净发生，或者借方）两方列示。《基准定义》指出，由于跨国公司越来越多地借助于复杂融资结构输送资金，即通过所谓特殊目的实体（SPE）进行多国操作，在资产负债原则下这些过境投资都应该作为FDI记录。但事实上这些投资并不像直接投资定义中所强调的那样建立了持久利益，也不会对东道国和投资国的技术、就业等方面产生经济影响，从而夸大了一些地区和全球的FDI总量，并扭曲了FDI的地区和产业分组数据。为避免由此带来的信息误导，实践中常常是将SPE的信息单列出来，但这仍然不能解决FDI真实来源和去向受到扭曲的问题。为此，《基准定义》强调要按照方向原则编制FDI统计。

所谓方向原则，是按照资金流动方向，将FDI统计分为外向FDI统计和内向FDI统计，目的旨在提供更能反映FDI经济影响的FDI地区和产业分组统计。资产负债原则提供FDI总量数据，方向原则提供地区和产业分组数据，这是两种原则下FDI统计的主要差别。如果不考虑直接投资企业对直接投资者的反向投资和成员企业之间的投资，那么资产负债原则下的资产方就等于方向原则下的外向FDI，负债方就等于内向FDI。就是说，反向投资和成员企业投资决定了两种原则下投资总量之间的差别。

《基准定义》为什么要在承认国际收支平衡表与国际投资头寸表的基础上强调内向和外向FDI统计呢？问题的根源就在于资产负债原则下FDI规模会被高估、分组数据会被扭曲。处理这一问题的第一套方案是在资产负债原则基础上分列编制国常住特殊目的实体的信息，从而反映FDI规模被高估的程度。只要能够识别本国的 SPE，这种方法不失为一种可行的方案，但这只能解决 FDI 规模被高估的问题，FDI 分组数据被低估的问题仍然没有解决。于是按照方向原则编制 FDI 统计成为第二套方案，解决扭曲的分组数据是这套方案的主要目标。

2. 内向 FDI 和外向 FDI 统计的新设计

资产负债原则下的 FDI 统计为什么会高估 FDI、扭曲分组 FDI 呢？回答这个问题需要从 FDI 的统计定义谈起。

外国直接投资反映了某经济体的常住企业（直接投资者）出于持久利益目标与另一经济体常住企业（直接投资企业）建立的关系。持久利益如何衡量？定性标准包括：在董事会中有代表、参与决策过程、公司间有物资交易、相互交换管理人员、提供技术信息、提供低于现行市场利率的长期贷款等。定量标准体现在：如果投资者在被投资企业拥有 10% 及以上表决权，即可确认为这是一项直接投资，进一步还可以将 50% 及以上表决权作为阀值，把已经确认的直接投资关系分为控制关系和影响关系，由此将外商直接投资企业分为子公司（50% 及以上者）和联营公司（50% 以下者）。

以定性和定量相结合为判定标准，结果使各国 FDI 统计数据的可比性比较差。但如果严格执行定量标准，会意味着只能捕捉到直接发生了投资关系的企业，由此带来的局限性有以下两种表现。第一，在一些情形下，直接投资者可能并非最终投资者，而只是一个特殊目的实体，这样，东道国就不能了解 FDI 的真实来源，投资国无法了解 FDI 的真实去向。第二，投资者可以建立多个企业，形成关联企业，并通过关联企业加强控制力、输送资金等，由此就可能出现仅凭企业间股权关系无法反映其真实关系强弱甚至无法显示企业之间直接投资关系的证据等情况。这些现象如果比较普遍，FDI 统计数据就无法反映其真实的经济影响。

如何提高 FDI 统计数据的质量？《基准定义》在方向原则下就 FDI 统计进行了三层设计。最理想层次是按照最终投资者统计 FDI 头寸；次理想的层次是不追踪最终投资者，但要识别出常住 SPE，并尽可能识别出非常住 SPE，将通过它们实现的 FDI 排除在统计范围之外，包括 FDI 头寸、FDI 金融流量和 FDI 收入流量；第三层也是最现实可行的一个层次是不追踪最终投资者，不识别非常住 SPE，只识别出编制国的常住 SPE，将其从 FDI 统计中排除，并将它们的 FDI 单列出来。最后这个层次作为标准表必须编制，前两个层次则作为补充表，自愿编制。

多层次的方案设计，主要针对上述局限性第一条中提到的 SPE 介入的投资。至于第二方面的局限性，即最终投资关系如何识别、关联企业介入如何考虑等问题，《基准定义》试图通过建立直接投资关系架构（FDIR）来解决。

3. 以直接投资关系架构详解对外国直接投资定义

直接投资关系架构实质上是《基准定义》提出的关于外国直接投资的一套定义体系，目的是帮助统计人员确定直接投资者和直接投资企业，进行有效的 FDI 统计。在此架构中，除了严格执行前述 FDI 的定量标准外，FDIR 还考虑了以下三类间接关系。

第一类是间接控制或影响关系。这种关系主要描述直接投资者通过其子公司或联营公司进行投资、建立多层级的垂直所有权链条从而获得控制力或影响力的情况。FDIR 规定，当上一层投资关系属于控制关系时，下一层的直接投资关系不减弱；当上一层投资关系属于影响关系时，下一层的直接投资关系会减弱。比如，如果一个企业（B）是直接投资者（A）的子公司，那么子公司（B）的子公司（C）也是该直接投资者（A）的子公司，子公司的联营公司（D）也是该直接投资者（A）的联营公司；如果该企业（B）是直接投资者（A）的联营公司，那么这个企业（B）的子公司（C）是最终投资者（A）的联营公司，其联营公司（D）则不是最终投资者（A）的子公司或联营公司。

第二类是联合控制或影响关系。投资者常常借助于其他子公司来加强其对所投资企业的控制力或影响力，单独看一个投资者与其所投资企业的关系时，并不符合10%表决权的标准，但是由于另一个与投资者具有直接投资关系的企业同时参与该企业的投资，这个投资者对该投资企业实质上已经具有控制力或影响力。联合控制或影响关系正是考虑了一个企业有多个投资者并且投资者之间存在直接投资关系的情况，从而将他们之间的投资头寸、投资流量和收入流量包括在FDI统计范围内。FDIR规定，如果直接投资者与其子公司合计拥有一个企业50%及以上的表决权，那么该企业是其最终投资者的子公司；如果直接投资者与其子公司合计拥有一个企业10%～50%的表决权，那么该企业是其最终投资者的联营公司。

第三类是成员企业关系。有时候，企业间互相不持有或几乎不持有股份，但它们被同一企业所控制或影响，《基准定义》将这种企业称为成员企业。与上述通过所有权链条将垂直企业关系囊括在直接投资关系架构中不同，成员企业关系通过共同所有权将水平企业关系囊括在直接投资关系架构中。成员企业的定义不涉及企业常住性，因此，可能存在两个子公司或联营公司，分别属于母公司所在的常住国和非常住国，尽管这两个企业之间互相不持有或持有的股份不超过10%，但是，FDIR将这种关系定义为成员企业关系，并将这两个企业之间的投资头寸、投资流量和收入流量记录到FDI中，并单独列示。

FDIR从一般意义上定义了能够纳入FDI统计的直接投资者和直接投资企业（包括成员企业）。在这一框架下，不仅10%表决权的数量标准可以得到严格执行，同时，那些不符合10%标准但明显具有FDI之持久利益性质的关系也被覆盖到了。三类间接关系都应体现在按照最终投资者进行的FDI头寸统计表中，后两种关系甚至贯穿FDI统计的每一个层级，无论是资产负债原则还是方向原则，无论是标准表还是补充表，无论是FDI头寸还是FDI流量统计，都需要考虑联合控制和影响关系以及成员企业关系。

4. 小结

可以看到，《基准定义》的目的是将跨国公司建立的复杂投资关系纳入FDI统计中来，以此改善FDI统计的质量。其中，FDIR从FDI定义基础上提供了严格执行10%表决权识别持久利益的一整套方案，从而更加清晰地界定了FDI统计的总体范围。按照方向原则展开多层次的统计，根据实际数据条件逐步考虑常住特殊目的实体、非常住特殊目的实体、最终投资者牵涉的FDI。这些基础性工作从方法上确保了FDI规模虚高、分组情况扭曲的情况可以得到一定程度的缓解。基于资产负债原则提供FDI总量信息，基于方向原则提供FDI伙伴国和产业分组信息，两套框架并行，由此保证了FDI统计信息的全面性。

除以上内容之外，围绕FDI统计还有其他许多议题，例如中转资本、最终投资国、全球化等。《基准定义》已经将这些提上议事日程，成为FDI统计中有待进一步研究的问题。

（以上内容曾以"外商直接投资统计方法的前沿"为题，刊于《中国统计》2014年第9期，作者：许晓娟）

附：文件目录

1. 绪论
    1.1 引言
    1.2 《基准定义》的目的
    1.3 《基准定义》的修订
    1.4 外国直接投资概念一览
    1.5 《基准定义》的组织

2. 外国直接投资统计的应用
   2.1 引言
   2.2 为什么要测算外国直接投资
   2.3 了解外国直接投资主要特征
   2.4 分析外国直接投资序列断点
   2.5 解释外国直接投资序列和全球化指标
3. 外国直接投资的主要概念和定义
   3.1 引言
   3.2 统计单位
   3.3 外国直接投资
   3.4 直接投资关系
4. 外国直接投资的构成、核算和范围
   4.1 引言
   4.2 外国直接投资构成
   4.3 外国直接投资核算
   4.4 外国直接投资范围
5. 外国直接投资核算原则和估值
   5.1 引言
   5.2 核算原则
   5.3 估值
6. 特殊实体
   6.1 引言
   6.2 特殊目的实体
   6.3 公共投资机构
   6.4 陆地、建筑和其他不可移动对象
   6.5 建筑企业
   6.6 移动设备
   6.7 保险
7. 外国直接投资的经济与产业分类
   7.1 引言
   7.2 经济权属
   7.3 产业分类
   7.4 与行业分类有关的国家属性
8. 外国直接投资和全球化
   8.1 引言
   8.2 全球化指标：外国直接投资统计
   8.3 外国直接投资统计和跨国企业活动统计的交叉
   8.4 跨国企业活动统计的覆盖范围
   8.5 跨国企业活动变量的属性
   8.6 跨国企业活动统计的经济变量
   8.7 跨国企业活动统计的数据编制问题

附录
   附录1 《外国直接投资基准定义》第3版的变化
   附录2 外国直接投资统计的展示
   附录3 外国直接投资的临界案例列表
   附录4 直接投资关系架构
   附录5 未上市股票的估值
   附录6 留存收益和收益再投资
   附录7 特殊目的实体
   附录8 公共投资机构
   附录9 并购交易
   附录10 最终投资国
   附录11 经济货币联盟背景下外国直接投资统计的特征
   附录12 外国直接投资数据收集和报告方法范例
   附录13 研究议程

索引

120 外国子公司统计手册

英文标题	Recommendations Manual on the Production of Foreign Affiliates Statistics
牵头组织	欧盟统计局
版本信息	2007年第1版
文件链接	http://ec.europa.eu/eurostat/documents/3859598/5897193/KS-RA-07-002-EN.PDF/14907e15-271a-4824-9dbb-645f1e1c0223?version=1.0
中文版	无

在全球化背景下,世界范围内各国间经济活跃度日渐增加,其中最主要、直接的方式之一便是建立外国子公司。欧洲在这一进程中扮演着重要的角色,一方面它是外国直接投资最为活跃的地区之一,境内外均有很多外国子公司设立;另一方面则是欧盟境内各个主权国家间的公司设立活动。由于外国子公司这一统计范畴的特殊性质,就给各国统计与核算以及欧盟层面的统计与核算工作带来挑战。为做好外国子公司的统计工作,以及时、准确反映该过程的发展趋势,需要建立专门的国际规范。《外国子公司统计手册》(以下简称《手册》是欧盟2007年第一次进行试点研究的成果。

《手册》先介绍这一统计范畴的目标、适用对象、形成基础和结构,定义了外国子公司统计中涉及的两组概念:(1)外国子公司、外国子公司统计、国内的外国子公司统计、国内公司的国外子公司统计;(2)直接控股、间接控股、国外控股、最终控股单位、居民。在此基础上给出外国子公司统计的特征内容,包括价值分配建议,参考期建议,公司特征描述指标,如公司数、营业额、产值、增加值、商品和服务购买量、有形资产总投资、雇员人数、研究与试验发展(R&D)总支出、货物服务进出口等,并概要性地介绍了统计过程中保证数据质量和保密性的措施。

《手册》分别从所在国和派出国两个角度讨论了外国子公司的统计规范。从所在国角度,涉及国内的外国子公司统计的统计单元、目标总体,以及诸如"两个外国所有者合资且按所有权平分"、"多个所有者且国外所有权超过50%"等特殊控股形式下的统计规则。最终要从以下方面搭建起相关统计框架:(1)数据集,包括统计指标数值、指标的地域划分标识、指标的活动划分标识。(2)元数据,数据收集方法、指标定义等。(3)可能的数据来源有商业登记、统计调查、行政记录等。(4)对应的截止日期、记录格式等数据传输指南,以及数据质量检测标准。从派出国角度看,对象是国内公司在国外子公司的统计,大体也会涉及与上述相似的内容,但在进行统计时,需进一步将目标总体划分为统计单元的目标总体和报告单元的目标总体,并对存在的诸如"同等控制"、"多个所有者控制"等特殊控股情况分别统计,统计内容中还要包括反映国外子公司运营状况的指标。

《手册》的发布是针对外国子公司这一特殊范畴实现规范统计、满足相关数据需求的标志性事件,为欧盟进一步开展外国子公司统计试点研究提供了技术支持,同时也会对全球各国进行相关统计数据搜集和分析产生影响。

(执笔人:李璐)

附：文件目录

前言

技术札记

1. 外国子公司统计
   1.1 引言
   1.2 定义
   1.3 特征
   1.4 质量
   1.5 保密性
2. 国内的外国子公司统计
   2.1 定义
   2.2 特殊案例
   2.3 可交付性
   2.4 数据来源
   2.5 截断阈值
   2.6 数据传输
3. 国内公司的国外子公司统计
   3.1 定义
   3.2 特殊案例
   3.3 可交付性
   3.4 数据来源
   3.5 截断阈值
   3.6 数据传输

缩略语

参考文献

附录

针对金融中介辅助活动的建议

121 衡量全球化：OECD 经济全球化指标体系

英文标题	Measuring Globalization：OECD Economic Globalization Indicators
牵头组织	经济合作与发展组织
版本信息	2010 年第 2 版，2005 年第 1 版
文件链接	http：//www.oecd.org/sti/sci-tech/measuringglobalisationoecdeconomicglobalisationindicators2010.htm
中文版	中国财政经济出版社，2007 年

经济全球化是指全球经济从资源配置、生产到流通的多层次和多形式融合的趋势。它通过世界各国或地区密切的经济交往而形成，最终使世界各个部分真正连成一个不可分割的有机整体。分析评价全球化首先需要很好地衡量全球化，因此，经济合作与发展组织（OECD）编纂了《衡量全球化：OECD 经济全球化指标体系》（以下简称《手册》）。

《手册》构建了关于全球化概念和方法的分析框架，据此可获得量化信息，建立相关指标，进而用这些指标衡量全球化进程的广度和深度。该《手册》内容符合国际标准，以此为各国官方统计编译全球化指标提供了计算所需方法和统计准则。以下从全球化的概念及度量、外国直接投资、技术国际化及贸易全球化五个方面作简要介绍。

1. 经济全球化的概念及度量指标

经济全球化是一个动态、多元的经济一体化进程，在此进程中，各国经济相互依赖程度不断加深，国内资源的国际流动性日益增强。衡量全球化进程、评估相互依赖程度和资源的流动性，是构建经济全球化指标体系的初衷。

经济全球化指标体系包含多项指标，各项指标的定义、数据收集方法和准则大都建立在已有工作基础之上。比如，有关外国直接投资指标的定义与概念均来自国际货币基金组织（IMF）的《国际收支手册》和 OECD 的《外国直接投资基准定义》，有关研发和技术支付的定义参考了 OECD 的《弗拉斯卡蒂手册》和《技术国际收支手册》，而与服务部门外资分支机构有关的概念和建议则参考了《国际服务贸易统计手册》。

构建经济全球化指标体系需要有一个具体框架，以保证所选择指标的全面性以及内在逻辑性。搭建该框架需要建立在对经济全球化的全面认识基础之上，深刻理解经济全球化的特征。当前经济全球化的特征非常明显，主要表现在：外国直接投资是全球范围内产业重组和全球产业形成的关键因素；世界贸易的相当大部分属于公司内贸易，跨国公司逐步成为经济全球化的主导因素之一；产品生命周期与技术创新周期不断缩短，技术国际扩散加速；贸易与直接投资联系紧密；金融市场的高度一体化日益影响着各产业企业的行为和业绩。以上特征归纳起来即可作为衡量经济全球化的五个重要维度：

(1) 外商直接投资；(2) 跨国公司经济活动；(3) 技术国际化；(4) 贸易全球化；(5) 金融市场的作用。关于具体指标体系构建，《手册》主要针对前四个维度展开，还没有对全球化中金融市场作用这一更为专业的领域作系统讨论。

2. 外国直接投资指标

外国直接投资（FDI）是创建直接、稳定和长久经济联系的一种方式，同时也是推动本地企业发展的一种重要工具，有助于提高投资接受国（东道国）的竞争地位。通过FDI，可以促进国际间技术转移，为将东道国产品推向更大范围的国际市场提供机会。

FDI带来的全球化程度可用三组指标显示，分别体现了三个角度。（1）FDI资金流量指标，用FDI资金流入与流出相对GDP的百分比表示，反映东道国各产业对外商投资的相对吸引能力；（2）FDI收益流量指标，用FDI收益流入与流出相对GDP的百分比表示，提供直接投资企业在本国或国外收益的信息；（3）FDI头寸指标，用FDI流入和流出累积起来的头寸相对GDP的百分比表示，反映一国经济中外国所有权的渗透程度或者本国所有权在其他国家市场的渗透程度。

还可以从局部考察FDI状况，如特定的伙伴国，或特定经济部门。有如下两组、四个指标可供使用：第一组是伙伴国（或某经济部门）FDI资金流入、流出分别占总体FDI流入、流出的相对比重；第二组是伙伴国（或某经济部门）FDI双向头寸分别占总体FDI双向头寸的比重。比率上升表示东道国或投资国对全球化做出了更大的贡献。

一般认为，FDI在地理上越分散，全球化的程度越高。基于此，《手册》将FDI集中度作为参考指标之外的补充指标，并提出用赫芬达尔指数来度量FDI的地理集中度。赫芬达尔指数的本质是计算各种投资者市场份额的平方和。另外一个补充指标是"报告国的FDI动态"，衡量外资在报告国所占的比重。将FDI流入与SNA（国民账户体系）金融账户记录的国内部门的所有负债作比较，若该比率上升，则意味着以FDI形式存在的外资较高，报告国具有更大吸引力。最后一个补充指标是FDI分类比重，旨在提供有关FDI流量和头寸类别比重的详细信息，例如特定市场或国家的信息。

FDI统计数据是国际收支和国际投资头寸统计的一部分。FDI数据应当包括按伙伴国、按地区划分的地理分布情况；按经济活动部门划分的单个经济部门FDI渗透力；由主要伙伴国、经济区和经济活动部门合成的FDI组成；伙伴国和经济部门的FDI投资收益分布情况。数据来源大体有：企业调查、国际交易报告体系、外汇管理当局、投资审批当局、债务登记、双边来源、出版报告以及其他发布的官方资料。

3. 跨国公司经济活动指标

跨国公司经济活动指标的统计对象是公司整体营业状况，其核心指标包括公司销售额、就业人数、资本形成和兼并活动等，与跨国公司是否作为直接投资者的投资无关。由于跨国公司已逐步成为经济全球化的主导因素之一，其经济活动指标也成为衡量经济全球化不可缺少的一个维度。

指标组成包含参考指标与补充指标两个部分。参考指标重点度量外国控制附属公司及母公司在本国的活动情况。一方面关注外国控制附属公司的基本状况，具体指标包括外国控制附属公司提供的增加值、销售量、固定资本形成、就业人口、员工薪酬、合并企业数所占比重等；另一方面是国内母公司活动的范围，具体指标有母公司提供的增加值、销售额、固定资本形成、就业人数与员工报酬所占比重。最后是国内跨国公司的活动程度，具体指标有跨国公司提供的增加值、固定资本形成、就业人数、员工报酬与合并企业数量所占比重。

补充指标关注的是一国公司对外活动情况。具体有本国海外受控附属公司就业人数占本国国内母公司就业人数的比重以及占所有海外受控附属公司就业人数的比重，本国海外受控附属公司与母公司的交易额占本国的比重以及占海外所有附属公司与母公司交易额的比重。另外，还有一组补充指标用于刻画海外受控附属公司活动的地域多元化程度，即赫芬达尔就业指数与赫芬达尔销售额指数。

4. 技术国际化指标

研发（研究与开发，R&D）国际化可以采取多种形式。从投资方看，可以是外国控制的研发活动在东道国进行，也可以是本国在海外设立研发实验室。通常在一个东道国设立研发机构之后，紧接着就会设立生产机构，实验室可以从头开始创建，如绿地投资，也可以通过兼并的方式获得。在海外设立研发机构的活动应包括设立新的研发实验室、兼并收购现有实验室，以及作为一个集团对研发活动进行重组而把实验室转移到海外等各种情况。

技术国际化指标从三个方面来刻画技术国际化与全球化之间的联系。

（1）跨国公司研发国际化的程度。相关指标包括：外国控制附属公司研发费用、研究人员数量、产品研发费用中海外融资所占比重，来自主要进行研发活动的外国控制附属公司的增加值、收入、就业比重，母公司研发费用、研究人员数量比重以及跨国公司研发费用和研究人员所占比重。外国控制附属公司研发费用所占比重越高，说明本国的国际化程度越高。在服务企业中有一类公司的主要活动就是研发，且其研发活动由法律上独立的公司进行，以研发成果的形式提供给公司。这类公司不需要单独提出研发支出等指标，而是直接关注其经营指标，例如收入、就业贡献等指标，以此衡量这些公司在增加值、收入和就业方面相比于所有国内公司的重要性。

（2）技术传播国际化的程度。相关指标有：技术支付和收入占GDP的比重、技术支付和收入占研发费用的比重。技术支付和收入通常指针对专利、许可证、专有技术、设计、技术援助以及研发活动发生贸易的价值。购买外国的技术创新对于发展本国经济常常会有相当大的贡献，因此，如果技术支付明显超过技术收入，不一定意味着该国技术地位在恶化。将技术贸易与研发费用进行比较，可以在一定程度上衡量技术贸易规模的大小。当技术收入相比研发费用的比值较高时，可能意味着研发工作为庞大的技术出口能力做出了贡献。当技术支付/研发费用这一比例很高时，则意味着一国的发展战略是倾向于依靠进口技术，而不是使用本国的技术。

（3）技术密集型产品贸易国际化的程度。相关指标有：外国控制附属公司的高科技产品出口在整体高科技制造业产品出口中所占比重、外国控制附属公司以及母公司的高科技制造业产品进出口占整体高科技产品进出口的比重。高科技产品出口占高科技产出的比重反映了国家出口高科技产品的倾向，一国向贸易伙伴国直接出口的高科技产品占总产出的比值越高，说明该国贸易国际化的程度越高。

5. 贸易全球化

货物和服务国际贸易是全球化进程的一个重要组成部分。与贸易全球化有关的参考指标有：出口额占GDP的比重、进出口额平均占GDP的比重、国内最终需求由进口满足的比重、出口相关活动数额占GDP的比重、进口与出口总额中外国控制的附属公司所占的比重、货物总进口和出口中外国控制的附属公司内部出口贸易额。其中，出口额占GDP比重指标是衡量贸易一体化程度最常用的指标，它能够显示出国内厂商对国外市场的依赖程度及一国的贸易方向。相反，进口满足国内最终需求的份额可能受全球化以外其他许多因素的影响，如相对于大国，矿产资源丰富的小国可能专门生产矿产、进口大量其他产品以满足国内需求，但并不能说该小国的全球化程度比大国高。

还有一些补充指标，主要是从本国贸易全球化程度、与母公司相关的贸易全球化程度、与跨国公司相关的贸易全球化程度、生产和分销过程的国际一体化程度、贸易地理方向多元化程度五个方面设定。本国贸易全球化程度可用产业分类的出口倾向、满足国内最终需求的进口渗透率、满足国内中间需求的进口渗透率、满足国内总需求的进口渗透率、国外商品渗透率五个具体指标度量。与母公司相关的贸易全球化程度则需要用本国出口与进口总额中由母公司创造的份额、货物出口与进口总额中由母公司创造的公司内部出口贸易额两组指标进行刻画。同理，与跨国公司相关的贸易全球化程度度量指标与母公司相同，只是研究对象换为跨国公司。生产和分销过程的国际一体化程度指标有本国生产中所投入的进口量、本国出口中所投入的进口量、GDP 中的再出口份额、货物出口与进口中中间产品的比重、区域内和区域外进出口所占比重。本国的贸易地理方向多元化程度指标有总出口的赫芬达尔指数和总进口的赫芬达尔指数。

(执笔人：王文静)

附：文件目录

前言
1. 经济全球化的概念及其衡量
   1.1 经济全球化的概念
   1.2 衡量经济全球化的意义何在
   1.3 经济全球化的一组"核心"指标
   1.4 分析和改进全球化指标的概念性框架
   1.5 未来研究的领域
2. 外国直接投资
   2.1 引言
   2.2 衡量全球化推荐使用的 FDI 指标和核心统计数据
   2.3 可获得的 FDI 统计资料和数据的国际比较
   2.4 覆盖范围：记录跨境投资的一般框架
   2.5 概念和方法
3. 跨国公司的经济活动
   3.1 引言
   3.2 推荐使用的指标
   3.3 概念和方法论方面的考虑因素
4. 技术国际化
   4.1 引言
   4.2 推荐使用的指标
   4.3 方法论和概念方面的因素
   4.4 高技术产品贸易
5. 贸易全球化
   5.1 引言
   5.2 推荐使用的指标
   5.3 概念上和方法论的考虑因素
   5.4 构建实验贸易指标的指导方针
附录
缩略语
术语表

九、交通运输与通信

122

运输统计词汇

> **英文标题** Illustrated Glossary of Transport Statistics
> **牵头组织** 欧盟统计局
> **版本信息** 2009 年第 4 版，1994 年第 1 版
> **文本链接** http://ec.europa.eu/eurostat/web/products-manuals-and-guidelines/-/KS-RA-10-028
> **中文版** 无

运输是指使用一定的工具和设施，把旅客或货物从一地运送到另一地的活动。欧盟统计局在《运输统计词汇》中给出了大体相同的定义，通过定义，可以显示出运输的三个特征：运输的对象是人或者货物；运输的目的是将旅客或货物从一地运送到另一地；实现运输需要使用一定的工具和设施。《运输统计词汇》（以下简称《词汇》）由欧盟统计局编制，是欧盟各国进行运输统计的基本指导文件，以下对其内容作简要介绍。

1. 运输统计的范围与分类

根据联合国等制定的《国际标准行业分类》（ISIC），运输活动分为以下四类：（1）道路运输与管道运输；（2）水上运输；（3）航空运输；（4）运输的储存和辅助活动。其中，道路运输与管道运输内包含三个大组，即铁路运输、其他道路运输和管道运输；水上运输涵盖了远洋和沿海水上运输、内陆水运两个大组；运输的储存和辅助活动涉及运输基础设备的运营（例如机场、港口、隧道、桥梁等）、运输机构的活动和船货的装卸等内容。

在《词汇》中，欧盟统计局直接将运输活动划分为以下七类：铁路运输、道路运输、内陆水运、管道运输、航海运输、航空运输、联合货物运输。前面六类的含义很好理解，但需要对第七类进行解释：所谓联合货物运输，意指用连续的运输方式，实现对完全相同的运输单元的运输，在改变运输方式时，所装卸的单元是集装箱或可拆卸的货厢车体，而不对货物进行处理。

2. 运输统计的内容

《词汇》将运输统计的内容归纳为七个方面。

(1) 基础设施统计。基础设施是运输实施的前提和主要场所。对于铁路运输来说，有铁轨、铁道、铁路干线、车站等；对于道路运输来说，主要是公路、道路、汽车站等；对于内陆水运来说，有航道、港口；对于海运来说，主要是港口；对于管道运输来说，其基础设施和运输工具都是管道；对航空运输来说，基础设施指的是飞机场。

(2) 运输工具统计。运输工具包括两类：一类是运载工具；另一类是运载容器。运输工具在铁路运输里的范畴较为广泛，包含了火车、高速火车、轻轨车、地铁车、市内有轨电车等需要依靠轨道行驶的工具；在道路运输领域里，有（广义）自行车、机动车（摩托车、轿车、出租车、救护救火车、房车、公交车、无轨电车、卡车、货车等）；对于内陆水运或航海运输来说，运输工具主要是船只、海轮（货船、客船、功能性船、捕鱼船、散装油船等）；对航空运输来说，即指飞机。

(3) 企业经济状况和就业统计。《词汇》中涉及运输的企业可以是单独的运输业运营者、单独的基础设施管理者，也可以是一个综合的公司。企业经济状况统计主要是指与运输业相关的部分，包括营业额、在基础设施和运输工具上的投资以及在基础设施和运输工具上的维修费用。此外还包括就业状况，不仅覆盖驾驶员、操作者、维修人员，还包括交通管理人员（比如车站人员）。

(4) 交通量统计。所谓交通量是指运载工具的移动。主要统计指标有运载工具的行驶里程、行驶时间、交通通行量（一定时间内通过某一观测点的交通工具数）等。

(5) 运输量统计。运输量统计是运输统计中最重要的部分，测度重点是被运输的人或货物的移动量，以此与交通量相区别。测度运输量的指标主要包括：①运量，指一定时期内各种运输工具实际运送的客（货）数量，在计算时不考虑客（货）的运输距离。②运距，指一定时期内各种运输工具实际运送的客（货）距离，计算时不考虑客（货）的运输数量。③周转量，指在一定时期内由各种运输工具运送的货物（旅客）数量与其相应运输距离的乘积之总和。④运输密度，指在一定时期内某种运输方式在营运线路的某一区段平均每公里线路通过的客（货）运周转量，是周转量与营业线路长度的比值。⑤货物吞吐量，指经由水路进、出港区范围并经过装卸的货物数量。

(6) 能源消费统计。运输活动中会消耗大量能源，包括由运输工具的牵引、车辆或轮船的设施与服务所消耗的能源，涉及的能源种类包括汽油、柴油、其他重油、天然气、煤和电。

(7) 事故统计。所谓事故，是指运输过程中造成严重后果的非故意突发事件和特殊事件。对于铁路运输来说，事故可能由碰撞、脱轨、岔口事件、火车行驶给人带来的意外事故、火灾等造成。在航空运输领域，非自然原因引起的乘客死亡或重伤、飞机故障或结构损坏、飞行器失踪等都属于事故统计的范畴。

七部分内容之间是有联系的。基础设施和运输工具是运输得以实现的基础与前提；企业是运输的组织者，也是基础设施和运输工具的使用者与维护者；由于企业雇用人员并利用运输工具在基础设施上实施运输活动，造成了运输工具、客（货）的移动，能源的消费，以及相关安全事故问题的产生。图1直观地展示了各部分之间的关系。

3. 运输统计的具体指导

《词汇》是关于运输统计的一个总括性说明。与此相配合，欧盟统计局还制定了各种具体统计指导手册，以规范各国运输统计的内容与方式。以下是针对不同运输方式的统计规范。

(1) 铁路运输：《铁路运输统计指导手册》。
(2) 公路运输：《公路货运统计方法手册》。
(3) 内陆水运：《内河航道运输统计指导手册》。
(4) 航海运输：《海运统计指导手册》。

(5) 航空运输：《航空运输统计指导手册》。

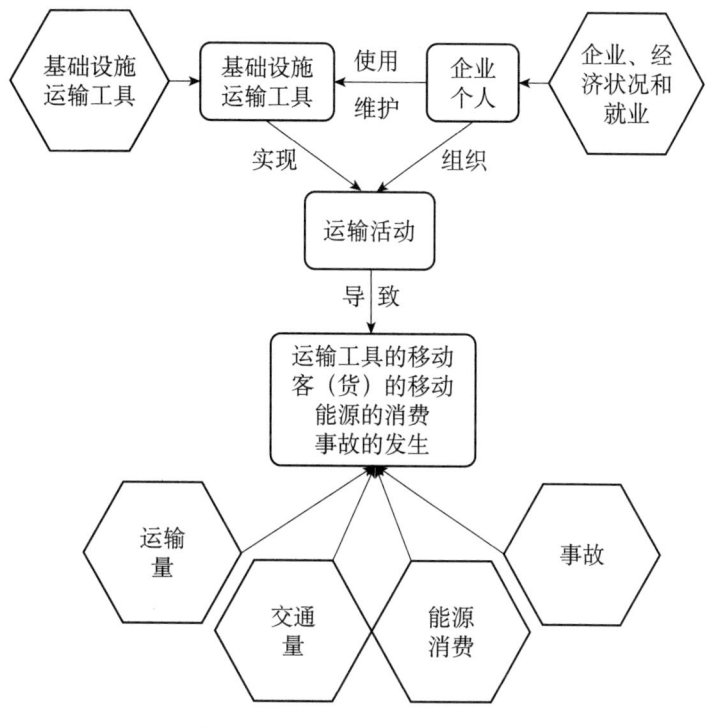

图 1　运输统计内容的组织架构

资料来源：Illustrated Glossary of Transport Statistics，2009 年第 4 版。

（以上内容曾以"运输统计的一个范本"为题，刊于《中国统计》2013 年第 4 期，作者：吴应子）

附：文件目录

绪论
致谢
1. 铁路运输
　1.1　基础设施
　1.2　运输工具
　1.3　企业、经济状况和就业
　1.4　交通量
　1.5　运输量
　1.6　能源消费
　1.7　事故
2. 道路运输
　2.1　基础设施
　2.2　运输工具
　2.3　企业、经济状况和就业
　2.4　交通量
　2.5　运输量
　2.6　能源消费
　2.7　事故
3. 内陆水运
　3.1　基础设施
　3.2　运输工具
　3.3　企业、经济状况和就业
　3.4　交通量
　3.5　运输量
　3.6　能源消费
　3.7　事故
4. 管道运输
　4.1　基础设施
　4.2　运输工具
　4.3　企业、经济状况和就业
　4.4　交通量
　4.5　运输量
　4.6　能源消费
　4.7　事故

5. 航海运输
    5.1 基础设施
    5.2 运输工具
    5.3 企业、经济状况和就业
    5.4 交通量
    5.5 运输量
    5.6 能源消费
    5.7 事故
6. 航空运输
    6.1 基础设施
    6.2 运输工具
    6.3 企业、经济状况和就业
    6.4 交通量
    6.5 运输量
    6.6 能源消费
    6.7 事故
7. 货物联合运输
    7.1 引言
    7.2 工具

123

公路货运统计方法手册

英文标题	Road Freight Transport Methodology
牵头组织	欧盟统计局
版本信息	2016 年第 2 版，2011 年第 1 版
文件链接	http://ec.europa.eu/eurostat/web/products-manuals-and-guidelines/-/KS-GQ-16-005
中文版	无

公路货运一直是交通运输统计工作中的一个难点，原因主要有三。第一，参与者众多，专门从事货物运输的个体经营者、物流公司，涉及货物运输的快递公司、国家邮政，自营运输的货物生产或消费单位，少则几万家，多则几十万家，统计常常难以一一跟踪调查；第二，参与者大小不一，性质各异，差距太大，个体经营者可能只拥有一辆或者两辆货车，而物流公司则可能拥有数十辆甚至数百辆货车，由此不可能通过一套方案实施统计调查，需要进行区分；第三，货车和货物都具有很强的移动性，可能今天在甲地装货，明天就到几百公里外的乙地卸货，所在地不确定，由此增加了统计调查的难度。

为克服公路货运统计的种种难点，帮助欧洲国家开展公路货运统计工作，欧盟理事会于 1998 年 5 月通过了 1172/98 条例，规范了欧盟对公路货运统计数据质量和可比性的要求，奠定了公路货运统计数据采集的法律基础。2011 年，欧盟统计局出版了《公路货运统计方法手册》（以下简称《手册》），在 1172/98 条例的基础上，为欧盟各成员国提供了公路货运统计的具体方法指导，此后又于 2016 年发布了第 2 版。《手册》分为三个部分：公路货运统计调查内容及方法、公路货运的重要变量定义和数据的上传及发布，以下从这三个方面对其内容作简要介绍。

1. 公路货运统计调查内容及方法

《手册》规范了公路货运统计调查的内容，推荐了适当的统计调查方法。由于各国的国情不同，《手册》允许欧盟成员国可以依照本国自身情况进行适当调整。

（1）统计调查内容。原则上说，所有与公路货运有关的信息，都是统计调查的内容，但在实践中这很难做到，总有些信息是难以总结和统计的。例如，统计货物的经济价值可能有意义，但客户一般不会透露其具体价值信息。因此，公路货运统计调查的内容主要限于那些同时具备重要性和可得性的信息，例如货车保有量、货物周转量、公路基础设施等。

（2）统计调查范围。货运经营者是公路货运活动的最直接参与者，掌握的信息最多，所以《手册》原则上要求将货运经营者作为调查单位，有条件的国家，可以更进一步，将经营者的货车作为调查单位，这样能够更详细地了解公路货运的信息。因此，其调查范围应该是在本国登记过的所有公路货运经营者或者所有货运车辆。这是一个非常宽泛的调查范围，统计调查难度很大，因此，《手册》

允许缺乏条件的国家缩小自己的调查范围,例如,可以将只拥有一辆货车的个体经营者排除在外,只统计有一定规模的货运经营者,这样可以节省财力人力。另外,纳入统计范围的必须是依法登记注册的车辆,非法运营的车辆不在统计范围内。如果有跨国运输的情况,应该由车辆登记国家进行统计调查。

(3) 统计调查方法。公路货运车辆多,经营者多,分布广泛,不可能采用全面调查方法获取数据,所以《手册》推荐采用抽样调查方法。为了提高精度,一般认为应该采用分层抽样,分层的标准可以是车辆的载重量、轴承数量、种类、地区等。抽样比和层间权重可以由各国根据自身情况自由决定,但一般推荐分层等比例抽样。以下是有关调查方法的几个问题。

第一,抽样比和样本容量。不同的国家由于自身情况不同,抽样比和样本容量也不一样,《手册》只给出了指导意见。一般来说,在确定抽样比时,应该考虑两个因素:一方面,样本容量是否是统计机构能控制并完成的。公路货运统计的难点就在于调查单位众多,即使是采用抽样调查方法,样本容量也会相对较大,导致一些国家的统计机构难以控制并完成整个调查过程。因此,各国要认真评估自身统计机构的调查能力,在资源允许、能控制并能完成的范围内确定抽样比和样本容量。

第二,调查单位登记。为方便抽样,要先对调查单位进行登记编号。如果国家有完善的车辆登记系统,则应该按照车辆登记编号对调查单位进行登记;如果没有,则可以先对货运经营者进行登记,然后再由货运经营者申报他们拥有的车辆。

第三,问卷设计。《手册》对问卷设计有以下原则性要求。一是问卷包括的问题必须是受访者知道的,并且是愿意透露的;二是为保护商业机密,问卷中要避免敏感的公司经营问题;三是问卷包括的问题不宜过多,以免给受访者太多的压力;四是问题的表述不要用统计专业名词,要方便受访者理解。

第四,调查方式。为了节省资金和人力投入,通常采用邮寄调查的方式,调查机构每周会将调查问卷以电子邮件或者邮政方式发放给受访者,受访者填写后再寄回。由于受访者的数量太多,并且变动的可能性较大,网络直报的方式并不普遍,但如果个别国家的公路货运规模相对较小,《手册》也推荐使用网络直报的方式收集数据。

第五,统计调查时间。《手册》要求公路货运统计以一星期为周期,持续期为1年。也就是说,要每星期调查受访者的运输情况,连续进行52个星期。这是由于公路货运的情况变化很频繁,以一星期为调查周期可以更好地对公路货运进行监控。有时长途货运的时间可能会超过一星期,针对这种情况,《手册》允许各国依照自身情况自由处理。

第六,奖励与惩罚程序。《手册》建议,如果受访者没有在两星期内对问卷进行回复,统计机构需要发信提醒受访者回复问卷;如果在半年内仍没有回复,则可以依照各国统计法规给予受访者一定的惩罚。如果受访者能够准时对调查进行回复,则应给予受访者一定的奖励,一般以税收减免和现金奖励为主。

2. 公路货运统计的重要变量及其定义

《手册》给出了很多变量的定义和解释,下面择要说明。

(1) 货车保有量,即一个国家在一定时期内登记注册的用于货物运输的车辆。这个定义有两个要点:一是登记注册的,非法营运的车辆不在其内;二是用于货物运输的,虽然有登记但期间内没有进行货物运输,也不计在货车保有量之内。

(2) 货物周转量,指一定时期内运输部门实际运送的货物吨数和其运输距离的乘积,以吨公里为单位。例如一辆货车载重1吨行驶了1公里,那么它的周转量就是1吨公里。

(3) 国内运输,即货车在其注册国家的两个地点之间完成货物运输活动。

(4) 国际运输。国际运输分为四种情况：第一，在注册国家装货，在另一国家卸货；第二，在其他国家装货，在注册国家卸货；第三，在一国装货，在另一国卸货，但两个国家都不是注册国；第四，在一国装货，在同一国卸货，这个国家不是注册国。

(5) 基本运输作业。货车从一地载货、运送至另一地卸货，视为一次基本运输作业。货车的一次行程可能包括多个基本运输作业，例如，货车从 A 地载货，运送至 B 地卸货后，又运载另一种货物到 C 地，这次行程就包括两个基本运输作业。货运行程统计中，一般以基本运输作业为基本统计单位。

(6) 轴承数量，即货车在设计时的轴承数。如果有挂车的话，应该包括挂车的轴承数，轴承数量在货车登记时要记录，不能非法改装。

(7) 载重量，即货车在登记时经相关部门审核通过的最大载重能力，并不是货车制造时设计的最大载重能力。一般政府部门在审核时，为安全起见，审核的载重量会低于货车的设计最大载重量。

(8) 中转站，即经常有货车卸载货物或者装载货物的地点，往往有用于装载卸载的起重机等配套设施。

3. 数据的上传与发布

各国统计机构在采集整理好本国的公路货运数据后，都要上传给欧盟统计局，再由欧盟统计局统一整理、分析并发布。当然，各国的统计机构也有权发布本国的相关统计信息。《手册》对数据上传与发布有以下要求和建议。

(1) 关于数据上传。第一，上传时间。欧盟统计局要求各国统计局按季度整理上传公路货运统计数据，各国要在季度结束后第一时间整理上报数据，这样确保可以快速并高效率地对各国数据进行处理。第二，上传数据内容。欧盟统计局要求各国统计机构上传三个方面的变量数据，与车辆相关的、与行程相关的和与货物相关的。各国由于国情不同，具体采集的变量数据是不同的，有的变量数据在一国可以采集，在另一国就难以采集。因此，欧盟统计局只要求各国上传重要的、各国普遍纳入统计范围的变量数据，例如货车保有量、货物周转量等。第三，上传数据格式。欧盟统计局要求各国以元数据格式上传数据，并且每次上传时格式基本固定，以方便对数据进行检验、储存和分析。第四，数据的检验。每次各国上传数据后，欧盟统计局都要与之前几个季度的数据进行比对。如果差异过大，则会向该国的统计机构进行问询；如果统计机构没有合理的解释，则欧盟统计局会要求重新上传数据。

(2) 关于数据发布。欧盟统计局在自身发布数据的同时，也允许各国统计机构发布本国数据，《手册》主要介绍了欧盟统计局在数据发布方面的规则和进展。第一，数据的保密规则。欧盟统计局在发布数据时特别注意保护商业机密，因此，要求不能发布特定企业的营业类型数据。另外，如果行业内的竞争者数量较少，那么这个行业的营业数据也是不能发布的，因为参与者可以参照自身数据和行业数据猜测出竞争者的情况。第二，数据发布的途径。发布途径可以分为两种，传统途径包括纸质出版物和数据光盘，新兴途径主要是网络数据发布。欧盟统计局的网络建设已经很成熟，世界各国的数据使用者都可以顺利地登录网站查询数据。另外，欧盟统计局正积极推广移动设备的数据发布，使用者可以通过自己的智能手机方便地查询数据。第三，图表格式。为方便使用者查询对自己有用的信息，欧盟推出了新的图表生成程序，在过去传统图表格式的基础上，使用者可以自由搭配数据生成各类图表，非常直观方便。

（以上内容曾以"公路货运统计是怎样进行的"为题，刊于《中国统计》2013 年第 6 期，作者：王鹏）

附：文件目录

引言
1. 抽样调查的基本原则
2. 确定调查目标
3. 调查准备：抽样设计
4. 调查准备：问卷设计
5. 调查准备：日常管理
6. 数据收集和数据录入
7. 处理与分析
8. 国家层面出版与发布
9. 基本概念与精度标准
10. 变量定义、分类和编码
11. 数据文件的结构及上传
12. 微观数据的校验
13. 数据集成与辅助表
14. 集成数据的校验
15. 欧盟统计局数据发布
16. 数据的匿名处理
17. 方法问卷

缩略语
参考文献
后记
附录
相关法案

124 内河航道运输统计参考手册

英文标题	Reference Manual on Inland Waterways Transport Statistics
牵头组织	欧盟统计局
版本信息	2016年第8版
文件链接	http：//ec.europa.eu/eurostat/web/transport/publications
中文版	无

水路运输包括内河航道运输和海洋运输，是社会综合运输体系的重要组成部分。其中，内河航道运输是指使用内河航道运输船舶来进行的货物和乘客运输，无论全程通过内河航道还是部分行程通过内河航道，均包括在内。

内河航道运输统计的工作目标是收集相关原始数据、进行加工整理并最终发布，以供政府、企业等数据使用者使用。欧洲内河航道运输闻名世界，是全球内河航道运输发展的楷模，其内河航道运输统计建设也比较成熟，特点是既有跨国运输的统一规则，又需要照顾各成员国内部的规则。以下简要介绍欧盟针对内河航道运输制定的统计规范。

1. 内河航道运输统计工作及规范

欧盟统计局承担了欧盟内河航道运输统计的主要工作，其工作流程包括：（1）由各成员国统计局或交通运输部分别收集本国关于内河航道运输的原始数据，报送欧盟统计局；（2）欧盟统计局对各成员国上传的原始数据进行数据验证、整合和质量检查；（3）最终以免费数据库和出版物的形式在欧盟统计局官方网站上发布。为保证报送的数据符合统一规范，欧盟统计局根据从2008年起实行的单一入口点政策，统一强制各国通过电子数据文件行政管理信息系统（eDAMIS）报送数据。

欧盟内河航道运输统计具有法律依据，欧洲议会和委员会1365/2006号规章主要对内河航道货物运输统计进行规范，并由委员会425/2007和1304/2007号规章执行，相关规章制度还包括95/64/EC号委员会指令以及1172/89号、91/2003号委员会规章。具体统计工作规范由《内河航道运输统计参考手册》（以下简称《手册》）给出，内容覆盖内河航道运输统计的定义、方法以及数据的处理和发布等。以下主要根据该《手册》介绍相关内容。

2. 统计对象与数据搜集方法

内河航道运输主要针对货运，所以欧盟内河航道运输统计规章和手册也是针对货物运输来制定的。欧洲内河航道网主要由莱茵河、马斯河、塞纳河和多瑙河以及人工运河组成。当前主要针对14个成员国进行统计：比利时、保加利亚、捷克、德国、法国、克罗地亚、卢森堡、匈牙利、荷兰、奥地利、波兰、罗马尼亚、斯洛伐克和英国。此外，意大利、立陶宛、芬兰基于自愿原则也提供了相应数据。统计对象包括内河航道管理部门、港口、海关办公室、运营商、个别托运人等；统计内容包括内河航道运输的基础设施、运输设备、企业数量及经营状况和就业状况、货物运输量（包括运输量和周转量）、集装箱运输量、事故等方面。

欧盟统计局通过各国上报数据进行数据采集，各成员国必须在相关统计周期结束后 5 个月内向欧盟统计局报送数据，所报送的内河航道货物运输数据包括七个数据集。

数据集 A1：分货物类型进行的货物运输统计。分别按照不同运输方式（国内、国际和中转）、货物类型（以 NST2007 分类为标准）、集装类型（使用集装箱集装的货物、不使用集装箱集装的货物、空集装箱）来提供数据，所提供的数据类型为年度数据，包括货物运输量（吨）和货物周转量（吨公里）。除此之外，表中还包括装货国/区和卸货国/区的信息。

数据集 A2：危险货物运输统计。分别按照不同运输方式、危险货物的类型（以 AND 分类为标准）来提供数据，所提供的数据类型为年度数据，包括货物运输量和货物周转量。

数据集 A3：事故数量统计。分事故总数和包括危险货物的事故数量两类指标进行统计。

数据集 B1：分船舶国籍和船舶类型的货物运输统计。分别按照不同的船舶国籍、船舶类型和运输方式来提供数据，所提供的数据类型为年度数据，包括货物运输量和货物周转量。

数据集 B2：船舶交通统计。分别按照不同的运输方式、负载/空载船舶提供船舶交通量数据，所提供的数据为年度数据，包括船舶行驶里程和船舶公里数。该数据集为自选数据集。

数据集 C1：分货物类型的集装箱运输统计。分别按照不同的运输方式、货物类型、集装箱尺寸、集装箱负载状况来提供数据，所提供的数据类型为年度数据，包括货物运输量、货物周转量、集装箱运输量（TEU）和集装箱周转量（TEU 公里）。

数据集 D1：分船舶国籍的货物运输统计。分别按照不同的运输方式和船舶国籍来提供数据，所提供的数据为季度数据，包括货物运输量和货物周转量。

数据集 D2：分船舶国籍的集装箱运输统计。分别按照不同的运输方式、船舶国籍、集装箱负载状况来提供数据，所提供的数据类型为季度数据，包括货物运输量、货物周转量、集装箱运输量和集装箱周转量。

数据集 E1：货物运输统计。分别按照不同的运输类型和货物类型提供数据，所提供的数据为年度数据，包括货物运输量和货物周转量。此数据集仅适用于规章中所列需要提供简化数据的国家（意大利、立陶宛、芬兰）。

以上数据集中，A2、A3 为 2007 年新加入的基于自愿准则提供的数据集，其余为常规数据集。除此之外，表中还包括了报告国和年份信息。

3. 主要统计指标

根据《手册》对所收集数据的说明，以及欧盟统计局官网所发布的数据，可以将内河航道运输统计的主要指标分为五类。

第一类是内河航道运输基础设施指标。基础设施主要是内河航道，主要指标为内河航道通航里程（公里），分别按照航道类型（通航运河，通航河流和湖泊）和航道通航能力（小于 250 吨，250～399 吨，400～649 吨，650～999 吨）对指标进行分组。

第二类是内河航道运输设备指标。运输设备主要是船舶，主要指标为船舶数量（艘）、船舶吨位（吨）、船舶功率（千瓦）、船舶载重能力（吨）。其中，船舶数量分别按照船舶类型（自航驳船、拖推船、非自航顶推船）、船舶载重能力、船舶建造日期进行分组；船舶吨位分别按照船舶类型、船舶载重能力进行分组；船舶功率分别按照船舶类型、船舶载重能力、建造日期进行分组；船舶载重能力分别按照船舶种类和船舶建造日期进行分组。

第三类是内河航道运输企业及其经营和就业指标。主要指标为内河航道运输企业数（个）、企业船舶运输能力（吨）、内河航道运输企业员工人数（人）、投资与维护支出（欧元）。其中，企业数和企业船舶运输能力按照其所拥有的船舶数量进行分组；企业员工人数按照该企业所拥有的船舶数量和性别进行分组；投资与维护支出按照不同对象（货运船舶、基础设施）进行分组。

第四类是内河航道运输量统计，主要是货物统计。主要指标为货物运输量、货物周转量、集装箱运输量、集装箱周转量、危险货物运输量、危险货物周转量、船舶行驶里程、船舶公里数。其中，货物运输量和周转量分别按照运输方式（国内和国际运输，其中国际运输还分为负载和非负载状态）、货物类型、集装类型、装/卸货国家/地区、船舶类型、船舶国籍进行分组；集装箱运输量和周转量分别按照货物类型、运输方式、集装箱尺寸及负载状况、装/卸货国家/地区进行分组；危险货物运输量和周转量分别按照危险货物类型和运输方式进行分组；船舶行驶里程和周转量分别按照运输方式和船舶负载状态进行分组。

第五类是内河航道事故统计。其中也包括危险货物运输的内河航道事故，主要指标为事故数（个）。

4. 数据汇总与发布

各国在收集完相关内河航道运输数据后必须在相关统计周期结束的5个月内上传数据到欧盟统计局，欧盟统计局对数据进行处理并发布。主要生产流程如下：先对原始数据文件进行数据验证，若数据完整且无错误，则直接进行数据整合；若数据存在简单错误，则由统计局自行修正并进行整合；若错误较严重，则须将数据返还原国家进行修正产生新的数据文件再进行整合。数据质量检查是整合过程中的关键，包括跨数据集检查、时间序列检查、镜面检查三个步骤。整合完的数据进入ORACLE生产数据库并经由自动化程序产生可发布的数据文件由欧盟统计局发布；在整个数据发布过程中，为了避免重复计算的问题，欧盟采取了基于属地原则对不同运输方式的运输量和周转量计算总量的方式。其中，数据验证和整合过程通过TRIS系统执行，数据生产过程通过ORACLE系统执行。

欧盟统计局通过免费数据库和出版物的形式进行数据发布。免费数据库在欧盟统计局官方网站发布，除此以外，官网还发布《统计聚焦（Statistics in Focus）》、《统计解释（Statistics explained articles）》等相关刊物，《统计聚焦》也通过出版物形式进行发布。

（以上内容曾以"内河航道运输统计的国际经验"为题，
刊于《中国统计》2015年第7期，作者：管乐）

附：文件目录
简介
第一部分　概况、定义、分类和方法
1. 概况
2. 数据描述
3. 定义、分类和命名
4. 统计单位和变量的描述
　4.1　内河航道运输的一般定义
　4.2　针对特定表的定义和变量
5. 方法说明
　5.1　欧盟统计局对立法的解释
　5.2　海洋运输
　5.3　海港内建筑物移动
6. 数据传输
　6.1　结果的传输时限
　6.2　数据文件的描述
　6.3　利用eDAMIS传输

第二部分　国别方法
1. 总说明
2. 数据来源
3. 数据汇编、确认和传送实践

4. 数据发布
5. 规章制度的执行评估和改进建议
6. 成员国附加方法说明

第三部分　数据处理和发布的步骤

1. 数据整合过程的描述
2. 数据质量检查
   - 2.1　数据接收和整合过程中的检查
   - 2.2　跨数据集检查
   - 2.3　数据集内部检查
   - 2.4　时间序列检查
   - 2.5　镜像检查
3. 发布
   - 3.1　各类数据提供形式
   - 3.2　发布中的计算和汇总过程

附录

- 附录1　欧洲议会和欧盟委员会关于内河航道货物运输统计的立法
- 附录2　欧洲议会和欧盟委员会关于内河航道货物运输统计的授权和实施法案
- 附录3　欧洲议会和欧盟委员会关于建立NST2007货物运输分类的授权和实施法案
- 附录4　NST2007商品名称对照
- 附录5　UNECE建议21
- 附录6　国家代码对照表

125

海运统计参考手册

> **英文标题** Reference Manual on Marine Transport Statistics
> **牵头组织** 欧盟统计局
> **版本信息** 2016年第3版，2014年第2版，2012年第1版
> **文件链接** http：//ec. europa. eu/eurostat/web/transport/publications
> **中文版** 无

水路运输包括内河航道运输和海洋运输，是社会综合运输体系的重要组成部分。与河运相比，海运的最大特点在于，它主要涉及国际承运活动，是国际物流最主要的运输方式，完成了2/3以上的国际贸易总量。欧盟有1200个港口和世界上最大的商业船队，海运承担了90%的外贸物流和40%的内贸物流，其重要性由此可见一斑。欧盟各国对海运均有完善统计，并在欧盟层次进行整合，形成了比较完备的统计体系。

1. 海运统计工作简介

欧盟海运统计由欧盟统计局专门工作组负责。具体工作中，该统计工作组通过交通运输统计协调小组与各成员国的海运统计机构保持紧密合作，按照欧洲议会制定的规章制度来协调、整合相关资源。

欧盟统计局通过海运统计相关规章制度，来保证各成员国提供可比、可信并且规范的统计数据。海运统计依据欧洲委员会"指令2009/42/EC（关于海洋货运和客运的统计报表）"以及"规章2008/861/EC"制定数据收集框架。另外，欧洲议会决议2010/216/EU和规章（EU）No 1090/2010对海运统计框架作了重要的补充。海运统计数据的发布则依据欧洲议会决议"2001/423/EC"和指令"95/64/EC"。

根据上述规章制度，欧盟统计局设定了欧盟海运统计具体的工作流程：首先，由各成员国收集本国的海运统计数据，然后通过"电子数据文件行政管理信息系统（eDAMIS）"向欧盟统计局报送数据；随后，欧盟统计局按照既定的规范进行数据的接收、整合、验证和质量控制，最终以数据库、出版物、新闻等形式发布数据。为规范欧盟海运统计的全部工作流程，欧盟统计局出版了海运统计的配套指导手册《海运统计参考手册》（以下简称《手册》）。以下基于该《手册》，就欧盟海运统计的统计对象、范围与数据搜集、主要统计指标和数据的生产和发布作简要介绍。

2. 统计对象、范围与指标

欧盟海运统计的调查对象是各成员国的港口，统计范围是通过港口的海运船舶装载的货物和旅

客——货物和乘客必须全部或部分通过海上运输才能纳入海运统计。具体统计中，还包括船舶流量以及货运集装箱。未来，欧洲统计局希望将海运统计延伸到基础设施、设备、企业、经济活动以及从业人员情况、事故和环境等方面。

海运数据的主要收集方式是统计报表。有海港的23个成员国均要通过报表向欧盟统计局报送海运统计数据。另外，爱尔兰和挪威作为欧洲经济区的成员、克罗地亚和土耳其作为欧盟候选国可自愿提供海运数据。除报表报送外，欧盟统计局还打算增加针对"主港口"的调查表，系统收集其他方面的信息。

通过报表报送的数据集共有10个（A1、A2、A3；B1；C1、C2；D1；E1；F1、F2）。根据统计对象可以将这10个数据集划分为四大类：只统计货物（A1、A2、B1、E1、C1、C2）、只统计旅客（E1）、同时统计货物和旅客（A3）、统计船舶（F1、F2）。根据报送周期可分为季度和年度两类。除A1外，数据集A2、C1、D1、F1、F2的报送频率是季度，而其他4个数据集则按年报送。除数据集C2和F2是所有港口自愿上报外，其他数据集针对"主港口"均是强制收集的。这些数据集统计各国"统计港口"的数据，规章中明确列出了各国报送数据的"统计港口"清单以及这些港口对各数据集是否需要完整报送的要求。下面对上述10个数据集按照统计内容进行分组，作简要说明。

A1、A2、B1、E1数据集：港口货物吞吐量数据集。A1数据集按照货物进出港口、港口装载和卸载、海运沿岸区域、一般货运类型等维度进行统计。A2数据集则按照非单位装货物（燃油和一般货物）及具体货运类型分类。B1数据集相对于A1数据集增加了商品分类。E1数据集相对于A1数据集，增加了"按船舶注册国籍"的分类。

A3数据集：所有港口的货物吞吐量和旅客吞吐量的年度汇总数据集。主要统计指标有四个：港口货物吞吐量、港口非游轮旅客吞吐量、港口游轮旅客吞吐量和港口短途游轮旅客吞吐量。其中，前三个指标针对所有港口强制收集，第四个指标是自愿申报的。吞吐量指标往往是按进出港方向分别统计，但短途游轮旅客进出港的数量往往一致，只统计一个方向的即可。

C1、C2数据集：货运集装单位（Unit load，包括集装箱或滚装单位）吞吐量数据集。该两个数据集结构与A1数据集一致。C1数据集搜集数据包括货物总重量、货运集装单位数、空载集装单位数。C2数据集只收集滚装集装箱数量。

D1数据集：非游轮旅客吞吐量数据集。该数据集根据旅客进出港、上下船、海运沿岸地区和注册船舶国籍进行非游轮旅客数量的统计。

F1、F2数据集：船舶流量数据集。该数据集收集进出港口客运和货运船舶的数量与大小。F1数据集记录船舶数量和载重量，F2数据集记录船舶总吨位。

总结上述10套报表收集的数据内容，并结合欧盟统计局发布的海运统计数据库，欧盟海运统计主收集的统计指标主要是以下三类。

一是港口货物吞吐量，描述停靠在报告国领土范围内港口的海运船舶运送的货物情况，具体的统计分组有很多：进出港方向、货运类型、运输方式、伙伴国和注册船舶国籍等。除该指标外，还根据货运类型给出了一些分项指标："主港口"散装液体吞吐量、"主港口"散装干货吞吐量和集装箱吞吐量。

二是港口旅客吞吐量，描述停靠在报告国领土范围内港口的海运船舶运送的旅客情况，具体的统计分组有进出港方向、流量类型（国际、国内）、游轮旅客和非游轮旅客。

三是港口船舶流量，描述进出港船舶的情况，具体指标有进出港船舶流量（数量）、总吨位、总载重量，具体的统计分组有船舶类型、大小和进出港方向。

3. 数据汇总与发布

各国报送的数据要通过进一步加工才能发布。欧盟海运统计数据生产加工流程包括三个环节：数据传输、验证和发布。其过程可以大体描述如下：在观测期结束后指定时间内，各国要将相关数据通过 eDAMIS 系统传输给欧盟统计局。其中，季度性数据在观察期结束后 5 个月内上报，年度性数据在 8 个月内上报。数据传输完成后进入数据验证阶段，数据验证阶段包含三步：数据接收、数据整合和数据质量控制。数据接收时进行文件格式的检验，数据整合时进行代码验证和负值控制。数据整合阶段保证了数据集的完整性和数据的合法性。当该阶段出现问题时，系统会自动发送邮件给相应的国家要求其修改或发送新的文件。完成上述两步后，数据还需要进行进一步的验证以控制数据质量，包括数据集内的验证（或数据集内一致性）、数据集之间相互验证（或数据集之间的一致性）、时间序列验证和"镜"（mirror）检验等。经过上述一系列的反复检验与校正后，最终形成可用数据，产生数据产品并进行发布。

在数据生产过程中，最重要的工作是对数据质量进行控制。其中包括以下四个主要检验：

（1）数据集内验证，保证单个数据集内数据的一致性。

（2）数据集之间的验证，保证数据集之间的一致性。

（3）时间序列检验，当发现连续两年相同时期的数据出现重要的差异时，需要向数据报送国寻求说明或解释。

（4）镜像检验，可以在国家层面和国家港到港层面作该检验，比较某一国或港口的货物和旅客流入量与"伙伴国"或"伙伴港"流出量，保证国家间数据的一致。

基于目前的数据发布框架，欧盟统计局需要发布与欧盟内部集聚区域对应的汇总数据（国家、区域和欧盟内部集聚）。这就要求解决相同的货物/旅客在不同的港口流出方向和流入方向重复计算的问题。理想情况下，汇总这些数据只需记录一个方向的流量即可。具体实践中常用如下方法处理：国家吞吐量＝国家流入量＋"部分"国家流出量，其中"部分"包含国家流出量，不包括"伙伴港"的流入量。

经过上述加工处理后形成的数据产品会以各种各样的形式发布，包括数据库、出版物、统计解释、新闻。欧盟数据库自 2004 年 10 月面向公众免费发布，数据库中有六个主要的数据集：主要年度数据、沿海货运、客运量、货运量、船舶流量和区域统计数据，在港口、区域、海事沿海区域（MCA）和国家层面呈现海运统计数据。该数据库包含自 1997 年以来详细的数据和时间序列，涉及主要的年度数据和短途海运数据。

（以上内容曾以"欧盟海运统计简介"为题，刊于《中国统计》2015 年第 10 期，作者：苏兴国）

附：文件目录

引言

第一部分 方法、定义和分类

1. 主要指导范围
2. 数据集
3. 法律条款的定义和范围
    3.1 港口
    3.2 船只
    3.3 航程
    3.4 货物
    3.5 集装箱
    3.6 滚装船：滚装滚降
    3.7 乘客
    3.8 吨公里和人公里
4. 特定的分类和方法问题
    4.1 货物与产品分类 NST200
    4.2 液态货物
    4.3 干散货
    4.4 集装箱
    4.5 滚装货物
    4.6 滚装货物自驱动单位
    4.7 滚装货物非自驱动单位
    4.8 滚装与集装箱及最终交付类型定义
    4.9 滚装与集装箱的补充货物类型
    4.10 其他普通货物

4.11 未知货物类型
4.12 货物分类
4.13 乘客统计
4.14 船只
4.15 港口列表与配合
4.16 主要港口的选择
4.17 方法讨论的结论

第二部分　数据处理过程：传输、验证和发布
1. 传输格式/电子数据交换（EDI）工具
   1.1 数据传输
2. 验证和质量检验
   2.1 汇总与检验
   2.2 数据集内部检查
   2.3 数据集间检查
   2.4 时间序列检查
   2.5 镜像检查

3. 编制实践
4. 发布
   4.1 欧盟统计局参考数据表
   4.2 统计解释

第三部分　国别方法
1. 变量和数据源——汇总表
2. 变量和数据源——国别汇总表
3. 欧盟和报告国海运统计主管部门清单

第四部分　更广泛的数据收集
附录
　　附录1　与海上运输统计相关的法规一览表
　　附录2　欧盟委员会法令 2009/42 合并版
　　附录3　UNECE 建议 21
　　附录4　2007 年 NST 完整商品名称
　　附录5　SDNX 中海运有关结构统计数据交换系统

126

航空运输统计参考手册

英文标题 Reference Manual on Air Transport Statistics
牵头组织 欧盟统计局
版本信息 2015 年第 12 版
文件链接 http://ec.europa.eu/eurostat/web/transport/publications
中文版 无

欧盟统计工作主要是由欧盟统计局（Eurostat）借助于"欧洲统计系统（EUROPEAN STATISTICAL SYSTEM）"的工作网络实施。其基本流程是：先由各成员国收集本国统计数据，然后通过电子数据文件行政管理信息系统（eDAMIS）向欧盟统计局报送数据。该系统是欧盟标准的数据收集方式，有单机版和网络版两种。欧盟统计局与各成员国统计机构保持紧密合作，按照标准方法来协调、整合统计资源。目前，各成员国的统计机构内有专门的协调员负责与欧盟统计局的协调和沟通；在欧盟统计局内部，有中央协调员和服务器的支持人员负责监督数据的报送，并为所有相关人员提供技术帮助。

欧洲议会和委员会制定了各种交通方式运输统计数据报送的相应规章，以保证各成员国向欧盟统计局提供可比的、可信的、规范的交通运输数据。这些工作均已建立标准化流程，编制了专门的指导手册。其中，航空运输统计目前依据的是欧洲委员会规章（EC）437/2003（关于航空旅客运输、货物和邮件空运的统计报表）以及 1358/2003、546/2005、158/2007 号规章，其配套的统计手册为《航空运输统计参考手册》（以下简称《手册》）。以下基于该《手册》，就欧盟航空运输统计数据从生产、加工到发布全过程作简要介绍。

1. 统计对象范围与数据搜集方法

欧盟针对各成员国（此外还包括候选国挪威、冰岛和瑞士）收集数据，并在欧盟范围内进行汇总，包括各级 NUT 区域以及欧盟的汇总（包括欧盟 25 国、欧盟 27 国两种层级，后者在前者基础上增加了 2007 年加入欧盟的罗马尼亚与保加利亚）。统计内容主要涵盖航空运输（包括商业航空运输与通用航空的起降活动）、交通流量数据（含机场、航空公司）、航空的基础设施、航空企业数与就业人数以及航空安全等方面的统计数据。调查对象包括各成员国的航空公司、机场，其中只有年旅客吞吐量超过 15000 人的机场才纳入统计范围。依据规章的约定，报送的统计数据应与国际民航组织（ICAO）数据可比。

欧盟航空运输统计数据的收集涉及报表报送和调查问卷两种方法。

先看报表报送。欧盟各国要提供包含航空公司（或代理公司）及机场信息的三个数据集：航段数据集 A1（Flight Stage Dataset）、城市对数据集 B1（the On Flight Origin/Destination Dataset）、机场数据集。数据集由各国的报告机场负责报送（规章中明确列出了各国报送数据的报告机场清单以及这些机场对各数据集是否需要完整报送的要求）。报送的文件支持"CSV"与 SMDX－ML（统计数据和元数据交换—信息语言）两种文件格式。其中，欧盟统计局一般性建议中指出，官方数据都建议采用 SMDX－ML 格式的数据，这样传输数据时可以通过 eDAMIS 系统来验证数据。下面对三个数据集的内容作简要说明。

（1）A1 数据集。此数据集为分航段运输统计数据，分别按照进港/出港、定期/不定期、客运/货邮、航空公司信息和执飞机型提供数据，提供频度为月度。包含的指标有：旅客运输量、货邮运输量、商业航班数以及可供座位数等。其中，旅客运输量是指在报告机场着陆或从报告机场起飞的运输飞机上的所有旅客，也包括所有收费旅客与非收费旅客，还包括直接过站旅客。货邮运输量是指在航段期间运输飞机上的所有货邮，包括快件和外交信袋，但不包括旅客行李。

（2）B1 数据集。此数据集为始发地/目的地数据，也称城市对或起讫点数据，分别按照进港/出港、定期/不定期、客运/货邮以及航空公司提供信息，提供频度为月度。其中包含的指标有：旅客运输量和货邮运输量。是否包含过站旅客量是 A1 数据集与 B1 数据集的旅客运量的区别，B1 数据集中的旅客运输量不包括直接过站旅客。

（3）C1 数据集。此数据集为机场的运输统计数据。指标有旅客吞吐量、总直接过站旅客量、转机旅客量、货邮吞吐量、民用飞机起降架次及飞机起降总架次。该数据集提供的频度至少为年度。

除上述数据报送之外，还有一些专门的问卷调查，主要有"通用航空调查问卷"、"主要机场调查问卷"，来收集国家的汇总数据以及主要机场的信息。

2. 主要统计指标

根据报表与调查问卷收集的数据，形成的统计指标分为五类。

（1）基础设施指标。基础设施主要是机场，首要指标是机场个数。欧盟将这些需要报送数据的机场分为主要机场（年旅客吞吐量超过 150000 人的机场）与其他机场（年旅客吞吐量在 15000～150000 人之间的机场）。其他统计指标包括：飞机跑道数、登机设施数、传统登机柜台数、自助服务登机服务亭数、登机门数等。另外还统计了机场与其他交通方式的连接点，包括机场与高速公路、高速铁路、其他铁路、地铁线路甚至与城市公交车线路的连接点情况。

（2）航空设备指标。航空设备主要是指商业机队，分别按照机型分组（座位数分别为少于 50、51～150、151～250 三种）以及按机龄分组（机龄分为低于 5 年、5～9 年、10～14 年、15～19 年）统计其机队规模。

（3）企业与就业。该板块的基本指标是航空公司数、机场企业数，在此之下，按性别进行就业人数统计，甚至还分主要机场统计分性别的就业人数。

（4）事故。航空安全主要针对事故数进行统计，包括所有的事故件数和涉及死亡伤害的事故件数。事故件数统计时有两个口径，一是事故发生地的国别；二是航空器营运人的国别。

（5）航空运输的测量。该板块包含旅客运输、货邮运输、交通流量数据以及区域数据。旅客运输数据体现以下分组：按报告国分、按国际机场分以及欧盟内汇总的旅客运输量（包括总量、进港、出港）。货邮运输分组包括：按报告国分、每个报告国按主要机场分以及报告国之间、每个报告国与伙伴国主要机场之间的货邮运输量，还包括按报告国分、按机场分的货运航班的货邮量数据。交通流量数据主要是按照机场、飞机机型以及航空公司分类的交通流量数据，包括按报告国分飞机交通数据（旅客运输量）、主要机场的飞机交通数据（空客 A－321－所有型号飞机旅客运输量）、按报告国分航空公司交通数据（所有航空公司旅客运输量）、按报告机场与航空公司分机场交通数据（所有航空公司旅客运输量）。

3. 数据生产流程和统计方法

欧盟航空统计数据生产过程包括四个环节：数据采集过程、预生产过程、生产过程、数据发布。其过程可以大体描述如下：先由各报告国行政机构在不晚于参照期后的 6 个月内传输数据。数据报送后进入预生产过程，该过程主要是数据的初始检查（数据文件格式、代码控制、重复记录）以及验证与规章的一致性。预生产过程完成后进入生产过程，其核心是进行数据质量的核查，这其中包括国家主导的质量核查（涉及总体结果核查、时间段上数据一致性核查、进港出港数据的比较核查、数据集的内部关联核查以及可提供座位数的检查五类）以及所有国家数据提交后的质量核查（涉及镜核查、缺失路径核查、代码错误核查三类）。对检测到的可能的数据错误，欧盟统计局会与各国讨论进行确认。对于无法修正的错误，欧盟统计局会将数据返回到国家层面进行校正并要求该国重新提供数据。重新提供的数据在进一步的质量检查前会重新进行验证。经过这些反复的确认与校正，最终形成可用数据。最后，数据生产出来，形成各种数据产品，进行发布。

在此过程中，最重要的工作是对数据质量进行核查。其中包括以下要点：
（1）总体结果核查，主要是检查报送数据的完整性。
（2）时间段上数据一致性核查，检测某报告机场不太可能出现的增长或下降。
（3）进港出港数据的一致性核查，验证每个报告机场进港出港的数据一致性。
（4）数据集内部核查，是对数据集 A1、B1 和 C1 三者之间的差异进行核查。
（5）可用座位数核查，找出那些可用座位数低于旅客数量的报告国家。
（6）镜子核查，用于比较两个伙伴机场在相同数据集上报告数据的一致性。
（7）缺失路径核查，目的是就某给定路线对应的两个报告机场的数据进行核查。

基于目前的数据发布框架，欧盟统计局需要发布与欧盟内部集聚区域对应的汇总数据（国家、区域和欧盟内部集聚）。为此需要解决在同一航线上两个机场都报告数据时的双重计数问题（同一旅客会在出港机场作为出港进行计数，在目的地机场作为进港进行计数），以避免汇总过程中的重复统计。去除重复计数的基本原则是：当计算旅客总量和货物总量时，只考虑报告机场的出港声明。

欧盟航空运输统计发布的数据产品包括多种形式，包括数据库（Eurobase），还有各种出版物，如年鉴、统计小册子。Eurobase 自 2004 年 10 月面向公众免费发布。在航空运输领域包含自 1993 年以来详细的数据和时间序列，发布频度最高为月度。上文中涉及的统计指标都能在数据库中查询到。比较常见的统计小册子有核心统计数据（Statistics in Focus）和焦点数据（Data in Focus）。

（以上内容曾以"国际航空运输统计的标本"为题，刊于《中国统计》2014 年第 12 期，作者：葛金梅）

附：文件目录

1. 数据集说明
   1.1 统计单位与变量说明
   1.2 定义与主要变量
   1.3 数据集 A1（航段）的主要变量与定义
   1.4 数据集 B1（城市对）和数据集 C1（机场）的主要变量与定义
   1.5 始发地/目的地数据与航段数据的差异
   1.6 数据集 C1 航空数据报告
   1.7 航班类型
2. 类别
   2.1 国家代码
   2.2 机场代码
   2.3 航空公司代码
   2.4 飞机代码

3. 数据报送格式：标准化与校验
   3.1 结果报送
   3.2 数据文件与报送格式说明
   3.3 数据报送
4. 航空统计调查问卷
5. 自选数据报送
   5.1 背景
   5.2 定义
   5.3 需收集数据
6. 数据集 A1 的信息：FS 数据
7. 数据集 B1 的信息：OFO 的数据
8. 数据集 A1 与 B1 的信息
9. 数据集 C1 的信息
10. 数据编译、校验及传输相关信息
11. 数据集成过程描述
12. 质量检查描述
    12.1 国家主导的质量检查
    12.2 检查频率
    12.3 内部质量检查
13. 航空运输统计计算总量时的双重计数排除方法
    13.1 双重计数简介
    13.2 排除双重计数的原则
    13.3 原则的应用
14. 对外发布
    14.1 各种发布形式简介
    14.2 对外发布所应用的计算与集合方法

127 铁路运输统计参考手册

英文标题	Reference Manual on Rail Transport Statistics
牵头组织	欧盟统计局
版本信息	2015年第8版
文件链接	http://ec.europa.eu/eurostat/web/transport/publications
中文版	无

铁路是欧盟交通运输网络的重要组成部分。在20世纪70~80年代，欧盟许多国家的法律条款已经对如何提供内陆交通运输的基本统计数据做出了详细规定。欧盟的前身——欧洲共同体，也于1980年就铁路货物运输统计制定了80/1177/EEC规章，规定从特定的管理机构收集部分区域统计数据。但是，随着经济社会的发展，原有的统计方法及其获得的统计数据已不能满足各成员国及欧盟对铁路运输统计的需求。因此，欧洲议会和委员会先后于2002年12月和2003年7月通过No 91/2003规章和No 1192/2003规章，旨在为其他委员会、协会和政府机构提供可比的、可信的、规范的铁路运输统计数据，帮助欧盟监控和评估相关政策的实施情况，并对跨欧洲铁路网络做出整体规划。为了使规定更具可操作性，同期配套发布了指导手册——《铁路运输统计参考手册》（以下简称《手册》）。以下主要依据该手册，对欧盟铁路运输统计数据的生产、加工及审核过程做简要介绍。

1. 统计对象范围及数据采集

欧盟铁路统计覆盖了欧盟范围内所有的铁路。报送数据的铁路公司包括所有通过铁路为货物或乘客提供运输服务的私人或国有公司，但不包括通过地铁、电车或轻轨提供货物及乘客运输的公司。同时，也不包括主要或全部从事铁路设备安装活动的公司，以及利用铁路提供本地旅游服务的公司。

《手册》明确提出，为了使公司报送的数据尽可能地保持客观，其使用目的应仅限于统计报表编制或统计经济分析需要，不能被用做行政、法务部门或税务部门对被调查单位的监管。因此，欧盟统计局要求各成员国应指定一个公共或私人的机构参与对所要求收集的数据做出规定。各国统计机构为了全面汇总本国数据，会要求铁路公司报送在本国领土上发生的相关铁路交通运输数据。为此，那些运输业务跨越多个国家的铁路公司，需要将其数据按国家领土边界予以分解，分别报送给在不同国家的统计机构。

在数据采集方面，《手册》建议可以结合采用多种方法。可以采取强制性调查，也可以利用管理过程中的数据、监管部门收集的数据、估计的数据、铁路专业部门提供的数据，以及专案研究获得的数据。

按照《手册》的要求，各成员国报送欧盟统计局的数据分为四大类：旅客运输数据、货物运输数据、铁路事故数据和铁路交通流量数据。为了核对这些信息的出处，欧盟统计局还要求各国统计机构报送所有参与数据收集的铁路公司的背景信息。所有这些信息的报送，都通过 9 个直接面向企业采集数据的数据集完成。

A 数据集。此数据集收集每年的货物运输数据（详细报告），包括按运输种类、货物种类、转载国和卸载国、危险货物种类、托运类别分类的货运量和货物周转量数据。同时，还收集多式联运货运量与周转量、货运列车行驶距离等数据。《手册》建议，在采集数据时，报告国应使用铁路货运单作为货物运输统计数据的主要数据源。如果此途径不可行，报告国应该使用类似于铁路货运单的凭证作为数据源。

B 数据集。此数据集收集每年的货物运输数据（简化报告），主要覆盖各成员国范围内货物运输周转量小于 5 亿吨公里的公司，只收集按运输种类分类的货运量与货物周转量。

C 数据集。此数据集收集每年的旅客运输数据（详细报告），提供分别按运输种类、上车国和下车国分类的客运量与旅客周转量数据。采集数据的方式主要包括从售票数据中提取、与其他国际售票机构的信息交换等。在报送到欧盟统计局时，需要说明其使用的主要数据源。

D 数据集。此数据集收集每年的旅客运输数据（简化报告），应用于客运周转量小于 2 亿人公里的铁路公司，只收集总的客运量及客运周转量，方便小公司的数据报送工作。

E 数据集。提供每季度的货物、旅客运输数据，包括每季度的货运量、客运量、货物周转量和旅客周转量，主要解决数据时效性的问题。

F 数据集。此数据集为五年一次的按地域分解的货物、旅客运输数据，包括按照 NUTS2 分解的货物发送量、到达量及旅客发送量、到达量。展示不同地域的货物运输及旅客运输强度。

G 数据集。此数据集为五年一次的网段交通流量数据，主要包括按网段分解的货运列车、客运列车以及其他列车（例如服务列车）的数量。网段是由各成员国根据地理坐标和其他识别每段铁路的特征信息所确定的一段铁路，并按照规定予以编码，与此数据集一同提供给欧盟统计局。

H 数据集。此数据集为每年的事故统计数据，主要包括按事故种类、涉及危险货物的事故数，按事故种类、人员类别分类的死亡人数和重伤人数等。

I 数据集。此数据集为每年提供数据的铁路公司的列表，类似于我国的企业单位名录库。主要包括企业名称、所在国、参与的运输活动、需要填写的报表、企业的客货运输量等。

2. 主要统计指标

欧盟统计局除了根据 2003 年第 91 号规章从成员国统一采集数据形成的货物运输指标、旅客运输指标、铁路事故指标和铁路交通流量指标外，还在其网站上公布部分铁路基础设施指标、铁路运输装备指标、铁路公司经营状况及雇员指标的数据。前四类指标在上节已有涉及，在此不再赘述，下面仅指出后三类在相应的欧盟统计规定中未予明确的指标。

（1）铁路基础设施指标。主要包括轨道长度指标，以及按轨距分线路长度、按功能分线路长度（包括客运线路、货运线路、客货混运线路）、按电力技术等级分类的电气化线路长度、按最大速度分类的线路长度等指标。

（2）铁路运输装备指标。一是机车数量指标，分别按动力分、按牵引力分；二是客、货车数量，分别按车型分、按等级分；三是按车型分、所属企业分的客车载客量和货车装载量等。

（3）铁路公司运营及雇员情况指标。具体包括：铁路企业数量，按人员类别分、按性别分的铁路企业就业人员数，主要铁路公司投资支出、维护支出等。

3. 数据报送及审核

成员国利用电子数据文件行政管理信息系统（eDAMIS）将数据传送到欧盟统计局。此系统为欧盟提供了标准的数据收集方式,有单机版和网络版两种方式。在成员国的统计机构内,都专门设有本地协调员,负责与欧盟统计局的协调和沟通。在欧盟统计局内部有中央的协调员和服务器支持人员,负责监督数据的报送,为所有相关人员提供技术帮助。

一般来说,各国统计机构在报送数据时应注意以下三点:

(1) 所报送的数据集已全部在欧盟统计局注册备案。此项工作由欧盟统计局的数据生产单位负责,利用域名注册表收集所需的注册信息。

(2) 识别数据提供者。要对数据提供者的相关信息进行备案,对其报送设备的有效性进行检查。

(3) 必须明确数据报送的形式。在数据传送时,应将所有数据文件调整为CSV格式。

在数据审核与处理方面,欧盟统计局主要是通过计算机的自动检测进行。主要是对字段的存在性、值的存在性、表内连续性和表外连续性进行检测。

这里主要介绍两种检测方法:镜面检测和阈值检测。镜面检测是一种比较形象的名称,在欧盟统计局对其成员国提供的数据进行审核时,应遵循以下原则:A国提供的来自B国的国际进口运输数据,应该等于B国提供的向A国的国际出口运输数据,以此核查数据质量。阈值检测是对于同一指标连续两个时期的数值设置一定的变化范围,以保证数据变动的合理性。对于超出变化范围的指标,则显示警告或错误,提请成员国再次核实或修改。

(以上内容曾以"铁路运输统计怎样搞"为题,刊于《中国统计》2015年第1期,作者:景向)

附:文件目录

1. 基本概念和定义
   1.0 引言
   1.1 No.1192/2003规章相关定义
   1.2 附录A-I常用变量的定义
   1.3 方法说明
   1.4 编制铁路运输统计的方法
2. 附录A说明
   2.0 附录A简介
   2.1 表A1说明
   2.2 表A2说明
   2.3 表A3说明
   2.4 表A4说明
   2.5 表A5说明
   2.6 表A6说明
   2.7 表A7说明
   2.8 表A8说明
   2.9 表A9说明
3. 附录B说明
   3.0 附录B简介
   3.1 表B1说明
   3.2 表B2说明
4. 附录C说明
   4.0 附录C简介

4.1 表C1说明
4.2 表C2说明
4.3 表C3说明
4.4 表C4说明
4.5 表C5说明
5. 附录D说明
   5.0 附录D简介
   5.1 表D1说明
   5.2 表D2说明
6. 附录E说明
   6.0 附录E简介
   6.1 表E1说明
   6.2 表E2说明
7. 附录F说明
   7.0 附录F简介
   7.1 表F1说明
   7.2 表F2说明
   7.3 表F3说明
   7.4 表F4说明
8. 附录G说明
   8.0 附录G简介
   8.1 表G1说明
   8.2 表G2说明

8.3 表 G3 说明

9. 附录 H 说明

 9.0 附录 H 简介

 9.1 表 H1 说明

 9.2 表 H2 说明

 9.3 表 H3 说明

 9.4 表 H4 说明

10. 附录 I 说明

 10.0 附录 I 简介

11. 结构与数据报送

 11.0 电子数据文件行政管理信息系统（eDAMIS）简介

 11.1 eDAMIS 帮助中心

 11.2 字段分隔

 11.3 数据文件命名

 11.4 数据集准备与数据报送

 11.5 数据报送期限

12. 数据校验

 12.0 PERAIL 生产流程

 12.1 数据校验

 12.2 数据发布处理

13. 对外发布过程中保密数据的处理

14. 数据发布表格

15. 欧盟统计局数据集发布分类计划变量列表

附录

128

电信/ICT 行政管理数据收集手册

英文标题	Handbook for the Collection of Administrative Data on Telecommunication/ICT
牵头组织	国际电信联盟
版本信息	2011 年第 2 版，1994 年第 1 版
文件链接	http://www.itu.int/en/ITU-D/Statistics/Pages/publications/handbook.aspx
中文版	http://www.itu.int/en/ITU-D/Statistics/Pages/publications/handbook.aspx

在信息技术高度发展的今天，可以说每个人都被通信技术提供的信息所覆盖。为人们所熟知的广播、电视、固定电话、移动电话、网络，这些都是电信的组成部分。如何通过统计数据对电子信息通信市场的发展情况进行有效的量化测度，以满足供求双方的信息需求，是当今信息社会所必须面对的重要问题。国际电信联盟《电信/ICT 行政管理数据收集手册》（以下简称《手册》）是在此领域提供数据采集加工模板的一部重要国际规范。

国际电信联盟（ITU）是联合国主管信息通信技术（ICT）事务的机构，拥有长期收集、协调、发布有关电信和 ICT 统计数据的传统，是该领域公认的国际可比数据的主要来源。《手册》的第 1 版形成于 1994 年，此后伴随技术、市场趋势以及监管方面的迅速变化，信息通信技术指标和定义经历了若干次重要修正，2011 年版是到目前为止最新、最全面的版本。

1. 电信的定义

什么是"电信"？根据 1992 年国际电信联盟在日内瓦通过的《国际电信联盟组织法、公法和行政规则》，电信（telecommunication，CT）的定义是：利用有线、无线、光或者其他电磁系统传输、发射或接受符号、信号、文字、图像、声音或其他任何性质的信息。从提供电信服务的载体来看，电信可以大体分为以下四类。

（1）固定电话，是传统的电信网络，用于提供有线语音通信业务。客户可通过固定电话进行本地和长途通话。

（2）蜂窝移动网，是采用蜂窝无线组网方式，在终端和网络设备之间通过无线通道连接起来，进而实现用户在活动中相互通信。经过由基站子系统和移动交换子系统等设备组成的蜂窝移动通信网，可为用户提供语音通信、收发短信、MMS、无线应用协议等服务。

（3）互联网，是由一些使用公用语言互相通信的计算机连接而成的网络，即广域网、局域网及单机按照一定的通讯协议组成的国际计算机网络。用户可以在互联网上聊天、玩游戏、查阅资料等。更为重要的是，在互联网上还可以进行广告宣传和购物。

（4）广播、电视等，是指通过第三方发行完整的电视节目，期间未对其内容进行过任何修改，可通过广播、卫星或有线系统发行。

2. 有关电信的指标体系

把握电信技术和市场发展的进程和状态，对电信行业进行有效的监管和指导，离不开统计数据。如何通过设定指标体系指导统计数据的收集？ITU 在这方面给出了参考，目的就是各国能在统一的指标体系下衡量自己国家电信业的发展水平，进行国际比较，为各国更好地进行电信市场的监管和指导提出一个基本的指标框架。

《手册》介绍了在国际上商定的 81 项指标和子指标，按以下 11 个大类组织编写：固定电话网、蜂窝移动网、互联网、通信量、资费、服务质量、聘用人员、收入、投资、公共接入、广播及其他指标。这 11 个大类涉及固定电话（固定电话网）、移动电话（蜂窝数据网）、互联网三个人们生活中最常接触的通信载体，包含用户数量、通话量（业务量）、资本拥有量、电信能力、资费状况、收入状况六个模块的指标，同时还包括了与广播及其他通信方式有关的指标。在每个模块之下，都包含以下内容：指标定义、范围、与其他指标的关系、各国应用过程中的其他方法问题、相关示例。以下仅就指标定义和具体指标构成对这六个模块予以介绍。

（1）用户数量，是反映电信业务规模的最基本指标。通过这组指标，可以用来计算每 100 人所拥有的固定电话数、移动电话数或上网数，从而反映出各种网络拥有的客户规模和普及率。具体指标主要包括各类固定电话、蜂窝移动电话、互联网宽带、电视的签约用户数以及安装有线电视的家庭数。指标数据大多从由国家电信监管机构核发执照的运营商处收集。ITU 预计多数国家监管机构都可以掌握提供电话线路及网络线路业务的持照实体的信息。

（2）通话量，是反映电信网络使用情况的基本指标。随着网络尤其是移动网络达到饱和，该指标变得日益重要，也就是说，使用情况变得比普及率数据更具有分析价值。通过这组指标，可用于推导每次签约用户的使用分钟数、平均每次签约用户发送的短信数等信息。具体指标主要包括国内各类电话的去话通话分钟数、移动电话发送的短信及彩信数、互联网业务量；国际各类电话的来话和去话通话分钟数、短信数量、出局和入局的漫游分钟数。由于数据通信各国在报告方式上缺少协调，这部分衡量指标在数据来源和数据质量方面仍然不是很可靠。

（3）资本拥有量，包括物质资本拥有量和人力资本拥有量两类指标。物质资本指标可用于推算各种比率，如电信投资在固定资本形成总额中所占的百分比，衡量电信投资在总经济投资中的份额。人力资本拥有量可间接反映电信业内的就业水平和结构，并用于进行各种分析。这些指标也可以用于推算生产力比率，如每名员工的固定电话线路数以及每名员工的收入。物质资本拥有量指标主要包括已有电话线和信道数、本年度新投入的资产量（特别对无形资产投入和外商投资予以关注）。人力资本拥有量指标主要包括按运营商和性别分类的全时电信工作人员数。这些指标一般可以从电信运营商和互联网服务提供商获取数据。

（4）电信能力，是衡量电信通信业为人们提供各种服务的能力的指标。《手册》中提及的能力包括基本能力和后期维修能力两类。基本能力指标可用于测量各种电信网的容量及覆盖率。后期维修能力用于衡量电信网的服务质量，监测电信网络的可靠性，并就其性能和牌照条款中所列的技术指南进行对比，消费者从中也可以了解到不同运营商的可靠性。电信基本能力指标主要包括交换机总容量、各类网络的多种覆盖率、互联网带宽，后期维修能力指标主要包括每年固定线故障数以及不迟于下个工作日固定电话修复的百分比。

（5）资费状况，是显示信息通信服务价格的指标，可用于反映有关资费层次和结构（信息通信技术服务的价格）情况，具有各种分析用途。首先，价格指标可以提供有关信息通信技术服务负担能力的信息；其次，价格结构能反映出固定费用和使用费的侧重点。鉴于各国有许多资费方案和套餐，这些资费综合指标可以降低数据编撰人员的负担，并提高各国之间数据的可比性。具体指标包括固定电话和有线宽带的初装费、蜂窝移动连接费、固定电话和互联网的月租费、蜂窝移动的最低充值卡卡值、各类通话价格、短信价格、流量使用价格。每项业务的资费都包括多个指标，最好是将各种费用组合打包以便于比较。

（6）收入状况，是体现电信业经济效益的基本指标。这组指标可以直接反映电信运营商从电信业务销售所获得的收入，通过不同企业的收入状况指标，可以计算企业在电信市场的占有率。具体指标主要包括与资费设定对应的主要业务收入、增值业务收入、租用线路收入以及其他方面的收入。应使用本国货币和当前价格提供收入数据，而且应尽可能以统一的财务数据为基础。

3. 电信数据的收集、编纂和传播

在大多数国家，电信数据主要由电信运营商、互联网服务提供商和广播公司提供，同时，国家监管机构对各种牌照进行备案登记，以便鉴别电信/ICT指标的数据源。之后由监管机构负责对数据进行收集；有的国家则是行业主管部门或国家统计局负责按行政管理数据来源收集电信/ICT指标。不同的机构部门在数据收集的难易程度及分析应用方面有不同的优劣势。收集方式多为问卷调查。

基于问卷调查从运营商收集到的电信/ICT行政管理统计数据，国家相关部门将对这些数据进行汇总以生成国家级数据。国家级数据可以按运营商分类也可以按行政单位分类进行编纂。前者便于进行市场份额分析，而后者则便于分析一个国家不同地区的网络与服务分布情况。

最后便是数据这个"产品"发挥作用的环节——数据的发布和传播。数据发布和传播有多种渠道和模式，可以是电子形式，也可以是出版物形式，但归根到底最重要的是要善于根据不同的数据形式、用户获取信息渠道的实际情况来选择最合适的传播方式。国际电联通过世界电信/ICT指标数据库和公共网站"ICT慧眼"等多种方式发布ICT统计资料。有的国家通过国家监管或行业网站发布报告，有的国家只向国际组织发送数据供传播。在发布的时间选择方面，国家会在周期性和详细度之间寻求平衡，频繁在线更新网站上的一些关键指标，然后以较长的时间间隔发布更加详细的分析报告。

（以上内容曾以"描述信息通信技术发展状况的统计规范"为题，刊于《中国统计》2014年第4期，作者：李璐）

附：文件目录

序
致谢
专栏、示例、图、表清单
1. 引言
2. 数据收集、编纂和传播
   2.1 数据收集
   2.2 编纂
   2.3 传播
   2.4 国际电联在收集和发布电信/ICT指标方面所起的作用
3. 指标
   3.1 固定电话网
   3.2 蜂窝移动网
   3.3 互联网
   3.4 通信量
   3.5 资费
   3.6 服务质量
   3.7 聘用人员
   3.8 收入
   3.9 投资
   3.10 公共接入
   3.11 广播及其他指标
附录

信息和通信技术（ICT）核心指标

英文标题	Core ICT Indicators
牵头组织	国际电信联盟等
版本信息	2010年第2版，2005年第1版
文件链接	http：//www.cepal.org/cgi-bin/getProd.asp？xml＝/socinfo/noticias/documentosdetrabajo/6/23116/P23116.xml
中文版	无

信息通信技术已经对全球经济社会发展产生了巨大的影响，其发展水平已经成为衡量国家综合国力和国际竞争力的重要标志。为了评估国家或地区受益于信息化发展的程度，比较各国信息技术发展的水平高低，并依此来制定加快信息化发展乃至国民经济发展的国家政策，确立规范的统计框架和统计方法就变得尤为重要。《信息和通信技术（ICT）核心指标》正是在此大背景下产生的。2005年年末，该指标第1版在信息社会世界高峰会议突尼斯阶段会议期间问世，它是在"ICT促发展伙伴关系"成员推动下与相关国家统计机构和政策制定机构密切协商的成果。"伙伴关系"创立于2004年，其工作目标就是制定在各国之间具有可比性的可靠的ICT统计指标，以便搜集相关数据，其主要成员包括国际电信联盟、欧盟统计局、经济合作与发展组织（OECD）、联合国教科文组织等。

自2005年发布《ICT核心指标》以来，"伙伴关系"已在达成上述目标方面取得了长足进步。在此基础上，经过修订和扩充，"ICT促发展伙伴关系"于2010年发布了《ICT核心指标》的新版本。经过此番修订，《ICT核心指标》清单由原来的41项统计指标、1项参考指标扩展到46项统计指标和2项参考指标，内容覆盖了"ICT基础设施和接入"、"家庭及个人接入并使用ICT"、"企业使用ICT"、"ICT制造行业"、"ICT商品国际贸易"、"教育中的ICT"六大方面。同时，为了达到数据的高质量和国际可比性，在核心指标清单中，对每部分指标的概念、计算、可在国家调查中加以使用的问题范本、分类变量、收集范围和统计单位都做出了规定。以下对这一核心指标系统及其相关内容进行简要介绍。

1. 有关ICT基础设施和接入的核心指标

与ICT基础设施和接入有关的10个核心指标见表1。这些指标可分为两大类：一类属于正指标，指标数值越高，意味着ICT基础设施和接入发展状况越好；另一类主要为资费指标，通常数值越低表示发展状况越好。

表1　　　　　　　　　　　　ICT基础设施和接入核心指标

编号	指标
A1	每100居民的固定电话线数
A2	每100居民中的移动蜂窝电话用户数

续表

编号	指标
A3	每100居民中的固定互联网用户数
A4	每100居民中的固定宽带互联网用户数
A5	每100居民中的移动宽带用户数
A6	每居民的国际互联网带宽（比特/秒/居民）
A7	移动蜂窝电话网覆盖的人口百分比
A8	每月固定宽带互联网接入资费及占人均月收入百分比
A9	每月移动蜂窝预付资费及占人均月收入的百分比
A10	有公共互联网接入中心（PIAC）的居民点百分比

这些指标的数据有若干来源，其中的一个主要来源是对电信主管机构和一些私营公司进行的年度调查，其他来源包括电信监管机构、部委和运营商提供的报告。可以看到，这些数据是从服务提供商而非用户那里采集的。

2. 有关家庭及个人接入并使用 ICT 的核心指标

覆盖家庭和个人接入并使用 ICT 的核心指标包括12项指标（见表2），其中，前6项是有关家庭接入 ICT 的指标，后6项是有关个人（即家庭成员）使用 ICT 的指标。另外，还有1项有关家庭接通电力的参考指标。有必要了解家庭 ICT 接入和家庭成员 ICT 使用之间的差别：ICT 接入指的是住宅内 ICT 的可用性；ICT 使用则是指家庭的一个或更多成员使用 ICT 的情况，可能发生在住宅内也可能在其他地方。

表2　　　　　　　　　　　　家庭和个人接入并使用 ICT 的核心指标

编号	指标
HH1	拥有收音机的家庭比例
HH2	拥有电视机的家庭比例
HH3	拥有电话的家庭比例
HH4	拥有计算机的家庭比例
HH5	在过去12个月中使用过计算机的个人比例
HH6	拥有互联网接入的家庭比例
HH7	在过去12个月中使用过互联网的个人比例
HH8	在过去12个月中个人使用互联网的地点
HH9	在过去12个月中个人进行的互联网活动
HH10	在过去12个月中使用移动蜂窝电话的个人比例
HH11	拥有不同接入类型的互联网接入的家庭比例
HH12	过去12个月个人使用互联网的频率
HHR1	通电的家庭比例

数据收集方面，ICT 家庭统计数据一般由国家统计局通过家庭调查收集。多数发达经济体若干年来一直使用 OECD 和欧盟统计局推荐的调查问卷采集这些统计数据。

3. 有关企业使用 ICT 的核心指标

该板块包括12个有关企业使用 ICT 的核心指标（见表3）。有关企业使用 ICT 的统计数据通常由国家统计局收集，可以是针对企业使用 ICT 情况的独立调查，也可以通过企业调查中设置 ICT 使用情况问题模块来完成。大多数 OECD 和欧盟国家多年来一直坚持收集企业使用 ICT 情况的统计数据，其中多数国家每年都进行独立的调查。其他经济体也已开始使用"伙伴关系"推荐的核心指标和相关标准收集整理企业使用 ICT 的指标。到目前为止，除了 OECD 和欧盟国家外，有关企业使用 ICT 的数据并不多。

表 3　　　　　　　　　　　　　　企业使用 ICT 的核心指标

编号	指标
B1	使用计算机的企业比例
B2	经常使用计算机工作的雇员比例
B3	使用互联网的企业比例
B4	经常使用互联网的雇员比例
B5	利用网络进行宣传推广的企业比例
B6	拥有内联网的企业比例
B7	通过互联网接收订单的企业比例
B8	通过互联网发出订单的企业比例
B9	通过不同接入类型使用互联网的企业比例
B10	拥有局域网（LAN）的企业比例
B11	拥有外联网的企业比例
B12	使用互联网开展不同类型活动的企业比例

4. 有关 ICT（制造）行业的核心指标

该板块涉及 ICT 行业的两个指标，分别是"整个业务部门中 ICT 行业劳动力的比例"和"ICT 行业占增加值的比例"。所谓 ICT 行业，是指主要生产 ICT 商品或服务的企业所组成的行业。

ICT 行业的统计数据通常利用为国民核算和其他目的收集就业、收入和支出数据的部门调查结果来编制。虽然一些国家进行专门的 ICT 部门调查，但大多数还是利用现有的行业统计数据。OECD 和欧盟统计局根据成员国收集的数据编制 ICT 部门数据。联合国工业发展组织为一些国家编制制造业统计数据（包括与 ICT 制造业相关的统计数据）。UNCTAD 每年收集 ICT 行业核心指标数据。由于 ICT 行业指标的收集通常不是通过专用于该目的的行业调查进行的，因此，所有数据基本都是 ICT 行业的近似值，在许多情况下并不确切。

5. 有关 ICT 商品国际贸易的核心指标

该板块用两个核心指标来展示 ICT 商品的国际贸易情况，分别是"ICT 商品进口在总进口量中的百分比"和"ICT 商品出口在总出口量中的百分比"。两者都以各国通过海关收集的贸易数据作为基础。

6. 有关教育中的 ICT 核心指标

该板块以联合国教科文组织统计研究所开发的一组指标为基础，选取其中的八个核心指标纳入 ICT 核心指标清单（见表 4）。有证据表明，ICT 对增加学习机会有积极的影响，还通过改革传统的教学体制、改善教学/学习过程，由此可以提高学习成果的质量，促进先进技能的形成，实现终身学习。

表 4　　　　　　　　　　　　　　教育中的 ICT 核心指标

编号	指标
ED1	拥有教育用收音机的学校比例
ED2	拥有用于教育用电视机的学校比例

续表

编号	指标
ED3	拥有电话通信设备的学校比例
ED4	提供计算机辅助教学的学校中学生数与计算机数之比
ED5	拥有不同类别互联网接入的学校比例
ED6	学校中享有互联网接入的学生比例
ED7	ICT 相关领域高等教育机构中录取的学生比例
ED8	学校中具有 ICT 资格的教师比例
EDR1	享有供电的学校比例

这些指标大多是通过国家层面开展的年度学校普查等行政数据来搜集。普查工作可由教育部门的统计单位或国家统计局进行，其中有一项指标（ED6）也可通过学校或家庭抽样调查进行收集。

（以上内容曾以"信息技术统计的奠基石"为题，刊于《中国统计》2013 年第 11 期，作者：王子琛）

附：文件目录

前言
ICT 核心指标索引
1. 引言
 1.1 本出版物的内容和结构
 1.2 ICT 核心指标清单
2. 有关 ICT 基础设施和接入的核心指标
 2.1 核心指标
 2.2 统计标准和方法
3. 有关家庭及个人接入并使用 ICT 的核心指标
 3.1 核心指标
 3.2 统计标准和方法
4. 有关企业使用 ICT 的核心指标
 4.1 核心指标
 4.2 统计标准和方法
5. ICT（制造）行业核心指标
 5.1 核心指标
 5.2 统计标准和方法
6. ICT 商品国际贸易的核心指标
 6.1 核心指标
 6.2 统计标准和方法
7. 教育中的 ICT 核心指标
 7.1 核心指标
 7.2 统计标准和方法
8. 结论和建议
参考文献

130

信息经济产品统计手册

英文标题	Manual for the Production of Statistics on the Information Economy
牵头组织	联合国贸易发展会议
版本信息	2009年第2版，2007年第1版
文件链接	http://unctad.org/en/pages/PublicationWebflyer.aspx?publicationid=1079
中文版	无

在信息化社会高速发展的背景下，一方面，各国政府对反映信息通信技术（ICT）发展情况的统计数据需求与日俱增；另一方面，企业需要了解不同用户类型对ICT服务的需求情况，以及ICT对客户的影响效应方面的信息。在两方面共同促进下，信息经济产品成为政府统计工作的重要对象。

联合国贸易发展会议（UNCTAD）希望通过制定一部国际性规范，对测量信息社会发展情况给予规范指导，尤其是对发展中国家的统计工作者，向其明确ICT统计数据从收集到传播各个环节使用的具体方法。《信息经济产品统计手册》（以下简称《手册》）就是这样一部规范，它以国际电信联盟制定的《ICT核心指标》为基础，重点关注其中与企业用ICT及ICT部门有关的内容。2007年《手册》发布第1版，随着2008年联合国统计司对《ICT核心指标》的调整和第1版《手册》的使用反馈，UNCTAD完成对《手册》的修改完善，于2009年发布了第2版。

1. 统计对象

信息经济的一大特征就是企业大量使用ICT技术进行信息的收集、管理、加工及发布，因此，对信息经济产品进行统计的核心仍是信息通信技术（ICT）统计，但关注重点是企业用ICT以及ICT部门的统计，不包括住户及个人使用ICT情况——此部分包括在《衡量住户及个人ICT使用情况》中。

各国ICT统计体制所处阶段参差不齐。在发达国家，企业用ICT及ICT部门统计体系已比较成熟稳定，但在许多发展中国家，ICT指标的可用性则很有限，多数ICT政策的制定并未以ICT统计结果为依据。因此，UNCTAD制定《手册》的最终目标是，通过产出高质量、具有国际可比性的ICT数据，监测一国信息经济的发展和贸易情况，为政策制定提供数据依据。为此，UNCTAD构建了一套ICT监测的工作框架，包括四个部分：ICT测量、ICT研究及分析、ICT政策研究、影响机制。自2004年起，通过基于《ICT核心指标》进行的年度问卷调查，UNCTAD对ICT接入、使用、对发展中经济体的影响等内容进行了持续分析，并通过年度《信息经济报告》发布相关研究结果。在这些工作基础上形成的《手册》，不仅涵盖了企业用ICT及ICT部门统计的相关概念、分类、方法、使用的问卷模板，还重点强调了ICT统计制度建设方面的内容。

2. 理论基础与指标体系

构建 ICT 测量统计指标的理论基础，也即《手册》所述"ICT 测量的概念框架"，包含两个部分：信息经济测量的概念框架；电子商务（e-business）测量的概念界定。

（1）关于信息经济测量的概念框架。对信息经济进行定义和测量，可以从供给和需求两个方面进行，这两大模块所包含的内容及其相互关系如图 1 所示。信息经济的统计调查可以从 ICT 供求双方以及 ICT 基础设施、ICT 商品交易几个角度展开。统计调查中所使用的指标，依政策制定者或其他数据使用者所处信息社会阶段的不同而各异，大致可将 ICT 指标划分为三类：一是 ICT 准备指标，适用于 ICT 发展处于初级阶段的国家；二是 ICT 强度指标，适用于 ICT 迅速发展的国家；三是 ICT 对商业活动及经济增长影响类指标，适用于 ICT 发展程度较高的国家。

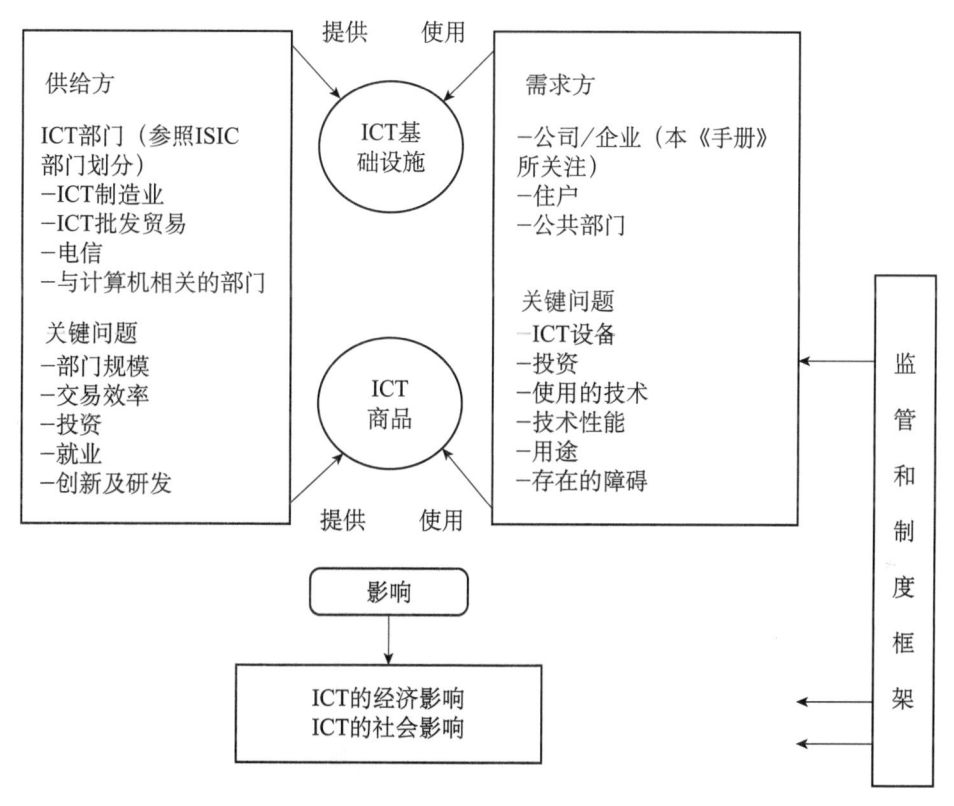

图 1　信息经济的构成模块

资料来源：Manual for the Production of Statistics on the Information Economy，2009 年第 2 版。

（2）关于电子商务测量的概念界定。电子商务是信息经济中占比很大的一个组成部分，因此，准确测度电子商务发展情况对衡量 ICT 对经济社会的影响起着至关重要的作用。《手册》将"电子商务"定义为"利用 ICT 技术实现整个商务（买卖）过程中的电子化、数字化和网络化"。完整的电子商务过程包括：产品设计及开发；电子交易（E-commerce）；订单完成及跟踪；物流及存货控制；财务、预算及账户管理；人力资源管理；产品服务及支持；研发；知识管理。其中，与 ICT 技术相关性最强的是"电子交易"环节，UNCTAD 将其定义为"通过网络形成订单及接收的过程，而不是支付或递送渠道"。对电子商务进行的问卷调查可按照所关注的阶段而有所选择。通过问卷调查，一方面可以研究商业过程的多样化及电子商务使用过程中存在的障碍；另一方面将 ICT 指标与经济变量相关联，可以反映电子商务对商业经济的影响。

以上述理论为基本框架，《手册》提出一套由"企业用 ICT 情况核心指标"、"ICT 部门核心指标"、"ICT 商品交易核心指标"构成的信息经济产品统计指标体系，并根据 ICT 发展所处阶段辅之以部分拓展指标。

3. 数据的收集及传播

信息经济中 ICT 数据的来源包括三个渠道：一是行政记录数据及商业登记，如电信法规及客户数据；二是经济社会调查及人口普查，可覆盖部分 ICT 部门及 ICT 使用数据；三是独立的 ICT 调查及其他调查中包含的 ICT 模块。实践中，需要结合国际经验及标准、一国的特定国情、政策制定者的需求、技术的可获得性以及资金情况对数据的来源进行选择。《手册》给出了针对各个统计指标进行调查时可以使用的问题和问卷模板，数据搜集的调查方法，数据的编译和处理等详细的操作方法。

数据传播包括两方面内容：ICT 数据传播；有关元数据的准备及发布。对于 ICT 数据，国家统计局通常会以一套预先制定的表格模式呈现调查结果，以纸质版形式或电子出版物形式发布。最基本内容是 ICT 核心指标及其分解项，相关基础表至少包括 24 张（12 张涉及核心指标，每个指标按企业规模及所属行业两种方式进行分类），进一步可制作交叉表，以更丰富地体现数据需求者所需内容。与此对应，指标层面的元数据包括精度、抽样误差、偏差、参考数据及参考期、指标范围；调查层面的元数据包括基本原理、数据来源描述、时效性、数据可得性、统计单位及涵盖范围、回答率、统计标准（概念、分类、定义）、数据收集方法及所用问卷。

4. ICT 统计的制度基础

ICT 统计的主体是政府统计机构及其他利益相关者——数据提供者、其他数据生产者、数据使用者。各主体包含的机构及其相关关系如图 2 所示。

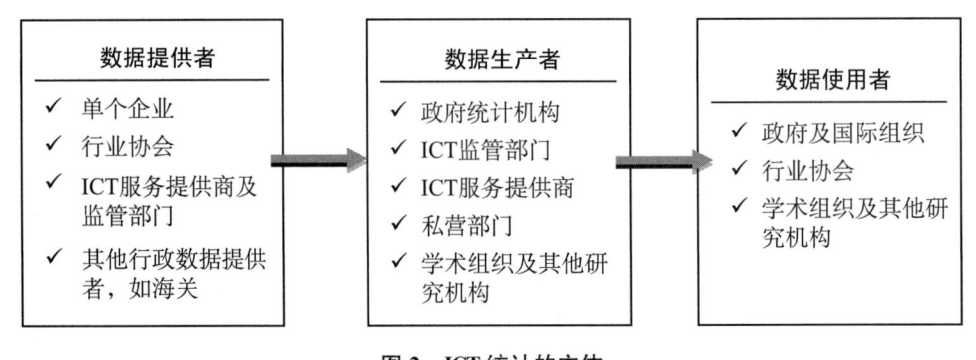

图 2 ICT 统计的主体

资料来源：Manual for the Production of Statistics on the Information Economy，2009 年第 2 版。

鉴于 ICT 指标可通过多种数据源获得，为使已有资源得到最大化的利用，必须加强数据提供者、生产者、使用者之间的合作协调。在各主体中起到关键性纽带作用的是政府统计机构，《手册》建议各国应设立独立的政府统计部门落实 ICT 统计工作，以便加强各利益主体的协调。一是加强与数据提供者之间的协调，考虑各企业及其他提供者的填报负担，从而最大程度减少拒答率以及其他可能导致统计推断出现偏差的因素，也可通过相关立法保障数据搜集的权利。二是加强数据生产者之间的信息共享，包括技术协调（统一相关概念及分类方法，建立统一总体名录框，统一发布元数据等）、法律协调、资源分配协调等，以降低数据收集成本，获得高质量的统计数据。三是加强与数据使用者之间的协调，ICT 数据的发布应以用户需求及最先进的国际经验为导向，确保发布数据的及时性和可获得性，数据发布的格式及工具应力求表现出所使用方法的透明度。

（执笔人：李璐）

附：文件目录

说明

前言

致谢

缩略语

第1部分　简介

1. 手册的目标及概览
2. 背景
   - 2.1　政策制定使用的ICT指标
   - 2.2　联合国贸易发展会议在ICT测量方面所做的工作
   - 2.3　测量ICT发展同盟

第2部分　方法

3. ICT测度的概念框架
   - 3.1　信息经济测度使用的概念框架
   - 3.2　电子商务的概念
4. 企业ICT使用、ICT部门以及ICT产品交易中使用的ICT指标的标准
   - 4.1　衡量ICT需求（使用）
   - 4.2　衡量ICT部门（ICT产品及服务供给）
   - 4.3　衡量ICT产品交易
5. 数据来源及数据收集方法
   - 5.1　商业用ICT所需数据的来源
   - 5.2　关于企业使用ICT的模块及独立调查
   - 5.3　数据收集方法及质量控制
6. 测量企业用ICT的问题及问卷模板
   - 6.1　模块中的问题模板
   - 6.2　独立调查中的问卷模板
7. ICT企业调查设计及数据处理
   - 7.1　ICT使用情况的企业调查
   - 7.2　ICT部门调查
   - 7.3　数据处理
8. 数据传播
   - 8.1　指标水平元数据的传播
   - 8.2　调查元数据的传播
   - 8.3　元数据的报告
9. 合作与协调
   - 9.1　国家统计体系中利益相关方之间的合作
   - 9.2　统计工作规划
   - 9.3　国际数据收集及方法研究工作
   - 9.4　能力建设

附录

家庭和个人 ICT 接入和使用测度手册

> **英文标题** Manual for Measuring ICT Access and Use by Households and Individuals
> **牵头组织** 国际电信联盟
> **版本信息** 2014 年第 2 版，2009 年第 1 版
> **文件链接** http：//www.itu.int/pub/D-IND-ITCMEAS-2014
> **中文版** http：//www.itu.int/pub/D-IND-ITCMEAS-2014

随着信息和通信技术（ICT）在全世界以及越来越多地在发展中国家的日益普及，对准确和具可比性的 ICT 接入及使用数据和统计数字的需求也在增长。为了满足世界各国对 ICT 数据日益增长的需要，帮助各国制定和修订国家 ICT 政策和战略，国际电信联盟（ITU）、联合国统计司及经济合作与发展组织（OECD）、欧盟统计局等 10 个参与 ICT 衡量工作的国际和区域机构共同建立了"ICT 促发展伙伴关系"。

"ICT 促发展伙伴关系"在 2003 年信息社会世界高峰会议日内瓦阶段会议之后建立，后于 2004 年正式启动。在此之后，伙伴关系为促进和提高 ICT 统计数据全球可用性展开了一系列工作，其最为重要的成果就是《ICT 核心指标》，该清单重点涉及 ICT 基础设施和接入以及个人和家庭的 ICT 接入和使用指标。在这份指标清单的基础上，为了更好地帮助世界各国开展 ICT 统计，指导各国制定各自的 ICT 数据，"ICT 促发展伙伴关系"又于 2009 年编撰了《衡量家庭和个人 ICT 接入和使用手册》（以下简称《手册》）。

《手册》的主要目的在于帮助各国衡量家庭和个人的 ICT 接入和使用情况，以生成高质量和具有国际可比性的数据。《ICT 核心指标》的侧重点是提出一套国际通用的指标系统，用于指导各国应搜集哪些有关 ICT 的统计数据；而《手册》的目标则是针对家庭 ICT 这个主题，帮助各国制定调查方案、完成数据收集处理及最终的数据发布，它涵盖了 ICT 采集和汇编 ICT 统计数据的整个流程，对 ICT 调查和数据收集提供了方法、技术层面的指导，可谓是全球 ICT 数据制定机构的实用参考指南。《手册》的行文顺序也体现了"实用参考指南"的特点：与实际操作的流程顺序一一对应，逻辑思路清晰，便于理解。

1. 统计内容

ICT 家庭统计数据的统计内容直接来自于《ICT 核心指标》中的"家庭和个人接入并使用 ICT"板块，指标清单涵盖了 46 项统计指标和 2 项参考指标，其中"家庭和个人接入并使用 ICT"板块的统计指标共计 12 项，如表 1 所示。

表 1　　　　　　　　　　家庭和个人接入并使用 ICT 的核心指标

编号	指标
HH1	拥有收音机的家庭比例
HH2	拥有电视机的家庭比例

续表

编号	指标
HH3	拥有电话的家庭比例
HH4	拥有计算机的家庭比例
HH5	在过去 12 个月中使用过计算机的个人比例
HH6	拥有互联网接入的家庭比例
HH7	在过去 12 个月中使用过互联网的个人比例
HH8	在过去 12 个月中个人使用互联网的地点
HH9	在过去 12 个月中个人进行的互联网活动
HH10	在过去 12 个月中使用移动蜂窝电话的个人比例
HH11	拥有不同接入类型的互联网接入的家庭比例
HH12	过去 12 个月个人使用互联网的频率
HHR1	通电的家庭比例

应注意"ICT 接入"和"ICT 使用"两个概念的差别。ICT 接入指的是 ICT 在家庭内部的可用性；ICT 使用则是指家庭的一个或多个成员在家中或其他地方使用 ICT 的情况。因此，前者对应的是 ICT 设施对居民的覆盖程度和便利程度（即客观条件），而后者对应的是居民自主使用 ICT 的意识高低程度（即主观意愿）。结合指标清单来说，指标 HH1 至 HH4、HH6 和 HH11 指家庭对 ICT 设备和服务的接入，其他指标则表示家庭和个人对 ICT 的使用情况。实际调查时，ICT 接入指标涉及的各项设备（电话、互联网等）须处于工作或可工作状态。

家庭核心指标清单是收集有关 ICT 数据的基础，但许多国家在制定政策时需要更多的信息，这是核心指标清单无法满足的，因此，《手册》还介绍了一些可参考的其他衡量内容，包括家庭使用电子商务、家庭和个人的电子安全环境、家庭和个人接入并使用 ICT 产生的社会和经济影响、影响 ICT 接入和使用的障碍等。

2. 数据来源和收集技术

考虑到 ICT 家庭统计指标和调查对象的特性，其数据多来源于各类调查而非行政数据。收集有关家庭和家庭成员的信息调查有多种形式，一般包括以下四种。

（1）多用途家庭调查。多用途家庭调查的特点是通过一次家庭调查收集多项数据，调查内容可涵盖多项议题（经常互不相关）。此类调查具有经济高效性，数据经过收集和计算机处理后，不同主题团队可对调查结果做进一步编辑并制成表格。

（2）独立的家庭调查。独立的家庭调查只涉及一个主题（如 ICT 接入和使用）。与其他调查手段相比，这种调查可以收集更详尽的数据。

（3）家庭预算支出调查。家庭预算支出调查的主要目的是衡量家庭支出，同时很多国家将此用来确定家庭对 ICT 设备和服务的接入状况。

（4）人口普查。人口普查可用来收集 ICT 接入和/或使用数据。这种做法通常代价高昂，所产生的 ICT 指标数量有限（尽管非常翔实）。

在数据收集方面，一般采用的方法有个人面对面访问、个人电话访问、受访者自填问卷调查以及基于互联网的调查这四大类，各种方法都有其利弊。个人面对面访问是家庭调查中普遍采用的方法，其回答率高，同时还可以了解受访者的技术状况，但其时间和费用成本均较高；个人电话访问的优势在于更加经济，在分配最合适的访问员上也有较大的灵活性（如挑选具有某种语言技能的员工应对只讲该语言的受访者），但其拒绝率高，而且在发展中国家中由于电话覆盖率不高，实际调查时就无法覆盖到没有电话的家庭，造成调查误差大；受访者自填问卷调查的最大优势在于其成本，但其劣势也非常明显——回答率偏低、误答率高；基于互联网的调查是一门新兴产物，它同样存在成本优势，其新鲜感和便利性有利于提高受访者的回答率，但由于种种原因，该方法只能作为收集数据的辅助手段。

3. 问卷设计和调查范围

多数家庭调查通过个人访问完成，因此，问卷的设计就显得尤为重要。《手册》给出了收集 ICT 家庭数据的样本问卷结构和逻辑：问卷可分为两大板块，分别调查针对家庭的 ICT 数据和针对个人的 ICT 数据。在每个板块下又分成了两个部分：第一部分调查受访者/家庭的特点信息，如受访者年龄、性别、教育水平或家庭成员数量等情况；第二部分则根据 ICT 核心指标清单中给出的涉及家庭个人 ICT 接入使用情况的 12 个指标分别提问。

在实际进行问卷调查前要先确定调查范围和覆盖面。关于调查范围，《手册》给出的建议是涵盖所有家庭、按家庭类型或所在地域划分的部分家庭，或家庭内部的某一部分成员。一般而言，适合受访的个人年龄不小于 15 岁。覆盖范围的最理想结果是覆盖到所有家庭和居民，但考虑到一些发展中经济体特有的语言局限和地域问题，调查往往存在空白区域。

4. 数据处理及发布

《手册》还对数据处理和发布给出了一些参考建议。数据处理方面，《手册》针对每一项指标给出"小规模编辑和调查"及"大规模编辑"时可能存在的问题及解决对策。数据发布方面，《手册》分别给出了适合传播家庭 ICT 数据和个人 ICT 数据的表格范本，以便不同国家按标准填写数据，进行国家层面的对比。最后，《手册》强调了元数据的重要性，推荐各国将相关调查和数据项的元数据纳入公布的数据结果，同时须公布的还有数据的误差情况，便于用户估计数据的可靠性。

（以上内容曾以"ICT 家庭数据统计的国际规则"为题，刊于《中国统计》2013 年第 3 期，作者：王子琛）

附：文件目录

前言
鸣谢
1. 引言
　1.1　信息社会的概念框架
　1.2　国际范围内围绕衡量 ICT 开展的工作
　1.3　国际组织在标准制定方面的工作
　1.4　《手册》的范围和结构
2. 利益相关方就 ICT 测量开展的协调
　2.1　国家统计系统利益相关方和统计数据生成工作的协调
　2.2　数据制定方的协调问题
　2.3　协调模式与机制
　2.4　作为协调机制的长期规划
　2.5　用户的咨询机制
　2.6　与数据供应商的关系
3. ICT 家庭调查的规划与编制
　3.1　ICT 家庭调查规划
　3.2　预算和管理问题
　3.3　其他总体筹备工作
4. ICT 家庭统计数据的统计标准和衡量内容
　4.1　核心 ICT 家庭指标
　4.2　ICT 家庭统计数据的分类
5. 家庭 ICT 统计数据的来源和收集技术
　5.1　数据来源
　5.2　数据收集技术
6. ICT 家庭调查问题和问卷调查表设计
　6.1　家庭调查问卷调查设计的一般性原则
　6.2　ICT 示范问题

    6.3　问卷调查表的逻辑
7. ICT 家庭调查的抽样设计
    7.1　家庭和个人调查的范围与覆盖面
    7.2　目标人口和样本框架
    7.3　统计单位
    7.4　样本的设计与选择
8. ICT 家庭统计数据的处理
    8.1　数据录入
    8.2　缺失数据（无回复）的插补
9. ICT 家庭统计数据的质量与评估
    9.1　抽样误差
    9.2　非抽样误差
    9.3　数据质量评估
    9.4　评估
10. ICT 家庭数据和元数据的传播
    10.1　数据传播
    10.2　ICT 指标的制表计划
    10.3　元数据的报告与传播
    10.4　国际电联 ICT 统计数据的收集与传播
附录
参考文献

132 教育的信息和通信技术（ICT）测度指南

英文标题	Guide to Measuring Information and Communication Technologies（ICT）in Education
牵头组织	联合国教科文组织
版本信息	2009年第1版
文件链接	http：//www.uis.unesco.org/Communication/Pages/ict-education.aspx
中文版	无

附：文件目录

前言
致谢
缩略语
摘要
1. 导言
2. ICT教育政策框架
3. ICT教育文献综述
4. ICT教育指标开发的概念性框架
5. 国际间可比较指标的扩展列表及方法建议
　5.1 指标范围及基本原理
　5.2 所提议的教育ICT新指标
　5.3 教育ICT的补充指标
　5.4 优先级指标原则
6. 结论
参考文献
附录1 教育ICT统计的原始问卷
附录2 定义
附录3 教育与培训领域ICT的相关分类
附录4 ISCED中关于教育水平的分类

133

OECD 信息社会测度指南

> **英文标题** OECD Guide to Measuring the Information Society
> **牵头组织** 经济合作与发展组织
> **版本信息** 2011年版，2009年版，2005年版
> **文件链接** http://www.oecd.org/sti/ieconomy/oecdguidetomeasuringtheinformationsociety2011.htm
> **中文版** 无

ICT 技术迅速发展与经济社会环境之间相互影响，由此形成了以 ICT 为核心的信息社会领域。要保证信息社会健康发展，需要加强对该领域的信息搜集、监测和政策评估，其中一项基础工作就是信息社会统计。1999 年经济合作与发展组织（OECD）组建"信息社会指标工作组（WPIIS）"，提出了对 ICT 部门、产品、电子商务、基础设施等内容的定义，同时建立了基于住户及个人、企业用 ICT 接入情况的统计调查体系。此后，OECD 总结 WPIIS 的主要工作成果，在此基础上形成了《信息社会测度指南》（以下简称《指南》），其目的是为统计工作者、分析人员、政策制定者提供和使用相关数据提供参考。需要强调的是，《指南》没有对信息社会统计中的各项指标作具体展开，只是从宏观上对信息社会有关方面、信息社会统计指标的形成过程作概括说明，换言之，《指南》只涉及信息社会统计应该"有什么"，不涉及这些指标具体"是什么"。

1. 信息社会统计的构成要素

信息社会统计大体从两个方面展开：一是 ICT 产业的投入及产出，其中投入重点关注 ICT 基础设施；二是 ICT 市场，包括供给和需求。《指南》第一部分对这两方面统计所涉及的内容及两者关系进行了论述，如图 1 所示。

只有通过有效测量才能反映信息社会的真实情况，而测量就需要统计标准及对标准的准确理解；同时，对概念进行统一定义，可有助于各国进行标准化测量，保证其国际可比性。因此，对图 1 中包含的内容进行统一定义成为 ICT 统计的重要前提。进一步看，随着信息技术迅速发展，电话、计算机、互联网得到了广泛使用，ICT 对经济、社会都产生了显著影响，企业、政府、个人等各个主体都受到影响，基于此，ICT 统计除对上述两个基本方面进行数据收集外，还要对其产生的影响进行测量。

2. ICT 产业的投入与产出

（1）ICT 基础设施。对 ICT 基础设施的统计调查涵盖五个方面，目的是反映提供 ICT 产品及服务的基本情况。一是公共交换网络（PSTN），通过收集 PSTN 的基础统计数据，对市场发展进行监

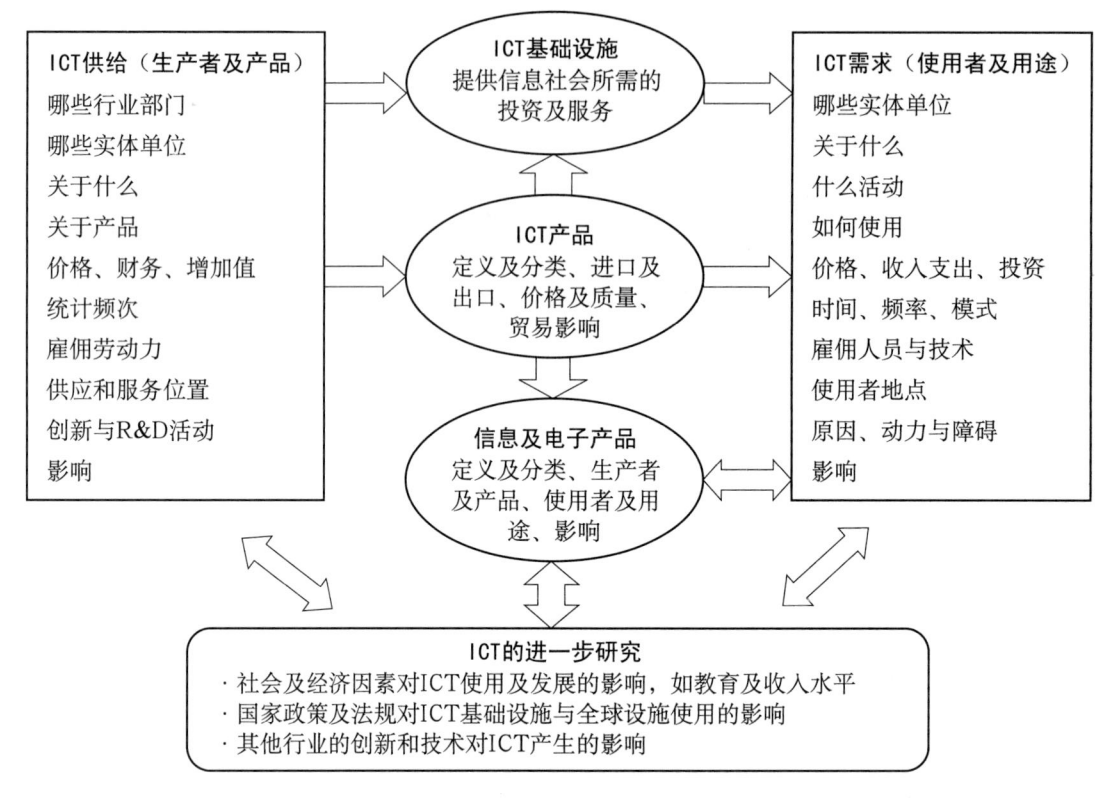

```
┌─────────────────────────┐      ╭─────────────────╮      ┌─────────────────────────┐
│ ICT供给（生产者及产品）  │      │   ICT基础设施    │      │ ICT需求（使用者及用途） │
│ 哪些行业部门             │─────▶│  提供信息社会所需 │─────▶│ 哪些实体单位             │
│ 哪些实体单位             │      │   的投资及服务   │      │ 关于什么                 │
│ 关于什么                 │      ╰─────────────────╯      │ 什么活动                 │
│ 关于产品                 │            ▲                  │ 如何使用                 │
│ 价格、财务、增加值       │      ╭─────────────────╮      │ 价格、收入支出、投资     │
│ 统计频次                 │─────▶│    ICT产品      │─────▶│ 时间、频率、模式         │
│ 雇佣劳动力               │      │ 定义及分类、进口及│      │ 雇佣人员与技术           │
│ 供应和服务位置           │      │ 出口、价格及质量、│      │ 使用者地点               │
│ 创新与R&D活动            │      │   贸易影响      │      │ 原因、动力与障碍         │
│ 影响                     │      ╰─────────────────╯      │ 影响                     │
│                          │            ▲                  │                          │
│                          │      ╭─────────────────╮      │                          │
│                          │      │  信息及电子产品  │      │                          │
│                          │      │ 定义及分类、生产者│      │                          │
│                          │      │ 及产品、使用者及用│      │                          │
│                          │      │  途、影响       │      │                          │
└─────────────────────────┘      ╰─────────────────╯      └─────────────────────────┘
                                        │
                                        ▼
                    ┌──────────────────────────────────────────┐
                    │            ICT的进一步研究                │
                    │ · 社会及经济因素对ICT使用及发展的影响，    │
                    │   如教育及收入水平                        │
                    │ · 国家政策及法规对ICT基础设施与全球设施    │
                    │   使用的影响                              │
                    │ · 其他行业的创新和技术对ICT产生的影响      │
                    └──────────────────────────────────────────┘
```

图 1　信息社会统计的概念框架

资料来源：OECD. Directorate for Science, Technology and Industry, Economic Analysis and Statistics Division (DSTI/EAS).

测并为政策制定提供依据。此类指标通常与运营商通过某种具体基础设施提供的某项服务有关。二是互联网，通过接入量、流量等指标测量宽带网速。三是服务质量，OECD 和 ITU 均制定了相关指标，用于衡量 PSTN 的服务质量。四是基础设施投资，重点关注公共电信网络的投资数据（不包含未向公众提供服务的 ICT 投资）。五是资费，OECD 对固定电话、移动电话、国际固话等制定了资费标准，并以此标准衡量运营商资费的水平。

（2）ICT 产品。对 ICT 产品的观测首先要明确 ICT 产品的定义及分类。OECD 在广义上将 ICT 产品（包括商品和服务）分为 10 大类、99 个子类，此分类可以与通用的产品总分类（CPC）和国际标准行业分类（ISIC）衔接，具体大类（及子类个数）包括：计算机和外部设备（19 个），通信设备（8 个），电子产品（11 个），各种 ICT 零配件（14 个），制造业为 ICT 设备提供的服务（5 个），商业软件及许可服务（11 个），信息技术咨询服务（10 个），电信服务（12 个），ICT 设备租赁服务（3 个），其他 ICT 服务（6 个）。

对 ICT 产品的测量从以下两个方面进行。一是 ICT 产品的国际贸易状况，数据来源是贸易统计，目前基本只限于 ICT 货物贸易统计，缺乏对 ICT 服务的贸易统计。二是 ICT 产品的价格和质量，主要考察 ICT 商品和服务的国内产量、家庭在 ICT 商品和服务方面的支出、企业及政府在 ICT 商品和服务上的资本支出、ICT 商品和服务的价格计算方法等。

3. ICT 市场的供给与需求

（1）ICT 供给。ICT 供给的实施主体主要是 ICT 部门。OECD 将 ICT 部门定义为：制造业和服务业中通过电子方式获取、传播、显示信息的行业。除 ICT 部门外，还有一些机构会进行 ICT 产品和服务的生产，但可能用于销售也可能是自用。

ICT 部门对经济社会有着重要影响，由此成为信息社会统计测量的对象。一方面是直接影响，表现为提高产量、增加就业、运用 ICT 技术提高生产率等；另一方面是间接影响，作为技术进步的源头会影响到经济体的各个方面。对 ICT 部门影响的测量方法目前仍不完善，主要原因在于，产出及生产率分析中常常需要时间序列数据，而依照目前对 ICT 部门的定义和分类，尚无法提供足够详细的信息，各国测量尺度不同也导致数据无法进行国家间的比较。

衡量 ICT 供给的一类重要指标是专利指标，用于测量 ICT 的 R&D 产出。但目前专利测量中存在很大的阻碍，例如专利不包含所属产业的信息，无法将专利数据按行业分类。进一步需要搭建专利分类与产业分类之间的转换关系，从而划分出与 ICT 相关的专利信息。为此《指南》给出了与 ICT 相关的专利分类。

（2）ICT 需求。根据需求主体的不同，ICT 需求可分为企业需求、住户和个人需求两个部分，统计内容类似，但侧重点有所不同。

关于企业 ICT 需求的测量，OECD 制定了一套"企业用 ICT 的问卷模板"用于数据收集。这套问卷可以作为经济社会统计调查工具的一部分使用，也可以用来进行专门调查。问卷的具体内容组成及涵盖领域如下：一是电子交易，OECD 将"电子交易"定义为"通过计算机网络进行货物和服务的买卖，货物和服务可通过设定的系统进行网上下单，但支付及物流不一定要在网上完成的交易方式"。统计时，电子交易可按功能分为"Web 电子交易"、"EDI 电子交易"、"其他电子交易如 Mobile 电子交易"几个大类，分别收集数据。二是电子商务，电子商务目前尚未形成严格的统计框架，具体来说，对电子商务的定义仍不明确，对电子商务过程的描述和分类仍未形成规范，对于测量哪些商业过程和利用的网络类型仍不清晰。但根据 OECD 成员国的统计实践，仍然有一些方法可以借鉴，以对电子商务有一定的定性及定量描述，比如可以直接询问企业是否使用 SCM、CRP、CRM 等一类的应用，可以针对整个商务过程进行调查，可以询问交易系统是否定期自动更新，可以在企业交易总量中扣除其他方式交易得到电子商务交易量。三是企业 ICT 投资及支出，投资对象主要为 ICT 软件和 ICT 硬件。四是 ICT 投资和使用的经济影响，需要结合宏观经济数据进行分析，但比较难以量化。一个替代解决方法是直接询问企业感知到的 ICT 影响有多大。

关于住户和个人 ICT 需求的测量，OECD 也制定了一套"住户及个人接入和使用 ICT 的问卷模板"用于数据收集。问卷主要包含以下内容：一是家庭 ICT 接入和个人使用情况，如互联网宽带接入及存在的问题，成人使用 ICT 情况（是否使用、怎样使用、在何处使用、使用目的等），通过电子交易购买的产品的属性、价值、是否网上支付以及遇到的问题等；二是住户和个人用 ICT 的社会和经济影响，该方面目前还没有进行大规模调查的案例，多数是小范围调查，但调查结果代表性不强。随着这方面对社会和经济产生的影响越来越大，该领域的统计框架亟需完善。

4. 其他相关行业

信息社会统计所涵盖的范围除上述主体内容外，还包括一些其他占比不大的行业或产品，该类行业生产的产品通过多种通信媒体为人们提供了信息、教育、娱乐产品或服务。根据产品的内容，大体包括以下类别：（1）打印及其他基于传统媒体产生的文本内容，以及与之相关的服务；（2）电影、录像、广播内容，以及与之相关的服务；（3）音乐内容，以及与之相关的服务；（4）游戏软件；（5）在线内容，以及与之相关的服务；（6）其他内容，以及与之相关的服务。共 6 大类，74 个小类。这些行业生产的产品种类繁杂且难以测量，ICT 统计尚未过多涉猎该部分内容，但其中也存在一些大体成形的子调查，如从需求角度出发调查数码产品的使用、出售和购买。

ICT 统计是行业统计中发展较晚的一部分，统计内容在实际中变化很大，统计框架和方法还存在许多缺陷，甚至会因定义不明确而无法进行统计调查。因此，OECD 主导下的信息社会衡量框架还在进一步扩充和完善之中。

（执笔人：李璐）

附：文件目录

序言

前言

致谢

1. 简介
   1.1 统计术语中的信息社会
   1.2 《指南》及其基本原理
   1.3 《指南》的用户
   1.4 《指南》的范围及内容
   1.5 产出：信息社会统计出版物
2. ICT 产品
   2.1 引言
   2.2 ICT 产品分类
   2.3 ICT 产品的国际贸易
   2.4 ICT 产品的价格及质量
   2.5 注释
   2.6 参考文献
   2.7 附录 OECD 对信息经济产品的分类
3. ICT 基础设施
   3.1 引言
   3.2 公共交换电话网络（PSTN）
   3.3 互联网
   3.4 服务的质量
   3.5 基础设施投资
   3.6 计费
   3.7 注释
   3.8 参考文献
4. ICT 供给
   4.1 引言
   4.2 ICT 部门的定义
   4.3 ICT 部门之外的 ICT 产品及服务生产
   4.4 ICT 部门的影响
   4.5 ICT 专利活动
   4.6 注释
   4.7 参考文献
5. 企业的 ICT 需求
   5.1 引言
   5.2 OECD 对企业用 ICT 的调查模板
   5.3 电子交易
   5.4 电子商务
   5.5 企业 ICT 投资及支出
   5.6 ICT 投资及使用的经济影响
   5.7 注释
   5.8 参考文献
   5.9 附录 OECD 企业用 ICT 调查模板
6. 住户及个人的 ICT 需求
   6.1 引言
   6.2 OECD 对住户和个人 ICT 接入及使用调查模板
   6.3 电子交易
   6.4 住户及个人使用 ICT 的社会和经济影响
   6.5 注释
   6.6 参考文献
   6.7 附录 OECD 住户和个人 ICT 接入及使用调查模板
7. 内容和传媒
   7.1 引言
   7.2 内容和传媒部门的定义
   7.3 内容和传媒产品分类
   7.4 数码产品
   7.5 测量数字化内容的行业研究方法
   7.6 注释
   7.7 参考文献
   7.8 附录 OECD 对信息经济部门的定义
8. 国际视野和未来方向
   8.1 引言
   8.2 国际视野
   8.3 OECD 未来面临的挑战
   8.4 总结
   8.5 参考文献
   8.6 附录 成员国的 ICT 统计收集工作
   8.7 附录 非成员国经济体
   8.8 附录 发展中经济体存在的测量方面的问题

134

信息社会统计方法手册

英文标题	Methodological Manual for Statistics on the Information Society
牵头组织	欧盟统计局
版本信息	2006 年第 2 版，2004 年第 1 版
文本链接	http：//ec.europa.eu/eurostat/documents/3859598/5896837/KS-BG-06-004-EN.PDF/9cf80df6-415c-447b-b107-be97aa339a73? version=1.0
中文版	无

信息和通信技术（ICT）是创新的重要方面，也是当前经济社会发展的重要推动力之一。因此，构建有效的统计指标体系以测量信息技术在社会、商业、生产方面的作用势在必行。2002 年，欧盟建立了一套年度信息社会调查制度，包含企业调查和住户调查两个部分，以反映 ICT 在企业和住户的使用情况。2004 年欧洲议会和欧盟理事会针对上述两套调查立法，发布了《信息社会统计方法手册》（以下简称《手册》），以期对调查的实施予以指导。2006 年发布第二版《手册》，旨在通过对 2006 年调查问卷中指标和属性的解释，帮助欧盟各国统计机构将欧盟统计局调查模板转化为各国可操作的调查模板。

《手册》先从统计产品和统计方法两个方面介绍了企业用 ICT 的统计规范。企业用 ICT 调查的统计单元为企业，在确定目标总体时要考虑企业生产类型、规模、地域范围等因素。调查周期为 1 年，共观测 5 组 71 个指标，并通过对各企业指标进行汇总得到一些反映总体状况的合计指标。明确上述基本统计概念之后，《手册》重点对 2006 年企业调查问卷中问题涉及的范围及类型逐一进行解释说明。特别地，《手册》对金融企业所需测量的变量和问卷中的问题做出了单独说明。统计方法方面，《手册》详细介绍了抽样调查的各个步骤，要点包括：（1）实施抽样调查的时间，建议为各年的第一季度；（2）抽样框的确定方法；（3）抽样设计中的分层标准、样本量的确定及权重设计方法；（4）具体调查方法的选择，如面访、电话调查等；（5）问卷使用注意事项；（6）质量控制方法；（7）数据处理方法；（8）报告撰写的格式及注意事项。

随后，《手册》介绍了住户用 ICT 的统计规范。该部分叙述结构与企业调查部分完全相同，住户用 ICT 调查的统计单元为住户和个人，目标总体确定时主要考虑住户成员年龄这一因素。同样，《手册》对住户 ICT 调查涉及的变量及汇总变量、问卷中各问题的注意事项以及调查的实施方法做了说明。

《手册》最后一部分是相关立法信息，给出了欧洲议会和欧盟理事会联署的信息社会统计法律文件的查询链接和方法，以便各国在实施调查过程中进行查询。

总之，《手册》明确了企业用 ICT 调查和住户用 ICT 调查过程中的统计对象、统计方法、统计结果，并对 2006 年版的调查问卷进行了详细的解析，为数据获得提供了操作指南，由此为实施企业和住户 ICT 调查提供了坚实的技术支持。应当说，这是一部有法律法规保障、符合欧盟国家内部和国家间统计需求、具有可操作性的统计规范手册。

（执笔人：李璐）

附：文件目录

前言

第一部分　企业调查

1. 统计产品
   - 1.1　统计单元
   - 1.2　目标总体
   - 1.3　周期
   - 1.4　观测变量
   - 1.5　方法、变量、指标与表格
   - 1.6　一些解释
   - 1.7　金融部门的企业
2. 生产方法
   - 2.1　时间表——调查期间
   - 2.2　抽样框
   - 2.3　抽样设计
   - 2.4　调查类型
   - 2.5　问卷——数据收集工具
   - 2.6　质量控制系统
   - 2.7　数据处理
   - 2.8　调查执行报告
3. 附加内容
   - 3.1　非金融经济活动的问卷模板
   - 3.2　金融部门的问卷模板
   - 3.3　传输格式
   - 3.4　报告模板

第二部分　住户调查

4. 统计产品
   - 4.1　统计单元
   - 4.2　目标总体
   - 4.3　周期
   - 4.4　观测变量
   - 4.5　方法、变量、指标与表格
   - 4.6　一些解释
5. 生产方法
   - 5.1　时间表——调查期间
   - 5.2　抽样框
   - 5.3　抽样设计
   - 5.4　调查类型
   - 5.5　问卷——数据收集工具
   - 5.6　质量控制系统
   - 5.7　数据处理
   - 5.8　调查执行报告
6. 附加内容
   - 6.1　问卷模板
   - 6.2　传输格式
   - 6.3　报告模板

第三部分　欧盟立法

十、教育、卫生、科技与创新

135

国际教育标准分类

> **英文标题** International Standard Classification of Education
> **牵头组织** 联合国教科文组织
> **版本信息** 2011年第2版，1997年第2版，1976年第1版
> **文件链接** http://unstats.un.org/unsd/iiss/International-Standard-Classification-of-Education-ISCED.ashx
> **中文版** http://www.uis.unesco.org/Education/Documents/isced-2011-ch.pdf

《国际教育标准分类》（ISCED）由联合国教科文组织主持制定，隶属于《联合国经济与社会分类法国际系列》，是一个有助于按照国际商定的共同定义和概念对各类与政策相关的教育统计提出标准报告的框架，从而确保所产生指标的国际可比性。之前使用的是ISCED-1997，鉴于近年来教育政策和结构发生的变化，联合国教科文组织对其进行修订，ISCED-2011由第36届教科文组织大会审议批准，并推荐2014年开始按照这部新标准进行国际间教育数据的收集调查工作。以下简要介绍ISCED-2011相对于ISCED-1997的主要变化，以此观察国际视角下教育标准分类的发展。

1. 教育概念的变化

乍看起来，教育是什么似乎不言自明。但事实上，它不仅是一个需要定义的概念，而且还会伴随社会发展而不断更新。以下从内涵变化和外延扩展两个方面介绍教育概念的变化。

（1）教育内涵的变化。ISCED-2011定义"教育是社会有意地将积累的信息、知识、理解、态度、价值、技艺、能力或行为从上一代传给下一代的过程。它牵涉到引起学习的交流"。这是一个比较笼统的描述，更具体的定义是通过"教育课程"而完成的：在一段持续时间内为达到预定的学习目标或完成一组具体的教育任务而设计和组织的一套连贯或有顺序的教育活动或交流。如果将教育课程定义中所包括的关键词提取出来：教育活动、交流、学习、有组织的和持续的，正好就是1997年版"教育"定义中的四个关键词：根据ISCED-1997的定义，教育被认为是导致学习的有组织的及持续的交流。

值得注意的是，上述 ISCED-2011 关于教育的描述性定义是放在附录中的，核心概念则是与 1997 年版对应的"教育课程"定义。之所以采取这样的处理方式，体现了联合国教科文组织的态度——《国际教育标准分类》无意对教育做出全面的定义，更不会硬性规定一种国际统一的教育思想、目的或内容。

(2) 教育外延的扩展。主要表现在以下方面。

第一，正规教育和非正规教育的区分。ISCED-2011 对正规教育和非正规教育做出了区分，这是在 ISCED-1997 中没有的。"正规教育"是指通过公共组织和被认可私人团体进行的制度化、有目的、有计划的教育，它们的总和构成一个国家的正规教育系统。因此，正规教育课程理应经相关国家教育当局或其他与国家或地方教育当局合作的相应机构认可。正规教育主要由初期教育构成，即个人首次进入劳务市场之前所受的正规教育，也就是通常所说的全日制教育，职业教育、特殊需要教育和部分成人教育通常也被认定为是正规教育系统的一部分。"非正规教育"并非非正式的、顺带的或无约束的学习，它与正规教育一样，也是指通过教育提供者进行的制度化、有目的、有计划的教育，其突出特点是在个人一生的学习进程中对正规教育的补充、替代和/或完善，通常以短课程、实习班或研讨班的形式提供，所得到的资格证书多数不被相关国家或地方教育当局承认为正式或等同于正式的资格证书，或者根本就没有资格证书。ISCED-2011 建议采用内容和/或产生的资格证书等同的标准，对非正规教育课程进行分类，且提供对非正规教育课程分类的进一步指导。

第二，高等教育的重新定义。ISCED-2011 对"高等教育"的定义：建立在中等教育之上，在专业化的教育学科领域提供学习活动，以高度复杂和专业化学习为目标。除了通常理解的学术教育，"高等教育"还包括高级职业或专业教育。在等级设置上，ISCED-2011 中"高等教育"包括《国际教育标准分类》5、6、7、8 级，分别标示为短线高等、学士或等同、硕士或等同、博士或等同。在 ISCED-1997 中并没有明确定义"高等教育"，等级设置时只将"高等教育"分为 5、6 两级，分别标志为高等教育的第一阶段和高等教育的第二阶段。

2. 教育分类标识的扩充

对应一套被扩充了的教育概念和更多的教育类型，ISCED-2011 在分类系统上也进行了改进，这主要体现在：分类单位的增加；补充标准的改变。

(1) 分类单位的增加。ISCED-1997 中的基本分类单位是"教育课程"，ISCED-2011 在保留它的基础上进一步引入"公认教育资格证书"，使用这两个分类单位对"教育等级"和"教育学科"进行分类。在《国际教育标准分类》中，"资格证书"是"资质证明"的同义词，具体形式包括"证书"、"学位"、"毕业证书"等。"公认教育资格证书"的引入，一是可以成为统计受教育程度资料的基础，二是呼应了当前许多国家越来越普遍地承认通过非正规教育或非正式教育完成的学习，如果通过这种途径学得的技艺、知识和能力可通过一个正式的资格证书来衡量，就可以进入教育系统分类。

(2) 各种补充标准的改变。具体包括以下三个方面。

第一，课程定位的简化。在 ISCED-1997 中，课程有三个定位：普通教育；职业前和技术前教育；职业和技术教育。ISCED-2011 进行了简化，分为：普通教育和职业教育，在高等教育阶段则用"学术"和"职业"来替代"普通"和"职业"教育。

第二，课程目标发生变化。SCED-1997 中的"课程目标"分为 A、B、C 三个类别，前两者进入更高等级教育，C 代表直接进入劳动市场。ISCED-2011 引入"等级完成并通向更高级别"的新概念，取代了 ISCED-1997 的课程目标概念，以更好地区别各等级完成和未完成的情况。具体分为四个类别：无等级完成；部分等级完成但不直接通向更高的等级；等级完成但不直接通向更高的等级；等级完成并直接通向更高的等级。

第三，引入跨等级课程、顺序课程和单元式课程。在按照《国际教育标准分类》对教育课程进行分类时,课程间的转变点和劳务市场的切入点并不总是与《国际教育标准分类》等级之间的转变点吻合,ISCED-2011将可能的三种情况明确为跨等级课程、顺序课程和单元式课程,ISCED-2011通过"持续时间"这一分类标准将以上三种课程划入教育等级中。例如,当一个国家的小学教育课程为8年或更长时,最后的几个年级应分类为《国际教育标准分类》2级,而不像ISCED-1997将之全部划入1级。

3. 教育分类的发展

在扩充了教育理论和分类方法之后,ISCED-2011的教育分类体系较1997年版更为精细了。具体表现在以下两个方面。

(1)引入受教育程度的分类。为了测量各国人力资本资源开发程度及进行国际比较,ISCED-2011引入"受教育程度"分类,其重要分类标准是"公认资格证书"。也就是说,通过两个分类单位"教育课程"和"公认教育资格证书"对"教育等级"进行分类,产出了两个并行的分类等级——教育课程等级(ISCED-P)和受教育程度等级(ISCED-A),前者相当于在1997年版"教育课程"分类产生的"教育课程等级"。个人受教育程度系指个人完成的最高《国际教育标准分类》等级,为了操作方便,通常是根据公认资格证书证明成功完成的最高教育课程来评定的。

受教育程度等级(ISCED-A)分为9级,与教育课程等级(ISCED-P)等级数一样,其中只有0级与教育课程的0级相比有不同含义:它意味着没有成功完成《国际教育标准分类》1级,包括那些从未上过一个教育课程,或受过早期儿童教育或初等教育但未成功完成初等教育的个人,而ISCED-A的0级表示的是低于1级的早期儿童教育。

(2)分类内容的扩展。ISCED-2011对教育等级进行了扩展,由ISCED-1997的7级扩展到了9级。其中对0级内容进行了扩充,在ISCED-1997中的0级"学前教育"要求最小入学年龄是3岁,在ISCED-2011中0级分成两个子类:早期儿童教育开发和学前教育。早期儿童教育开发一般是给0~2岁的儿童设置的;学前教育则完全对应1997年版的0级,从3岁儿童教育开始,紧跟现在流行针对很小的孩子设置课程的趋势,这样也保证了小学入学前教育统计数据时间序列的连续性。高等教育的级别也进行了扩充,ISCED-2011中的5(短线高等)、6(学士及等同)、7(硕士及等同)级对应1997年版中的第5(高等教育第一阶段)级,考虑了如今蓬勃发展的短期高等教育和硕博连读的情况。表1是对两个版本的教育等级划分的具体比较,从中即可了解教育的不同等级及其具体分类情况。

表1　　　　　　　　　　ISCED-1997 与 ISCED-2011 等级对比

ISCED-1997		ISCED-2011		
等级名称	等级	等级	等级名称(ISCED-P)	等级名称(ISCED-A)
—	—	0级1类	早期儿童教育开发	低于初等
学前教育	0级	0级2类	学前教育	
初等教育或基础教育第一阶段	1级	1级	初等	初等
初级中等教育或基础教育第二阶段	2级	2级	初级中等	初级中等
高级中等教育或基础教育第二阶段	3级	3级	高级中等	高级中等
中等后非高等教育	4级	4级	中等后非高等	中等后非高等
高等教育第一阶段	5级	5级	短线高等	短线高等
		6级	学士或等同	学士或等同
		7级	硕士或等同	硕士或等同
高等教育第二阶段	6级	8级	博士或等同	博士或等同

资料来源:根据联合国《国际教育标准分类》译本相关内容改编。

(以上内容曾以"教育分类在变化"为题,刊于《中国统计》2013年第7期,作者:刘子瑞)

附：文件目录

1. 什么是《国际教育标准分类》
2. 分类单位
3. 跨等级课程、序列课程和单元式课程
4. 《国际教育标准分类》中教育的范围
5. 交叉分类的变量
6. 数据的类型
7. 编码系统
8. 管理
9. 《国际教育标准分类》等级

    9.1 《国际教育标准分类》0 级——早期儿童教育

    9.2 《国际教育标准分类》1 级——初等教育

    9.3 《国际教育标准分类》2 级——初级中等教育

    9.4 《国际教育标准分类》3 级——高级中等教育

    9.5 《国际教育标准分类》4 级——中等后非高等教育

    9.6 《国际教育标准分类》5 级——短线高等教育

    9.7 《国际教育标准分类》6 级——学士或等同水平

    9.8 《国际教育标准分类》7 级——硕士或等同水平

    9.9 《国际教育标准分类》8 级——博士或等同水平

10. 《国际教育标准分类》2011 年版与 1997 年版的等级对应关系

附录

136 教育支出统计指南

> **英文标题** A Guide to Educational Expenditure Statistics
> **牵头组织** 欧盟统计局
> **版本信息** 2005 年第 1 版
> **文件链接** http：//ec.europa.eu/eurostat/en/web/products-manuals-and-guidelines/-/KS-BF-05-002
> **中文版** 无

人才乃强国之本，不仅仅助力于当下的社会运行，更决定了未来社会发展的质量。教育在其中的重要性不言而喻，但在有限的财力限制下，如何实现教育资源的充分利用以达到教育利国利民的最终目标是值得思考的话题。为了更好地统计此方面的信息，就需要构建一个完整且灵活的指标体系。《教育支出统计指南》（以下简称《指南》）就是一部执行教育支出统计的指导手册。

《指南》所涉教育支出的数据来源于联合国教科文组织（UNESCO）、经济合作与发展组织（OECD）、欧盟统计局（EUROSTAT）联合开展的调查（以下简称 UOE 调查）。《指南》首先介绍 UOE 调查数据的收集目标和收集工具。与各国政府支出和收入记录体系保持一致，数据收集原则为收付实现制。数据收集工具为财务表，《指南》详细介绍了两张 UOE 财务核心表的结构，以及提取教育支出相关数据的注意事项。第一张表列示教育支出的资金来源和转移，其中来自政府公共资金的教育支出包括教育机构的直接支出、资本性直接支出、附属服务支出、科研支出、私营实体教育的支付转移等；而非公共来源教育支出包括住户支出、其他私营实体的支出等。第二张表列示按照性质、资源及教育程度分类的教育支出，包括经常性支出、资本性支出、收支差额变化的调整等内容。另外还有一些对第二张表内教育债务和研发活动的补充说明，包括教育债务的定义以及收支差额列示、研发活动支出的定义以及范围等。

《指南》给出了支出统计会涉及的教育水平国家分类（ISCED 分类）、教育机构的定义、教育机构的分类以及如何区分教育机构与非教学教育机构。最后，《指南》介绍了一些在统计过程中应注意的事项，例如如何划分退休人员的支出与养老金补助的三种类型、如何区分学生与家庭的教育服务与教育之外服务等。

《指南》以 UOE 数据源为基础，给出数据采集表的架构，以及从财务表得到教育支出统计数据的实际操作方法。为了解疑答惑，《指南》还对实际编制教育支出平衡表过程中遇到的教育债务、研发支出等问题进行了补充说明。

（执笔人：韩泽宇）

附：文件目录

1. 引言
2. 什么是 UOE 数据收集
   - 2.1 UOE 数据收集目标
   - 2.2 数据收集工具
   - 2.3 在校学生和教育经费的校准
   - 2.4 数据发布
3. 概念、定义和分类
   - 3.1 教育水平（ISCED 分类）
   - 3.2 项目定位
   - 3.3 教育机构
4. 财务数据收集范围
   - 4.1 核算原则
   - 4.2 教育支出的架构
   - 4.3 UOE 财务表的范围
5. 特殊情况
   - 5.1 退休人员支出
   - 5.2 研究与开发
   - 5.3 教学医院（医学院附属医院）的支出
   - 5.4 附属服务
   - 5.5 全日儿童护理
   - 5.6 基于教育项目的教育支出
   - 5.7 学生与家庭的教育服务和教育之外的货物购买支出
   - 5.8 学生生活成本
6. 财务表Ⅰ：不同资金来源与转移下的各类支出
   - 6.1 财务资金表Ⅰ的结构
   - 6.2 政府（公共）来源
   - 6.3 非公共来源
   - 6.4 全部来源的教育支出
7. 财务表Ⅱ：按性质、资源及教育程度分的教育支出
   - 7.1 财务资金表Ⅱ的结构
   - 7.2 按机构类型分类的支出：公共和私营机构
   - 7.3 按资源类型分类的支出
8. 债务本息补充表说明
   - 8.1 教育债务的定义和债务本息支出
   - 8.2 借入和贷出
   - 8.3 按教育水平分解
   - 8.4 按支付者分解
9. 研发活动支出的补充说明
   - 9.1 研发活动支出的定义
   - 9.2 研发支出的范围
   - 9.3 研发支出的分解
   - 9.4 UOE 表Ⅱ与研发统计的关联
   - 9.5 独立投资研究与独立预算研究支出
10. 结论

附录

参考文献

137

教育指标技术指南

英文标题	Education Indicators Technical Guidelines
牵头组织	联合国教科文组织
版本信息	2009 年第 1 版
文件链接	http：//www. uis. unesco. org/Library/Documents/eiguide09-en. pdf
中文版	无

附：文件目录

名词解释
1. 成人识字率或文盲率
2. 成人文盲人数
3. 小学一年级总入学率
4. 小学一年级净入学率
5. 学生预期受教育时间
6. 转换率
7. 总入学率
8. 净入学率
9. 特定年龄入学率
10. 分年级复读率
11. 分年级留存率
12. 效率系数
13. 各年级年投入
14. 复读者所占比例
15. 公共教育支出/国民总收入
16. 公共教育支出/政府总支出
17. 分水平当前公共教育支出分布比例
18. 当期生均公共支出/人均国民收入
19. 师生比
20. 女性教师比例
21. 按 ISCED 水平划分的高等教育学生比例
22. 各 ISCED 水平高等教育女性学生的比例
23. 按 ISCED 教育领域分类的接受高等教育学生的分布比例
24. 按 ISCED 教育领域分类的高等教育毕业生分布比例
25. 私立招生的比例
26. 私立教育机构教师员工比例
27. 25 岁以上人口教育参与率
28. 每 10 万人中接受高等教育的学生数
29. 教育项目中接受高中教育的分布比例
30. 当期公共教育支出/总公共教育支出
31. 人员薪酬/经常性公共教育支出
32. 小学最高年级总入学率
33. 小学总毕业率
34. 期望小学毕业率
35. 小学辍学率
36. 升学率
37. 辍学率
37. 从事早期儿童教育的教师比例
38. 具有 ECCE 经验的新进入初等教育的人员比例
39. 受训教师比例
40. 特定 ISCED 水平的公共支出/总公共教育支出
41. 性别平等指数
42. 少年识字率
附录

国际比较教育统计手册

英文标题	Handbook for Internationally Comparative Education Statistics
牵头组织	OECD
版本信息	2004 年第 1 版
文件链接	http：//www.oecd-ilibrary.org/education/oecd-handbook-for-internationally-comparative-education-statistics_9789264104112-en
中文版本	无

伴随教育越来越受到各国政府及社会各界重视，构建一套完善的教育体系日益成为一国经济政治发展的重要目标，因此，建立一套科学的体系来评价各国教育制度发展状况变得非常重要。20 世纪 80 年代后，国际比较教育研究有了长足发展，研究方法、研究内容都在不断更新扩展，其研究成果已经成为各国制定教育政策的重要依据。为此，20 世纪末，OECD 教育研究创新中心开展了教育研究与创新项目（EIP），旨在为国际比较教育研究提供一套统一的指标体系和方法论。第一套指标体系于 1992 年发布在教育概览（EAG）上，此后伴随联合国出台《国际教育标准分类法》，OECD 颁布了《国际比较教育统计手册》（以下简称《手册》）。该《手册》主要描述了比较教育统计所涉及的指标及这些指标的定义、分类和概念等。《手册》共含七个章节，下面简要介绍其基本内容。

1. 教育的定义与范围

《手册》沿用了《国际教育标准分类法》对教育的定义。教育指为在一段持续的时期内达到预定学习目标或完成一组具体教育任务而设计和组织的一套连贯或有顺序的活动或交流。关于教育统计的范围，《手册》也与《国际教育标准分类法》保持一致，涵盖一个人一生中任何阶段所接受的正规和非正规教育课程，其中包括按照国情所设计的各种教育课程，如初期教育、常规教育、二次机会课程、扫盲课程、成人教育、继续教育、开放和远距离教育、实习、技艺或职业教育、培训或特殊需要教育。但顺带学习或无约束学习不属于国际教育统计的范围。

《手册》对早期儿童教育范围、特殊需求教育范围和职业教育范围有特别说明。（1）早期儿童教育属于学前教育，主要是为儿童营造学校的氛围，为他们接受正式教育做准备。纳入早期教育统计范围应具备以下条件：基于学校或幼儿中心；为满足儿童教育和发育而设立；学生人群为 3 岁及以上的儿童；机构员工需经过专业训练，能够为儿童提供教学服务。（2）特殊需求教育是指有特殊需求的人所接受的教育。所谓有特殊需求，是指如果一些人在接受教育时需要提供额外的公共或私人支持，包括财力支持、物力支持、人力支持等。特殊需求教育不限教育地点，不限教育方式，但需要满足教育的基本定义。（3）职业教育，指主要为学习者掌握在某一特定的职业或行业所需的知识、技艺和能力而设计的教育课程。职业教育需要满足以下条件：基于学校的职业教育需要满足正规教育的条件；学校与企业联合教育项目，学校教育需占总学习的10%以上；不包括突发性学校辅助教育。

2. 比较教育统计的主要内容与分类

《手册》主要从五个方面对比较教育统计涉及的内容进行定义和分类。

（1）在校生和毕业生。其中涉及对在校生、学生登记、新生、毕业生、留学生、居民国外留学生和非居民国外留学生、全日制学生和非全日制学生等相关概念的定义。比如，毕业生是指成功完成所有教学要求的学生，所谓成功完成，是指顺利通过课程考试及答辩，学分绩点达到要求，如没有正式考试则需通过对专业技术的其他正式考核；居民国外留学生是指在本国就读的，在之前有独自或跟随父母移民至本国内（工作签证、外交使命、难民、永久居住权的移民），然后才在本国接受教育的外国人；全日制学生与非全日制学生则主要从在校学习时间占校历总时间的比重（以75%为临界值）来区分。

（2）师资力量。《手册》规定，教育从业人员包括：教师；为学生提供专业支持的人员（学术支持、医疗支持或社会支持等）；管理人员；学校工作人员；暂时离校人员（生病或休假）；承包学校某些服务的公司工作人员（为学校工作的时间需占90%以上）。教育从业人员按其工作性质可分为全职和兼职两种，其中，全职从业人员累计工作时间应占整学年要求工作时间的90%及以上，否则视为兼职。

（3）教学活动和课程。正确区分教育活动需要妥善定义教师的工作时间与非教学时间。教师工作时间指政府规定的全职教师每年的工作小时数，不包括加班时间，也不包括没有明确规定的备课时间和法定节假日时间。教师非教学时间包括与授课相关的工作时间、校内事务时间、学习时间等。

（4）教育机构。教育机构是指对个人或其他教育机构提供教学服务或者与教学相关服务的机构。其具体分类如图1所示。

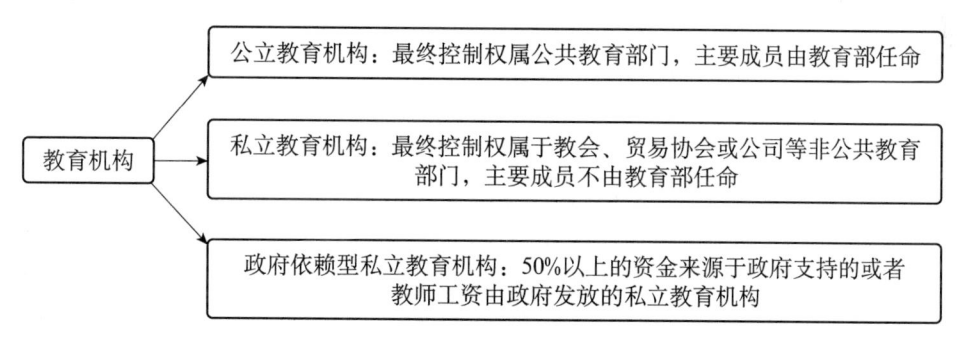

```
                    ┌─ 公立教育机构：最终控制权属公共教育部门，主要成员由教育部任命
                    │
        教育机构 ───┼─ 私立教育机构：最终控制权属于教会、贸易协会或公司等非公共教育
                    │                部门，主要成员不由教育部任命
                    │
                    └─ 政府依赖型私立教育机构：50%以上的资金来源于政府支持的或者
                                              教师工资由政府发放的私立教育机构
```

图 1 教育机构的分类

资料来源：Handbook for Internationally Comparative Education Statistics，2004年第1版。

（5）教育开支。教育支出是指购买与教育有关的物品和服务的支出。教育开支可分为公共开支与个体开支两个类别。公共开支指政府用于教育方面的各种开支的总和，如果开支不是直接用于教育，则不应计入教育开支（教育辅助开支除外）。另外，非教育部门用于教育方面的支出也会计入公共教育开支范畴。个体开支指个体用于教育方面的支出，包括家庭用于教育的支出和企业用于教育的支出。企业包括私人公司和非营利组织，如慈善组织、教会、工会等。个体支出包含的类别有学费、教学物资费用、交通费用、餐费等。实际统计中将从三个维度进行统计：一是提供或购买的商品和服务（教育机构、非教育机构）；二是提供商品或服务的机构（教育机构内、教育机构外）；三是购买商品或服务的资金来源（政府、私人）。具体如表1所示。

表1　　　　　　　　　　　　　　　　教育支出统计架构

	教育机构支出（学校、教育管理、学生福利）	教育机构外支出（家教、学习用品）
教学支出	政府在教学上的支出	基金补贴，用于购买书本
	用于教学上的个人补贴	个人书本、学习用品支出，家教支出
	个人学费	
研究与开发支出	政府在研发上的支出	
	私人企业用于与教育相关的研发支出	
除教学支出外的教育支出	政府用于辅助教育支出，如餐补、交通补贴	基金补贴，用于减免学生生活费、交通费
	私人用于辅助教育支出	学生生活费、交通费支出

资料来源：Handbook for Internationally Comparative Education Statistics，2004年第1版。

3. 比较教育统计的主要指标

所谓比较教育统计指标，是指可以系统全面地评价一个国家的教育体制，有利于国家之间进行国际比较，方便各国根据自身情况制定合理的教育政策，促进各国教育的全面发展。

（1）教育成果、毕业率、学习完成率指标。主要包括：第一，劳动人口的受教育程度，即在劳动人口年龄段（25～64岁之间）内各级受教育水平下劳动人口所占比重；第二，特定教育水平下的失业率，即各级教育水平下失业人口占劳动人口的比重；第三，各级教育水平下的毕业生毕业率，即某年毕业生数与数年前入学新生总数的比值；第四，相对收益，是指某一教育水平的人均收入除以拥有高中文凭以上人员的人均收入。

（2）受教育机会和受教育比例指标。主要包括：第一，入学率，指某一年龄段的入学新生数占该年龄段的比例；第二，高等教育入学率，指某一年龄段首次接受高等教育人数占该年龄段总人数的比值；第三，高等教育相对国际化率，指某国高等教育中留学生人数与OECD国家高等教育留学生总人数的比值；

（3）学习环境指标。主要包括：第一，平均班级人数，用学生总人数与总班级数相比计算；第二，师生比，用学生总人数与教师总人数相比计算；第三，教师平均小时薪酬，用教师薪酬与工作小时数相比计算，最好折合为购买力平价（PPP）计算。

（4）财政指标。主要包括：第一，生均花费。用教育总支出与学生总人数相比计算，最好折合为购买力平价（PPP）计算；第二，教育支出占GDP的比例，即教育支出与同期GDP的比值；第三，政府对家庭的财政支持，以政府直接教育支出与对学生补贴支出合计为基数，看给予学生的资金支持（如奖学金等）在其中的占比。

4. 数据收集的概念型框架与具体工作

OECD教育统计指标力图从人力物力投入、教学机构、个人家庭、教育环境方面和教育产出方面全面评价一个国家的教育体制，其指标体系的构建大体体现以下三个方面：一是教育产出和教育投入的质量；二是受教育机会是否公平；三是教育资源是否充足，资源利用是否有效，表1是其组织架构。可以看到，尽管观测一国教育状况的指标本身具有宏观性质，但这些宏观指标需要通过微观个体观测才能获取。

表 2　　　　　　　　　　　　　教育统计指标的维度架构

	教育产出	政策杠杆	惯例
个人	个人教育产出的质量和分布	个人态度，参与情况和行为	个人背景
教学环境	授课环境	课堂氛围	学习条件和教学条件
教学机构	教学相关服务的质量	学校氛围	教学服务提供者的特点
教育体系	教育体系的质量	资源配置和政策	国家教育、社会、经济、人口状况

资料来源：Handbook for Internationally Comparative Education Statistics，2004 年第 1 版。

自 1993 年起，该领域的数据主要由 OECD、联合国教科文组织和欧盟统计局采用调查问卷的形式进行例行收集。调查问卷共有 20 份电子表格，具体包括：在校学生调查（8 份），新生调查（2 份），毕业生调查（3 份），个人情况调查（3 份），财政状况调查（2 份），班级状况调查（2 份）。调查问卷于每年春天发放，学年结束前收回（其中关于毕业生的问卷于毕业时收回，财政状况问卷于财政年结束前收回）。每个国家将本国内的数据汇总之后交给 OECD、联合国教科文组织和欧盟统计局，数据清理则由 OECD 和欧盟统计局完成。

（执笔人：王文静）

附：文件目录

前言
1. 简介
　1.1　引言
　1.2　手册的目的
　1.3　手册的目标用户
　1.4　手册的结构
2. 数据收集的概念框架
　2.1　国际教育统计及指标开发
　2.2　OECD 教育指标组织框架
　2.3　当前数据收集与数据源概览
3. 国际比较教育统计范围与覆盖
　3.1　引言
　3.2　教育定义
　3.3　OECD 国际教育统计的范围
　3.4　范围问题：包含的与未包含的内容
4. OECD 国际教育统计分类与定义
　4.1　引言
　4.2　在校生与毕业生
　4.3　师资力量
　4.4　教学活动和课程
　4.5　教育机构

　4.6　教育支出
5. 教育项目的定义与分类：ISCED 的实践
　5.1　引言
　5.2　ISCED-1997 概览
　5.3　教育项目的定义与分类
　5.4　ISCED 水平与分类标准应用描述
　5.5　城市 ISCED 计划表
6. 数据质量问题
　6.1　OECD 对数据质量的承诺
　6.2　数据质量问题
　6.3　解决数据质量问题
　6.4　缺失数据估计建议
　6.5　数据质量提升的保留领域
7. 指标概念与方法
　7.1　引言
　7.2　总论
　7.3　学习产出、毕业与学业完成指标
　7.4　使用、参与和进步测度
　7.5　学习环境与学校组织测度
　7.6　财政测度
附录

139

卫生账户体系

> **英文标题** A System of Health Accounts
> **牵头组织** 经济合作与发展组织、欧盟统计局、世界卫生组织
> **版本信息** 2011年第2版，2000年第1版
> **文件链接** http://www.who.int/health-accounts/methodology/en/
> **中文版** 无

健康是人类发展的基础，要保持健康需要花钱。接下来的问题是：为健康花费了多少资金？这些资金由谁投入？用在了哪些方面？为了回答这些问题，就必须解析卫生费用核算。所谓卫生费用核算，就是要以整个卫生系统为对象，以国民经济核算理论为基础，通过对卫生资金的筹集、分配和使用全过程的核算，提供相关数据，显示卫生领域经济活动的方方面面。为了规范其核算框架与方法，经济合作与发展组织（OECD）、世界卫生组织（WHO）等机构编写了《卫生账户体系》（以下简称SHA）作为提供卫生数据的统计标准。该手册目前为止共有两版：2000年由OECD出版的卫生账户体系第一版（SHA 1.0），2011年由OECD、欧盟统计局和WHO合作出版的第二版（SHA-2011）。以下基于SHA-2011，从三个方面入手对其内容作简要介绍：核算框架、分类标准、结果展示。

1. 核算框架

人类对健康的需求派生了卫生服务需求，因此，居民对卫生货物服务的最终消费成为SHA-2011的起点，只有具有卫生保健功能的货物服务消费才进入卫生账户的核算范围，具体包括在运用医疗、辅助医疗和护理知识以改善、维护和预防人类健康状况恶化及缓解不良健康状态为主要目的的所有活动上的消费支出。进一步看，卫生消费有两方面的对应：一是与产品供给的对应，消费的东西必定要先生产出来，需要观察"由谁提供"；二是与资金来源的对应，支出必须要有资金来源，需要观察"最终买单者是谁"。

因此，卫生账户是一特定经济领域（比如一国）出于卫生目的而进行支出的汇总账户，其核心框架包括三个维度：消费、供应和筹资。消费核算是起点，从中可了解人群为了促进健康到底消费了什么类型的卫生货物服务。同时，消费核算也界定了供应和筹资核算的范围，供应与筹资必须根据消费范围来核算，核算后可知所消费卫生货物服务主要由哪些生产者提供，是由哪些筹资方案为此付费，即所消费的东西由谁提供和由谁资助。通过这样一套三维核算框架，可反映卫生资金的全部运动过程，从而揭示卫生资金运动规律。

此外，SHA-2011还提供了经扩展的核算框架，以便于进一步深入全面地分析核心框架中的每一维度。消费扩展核算侧重于根据受益人特征如疾病、年龄、性别、地区和社会经济地位来研究卫生消费支出分布，以分析疾病控制的优先领域和重点人群，重新配置资源；供应扩展核算深入研究了提

供者的要素成本结构，并将资本形成进行单独处理以便于评估其服务提供能力；筹资的扩展核算主要研究每一筹资方案的筹资机构和收入来源，更全面地描绘筹资流量情况，可知道钱从何而来、谁在管理、为什么而使用，从而提高卫生系统的透明度和问责性。

2. 分类标准

为支持卫生支出核算，SHA-2011提供了国际卫生账户分类标准。其中，核心框架针对三个维度所使用的三种分类标准如下。

第一是消费维度，按照服务功能分类，主要包括治疗服务、康复服务、长期护理服务、辅助性卫生服务、门诊医疗用品、预防服务、卫生系统与筹资管理、未另分类的其他卫生服务。

第二是供应维度，按照服务提供者分类，主要包括医院、长期护理机构、门诊医疗机构、辅助服务提供者、医疗用品零售商及其他提供者、预防服务提供者、卫生行政机构和筹资机构、其他经济部门、国外。

第三是筹资维度，按照筹资方案分类，即为筹集资金所使用的工具分类，主要包括政府购买方案与强制缴款的医疗筹资方案、自愿购买的医疗筹资方案、居民现金支付、国外（非居民）筹资方案。

与扩展核算相关的主要分类标准还有：（1）要素分类。要素指卫生服务提供机构在提供医疗卫生用品和服务过程中所消耗的人力和物力等投入，分为雇员报酬、自雇专业人员报酬、使用的材料和服务、固定资本消耗、与投入有关的其他支出项目。（2）资本形成总额分类。采取SNA的分类，包括固定资本形成总额、存货变动与贵重物品获得减处置，其中固定资本形成总额还将按资产类型分类为基础设施、机械和设备、知识产权产品。（3）筹资机构分类。即涉及筹资方案管理的机构单位，分为一般政府、保险公司、其他公司、为住户服务的非营利机构、住户、国外。（4）筹资方案的收入分类。收入指通过特定缴款机制得到的每一筹资方案基金的增量，分为政府以国内收入进行的转移、政府以国外收入进行的转移、社会保险缴款、其他强制性预付款、自愿预付款、未另分类的其他国内收入、外国直接转移。

总之，每一维度均有特定分类标准，但没有匹配各维度的唯一分类标准，各国可根据实际情况进行选择，此外，还可以同时使用多种分类标准进行交叉分类。

3. 结果展示

卫生支出可以分别按照上述各种分类标准分类制成单维支出表，如按功能分的卫生支出表、按提供者分的卫生支出表、按筹资方案分的卫生支出表等，据此可以勾绘出全社会的卫生支出消费在哪些卫生功能上，各类生产者提供了多少用于消费的卫生服务，以及各类筹资方案在此过程中发挥了多大作用。

单维支出表虽然提供了非常有用的信息，但如果能够同时使用两种分类标准对支出进行交叉分类，得到的平衡表将提供更丰富的信息。平衡表采用棋盘式表格，行与列分别采用不同的分类标准，不仅使单维的各账户在总额上平衡，而且相互对应，体现出严密的数量衔接，概括反映出卫生资金的循环流程及内在联系。其中三个核心分类标准的交叉分类是最重要的三张平衡表：

（1）功能—筹资方案平衡表，行向采用功能分类，列向采用筹资方案分类，可说明通过各种筹资方案筹措的卫生资源将配置给哪些主要的卫生服务，即可了解谁资助了什么。

（2）功能—提供者平衡表，行向采用功能分类，列向采用提供者分类，可说明所购买的不同卫生服务功能是由哪些生产者提供的，即可了解谁提供了什么。

（3）提供者—筹资方案平衡表，行向采用提供者分类，列向采用筹资方案分类，可说明资金在各类提供者之间是如何分配的，即可了解谁资助了谁。

此外，从筹资方案—筹资收入平衡表可知筹资方案的钱来自何处，从筹资方案—筹资机构平衡表可知谁管理付费方案。将提供者、功能、筹资方案分别与要素进行交叉分类制表，可分别回答提供者、卫生服务功能的投入要素结构以及谁支付了这些投入要素。总之，可根据实际需要选择最感兴趣的分类进行平衡表的编制。

总之，卫生账户体系详细勾画了卫生资金的全部运动过程。有了这样一幅流向图，第一，可以分析卫生支出的发展趋势、增长原因并对未来支出做出预测；第二，可以评价卫生系统的绩效，如筹资的可持续性、宏观效率和利用资源的公平性等；第三，可以展示卫生部门在国民经济中所起的重要作用以及医疗服务对经济发展所做的贡献。

（以上内容曾以"绘一幅促进健康的资金流向图"为题，刊于《中国统计》2013年第8期，作者：何静）

附：文件目录

致谢

缩略语

1. 绪论
   1.1 背景
   1.2 从 SHA1.0 到 SHA-2011：区别及改进
   1.3 手册的作用
2. 卫生账户的目的和原则
   2.1 引言
   2.2 背景
   2.3 SHA-2011 的目的和目标
   2.4 SHA-2011 的原则
   2.5 分析性用途
3. 核算概念和 SHA 总量指标
   3.1 引言
   3.2 SHA 的基础：会计核算和国民账户
   3.3 卫生货物和服务的消费、可用及使用
   3.4 卫生支出的主要总量指标
   3.5 国外账户
   3.6 记录时间
   3.7 市场产品和非市场产品：消费支出测算
   3.8 供应商补贴及其他资本转移的处理
   3.9 卫生服务的生产范围
   3.10 经常性支出与 SNA 消费构成的关系
4. 卫生账户的范围
   4.1 引言
   4.2 卫生经常性支出的定义
   4.3 卫生经常性支出账户的范围
   4.4 SHA 其他支出账户的范围
5. 卫生账户分类：按服务功能
   5.1 引言
   5.2 按用途划分的卫生服务消费
   5.3 服务功能方法的使用
   5.4 SHA-2011 服务功能分类的特点
   5.5 服务功能分类的基本原理
6. 卫生账户分类：按服务提供者
   6.1 引言
   6.2 按服务提供者分类的概念
   6.3 编制说明和指南
   6.4 按服务提供者分类注释
7. 卫生账户分类：按筹资方案
   7.1 引言
   7.2 主要概念
   7.3 筹资方案的定义
   7.4 按筹资方案分类注释
   7.5 具体概念性问题
   7.6 调整 SHA 1.0/SHA-2011 卫生筹资核算的主要步骤
8. 卫生账户分类：按筹资方案的收入
   8.1 引言
   8.2 主要概念
   8.3 卫生保健筹资方案收入的定义
   8.4 按筹资方案收入分类注释
   8.5 具体的概念性问题
   8.6 SHA 征税表

8.7　其他工具
9. 卫生账户分类：按要素
    9.1　引言
    9.2　主要概念
    9.3　账户分类及所选择的分类类型
    9.4　按要素分类注释
10. 基于受益人特征的卫生支出
    10.1　引言
    10.2　背景
    10.3　分析性用途
    10.4　分析不同受益人卫生支出的可能框架
    10.5　基于受益人特征的卫生支出范围
    10.6　与 SHA 主要估计的联系
    10.7　受益人分类
    10.8　可能的方法途径
11. 卫生体系的资本形成
    11.1　引言
    11.2　资本形成总额的定义
    11.3　固定资本形成总额
    11.4　存货变化和贵重物品获得减处置
    11.5　资本形成总额的不同估计方法
    11.6　固定资本消耗
    11.7　资本账户
    11.8　其他备忘项目
12. 卫生贸易
    12.1　引言
    12.2　背景和政策问题
    12.3　基本概念和定义
    12.4　进口和出口
    12.5　估计卫生服务国际贸易的数据来源
    12.6　卫生货物服务贸易报告
13. 价格和物量核算
    13.1　引言
    13.2　价格和物量变化的核算
    13.3　价格和物量时间序列
    13.4　卫生保健：市场和非市场核算
    13.5　用于价格和物量核算的产品分类
    13.6　分提供商的核算
    13.7　质量变化的核算
    13.8　价格和物量的国际指标
14. 基本核算和编制指南
    14.1　引言
    14.2　基本核算准则
    14.3　SHA 编制过程概述
    14.4　一般的核算问题
    14.5　特殊情形的核算问题
15. 结果、表格和基本指标的展示
    15.1　引言
    15.2　卫生账户报告
    15.3　卫生账户时间序列
    15.4　应用卫生账户及其他卫生体系信息
    15.5　国家背景
    15.6　元数据和数据来源
    15.7　质量检查
    15.8　国家、地区和国际数据库
    15.9　展示表格的选取
参考文献
附录
    附录 A　卫生账户分类（ICGA）和其他分类的联系
    附录 B　卫生账户体系（SHA）和国民账户体系（SNA）的联系
    附录 C　卫生助理专业人员和国际标准职业分类（ISCO-08）
    附录 D　卫生体系的融资：辅助工具
    附录 E　卫生保健货物的分类
    附录 F　医学分类
    附录 G　国际标准和贸易旅游分类

弗拉斯卡蒂手册：研究与试验发展调查实施标准

英文标题	Frascati Manual: Proposed Standard Practice for Surveys on Research and Experimental
牵头组织	经济合作与发展组织
版本信息	2015年第7版，2002年第6版，1994年第5版，1980年第4版，1974年第3版，1970年第2版，1963年第1版
文件链接	http://www.oecd.org/sti/inno/frascati-manual.htm
中文版	科学文献出版社，2010年

在科技统计国际规范制定方面，经济合作与发展组织（OECD）扮演了极其重要的角色。自1963年第一部有关科技统计的国际标准——《研究与试验发展调查实施标准》诞生至今，半个多世纪以来，OECD共出台了五部科技统计方面的指导手册，分别为：《研究与试验发展调查实施标准》（又称弗拉斯卡蒂手册）、《创新数据的采集和解释指南》（又称《奥斯陆手册》）、《科学技术人力资源测度》（又称《堪培拉手册》）、《技术国际收支数据编译标准》（又称《TBP手册》）和《专利统计手册》。《研究与试验发展调查实施标准》是其中最重要的一部。

1963年，来自OECD各成员国的研究与开发（R&D，中文简称研发）统计专家在意大利弗拉斯卡蒂镇举行会议，就研究与开发统计指标的定义和测度方法进行深入研究和广泛交流，最后通过了《研究与试验发展调查实施标准》，这就是现在人们所熟知的《弗拉斯卡蒂手册》的第一个正式文本。迄今为止，该手册公开发布的版本已经更新至第7版。

1. 统计对象的界定——R&D活动

《弗拉斯卡蒂手册》对R&D活动进行了以下定义："研究与试验发展是指为了增加知识储量而在系统的基础上进行的创造性工作（其中包括有关人类、文化和社会的知识），以及利用这些知识储备来设计新的应用。"它又可以被分为三种活动：

（1）基础研究，是一种实验性或理论性的工作，主要是为了获得关于现象和可观察事实的基本原理的新知识，它不以任何特定的应用或使用为目的。

（2）应用研究，也是为了获取新知识而进行的创造性研究，但它主要针对某一特定的实际目的或目标。

（3）试验发展，是利用从科学研究和实际经验中获得的现有知识，为生产新的材料、产品和设备，建立新的工艺、系统和服务，或对已产生和已建立的上述各项进行实质性改进，而进行的系统性工作。

在实际工作中，区分R&D与其他相关活动的基本准则是：R&D活动应具有明显的创新成分，能够解决科学或技术的不确定性，即对那些即使是具备了相关领域的知识和技术的人来说也并不容易解决的问题。根据这条准则，即可将R&D活动和一些科技领域的其他活动区分开来。例如，在医学领域，有关死亡原因的常规尸体解剖属于医疗实践而不是R&D；对特定人群死亡率进行专门调查研究，以确定某些癌症治疗法的副作用，则属于R&D。同样，医生进行的常规血液检测和细菌试验不属于R&D，而与引进一种新药物有关的专项血液检查就属于R&D。

2. 统计对象的分类

《弗拉斯卡蒂手册》主要提供了两种在进行R&D统计时常用的分类方法，即机构分类法和功能分类法。

机构分类法重点关注实施机构或资助机构的特性，所有这些机构的R&D资源都将按其主要活动逐一划分到某一类别或某一子类中。类似于国民账户体系（SNA）中对部门的定义，在机构分类法中，所有统计单位被划分到五个部门：企业部门、政府部门、私人非营利机构部门、高等教育部门、国外机构。不同之处在于，此处把高等教育确定为一个独立的部门，同时将住户这一类别并入私人非营利（PNP）部门。与SNA一样，非营利机构（NPI）要按照目的和经费来源做进一步划分。具体划分过程及其各部门的标识如图1所示。

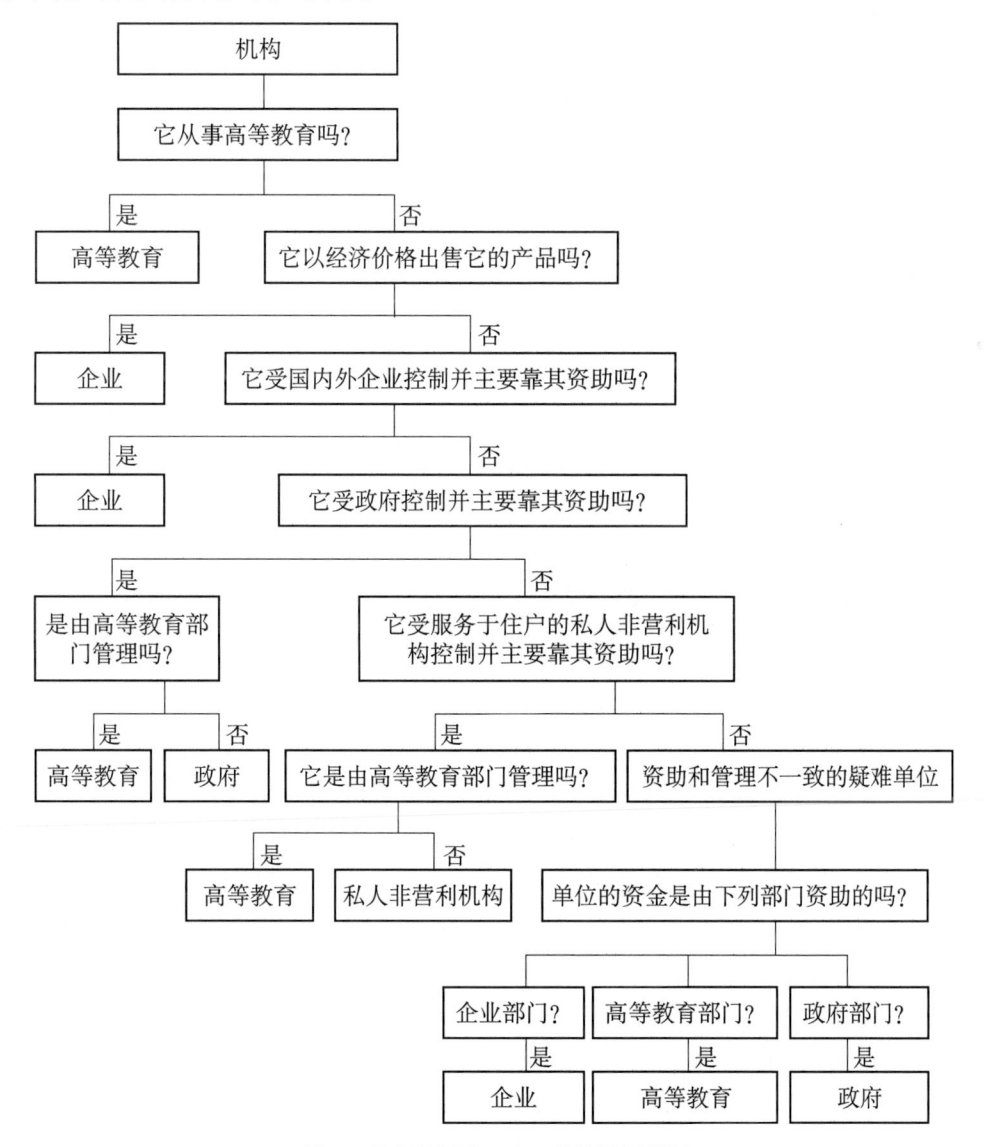

图1 按部门划分R&D单位的判断树

功能分类法主要考察各机构所实施的 R&D 活动的性质，目的是依据实施单位 R&D 活动自身的特征，将 R&D 资源划分到一个或若干个功能类别之中。这种分类通常是在 R&D 项目层次上进行。主要的功能分类包括以下四种。

(1) 以 R&D 类型分类。包括基础研究、应用研究、试验发展。

(2) 以产品领域分类。这种分类方法只应用于企业部门，展现企业部门各机构所开展的 R&D 活动的实际产业方向，以提高数据的质量，便于将其与经济活动结合起来进行更详细的分析。在按产品领域对 R&D 进行分类时，有两种可行的标准：一种是考虑产品的性质；另一种是依据产品在企业经济活动中的用途。

(3) 以科学技术领域分类。这一分类方法侧重于 R&D 活动所处的科学领域，主要应用于高等教育部门、政府部门和私人非营利机构部门。按照该分类方法，一般把 R&D 活动划分到自然科学、工程与技术科学、医学、农业科学、社会科学和人文科学等领域。如果合适的话，比如遇到具有多学科性质的项目，资源应按多个科学技术领域进行分类。

(4) 以社会经济目标分类。即按照 R&D 活动的社会经济目标对 R&D 活动进行分类，具体包含的类别为：地球探测与开发；基础设施和土地利用的总体规划；环境的治理和保护；人类健康的保护与改善；能源的生产、分配和合理利用；农业生产与技术；工业生产与技术；社会结构与关系；空间探测与开发；非定向研究；其他民用研究；国防。

3. R&D 投入测度

测度 R&D 活动的投入，主要侧重于 R&D 人员和 R&D 经费两方面。

(1) R&D 人员的测度。主要统计 R&D 人员总量、特征分组和全时工作当量。"全时工作当量"是测度科技人力资源的一个特有指标。考虑到科技活动可能是一些人的主要工作（如 R&D 实验室的工作人员），也可能是其次要工作（如设计与测试机构的人员），甚至可能是一项非全日活动（如大学教师或研究生）。如果仅仅计算以科技活动为主要工作的人员，将低估科技活动投入；但如果将每个花费了一定时间在科技活动上的人员都计算在内，又会高估科技活动投入。为此特引入"全时工作当量"这一概念。简单来说，如果一个科技从业人员一年中有 30% 的时间花在了科技活动上，那么他的全时工作当量就是 0.3 人年。引入全时工作当量之后，关于科技活动人力资源投入的数据就能更精确地描述科技活动的实际状况。

(2) R&D 经费的测度。一般指的是研发活动经费支出统计。按照《弗拉斯卡蒂手册》给出的建议，研发活动经费可分为内部经费和外部经费。区分"内""外"的关键在于经费的去向，而非经费的来源。举例来说，如果一个企业将开发一个新产品的任务外包给了企业外某单位并支付相应的开发成本，则支付的这部分资金对于该企业而言就是外部经费支出；对于承担开发任务的企业而言，这部分经费的使用就是内部经费支出。

在科技统计领域，一个很重要的国际对比指标是所谓的"GERD/GDP"。其中，GERD 是"一国研发活动的总经费"，它等于国内各单位的内部经费支出加总。"GERD/GDP"常常被用于衡量一国在科技领域的投入水平。

4. 第 7 版的主要变化

从第 6 版到第 7 版，核心内容没有发生根本性变化，修订主要集中在当前 R&D 活动的发生与资金来源变化，并拓展了 R&D 统计的应用。以下简述增补的内容。

（1）将此前一直处于附录地位的"发展中国家 R&D 测度"内容作为主体内容整合入《手册》的核心部分，同时强调了生产具有国际可比性 R&D 统计数据的重要性，由此提升了《手册》作为一部全球性规范的层次。

（2）新增加了一章（第六章）专门讨论 R&D 活动的测度方法与过程。其中特别强调 R&D 数据的使用情况，包括投入产出之间的因果分析、微观数据使用、保密性限制，同时讨论在实际调查过程中遇到的各类难题，例如"维持一定的回答率"、"减轻被调查者负担"、"行政数据源使用"、"数据的国际可比性"等，并给出了指导性建议，旨在促进各国对 R&D 微观数据的充分利用。

（3）围绕 R&D 统计部门分类中的四个部门（企业、政府、高等教育与私人非营利部门）各自增加一章，特别说明各部门在数据收集中出现的实际问题。对于企业部门，《手册》认为在调查中需关注企业的资金来源、主要经济活动分类、就业规模和地理位置，重点搜集其 R&D 活动的支出、人员、资金来源，以及基础研究、应用研究与试验发展分布情况等方面的数据。对于政府部门，《手册》重点讨论了 R&D 资金与人员测度，并关注政府部门作为 R&D 资金提供者发挥的作用，尤其是政府部门的 R&D 预算配置与税收减免。对于高等教育部门，《手册》认为首要任务是给出该部门的范围与边界，确定一个能够支持国际比较的高等教育部门定义，然后提供了高等教育部门 R&D 支出、内部与外部资金和人员流动状况的测度方法。最后是专门针对私人非营利机构部门（NPIs）的讨论，说明该部门在统计过程中的实际处理方法（可以单独识别也可以分入其他各部门中），以及测度 R&D 活动的方法。

（4）针对 R&D 全球化测度提供了新指导。《手册》给出了"国外"的定义，并与 SNA 的定义保持一致。所谓 R&D 全球化，是指企业部门以及公共或私人非营利部门（政府、高等教育机构等）在国际活动中所涉及的 R&D 融资与合作，具体包括 R&D 融资、开发、转移与使用的一系列全球范围内活动。新版《手册》给出了企业与非企业部门的 R&D 全球化指标。

（5）首次讨论了政府 R&D 的税收减免测度问题。《手册》先指出税收支出测度的难度，然后专门用一章内容给出如何从税收激励角度来报告政府部门对 R&D 支持的方法，旨在指导各国提供具有国际可比性的 R&D 支出税收减免指标。由于此项工作是本次修订的创新，更深层次的度量方法改善将在《手册》公布后继续进行。

（6）特别关注了研发资本化处理对 R&D 支出统计的影响。研发资本化核算是 SNA-2008 的新变化，研发支出统计是实现研发资本化核算的基础。为适应这一变化，《手册》在许多方面增加了相关讨论，建议通过增加相应数据分类来满足其要求。

（以上内容曾以"科技统计的基本规范"为题，刊于《中国统计》2013 年第 2 期，作者：王子琛，后续第七版内容补充 王文静）

附：文件目录

缩略语

1. R&D 统计和《弗拉斯卡蒂手册》简介
  1.1 《弗拉斯卡蒂手册》的目的和背景
  1.2 手册概览
  1.3 手册执行建议
  1.4 结束语
  参考文献

第一部分　R&D 定义与测度：总指南

2. 有关 R&D 的概念与定义

  2.1 引言
  2.2 研究与试验发展的定义（R&D）
  2.3 R&D 活动与项目
  2.4 识别 R&D 的五个标准
  2.5 R&D 类型分类
  2.6 研究与发展领域的分类和分类目录（FORD）
  2.7 R&D、边界和非 R&D 实例
  2.8 非 R&D 活动

参考文献

3. R&D 统计的部门和分类

3.1 引言
3.2 机构单位
3.3 机构部门
3.4 适用于所有机构单位的通用分类方法
3.5 弗拉斯卡蒂主要部门、单位和边界案例的概要介绍

参考文献

4. R&D 支出测度：资金执行和来源

4.1 引言
4.2 R&D 内部支出（R&D 执行）
4.3 R&D 资金
4.4 协调基于执行者与基于出资者的两种方法之间的差异
4.5 国民 R&D 总量

参考文献

5. R&D 人员测度：内部人员和外部人员

5.1 引言
5.2 R&D 人员的范围和定义
5.3 推荐的测度单位
5.4 按类别汇总 R&D 人员总量的建议

参考文献

6. R&D 测度方法及程序

6.1 引言
6.2 单位
6.3 机构部门
6.4 调查设计
6.5 数据收集
6.6 数据整合
6.7 数据资料的编辑和插补
6.8 估算
6.9 输出验证
6.10 向经合组织或其他国际组织提供报告
6.11 数据质量的结论

参考文献

第二部分　R&D 测度：部门指南

7. 企业 R&D

7.1 引言
7.2 企业部门范围
7.3 统计单位和报告单位
7.4 统计单位的机构分类
7.5 企业 R&D 活动指标
7.6 企业 R&D 内部支出的功能分类（BERD）
7.7 企业部门外部 R&D 活动的功能分类

参考文献

8. 政府 R&D

8.1 引言
8.2 政府部门 R&D 测度范围
8.3 政府部门 R&D 的识别
8.4 政府部门 R&D 支出和 R&D 人员的测度
8.5 政府部门 R&D 支出和人员编制方法
8.6 政府 R&D 资金的测度

参考文献

9. 高等教育 R&D

9.1 引言
9.2 高等教育部门的范围
9.3 高等教育部门的 R&D 识别
9.4 高等教育部门 R&D 支出和人员的测度
9.5 高等教育部门编制 R&D 支出及 R&D 人员的方法
9.6 与教育统计的联系

参考文献

10. 私人非营利 R&D

10.1 引言
10.2 私人非营利（PNP）部门的范围
10.3 私人非营利部门分类建议
10.4 私人非营利部门中的 R&D 识别
10.5 私人非营利部门中 R&D 支出和人员测度
10.6 私人非营利部门的调查设计及数据收集

参考文献

11. R&D 全球化的测度

11.1 引言
11.2 企业 R&D 全球化测度
11.3 跨国企业的国际 R&D 出资
11.4 开发、编制和公开跨国企业 R&D 汇总数据
11.5 R&D 服务贸易
11.6 测度非企业部门的 R&D 全球化

参考文献

第三部分　政府支持R&D的测度

12. 政府R&D预算

  12.1　引言

  12.2　政府R&D预算的范围

  12.3　政府R&D预算数据来源和估算

  12.4　社会经济目标分类

  12.5　政府R&D预算的其他分类方式

  12.6　政府R&D预算数据的使用

  参考文献

13. 政府R&D税收减免的测度

  13.1　引言

  13.2　R&D支出的税收减免

  13.3　政府R&D税收减免统计的范围

  13.4　数据来源和测度

  13.5　对政府R&D税收减免统计的优先分类

  参考文献

附录1　手册简史及起源

附录2　术语列表

索引

141

奥斯陆手册：创新数据的采集和解释指南

英文标题	Oslo Manual：Guidelines for Collecting and Interpreting Innovation Data
牵头组织	经济合作与发展组织
版本信息	2005年第3版，1997年第2版，1992年第1版
文件链接	http：//www.oecd.org/sti/inno/oslomanualguidelinesforcollectingandinterpretinginnovationdata3rdedition.htm
中文版	科学技术文献出版社，2011年

《奥斯陆手册》（以下简称《手册》）由经济合作与发展组织（OECD）开发，于1992年首次正式推出，目的是从统计角度对技术创新（产品创新和工艺创新）进行界定，成为为制造业领域的技术创新统计提供依据的技术规范。1997年对该《手册》进行了修订，更新了相关国际分类标准，并将技术创新的定义和测度从制造业扩大到服务业。当前看到的是2005年发布的第3版，它增加了有关非技术创新的内容，同时将创新概念的范围进行扩展。以下基于第3版分别对创新定义和类型、创新活动的测度方法以及创新调查作简要介绍。

1. 创新与创新类型

《手册》对创新进行了定义：所谓创新，是指出现新的或重大改进的产品或工艺，或者新的营销方式，或者在商业实践、工作场所组织或外部关系中出现的新的组织方式。创新类型可以划分为四类：

（1）产品创新，指引入在属性或用途上全新的或有重大改进的商品或服务。它包括在技术规范、成分和材料、装配的软件、用户友好性或其他功能特色等方面的重大改进。

（2）工艺创新，指出现新的或明显改进的生产方式或交付方式。它包括在技术、设备和软件等方面的重大改变。

（3）营销创新，指新的营销方式的实现。包括产品设计或包装，产品分销渠道、产品促销方式或产品定价等方面的重大变革。

（4）组织创新，指商业实践、工作场所组织或外部关系等方面有新的组织方式的实现。

由上述创新类型引出一个问题：如何区分不同创新活动，以便更好地对其进行调查和测度。该《手册》给出了详细的区分标准。比如，如果一项创新是将包括新的或具有重大改进特征的服务提供给消费者，则可视其为产品创新；如果是以包括新的或重大改进的方法、设备和技能应用于服务，则可视之为工艺创新。可以根据不同目标对工艺创新和营销创新进行区分，如果目标是降低单位成本或提高产品质量，则可视为工艺创新；但如果目标是通过改变产品的定位或形象来增加销售额或市场占有率，则应视为营销创新。

创新是如何发生的？《手册》给出了一个有关创新形成以及测度的基本框架（见图1）。产业组织理论、组织创新、营销理论、演化方法、创新系统方法等理论构成了创新测度框架的基础，显示出创新背后的驱动力、产品和工艺的重要性、营销与组织实践的重要性、联系与扩散的作用，以及创新的系统观。《手册》整合了各种企业创新理论的观点，将创新视作系统的方法，从创新调查对象企业的视角描绘了这个框架，为创新过程提供了有用的理论视角。

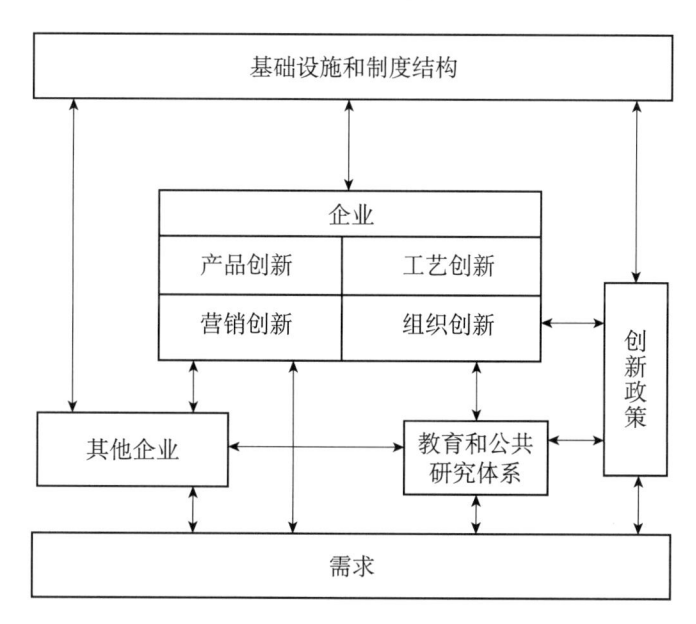

图 1　创新理论模型

资料来源：OECD（2005），Oslo Manual Guidelines for Collecting and Interpreting innovation Data，3rd edition.

可以看到，此框架的中心是企业内发生的创新，体现为企业活动中有计划的变革，目的是提升企业绩效，进而要关注企业与其他企业以及教育、公共研究体系之间的联系，然后是企业运行其中的制度结构，最后是需求的作用。

2. 创新活动的测度

创新是一个过程，其中包含着各种创新活动。创新统计的一项基本任务就是要对创新活动给予有效测度，提供相关信息，促成创新的开发和实施，增强企业创新能力。

创新活动包括实现创新所采取的科学、技术、组织、金融、商业各方面的活动。一些活动本身就是在进行创新，另外一些活动则是为实现创新而做的必要工作。此外，创新活动还包括与具体创新活动不直接相关的研发活动。为此《手册》将创新活动分为三类。（1）研究与试验发展（R&D），包括内部 R&D 和外部 R&D。内部 R&D 是企业内部系统性的创新工作，其目的是增加知识储备和运用知识发明新应用；外部 R&D 是同内部 R&D 一样的活动，但需要从公共或私人的研究机构或从其他企业购买。（2）产品和工艺创新活动，主要包括以下四个方面：其他外部知识获取，机器、仪器和其他资本品的获取，产品和工艺创新的其他准备，培训。（3）营销和组织创新活动，由营销创新准备和组织创新准备两部分组成，营销创新准备是与新营销方式的开发和实践有关的活动，组织创新准备是为新组织方法的计划和实施而开展的活动。

在确定了创新活动的范围后，需要通过创新调查收集创新活动的定性数据和定量数据，最后根据收集的数据进行创新活动测度。

定性数据主要涉及企业是否从事创新活动的问题。创新调查可以搜集到企业员工特点的信息，如受教育水平和技术人员的数量，以及企业是否参与了为员工教育或为研究人员提供资金支持的国家或国际项目。

定量数据涉及创新活动的费用。对每项创新活动经费进行定量测度，是衡量企业、产业和国家创新水平的重要方法。创新活动费用可以根据费用类型和资金来源进行分类。（1）按费用类型，创新活动费用可以分为经常费用和资本支出。经常费用包括劳务费用和其他经常费用，其中，劳务费用包括工资和所有相关的附加福利费，其他经常费用包括企业在给定年为支持创新活动购置材料、供应品、服务和仪器等非资本支出；资本支出包括在内部R&D活动以及机器、仪器和其他资本品获取费用之中，也潜在地包含在营销创新和组织创新过程之中。（2）按资金来源，创新活动费用可以分为自有资金、来自关联公司的资金、来自其他企业的资金、来自金融公司的资金、来自政府的资金、来自超国家组织和国际组织的资金、其他来源七个类别。

3. 创新调查

开展创新调查的目的，是要提供有关企业层面创新过程的信息，甄别出企业开展的创新活动。其中涉及以下三个基本问题：对谁做调查，调查什么，调查如何组织。创新调查的内容可见上述有关定性数据和定量数据的说明，以下对调查对象和调查组织实施程序作简要介绍。

创新调查中区分第一统计单位和第二统计单位两个层次。企业单位是创新调查的第一统计单位，它可以是主要从事一类经济活动的单一合法单位构成的企业，也可以是一组不能被视为独立经济实体的若干合法单位构成的企业。第二统计单位是基层单位，是指位于某一固定区位的一个企业或企业的一部分，它只从事一种生产活动或其主要的生产性活动创造了大部分增加值。

对上述统计单位可以进行不同分类。一是按主要经济活动分类，《国际标准行业分类》（ISIC）和《欧共体经济活动标准分类》（NACE）是适合创新调查采用的国际分类法；二是按规模分类，《手册》建议根据员工人数来衡量企业的规模；三是按机构类型分类，其中包括有关私有制企业和公有制企业的划分。此外，还可考虑按照一般的企业特征进行分类，如活动形式、生产商品类型、出口强度和地理位置等；也可以根据创新指标进行分类，如创新或研发强度以及与其他企业或公共机构的合作。

在确定了统计单位之后，需要运用恰当的统计方法来收集和分析数据。《手册》在各国和国际创新调查理论知识与实践经验基础上，形成了收集和分析创新数据之核心要素的指南，其中，整个调查程序被分为以下六个主要步骤：

（1）确立目标总体。目标总体至少应当包括所有10名员工以上规模的统计单位。

（2）明确调查方法。由于资源的限制，多数情况下应选择抽样调查。创新调查可以是强制性或自愿性的，如果是自愿性的，可以在抽样调查中通过提高抽样比例来弥补无应答率较高的情况。

（3）选取抽样技术。分层抽样技术可以保证得到可靠的结果。总体的分层方式应该与按照创新和非创新活动标准得出的分层方式尽可能保持一致。

（4）设计调查问卷。在实施调查前，要对问卷进行预调查；问卷要简短，结构安排符合逻辑，注重问卷的设计和布局。应使用二元选择法或者等级量表法处理涉及大量定量指标的各种问题。

（5）进行结果汇总和评价。主要包括对抽样结果进行加权处理，处理缺失值。

（6）报告结果。创新调查的结果既可以用描述性分析也可以用推断性分析。描述性分析的目的在于描述统计单位的创新活动或非创新活动，推断分析的目的是得出有关目标总体的相关结论。

（以上内容曾以"创新统计的基本规范"为题，刊于《中国统计》2013年第3期，作者：徐婉濛）

附：文件目录

1. 《手册》的目标和范围
   1.1 导言
   1.2 影响《手册》范围的因素
   1.3 《手册》的范围
   1.4 为关键问题提供数据
   1.5 调查相关问题
   1.6 与其他国际标准及相关概念的关系
   1.7 本章结语
2. 创新理论和测度需求
   2.1 引言
   2.2 创新经济学
   2.3 测度框架
   2.4 部门与区域层面的创新
   2.5 调查领域
3. 基本定义
   3.1 引言
   3.2 创新
   3.3 创新的主要类型
   3.4 各类创新之间的区别
   3.5 不认为是创新的变革
   3.6 新颖性与扩散
   3.7 创新企业
   3.8 收集创新资料
4. 机构分类
   4.1 方法
   4.2 单位
   4.3 按主要经济活动分类
   4.4 按规模分类
   4.5 其他分类
5. 创新过程中的联系
   5.1 导言
   5.2 向内扩散
   5.3 向外扩散
   5.4 知识管理
6. 创新活动的测度
   6.1 导言
   6.2 创新活动的构成和范围
   6.3 收集创新活动数据
7. 创新的目标、障碍与成效
   7.1 引言
   7.2 创新的目标与效果
   7.3 影响企业绩效的其他测度
   7.4 阻碍创新活动的因素
   7.5 关于获得创新回报的问题
8. 调查程序
   8.1 导言
   8.2 总体
   8.3 调查方法
   8.4 结果评价
   8.5 报告结果
   8.6 数据收集的频率

参考文献

缩略语

OECD 专利统计手册

英文标题	OECD Patent Statistics Manual
牵头组织	经济合作与发展组织
版本信息	2009 年第 2 版，1994 年第 1 版
文件链接	http://www.oecdbookshop.org/browse.asp?pid=title-detail&lang=en&ds=&ISB=9789264056442
中文版	http://www.oecdbookshop.org/browse.asp?pid=title-detail&lang=en&ds=&ISB=9789264056442

专利是创新活动的重要成果，因而也是科技统计的重要组成部分。经济合作与发展组织（OECD）在 1994 年出版了《测度科学技术活动：用做科技指标的专利数据》，此后在数据提供和基于专利数据的统计分析方面取得了突破性进展。2009 年，OECD 联合欧洲专利局、日本专利局、美国专利商标局、世界知识产权组织、欧盟统计局和美国国家科学基金会联合研究、修订并出版了《专利统计手册》（以下简称《手册》，旨在为专利统计数据的使用者和编制者提供基本统计指南。《手册》共 8 章，以下从基本概念、申请注册程序、分类、编制准则，以及使用和分析等方面进行介绍。

1. 专利与专利统计

专利是为了保护发明的合法所有权，从而授予其所有者对一项发明（具有新颖性、独创性和可用于产业应用的产品或方法）在权利要求内的一系列专有权。由专利所赋予的法律保护，给予所有者如下权力：在专利保护期内（一般为自首次申请日开始的 20 年）和在给予保护的国家内，禁止其他人制造、使用、销售、提供销售，或进口已获专利的发明。

为获得一项发明专利，拥有发明的个人或机构（企业、公共或私营机构如大学、政府机构）必须向专利局提出申请。其通用步骤如下：(1) 向专利局提出专利申请。(2) 专利局任命一名审查员负责受理申请，进行新颖性检查。(3) 审查员研究专利申请，如果所有的可专利性标准（可获专利的主题、新颖性、独创性、产业可利用性）均已达到，可对专利进行授予。(4) 授予后，专利可在最长 20 年的期限内维持有效性。此外，若要寻求多个国家的专利保护，专利申请人还可以提出国际申请。

专利文件包含大量信息，所有这些信息都有可能成为统计分析的对象。为统计研究之目的，专利文件中所包含的信息可分为三类：(1) 发明的技术说明，包括标题和摘要、权利要求、发明所属的技术类型、现有技术、专利参考文献、非专利参考文献。(2) 发明的开发和所有权，包括发明人及其地址的列表、申请人及其地址的列表。(3) 申请历史，包括专利号、申请号、专利（授予）号、优先号、优先权日期、申请日期、公告日期、指定国列表、驳回或撤回日期、授予日期、失效日期。

专利统计是测度技术产出的指标中使用最频繁的指标。专利统计数据有以下用途：(1) 专利反映发明产出，可用于测度国家、地区、企业或发明人个人的发明能力。(2) 专利统计数据可以反映创新或竞争过程中某些方面的发展动力，如合作研究、企业的战略等。(3) 专利统计数据可以用于监测专利制度本身，专利也有助于对全球化模式进行追踪。

2. 专利的分类

通过对专利进行分类，可以获得特定专利分析单元或一些与变量相关的经济或社会信息。专利主要可以根据技术领域、产业、地区和机构部门来进行分类。

(1) 技术领域分类。国际专利分类（IPC）体系根据1971年的《斯特拉斯堡协定》制定，根据技术领域对专利文件进行分类，是国际公认的专利分类方法。据此把专利分为八类：人类生活必需；作业，运输；化学，冶金；纺织、造纸；固定建筑物；机械工程、照明、加热、武器、爆破；物理；电学。由于专利数据覆盖范围广、时间跨度长，因此，在研究技术的长期发展变化、识别技术的突破及技术领域之间的相互交流方面很有用。通过技术领域分类数据，可以研究以下问题：新技术领域，例如高分子半导体、风能技术等；技术生命周期，例如跟踪长时间段内专利申请的年增长率以了解新技术的增长率是否下降；技术的交叉融合，例如等离子技术对电子技术的影响。

(2) 产业分类。专利可作为测度研发产出或产业层次创新投入的指标。在确定专利的产业归属时，可使用两种不同的标准：一是专利来源方的产业部门，如发明/申请公司的产业部门；二是专利使用方的产业部门，如发明产品所属的产业。几乎所有按产业分类的专利对照表都采用第一种方法。常用的专利对照表有：加拿大知识产权局采用的"耶鲁对照表"，美国专利商标局制定的"OTAF对照表"，经济合作与发展组织ANPAT数据库使用的对照表。将专利和产业联系起来，可以分析重要的政策问题：产业的发明能力；国家的产业专业化，与贸易和生产专业化相联系；跨产业的技术转移；通过对专利的专门研究将专利直接归属于某一产业；将专利归属于其申请人（公司）的产业代码。

(3) 地区分类。所谓地区，是指申请人的地址。经济合作与发展组织使用TL（"地域层级"）分类，该分类下有不同的地域层级，比如TL2由300个大经济区构成，TL3由2300个地区构成。将专利归属到地区有助于处理一些重要的政策问题：各地区的技术表现和形态的比较；创新中地理接近性的重要性；各地区创新和生产生活活动的空间分布；地区内和地区间的技术互动和技术合作。

(4) 机构部门分类。经济合作与发展组织的《弗拉斯卡蒂手册》将专利按照机构部门归属于以下几类：企业、政府、私人非营利组织、高等教育和国外。欧盟统计局将专利按照机构部门归属于个人、私营企业、政府、大学、医院、私人非营利组织。专利持有人的机构部门由其法律地位决定，识别由大学和公共机构进行的专利申请可用于研究以下问题：特定政策对大学专利申请的影响；大学、公共研究中心和私营公司所进行的合作研究的模式。

3. 专利指标的编制准则

为编制专利统计数据，必须选择适当的方法。编制专利统计数据过程中需要对以下基本问题的处理做出规定：参考日期、参考国家，以及国际可比专利集合（PCT专利、专利族）的处理。基于这些标准，可以按照技术领域、地区、机构来源等编制出更为精细的指标。

(1) 参考日期。一是优先权日期，指为保护一项发明在世界任何地方首次提交专利申请的日期。二是申请日期，指专利提交到一个特定专利局的日期。三是公布日期，指自优先权日期起的18个月公告的日期。四是授予日期，指授权机构授予申请人专利的日期。从技术或经济的视角来看，最有意义的统计指标是优先权日期,因为它最接近发明日期。因此,为反映创新能力,建议使用优先权日期来编制专利统计数据。

(2) 参考国家。专利文件包含申请人居住国、发明人居住国和优先权国家。根据申请人居住国进行专利统计显示出发明的"所有权"或控制权,反映一个国家企业的创新绩效。发明人居住国反映一个国家本地实验设施和居民的发明能力。优先权国家反映了一个国家专利申请程序的吸引力。因此,为反映一国的创新活动,建议使用发明人的居住国来统计专利数据。

(3) 国际可比专利集合(PCT专利、专利族)的处理。PCT专利是指国际专利申请,专利族是指基于一个或多个优先申请而在多个国家提交的一组彼此相关的专利(或申请)。对PCT专利和专利族进行统计时,建议使用最早的优先权日期、发明人的居住国和拆分计数方法。

4. 专利指标的使用与分析

专利指标可以传达出关于发明创造活动结果和过程的信息。《手册》最后通过介绍专利引用、科学技术的国际化指标、专利价值指标,描述了如何使用专利指标来分析与技术变化有关的问题。

(1) 专利引用的使用和分析。对专利和非专利的引用是检索报告中提供的参考资料,用于评估发明的可专利性和确定新申请专利的权利要求的合法性。引用大体可分为两类,即专利参考文献和非专利参考文献。专利引用指标分为两组:一是后向引用指标,即对已有专利文件的引用,可用于评估发明的新颖性和知识传播的模式。通过后向引用,可评估技术过时的曲线,特定发明的知识向机构、地区的传播等。二是前向引用指标,即一项专利随后的被引用,可以用于评估发明的技术影响,如它们的跨技术或地理影响。发明的技术影响可反映发明在经济中的重要性。

(2) 科学技术的国际化指标。作为发明活动产出的专利,可以研究技术活动的国际化。专利文件显示申请时专利所有人的信息,以及他们的地址和国家或居住国。使用这些信息,可提供关于发明的地理组织的很多信息。科学技术国际化的指标主要有:一是发明的跨国界所有权,包含本国发明的外国所有权和外国完成发明的本国所有权。第一个指标是指授予居住在国外的申请人且至少有一个国内发明人的专利数量除以国内已获专利的数量,显示外国控制本国发明的程度;第二个指标是指授予一个国家在国外完成的且至少有一个外国发明人的专利数量除以该国所拥有专利的总数量,反映本国控制由其他国家居民所作发明的程度。二是研究的国际合作指标,指一国在国内发明的专利总数量中至少有一名发明人位于国外的专利数量,反映知识的国际流动。

(3) 专利价值指标。专利的经济价值是指专利在其生命期内所产生的收入的现值,而专利的社会价值则是指专利对全社会技术的贡献。专利价值的统计分布是不平衡的,一些专利具有高价值,而其他很多专利则几乎没有价值(如未得到利用)。为了控制专利价值的不平衡分布,从而在更宽泛意义上获得专利的相关经济价值,可以编制以下两种专利价值替代指标:一是加权数,即根据专利前向引用的次数、专利族成员的数量等对专利赋予权重;二是对选定的专利(排除低价值专利)进行统计,比如三方专利、被引用量高的专利、授予的专利、续期达到一定年份数的专利等。

(以上主要内容曾以"专利的定义及其统计"为题,刊于《中国统计》2015年第12期,作者:刘思敏,后续补充张一青)

附：文件目录

前言
缩略语
1. 《手册》的目标和范围
2. 科学和技术的专利统计指标
   2.1 导言
   2.2 专利的法律基础
   2.3 专利保护的行政路线
   2.4 专利的经济基础
   2.5 专利文件的信息内容
   2.6 专利作为发明活动的统计指标
   2.7 专利数据库
   2.8 研究主题
3. 专利体系和申请程序
   3.1 导言
   3.2 专利申请的核心程序
   3.3 专利申请的国家和地区程序
   3.4 国际专利申请
4. 专利指标的基本编制准则
   4.1 导言
   4.2 参考日期
   4.3 参考国家
   4.4 PCT 申请
   4.5 专利族
   4.6 国家专利指标的标准化
5. 不同标准的专利分类
   5.1 导言
   5.2 技术领域
   5.3 产业分类
   5.4 地区分类
   5.5 机构部门分类
   5.6 公司分类
   5.7 发明人分类
6. 专利引用的使用和分析
   6.1 导言
   6.2 什么是引用
   6.3 引用指标的使用和运用
   6.4 专利局的引用做法
   6.5 基于引用的指标
   6.6 非专利文献
   6.7 基于引用类型的其他指标（EPO 和 PCT 检索报告）
7. 科学技术的国际化指标
   7.1 导言
   7.2 指标
   7.3 所有权和研究战略
8. 专利价值指标
   8.1 导言
   8.2 前向引用
   8.3 基于程序信息和申请人行为的指标
   8.4 其他指标
注释
参考文献
术语表

143

科技人力资源测度手册——堪培拉手册

英文标题	Manual on the Measurement of Human Resources Developed to S&T（Canberra Manual）
牵头组织	经济合作与发展组织
版本信息	1995 年第 1 版
文件链接	http：//www.oecd-ilibrary.org/science-and-technology/measurement-of-scientific-and-technological-activities_9789264065581-en
中文版	无

附：文件目录

1. 《手册》的目的与范围
   1.1 引言
   1.2 目标
   1.3 科技人力资源（HRST）的范围
   1.4 HRST 流量与存量的测度
   1.5 HRST 数据的分解
   1.6 国内与国际来源及指南
   1.7 结论
2. 主要用户与 HRST 信息需求
   2.1 引言
   2.2 主要感兴趣的群体
   2.3 HRST 数据的使用者
3. 基本定义
   3.1 HRST
   3.2 教育方面 HRST 的覆盖范围
   3.3 职业方面 HRST 的覆盖范围
   3.4 综合方法
   3.5 与其他定义的联系
4. HRST 的基本框架
   4.1 图解模型
   4.2 传递途径
   4.3 预测、规划与估计
   4.4 地理分组
5. 使用国际分类标准时的 HRST 分组
   5.1 引言
   5.2 分类单元
   5.3 人数还是全时当量
   5.4 HRST 的主要分组
6. HRST 分析感兴趣的其他变量
   6.1 概述
   6.2 HRST 的人员特征
   6.3 影响 HRST 系统的文本数据
7. 数据来源
   7.1 引言
   7.2 数据的国际来源
   7.3 数据的国内来源
   7.4 清单

附录

技术国际收支数据编译标准

英文标题	Proposed Standard Method of Compiling and Interpreting Technology Balance of Payments Data（TBP Manual）
牵头组织	经济合作与发展组织
版本信息	1990 年第 1 版
文件链接	http：//www.oecd-ilibrary.org/science-and-technology/proposed-standard-method-of-compiling-and-interpreting-technology-balance-of-payments-data_9789264065567-en
中文版	新华出版社

附：文件目录

前言

1. 《技术国际收支数据编译标准》的目的与范围
   1.1 引言
   1.2 技术与技术转移
   1.3 TBP 及技术的转移和循环
   1.4 《技术国际收支数据编译标准》的目的与大纲
2. TBP 覆盖的交易
   2.1 TBP 的界定
   2.2 TBP 的标准组成部分
   2.3 编制 TBP 的基本原则
3. 分类体系
   3.1 按交易者特征分类
   3.2 按合同特征分类
4. 调查与数据收集方法
   4.1 草拟建议时需考虑的因素
   4.2 方法选择
   4.3 关于数据收集问题的建议
5. 货币转换与价格缩减
   5.1 货币转换
   5.2 价格缩减

附录

145

科技活动统计手册

英文标题	Manual for Statistics on Scientific and Technological Activities
牵头组织	联合国教科文组织
版本信息	1984年第2版，1979年第1版
文件链接	http://ec.europa.eu/eurostat/statistics-explained/index.php/Glossary：Scientific_and_technological_activities_（STA）
中文版	无

科技活动统计的目的主要是，通过建立指标体系的方法，对科技活动的过程进行统计。鉴于联合国教科文组织成员国在统计体制和发展水平方面的不一致，尤其是科技活动指标构建及相关数据可获得性的差异，为进一步改善成员国之间科技活动数据的质量与可比性，教科文组织编制了《科技活动统计手册》（以下简称《手册》，对相关问题进行阐述和解释。以下针对第2版《手册》作简要介绍。

《手册》认为，科技政策制定需要建立在对一个国家科技活动等方面信息科学统计的基础之上。科技统计的目的在于提供一个全面的统计信息标准，因此，科技统计对科技政策的制定起到至关重要的作用。编制《手册》的目的即在于建立一个科技统计标准，并对其中涉及的科技活动的统计范围进行界定。《手册》定义了科技活动的基本概念，指出科技活动主要由科学研究与试验发展、科技教育及培训和科技服务三部分组成，并对每个组成部分进行更为详细的划分，特别是将第一部分科学研究与试验发展分成基础研究和试验发展两部分，并通过示例详细阐述了"基础研究"、"应用研究"和"试验发展"三者之间的区别与联系。

人力和财力支出是度量科技活动投入的两个基本方面。关于人力统计，首先将科技人员按照不同标准划分为"科学家、技师、辅助人员"、"全职或兼职"以及"自然科学、医学、农学科技人员"等；其次汇总为"人力资源总量"和"具有必要资质人员数"两个指标。关于财力支出，《手册》给出财政拨款和实际支出两个指标，并以实际支出作为核心指标。为了避免"重复计算"，将实际支出划分为内部支出与外部支出。各成员国的科技活动资金来源因重要性及不同划分类型有较大差异，但大体可以分为：政府资金；生产企业和专项资金；外国资金；其他资金。

对于某一特定科技活动的定量化信息可以通过不同的机构组织来获取，并将科技数据进行分类汇总。一般可以采取以机构统计为主或科技活动统计为主两种方式，但是，这两种方式在统计边界确定上存在一定矛盾，由此会使得到的结果并不完全相同。《手册》将科技统计工作按部门划分为生产部门、高等教育部门和公共服务部门三类，并对三个部门的统计单元分别进行解释与比较。在最后附录部分，《手册》对正文中出现的基本概念定义及统计范围进行详细解释，并将其与《弗拉斯卡蒂手册》等其他科技活动标准进行比较。

（执笔人：卫晓宇）

附：文件目录

引言

第一章　科技统计及本《手册》的作用
  1.1　科学政策制定及科技统计
  1.2　《手册》的目的
  1.3　《手册》的范围

第二章　科技活动
  2.1　定义的范围
  2.2　试验与开发（R&D）

第三章　科技人员
  3.1　定义与范围
  3.2　工作与资质的类型划分
  3.3　科技人员度量单位
  3.4　教育水平与研究领域分类
  3.5　其他分类
  3.6　科技人力潜力

第四章　资金来源
  4.1　引言
  4.2　科技活动支出
  4.3　支出类型的分类
  4.4　资金来源分类

第五章　部门与功能分类
  5.1　引言
  5.2　部门表现
  5.3　按活动领域
  5.4　按主要社会经济目标分类

附录

基于ESA2010的研究与开发测算手册

英文标题	Manual on measuring Research and Development in ESA 2010
牵头组织	欧盟统计局
版本信息	2014年第1版
文件链接	http://ec.europa.eu/eurostat/en/web/products-manuals-and-guidelines/-/KS-GQ-14-004
中文版	无

研究与开发（Research & Development，R&D）及其相关活动在国民账户中的地位变化是近年来开展国民经济核算研究的核心问题。欧盟国家相关研究走在了前列，其标志就是2014年欧盟统计局根据《欧洲国民账户体系2010》（ESA2010）标准而编纂的《研究与开发测量手册》（以下简称《手册》）。该《手册》的推出，对当前如何测量研发活动发挥了指导和引领作用。

ESA2010将研究与发展定义为：系统的创造性活动，进而增加知识储备，并将知识储备用于发现或开发新产品，包括改进现有产品的外观和质量，以及发现或开发新的生产工艺。该定义基于两个基本共识：一是研发创造的知识产权产品推动了产业创新和经济增长，应当被计入资本形成；二是研发活动和知识产权本身的测量存在困难，需要进行假设和估计。为此，如何将研发活动和其产品记录在国民账户体系中成为一个需要改革的问题，其核心是研发产品资本化问题，即将研发产品视为可以形成固定资本的一种"正常"产品。

欧盟统计局推动了这项改革，并依照其当前实施的国民账户体系编纂了该《手册》作为欧盟区域标准规范，以指导成员国在国民核算中估计和记录研发活动与知识产权产品带来的变化。由于关键是如何将研发活动资本化，因此，《手册》利用账户和举例为编写方法，在介绍该主题由来和重要性之后，重点讨论了研发资本化问题及其在国民账户中的处理方法，通过对比显示ESA2010和ESA95两个标准下研发相关问题处理方法的差异和记账结果的差异，以及在时间、空间、计价、所有权、使用、回溯等问题上的处理建议，并利用多个附录详细说明研发活动账户处理的关键点和特殊问题。

《手册》作为欧盟区域标准规范，不仅推动了欧盟相关工作，也给发展中地区带来了指导性的处理建议，推动了研发活动资本化的发展进程。

（执笔人：甄峰）

附：文件目录

1. 编写目的
2. 简介
3. 研发资本化
4. 资源概述
5. 编译指南
6. 特殊问题
   - 6.1 回溯
   - 6.2 价格与数量
   - 6.3 使用研发产品付费
   - 6.4 重复计算
   - 6.5 穷尽性
   - 6.6 频率和及时估计
   - 6.7 多国属性
   - 6.8 固定资本形成和使用期限
   - 6.9 资助和所有权

附录

1. 国际标准中的知识产权产品定义
2. 实施手册工作指南
3. 国际收支平衡表中的知识产权产品
4. 补贴
5. 嵌入式研发和行业估算
6. 从 ESA95 的辅助研发单位到 ESA10 的当地活动单位
7. 使用弗拉斯卡蒂手册调查与实践案例

十一、城市与社会

147

城市指标指南

英文标题	Urban Indicators Guidelines: Monitoring the Habitat Agenda and the Millennium Development Goals
牵头组织	联合国人居署
版本信息	2009年第2版，2004年第1版
文件链接	http://unhabitat.org/urban-indicators-guidelines-monitoring-the-habitat-agenda-and-the-millennium-development-goals/
中文版	无

如果能够在国际层面上开发出一套完整的城市指标体系，即可为各国进行城市统计提供有效帮助。联合国人居署将依据人居议程所开发的一套城市指标体系作为样板，于1988年建立了一套用来监测和评价城市住房部门发展的指标体系。在此基础上，城市指标项目启动。第一阶段（1988～1993年）建立了用来评价世界各地区城市人居环境状况和可持续性的初步指标体系；第二阶段（1993～1996年）形成了一部包含一系列如何开发和使用城市指标的推荐指南；2000年，联合国在全球发起致力于解决全球贫穷、健康、可持续等一系列问题的千年发展目标，基于此责成人居署根据人居议程制定城市指标体系；2004年，人居署发布《城市指标指南》（以下简称《指南》），并于2009年更新，其核心就是从人居角度形成一套城市发展指标体系。

1. 城市的定义

尽管相当一部分人口生活在城市，城市化进程一直是非常重要的研究领域，但如果细究起来，什么叫城市，仍然是一个需要界定的问题。根据人居署发布的城市指标体系，关于城市的划分，《指南》给出了三个层次的界定：

一是城市群（Urban Agglomeration），是指建筑物密集或人口密集的区域，其中包含市区、郊区、连续居住的市郊地区。这可能比都市区更小或更大。一个大的城市群可能包括几个城市或城镇，及其郊区边缘。

二是都市区（Metropolitan Area），是指行政区划的地方政府所在地，通常作为一个整体和主要通勤地区。

三是城区（City Proper），即单一的政治司法管辖区，包括历史悠久的市中心。

可以看出，上述三个概念是逐级包容的，最狭义的概念是城区，然后依次扩展到都市区、城市群。城市指标设立及其数据收集的范围，首先是城市群，其次是都市区。城区作为一种较为狭义的界定，通常不单独作为统计对象。

2. 城市指标体系的构成

城市是人口集聚的中心，它应该具有良好的生活和居住环境，由此才能吸引更多的人口，使其规模效应得以扩大。以人居为核心所开发的城市指标体系包含五个主题：住房状况、社会发展和消除贫困、环境管理、经济发展、政府管理。由此可以体会其中所包含的逻辑：城市应该为其人口提供相应的住房服务，通过社会发展和消除贫困而防止城市贫民窟的出现和蔓延，以环境管理提升城市人居的生活质量，经济发展是实现上述目标的物质基础，政府管理则是实现上述目标不可缺少的手段。

接下来要基于上述五个主题设计具体指标。一部分指标是可以量化的，但相当多的内容难以用多少来表示。为此，《指南》针对不同内容设计了以下三类指标：一是关键指标，与重要政策和目标相关联，数据便于收集，通常表现为总数、比率、比例；二是定性指标，难以量化的评价指标，经常以是或否作为回答；三是扩展指标，体现对主要指标的扩展，以量化指标为主，用于对特定问题作深入评价。

整个指标体系由 42 个指标组成，其中包括 20 个关键指标、9 个定性指标、13 个扩展指标。各主题下的指标构成如表 1 所示。

表 1　　　　　　　　　　　　　　人居议程城市指标体系的组成

	关键指标	定性指标	扩展指标
一、住房			
1. 提供可靠的房地产持有权	1. 耐久结构 2. 过度拥挤	1. 充分享有住房的权力	1. 住房价格和租金收入比率
2. 强化享有充分住房的权利	3. 安全的土地使用权		2. 授权住房 3. 驱逐
3. 提供平等获得土地的机会		2. 住房信贷	
4. 增加平等获得贷款的机会			4. 土地价格收入比
5. 增加获得基本服务的机会	4. 获得安全用水 5. 享有较好的环境卫生 6. 家庭与服务设施的连接		
二、社会发展和消除贫困			
6. 提供获得安全、健康生活的平等机会	7. 5 岁以下儿童死亡率 8. 文盲率	3. 城市暴力	5. 艾滋病传播
7. 促进社会融合，支持生活贫困群体	9. 特困家庭		
8. 促进人类居住区发展中的男女平等	10. 文盲率	4. 男女差异	6. 入学率 7. 女性议员
三、环境管理			
9. 促进地理上平衡的居住区结构	11. 城市人口增长 12. 定居点计划		
10. 以有效的方式管理水的供应与需求	13. 水价		8. 水消费
11. 减少城市污染	14. 废水处理 15. 固体废弃物处理		9. 常规固体废弃物收集

续表

	关键指标	定性指标	扩展指标
12. 预防灾害与重建家园		5. 预防和减轻灾害	10. 危险地区住房
13. 推广高效而又有利于环保的交通系统	16. 出行时间		11. 交通方式
14. 支持用于筹备与实施地方环保计划和地方21世纪议程		6. 地方环保计划	
四、经济发展			
15. 强化小型和微型企业，特别是女性创办的企业	17. 非正规就业		
16. 鼓励公私合作，增加生产领域就业机会	18. 城市生产指标（增加值、最终需求等） 19. 失业率		
五、城市管理			
17. 促进权力下放，强化地方当局的作用	20. 地方政府税收	7. 非集权化	
18. 鼓励和支持公众参与决策及市民参政		8. 市民参与	12. 投票参与 13. 公民协会
19. 确保城镇和大都市透明、负责和高效的管理		9. 透明度和管理责任制	

资料来源：Urban Indicators Guidelines：Monitoring the Habitat Agenda and the Millennium Development Goals，2009.

依据资料收集的难易程度及其资料来源，上述指标被分为 A、B 两个类别，A 类指标可以从统计局或者官方部门的调查得到，如全国住户调查；B 类指标则要涉及其他官方记录、研究出版物甚至可能是非政府组织以及专家群体的估计数据。

3. 城市指标的方法解析

表1中所列出的指标仍然是比较综合概括的，相当一些指标，尤其是定性指标和扩展指标，还需要通过进一步的展开信息，这些要通过各项指标的具体构成方法来给出解释。

《指南》是一部方法手册，其中对每一指标的意义、定义、数据收集方法进行了详细说明。所谓意义，是指每个指标对分析城市状况和发展趋势的意义及其在人居议程中的含义；所谓定义，是指按照国际标准赋予该项指标的定义，以方便数据结果的比较；进而是获得和收集数据的来源与方法，以及进行相应计算的方法。此外，《指南》还给出了每个指标的收集等级（国家级或城市级），并对不同指标之间的关联做出了说明。

以下简要介绍两个有代表性的指标，以便读者从中感受《指南》对实际操作的指导作用。

一是"5岁以下儿童死亡率"，这是一个关键指标。《指南》指出，该指标是衡量城市生活质量的重要指标，它与城市的废水处理、排污以及卫生健康设施等方面直接相关（这是意义）。该指标被定义为"1年内5岁生日前死亡的女童和男童占过去5年中安全出生的婴儿的平均数的百分比"（这是定义和计算方法）。同时，《指南》重点指出儿童死亡率与婴儿死亡率不同，后者指1岁以内婴儿的死亡率，并且建议该指标的信息通常可以从国家和地市级的人口普查数据中提取，或者从人口登记办公室收集（这是对资料来源和相关指标的说明）。

二是"城市暴力"，这是一个定性指标，它所提供的信息超出了一般的犯罪率指标，该指标包含以下用是或否表达的信息，由此可以感受到与城市暴力相关的各种维度：（1）是否存在警察认定的危险地区（是/否）；（2）学校和儿童中的暴力（没有、有一些、很多）；（3）反对家庭暴力的官方政策（是/否）；（4）预防犯罪的政策（是/否）；（5）武器控制政策（是/否）；（6）暴力受害者的援助计划（是/否）。

（以上内容曾以"度量城市发展有样本可循"为题，刊于《数据》2013年第6期，作者：王聪）

附：文件目录

第一部分　千年发展目标和人居署城市指标议程
1. 为什么要制定千年发展目标和人居议程城市指标
2. 全球城市指标数据库
3. 数据收集过程
4. 基准年
5. 数据来源和精确度
6. 参考地区
7. 指标列表

第二部分　指标搜集方法
A 类指标的搜集
B 类指标的搜集
附录

148

全球城市指标：定义与方法

英文标题	Global City Indicators: Definitions and Methodologies
牵头组织	世界银行、联合国人居署
版本信息	2007 年第 1 版
文件链接	http://www.globalcitiesinstitute.org（研究机构）
	http://www.dataforcities.org/（数据）
中文版	无

城市化几乎就是各国发展现代化的同义语，其重要性有目共睹。与此相伴，如何评价城市状况，尤其是从民生角度对城市进行评价，就提上城市管理的议事日程。世界银行牵头开发了全球城市指标项目（Global City Indicators Facility，CGIF），通过与联合国人居署等机构的合作，形成了一套标准化的城市指标体系。通过这套指标体系，该系统一方面可从供应角度评价城市提供服务的状况，另一方面可从需求角度看居民依赖城市所达到的生活质量。

1. 作为国际标准的 GCI 体系

GCIF 的目标是通过一组可比的城市指标体系（Global City Indicators，GCI），帮助各个城市测度其发展和居民生活质量。首份报告《全球城市指标：定义与方法》于 2007 年 4 月发布，给出了指标体系的初步框架，描述了框架内各指标的定义与方法。此后 GCIF 进行了多次更新，其中包括主题的重新安排和指标的增删。

依据这套指标体系，GCIF 最早在 9 座城市开展试点，并通过向各城市征集意见，确保已有城市指标务实可行，能够全面反映各方利益诉求。经过多年的更新与完善，2014 年 5 月国际标准化组织 ISO 正式通过了《可持续发展城市——城市服务和生活质量的指标（ISO 37120）》，由此 GCIF 建立的全球城市指标体系 GCI 成为城市指标研究的第一个国际标准。

正如其标题所示，GCI 是一套以民生为主题的指标体系。会员城市可通过与全球其他城市比较和对照来衡量自身在城市服务和生活质量两方面的表现，发现问题并向其他会员城市学习解决方案。该体系可用于过程控制或绩效考核，也可作为会员城市数据汇集的一个信息平台。具体而言，该体系有以下优点：一是能够让政府官员，城市管理者和公众长期监控城市的绩效；二是有利于跨城市和跨时间的对比；三是有利于提高城市管理的透明度和可信度。

目前，共有来自 82 个国家的 255 座城市成为 GCIF 的会员。GCIF 提供了基于万维网的标准系统，会员城市负责输入、监测和更新各自的指标数据，与其他会员城市分享。

2. GCI 的组织框架

组成 GCI 的指标必须满足以下 7 个条件：
（1）指标数据可获取，可持续更新，可按年度公布；
（2）全球城市间可比较；
（3）与公共政策决策或既定目标相关；
（4）数据收集成本低；
（5）对不同地区、不同文化、不同富裕程度、不同政治结构和规模的城市都有意义；
（6）指标含义易于理解，不复杂；
（7）能明确指标的变化是好还是坏。

根据上述要求，2007 年 GCI 中选择了 67 个指标，经过不断的新增与剔除，到 2016 年入选指标增加到了 142 个。这些指标被分为以下两组：

第一组是基本指标，包括 47 个具体指标，用于提供城市的基本统计信息和背景信息，如人口、面积、气候等。这些指标有助于会员城市找到基本情况相同的"兄弟"城市，再就各个主题推进相互比较与学习。

第二组是评价指标，包括 95 个指标，被归入到城市服务和生活质量两大范畴下的 17 项主题中，用以全面衡量城市服务设施及居民生活质量，为可持续的城市发展规划提供有力依据。其中，城市服务范畴下包括 13 项主题：教育、消防和应急响应、健康、娱乐、安全、固体废物、运输、废水、水、电、财政、治理和规划，生活质量范畴下包括 7 项主题：公民参与、文化、经济、环境、庇护所、社会公平和技术与创新。

鉴于城市发展水平不同，在资源和能力上有差异，评价指标体系进一步分为两个层次。一是 41 个核心指标，要求所有会员城市报送数据；二是 54 个辅助指标，不要求但鼓励会员国报送数据。此外，GCI 还列出了一系列目前还没有获得广泛认可或尚在开发之中的指标，称这类指标为未来理想指标。具体指标体系如表 1 和表 2 所示。

表 1　　　　　　　　　　　　　　基本指标及分类

主题	基本指标概况
人口	人口总数；人口密度；儿童人口比例；青年人口比例；成人人口比例；老年人口比例；男女比例；流动人口数；人口抚养比率；外国出生的人口比；新增移民人口；新增移居人口
住房	总户数；住宅总数；人均住房面积；住房密度
经济	平均家庭收入；五年平均的年通货膨胀率；生活成本；基尼系数；GDP；人均 GDP；GNP；GNP/GDP；就业总人数；五年就业率变化；每千人口企业数；失业率；工商业占比
政府	政府级别；政府运行预算；人均政府运营预算；财政支出预算；人均财政支出预算
地理气候	地区；国家；气候类型；陆地面积；非居住区占比；年均温度；年均降雨/雪量

资料来源：Global City Indicators: Definitions and Methodologies.

表 2　　　　　　　　　　　　　　评价指标及分类

主题	核心指标	辅助指标	未来理想指标
城市服务			
1. 教育	学生数/教师数；完成小初教育的学生比例；完成小学教育的学生比例；完成初中教育的学生比例	学龄儿童入学率；学龄男童入学率；学龄女童入学率	每十万人图书馆数；每十万人访问图书馆人次（包括电子图书馆）；在标准测试中的得分
2. 消防和应急响应	每十万人消防员数；每十万人每年火灾死亡人数	从开始呼叫到消防部门到场的响应时间	消防部门响应率；从开始呼叫到救护车到场的响应时间；紧急医疗服务指标

续表

主题	核心指标	辅助指标	未来理想指标
3. 健康	每十万人病床数；每十万人医生数；平均预期寿命；每千个活产儿五岁以下死亡率	每十万人护士和助产人数	每十万人年 HIV/AIDS 死亡人数
4. 休闲娱乐	无	人均室内休闲娱乐面积；人均室外休闲娱乐面积	休闲娱乐利用水平指标
5. 安全	每十万人警察数；每十万人谋杀犯人数	每十万人暴力犯罪人数	居民安全感
6. 固体废物	享受定期固体垃圾回收的人口比例；固体垃圾回收率	在焚烧炉中处理固体废物的比例；露天焚烧的比例；填埋的比例；露天堆放的比例；其他处理方式的比例	参与固体垃圾回收项目的人口比例
7. 交通	每十万人高容量公共交通公里数；每十万人轻型交通系统公里数；人均私家车数；年人均公共交通里程数	人均两轮机动车辆数；商业航空连接能力；每十万人交通事故死亡数	人均市政道路和交通支出
8. 废水	享有废水收集处理的人口比例；未处理污水比例	经过初级处理的城市废水比例；经过中级处理的城市废水比例；经过三级处理的废水比例	未经处理而流入河流/湖泊/海洋的废水比例
9. 供水	城市用水普及率；人均生活用水量；可持续获得供水的人口比例	人均耗水量；供水运输过程损失的比例；每户年均停水时间	水质指标
10. 电力	用电人口比例；人均生活用电量	人均用电量；每年每户平均断电次数；电力中断的平均时长	无
11. 财政	偿债率；市政当局债务性支出占自有收入比率	实际税收/规定税收比例；自有收入占总收入的百分比；资本支出占总支出的百分比	无
12. 管理	无	在市政府工作的妇女比例	城市管理指标；申请企业营业执照的平均时间；申请市政服务未获得及时反应的总次数
13. 城市规划	工作/住房比例	非正式居住面积占城市面积比例；每十万人绿地面积	无
生活质量			
1. 公民参与	近期市政选举中选民参与比例	每十万人被选入地方政府作为地方官员的数量	无
2. 文化	无	文化部门人员比例	人均参与文化活动次数；城市活跃度
3. 经济	人均 GNP；失业率	全职工作人口百分比	竞争力指数；购买力平价衡量的投资指标
4. 环境	PM10 浓度	人均温室气体排放量	有关环境污染造成的疾病的指标
5. 庇护所	贫民窟人口占城市人口的比例	非法住宅比例；每十万人无家可归者数	无
6. 社会公平	无	贫困人口比例	政府补贴力度；社会资本指数
7. 技术与创新	每十万人使用互联网人数	每十万人年均专利数；每十万人获得高等学位数；每十万人使用电话人数；每十万人使用固定电话人数；每十万人使用移动电话人数	创造力指数；宽带普及率；风险投资

资料来源：Global City Indicators：Definitions and Methodologies.

3. GCI 指标的定义与方法

作为国际标准,《全球城市指标:定义与方法》对指标体系中的每一项指标均从以下七个方面给予了详细阐释,即基本原理、定义、方法、评价基准、局限性、其他使用该指标的组织、具体例子。下面以教育主题下的核心指标"学生/教师比"为例加以说明。

(1) 主题:教育

(2) 核心指标:学生/教师比

(3) 基本原理:学生/教师比是一个用以描述教师资源是否足够、体现教育系统强度和质量的指标。

(4) 定义:学生/教师比等于某城市就读小学的学生数量除以全职小学从事教学的教师数,结果表示为一个比例。小学包括一年级到五年级,在有的地区还有六年级。

(5) 方法:教师数和全日制学生数由当地公立学校系统或教育部门统计。其中,学生计数既包括全日制学生也包括非全日制学生。老师计数仅限教学老师和其他教学人员(如教师助手和辅导员),不包括管理人员和其他非教职人员,也不包括幼儿园和学前教育教师;按一周5个工作日计数,一名教师每周工作5天则计为1名教师,每周工作2天则计为0.4名教师。

(6) 评价基准:2004年,北美和西欧的学生/教师比为14:1,东亚和太平洋地区为22:1,拉丁美洲和加勒比地区为24:1。这三个水平将作为该年该指标的评价基准。

(7) 争议与局限:该指标仅衡量了小学的情况,有简化之嫌。数据收集范围不包括私立学校。

(8) 其他组织:国际教育统计中心,联合国教科文组织。

(9) 应用举例:2004年,美国巴尔的摩市1~6年级共有39962名学生,4008名教师,计算结果:学生/教师比为9.97:1。

(以上内容曾以"城市指标的国际标准版本"为题,刊于《中国统计》2016年第12期,作者:黎煜坤)

附:文件目录

1. 简介
2. 方法
    2.1 城市服务
        A 教育
        B 能源
        C 消防和应急响应
        D 健康
        E 娱乐
        F 安全
        G 社会服务
        H 固体废物
        I 交通
        J 废水
        K 水
    2.2 城市管理
        A 财政
        B 政府管理
        C 城市规划
    2.3 城市可持续性
        A 公民参与
        B 文化
        C 经济
        D 环境
        E 庇护所
        F 社会公平
        G 主观幸福感
        H 技术与创新
3. 未来理想指标

149

欧洲区域与城市统计：参考指南

英文标题 European Regional and Urban Statistics：Reference Guide
牵头组织 欧盟统计局
版本信息 2007 年第 1 版
文件链接 http://ec.europa.eu/eurostat/en/web/products-statistical-working-papers/-/KS-RA-07-024
中文版 无

伴随城市化进程的深入，欧盟和其成员国在制定政策时越来越强调区域和城市的重要性，关注一国内部有不同大区和区域内部的差异，认为政策制定应该更加细化和贴近当地产业发展和居民需求，特别是从对生产发展关注转向对人的发展和福利关注之后，区域政策的细化和区域数据愈加重要。欧盟统计局（Eurostat）自 2003 年起开始提供区域与城市统计的技术指导，并于 2004 年起开始公布区域核算账户。《欧洲区域与城市统计：参考指南》（以下简称《指南》）是指导区域和城市统计的技术性手册，虽经多次修订，但框架变化不大，只是具体统计项目日益丰富。《指南》的主要内容有三部分，首先是介绍区域与城市统计的背景和思想，即如何划分区域，如何生成区域数据；其次是按照具体的统计内容，分别列示各统计模块的统计指标和分类标准；最后就区域统计重新组合形成的城市统计进行讨论。

1. 区域的划分

进行区域统计的基础是对人类居住和生产的地理区域进行标准化分割，为满足统计工作与政策实施的需要，欧盟自 20 世纪 70 年代起开始讨论建立"标准地域统计单元"（Nomenclature of Statistical Territorial Units，NUTS）。而后的三十年内，在欧盟成员国和欧盟统计局之间签订了一系列的"君子协议"，有时甚至会进行漫长且艰难的谈判，最终 NUTS 才得以发展与完善。早在 1988 年，欧盟法律中就已经开始应用 NUTS 分类准则，但直到 2003 年，欧洲议会才确立其法律地位，NUTS 正式成为欧盟范围内具有法律效力的共同准则。在此之后，或者因为理论框架的发展，或者因为新成员国的加入，NUTS 分区法案又经历了数次修订，才发展成为现在的形式。

NUTS 分区方式采用两种标准：标准分区法和功能分区法。标准分区法的区域划分相对固定，区域划分主要依据它所涵盖的行政区划和人口数量，历史因素是其重要影响因素；功能分区法则针对经济统计对象，这种分区方式不会因为国家不同而变化太大，诸如地理因素、社会经济形势、经济主体类型等常常被用作功能分区的考量因素。两种标准在 NUTS 中相辅相成，NUTS 分区主要参考标准分区法，适当考虑功能区域单元。这种按照土地单元分区统计的方法已成为欧盟区域统计的核心。

NUTS 分区结果按区域从大到小分为三个等级 NUTS 1、2 和 3。首先以成员国为单位划分

NUTS 区域，每一个成员国下可划分为一个或若干个 NUTS 1 区域，每个 NUTS 1 等级的区域将被细化为数个 NUTS 2 等级的区域，每一个 NUTS 2 等级区域再进一步细化为多个 NUTS 3 等级区域。在执行这一步骤时，主要按照行政机构的标准划分，并将人口规模纳入分区标准，每个等级对应不同的人口数目门槛值（如表 1 所示）。

表1　　　　　　　　　　　　由人口数目决定的 NUTS 等级　　　　　　　　　　　单位：人

	最小人口数	最大人口数
NUTS 1 等级区域	3000000	7000000
NUTS 2 等级区域	800000	3000000
NUTS 3 等级区域	150000	80000

资料来源：Eurostat（2010），European Regional and Urban Statistics：Reference Guide，Luxembourg：Publications Office of the European Union.

根据 NUTS 最新版本，分区结果为 98 个 NUTS 1 区域、276 个 NUTS 2 区域和 1342 个 NUTS 3 区域（如表 2 所示）。通过 NUTS 系统分级即可简单比较出各国各区域人口分布的状况，也能够在一定程度上反映成员国之间经济水平和行政地位的不同层级。比如德国被划分为 16 个 NUTS1 区域，英国占有 12 个 NUTS 1 区域，德国占有 16 个 NUTS 1 区域，而捷克、爱沙尼亚、斯洛伐克等 12 个国家仅包含 1 个 NUTS 1 区域。

表2　　　　　　　　　　　2013 年欧盟各国占 NUTS 各等级区域数目

	NUT 1	NUTS 2	NUTS 3
比利时	3	11	44
保加利亚	2	6	28
捷克	1	8	14
丹麦	1	5	11
德国	16	38	402
爱沙尼亚	1	1	5
爱尔兰	1	2	8
希腊	4	13	52
西班牙	7	19	59
法国	9	27	101
克罗地亚	1	2	21
意大利	5	21	110
塞浦路斯	1	1	1
拉脱维亚	1	1	6
立陶宛	1	1	10
卢森堡	1	1	1
匈牙利	3	7	20
马耳他	1	1	2
荷兰	4	12	40
奥地利	3	9	35
波兰	6	16	72
葡萄牙	3	7	25
罗马尼亚	4	8	42
斯洛文尼亚	1	2	12
斯洛伐克	1	4	8
芬兰	2	5	19
瑞典	3	8	21
英国	12	40	173
合计	98	276	1342

资料来源：Eurostat（2015），Regions in the European Union Nomenclature of territorial units for statistics，Luxembourg：Publications Office of the European Union.

2. 区域数据的形成

欧盟数据库中的数据流来源及分类存储情况大致如下：首先由各国家统计局收集并核对数据，然后分两个途径送交欧盟统计局。一是按数据内容分类下的主题单元审核汇总，形成欧盟统计局的分类数据库备用；二是直接审核进入欧盟统计局区域数据库，主要是 NUTS3 层级的劳动力数据和城市统计数据。此外也有一部分数据可以直接从分类数据库直接移入区域数据库。以下以国内生产总值（GDP）和失业率统计为例做简要介绍。

自 2000 年开始，欧盟统计局根据欧盟国民账户体系（ESA95）进行 GDP 统计核算；然后通过总增加值（GVA）的区域结构特征，对 GDP 进行区域分解以获得地区生产总值数据；并通过人口和 PPS（purchasing power standards）获得人均水平和购买力平价的地区生产总值数据。这里需假设区域 GVA 和地区生产总值有相同的结构，以及区域和国家层面的 PPP 结构类似。其中，对地区生产总值的估算按照 GVA 的区域数据进行按比例分解，通常从低等级的 NUTS 向高等级汇总，即首先按照 NUTS3 区域进行换算，而后汇总的 NUTS2，进而再汇总到 NUTS1。如果某一年 GVA 的细化无法达到 NUTS 3 等级，则会按照 NUTS 2 区域能够分解到 NUTS 3 的最近一年计算参考比例和分解。总体看，地区生产总值估算的最大问题是数据的时滞性，一般要 2 年左右，对政策制定有很大影响。目前的解决方案只能是假设地区生产总值的变化相对稳定，并强调通过不断更新的数据把握未来经济发展。

失业率（就业率）数据主要来源于劳动力调查（Labour Force Survey，简称 LFS），调查内容是 15—74 周岁中失（从）业人员占具有劳动能力的人口比例。通过 LFS 可直接获得 NUTS 2 等级的失业率和其他信息，并进一步汇总到 NUTS1 水平。NUTS 3 层面的数据则需要按照人口和性别比例，由 NUTS2 进行按比例推算。

3. 区域数据库的结构和内容

欧盟区域数据库（REGIO）涵盖农业、人口、经济、教育、环境、移民、科技、旅游、就业市场、贸易结构、卫生医疗、运输能源、信息社会等 13 个方面的统计结果（如表 3 所示）。这些数据来源于成员国的国家统计局，由欧盟统计局汇总并按照前述两个路径进行审核汇总：大部分数据首先按照统计主题分类，提交负责该方面的部门统计进行审查，再归类到各区域数据库中，还有一部分为特定目的收集的数据会直接归类到区域数据库中进行核实和审查。

表3　　　　　　　　　　　　　　欧盟区域数据库的框架和主要内容

编号	模块	内容概要
1	农业统计	土地利用、农产品生产、农业核算、农业结构等
2	人口统计	人口数量、区域与人口密度、人口变化、生命表等
3	经济账户	国民核算相关信息
4	教育统计	学生人数及特征，教育水平、性别、年龄等分类结构，区域指标等
5	劳动市场	经济活动人口、就业率、失业率、就业性别、年龄比例等
6	移民统计	内外部移民，迁入迁出，性别和区域分类等
7	科技统计	研发支出、研发人员、专利、高科技和技术密集产业的就状况等
8	商业结构	企业活跃单位、个体经营、信贷结构等
9	医疗统计	死亡率、死因、医疗开支、医疗环境等
10	旅游统计	旅游环境、旅游设施、旅客特征等
11	交通运输	交通方式、交通安全、旅客信息、货物信息等
12	劳动成本	劳动力成本、结构、劳动时长等
13	信息社会	ICT、网络宽带、计算机、网络购物等

为便于数据的提取，欧盟统计局为每一条数据进行标准化编码，以该条数据所对应的统计分类、区域、主题和年份的首字母和重要数字进行命名，如编码"e2gdp95"的数据条目是指：来源于经济账户（economic accounts）、根据ESA95统计的NUTS 2等级的区域GDP。标准编码使得数据检索与应用的效率被大大提高。

值得借鉴的是，在庞大的REGIO数据库中，针对不同方面的数据，欧盟所采用的统计分类标准也不尽相同。最典型的当属人口统计，包括人口结构、劳动力、教育、家庭和住宅情况。劳动力调查指标强调性别、年龄、经济状况和移民数量，强调通过是否移民分别得出本地和外来人口的就业情况；而教育水平方面则强调性别、年龄、经济活跃度和受高等教育人口，对是否移民就不会在意。

4. 城市统计

与区域统计并列的一个概念是城市统计，区域统计汇总可形成国家层面数据，而城市统计则不存在这种汇总关系，因为城市可能是相互间隔的。

随着城市发展，城市统计越来越重要了。1999年，欧洲议会提出最初版本的"城市统计"（Urban Audit）作为欧洲城市间比较的指标，旨在衡量城市间生活水平状况。当时有欧盟15国范围内的58个最大城市的约480个变量被收集整理（伦敦和巴黎由于太大缺乏可比性而没有统计）。随后城市统计经历了多次修改完善，在2003～2004年和2006～2007年之间分别进行了城市统计，并随着成员国的增加而扩大统计范围，统计指标有300～350个纳入考量范围，包括人口、住房、医疗、犯罪、劳动市场、收入差距、区域管理、教育水平、环境、气候、交通、信息社会与文化基础设施等方面（如表4所示）。城市统计的数据仍是按照欧盟、国家和城市三个层次进行协调和组织。

表4　　　　　　　　　　　　　欧盟城市统计涵盖类别

编号	统计方面	统计内容
1	人口	人口、国籍、家庭结构
2	社会	住房、医疗、犯罪
3	经济	劳动力市场、经济活跃度、收入差距
4	市政	地区居民、政府
5	教育培训	教育培训环境及质量
6	环境	气候、地理、空气质量、噪声、水质、土地占用
7	旅游运输	旅游模式
8	信息社会	用户与基础设施、网络政府、测试部门
9	文化创新	文化与创新、旅游业

目前欧盟参与城市统计的城市已超过300个，候选成员国中也有约50个城市参与其中。数据统计分为4个空间层次，前3个范围是逐次扩大的，第4个则针对特殊城市设立：（1）中心城市，以行政区域划分，是包含数据量最丰富的单元；（2）城区，即中心城市及其周边城市功能明确的区域；（3）城市圈，即包括按按行政管辖的城区周边分区；（4）核心城区，主要针对伦敦和巴黎等特大型城市，对其内城最核心的部分单独考察，一般包括其古城墙范围内的多个城区。

（以上内容曾以"欧盟统计局构建欧洲区域与城市统计的作法"为题，刊于《中国统计》2016年第10期，作者：张瀛心）

附：文件目录

第一部分　区域统计概览

1. 区域分组
   1.1　什么是区域
   1.2　作为官方概念的区域
   1.3　区域城市统计（NUS）分类统计地理单元命名法（NUTS）分类
   1.4　NUTS 的基本原则
   1.5　将 NUTS 应用于一个特定国家
   1.6　2006 年区域分组修正
   1.7　NUTS 的更多信息
2. 统计收集
   2.1　欧盟统计局数据库中的数据
   2.2　REGIO 收集的区域数据
   2.3　成员国数据
3. 地方政府单元
   3.1　SIRE-欧洲地区信息系统
   3.2　人口与住房普查
4. 城市统计
   4.1　历史
   4.2　当前角色
   4.3　欧洲城市的观念调查
5. 常见问题
   5.1　NUTS 的版本
   5.2　NUTS 的调查层面
   5.3　欧元引入对国家货币的影响
   5.4　数据何时更新
   5.5　数据一致性核对
   5.6　是否包含非欧盟国家的数据
6. 方法举例
   6.1　估计区域 GDP
   6.2　区域失业率
7. 收集说明概览
8. 组织建立与联系人
9. 区域统计出版物
   9.1　区域简介
   9.2　区域年鉴
   9.3　统计焦点
   9.4　分类
   9.5　城市审计手册
10. 缩略语

第二部分　数据库详细介绍

1. 农业统计
2. 人口统计
3. 经济账户
4. 教育
5. 劳动力市场统计
6. 移民统计
7. 科技统计
8. 商业统计
9. 卫生统计
10. 旅游统计
11. 交通统计
12. 环境统计
13. 劳动力成本统计

第三部分　城市审计数据库的详细描述

1. 基本展示
2. 欧盟统计局出版物
3. 数据源
4. 法律基础
5. 联系人
6. 列表
7. 详细描述
附录

联合国教科文组织文化统计框架

英文标题	The UNESCO Framework for Cultural Statistics
牵头组织	联合国教科文组织
版本信息	2009年第2版，1986年第1版
文件链接	http://www.uis.unesco.org/culture/Documents/framework-cultural-statistics-culture-2009-en.pdf
中文版	无

文化是民族乃至世界的无形财富，对个人、团体和社会等不同层面均有积极作用。就个人而言，文化起着塑造个人人格、实现社会化的功能；就团体而言，文化起着目标、规范、意见和行为整合的作用；对于整个社会，文化起着社会整合和社会导向的作用。随着人类文明的发展，专门的文化产业开始兴起和壮大，文化不仅发挥了社会层面的作用，也对经济有着极大的贡献。因此，客观而全面地了解一个国家的文化状况是政府、社会和个人各层次的共同需求。联合国教科文组织于1986年第一次制定了文化统计框架，并随着文化形式的变化，于2009年出版了新一版的《联合国教科文组织文化统计框架》（以下简称《框架》），旨在说明如何统计才能使国际上对文化生产、流通和使用等各项活动的统计数据有更好的可比性。

1. 框架制定原则

《框架》开篇指出了制定文化统计框架的基本原则。第一，要建立一个不区分具体经济和社会模式，涵盖所有文化表现形式的概念基础；第二，要规定文化表现形式的范围（文化形式、实践、产品和流程），能够包含各种新的生产和消费形式（文化产业和文化的知识产权内容）以及与文化产业没有联系的文化实践（非物质遗产）；第三，要尽量保证所使用的分类标准能够与国际分类标准衔接，如产品总分类（CPC）、商品名称及编码协调系统（HS）、国际标准行业分类（ISIC）和国际标准职业分类（ISCO）；第四，要能够为各国制定符合国情且具有共同参照点的框架提供帮助，以供国际对比和借鉴。从上述原则可以看出，文化不仅具有经济模式，而且还有社会模式，同时，倡导使用国际分类标准，以保证文化统计的可比性。

2. 概念与结构

基于文化的概念，《框架》从统计角度给出了文化的定义，即：把文化看作某一社会或社会群体所具有的一整套独特的精神、物质、智力和情感特征，除了艺术和文学以外，它还包括生活方式、聚居方式、价值体系、传统和信仰。为了更好地定义"文化"这一复杂的对象，《框架》使用了"文化周期的网状模型"和"文化领域"两个主题词，前者用来说明文化是如何运转的，后者描述文化涉及的范围。

文化周期一共包含了五个部分，分别是：创造、生产、传播、展览/接受/传递、消费/参与。第一，创造：产生并创作想法和内容（如雕刻家、作家、设计公司）以及非重复性产品（如手工艺品、美术作品）的制作。第二，生产：可重复生产的文化形式（如电视节目），以及实现重复生产所需的专业工具基础设施和流程（如乐器生产、报纸印刷）。第三，传播：让消费者和展览者接触到批量生产的文化产品（如批发、零售或出租音乐唱片及电脑游戏，发行电影），通过数字化传播手段，有些产品或服务可以直接由创作者传递给消费者。第四，展览/接受/传递：指消费场所，以及通过授权或售票的方式向观众提供直播的和/或直接文化体验，让其消费/参与按时间付费的文化活动（如组织并举办节日庆典歌剧院、剧场、博物馆）。传递是指传递那些不涉及商业交易且通常产生于非正式场合的知识和技能，这其中包括非物质文化遗产的世代相传。第五，消费/参与：指消费者和参与者消费文化产品、参与文化活动和体验的活动（如阅读、跳舞、参加狂欢节、听收音机、参观画廊）。这五个阶段的区分是相对的，任何一个阶段都可以作为起点，可以合并或者忽略某些阶段。

文化周期中涉及的文化活动、产品和服务都包含在"文化领域"中。各相关领域都与文化的广义定义有关系，囊括了社会活动和娱乐活动，而各领域都是相互独立的。《框架》将文化领域横向分为"文化"领域和相关领域。文化领域包含：文化和自然遗产；表演和庆祝活动；视觉艺术和手工艺；书籍和报刊；音像和交互媒体；设计和创意服务；非物质文化遗产。其中，非物质文化遗产渗透在其他六个领域中。这些领域都属于文化范畴，代表了最为核心的文化领域。而相关领域包含旅游业、体育和娱乐，它们虽然不是文化活动，但却包含着大量文化因素，体现着文化的属性。

3. 经济维度和社会维度

从经济维度看，文化统计的对象是文化产业中通过工业或手工流程产生的所有活动、服务和产品。《框架》中着重讨论了国际分类系统在经济维度下测量文化中的运用。从社会维度看，文化统计主要包括两个方面：文化实践和测量、非物质文化遗产。两者相比，以往的文化统计往往更注重从经济维度来度量，而忽略了文化更本质的社会性，因此，文化的社会维度正是《框架》要着重强调的方面。

然而，从社会维度进行文化测量存在着很大困难。因为相关现象通常存在于非正规部门中，没有形成经济交易。文化之社会维度的某些方面与它的象征意义有关，也与它给人以认同感、共同的价值观和归属感以及防止排他、增强社会凝聚力和稳定性方面所起的作用有关。它属于文化的非商品化维度，这些活动通常存在于社区之中，不属于经济的范畴。但尽管如此，还是有一些被广泛接受的统计标准可以为我们所用，帮助我们考察文化的社会维度。

4. 统计数据收集

《框架》提供了以下五张表作为数据收集的基础：
（1）CPC2 和 ISIC4 定义的文化生产活动以及产品和服务；
（2）2007 年商品编码协调系统（HS）定义的文化产品和国际服务贸易内容；
（3）ISCO 08 定义的文化职业；
（4）时间利用调查（ICATUS）定义的文化职业；
（5）指标的交叉矩阵。

与统计表相配套，《框架》给出了文化统计实施的具体指导，其中最值得注意的是《开展时间利用调查所用的 ICATUS 代码》，此表将文化社会维度的度量进行了具体化，给出了一种尚未被关注的视角：文化的消费/参与，即文化需求方的视角。其大致结构如表 1 所示。

表 1　　　　　　　　　　　　　　文化的消费/参与框架

方向	领域	描述
纵向	A 文化和自然遗产	参观博物馆、美术馆、历史或文化公园、遗址
	B 表演和庆祝活动	观赏戏剧、歌剧、芭蕾舞，听音乐会
	C 视觉艺术和手工业	使用陶土、石膏粉或水泥生产陶器、炉子和厨灶、装饰品等产品
	D 书籍和报刊	使用计算机技术进行阅读
	E 音像和交互媒体	去电影院看电影，网上冲浪；下载、上传
	G 旅游	驾车兜风；观光
	H 体育和娱乐	博彩，水上运动，参加/参观动物园、植物园、游乐中心、集会、节日活动、马戏团、动植物展览
横向	非物质文化遗产	参加酒吧和俱乐部的社交活动，沉思、思考、规划
	教育	业余时间参加额外的学习、非正规教育和课程

资料来源：The UNESCO Framework for Cultural Statistics, 2009 年第 2 版。

通过指标的交叉矩阵（如表 2 所示）则可以更加清晰地理解"文化领域"和"文化周期"是如何定义文化活动的。也就是说，无论哪个领域的文化活动都存在于文化周期中，因此，用文化周期的某个阶段和文化领域便可以界定具体的文化活动。

表 2　　　　　　　　　　　　　　指标交叉矩阵

	文化领域						相关领域	
	文化和自然遗产	表演和庆祝活动	视觉艺术和手工艺	书籍和报刊	音像和交互媒体	设计和创意服务	旅游业	体育和娱乐
创造								
生产								
传播/传递								
展览/接受								
消费/参与								

资料来源：The UNESCO Framework for Cultural Statistics，2009 年第 2 版。

（执笔人：王文静、张一青）

附：文件目录

前言
致谢
缩略语
摘要
1. 简介
　1.1　基本原理
　1.2　框架修订的政策背景
　1.3　框架修订的目的和主要目标
2. 文化统计框架：概念和结构
　2.1　框架修订：一种新方法
　2.2　统计角度上的文化定义
　2.3　文化周期
　2.4　文化的广泛性
　2.5　文化领域
3. 文化统计：经济维度测度
　3.1　国际分类系统在文化经济维度测度中的应用
　3.2　鉴别文化活动和文化产品：使用产品总分类（CPC）和国际标准行业分类（ISIC）
　3.3　国际文化贸易：使用商品编码与协调系统（HS）和国际收支服务分类（EBOPS）
　3.4　文化就业：使用国际职业标准分类（ISCO）
　3.5　文化遗产测度

4. 文化统计：社会维度测度
   4.1 文化参与测度
   4.2 非物质文化遗产（ICH）测度
5. 数据收集：国际分类代码表
   表 2 CPC2 和 ISIC4 代码定义的文化生产活动以及产品和服务
   表 3 2007 年商品编码与协调系统（HS）定义的文化产品和服务国际贸易内容

表 4 ISCO 08 代码定义的文化职业
表 5 开展时间利用调查所用 ICATUS 代码
6. 结束语
   6.1 文化数据收集的挑战
   6.2 直接测度

术语表

参考文献

文化产业经济贡献测度手册

英文标题	Measuring the Economic Contribution of Cultural Industries
牵头组织	联合国教科文组织
版本信息	2009 年
文件链接	http://www.uis.unesco.org/Culture/Pages/framework-cultural-statistics.aspx
中文版	无

文化产业迅速发展，已成为现代经济的重要组成部分，对经济发展有着重要贡献，不仅对国内生产总值和就业有重要影响，还可以改进和提升一个国家的外贸竞争力。为了在国际层面上测度这种影响，需要跨国可比的统计数据，而现行的测度方法还不能广泛应用于全球比较。为此，联合国教科文组织（UNESCO）统计研究所整理了相关方法，编辑了《文化产业经济贡献测度手册》（以下简称《手册》），作为一般建议和规范供成员参考。以下对该《手册》的内容作简要介绍。

1. 概念的提出

"文化产业"一词由 Theodor Adorno 和 Max Horkheimer 于 1933～1934 年间提出，用来描述艺术和文化产品，后来被政策制定者转称为创意产业。关于文化部门经济重要性的政策讨论在 20 世纪 90 年代末期始于英国，由此引起公众对文化领域的经济作用的关注。从"文化"产业向"创意"产业的转变，标志着供给导向和以艺术家为中心的文化政策的回归。为了将文化和创意产业的结构特征概念化，Throsby 提出了包括四个圆的"同心圆模型"：核心创意艺术、其他核心文化产业、更宽泛的文化产业和相关产业。

在美国，从就业角度分析文化和创意产业的研究，重点放在捕捉文化领域的非直接经济贡献测度方面。与此同时，欧洲研究团体的讨论主要聚焦于捕捉创意型就业而不是文化产业的集聚。一个对文化和创意产业分类的新方法是创意三叉戟模型，这个模型可用于测度文化和创意产业的直接与间接就业。

在《手册》中，联合国教科文组织将"文化产业"定义为生产和分配文化产品或服务的一系列活动。

2. 测度方法与实践

文化产业的重要性不完全等同于其经济影响。前者是静态的概念，可以通过某个特殊问题或现象特征的数量描述来测度。经济影响是更动态的概念，将由于一个变量的变化引起另一个变量的真实和潜在变化联系起来，以此追踪进一步的效应。文化产业经济贡献的测度方法有两种类型：第一类用于测度文化产业的经济贡献,包括经济规模和结构分析以及文化卫星账户(CSA);第二类用于测度文化产业的影响,包括乘数分析、生产函数和非均衡模型。在这些方法之间很难做出清晰或严格的区分,很多方法要素可同时用于上述两个目的,例如文化卫星账户里面的投入产出表可用于乘数分析。

(1) 经济规模和结构分析。经济规模和结构分析的目的是确定有多少经济活动与文化产业有关。这种方法主要是从 SNA(国民账户体系)角度估计文化产业的直接影响,进而确认文化产业作为经济活动的总体变化。经济规模分析汇总了经济部门中所有与文化产业有关的成分,测度的主要目的是确定文化产业的经济规模和在整体经济中的份额。结构分析通常作为经济贡献研究的一部分,但也可以独立进行。已经有很多研究文化产业结构的分析方法。一类方法关注子部门汇总数据的贡献,追踪价值链上的利益相关者和不同阶段。这类方法可用于测度文化产业对经济的长期贡献。另一类方法是通过经营绩效调查来测度文化产业的短期贡献。价值链分析和聚类分析是结构分析的常用方法,其中,价值链分析用于识别和呈现文化产业价值链不同阶段之间的关系,聚类分析用于显示文化产业和相关要素的竞争力。

(2) 文化卫星账户。文化卫星账户(Culture Satellite Accounts,CSA)是测度文化经济贡献的统计核算框架。文化卫星账户系统整合了文化经济的需求面和供应面,其主要变量是基于国民账户体系的投入产出矩阵将国民核算的主要概念应用于文化产业:产出、中间消耗、增加值和就业等。文化卫星账户系统的一个重要特征是能将大量的统计数据整合成为一个系统,不仅可以测度文化产业的经济贡献,还可以从广义视角上分析文化现象。

(3) 乘数分析。经济影响研究的乘数分析是 20 世纪 70~80 年代比较盛行的方法。投入产出分析描述了不同产业活动之间的关系,部门之间的关联可以用技术系数表示,使用投入产出表可以计算不同的乘数系数,例如就业乘数、增加值乘数、产出乘数、税收乘数等。通过专门针对文化产业的投入产出模型,可以测度其乘数效应的三个组成部分:直接影响、间接影响和诱发影响。直接影响是指文化产业对区域就业和收入的影响;间接影响包括为了保证直接投入需要生产的所有上游货物和服务;诱发影响是指由于文化产业的共同影响(直接和间接),劳动收入发生改变从而引起消费支出的改变。

(4) 生产函数。将文化活动引入传统柯布—道格拉斯(C-D)生产函数,改造后的模型可以用于解释文化产业生产结果和生产要素之间的数量关系,并从发展的角度间接地分析文化产业和经济其他部门之间的关系。从分析角度来看,生产函数可用于规划、监测、评估文化产业领域的文化和经济政策。尽管生产函数有它的局限性,但依然是发展中国家估计文化产业经济贡献的一种好方法。

3. 国际研究进展

各国际组织一直致力于文化统计及其影响测算方面的研究。以下简述其中的一些重要节点。

2009 年,欧盟统计局文化统计工作小组成立,其主要目的是研究欧盟文化统计未来的方法论问题。工作小组按四个主题领域设置任务组:欧盟框架和定义任务组、财政和支出任务组、文化产业任务组,以及文化实践和文化社会方面任务组。

作为发达国家俱乐部,OECD 一直比较强调文化的重要性。2005 年出版的《文化和区域发展》,2009 年出版的《文化对旅游的影响》,都是有关此主题研究的重要文献。此外,还有 2006 年出版的《文化的经济和社会重要性的国际测度》,以及有关文化卫星账户的尝试,体现了在方法论方面所做出的努力。

知识产权保护是文化和创意产业必不可少的推进剂,为此世界知识产权组织(WIPO)特别关注从版权价值角度构思和测度创意产业的经济贡献,其成果集中体现于 2003 年发布的《基于版权之产业经济贡献的调查指南》。

联合国教科文组织正逐渐将文化从发展的边缘地带带入中心位置。在政策方面,倡导将文化看做生活方式,将文化产业视为促进和维护文化多样性的中心;在方法论方面,联合国教科文组织统计研究所的主要贡献体现在 2009 年文化统计框架的开发上。

（执笔人：徐礼志）

附：文件目录

致谢

缩略语

1. 文化产业经济贡献测度方法发展概述
   1.1 简介
   1.2 测度文化产业经济贡献的历史背景
   1.3 文化产业与经济发展：方法和概念
2. 测度方法、方法论和实践
   2.1 经济规模和结构分析
   2.2 文化卫星账户（CSA）
   2.3 乘数分析
   2.4 文化活动的经济模型
   2.5 非均衡经济模型
3. 测度文化产业经济贡献的国际方法
   3.1 欧盟视角
   3.2 OECD 视角
   3.3 WIPO 视角
   3.4 UNESCO 视角
4. 测度文化产业对经济发展贡献的国别方法和问题
   4.1 欧洲
   4.2 北美洲
   4.3 拉丁美洲
   4.4 亚太地区
   4.5 非洲
5. 结论和建议
   5.1 测度文化产业经济贡献方法的评价
   5.2 文化统计和其他工具的发展
   5.3 测度文化产业经济贡献的国际标准展望

参考文献

表目录

图目录

152

刑事司法统计系统发展手册

> **英文标题** Manual for the Development of a System of Criminal Justice Statistics
> **牵头组织** 联合国统计司
> **版本信息** 2002年第1版
> **文件链接** https://unstats.un.org/unsd/pubs/gesgrid.asp?id=293
> **中文版** https://unstats.un.org/unsd/pubs/gesgrid.asp?id=293

《刑事司法统计系统发展手册》（以下简称《手册》）是根据1997年7月21日联合国经济及社会理事会题为《加强联合国预防犯罪和刑事司法方案的犯罪统计的开发以及刑事司法系统的运作》第1997/27号决议而编制的，它提出了一个国家刑事司法统计系统的发展构架。

《手册》主要介绍了各国在发展刑事司法统计时需要考虑的问题，并给出了相应的建议和示例，内容涉及刑事司法统计的目的、要求、内容、范围、数据搜集处理、分析应用、受害者调查、国际比较等问题。以下对相关内容做简要介绍。

1. 刑事司法统计的目的与内容

为什么要进行刑事司法统计，这涉及一国发展其刑事司法统计体系的目标。《手册》提出，进行刑事司法统计有"行政管理"、"规划"、"政策研究与分析"三个主要用途。总体而言，官方统计的一大基本功能就是为政府管理职能的组成部分（这里是指各司法部门）提供管理决策。

从上述三个主要用途出发，刑事司法统计的内容应该至少满足以下四项基本信息需求：犯罪数据、工作量数据、资源数据、司法业务定性描述。通过这些方面的统计，即可反映社会基本犯罪和治安、司法系统运作效率和运作状态等方面的基本情况。

犯罪活动是刑事司法统计的最基本内容。其中犯罪活动统计包括犯罪行为统计、罪犯统计和受害人统计。（1）犯罪行为统计是为了了解特定类型的犯罪在某些社区或地区内的集中程度、犯罪特点和严重程度，一般而言，只能捕捉到那些已经被官方所掌握并由警方记录在案的犯罪行为。（2）罪犯统计是为了了解特定时期被控告罪犯的数量及其在总人口中所占的比例，其中包括诸如罪行种类、罪犯性别、年龄、国籍或民族、居住地以及犯罪场所等。对应不同的数据来源，可以获取不同视角下的统计数据。例如，在警方档案中，罪犯指的是嫌疑人和被指控的人；而在监狱中，则只包括被判刑的犯人。（3）受害人统计是为了监测和评估犯罪对社会的影响以及社会的治安状况。相关统计指标要按照受害人特征及其蒙受伤害和损失的类型及严重程度来划分。当前此方面的统计尚处于起步阶段，较为薄弱。

从数据的生产和收集者角度看，上述统计数据的报告单位覆盖了司法体系的各个部分：警察局、检察院、法院、监狱和其他非监禁措施。相关统计内容可以按照这些报告和生产单位进行分类、界定。

此外,《手册》也提倡从系统的角度理解刑事司法统计的内容。如果将刑事司法的各个组成部分看做一个系统,那么,一个机构的产出即可成为另一机构的投入。例如警方结案的产出统计资料就是监控机关起诉的投入性资料。这种系统方法的思路有利于对统计数据在司法系统中流转变化过程的理解,方便监测刑事司法各个组成机构之间的联系和相互影响,增强司法部门各个组成部分统计数据的可比性。

2. 如何进行刑事司法统计

如何进行刑事司法统计,是统计体系开发的关键环节。《手册》讨论了在实施刑事司法统计时需要考虑的两个主要问题:"各国如何选择刑事司法统计的组织模式",以及"如何收集、处理、分析、评估和传播刑事司法统计数据的统计流程"。

(1) 刑事司法统计组织模式选择。《手册》为一国刑事司法统计体系组织模式选择提供了一般化的原则,并比较了不同组织模式的优劣以及这些比较标准。

一国进行统计体系组织模式选择,应在组织上体现以下四个因素:该国及其刑事司法系统的需求;该国中央集权的程度;该国的历史传统及其以往的惯例和程序;现有技术人员技术资源和资金能力等方面的可用程度。《手册》给出了五种一般化的统计体系组织形式,分别是:设立独立统计机构;隶属司法部的统计机构;隶属国家统计局的统计机构;司法系统各部门内的统计机构;州/省一级的统计机构。前三种属于集中化形式,后两种属于分散化形式。在此基础上,《手册》分别讨论了各种形式的优缺点。例如,"司法统计隶属于国家统计局的机构"这种集中化形式,一方面可以减少行政开支,便于与其他重要数据集的工作进行对接和共享资源;但另一方面可能导致司法统计在统计局工作中难以获得优先地位,还会因为其远离刑事司法业务系统而无法满足用户需求。

(2) 刑事司法统计的数据收集。总的来说,刑事司法统计的数据收集方法与司法统计信息需求和内容有密切关联,同时也受制于社会和文化需求、以往的惯例,以及本国刑事司法系统的组织结构。

结合数据收集过程及其手段,《手册》依次讨论了以下问题。一是手工和自动化两种信息存储、流动形式在业务数据向统计数据转化方面的异同,给出了在不同信息化水平下业务数据向统计数据报送、收集和转化的不同经验。二是涉及刑事司法部门本身的信息系统开发对统计数据收集的影响,强调应当逐步实现刑事司法业务信息和统计信息之间的衔接,实现刑事司法一体化的信息系统。三是基础资料收集时所涉及的方法选择,即汇总记录法和单元记录法,一般而言,汇总记录法和单元记录法的选择应基于对具体统计数据的详略需求。四是涉及全面统计与抽样数据这两种收集方式的选择,其中,全面统计方法适用于需要掌握某个现象的总发生率时,可以使得数据提供和使用者都获得全面的信息;如果目的是仅对某一特定现象的发生情况进行了解,那么抽样调查由于成本低和便捷则是更好的选择。最后,《手册》强调了刑事司法系统基础业务记录的质量对统计数据质量的影响,基础业务登记和业务信息系统的完善是获得准确、高质量的刑事司法统计信息的前提。

(3) 数据的处理、分析、评估和传播。统计数据的处理方面,《手册》主要从使用计算机进行数据存储、处理的角度给出相关建议。数据分析的手段方面,《手册》提出了以计数、计算频率、百分率比率和变化率为主的描述性统计和其他分析方法,用于刻画某一犯罪现象或者某一犯罪特征的占比和发生比,或者是一司法部门的工作效率等指标。关于刑事司法统计的统计数据的传播途径和手段,《手册》建议应对数据进行整合,以系统形式在互联网发布,向社会管理的决策者和公众提供方便可得、公开透明并且可读性强的刑事司法概况报告。

4. 补充内容

《手册》不仅为一国开发刑事司法统计体系提供了一般性的原则和意见，还提供了丰富的数据收集处理和分析的案例，以及国际上收集调查刑事司法统计数据的案例、问卷等，帮助人们关注与设计和建立一个完备数据收集系统有关的一些较为实际的问题，为各国开展统计提供了重要的参考。除此之外，《手册》还从受害者统计、自报统计等方面提出了建议，作为对官方统计刑事司法数据的补充。

通过受害者调查、自报调查等补充调查手段，可以使数据用户能够更加全面地了解刑事司法犯罪信息，弥补官方刑事司法统计中无法观测到的犯罪黑数（犯罪黑数是指已经发生却因各种原因没有被计算在官方正式的犯罪统计中的犯罪数据估计值）。

（以上主要内容曾以"有关刑事司法统计的国际模板"为题，刊于《中国统计》2015年第11期，作者：周航）

附：文件目录

前言
1. 刑事司法统计系统的宗旨和要求
　　1.1　刑事司法统计系统的用途和宗旨
　　1.2　刑事司法统计系统的基本要求
　　1.3　辅助信息需求
2. 国家刑事司法统计系统的组织模式
　　2.1　总体考虑
　　2.2　集中化的方法
　　2.3　分散化的方法
　　2.4　分担责任与承诺
　　2.5　备选组织方案的评估标准
3. 国家刑事司法统计系统的范围和内容
　　3.1　犯罪活动
　　3.2　刑事司法系统
　　3.3　界定刑事司法统计范围
　　3.4　架构的开发
　　3.5　人口统计、社会和经济的信息需求
　　3.6　确定实施重点
　　3.7　进一步开发：刑事司法指标
4. 收集刑事司法统计数据
　　4.1　可用资源
　　4.2　信息流量
　　4.3　与案卷和业务信息系统有关的技术思考
5. 刑事司法统计数据处理
　　5.1　处理的步骤和程序
　　5.2　数据安全与使用问题
　　5.3　数据处理技术
6. 分析、评估和传播刑事司法统计数据
　　6.1　数据分析
　　6.2　数据评估
　　6.3　数据传播
7. 受害者调查及其他资料来源的作用
　　7.1　受害者调查
　　7.2　自报调查
　　7.3　死因统计
　　7.4　人口普查和家庭调查
　　7.5　其他潜在信息来源
8. 国际上收集犯罪和刑事司法数据的状况
　　8.1　联合国犯罪趋势和刑事司法系统运作调查
　　8.2　国际犯罪受害者调查
附录

153

受害者调查手册

英文标题	Manual on Victimization Surveys
牵头组织	联合国毒品和犯罪问题办公室、联合国欧洲经济委员会
版本信息	2010年第1版
文件链接	http://www.unece.org/index.php?id=17501
中文版	无

犯罪受害调查是欧美国家普遍采用的评估、分析犯罪状况的重要方法。与警方的犯罪统计不同，犯罪受害调查不是从犯罪的角度出发，而是专门就受害人实际受到的犯罪侵害以及普通公众对犯罪的感受为调查主题。此类调查弥补了警方犯罪统计的不足，为政府和学者了解本国犯罪现状与犯罪趋势提供了大量真实、可靠的数据。以下结合《受害者调查手册》（以下简称《手册》），介绍犯罪被害调查的基本方法、主要内容，以此能够了解国际受害者调查体系。

1. 受害者调查与《受害者调查手册》

受害者调查的开发时间并不长。20世纪60年代，受害者调查第一次出现，但由于条件限制，调查都是小范围的试验性质的，并没有形成规模。直到1972年，全美犯罪调查（USNCV）开展过程中植入了受害者调查的相关内容，这也是受害者调查第一次在大规模的调查中实施，通过此次调查得到了比警方记录在案犯罪更多的犯罪数目。1981年，英国犯罪调查（BCS）里开始包含较为详细的受害者调查，因为是年度调查，调查的范围覆盖英国全境，因此，提供了比较规范的调查结果。接下来的一个时间节点是1987年，国际犯罪受害者调查（ICVS）出现，这是第一个国际性的受害者调查组织，至今仍在世界范围内开展受害者调查，具有相当重要的国际影响力。

为了国际受害者调查的开展，以及各个国家之间相互合作，联合国毒品和犯罪问题办事处（UNODC）与联合国欧洲经济委员会（UNECE）联合编制了《受害者调查手册》，当前看到的是2010年版本。

《手册》包含十个章节，其内容非常丰富，涵盖了受害者调查从准备到实施，再到结束，除了一般统计调查手册必备的调查方法、问卷设计、访谈、数据处理与评估、数据发布等内容之外，还涉及其他应该注意的问题，比如隐私伦理。

之所以要编制这样一部受害者调查手册，目的归纳起来有以下四条。

第一，受害者调查是一项目前公认的帮助政府和公众理解犯罪问题以及如何更好地加以处理的调查，为此需要就需要采用的手段、可行的方法、一些关键的分析问题和结果呈现方式做出规范。

第二，回答了设计和准备受害者调查时非常典型的问题，如受害者调查要持续多久、调查应该如何组织、应该采用何种抽样设计等一系列问题。

第三，可以为尚未开展或对于受害调查经验较少的国家提供技术支持。

第四，增强各国受害者调查数据的可比性，统一形成国际调查的各项要求。

2. 受害者调查与警方犯罪统计的区别

受害者调查与警方犯罪统计是有区别的。正是因为这些区别的存在，才使受害者调查变得有意义。相关比较如表1所示。

表1　　　　　　　　　　　　受害者调查与警方犯罪统计比较

	警方数据	受害者调查数据
数据来源	警方记录	针对所有市民的调查
数据收集方式	所有的警务机构记录 全年连续不断的记录 仅包含报告给警方的犯罪	抽样调查 定期调查 包含所有犯罪，报告的或没报告的
范围和定义	主要对象是犯罪事件 包括很大范围的犯罪类别	主要对象是犯罪的受害者 范围较小但经常发生的犯罪

资料来源：Manual on Victimization Surveys，2010.

表1所列诸多不同中，比较重要的是以下两个方面。一是调查覆盖的总体范围不同，警方犯罪统计仅包含已被报告、记录在案的犯罪，而受害者调查则既包含已报告给警方也包含没有报告给警方的犯罪；二是调查针对的主要对象具有区别，警方记录针对的是犯罪案件，而受害者调查针对的则是犯罪的受害者。如果从统计角度看问题，警方犯罪统计依据的是有关犯罪的行政记录，而受害者调查则需要进行专门的调查，而且是抽样调查。延伸考察，犯罪统计的内容很大程度上要受警方记录所限，而受害者调查则可以通过调查问卷设计来调整调查内容，尤其是有关犯罪所带来的影响，受害者调查可以提供丰富的信息，是警方犯罪统计所无法企及的。

3. 受害者调查的方法论

开展受害者调查，首先要考虑的问题是如何安排整个调查过程，调查中应该包含什么，哪些要素决定整个方案的设计。

《手册》给出以下思路：一是确定最初的调查概念，也就是我们要做一个什么样的调查；二是要弄清用户的数据需求；三是确定调查的目的和目标。目的要回答类似这样的问题：这次调查要达到什么样的精度？这次调查的分析应该包含哪些内容？等等。而目标则是一个将目的具体化的过程，是具体的、详细的内容，比如调查内容中要包括该地区的青少年犯罪率，或者该地区偷窃犯罪数等。

具体工作流程大体包括以下环节：（1）确定用户需求；（2）设计并测试；（3）调查获取数据；（4）输入数据并处理；（5）形成统计量；（6）获得数据并给予分析解释；（7）整合和宣传；（8）评估。

在调查流程细化过程中会存在一些限制条件，包括：品质保证、预算、时效性、统计机构的政策和隐私性。品质保证主要集中表现在相关性、准确性、可达性、可解释性和一致性，调查的好坏与这五种性质息息相关，比如调查要求的精度高，意味着有较高的准确性要求；要达到这样的准确性，就要采用扩大样本等手段，于是就影响了流程的设计。预算的充足与否会直接影响到采用什么方式获得数据以及取多大样本量等问题。时效性关系到调查时间，时间充足与否也会对相应的问题造成影响。统计机构政策的重要性在于，进行调查时，相关机构可能会对调查频率或者话题进行限制，这也会在一定程度上影响调查的流程和相关设计。隐私性要求保护被访者在某些敏感问题方面的隐私，因而会影响到问卷的设计。

抽样调查是受害者调查的基本方法。抽样方法的具体选择在很大程度上决定了调查结果的精度和误差，也就直接影响到分析和结论的准确性。在受害者调查中，关注的抽样调查问题主要有四个：目标总体、样本框、抽样设计和调查频率。

有关目标总体和样本框，需要注意的问题有两个。第一，受害者调查中，目标总体大多以性别、年龄、地理位置来界定。比如印度受害者调查以 25~30 岁之间的女性为目标总体，此外还可以将诸如移民、少数民族等特殊人群作为调查的目标总体。第二，要认清样本框的适用范围。比如人口登记表可以适用于针对个人的调查，但如果研究的是住户的受害情况，就不太适用。

有关抽样设计，主要关注的是非概率抽样。目的性抽样和便利抽样是常用的两种非概率抽样方法。目的性抽样就是带有明确目的性的抽样方式。例如，调查的总体是 15~20 岁之间的西班牙裔俄罗斯人，这个总体的量很小，而符合条件的人不是均匀分布在各个地区的，所以采用扩大样本量的方法很难取得良好的效果，且成本非常大。这种情况下，目的性抽样就会体现它的优势，比较常用的方式是滚雪球抽样。具体过程是：先找到一个符合条件的人，然后再由他介绍身边符合条件的其他人，依次类推，直到获得足够的样本为止。便利抽样所采用的方式是将电话或者邮箱公布出去，由愿意提供受害经历的人主动提供自己的资料，这样的方法特点就是比较简单且成本较低。

关于调查频率，顾名思义就是调查每隔多久进行一次。通常可以分为四类：不定期调查、定期调查、年度调查和连续调查。不定期调查是两次调查的间隔不确定或者一次性调查，比如对于某些受害者调查的补充调查；定期调查是在有些情况需要建立调查数据的时间序列，但又不需要每年都调查，每隔几年调查一次所进行的调查；年度调查是一年期的定期调查，属于比较常见的调查频率；连续调查指一直都在进行的调查，比如，警方在某个案件没有侦破前，会对其进行持续的不间断的调查，也就是连续调查。

4. 调查指标和相关问题

在受害者调查中，使用次数最多且最受关注的是两个指标，一个是发生数（incidence）；另一个是发生率（prevalence）。发生数指的是在一段时间内发生在某个群体中的犯罪案件的数量，而发生率就是受害者所占的比率，即：受害人数/地区总人数。如果一名受害者受害多次，发生数都会给予记录，但发生率中受害人数不会随着其受害次数增加而增加。在实际调查中，有 incidence rate 和 prevalence rate 之分。后者就是上面所说的发生率，而前者则是在发生数基础上计算的比率，比如每一百户居民中的犯罪案件数目。

从覆盖内容看，受害者调查实际主要由三个部分组成。第一部分是传统犯罪，比较常见的包括盗窃、抢劫、性侵等。第二部分是非传统犯罪，主要是经济犯罪，例如贪污、诈骗等。第三部分主要是了解被调查者对安全、警方工作的一些看法。

对于前两部分，形式大都一样，问卷中的问题主要有：你何时遭受犯罪、你平均多长时间遭受类似的犯罪、犯罪在哪里发生、罪犯是否携带武器等诸如此类的关于犯罪基本信息的问题，这些问题都是围绕受害者的经历展开的。对于第三部分，属于只能在受害者调查中才能看到的内容，比如，围绕调查对象对自身安全感而设计的问题，可以通过对黑夜中自身安全感的感觉来评估人们对犯罪的恐惧程度；通过"警方是不是很好地控制了犯罪"这样的问题，了解人们对于警方工作的态度，也可以反映出人们对治安情况的看法；还可以设定一定犯罪审判场景，由被调查者给出判决，以此了解人们对罪犯的厌恶程度，评估受害者对于犯罪的态度。

（以上内容曾以"从受害者一方看犯罪及其影响"为题，刊于《中国统计》2014 年第 10 期，作者：冯凯）

附：文件目录

1. 受害者调查简介
    1.1 手册的目的
    1.2 受害者调查的历史：发展及现状
    1.3 传递给政策制定者的信息
    1.4 犯罪受害者调查的局限性
    1.5 参考文献
2. 犯罪受害者调查的准备
    2.1 受害者调查与其他类型的官方犯罪统计
    2.2 受害者调查与警方犯罪统计的区别
    2.3 国际可比性：关键主题的草拟列表
    2.4 参考文献
3. 方法论
    3.1 简介：受害者调查流程
    3.2 调查目标与目的、数据收集历史
    3.3 品质保证
    3.4 预算、时效性和其他限制
    3.5 目标总体
    3.6 样本框
    3.7 抽样设计
    3.8 调查频率
    3.9 参考文献
4. 犯罪及受害者的统计
    4.1 如何统计犯罪及受害者
    4.2 调查结构
    4.3 调查成分
    4.4 家庭犯罪
    4.5 个体受害经历
    4.6 受害者跟踪
    4.7 态度问题
    4.8 信息来源渠道
    4.9 受害者调查的可比性
    4.10 数据收集
    4.11 参考期
    4.12 参考文献
5. 问卷设计
    5.1 设计
    5.2 受害者调查的重要问题
    5.3 语言与文化问题
    5.4 前期调查与测试性统计调查
    5.5 总结
    5.6 参考文献
6. 访谈
    6.1 非响应误差及其他调查误差
    6.2 访谈人员的培训及挑选
    6.3 访谈质量
    6.4 参考文献
7. 数据处理、估计和分析
    7.1 数据处理及估计
    7.2 分析及展现
    7.3 参考文献
8. 隐私伦理问题
    8.1 保护被调查者
    8.2 其他隐私伦理问题
    8.3 参考文献
9. 数据发布及文档
    9.1 范围和目的
    9.2 参考文献
10. 已完成调查的评价
    10.1 评估过程的重要性
    10.2 数据质量
    10.3 调查目标
    10.4 调查工具
    10.5 调查方案的回顾
    10.6 方法研究
    10.7 参考文献
附录

改善发展中国家社会统计：概念框架与方法

英文标题	Improving Social Statistics in Developing Countries: Conceptual Framework and Methods
牵头组织	联合国统计司
版本信息	1979 年第 1 版
文件链接	http://unstats.un.org/unsd/pubs/gesgrid.asp?id=16
中文版	无

附：文件目录

引言
1. 社会统计概念
2. 发展中国家社会统计的基本特征
3. 社会统计应用
4. 国家优先重点的建立
5. 需要综合的方法
6. 活动、需求及功能列表
7. 设计实际可行的项目
8. 实践方法
9. 人员和培训
10. 官方家庭调查
11. 传播
12. 框架的开发和应用
    12.1 目的和应用
    12.2 设计与组织
    12.3 社会指标
    12.4 工具与实施
13. 框架内容：第一部分
    13.1 人口
    13.2 学习与教育服务
    13.3 工作活动
    13.4 收入、消费与积累分布
    13.5 卫生、卫生服务与营养
    13.6 住房及其环境
14. 框架内容：第二部分
    14.1 家庭构成、家庭和住户
    14.2 时间使用、闲暇和文化
    14.3 社会保障与福利
    14.4 社会层级与流动
    14.5 公共秩序与安全

附录

155

千年发展目标监测指标：定义、缘由、概念和来源

> **英文标题** Indicators for Monitoring the Millennium Development Goal：Definitions，Rationale，Concepts and Sources
> **牵头组织** 联合国发展集团
> **版本信息** 2007 年第 2 版，2003 年第 1 版
> **文件链接** http：//mdgs.un.org/unsd/mdg/Host.aspx？Content=Indicators/Handbook.htm
> **中文版** http：//mdgs.un.org/unsd/mdg/Host.aspx？Content=Indicators/Handbook.htm

2000 年 9 月，在跨越千年的联合国首脑会议上，与会成员国签署了《联合国千年宣言》，其中关于发展和消除贫困部分特别强调将全球贫困水平在 2015 年之前降低一半（以 1990 年的水平为标准）的行动计划。为落实这一减贫计划，使目标具体化和可测度，千年发展目标提出了八个方面的目标计划，并通过《千年发展目标监测指标：定义、原由、概念和来源》（以下简称《指标》）进行具体测度和监测，以衡量联合国千年发展目标的进展情况。该文件的最早版本是《千年发展目标监测指标（2002）》，随后根据 2005 年世界首脑会议上成员达成的决议，以及联合国秘书长在其 2006 年工作报告中的建议，在 2007 年作了修订，增加了四项新的具体指标。《指标》涵盖了各项指标的定义、阐明的目标和具体目标方向、计算方法、数据来源等全部或部分信息。通过对具体目标方向和指标的理解，可以在全球视角下对消灭贫困、普及教育、保护妇女儿童、防治疾病、保护环境、协调发展等目标予以清晰认识和理解。以下介绍千年发展目标监测指标的主要内容及其实现状况。

1. 目标与监测指标体系

考虑到各成员的背景和各方面关系，《指标》在选择指标和制定目标时主要遵循五项基本准则：
（1）能提供有效的统计和度量，并反映《千年发展目标》具体目标方面的进展；
（2）便于国际比较，并能进行简明扼要的解释；
（3）与其他全球指标保持一致，以免为国家、政府和其他合作伙伴带来不必要的负担；
（4）尽量参照已有国际标准、建议和最佳做法；
（5）所需要的数据资料具有可靠性、一致性和可量化，以便进行连续测量。

在此基本原则的指导下，相关部门和专家协商讨论了一套具体指标来实际监测千年发展目标的执行进展和存在问题，并根据情况不断修订这些指标。表 1 列举了具体的目标及相应的进展监测指标。

表1　千年发展目标具体目标和进展监测指标一览表
（2008年1月执行）

目标和具体目标	进展监测指标
目标1：消灭极端贫穷和饥饿	
1.A：1990~2015年间，将每日收入低于1美元的人口比例减半	1.1　每日收入低于1美元（购买力平价）的人口比例
	1.2　贫穷差距率
	1.3　最贫困1/5人口消费占国民总消费的份额
1.B：使包括妇女和青年人在内的所有人都享有充分的生产性就业和适合的工作	1.4　就业人口人均GDP增长率
	1.5　人口就业率
	1.6　依靠每日低于1.25美元（购买力平价）维生的就业人口比例
	1.7　全部就业人口中自营就业和家庭雇员所占比例
1.C：1990~2015年间，将挨饿人口的比例减半	1.8　5岁以下儿童体重不足发生率
	1.9　低于食物能量消耗最低水平的人口比例
目标2：普及初等教育	
2.A：确保到2015年世界各地的儿童，不论男女，都能上完小学全部课程	2.1　初等教育净入学率
	2.2　一年级学生读到五年级的比例
	2.3　15~24岁人口识字率
目标3：促进男女平等并赋予妇女权利	
3.A：争取到2005年消除初等和中等教育中的两性差距，至迟于2015年在各级教育中消除此种差距	3.1　初等、中等和高等教育中男女学生的比例
	3.2　非农业部门有酬就业者中的妇女比例
	3.3　国民议会中妇女所占席位比例
目标4：降低儿童死亡率	
4.A：1990~2015年将5岁以下儿童死亡率降低2/3	4.1　5岁以下儿童死亡率
	4.2　婴儿死亡率
	4.3　接受麻疹疫苗接种的1岁儿童比例
目标5：改善产妇保健	
5.A：1990~2015年将产妇死亡率降低3/4	5.1　产妇死亡率
	5.2　由熟练保健人员接生的比例
5.B：到2015年普遍享有生殖保健	5.3　避孕普及率
	5.4　青少年生育率
	5.5　产前护理覆盖率（至少接受过1次及至少接受过4次产前护理）
	5.6　未满足的计划生育需要
目标6：防治艾滋病毒/艾滋病、疟疾和其他疾病	
6.A：到2015年制止并开始扭转艾滋病毒/艾滋病的蔓延	6.1　15~24岁孕妇的艾滋病毒感染率
	6.2　最近一次高风险性行为中使用避孕套的比例
	6.3　15~24岁人群中全面了解艾滋病毒/艾滋病的人口比例
	6.4　10~14岁孤儿与非孤儿入学人数比
6.B：到2010年向所有需要者普遍提供艾滋病病毒/艾滋病治疗	6.5　艾滋病重度感染者中可获得抗逆转录病毒药物的比例
6.C：到2015年制止并开始扭转疟疾和其他主要疾病的发病率增长	6.6　疟疾发病率及与疟疾有关的死亡率
	6.7　5岁以下儿童中在经杀虫剂处理的蚊帐中睡觉的人口比例
	6.8　5岁以下发烧儿童中得到适当治疟疾药物治疗的人口比例
	6.9　肺结核发病率、流行率和死亡率
	6.10　短期直接观察治疗方案下查出和治愈的肺结核病例比例
目标7：确保环境的可持续能力	
7.A：将可持续发展原则纳入国家的政策和方案，并扭转环境资源的损失	7.1　森林覆盖率
	7.2　二氧化碳排放总量、人均排放量和1美元国内生产总值（购买力平价）排放量
	7.3　臭氧消耗物质的消费量
	7.4　在安全生态环境范围内的鱼类资源比例
7.B：减少物种多样性的丧失，到2010年将物种多样性丧失率显著降低	7.5　水资源总量使用比例
	7.6　受保护的陆地和海洋面积比例
	7.7　濒临灭绝物种的比例

续表

目标和具体目标	进展监测指标
7.C：到2015年将无法持续获得安全饮用水和基本卫生条件的人口比例减半	7.8　使用改善饮用水源的人口比例 7.9　使用改善的卫生设施的人口比例
7.D：到2020年使至少1亿贫民窟居民的生活有明显改善	7.10　生活在贫民窟中的城市人口比例
	目标8：全球合作促进发展
	（下列指标中，有一些对最不发达国家、非洲和内陆发展中国家、小岛屿发展中国家分别监测） 官方发展援助
8.A：进一步发展开放的、有章可循的、可预测的、非歧视性的贸易和金融体制，包括在国家和国际两级致力于善政、发展和减贫	8.1　官方发展援助净额、总额和向最不发达国家提供的援助，在经济合作与发展组织/发援委捐助国民总收入中所占的百分比 8.2　经济合作与发展组织/发援委捐助者提供的、可在部门间分配的双边官方发展援助总额中用于基本社会服务（基础教育、初级保健、营养、安全饮水和环境卫生）的比例
8.B：满足最不发达国家的特殊需要，包括：对最不发达国家出口产品免除关税、不实行配额；加强重债穷国减债方案；注销官方双边债务；向致力于减贫的国家提供更为慷慨的官方发展援助	8.3　经济合作与发展组织/发援委提供不附带条件的双边官方发展援助的比例 8.4　内陆国家获得的官方发展援助在国民总收入中的比例 8.5　小岛屿发展中国家获得的官方发展援助在国民总收入中的比例 市场准入 8.6　发达国家从发展中国家和最不发达国家免税进口的产品占进口产品总额的比例（按价值计算，不包括军火）
8.C：满足内陆国家和小岛屿发展中国家的特殊需要（通过《小岛屿发展中国家可持续发展行动纲领》和大会第二十二届特别会议的结果）	8.7　发达国家对来自发展中国家的农产品、纺织品和服装平均征收的关税 8.8　经济合作与发展组织国家农业支助估计额占其国内总产值的百分比
8.D：通过国家和国际措施全面解决发展中国家的债务问题，以使债务可长期持续承受	8.9　为帮助建立贸易能力而提供的官方发展援助比例 债务可长期持续承受 8.10　达到重债穷国决定点的国家总数，达到重债穷国完成点的国家数目（累计） 8.11　按照重债穷国倡议承诺减免的债务 8.12　还本付息占商品和劳务出口的百分比
8.E：与制药公司合作，在发展中国家提供价格相宜的必需药品	8.13　可持续获得负担得起的基本药品的人口比例
8.F：与私营部门合作，普及新技术，特别是信息和通信技术的好处	8.14　每百人拥有电话线路数 8.15　每百人移动电话用户数 8.16　每百人互联网用户数

资料来源：联合国《千年发展目标监测指标：定义、原由、概念和来源》中文译本。

2. 进展监测指标基本信息

对用于监测目标和具体目标进展情况的各项指标，为使之有理有据、实践可行、标准统一，《指标》提供了下列信息供参考和对照：（1）定义；（2）使用该指标的理由；（3）计算方法；（4）数据来源；（5）参考文献；（6）测量周期；（7）性别和分类问题；（8）指标的局限性；（9）参与数据收集、编制或传播的国内和国际机构。

（执笔人：高洁）

附：文件目录

前言　　　　　　　　　　　　　　　　导言
缩略语　　　　　　　　　　　　　　　目标、具体目标和指标
致谢　　　　　　　　　　　　　　　　附录

社会指标手册

英文标题	Handbook on Social Indicators
牵头组织	联合国统计司
版本信息	1989年第1版
文件链接	http://unstats.un.org/unsd/pubs/gesgrid.asp?id=42
中文版	无

附：文件目录

引言
1. 本手册的目的与使用
   1.1 本手册的使用者与使用方法
   1.2 建立妇女与特殊群体指标
   1.3 监测生活与社会经济发展水平
2. 指标范围及手册中的领域主题列表
3. 编制方法
   3.1 数据来源及协调
   3.2 指标类型及测算方法
   3.3 指标的基本分类
   3.4 指标的基本数据表
4. 特定领域的指标
   4.1 人口构成与变化
   4.2 人类居所、住房、地理分布
   4.3 健康与卫生服务、缺陷与残疾、营养
   4.4 住户与家庭、婚姻状况、生育率
   4.5 学习与教育服务
   4.6 经济活动人口与非经济活动人口
   4.7 社会经济群体与社会流动性
   4.8 收入、消费与财富
   4.9 社会安全与福利
   4.10 闲暇与文化、交流
   4.11 公共秩序与安全
5. 未来工作方向
附录

开发性别统计数据：实施工具

英文标题	Developing Gender Statistics：A Practical Tool
牵头组织	联合国欧洲经济委员会、世界银行学院
版本信息	2010 年第 1 版
文件链接	http：//www.unece.org/statistics/publications/demographic-and-social-statistics/population-and-migration/2010/developing-gender-statistics-a-practical-tool/developing-gender-statistics-a-practical-tool.html
中文版	http：//www.unece.org/statistics/publications/demographic-and-social-statistics/population-and-migration/2010/developing-gender-statistics-a-practical-tool/developing-gender-statistics-a-practical-tool.html

随着社会文明进程的加快，女性发展及其权益保护日益受到全世界关注，在此国际大背景下，性别统计也越来越受到官方统计的重视。为此，联合国欧洲经济委员会联手世界银行学院，于 2010 年共同编制了《开发性别统计数据：实施工具》（以下简称《手册》），旨在为有兴趣从事性别差异方面高质量信息生产的机构或个人提供统一有价值的参考信息，以此为据来制定加快推进性别平等的政策。以下主要从性别统计的内涵、性别统计数据的收集方法和性别统计相关领域三个方面对该《手册》基本内容进行介绍。

1. 性别统计的内涵和意义

性别统计是横跨传统领域的一个统计领域，用于识别、生产和发布性别统计数据，以反映女性与男性生活现状和有关性别平等的政策问题。《手册》从领域、数据和政策三个方面深度剖析了性别统计的内涵。

（1）领域。性别统计不是一个孤立存在的领域，它存在于政治、经济、农业、就业、教育等传统统计领域中；进一步讲，性别统计与各个领域的统计数据都有关系。

（2）数据。性别统计数据并不是表面上的分性别数据，需要深度挖掘性别统计数据所包含的信息，即用于发现和理解与性别有关的问题所需要的信息。

（3）政策。性别统计是考察、制定政府公共政策的一个重要工具；很多关于性别平等的政策需要统计数据来把握相关进展。

总括起来看，可以从性别、政府和统计三个视角进一步理解性别统计的内涵及意义所在。

从性别视角来看，由于男性和女性所扮演社会角色的不同、所享有和掌控资源的不同，以及本身所具有技能和兴趣的不同，从而使得男女在社会生活中存在差别。要探索这种差别，就需要将性别元素融入统计数据中，通过性别统计数据来展示男性和女性之间的相似与不同，从而提升社会对性别问题的认知，促进社会对性别问题的讨论。

从政府视角来看，随着社会经济的不断发展，性别问题日渐突出，并突显在某些之前被认为与性别不是很相关的领域中（比如暴力犯罪）。各国政府认识到这一点，于是开始开展关于性别问题的研究，并制定关于性别问题的敏感性政策，从而推动性别平等政策的实施。这就需要有统计数据来适时反映相关政策的实施进展、评估政策执行的效果效率，于是有了性别统计数据的开发。

从统计视角来看，性别统计对于改善一国统计体系意义重大。为了得到更好的男女性别信息，为了清晰描述男女在社会中的现状，为了提高官方统计数据的性别敏感度以及避免性别歧视，国家统计人员需要不断审查定义、改善数据采集方法，改进统计结果的呈现和发布等，以此来推动统计制度的改革。

2. 性别统计数据采集方法

从全国性数据来看，性别统计数据的采集主要有四种方式：人口普查、基于人群的抽样调查、企业调查以及行政记录。除了这四种性别数据采集方法外，还有一种对性别统计和分析特别有用的数据采集方法——时间利用调查。时间利用调查常常会根据性别、年龄组、城乡以及数据分析所感兴趣的其他特定群组来对数据进行分组汇总，所采集的统计数据主要包括：受访者从事活动的类型、每项活动花费的时间、特定时间段活动分配的时间，以及从事活动的背景信息等。这些数据提供了人们日常生活的写照，是性别相关信息的丰富数据来源。

目前，已有若干国际机构制定了关于时间利用调查方法的统计规范。一是联合国统计司编辑的《时间利用统计数据生产指南：测量有酬劳动和无酬劳动》，提供了有关时间利用统计领域内各国实践和国际倡导行动，是一部推进方法与实践协调统一的参考书。二是联合国欧洲经济委员会在其性别统计网站上专门介绍时间利用调查，提供了各国开展此项调查的方法细节，以及与时间利用调查有关的国际准则链接。三是欧盟委员会于2000年发布了《统一的欧洲时间利用调查指南》，目的是让欧盟成员国在可比基础上实施时间利用调查，内容包括问卷、日志表、活动分类和编码、实地调查、估计过程和基本统计表等。

3. 性别统计相关领域

与性别统计相关的领域有很多。《手册》主要选择三大领域15个主题进行介绍，内容分类如表1所示。对于每一个主题，《手册》主要从四个方面对其进行详细剖析：概念、重要性、统计数据的附加值、数据采集的建议。限于篇幅，以下主要从概念和数据采集的建议两方面介绍几个当前备受关注的主题。

表1　　　　　　　　　　　　性别统计领域与主题

领　域	主　题
工作和就业	劳动力的规模、结构和特征；非正规就业；无酬劳动和志愿服务工作；工作和家庭生活的协调
其他领域	创业；决策；农业；获取资产；信息和通信技术；教育、研究和科学；卫生；基于性别的暴力（性别暴力）；社会性别态度
跨领域	少数族群；社会排斥

资料来源：根据《手册》相关内容概括。

（1）劳动力的规模、结构和特征。劳动力是对"经济活动人口"最常用的一种测量，国际劳工组织对劳动力给出了详细定义：在特定时期内，提供劳动用于生产经济货物和服务的所有人，不论性别。众所周知，性别不平等在劳动力市场中存在且长期存在。关于男性和女性参与劳动力市场情况的评估，目前还没有公认的测量指标。联合国欧洲经济委员会所推荐的指标是性别工资差距，计算方法为：男性和女性之间平均收入的差额占男性平均收入的百分比。

国际劳工组织对劳动力统计数据的收集建议如下：第一，以各个层级为基础，覆盖各种数据采集和分析机构以及所有可以提供行政信息的机构。第二，数据采集流程要尽可能涉及关于描述性别问题的所有相关主题，包括非正规经济中的就业、国民核算中不包括的工作、按照雇佣类别中详细的职业和地位分类来划分的就业状况、来自有酬劳动和自雇工作的收入、生命历程以及终身学习和工作时长等。第三，数据采集、数据处理、概念定义及相关测量方法应能充分描述所有工作者及其工作情况，以方便进行相关的性别比较。第四，所得统计数据应作为常规出版物的一部分，数据展示方式要清晰地展现劳动力市场上男女之间的异同之处以及可能的影响因素。

（2）非正规就业。国际劳工组织将非正规就业定义为：在给定参考期内，在正规部门企业或非正规部门企业中所有不受监管或保护的就业。对发展中国家及处于经济转型期国家的女性来说，非正规就业是其重要的就业来源。非正规就业的统计数据可用于分析劳动力市场中男女在就业条件和职业分布上的差异，从而为政策制定者提供依据，改善女性就业状况。

越来越多的国家已经开始采集非正规就业数据。《手册》建议如下：第一，关注就业人员所在企业的特征，如企业规模、法律所有权、会计类型、企业是否注册等。第二，关注就业人员的工作类型，如带薪休假、社保缴费等。相关数据收集指导准则可参考国际劳工组织的统计工作论文——《度量"非正规"现象：非正规部门和非正规就业统计指南》。

（3）无酬家务劳动。无酬家务劳动包括无酬家务劳动和志愿者工作。无酬家务劳动指由无酬住户成员所提供的家庭或个人服务。所谓无酬活动指家务、烹饪、照看老弱病残、清洁改善所在社区、组织募捐活动等活动。

女性的特殊角色在一定程度上决定了女性通常要比男性承担更多的家庭责任，也就是说，女性通常要完成大量的无酬劳动，导致女性花在无酬劳动上的时间可能远多于就业时间。男性则恰好相反。

《手册》关于无酬劳动数据采集的建议主要集中在数据调查方法上。无酬劳动数据主要来源于时间利用调查，而该调查方法需要耗用很多资源，因此，国际劳工组织建议最好每5年做1次。在中间年份或者在时间利用调查方法不可行的地方，可通过在人口普查或劳动力调查上附加相关问题的方法来采集数据。

（4）资产获取。资产被定义为可以通过采购、开发、置换、改造和代际转移而获得的财力、人力、自然或社会资源的存量。《手册》只着眼于经济资产，即实物资产和金融资产。其中，实物资产包括房屋、土地、牲畜、企业、耐用消费品等；金融资产包括现金、股票、债券、保险、信托、养老金等。

资产获取不仅仅是所有权和合法权益的获取，还包括个人对当前或未来资产权利要求的控制。从性别视角来看，男性和女性在获取资产方面存在不平等。虽然女性在法律上拥有资产所有权，但在实际中缺乏资产控制权。特别是当资产由于结婚、继承或离婚等情况而实施家庭内部转让时，很容易导致性别不平等和女性受歧视。

资产获取这个主题是目前比较新的研究领域。关于资产获取的数据采集方法，当前还没有相关标准或具体建议，数据采集也具有一定难度。《手册》对此提出三点建议。第一，了解当地法律环境，明确界定"获取"和"资产"。第二，数据采集的时间和频率要考虑不同资产的特征。第三，明确调查的基本出发点，确定调查方法，如专项调查、面板调查、横截面调查等。

（5）信息和通信技术。信息和通信技术（ICT）是指对以语音、数据、文本和图像等形式存在的各类信息进行收集、存储、处理、传输和展现所依赖的硬件、软件、网络和媒体，其范围从电话、广播、电视到互联网。促进ICT的性别平等，就是要识别、评估和消除在接触及使用ICT方面存在的性别不平等，使ICT能够适用于女性和男性的特殊需求、限制条件和各种机会。

信息和通信技术的获取存在一些潜在的性别障碍，比如较高的获取成本和技术选择，新技能的学习机会，将信息和通信技术看做"男性"领域的社会认识，以及地理因素、家庭状况、年龄和宗教等。

《手册》关于 ICT 数据采集的建议如下。第一，明确关于 ICT 使用、接入和需求方面的数据来源，主要有四种方法，即电信运营商和互联网服务提供商、企业调查、住户调查和基于网络的用户调查。第二，设计性别敏感的 ICT 指标框架。第三，开发性别敏感的 ICT 模块。第四，设计与 ICT 有关的性别敏感的教育指标。

（6）性别暴力。性别暴力是由男性和女性在相同性别群体内或不同性别群体间所实施的暴力。性别暴力不仅包括男性对女性实施的暴力，还包括女性对男性实施的暴力，以及同性间暴力。《手册》主要考虑男性对女性实施的暴力。

关于性别暴力统计数据的来源，主要有两个途径：行政统计和全国人口抽样调查。一是行政记录数据，可从刑事司法领域和能帮助受害者的机构中获得。需收集的详细数据有法庭对针对女性暴力所做出的响应（如定罪或无罪判决、判刑类型）、犯罪和受害的重复发生次数等。二是抽样调查数据。抽样调查是性别暴力数据采集的首选方法。在规划调查时，应特别注意：如何直接询问女性关于经历暴力的问题，如何设计问卷以便能以间接方式询问女性关于暴力的问题，以及受害人的参考期限、研究受害对象的范围、受害事件中应采集哪些信息、数据保密、访问员培训等。

（7）社会排斥。所谓社会排斥，一般指在所生活的社会中一个人不参与大多数人都能正常参与的各类关系和活动的情况。社会排斥有多种形式，通常备受关注的形式有：一是经济资源，如较低的资产水平、较低的消费能力；二是参与劳动力市场，如失业很长一段时间；三是获取服务，如无法充分获取诸如公共交通、医疗保健、金融服务或居家基本服务等关键性服务；四是社会关系，如远离政治和公民活动等。性别差异和不平等是社会排斥的一个基本特征。

《手册》关于社会排斥的数据收集建议如下。第一可从人口普查、住户抽样调查和行政记录中提取与性别相关的社会排斥信息。第二可进行专门的、有针对性的调查，因为与主体人口有关的调查常常不能充分覆盖到那些不参与社会活动或者极易在调查中被忽略的人群。第三可通过纵向调查或横截面调查中的纵向元素，帮助了解诸如低收入或无工作等特定情况的持续性，以及其中涉及的因果路径和转型。第四是考虑构建一个框架，编制综合性的社会排斥测量指标。

（以上内容曾以"性别数据的获取牵涉到方方面面"为题，刊于《中国统计》2016 年第 9 期，作者：张一青）

附：文件目录

说明
前言
致谢
1. 性别统计和性别分析
 1.1 导言
 1.2 统计数据中性别视角的重要性
 1.3 性别与其他社会组别的交叉
 1.4 性别统计涉及的主题
 1.5 在统计数据中凸显性别
 1.6 性别平等
2. 为什么需要性别统计数据
 2.1 导言
 2.2 性别统计的重要性
 2.3 性别统计用于政策制定
 2.4 面向公众的性别统计
 2.5 性别统计有助于改善国家统计体系
3. 如何生产性别统计数据：一般性问题
 3.1 导言
 3.2 统计生产过程
 3.3 数据来源
 3.4 时间利用调查
4. 性别统计相关重点领域及对数据采集的建议
 4.1 导言
 4.2 劳动力的规模、结构和特征

- 4.3 非正规就业
- 4.4 无酬劳动
- 4.5 工作和家庭生活的协调
- 4.6 创业
- 4.7 决策
- 4.8 农业
- 4.9 获取资产
- 4.10 信息和通信技术
- 4.11 教育、科研和科学
- 4.12 卫生
- 4.13 性别暴力
- 4.14 社会性别态度
- 4.15 少数族群
- 4.16 社会排斥

5. 改善性别统计数据的使用
- 5.1 统计数据传播
- 5.2 数据发布
- 5.3 联合国欧洲经济委员会性别统计数据库及其网站

6. 让我们开始行动
- 6.1 起步的原动力
- 6.2 建立合作联盟
- 6.3 高层管理人员
- 6.4 筹措资金
- 6.5 立法
- 6.6 定义性别统计项目
- 6.7 性别统计项目的组织架构

缩略语
参考文献
附录
- 附录1 联合国欧洲经济委员会性别统计数据库：指标列表
- 附录2 参与式性别统计培训的案例研究

158

妇女社会状况指标汇编

英文标题 Compiling Social Indicators on the Situation of Women
牵头组织 联合国
版本信息 1984年第1版
文件链接 http：//repository.un.org/handle/11176/179770
中文版 无

1975年，联合国第一次世界妇女大会通过决定，将1975~1985年定为"联合国妇女十年：平等、发展与和平"，联合国秘书处也发布了有关性别歧视统计的报告——《基于性别的刻板印象、性别偏见和国家数据系统》。在此背景下，为了使实际统计工作更具可操作性，经济社会事务司编制了两个指导性文件：《妇女社会状况指标汇编》和《妇女状况统计指标概念与方法改进》。这两个文件各有侧重，其中，第一个文件是在现有统计数据及统计体系基础上进行数据进一步整理的指导纲要，而第二个文件则涉及未来需要做的一些改进。

《妇女社会状况指标汇编》（以下简称《汇编》）是联合国有关妇女社会状况统计的一个十分重要的文件，它以统计调查员为受众，用具体实例说明如何进行相关指标统计。《汇编》分为两个部分。

第一部分首先解释妇女社会状况的基本概念，以及用怎样一组指标来反映其状况，指出现有体系下的数据来源、数据缺口和数据要求。其次具体说明数据来源，包括人口和住房普查、住户调查和官方记录以及登记注册系统，以及这些数据的局限性：主观评价差异和二手数据的偏差。

第二部分是有关数据的应用部分。《汇编》交代了现有统计系统下编制有关妇女社会状况指标数据的局限性，即指标之间有可利用的推断关系但是会存在一定偏差，比如通过教育状况推断就业状况等。进而从妇女的家庭劳动和社会角色入手，逐渐展开至社会经济活动和劳动力市场等领域。(1)有关妇女担当家庭角色的统计，存在的主要问题是各国对家庭角色等基本概念有不同定义，如何使用初始数据有不同处理方法。(2)针对妇女获得的学习和教育服务统计，明确了需要统计的指标，如识字率、教育程度等，之后又给出了一些有关妇女在教育服务中定位的补充指标。此外，不仅要注意入学率，还要注重高层次学历中妇女的比重以及辍学指标中的男女比例。在以上基础上，《汇编》给出了妇女在经济活动以及劳动力市场的一些衡量指标和补充度量，以及妇女健康状况的度量，绝大部分指标能够通过查询国际劳工组织的《劳动力统计年鉴》得到，只是有关临时工的定义以及数据搜集在各国可能存在差异。此外，《汇编》还通过收入、户籍、法律权利与政治力量等维度，对妇女社会状况指标进行完善。

《汇编》通过定义、表格和事例进行讲解，操作性很强。尽管该《汇编》发布较早，但是，因为妇女社会地位和承担的角色变化并不显著，所以报告的主体框架仍然不失其实用性。

（执笔人：韩泽宇）

附：文件目录

前言
1. 妇女社会状况指标的基本概念、方法和应用
   1.1 社会经济指标的需求及应用
   1.2 与妇女指标有关的思考
2. 基础数据来源
   2.1 人口和住房调查
   2.2 住户调查
   2.3 登记系统和官方记录
3. 数据的局限性
   3.1 普遍存在的局限性
   3.2 统计中的性别偏见
4. 基本框架与潜在限制
5. 妇女在家庭构成、家庭中的角色
6. 妇女与学习和教育服务
   6.1 识字率与教育程度指标
   6.2 补充指标
7. 妇女经济以及劳动活动
   7.1 系列指标与原则
   7.2 补充指标
8. 健康、健康服务与营养
   8.1 死亡率与发病率
   8.2 说明性指标
9. 其他方面的指标
   9.1 收入和收入分布
   9.2 城市和农村居民与移民
   9.3 法律权利与政治力量

总结与结论

参考文献

159

残疾统计开发指南与原则

英文标题	Guidelines and Principles for the Development of Disability Statistics
牵头组织	联合国统计司
版本信息	2001年第1版
文件链接	http：//unstats.un.org/unsd/pubs/gesgrid.asp? id＝269
中文版	http：//unstats.un.org/unsd/pubs/gesgrid.asp? id＝269

附：文件目录

前言
手册使用
1. 引言
　1.1　国际建议
　1.2　残损、残疾、残障国际分类（ICIDH）
　1.3　残疾数据来源
2. 计划与组织残疾数据收集的普遍性问题
　2.1　准备工作
　2.2　设计问卷识别残疾人口
　2.3　设计与操作的基本问题
3. 模块：残疾数据收集方法
　3.1　普查
　3.2　抽样调查
　3.3　残疾调查的抽样
　3.4　从机构收集残疾数据
4. 数据传播与应用
　4.1　表格
　4.2　报告与出版物
　4.3　其他传播与利用形式
　4.4　指标
附录

160

国际劳工组织社会保障调查手册

英文标题	ILO Social Security InquiryManual
牵头组织	国际劳工组织
版本信息	2005年第1版
文件链接	http：//www.socialsecurityextension.org/gimi/gess/RessourcePDF.do?ressource.ressourceId=6622
中文版	无

国际劳工组织（ILO）进行社会保障统计已经有半个多世纪的历史。自1949年起国际劳工组织就开始开展社会保障成本统计。随着社会保障范围的扩大以及涉及机构的增多，为了改善社会保障统计框架，ILO又在社会保障成本统计基础上新建立了社会保障调查。2003年，有6个国家作为该项调查的试点，对调查的可行性进行了测试，并最终编纂了《国际劳工组织社会保障调查手册》（以下简称《手册》），由此为社会保障统计提供了国际规范。社会保障调查旨在收集全球范围内的社会保障统计数据，它内部自成体系，对社会保障统计的覆盖范围、机构、统计内容都作了详细阐述。以下对《手册》的基本框架与核心内容进行介绍。

1. 调查的范围、目标和框架

社会保障调查覆盖的风险和需求与ILO第102号公约以及第67号、69号建议书中对意外事故、风险和需求进行的分类保持一致，具体包括：老龄、残疾、遗属、疾病与健康、失业、工伤和职业病、家庭或儿童、生育等八个方面。在更广的社会保护概念定义下，还包括住房、基础教育以及其他收入支持与援助三方面的补充内容。

社会保障调查的具体目标是针对为以上各项社会保障状况、风险或需求提供保障措施的社会保险计划收集支出、收入方面的数据，另外还要提供受保护人群以及接受这些计划之社会津贴的人群的数据。

该项调查自身有清晰的结构，需在"国家"与"计划"两个层面上开展统计。国家层面的数据从负责社会保障事业的相关部门处搜集，例如人力资源与社会保障部、财政部或其他社会保障政策的监督机构。计划层面的数据则是从各个社会保障计划的管理部门统计整理而来。有些很难在国家层面获得的社会保障数据需要计划层面的数据作补充，因而两种方法并用十分重要。在两个层面要求下，社会保障调查通过"劳动和保障部门问卷"、"社会保障计划问卷"与"财政部问卷"三大调查来收集数据。

2. 调查的基本准则

为了更好地规范数据收集过程，社会保障调查建立了问卷形式、联系信息、报告期、数据形式以及来源与评论五项准则。通过这五项准则，对问卷填报、数据汇总与报告过程进行约束，以保证数据质量。

以上提到的三项问卷可以独立完成，但需注意：(1) 由于劳动或保障部门问卷的第二部分包括一国内部现有的社会保障计划的列示，因此，应当先填报。在此基础上，才可发放和填报社会保障计划问卷。(2) 在每份问卷的封面上，需提供对所填报信息负责的部门或机构的名称与地址；为信息验证需要，还需提供填报人的联系信息。(3) 关于报告期，社会保障调查要求提供日历年度数据，如果无法提供日历年度期间数据，可使用会计年度。为了便于数据分析，三项问卷调查的报告期应该相同。(4) 在数据形式规定中，列举了具体填报时需遵守的数据填写规则，例如零的使用、小数点位置等。(5) 调查需列示数据的具体来源，并对其做出评估。在每项问题后，都有"评论框"用于填写关于数据需要备注的信息。

3. 问卷的具体内容

(1) 劳动和保障部门问卷。此部分调查聚焦于国家法律法规规定的社会保障事业，侧重于对一国宏观数据的收集，例如人口、就业、收入、贫困等。问卷包括三个组成部分：一是宏观背景数据，设置的核心指标覆盖人口、收入与贫困等方面；二是法律法规中的社会保障信息；三是本国社会保障计划及其保障范围的清单。该问卷的核心基础问题是按照人口统计分类标准搜集性别、年龄等基本信息，同时按照经济活动人口类别搜集就业信息。此外，问卷还涉及一国贫困线的标准，包括绝对贫困线和相对贫困线。

(2) 社会保障计划问卷。社会保障调查所提到的社会保障计划概念与欧盟社会保障统计体系中的概念保持一致，是指"被一个或多个机构单位支持（计划本身不是机构单位，一个机构可能管理多项计划）的特殊项目，用于对社会保障福利的提供及融资进行管理"。对于每一个计划，应当有其独立的收入与支出账户。社会保障调查应按社会保障计划的功能进行基本数据的收集统计，由负责各个计划的管理机构完成，内容包括计划的支出和收入、覆盖范围、受益者数量、福利水平等。调查表由七个部分组成，其中，A-C部分涵盖所有类型的保障计划；D-G部分则针对特殊类型的保障计划而设。

社会保障调查将支出划分为：社会福利；管理成本；向其他计划的转移支出；其他支出。社会福利是指社会保障计划为减轻或满足ILO第102号公约和67号、69号公约所列之十一类风险或需求而做的支付。社会福利的类型可分为货币性福利、实物性福利与变更目的的缴费，后者是指一项社会保障计划为了保证受保护人群继续获得另一项社会保障计划的福利而产生的对该项计划的支付。管理成本是指管理和运营社会保障计划发生的支出，一般包括管理人员的工资与津贴、办公费用、再保险支出、固定资产折旧等，而贷款利息与相关税费不属于管理成本，应归入其他支出类别中。向其他计划的转移支出是指向其他社会保护计划做的不要求回报的支付。

社会保障计划的类型可划分为准备基金计划、定额缴费计划、定额福利计划。准备基金计划是社会保障储蓄计划，常常一次性付清总额而非定期津贴。定额缴费计划是受益人所获福利与先前所做出缴费直接相关的计划，获得福利的权利与金额都基于缴费记录。定额福利计划是指个体所获福利与缴费没有直接关联的计划。

(3) 财政部调查问卷。财政部调查问卷有四个部分。第一部分是对综合经济社会数据的调查，如GDP、汇率、通货膨胀率等。第二至四部分调查的是相关社会支出和收入（医疗、教育问题和社会保障），其区别在于参照的财政分类标准不同。各国可针对自身遵循的财政标准在第二至四部分中选择填报一个部分。在收入记录方面，应当按雇主、雇员、自雇者、非就业者收集社会保障缴费的分组数据。

社会保护支出可划分为三类，分别是：社会福利支出、管理成本以及其他支出。其中，社会福利支出又按照社会保护的功能划分为八项（疾病和卫生保健、残疾、老龄、遗属、家庭、失业、住房和其他项目），遵循此划分标准的国家应该按照以上内容收集社会福利支出的数据。相应地，收入分类标准为社会缴费、广义政府缴费以及其他缴费。社会缴费中又划分雇主社会缴费、受保护人社会缴费等。

4. 社会保障福利各项功能覆盖范围

可将社会保障福利主要功能的覆盖范围概括如下。

（1）老龄覆盖范围，应为规定年龄后的生存时期。规定年龄应不超过65岁，或由主管当局适当考虑有关国家老年人工作能力而规定的更高年龄。典型福利形式是养老金。

（2）残疾覆盖范围，包括没有能力从事任何有收益的活动，且这种没有能力已经达到规定程度，即很可能是永久性的或持续至疾病福利用尽之后。典型例子如针对没有能力工作提前退休提供的福利。

（3）遗属覆盖范围，包括由于供养人死亡而使配偶或孩子丧失依靠。调查特别强调要区分教育津贴与遗属福利，例如，在巴拿马有针对孤儿继续学业而提供的教育津贴，应当被归类在基础教育功能之下。

（4）疾病与卫生覆盖范围，包括因病态造成的不能工作以及国家法律或条例规定的停发工资。此功能下的典型津贴是在无法工作期间支付给雇员的工资和薪金，以及一些提供医疗保健和支持的公共卫生活动等。

（5）生育覆盖范围，包括怀孕、分娩及其预后，以及根据法律规定导致的停发工资。典型例子是在生育期间获得的抚养津贴，而在生育期间获得的卫生保健服务则属于疾病与卫生功能，产假应当划分为家庭和儿童功能。

（6）失业覆盖范围，包括受保护人有能力工作而且适宜于从事工作，但由于无法得到合适的就业机会而根据国家法律或条例已停发工资。常见津贴形式有不被养老基金支持的、由于劳动力市场原因导致的提前退休项目或均值测试的失业金，产假期间提供的福利应当归属于生育功能。

（7）工伤与职业病覆盖范围，包括下列因工作造成的事故或疾病：第一，病态的；第二，根据国家法律或条例规定，由于病态而造成不能工作并停发工资的；第三，全部丧失挣钱能力，或部分丧失这种能力，但超过规定程度并且很可能是永久性的，或丧失相应官能；第四，妇女或孩子由于供养人死亡而丧失依靠。典型例子有与工伤和职业病有关的卫生保健等。

此外还有家庭或儿童覆盖范围和住房覆盖范围，支付给在家照顾婴儿的父亲的津贴是对应前者的福利，住房津贴则是直接为住房成本提供福利的津贴形式。

（执笔人：王文静）

附：文件目录

1. 调查基本情况
　1.1　调查目的
　1.2　调查范围：覆盖功能
　1.3　调查结构
2. 基本指南
　2.1　问卷形式
　2.2　联系信息
　2.3　报告期限
　2.4　数据形式
　2.5　来源与评论
3. 劳动或福利部门的问卷
　3.1　基本信息

3.2 社会保障具体信息
3.3 社会保障计划清单
4. 社会保险计划问卷
4.1 关于计划的基本信息
4.2 福利目录与福利支出
4.3 获益人数与获益金额的详细信息
4.4 长期福利：老年人、残疾人和遗属以及工伤计划中的遗属
4.5 短期福利：疾病与生育，包括工伤计划中的疾病福利
4.6 失业福利
4.7 "均值测试"福利的问卷
5. 财政部的问卷
5.1 基本信息
5.2 支出与收入（依据 IMF 的 GFS2001 标准）
5.3 支出与收入（依据 IMF 的 GFS1986 标准）
5.4 支出与收入（依据欧盟统计局 ES-SPROS 系统）
6. 功能的详细描述
6.1 老年人
6.2 残疾
6.3 遗属
6.4 疾病和健康
6.5 生育
6.6 工伤和职业疾病
6.7 失业
6.8 家庭和子女
6.9 住房
6.10 基础教育
6.11 其他收入支持与援助（没有分类标准）
7. 总结
8. 联系信息
9. 问卷
附录

欧盟社会保障体系统计手册

- **英文标题** The European System of Integrated Social Protection Statistics
- **牵头组织** 欧盟统计局
- **版本信息** 2011 年第 3 版，2008 年第 2 版，2002 年第 1 版
- **文件链接** http：//ec.europa.eu/eurostat/en/web/products-manuals-and-guidelines/-/KS-RA-11-014
- **中文版** 无

欧洲的社会保障制度从建立至今已经历了百余年的发展，社会保障机制十分完善，尤其在北欧一些国家，其社会保障制度有"从摇篮到坟墓"的形象比喻。社会保障制度对保持欧洲社会稳定、促进欧洲经济发展发挥着巨大作用。虽然欧盟在欧洲的社会保障领域没有立法权，其 27 个成员国都有自己独立的社会保障体系与法律法规，但欧盟统计局就社会保障统计的基本概念、分类与原则给出了可参考的国际规范，这就是《欧洲社会保障体系统计手册》（以下简称 ESSPROS）。以下对该手册做简要介绍。

1. 概念与核算原则

全球范围内对于社会保障及其范围并没有一个广泛认可的定义，因为没有一项定义可以完全表达社会保障试图达到的目的以及各国社会保障囊括的全部内容。ESSPROS 给出的社会保障的定义为："社会保障是公共或私人机构为家庭或个人减轻特定集合的风险或需求而做出的干预，它们为这些受保障家庭或个人提供互惠协议或个体安排。"这一定义相对概括和抽象，需要拆分成几个部分逐一分析说明。

首先，定义中提到的"特定集合的风险或需求"是指健康和医疗保健、残疾、老龄、遗属、家庭和子女、失业、住房，以及未包含在以上类别中的社会孤立。对风险或需求进行定义与分类有两方面原因：一是为了抓住社会保障的重点，限制其范围；二是为了实现国际可比，统一的分类标准是国际可比的基础。以上列举的社会保障受益者面临的风险和需求，同时也是社会保障发挥作用之处，因此，它们也被称为社会保障的功能。

其次，定义中提到社会保障是公共或私人机构所做出的"干预"，这里"干预"应当作广义理解，它包括对社会保障福利的提供、融资以及相关管理成本等事项的处理。"由公共或私人机构提供"是指这些干预来自公共或私人机构，不包括在家庭或个人之间进行资源转移的社会保障形式（例如亲友互助等），即使这种形式的社会保障也使受保障者避免了以上列举的风险或需求。另外，小规模、非正式并且偶然发生的干预，例如临时人道主义援助、自然灾害事件中的紧急援助，并不进行常规管理与核算，因此，也不包括在该定义内。

ESSPROS 的基本统计单元是社会保障计划，它并非法人机构，而是一系列专门规定。社会保障计划只关心再分配问题，而不关心生产，它们由机构单位支持，但本身并不是机构单位，它们的主要工作是对社会保障福利提供及融资进行管理。在统计时，应当保证社会保障计划的收入和支出分别在两个账户中核算。社会保障计划通常由一个或多个机构支持，如果一个机构可以提供多个社会保障类型，其就可以支持多项社会保障计划。一些机构单位将社会保障计划作为它们的主要活动，例如社会保险基金、养老基金、福利基金等。而另一些机构单位仅将运营社会保障计划作为其附属活动，例如企业、保险公司或贸易组织等。另外，一项社会保障计划也可被若干个机构单元共同支持，每个机构单元对一个特定地理区域、特定企业类型或特定受益者类型负责。定义中"一系列规则"可能基于法律规定也可能基于某些事实，例如雇主为雇员提供法律之外的保险津贴就属于事实性计划。

社会保障统计的核算原则涉及全面性与一致性原则、记录时间、计值以及核算期间、合并与轧差几个方面。所谓全面性与一致性原则，意指凡是在 ESSPROS 范围内的交易都应在账户中进行记录。ESSPROS 使用的计值方法是当前市场价值，在无法获得货物或服务当前市场价值时应当用其生产成本计值。原则上，所有交易的记录都需遵循权责发生制，以货币形式获得的社会缴费在受益者获得接受权时记录，以实物或服务形式支付的社会缴费应在实物发生转移或服务被提供之时记录。ESSPROS 中的交易记录应以日历年为周期。既在收入又在支出中记录的交易事项应相互抵消仅留下净值，这种处理方法称为轧差。一般情况下，ESSPROS 推荐按总值记录，例如，对于一项保障计划接受与支付的利息不能作抵销处理，收入与支出都应进行记录。但 ESSPROS 在修正交易时可以采用轧差处理，即直接在初次处理的基础上按轧差值进行修正处理。

2. 收入、支出的类型

欧盟的社会保障统计体系有着清晰的架构，它由核心系统及其他单元两部分组成。核心系统指社会保障体系中专门进行社会保障计划收入与支出统计的部分，它有以下三个特点：一是在社会保障福利形式上，核心系统只关注三种津贴，即对受保护者的货币支付、由受保护者形成的补偿性支出和直接提供给受保护者的货物或服务；二是核心系统仅描述社会保障计划的收入与支出情况；三是核心系统仅考虑分销交易（distributive transaction）。

在进行社会保障计划收入与支出统计之前，应当先划分社会保障计划的类别，从而提供更丰富的社会保障统计信息。ESSPROS 给出了五项不同标准下社会保障计划的分类方法：（1）按计划中做出本质决策的单元，可将其分为政府控制计划和非政府控制计划；（2）按是否存在法律义务，可将其分为强制性计划和非强制性计划；（3）按权利建立方式，可分为缴费型计划和非缴费型计划；（4）按计划的范围，可分为普遍适用计划、一般计划和特殊计划；（5）按提供保障的水平，可分为基本计划、补充计划。

ESSPROS 将社会保障计划的收入按类型和来源进行划分，按类型可得到社会缴费型、政府缴费型、从其他计划转移型、其他收入型四种计划形式。社会缴费型社会保障计划还可细分为雇主社会保障缴费和受保护者的社会缴费。受保护者可分为三类，包括雇员、自雇者和养老金获得者等。政府缴费型包括政府为了运营政府控制的非缴费型计划所付出的成本，以及政府为其他社会保障计划提供的财政支持，可细分为特定目的的税款和一般收入两种。从其他计划转移型指一项社会保障计划为了保证受保护人群继续获得另一项社会保障计划的福利而产生的对该项计划的支付。其他收入型对应的就是从其他计划中获得的其他类型转移，如一项计划获得的其他社会保障计划为保证其不亏损而转移来的资金。

还可按照收入来源的机构部门对社会保障计划收入进行划分，最高层次的划分是常住者部门与非常住者。居民部门下可继续划分企业（包括非金融企业和金融企业）、广义政府（包括中央政府、州和地方政府以及社会保险基金)、住户以及为住户服务的非营利机构。这一划分方式与国民账户体系中机构部门的划分是一致的。

支出方面，ESSPRO将其分为四个基本类型，即社会福利支出、管理成本、向其他计划的转移支出、其他支出。社会福利支出是社会保障计划支出的最主要形式，对应支出的范围与功能可见下面第三部分。管理成本是指为了管理社会保障计划而支付的成本，是常规支出的一部分。向其他计划的转移支出与收入分类中的"来自其他计划的转移收入"是含义相同但方向相反的两对概念。

3. 社会保障福利覆盖范围

社会保障功能中的功能是针对最终目的而言，而非受益者。以下从八个方面予以介绍。

(1) 健康和医疗保健功能。健康和医疗保健功能覆盖范围内的风险包括因病态造成的不能工作以及国家法律或条例规定的收入损失，以及为提高受保护人的健康而在社会保障框架下提供的医疗保健服务。需注意，由于生育或残疾而造成的不能工作应当分别归于家庭和子女及残疾功能之下。健康与医疗保健功能的津贴可分为货币津贴与实物津贴两类，前者细分为带薪病假和其他货币津贴，后者包括住院治疗、非住院治疗和其他实物津贴。

(2) 残疾功能。此类津贴覆盖范围包括：第一，为由于生理或精神残疾而导致的丧失工作能力与收入的人提供的津贴；第二，为残疾人提供有助于恢复的康健服务；第三，为残疾人提供除医疗保健以外的货物与服务。不应包含在残疾功能内的津贴有：针对残疾的医疗保健，该部分应当属于健康与医疗保健功能；为获得残疾津贴的家庭支付的家庭补贴，它们应当属于家庭和子女功能；提供给残疾人遗属的津贴，例如丧葬费等应当属于遗属功能。

(3) 老龄功能。老龄功能涉及用于规避与老龄有关的风险的社会保障，这种老龄风险通常有失去收入、收入不足、丧失日常生活自理能力、社会生活参与度减少等。老龄功能津贴的覆盖范围有：第一，为从劳动力市场退休的老龄人口提供重置收入；第二，保证达到规定年龄的人口获得特定数额的收入；第三，提供老年人个人或社会环境所需的货物与服务。老年人获得的特定医疗保健津贴不属于老龄功能津贴，它们应当归属于健康与医疗保健功能；老龄津贴受益者获得的家庭补贴也不属于老龄功能津贴，它们应当属于家庭和子女功能；因劳动力市场原因造成的提前退休津贴，应当归属于失业功能。

(4) 遗属功能。遗属功能下的津贴有为丧失配偶或近亲（该近亲应是受益人家庭中的供养人）的人群提供暂时或永久性收入，以及为符合条件的遗属提供货物与服务。遗属津贴通常以继承权为基础。不属于遗属功能的津贴有遗属津贴的受益人获得的家庭补贴，这部分补贴应当归于家庭和子女功能。

(5) 家庭和子女功能。家庭和子女功能下的津贴有：为家庭抚养子女而提供的资金支持；为养活除子女外的家庭成员提供的资金帮助；为帮助和保护家庭特别是儿童而提供的社会服务。

(6) 失业功能。失业功能的津贴包括：对由于失去有收入的工作而造成的收入丧失或减少而做出的全部或部分收入补偿；为进入或再次进入劳动力市场的人提供生存收入；为部分失业而造成的收入损失提供补贴；为希望就业且正在接受培训的人支付费用；为失业者再就业所需发生的交通成本或迁移成本提供帮助；提供其他必要的货物或服务。失业津贴受益人家庭获得的家庭补贴不包括在失业功能津贴中，它们应当归属于家庭/子女功能。

(7) 住房功能。住房功能由官方机构帮助家庭面对住房成本提升而采取的干预措施组成。住房政策在各成员国广泛实施，其目的并不仅仅在于社会保障，它们可能旨在鼓励建筑业发展、提高居住权以及促进储蓄等，但ESSPROS并未测度住房政策的全部功能。住房津贴可能作为养老金的补充部分而支付给老龄人口，但它们不应划分在老龄功能下，而应归属于住房功能。

(8) 社会孤立功能。社会孤立是一个多维概念，它可以指贫困，也指健康、教育和就业领域的不稳定状态。因此，归属于该功能的福利的界限比较模糊。

（执笔人：王文静）

附：文件目录

前言

第一部分　总体原则与核心系统

1. ESSPROS 系统的介绍
2. 社会保障的常规定义
   2.1　引言
   2.2　基本定义
   2.3　深入解释
3. 核心系统的核算框架与分类
   3.1　引言
   3.2　核心系统的界限
   3.3　核算框架
4. 社会保障计划的定义与分组
   4.1　统计单元
   4.2　社会保障计划分组
5. 社会保障计划收入
   5.1　引言
   5.2　收入类型
   5.3　根据收入来源划分的机构部门分类
6. 社会保障计划支出
   6.1　引言
   6.2　支出类型
7. 社会津贴及主要分类
   7.1　功能分类
   7.2　类型分类
   7.3　均值测试
8. 核算原则
   8.1　引言
   8.2　原则的全面性和一致性
   8.3　估值
   8.4　记录与核算时间
   8.5　轧差与合并
   8.6　识别指标组

9. 其他国家
   9.1　与其他国家的交易
   9.2　居民的定义

第二部分　核心系统的津贴分类

1. 引言
2. 健康/医疗功能下的社会津贴
   2.1　引言
   2.2　津贴类型描述
3. 残疾功能下的社会津贴
   3.1　引言
   3.2　津贴类型的描述
4. 老龄功能下的社会津贴
   4.1　引言
   4.2　津贴类型描述
5. 遗属功能下的社会津贴
   5.1　引言
   5.2　津贴类型描述
6. 家庭/子女功能下的社会津贴
   6.1　引言
   6.2　津贴类型描述
7. 失业功能下的社会津贴
   7.1　引言
   7.2　津贴类型描述
8. 住房功能下的社会津贴
   8.1　引言
   8.2　津贴类型描述
9. 未在其他功能下列举的社会津贴
   9.1　引言
   9.2　津贴类型描述

附录

参考文献

162

志愿者工作测量手册

- **英文标题** Manual on the Measurement of Volunteer Work
- **牵头组织** 国际劳工组织
- **版本信息** 2011 年第 1 版
- **文件链接** http://www.ilo.org/stat/Publications/WCMS_162119/lang—en/index.htm
- **中文版** 无

志愿服务工作对于全社会而言是一项非常重要的可再生资源。联合国大会于 2001 年通过了一项决议，呼吁各国政府正确认识志愿者工作的经济价值。随后，大会在 2005 年决议中鼓励政府和各民间组织一起对志愿者工作建立相应的知识库，制定一套测量志愿者工作的统计标准或规范，以便更好地开展与志愿者工作相关的研究。鉴于此，国际劳工组织主持制定了《志愿者工作测量手册》（以下简称《手册》），其初稿于 2008 年 12 月第 18 届国际劳工组织统计学家会议批准通过。

首先，《手册》阐述了志愿者工作的定义、特征、测量理念及策略。由于世界各地的文化差异，人们对志愿者工作的理解也不尽相同，各国官方机构以及国际组织也没有给出过统一的定义，而是根据自身需要制定。鉴于此，《手册》在梳理相关经验的基础上，明确了志愿者工作的定义，并讨论了志愿者工作的几个重要特征，包括：有价值的工作、无须付费、非强制性、直接服务、公益组织、非家庭成员之间、受益对象不限等。此外，《手册》建议志愿者工作的调查测量工作应主要依托于官方劳动力调查平台进行。

其次，《手册》给出了调查时采用的问卷模板，并阐述了其主要特征以及与此相关的变量、分类和数据加工使用方法。问卷主要询问被访者在考察期内是否参加了可被视为志愿者工作的活动，并给予适当的提示，以便被访者回忆。通过对问卷问题的整理、提炼，志愿者工作最终可用五个核心变量来描述，分别是：志愿者数量、志愿工作小时数、工作种类、志愿机构设置以及志愿者工作行业。通过这些基础变量，可以计算出志愿工作参与率，进而评估志愿工作的经济价值。

最后，《手册》介绍了在调查实施阶段可能遇到的一些问题，例如，如何选择调查平台、调查范围、调查时间、调查频率以及志愿模块在整个调查中的位置等。对于这些可能出现的问题，在具体实施过程中需要随机应变，以使调查数据更为准确。《手册》还给出了对于无回答样本的处理方法，并对调查之后数据的展示与公开给出了建议。

总之，《手册》为各国在志愿者工作方面的统计提供了精确的定义及详细的操作建议，使得志愿者工作的数据或测量结果具有国际一致性和可比性。

（执笔人：景向）

附：文件目录

前言
1. 简介
2. 志愿者工作测量的理念和策略
    2.1 简介
    2.2 为什么要测量志愿者工作
    2.3 设计测量志愿者工作的关键标准
    2.4 推荐的方法：补充志愿服务调查到劳动力调查中
    2.5 其他调查平台
3. 志愿者工作的定义
    3.1 简介
    3.2 现有志愿者工作的国际定义
    3.3 建议的定义和解释
    3.4 主要特征和注意事项
4. 推荐模块的主要特征
    4.1 简介
    4.2 整体结构——关注活动
    4.3 "志愿服务"或"志愿者工作"术语的使用
    4.4 提示性
    4.5 参考周期
    4.6 志愿者工作出现的行业
    4.7 措辞和工作量测量
5. 目标变量和分类
    5.1 简介
    5.2 核心变量
6. 志愿者比例、志愿者工作的价值，以及数据的其他用处
    6.1 简介
    6.2 志愿者比例
    6.3 志愿者工作的经济价值估算
    6.4 推荐的估计方法：采用志愿模块数据
    6.5 其他估算方法
7. 调查模块的实施和数据的展现
    7.1 简介
    7.2 可能影响最终数据准确性的数据收集平台特征
    7.3 采用模块的步骤
    7.4 面访管理人员、访员和程序员培训
    7.5 无回答的处理
    7.6 数据的展示
    7.7 数据的公开

附录
1. 调查模块编码手册
2. 志愿者工作分类方法
    2.1 目标和用途的分类
    2.2 推荐方法
3. 附加数据变量
    3.1 简介
    3.2 附加数据项
4. 国际劳动组织和SNA对志愿者工作的处理
    4.1 简介
    4.2 SNA-2008
    4.3 国际劳动组织
    4.4 实践中对志愿者工作的处理方法
    4.5 志愿者工作测量手册采纳的方法

参考文献

163

暴力侵害妇女统计数据编制指南

英文标题 Guidelines for Producing Statistics on Violence Against Women
牵头组织 联合国统计司
版本信息 2014 年第 1 版
文件链接 http：//www.oecd-ilibrary.org/fr/economic-and-social-development/guidelines-for-producing-statistics-on-violence-against-women_da0919b9-en
中文版 无

附：文件目录

序言
简介
1. 暴力侵害妇女统计调查的作用
   1.1 暴力侵害妇女调查的需求
   1.2 本国统计机构的角色
   1.3 暴力侵害妇女调查的重要关注点
   1.4 暴力侵害妇女调查收集数据模块的使用
2. 概念、定义和数据需求
   2.1 暴力侵害妇女的定义
   2.2 现有指南的焦点
   2.3 目标总体、时间框和观测单位
   2.4 描述变量
   2.5 核心主题和核心描述变量
   2.6 调查对象的个人特征
   2.7 亲密伴侣的个人特征
3. 计划一项暴力侵害妇女调查
   3.1 建立法律基础
   3.2 相关单位的协调
   3.3 明确调查目标
   3.4 选择数据收集模式
   3.5 预算和时间安排
   3.6 建立组织架构
   3.7 抽样设计
   3.8 挑选访员
   3.9 研究方案
4. 问卷设计
   4.1 定性研究背景
   4.2 问卷制定的重要方面
   4.3 问卷内容
   4.4 问题顺序
   4.5 跳跃和略过的使用
   4.6 测试问卷
5. 调查实施
   5.1 培训访员
   5.2 暴力侵害妇女调查中的道德问题
   5.3 数据收集阶段的质量控制
   5.4 小规模测试
6. 数据生产和分析
   6.1 数据编码和编辑
   6.2 数据加权
   6.3 计算样本误差
   6.4 数据分析和图表
   6.5 结果的公布
   6.6 调查过程的评估
   6.7 最终步骤
附录Ⅰ 旨在加强暴力侵害妇女统计数据收集的

	国际条款
附录Ⅱ	暴力侵害妇女的其他统计数据源
附录Ⅲ	自 2000 年以来被选择实施暴力侵害妇女调查的国家
附录Ⅳ	公共运动案例：意大利的暴力预防
附录Ⅴ	暴力侵害妇女调查的设计要素
附录Ⅵ	由联合国统计委员会主席之友小组为暴力侵害妇女核心指标推荐的图表模板
附录Ⅶ	由联合国统计委员会主席之友小组为暴力侵害妇女核心指标建议的生产统计数据的问卷模板
附录Ⅷ	关于在调查问题中加入额外变量的优秀经验

参考文献

十二、资源、环境与可持续发展

164

环境经济核算体系中心框架

> **英文标题** System of Environmental-Economic Accounting 2012：Central Framework
> **牵头组织** 联合国、欧盟委员会、联合国粮农组织、国际货币基金组织、经济合作与发展组织、世界银行
> **版本信息** SEEA－2012，SEEA－2003，SEEA－1993
> **文件链接** http：//unstats.un.org/unsd/envaccounting/pubs.asp
> **中文版** http：//unstats.un.org/unsd/envaccounting/pubs.asp
> 国家统计局核算司内部出版，2014年

自20世纪70年代起，人们逐渐认识到经济社会发展与环境容量之间的联系，环境经济核算的研究逐渐展开。第一个版本是联合国《综合环境经济核算—1993》（简称 SEEA－1993），给出了环境经济核算的基本理论框架。此后有2000年发布的《综合环境经济核算——操作手册》（简称 SEEA－2000），以及2003年发布的方法性指导文件《综合环境经济核算－2003》，即 SEEA－2003。SEEA－2003提出了很多不同的方法学选项，介绍了大量的各国实例，为编制环境经济账户提供了一个被广泛接受的稳健的框架，在环境经济核算概念、定义和方法的广度与协调性上都迈出了一大步，但未被正式确认为国际统计标准。2007年在联合国统计委员会倡导下启动了 SEEA 的新一轮修订，于2012年发布《环境经济核算体系中心框架》（以下简称《中心框架》），这是关于环境经济核算的第一部国际统计标准。

《中心框架》包括六章，采用了"总、分、总"的结构。第一章介绍 SEEA 中心框架的组成部分、历史背景及其地位。第二章概述中心框架的主要组成部分以及账表类型、存量流量核算的基本原则，以及经济单位的定义、记录和估价原则。第三章至第五章则分别不同核算领域详细说明其核算方法，是中心框架的重点所在。第六章将分散的账户整合起来，纳入同一核算架构内，强调 SEEA 中心框架综合性的实现。以下针对第三、第四、第五章简要介绍《中心框架》的主要内容，所对应的核算重点有：物质与能源在经济体系内部、经济与环境之间的实物流量；与环境有关的经济活动和交易；环境资产存量及其变化。

1. 环境与经济间实物流量账户

第三章"实物流量账户"详细说明了环境与经济之间发生的实物流量的记录内容和方法。经济与环境之间以及经济体系内部发生的实物流量包括自然投入、产品、残余物三类。自然投入指从环境流入经济的物质，分为自然资源投入、可再生能源投入和其他自然投入三类。自然资源投入包括矿产和能源资源、土壤资源、天然林木资源、天然水生资源、其他天然生物资源以及水资源；可再生能源投入包括太阳能、水能、风能、潮汐能、地热能和其他热能；其他自然投入包括土壤养分、土壤碳等来自土壤的投入，氮、氧等来自空气的投入，以及未另分类的其他自然投入。产品指经济内部的流量，是经济生产过程所产生的货物与服务，与国民账户体系（SNA-2008）的产品定义一致，按《产品总分类》进行分类。残余物是生产、消费或积累过程中丢弃或排放的固态、液态和气态物质。根据实物流量的定义与分类，可以勾画出经济和环境之间的实物流量关系图。

从方法上看，以 SNA-2008 中的价值型供给使用表为基础，增加相关的行或列，即可得到实物型供给使用表，以此记录从环境到经济、经济内部以及从经济到环境的全部实物流量。整个核算的逻辑基础是以下两个恒等式。

一是供给使用恒等式，即：产品总供给＝产品总使用，具体表现为：

国内生产＋进口＝中间消耗＋最终消费＋资本形成＋出口

二是投入产出恒等式，即：进入经济的物质＝流出经济的物质＋经济系统的存量净增加，具体表现为：

自然投入＋进口＋来自国外的残余物＋从环境回收的残余物
＝（流入环境的残余物＋出口＋流入国外的残余物）＋（资本形成
＋受控垃圾填埋场的积累－生产资产和受控垃圾填埋场的残余物）

由于实物流量有不同的计量单位，无法直接加总，因此，实物流量核算着重于三个子系统即能源、水和物质进行。该章后半部分详细描述了能源、水以及各种物质的实物型供给使用表的编制方法。

2. 环境活动账户和相关流量

第四章"环境活动账户和相关流量"的重点在于识别 SNA 内与环境有关的经济交易，特别是与环境活动有关的交易。

环境活动指那些主要目的是降低或消除环境压力或是更有效地利用自然资源的经济活动，分为环境保护活动与资源管理活动两类。其中，环境保护活动是指那些以预防、削减、消除污染或其他环境退化为主要目的的活动，资源管理活动是指那些以保护和维持自然资源存量、防止耗减为主要目的的活动。环境活动提供的货物服务称为环境货物服务，包括专项服务、关联产品和适用货物。生产环境货物服务的单位统称为环境生产者，若环境货物服务的生产是其主要活动，则称为专业生产者，否则为非专业生产者，若仅为自用而生产则称为自给性生产者。

《中心框架》展示了两套信息编制方法——环境保护支出账户（EPEA）和环境货物服务部门统计（EGSS）。EPEA 从需求角度出发，核算经济单位为环境保护目的而发生的支出，以环境保护支出表为核心，延伸到环境保护专项服务的生产表、环境保护专项服务的供给使用表、环境保护支出的资金来源表。EGSS 从供给角度出发，尽可能详细地展示专业生产者、非专业生产者、自给性生产者的环境货物服务生产信息，它将环境货物服务分为四类：环境专项服务（环境保护与资源管理服务）、单一目的产品（仅能用于环境保护与资源管理的产品）、适用货物（对环境更友好或更清洁的货物）、环境技术（末端治理技术和综合技术），提供的主要指标有各类生产者的各类环境货物服务产出、增加值、就业、出口、固定资本形成。相比较而言，EPEA 由系列账户组成，核算结构完整，而 EGSS 仅侧重于环境货物与服务的生产。

此外，该章还介绍了其他环境相关交易的范围，比如环境税与补贴、使用环境资产的许可证和执照，环境相关活动中所使用的固定资产等。

3. 环境资产账户

第五章"环境资产账户"阐述环境资产的核算。环境资产是地球上自然存在的生物和非生物成分，它们共同构成生物－物理环境，为人类提供福利，包括矿产和能源资源、土地、土壤资源、林木资源、水生资源、其他生物资源以及水资源。从实物角度而言，环境资产包括所有可能为人类提供福利的资源；但从价值角度而言则仅包括具有经济价值的资源。

资产核算包括实物型和价值型资产账户两种基本形式，从期初资产存量开始，以期末资产存量结束，中间记录因采掘、自然生长、发现、巨灾损失或其他因素使存量发生的各种增减变动，价值型资产账户还增加了"重估价"项目来记录核算期内因价格变动而发生的环境资产价值的变化。资产账户的动态平衡关系如下：

$$期初资产存量＋存量增加－存量减少＋重估价＝期末资产存量$$

该章重点解释了编制资产账户的两个关键方面——环境资产耗减的计量及环境资产的估价。环境资产实物耗减指核算期内经济单位以一种使未来各期不能开采同一资源数量的速度来开采自然资源而造成的自然资源数量减少，据此，矿产和能源资源等非再生自然资源的耗减等于其资源开采量，林木资源和水生资源等可再生自然资源的耗减则并不等于开采量，在估计耗减时必须同时考虑资源的开采和再生，故该章对此进行了重点解释。对价值型资产账户，重点讨论了环境资产的估价方法，特别是净现值法，并在该章附录中对该方法进行了详细解释。

最后是对单项环境资产即矿产和能源资源、土地资源、土壤资源、林木资源、水生资源、其他生物资源、水资源核算的专门讨论，给出这些资产各自的测度范围与分类、实物型与价值型资产账户的结构以及其他相关概念和测度问题，目的是在适用于所有环境资产的一般原则下，重点对每种环境资产的个体特征加以详细说明。

（以上内容曾以"环境经济核算的最新国际规范"为题，刊于《中国统计》2014 年第 6 期，作者：何静）

附：文件目录

序言
联合国秘书长序言
前言
鸣谢
缩略语
1. 环境核算体系中心框架介绍
    1.1 什么是环境经济核算体系中心框架
    1.2 环境核算体系中心框架概览
    1.3 环境核算体系中心框架的主要特点
2. 核算框架

2.1 导言
2.2 环境核算体系中心框架概览
2.3 环境核算体系中心框架的主要账户和表格
2.4 合并实物型和价值型数据
2.5 流量和存量核算
2.6 经济单位
2.7 核算规则和原则
3. 实物流量账户
    3.1 导言

3.2 实物流量核算框架
3.3 实物流量核算原则
3.4 能源实物流量账户
3.5 水资源实物流量账户
3.6 实物型物质流量账户
4. 环境活动账户和相关流量
    4.1 导言
    4.2 环境活动、产品和生产者
    4.3 环境活动账户和统计
    4.4 与环境有关的其他交易的核算
5. 资产账户
    5.1 导言
    5.2 环境核算体系中心框架中的环境资产
    5.3 资产账户结构
    5.4 资产核算原则
    5.5 矿产和能源资产账户
    5.6 土地资产账户

5.7 土壤资源核算
5.8 木材资源的资产账户
5.9 水生资源资产账户
5.10 其他生物资源的核算
5.11 水资源的资产账户
6. 账户的整合与列报
    6.1 导言
    6.2 环境核算体系中心框架中的整合
    6.3 合并实物型和价值型数据
    6.4 环境核算体系中心框架的总量和指标
    6.5 合并实物型和价值型列报的实例
附录
    附录1 分类和清单
    附录2 环境核算体系中心框架研究议程
词汇表
参考文献
索引

165

环境经济核算体系 2012：试验性生态系统核算

> **英文标题** System of Environmental-EconomicAccounting2012：Experimental Ecosystem Accounting
> **牵头组织** 联合国、欧盟委员会、联合国粮食及农业组织、经济合作与发展组织、世界银行
> **版本信息** 2014 年第 1 版
> **文件链接** http：//unstats.un.org/unsd/envaccounting/eea_project/default.asp
> **中文版** 无

生态系统核算是一个相对较新的领域，目的是对复杂的生物物理数据进行整合，以此跟踪生态系统的变化以及对经济和其他人类活动的联动变化。随着环境可持续、人类福祉、经济增长与发展等分析和政策框架对生态数据需求的增强，推进这一新兴统计领域开发已变得越来越迫切。鉴于此，自 2007 年第 38 届统计委员会会议后，联合国等多个国际组织相互合作，经过多次研究讨论，于 2013 年的第 44 届会议上发布了《环境经济核算 2012 -实验生态系统核算》(System of Environmental Economic Accounting 2012 - Experimental Ecosystem Accounting)（以下简称 SEEA - EEA），在生态系统核算统计框架的开发方面迈出了重要的第一步。本文以下对 SEEA - EEA 的性质、基本概念和模型、生态系统实物量核算和价值量核算作简要介绍，以期引起相关机构和人员的关注。

1. SEEA - EEA 的性质

SEEA - EEA 研究源于人们对环境-经济关系测算的认知，其基本思想是：从生态系统和生态系统与经济和其他人类活动的联系出发，以系统视角将生态系统和经济系统视为两个独立但相互联系密切的系统，以此建立起二者之间的显式联系——一方面是生态系统对经济系统所提供的服务，另一方面则是经济和其他人类活动对生态系统当前及未来可持续发展能力的影响。

从方法论而言，SEEA - EEA 是对《国民账户体系》（以下简称 SNA）和《环境经济核算体系 2012 中心框架》（以下简称 SEEA 中心框架）的重要补充和延伸。首先，SEEA - EEA 是以 SNA 为基础的，在生态系统核算中保留了许多来自 SNA 的核心概念、框架和方法（比如经济活动的范围、经济单位的定义和分类、账户类型和估价原则等），同时扩展了 SNA 的核算边界（包括服务范围、资产边界和空间单元的改变），对 SNA 中没有考虑的环境存量和流量进行了核算。其次，SEEA - EEA 与 SEEA 中心框架具有大体相似的结构，分别考虑了实物量和价值量两个方面的核算，但与 SEEA 中心框架中从个体环境资产（比如森林、土地）角度进行测算不同，SEEA - EEA 是从生态系统的角度进行核算，即评估在某个空间区域中，作为自然过程的不同环境资产个体如何相互作用为经济和其他人类活动提供一系列服务。

2. 基本概念和模型

为建立一套生态系统核算框架，SEEA-EEA定义了一系列基本概念和模型，以下择要加以介绍。

（1）生态系统和生物多样性

生态系统是一个由植物、动物、微生物群落，以及它们与非生物环境之间相互作用的功能所组成的动态复合体。评估生态系统时应考虑其运行和地理位置的关键特征。其中运行特征包括结构、成分、过程和功能，地理位置特征包括范围、配置结构、景观形态、气候和相关季节性模式。此外，生态系统特征还与生物多样性密切相关。

生态系统会由于自然过程或人类活动而发生变化，但生态系统自身也具有抵抗压力、在受到自然或人为干扰下恢复初始状态的倾向，这就是所谓生态系统的复原力。生态系统复原力不是与生俱来的，而是会随着时间，由于生态系统的退化或改善而改变。除此之外，生态系统复杂动态特性还体现在阈值、临界点和不可逆性等方面。

生物多样性是生态系统的一个基本特征，其定义是："来自各类生态系统，尤其是陆地、海洋和其它水生生态系统的生物体间的变异性以及这些系统所构成的生态综合体，包括物种内、物种和生态系统之间的多样性"。生物多样性、生态系统和生态系统复原力之间有着非常重要的联系。

（2）存量和流量基本模型

与SNA和SEEA中心框架一样，生态系统核算也是建立在存量和流量关系上的。

在生态系统核算中，存量以空间区域表示，每个空间区域构成一项生态系统资产，其中包含一系列描述生态系统运行情况和地理位置的生态系统特征。

生态系统核算中的流量有两类。一类是"生态系统内部流量"和"生态系统间流量"，反映正在运行中的生态系统过程，以及不同生态系统资产之间的依赖关系。另一类是生态系统服务，即生态系统为经济和其他人类活动提供的各种资源。生态系统服务通过生态系统过程产生，是生态系统特征、生态系统内部流量和生态系统间流量的综合体现。具体如图1所示。

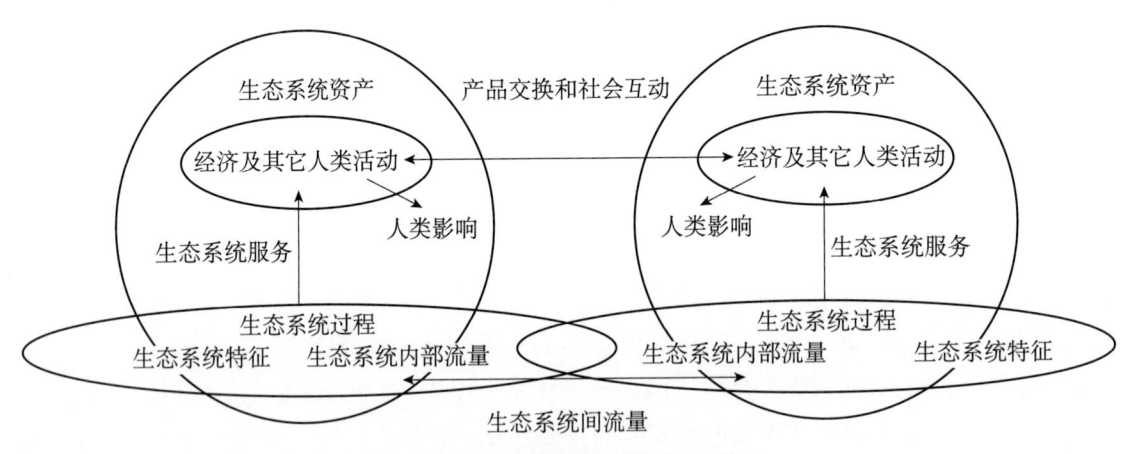

图1 生态系统存量和流量的基本模型

3. 生态系统实物量核算

从实物量角度对生态系统进行核算是SEEA-EEA的主要内容，在其核算框架内有大量的实物量信息可以被组织起来用于分析和监测。

（1）生态系统服务的实物量核算。生态系统服务是生态系统对经济和其他人类活动所用效益的贡献。SEEA-EEA 中使用了三个具有广泛共识的生态系统服务类别：1）供给服务，指生态系统对经济系统提供的实物和能量贡献；2）调节服务，指生态系统调节气候、水文和生物化学循环、地表进程和各种生物过程的能力，通常有一个重要的空间特征；3）文化服务，指从生态系统的物理环境、位置产生的，或是人们通过娱乐、知识开发、消遣和精神思考从生态系统中获得的知识和象征性利益的情况。通用国际生态系统服务分类（CICES）就是基于此产生的，并被应用于各类研究中。根据其贡献的效益类型，生态系统服务分为 SNA 效益和非 SNA 效益，前者与 SNA 定义的经济活动具有更直接的关联。SEEA-EEA 测算的生态系统服务是指"最终的生态系统服务"，它是一个生态系统产生的最终输出，这样就可以避免因生态系统内部发生的服务而造成重复计算贡献。以下服务不在生态系统服务测算范围之内。首先是支持服务，被视为对生成的生态系统最终服务的输入，体现在生态系统最终服务流量变成效益的过程中。其次是生物多样性，在 SEEA-EEA 将生物多样性视为是生态系统的一个特征，而不是生态系统服务。第三是非生物服务，虽然非生物资源和生态系统过程之间的关系密切，但非生物服务不是生态系统过程的结果。第四是培育性生物资源服务，包括农作物和其他培育性生物资源，与 SNA 的区分一样，只有自然状态下的生物资源才产生生态系统服务并纳入生态系统服务测算中。

生态系统服务核算的实物量账户是通过服务类型、生态系统资产、参与生产和使用各种服务的经济单位来组织生态系统服务流量信息的。用来记录生态系统服务流量的核算单位会因生态系统服务类型的不同而变化显著，但所有的核算量都应该是在一个核算期间（通常是一年）生态系统服务的总流量。同时生态系统的服务流量还需要考虑从世界其他国家的流入和流出流量。最后，在生态系统核算中，对特定空间区域的信息汇总包括三种形式：第一，一个空间区域内（如一个 EAU 内）各种生态系统服务的汇总；第二，一国范围内跨越多个空间区域（如多个 LCEUs）的单一生态系统服务的汇总；第三，一国范围内跨域多个区域（可能是全部区域）的所有生态系统服务的汇总。生态系统服务在不同服务和多个空间区域的汇总应考虑相关的权重、缩放和转移问题。

（2）生态系统资产的实物量核算。生态系统资产是指生物、非生物成分以及其他共同发挥功能的特征组合而成的空间区域。生态系统资产的实物量账户的目标是组织关于生态系统范围和状况以及预期生态系统服务流量的非货币信息。鉴于生态系统的空间多样性和异质性，生态系统资产账户通常需要以地理信息系统为背景进行编制，并将一些基本资源账户（如土地账户、碳账户、水账户、土壤和养分账户、森林账户）作为核算的基础。

具体而言，生态系统范围评估一般以土地覆盖测算为重点，以监测确定区域及其不同土地覆盖生态系统单元的变化。生态系统状况测算一般基于反映生态系统单个特征的基本资源账户进行，大体分为两个阶段：一是选取一系列相关的关键特征，并就这些特征选定各项指标；二是在这些指标和参考状况之间建立关联，以测算相对于核算期期初时刻状况的变化，或基于同一时间点对不同生态系统资产的相对状况进行评估。预期生态系统服务流量需要精确测算将会发生的资源开采和生态系统再生的程度，以及生态系统中人类活动的整体可持续性，同时还包含有关未来使用模式的设定。

生态系统资产变化也是核算的一个重要目标，尤其是生态系统的退化和生态系统的改善。广义上说，生态系统退化是指某项生态系统资产在核算期内的减少，但在具体测算中，生态系统退化仅仅涵盖由于经济和其他人类活动导致的衰退，不包括由于自然影响和事件导致的衰退。生态系统改善是指经济和其他人类活动所引起的生态系统资产的增加和（或）改良，以此反映经济系统为恢复或补救生态系统而开展活动的结果。非因经济或其他人类活动而发生的生态系统资产的增加和减少，应当记为生态系统资产的其他变化。

4. 生态系统价值量核算

无论从生态系统本身的评估而言，还是考虑与 SNA 等经济核算指标的对接，生态系统价值量核算都很重要。但囿于估价这个难题,当前生态系统价值核算仍然处于探索之中。

(1)生态系统服务和生态系统资产的估价方法。生态系统服务和生态系统资产的估价是一项复杂的工作,涉及估算"缺失价格"以及市场在售货物服务价值中所隐含的价格。估价的重点是 SNA 中未记录的生态系统服务和生态系统资产的非市场价值,并使这些估算值同 SNA 的估价保持一致。

生态系统资产及服务的具体价格估算方法有多种,比如资源租金法、重置成本法、生态系统服务付费法、显示性偏好法、陈述性偏好法和模拟交换价值法等。这些方法有不同侧重点和具体表达形式,但一般都会涉及以下两个相关但不同的概念。1)福利经济价值概念,它要求测算与生态系统服务和资产有关的总体成本和效益变化的估价,重点是通过构建效用函数和需求曲线来评价拟议政策下的消费者盈余变化,常采用包含直接使用价值、间接使用价值、选择价值和非使用价值四个层面的总经济价值框架模型,适用于经济和环境成本-效益分析。2)交换价值概念,它要求获取与存在生态系统服务或资产市场时本应获得的价值相一致的生态系统服务和资产估价,具体的估价原则涉及市场价格、交易估价、SNA 的非货币性交易估价、资产估价(折后重置成本和未来收益贴现),适用于将生态系统服务及资产价值同现有的生产、消费和财富项目的比较分析。

另外,由于不同生态系统服务会以不同方式推动经济和其他人类活动并与利益和福祉相联,针对具体生态系统服务制定不同估价方法时,还需要了解:1)该种服务如何产生效益;2)这些效益同 SNA 中相关经济活动记录之间的关系。也就是说,最后确定的估价方法,应该侧重于确定生态系统对相关产品市场价格的贡献,而非侧重于直接估算生态系统服务的价值。

(2)生态系统的价值量核算。生态系统价值量核算是生态系统核算的重要组成部分,目标是把生态系统信息与通常以价值量方式表示的经济活动指标汇集起来。可以考虑以下三种方法:

①将列报生态系统服务和生态系统资产的实物量指标与增加值、收入和就业等标准经济指标进行合并,具体涉及环境活动相关的一般交易处理方式、生态系统和生态系统服务同经济活动的挂钩、生态系统服务付费的处理方式等。

②根据 SEEA 中心框架所述的标准资产账户结构,在生态系统资产账户中汇集对生态系统资产存量和流量的估价,特别关注对生态系统退化的测算,具体可利用预期生态系统服务流量、修复成本、损害和成本、将生态系统退化划归至经济单位等测算方法。

③利用价值量方式的生态系统服务和生态系统资产估价扩充标准国民账户和总量,具体涉及编制资产负债表和财富核算、编制经济账户序列、测算经济活动的汇总指标,比如经生态系统退化调整的国民收入和储蓄等。

(以上内容曾以"生态系统核算的基本框架"为题,刊于《中国统计》2017 年第 4 期,作者:刘茜)

附:文件目录

序

导言

致谢

缩略语

1. 引言

 1.1 环境经济核算 2012:试验性生态系统核算是什么

 1.2 生态系统核算的相关政策

 1.3 生态系统核算的目标与挑战

 1.4 生态系统核算的关键原则

 1.5 国家统计局的作用

 1.6 SEEA 试验性生态系统核算结构

2. 生态系统核算的原则

 2.1 生态系统与生物多样性概述

 2.2 生态系统核算的主要概念性关系

 2.3 生态系统核算单元

 2.4 生态系统核算表

 2.5 生态系统核算的基本度量问题

2.6 SEEA 试验性生态系统核算与 SEEA 中心框架之间的关系
3. 按物量形式进行生态系统服务核算
   3.1 引言
   3.2 度量生态系统服务的边界与特征
   3.3 生态系统服务的分类
   3.4 生产服务的物量核算
   3.5 度量生态系统服务
   附录 A3　选定的生态系统服务度量模型
4. 按物量形式进行生态系统资产核算
   4.1 引言
   4.2 评估生态系统资产的基本方法
   4.3 编制生态系统资产账户
   4.4 碳核算
   4.5 生物多样性核算
   附录 A4.1　碳核算的补充细节
   附录 A4.2　生物多样性核算的补充细节
5. 生态系统服务与生态系统资产估值方法

5.1 引言
5.2 按货币形式估值的动因
5.3 估值概念
5.4 SEEA 与 SNA 的估值原则
5.5 生态系统服务的估值
5.6 估值中的主要度量问题
6. 按货币形式进行生态系统核算
   6.1 引言
   6.2 生态系统核算综合展示
   6.3 按货币形式进行生态系统资产核算
   6.4 按货币形式进行生态系统账户和经济账户的整合
   附录 A6　生态系统核算序列账户的可能模式
附录
词汇表
参考文献
表目录
图目录

能源环境经济核算体系

英文标题	System of Environmental-Economic Accounting for Energy
牵头组织	联合国统计司
版本信息	2015年草案
文件链接	https://unstats.un.org/unsd/envaccounting/seeae/
中文版本	无

能源核算是环境经济核算的重要领域。2006年6月，联合国环境经济核算专家委员会（UNCEEA）在第一次会议期间就同意在最新一版环境经济核算体系（SEEA－2012）中重点关注能源核算。第二次会议时，UNCEEA成员达成共识，准备编制关于能源账户的核算手册（以下简称SEEA－Energy），阐述能源账户的标准概念、定义、分类和表。此后，联合国统计司联合伦敦环境核算小组、奥斯陆能源统计组开始编制SEEA－Energy。2015年1月，联合国统计司公布了《能源环境经济核算体系》最终草案，面向全球征求意见。以下就最终草案作简要介绍。

1. 基本定位

SEEA－Energy是一个跨学科、多目标的概念性框架，它提出了一套针对能源的核算系统。该系统使用与能源统计和能源平衡表相一致的概念、定义以及分类体系，不仅提供了桥接表，使得三者之间可以相互关联起来，同时还制定了能源账户及能源相关排放账户的标准，以系统指导账户的编制。

与SEEA－Energy相关的主要国际标准有三个。一是SEEA，SEEA－Energy的核算方法基于SEEA，是SEEA中心框架的子系统。二是《国际能源统计建议》（IRES），IRES与SEEA－Energy是两份完整而又充分协调互补的文件，SEEA－Energy的核算标准以IRES为基础，使用了IRES的基本概念、数据项、能源产品和能源流的分类等。三是联合国统计司正在编著的《能源统计编制手册》（ESCM），这是一本综合运用SEEA－Energy和IRES内容指导国家实现国际建议并编制标准统计表的操作手册。

SEEA－Energy和SEEA都是国民账户体系（SNA）的卫星账户。SEEA－Energy遵循SEEA的基本构架，梳理了能源相关经济过程与环境之间的联系，不仅体现环境因素对能源相关经济过程的作用，还可反映能源相关经济过程对环境的影响。SEEA－Energy中的能源包含石油资源、天然气资源、煤和泥炭资源、铀和钍资源以及现在没有经济价值的资源。

2. 能源账户

SEEA－Energy共有七章内容，最核心的内容在于能源账户。SEEA－Energy通过核心框架设计了三类能源账户：能源实物流量账户；矿产和能源资源资产账户；能源交易账户。对应地要分别达到三个目的：第一，描述经济与能源之间的交互流量，显示两者之间相互影响的过程；第二，描述能源资源的存量及其变化，显示能源对于经济发展的支持程度；第三，描述能源与环境相关的经济活动，显示经济体系对保护环境、消除能源相关环境问题所作的努力。实际编制国家能源账户时，并不一定非要编制所有的账户，可以根据需要优先编制对本国最重要的部分。以下简要介绍各个账户的基本框架和内容。

（1）实物流量账户。SEEA-Energy首先使用实物单位（焦耳）测度能源流量。能源的实物流量包括自然能源投入、能源产品和能源残余物。流入经济体的能源有两个来源：自然能源投入和能源产品的进口。其中自然能源投入是国土内环境流入经济体的流量。能源产品在经济体内流动，包含一次能源产品和二次能源产品。一次能源产品直接从自然环境中开采，后进入经济体作为能源产品供经济单位使用，包括可再生能源产生的电力和热。二次能源产品是由一次能源或其他二次能源转化而成的。能源产品既可用做燃料，也可转化成其他能源产品或者出口到国外，如果储存起来则就成为了库存，除此之外，还有一部分会用于生产非能源产品。能源残余物是从经济体到环境的流量。这些残余物包括开采过程中的矿物和能源资源损失（例如开采过程中天然气的逃逸）、开采/供应点和使用点的能源损失（例如电力损失）、储存过程中的损失（储存中液化石油气的泄漏）和转换过程中的损失。

能源实物流量可以通过编制实物型供给使用表（PSUT）展现。供给使用表作为一个核算构架，可以展现一段时期内进入、离开一国国民经济及其使用的所有能源流量。供给使用表的格式如表1所示，里面含有两个恒等关系：一是能源供给和使用恒等式，即能源总供给＝能源总使用，具体表现为：

国内产出＋进口＝中间消费＋最终消费＋存量变动＋出口

二是能源投入产出恒等式，即进入经济体的能源＝流出经济体的能源＋经济体内能源存量净增加，具体表现为：

$$\binom{来自环境的}{能源投入}+进口+\binom{来自国外的}{能源残余物}+\binom{从环境回收的}{能源残余物}=\binom{直接流入环境}{的能源残余物}+出口+\binom{流入国外的}{能源残余物}+\binom{存货}{变动}+\binom{能源残余}{物的积累}$$

除了实物型供给使用表之外，还可以就能源产品编制价值型供给使用表，展现一个经济体内不同经济单位之间的能源产品流。具体如表1所示。

表1　　　　　　　　　　能源实物型供给使用表基本格式

供给表						
	产业	住户	积累	国外	环境	共计
自然能源投入					来自环境的能源投入	自然能源投入总供给
能源产品	产出			进口		能源产品总供给
能源残余物	各产业产生的能源残余物	住户最终消费产生的能源残余物	来自积累的能源残余物	来自国外的能源残余物	从环境回收的能源残余物	能源残余物总供给
使用表						
	行业	住户	累计	国外	环境	总计
自然能源投入	自然能源投入开采					自然能源投入总使用
能源产品	中间消费	住户消费	存货变动	出口		能源产品总使用
能源残余物	能源残余物的收集和处理		能源残余物的积累	流入国外的能源残余物	直接流入环境的能源残余物	能源残余物总使用

注：阴影单元无值。

资料来源：United Nations Statistics Division，System of Environmental-Economic Accounting for Energy，Draft Version for Global Consultation.

（2）矿产和能源资源资产账户。矿产和能源资源资产账户记录核算期内不同类型矿产和能源的存量变动以及期初期末资产存量,主要目的是评估目前的经济活动是否正在耗减可用的矿产和能源资源,描述因为开采和自然原因引起的实物存量变动。另外,也可以对存量和存量变动进行价值测度,计量能源资源耗减。通过这些账户,可以将能源资源消耗和收入关联起来,用于计算经环境因素调整后的指标(例如经环境因素调整后的增加值和真实储蓄),并且反映能源资源对国家财富的贡献程度。

矿产和能源资源资产账户的基本结构与内容可概括如下。以资源期初存量开始,以资源期末存量结束,中间是资源存量的增减变化,表现为以下平衡式:

$$期初资源存量＋当期资源增加量－当期资源减少量＝期末资源存量$$

引起资源存量增加的主要因素是存量增长、存量的新发现;引起资源存量减少的主要因素是开采、存量的正常减少和灾害损失。另外,再评估和重新分类也可以引起资源存量的双向变化,其中,再评估一般指对资源储量重新评估引起的变化,重分类则是因为资产组成或定义发生变化引起的。如果编制价值型资产账户,还要考虑资源存量重估价带来的影响。

(3) 能源相关存量和交易账户。SEEA 中心框架对环境保护、资源管理及环境产品和服务部门有详细核算。与此对应,SEEA-Energy 中也包括与环境保护有关的能源相关污染物减少的支出,与能源管理相关的可再生生产技术和节能产品生产支出。除此之外,能源相关的其他交易还包括与能源生产和使用相关的生产税和补贴,能源相关的财产收入、收入税、社会转移和资本转移等。

上述三组账户之间存在密切的联系。首先,矿产和能源资源存量的变动往往是实物流量引起的结果,供给使用表内矿产和能源资源流量的测度与资产账户中开采的测度是一致的。其次,自然能源投入和能源残余物的测度往往与能源相关交易账户中的交易相关,例如清洁技术投资、能源税和补贴流量。

3. 能源账户的应用

能源账户有广泛的应用用途。通过能源账户收集的数据,可以生成一系列能源指标,既有总量指标、结构指标,也有强度指标、动态的"脱耦"指标,可以帮助人们更好地了解目前能源的生产、消费状况以及与环境和社会的关联。这些与能源相关的指标可以分为社会指标、经济指标和环境指标等三大类。能源社会指标包含大量与能源获取相关的指标,例如住户部门电力消费占比等;能源经济指标包含大量与经济部门能源使用相关的强度和效率指标,例如经济部门的能源强度、能源部门的产出和增加值等;能源环境指标一般是衍生指标,提供能源方面的背景信息。政策制定者、研究者使用这些指标可以分析能源的供给使用、能源部门的产出状况、能源工业的营业盈余和耗减、能源税和资源租金、经济和能源的脱钩状况、能源和其他经济部门状况以及能源与环境的关系等。

(执笔人:苏兴国)

附:文件目录

1. 引言
   1.1　什么是 SEEA-Energy
   1.2　SEEA-Energy 的应用和政策相关性
   1.3　SEEA-Energy 体系
   1.4　SEEA-Energy 相关统计标准、出版物
   1.5　SEEA-Energy 概述
2. SEEA-Energy 框架
   2.1　导言
   2.2　SEEA-Energy 框架概述
   2.3　SEEA-Energy 主要账户和表
   2.4　分类
   2.5　核算规则和原则
   2.6　合并实物型和价值型数据
3. 实物流量
   3.1　导言
   3.2　实物流量核算的原则

3.3 能源实物流量账户
3.4 能源统计、能源核算和能源平衡表
4. 价值流量账户
　4.1 导言
　4.2 价值流量账户估价规则和原则
　4.3 价值型供给使用表
　4.4 能源的合并
　4.5 环境相关的活动和支出
　4.6 能源相关的其他交易
5. 能源实物资产账户
　5.1 导言
　5.2 能源资源的定义和分类
　5.3 能源资源的实物资产账户
　5.4 能源产品的库存
6. 能源价值资产账户
　6.1 导言

6.2 价值资产账户中矿产和能源资源的范围
6.3 价值资产账户的概念、形式及与 SNA 的关系
6.4 矿产和能源资源的存量估价
6.5 净现值法（NPV）的实例
6.6 针对能源产品存货的价值型资产账户
6.7 能源资源的数量测度
6.8 采掘业所用其他资产的价值型账户
7. 能源账户的使用
　7.1 导言
　7.2 能源供给和使用
　7.3 经济体内的能源部门
　7.4 能源和其他经济部门
　7.5 能源和环境

附录　热值、测量单位与变量转换表（IRES 2011）

167 能源统计概念与方法

英文标题	Concepts and Methods in Energy Statistics, with Special Reference to Energy Accounts and Balances: A Technical Report
牵头组织	联合国统计司
版本信息	1982年第1版
文件链接	http://unstats.un.org/unsd/pubs/gesgrid.asp?ID=20
中文版	无

1973年石油危机之后，人们开始对资源尤其是可再生资源从生产到消费的各个环节予以更多的关注。鉴于非交易能源统计的不完善，以及欠发达国家能源统计的缺失，联合国统计司在其第19次会议中决定成立专家组，着手构建一套国际能源分类及测算体系。1978年第20次会议对专家组的报告进行了修订，并在此基础上形成了《能源统计概念与方法：参照能源账户及平衡表的技术报告》（以下简称《报告》），1982年该《报告》正式出版。

《报告》正文部分共七章，大致可分为三个部分。

第1章重点介绍了能源危机爆发对能源统计创新的推动作用，强调构建一套统一度量的能源统计体系势在必行。对可得能源而不仅仅是能源总量的测量，以及对新能源进行测量，是能源统计工作面临的挑战。《报告》对在此背景下产生的新的能源分析方法，如能源模型、燃料使用调查等，作简要介绍，同时概述了能源统计与其他统计的区别和联系。

第2、4、5章从不同角度对能源核算的重要工具——能源平衡表作了介绍。通过对能源流的分析可得到能源平衡表的总体框架，其中能源流分析是指从产出阶段的一次能源到转化阶段的二次能源再到最终使用阶段的供给能源的分析。具体核算过程中需要明确各种能源的定义及核算范围，考虑如何将不同能源的物理单位转化为统一的测算单位，数据记录时总值与净值的选择，并在数据的可得性与效率成本之间进行权衡。《报告》对当时存在的30多种能源平衡表进行回顾和对比，总结了回顾式和前瞻式能源核算框架的关系，并提出多目标的能源平衡表架构。

第3、6、7章涉及能源统计中的部分要素。第3章对能源统计中的两类边界问题做出界定，一是系统边界，即商品能源与非商品能源的界定、能源工业与非能源工业的界定；二是流量与存量概念的界定。第6章主要介绍能源分类问题，在对已有能源分类标准进行总结之后，提出根据目的将能源的最终使用进行分类的设想，以便对能源流的第四个维度进行测量。第7章归纳了能源统计与投入产出统计、国民账户体系中有关部分的术语之间的关系，讨论如何对能源统计形式作进一步延伸，如建立短期与区域能源平衡表、定期公布补充信息等。

总之，《报告》对能源统计的特征以及其对应的政策问题作了概述，阐明了这一过程所需的各种概念和方法。《报告》中首次提出使用能源平衡表进行定量分析的重要性，对其使用目的及对应形式进行了详细分析，同时归纳总结了能源统计与其他统计的关系，是能源统计发展过程中一个重要的成果,之后的国际能源统计规范或建议多在此基础上细化或开发而成。

(执笔人:李璐)

附:文件目录

概要和建议
缩略语

1. 能源和其他统计
   1.1 重要区别
   1.2 重点转移
   1.3 能源分析:一个新的研究领域
   1.4 燃料使用调查
   1.5 新能源
   1.6 能源模型
   1.7 汇总问题
   1.8 能源平衡表
   1.9 本报告的目标及范围
2. 基本思想
   2.1 能源含义
   2.2 统计含义
   2.3 需要能源统计的原因
   2.4 统计数据的成本与效益
   2.5 数据质量
   2.6 能源平衡表的基本特征
3. 边界问题
   3.1 综述
   3.2 系统边界
   3.3 流量与存量之间的界限
4. 核算层面与核算单元
   4.1 综述
   4.2 从初始能源投入到最终需求
   4.3 从初始能源投入到核电与水电
   4.4 从初始能源投入到可再生能源
   4.5 动物和人类能源
   4.6 从初始燃料投入到贸易
   4.7 总热值与净热值
   4.8 核算单位
5. 能源平衡表
   5.1 概述
   5.2 其他平衡形式
   5.3 回顾:"自上而下"平衡
   5.4 前瞻:"自下而上"平衡
   5.5 多目标平衡表
   5.6 其他平衡问题
6. 分类
   6.1 概述
   6.2 当前对能源的处理
   6.3 能源最终使用
7. 其他能源统计
   7.1 概述
   7.2 短期和区域平衡表
   7.3 能源平衡表及投入产出
   7.4 国民核算术语
   7.5 衍生统计
   7.6 流程图
   7.7 能源与环境
   7.8 交叉合作

附录

168

能源统计手册

> 英文标题　Energy Statistics Mannual
> 牵头组织　国际能源署、经济合作与发展组织、欧盟统计局
> 版本信息　2007 年第 2 版，2005 年第 1 版
> 文件链接　https：//www.iea.org/publications/freepublications/publication/energy-statistics-manual.html
> 中文版　　https：//www.iea.org/publications/freepublications/publication/energy-statistics-manual.html

能源统计既有技术特性又有经济特性，其数据信息的生产和使用均比较复杂。为此，国际能源机构启动了一项行动计划，旨在通过开发相关工具来提高统计信息准备和交付的能力，改善各国的能源统计状况。这正是国际能源署与欧盟统计局合作编写这部《能源统计手册》（以下简称《手册》）的背景。该《手册》于 2005 年发布第 1 版，2007 年发布更新版本，内容分为七章：第 1 章介绍了能源统计的基础知识；第 2～6 章分别涉及五种不同能源（电力和热能、天然气、石油、固体燃料和人造煤气、可再生能源与废弃物）；第 7 章阐述能源平衡表。以下择要介绍《手册》的内容。

1. 能源统计的对象

能源统计工作中的核心内容之一是认识"能源"。

一是能源的定义。在能源统计学中，"能源"的准确含义仅限热能和动力，但许多人在泛指时也会将"作为热源或动力源燃烧的物质即燃料"包括在概念内，因此，《手册》中将同时涵盖燃料以及热能和动力的陈述统称为"能源产品"。

二是能源统计常用的能源产品分类方法。根据能源产品是否是直接从自然资源中提取或采集，可将能源产品划分为"一次能源产品"和"二次能源产品"。对于"一次能源产品"，又可根据其是否可再生，划分为"化石燃料"和"可再生能源"。在外延上，"化石"一词也适用于以化石燃料制造的任何二次燃料。任何常见能源产品类型均可划归至上述分类中，具体关系如图 1 所示。

三是能源产品的测量单位。最直接的测量和记录单位是那些最适用于燃料物理状态（固、液或气）的单位，被称为"自然单位"。当需要对燃料量进行比较或对燃料效率做出评估时，以自然单位表示的燃料量需转换为其他单位，最常用的是能量单位，两者通过换算系数进行连接。当统一转化为能量单位后，需要明确用来比较、计算的是"总热值"还是"净热值"，净热值是总热值减去蒸发燃料中的滞留水或燃烧期间产生的水所需的热量。

四是需要知道能源统计涉及哪些环节，即产品流。"产品流"是指一种产品从最初出现到最终消耗（最终使用）的通常流动形式。具体到能源统计中，需要对如下产品流动环节或状态进行考察：生

产；外贸；国际海运加油；库存；燃料的加工转化；最终消费（包括最终能源消费和燃料的非能源产品消费）。

具体如图 1 所示。

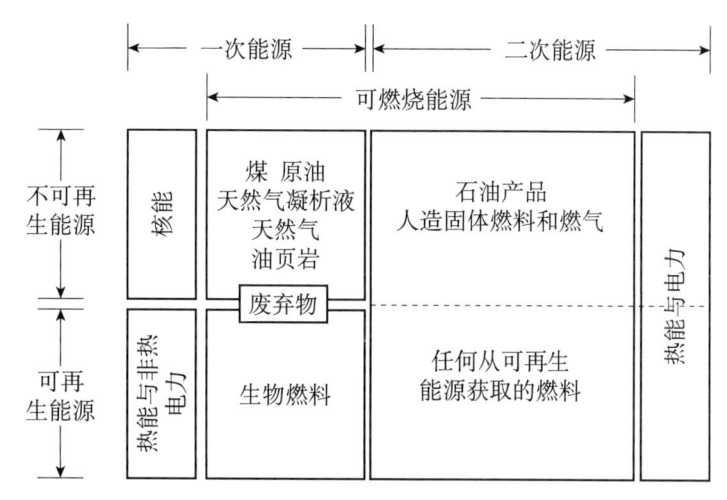

图 1 能源产品分类

资料来源：OECD/IEA，Energy Statistics Mannual，Stedi. July 2007.

2. 能源统计的内容

《手册》分别对电力与热能、天然气、石油、固体化石燃料和人造煤气、可再生能源与废弃物等五类使用频率最高的能源产品的统计内容进行了详细介绍。对每一类能源产品的说明，都包括定义、常用单位制及其换算、产品流、供应、消费、相关联合问卷的要求等六个维度。

（1）电力与热能。电能与热能均是一种能量载体。电力的生产、消费和交易通常采用瓦时的倍数来衡量和表示，热量则以能量单位表示，通常使用焦耳、卡等的倍数。生产电力与热能时消费的可燃烧燃料量均可用能量单位表示，有时也用物理单位表示。如果要从物理单位换算至能量单位时，需根据投入燃料来选择相应的换算系数。电力与热能的产品流大体可以通过供应和使用两方面加以概括。电力与热能不存在库存，其供应仅包括生产和贸易两个部分，所有生产方面的数据都要从燃料、生产商的职能以及工厂类型三个角度来报告；电力与热能的消费主要发生在三个方面：转化行业及能源部门内的能源工业；电力与热能的传输和分配；不同部门和分支（工业、交通运输业、居民消费、服务业等）的最终消费。联合调查问卷中除要求填写上述基本内容外，还要求填写"自备生产的投入"和"最大净发电容量与峰值负荷"，以对电力与热能部门实施有效监管及制定相应的政策目标。

（2）天然气。天然气由多种气体组成，其中主要是甲烷，在报告天然气产量时需要将煤层气包含在内。天然气的计量单位常用能量含量（或称为热能）和体积两种，当使用体积计量时需要标以相应的温度和气压。报告天然气数据时需要使用总热值，当从体积单位换算至能量单位时需分别对不同天然气流的各种成分使用适当的总热值。天然气的产品流包括生产、贸易、储备（涉及库存变化）、能源部门、加工转化、最终消费（包括分配损耗）等环节。其中，天然气的供应包括生产、贸易和库存变化三部分。天然气的消费发生在四个方面：转化行业；能源部门内部的能源生产行业；天然气输送和分配过程中的损耗；各部门和机构（其中包括天然气的能源和非能源使用）的最终消费。同样，联合调查问卷也要了解天然气的"自备生产的投入"情况。

（3）石油。石油是一种由液态碳氢化合物组成的复杂混合物，从广义上讲，一次（未精炼）和二次（精炼）产品都称为石油。常用质量单位或体积单位对石油进行计量，在进行换算时，需要知道液体的比重或密度。由于石油产品链上充斥着各种元素，从生产到最终消费的石油流非常复杂。与前两种能源产品不同，石油的供应不可一概而论，需要区分原油供应、成品油供应和石油化学工业流三种类型的石油供应。三者主要的区别在于生产方式不同，另外，石油化学工业流的供应不包括贸易及库存。石油消费主要发生在以下方面：转化行业；能源部门中的能源工业；石油运输和分配中的损耗；各部门和分支（包含石油的能源产品和非能源产品消费）的最终消费。石油联合问卷调查中也会对"自给生产的输入"提出要求。

（4）固体化石燃料和人造煤气。此类别中涵盖了各种类型的煤以及衍生煤产品，不包括固体可再生燃料。固体燃料通常以质量来衡量，也可能以能量单位吨煤当量给出；人造煤气可以按能量含量或体积衡量。在进行报告时，固体化石燃料需要同时报告总热值和净热值，人造煤气用总热值报告。与之前其文案型类似，煤炭流包含生产、贸易、储备、能源部门、加工转化和最终消费几个环节。煤炭的供应包括生产、贸易和库存变化。煤炭的消费包括转化行业、能源部门内的能源工业、燃料运输与分配中的损耗、各部门与分支（包括燃料的能源和非能源消费）的最终消费。煤炭联合调查问卷中也有一些附加要求，要填写"固体化石燃料的热值"、"煤矿劳动力生产、就业情况与生产力"、"自给生产商的电力与热能生产输入"等信息。

（5）可再生能源与废弃物。可再生能源是一种源自于永续补充的自然过程的能源；废弃物是一种燃料，它由来自于工业、机构、医院和家庭的可燃性废弃物的许多材料组成。调查问卷将可再生能源与废弃物分为三大组：一是只有通过转化为电力才能采集的能源来源；二是无库存变化的来源；三是具有库存变化的来源。由于该分类下产品种类繁多，计量时可能涉及质量、体积、能量等多种度量单位，质量或体积单位乘以某个系数可转换为报告时所需的能量单位。可再生能源与废弃物流包含生产、贸易、库存、消费等环节，但第一组只包含生产、消费两个环节；第二组只包含生产、贸易、消费三个环节。其中，供应环节包含生产、贸易、库存变化及产品转移（仅适用于液体生物燃料）。消费环节，第一组产品直接用于发电和热能产生，属于电力和热能消费分析范畴；第二、第三组产品的消费发生在转换行业、能源部门内的能源工业、各个最终消费部门和机构三个方面。

3. 能源数据的呈现方式

收集到统计信息之后就要寻求一种清晰而全面发布这些信息的渠道。能源数据最基本的呈现方式是以前文介绍的各产品流为基础形成的"产品平衡表"，以及进一步构造的"能源平衡表"。平衡表在理论上等同于一个简单的现金账，以单独一列显示每种产品的供应来源及使用情况，基本框架由以下平衡式表示：

$$供应来源 + 产品间转换 = 国内供应$$

$$\frac{加工转化}{输入} + \frac{能源部门}{自用} + \frac{输配损失和}{其他损失} + \frac{最终消费（包括非能源}{消费和最终能源消费）} = 总需求$$

$$总供应 + 统计误差 = 总需求$$

其中，供应来源包括产量、其他来源、进口、出口、国际海运加油、库存变化；最终能源消费分为三大组，即工业、运输和其他部门（包括农业、商业和公共事业、居民消费、其他）。为进一步对数据进行检查，帮助用户找出产品平衡表中的重要数据关系，必须从产品平衡表来构建能源平衡表。为此需要完成以下两步工作：首先，将产品平衡表中的自然单位乘以相应的换算当量，转换为所选的统一能量单位；其次，将换算后的产品平衡表并排放置，重新排列某些行，在转化行业中引入符号法则以形成能源平衡表。

此外，能源平衡表还是构建各种能源消费指标和能效指标的最佳切入点。统计人员还可以将能源平衡表用做高级的数据准确性检验工具，因为能源在转换过程中的明显增加或大量损耗都可能表明数据存在问题。

（执笔人：李璐）

附：文件目录

前言

鸣谢

简介

1. 基础知识
   1.1 简介
   1.2 "燃料"和"能源"的含义
   1.3 什么是一次和二次能源产品
   1.4 化石燃料和可再生能源的形式
   1.5 量和热值的测算方式
   1.6 总热值和净热值的差异
   1.7 什么是"产品流"
   1.8 能源统计主要考虑哪些产品流
   1.9 能源数据如何呈现
2. 电力与热能
   2.1 什么是电力与热能
   2.2 用于表示电力与热能的单位
   2.3 如何从体积和质量换算到能量
   2.4 电力与热能流
   2.5 电力与热能供应
   2.6 电力与热能消费
   2.7 电力与热能联合调查问卷的附加要求
3. 天然气
   3.1 什么是天然气
   3.2 用于表示天然气的单位
   3.3 如何从体积换算到能量
   3.4 天然气流
   3.5 天然气供应
   3.6 天然气消费
   3.7 天然气联合调查问卷的其他要求
4. 石油
   4.1 什么是石油
   4.2 用于表示石油的单位
   4.3 如何从体积换算到质量
   4.4 石油流
   4.5 石油供应
   4.6 石油消费
   4.7 石油联合调查问卷的附加要求
5. 固体化石燃料和人造煤气
   5.1 什么是固体化石燃料和人造煤气
   5.2 用于表示固体化石燃料和人造煤气的单位
   5.3 如何从质量和体积换算到能量
   5.4 煤炭流
   5.5 煤炭供应
   5.6 煤炭消费
   5.7 对煤炭联合调查问卷的附加要求
6. 可再生能源与废弃物
   6.1 什么是可再生能源与废弃物
   6.2 用于表示可再生能源与废弃物的单位
   6.3 如何从质量和体积换算到能量
   6.4 可再生能源与废弃物流
   6.5 可再生能源与废弃物供应
   6.6 可再生能源与废弃物消费
   6.7 可再生能源与废弃物联合调查问卷的附加要求
7. 能源平衡表
   7.1 为什么要编制平衡表
   7.2 产品平衡表
   7.3 能源平衡表
   7.4 Eurostat 和 IEA 能源平衡表之间的差异

附录

术语表

169 能源统计：定义、度量单位与转换因子

英文标题	Energy Statistics：Definitions，Units of Measure and Conversion Factors
牵头组织	联合国统计司
版本信息	1987 年第 1 版
文件链接	https：//unstats.un.org/unsd/pubs/gesgrid.asp？ID=37
中文版	无

附：文件目录

引言
1. 定义
　1.1　能源来源和商品
　1.2　能源交易
　1.3　能源资源
2. 度量单位
　2.1　质量
　2.2　体积
　2.3　比重和密度
　2.4　黏性
　2.5　能量、热量、功率
　2.6　能量单位
　2.7　燃料的热值
　2.8　核算单位
3. 转换因子
　3.1　质量、体积、能量、功率的国际单位
　3.2　原始单位到通用单位的转换
附录

int
170

国际能源统计建议

> **英文标题** International Recommendations for Energy Statistics
> **牵头组织** 联合国统计司
> **版本信息** 2011年版
> **文件链接** http：//unstats.un.org/unsd/energy/ires/
> **中文版** 无

能源是人类赖以生存的物质基础，也是经济社会发展的基础。因此，对能源的供给和使用进行及时可靠的监测，可以为政策制定者做出科学合理的决策提供重要基础支持。而这种监测只有在系统地编制并有效发布高质量能源统计数据的前提下才能实现。联合国统计司自成立之日起，就将能源统计相关的问题作为经济统计的一部分进行讨论。经过自1979年以来30余年的努力，联合国统计司与国际能源署、挪威统计局能源统计奥斯陆工作组等机构一起制定了能源统计各个方面的规范，例如《能源统计工作的概念和方法》、《能源统计资料：定义、计量单位和转换系数》、《能源统计：发展中国家手册》等。在这些规范的基础上，联合国统计司于2011年形成《国际能源统计建议》（以下简称IRES）的草案供实践参考。以下对其中提及的概念、分类、数据来源、数据编制方法、制度安排、数据质量评估方法以及发布政策作简要介绍。

1. 统计对象与相关概念

能源统计是部门统计的一个领域，其统计范围和内容随时间不断扩展，广义上包括以下两个方面：一是能源产品的提取、生产、转换、分配、存储、贸易以及最终消费；二是能源产业的主要特征和活动。能源统计中最基本的统计对象是能源，IRES将能源统计的主体定义为"能源产品"，即全部或主要用做能量来源的产品。能源产品包括可直接使用的能量（如电、热），以及在化学过程或者其他过程（如燃烧等）中释放能量的能源。在能源统计过程中，需要将能源产品按照国际标准能源产品分类（SIEC）框架进行分类，以保证各国数据的可对比性。每类能源产品的计量均可采用"原始单位/自然单位"和"共同单位"两种方式，在数据报送时多数采用原始单位，为了对能源产品的量进行比较和效率估计，可以将原始单位乘以相应的转换系数变换为"共同单位"。IRES建议使用国际单位制中的"焦耳"作为所有能源量的共同单位。各国在数据收集过程中应以原始单位和具体热量值为基础收集数据，当数据缺失时可采用默认热量值替代。对于能源产品的每个主要类别，数据发布时建议使用IRES中给出的统一度量单位；而在向国际组织报告数据时，要同时使用物理量和热量值。

IRES将能源统计内容分为"基本能源统计"和"能源平衡表"两部分。其中，基本能源统计是指"对参考期内特定国家境内有关能源存量和流量、能源基础设施、能源产业的效益及能源可得性的统计"；能源平衡表则是指编制并核对进入和退出该国领土范围及内部使用的所有能源产品数据的核算框架。

根据《能源统计手册》等能源统计指导手册的常用方法，对能源产品进行监测需要依托于能源产业以及能源消费者进行的各种活动，也即 IRES 使用的"能源流"概念——在编制这些统计信息的领土范围内，能源产品的生产、进口、出口、仓储、库存变化、转换、能源产业的使用，以及在能源转换和能源产品最终使用时的损失。IRES 中对主要能源流过程的定义及注意事项进行了详细阐述，限于篇幅，此处不再赘述。

2. 主要数据项和统计指标

根据实践经验，IRES 中推荐的统计单位是基层单位，因为它最详细，并且它所要求的数据范围通常是可得的。鉴于国家能源统计的目的是满足能源政策制定者、工商界和公众的基本需要，并确保这些统计数据具有国际可比性，IRES 给出了各国在进行国家能源统计工作时推荐使用的数据项，总结如表 1 所示。

表 1　　　　　　　　　　　能源统计数据项参考列表

数据项类别			数据项
统计单位特征			标识码、地点、活动类型、经营期限、经济组织类型、法律组织和所有权类型、规模
能源流量和库存水平	所有能源产品共有数据项		产量、总进口、总出口、国际航运、国际空运、期末存量、存量变化、变更、转换（按转化过程）、损耗、能源消费、非提供能源使用
	适用于特定能源产品的数据项	固体矿物燃料及其衍生产品	产量（地表、地下）、其他来源的产品
		天然气	产量、其他渠道的产量、提取损失量、气体燃烧量、气体排放量
		石油	石化行业向炼厂的回流、炼厂进油量（按产品分）、炼厂损失量、直接使用量
		电力和热力	总产量、自用量、净产量、能源产品的使用量
生产和储存能力	天然气		峰值输出、天然气贮存设施——名称、天然气贮存设施——贮存类型、天然气贮存设施——工作量
	石油		炼厂产能
	生物燃料和废弃燃料		液体生物燃料厂的产能
	电力和热力厂		净最大电量（按技术类型分）、峰值负荷需求量、峰时可用电量、峰值负荷出现日和时间
评估经济状况			消费者价格、能源进口价格、能源出口价格、税收、补贴、基本价格的总产值、总就业人员数、平均就业人员数、雇员工作时数、固定资本形成总额
有关地下矿藏资源			地下资源矿藏期初存量（按资源类型和按类型特征分）、地下资源矿藏期末存量（按资源类型和按类型特征分）

资料来源：根据 UN（2016），International Recommendations for Energy Statistics 整理。

3. 数据的采集、编纂与发布

收集和编制能源统计数据是一项复杂的工作，大体包括以下主要步骤。第一，界定每种燃料的生产流、供应流、转换流及消费流，以便厘清牵涉的过程、步骤以及经济机构。第二，找出能源流动各阶段的潜在数据源，以判断是否可以定期地从中获得准确的数据，从而利用他们已掌握的信息实现管理目的。第三，对于在需求范围内但不能从已有调查中获得的数据，可以直接或间接地通过普查、调查等综合数据采集方法获得数据。概而言之，能源统计数据的获取渠道包含两大类别：（1）统计数据来源，即所提供的数据是仅以统计目的而收集的普查或抽样调查数据；（2）行政数据来源，即所提供的数据原本并非出于统计数据生产目的而生成的数据。

基于收集到的数据，负责能源统计的机构需要对数据进行编制，并对数据质量进行检验。数据质量检验包括静态质量要素检验，例如相关性、信度、精度、时效性、一致性和易得性；也包括动态质量要素检验，例如无回答、覆盖范围及抽样问题。在确保数据的完整性、有效性之后，可利用数据编制能源平衡表，包括整体能源平衡表，也可根据需求编制特定能源产品平衡表，用于反映能源转换过程中的投入—产出关系。

接下来是数据的发布，IRES 给出了针对能源统计数据参考期和发布时间表的建议。在数据发布之后，尤其是为增加能源统计的时效性及相关性发布临时数据之后，若可得到新的、更准确的信息时，应该对临时数据进行修订。主要有两种修订类型：一是常规的规范一致的修订，它是定期的统计生产过程中的一部分，旨在合并新的数据或更新数据，修正数据及编撰误差；二是重大或特殊修订，它不是定期修订计划中的一部分，一旦概念、定义和分类上等方面发生重大变化，或者数据源有重大变化，就需要实施重大或特殊修订。

4. 数据的进一步开发应用

在基本能源统计和能源平衡表基础上，可以对能源统计作进一步扩展，主要有以下三个方向。

（1）编制能源环境经济核算体系（SEEA - E）的实物供给和使用表。由于能源平衡表和能源账户在概念、专业术语、表达方式方面存在差别，编制能源账户时还需要对数据进行调整。

（2）编制能源指标，以汇总和持久监视反映一国能源状况方面的各种趋势，推荐使用的可持续发展核心指标构建了三个维度——与社会维度相关的能源指标、与经济维度相关的能源指标、与环境维度相关的能源指标。

（3）将基本能源统计和能源平衡表用做计算与能源相关温室气体排放的主要数据来源和依据。

（以上内容曾以"有关能源统计的国际建议"为题，刊于《中国统计》2016 年第 6 期，作者：李璐）

附：文件目录

缩略语清单

1. 概述

  1.1 背景

  1.2 能源统计国际建议的目的

  1.3 能源统计的用户和用途

  1.4 修订过程以及 IRES 的内容

  1.5 建议和总结

  1.6 执行与修订政策

2. 能源统计的范围

  2.1 能源与能源统计

  2.2 基本概念与边界问题：概述

3. 国际标准能源产品分类

  3.1 引言

  3.2 SIEC 的目的和范围

  3.3 分类标准和编码系统

  3.4 能源产品的定义

4. 计量单位和转换系数

  4.1 引言

  4.2 度量单位

  4.3 热量值

5. 能源流

  5.1 引言

  5.2 能源流的概念

  5.3 主要能源流的定义

  5.4 能源产业

  5.5 其他能源生产者

  5.6 能源消费者和能源使用

6. 统计单位和数据项

  6.1 引言

  6.2 统计单位

  6.3 数据项的参考列表
7. 数据采集与编纂
  7.1 法律体制
  7.2 制度安排
  7.3 数据采集策略
  7.4 数据来源
  7.5 数据编制方法
8. 能源平衡表
  8.1 引言
  8.2 编制能源平衡表的范围与基本原则
  8.3 能源平衡表的结构：概述
  8.4 详细的综合能源平衡表模板
  8.5 数据调整与缺失值的估计
9. 数据质量保证与元数据
  9.1 引言
  9.2 数据质量保证与框架

  9.3 统计数据质量测度和报告
  9.4 能源统计元数据
10. 数据发布
  10.1 能源统计数据发布的重要性
  10.2 数据发布和统计保密
  10.3 参考期和发布时间表
  10.4 数据的修订
  10.5 发布格式
  10.6 国际报告
11. 基本能源统计及能源平衡表的应用
  11.1 引言
  11.2 能源环境经济核算体系
  11.3 能源指标
  11.4 温室气体排放
附录

发展中国家能源统计手册

英文标题	Energy Statistics: A Manual for Developing Countries
牵头组织	联合国统计司
版本信息	1991年第1版
文件链接	http://unstats.un.org/unsd/pubs/gesgrid.asp?ID=51
中文版	http://unstats.un.org/unsd/pubs/gesgrid.asp?ID=51

能源是国家的重要战略资源，也是经济社会发展的动力。为了解国家能源的生产消费状况，需要能源统计提供真实可靠的能源数据。受制于统计基础，不同国家能源统计开发水平有很大差异，与发达国家相比，发展中国家能源统计一直比较薄弱并亟待完善。为此，联合国统计司在 1991 年出版了《发展中国家能源统计手册》（以下简称《手册》），目的是给发展中国家能源统计提供指导。以下简要介绍《手册》的主要内容。

1. 对象、内容和范围

从统计角度看，能源是指构成它的各种燃料的综合，这些燃料包括煤和煤产品、石油和石油产品、天然气、衍生气、电力，以及生物质燃料、可再生能源等。能源的统计对象是能源产品流，即一种能源产品从最初出现到最终使用的常规流动模式。

可靠的能源统计取决于可靠的基础统计资料，能源基础统计资料就是基于燃料的统计资料。为此，必须明确每一种燃料从生产到最终消费的能源流程。在此意义上说，能源统计的范围是指一国领土范围内的能源生产、供应、加工转换、库存、分配和消费，以及在此过程中起主导作用的能源部门的规模、结构和活动等。

2. 数据的收集

为了定期获取各类能源的数据资料，《手册》提供了一套收集能源统计数据的工作流程：（1）要制作能源产品的流程图，刻画一个国家不同类型能源从生产和进口供应到不同部门最终消费的程序和过程；（2）明确具体流程节点，评估所需的最适宜的数据来源，确保已有基础资料能够提供定期而准确的数据；（3）对那些不易获取数据的环节，应设计专门的调查方法取得相关资料。

根据能源流程图，能源统计需要从生产到消费的不同流程节点处获取能源数据。能源统计数据的主要来源有三类：一是能源供应业（包括进口商）；二是生产能源的其他行业和组织；三是最终能源消费者。实践中，需要针对不同调查对象设定不同的数据收集方案。《手册》强调优先完善能源供应统计资料，即从能源供应业采集数据。能源供应业一般由政府所有或受政府控制，比较易于建立定期采集数据的方案。除此之外，还应该针对那些将能源供应作为次要活动的其他行业和组织，单独制定能源数据收集方案，并通过一些不定期调查方案补充收集上述两方案无法提供的数据资料。

确定数据收集方案后，需要结合数据的可得性、可用资源投入以及管理需求，确定能源数据的收集途径和收集频率。获取数据的途径主要有两个：一是能源部门直接从能源工业和其他来源获取基础数据，政府各能源部门或统计局可以直接从能源部门接受数据。二是通过不定期的问卷调查等形式收集数据。数据的收集频率分为按年收集，或更为频繁的收集，如季度和月度数据。一般地，在资源有限的情况下，必须先保证完整的年度数据统计，编制完整的年度能源平衡表。如果资源允许，应注意进一步改进和补充年度资料汇编，加大资料频率，收集那些"可按较高频率收集的数据"，比如季度或月度数据，以便编制更短周期的能源平衡表。与月度数据相比，《手册》更倾向于季度数据，通常季度性数据资料就能较迅速地显示正在发生的变化，观察到年度资料无法显示的变化模式。

3. 主要能源指标

以不同频率收集的能源指标应该是不一样的。收集频率最高的指标往往是能源流程中最核心的指标。比如，季度指标往往是年度数据中的重要指标，例如生产量、进出口量、库存量、最终消费量等。相比之下，年度能源统计收集的数据范围更为广泛，除这些关键指标外，还会延伸到更多指标。

（1）生产指标，包括产量、生产设施、生产能力等方面的指标。其中，产量指标是最重要的。煤炭产量，要按照煤矿类型、煤质、地区分组提供；石油和天然气产量，要分别原油/凝析油生产量、液化产品和液化石油气炼油厂产量、天然气和衍生气生产量等分类提供。发电量分为累计发电量、扣除发电站用电量后的供电量、可获得的发电量等。除上述产量指标外，还有生产投入和生产效率的统计，包括：油田自燃和再次注入的天然气、发电燃料消耗量、发电效率等。生产设施统计包括：在产煤矿数、炼油厂基本资料、公众供电系统和自用发电企业的装机容量和实际发电量等，要按照各自的特征分组提供数据。还有生产能力的统计，比如最大发电量、最高瞬间发电量、发电系数等。

（2）进出口指标，包括不同质量、不同形态燃料的进口和出口指标。不同质量的煤、原油/凝析油、石油和液化石油气、天然气和衍生气、电力的进出口量，均按照来源国/目的国分组，其中天然气还要按照气体形态分组。

（3）库存指标，分为期初库存和期末库存。煤、原油和凝析油、石油产品、液化石油气的库存量，要按产品质量、类型和主要存储点分组。不同燃料的存储地点差异很大。煤的主要存储点包括煤矿井、港口、发电站、炼焦炉等，原油的主要存储点是港口和炼油厂等，各种石油产品的主要存储地点有港口、炼油厂、发电厂等。

（4）最终消费指标，对象是终端使用的能源，统计中往往是指供应给终端用户的能源量，有些燃料是消费量，有些是供应量。各种能源的最终消费统计均需按不同品种、不同用户加以细分；石油产品还要按照能源用途和非能源用途分组，其中运输业对石油产品的最终消费还要按照不同运输类型进一步细分；电力最终消费量还可以按费率和部门细分；生物质燃料统计还要区分居民消费量和工业消费量，并按照燃料类型、区域划分组。

（5）价格指标，包括能源从生产到消费各个阶段的价格。电力以外的燃料价格包括生产价格、中间价格、最终消费价格，应按照不同产品类型细分；进口/出口价格要按照来源国区分。电力价格中，一是发电成本，按发电类型分别提供；二是每千瓦小时价格，按部门、费率和地区细分。

除了上述几类可用于各种燃料的统计指标之外，还有一些只针对个别燃料的具体指标。例如，电力在传送和分配过程中的损耗量、用户单位数、住户用户数等消费者信息。为了进行更全面的能源分析，有时还需要收集更广泛的数据资料，比如各种燃料的可获取量，生产、装卸和分配的基础设施，潜在消费市场等方面的资料。

4. 能源平衡表

能源统计的任务之一是要以清晰而全面的方式发布能源信息，能源平衡表就是呈现能源数据最常用的形式。能源平衡表分为两大类：针对个别燃料可以编制商品（或产品）平衡表，同时还要将所有燃料汇集起来编制能源平衡表。通过编制能源平衡表，即可用一张表全面显示一个国家有关各种燃料的生产、转化和消费的总体情况。

为了规范能源平衡表的编制，联合国统计署对能源平衡表格式作了标准化处理。在建议使用的能源平衡表中，纵列是单一或成组燃料的数据，包括无燃煤、褐煤和泥煤，煤球和焦炭，原油和液化天然气（凝析油），轻质、重质及其他石油产品，液化石油气和其他石油气，天然气，衍生气体，电力，一次及二次生物质能。横行则分别列示不同类别的生产、转换和利用情况，大体分为以下三部分。(1) 总能源需求，基本计算关系是：一次能源生产量＋进口量－出口量－船用及航空用仓油量＋库存变动数；(2) 能源转化工业一次能源生产使用量和派生的二次燃料数量，包含转化工业的投入量、产出量和净转移量；(3) 消费量，包括各能源部门的消费量、运输和分配过程中的损失量、非能源用途的消费量、最终消费量和统计误差。其中，最终消费量根据主要用户部门细分为工业和建筑业、运输业、住户和其他消费者最终消费量。统计误差是平衡项，显示最终消费量和其余部分计算得出的燃料消费量的差额。

在编制能源平衡表时，需要处理好各种燃料之间的相互转换，做到不重不漏。另外，还需要注意将各燃料数据转换为共同能量单位。《手册》建议使用焦耳作同度量单位，采用净热值进行换算。

（执笔人：苏兴国）

附：文件目录

第一部分 背景
1. 手册目的
2. 能源统计资料的来源
   2.1　来源分类
   2.2　数据收集方案
   2.3　中间性来源
   2.4　数据来源涉及的活动
3. 能源统计资料的范围、定义和资料收集频率
   3.1　能源统计资料的范围
   3.2　定义问题
   3.3　统计资料的收集频率
   3.4　转换系数
4. 收集能源统计资料的基础设施
   4.1　能源管理部门的职责
   4.2　多部门负责能源事务的不利之处
   4.3　建议的常规能源统计资料基础设施
   4.4　调查数据收集的基础设施

第二部分 能源统计资料收集及可能的数据来源
5. 煤和煤产品
   5.1　生产
   5.2　煤的出口和进口
   5.3　库存
   5.4　煤炭工业自用的煤
   5.5　向发电站提供的煤
   5.6　其他转化工业使用的煤
   5.7　提供给最终消费者的煤
   5.8　提供给最终消费者的其他固体燃料
   5.9　最终消费量按最终用途分类
   5.10　煤炭统计的共同单位
   5.11　收集煤碳统计资料的准备工作
6. 石油和石油产品
   6.1　原油
   6.2　石油产品
   6.3　液化石油气
7. 天然气
   7.1　生产
   7.2　燃烧和回注
   7.3　天然气的井台消费

7.4　天然气的净化和分离
　　7.5　天然气的液化
　　7.6　天然气的进出口
　　7.7　天然气的库存
　　7.8　可供消费的天然气
　　7.9　用于发电的天然气
　　7.10　工业消费的天然气
　　7.11　运输部门消费的天然气
　　7.12　其他部门消费的天然气
　　7.13　天然气分配的损失
　　7.14　收集天然气统计资料的准备
8. 衍生气
　　8.1　衍生气的生产
　　8.2　有关衍生气的其他数据
9. 电力
　　9.1　生产/发电
　　9.2　电的进口和出口
　　9.3　电的可获得量和供应
　　9.4　输送和分配中的损失
　　9.5　最终用户的电消费
　　9.6　收集常规电力统计资料的准备工作
10. 生物质燃料
　　10.1　生物质燃料：概论
　　10.2　可遇到的生物质燃料
11. 供能源分析使用的补充数据
　　11.1　概论
　　11.2　煤和其他固体燃料
　　11.3　原油
　　11.4　石油产品
　　11.5　天然气
　　11.6　衍生气
　　11.7　电力
　　11.8　生物质燃料
12. 使用者所需燃料和能源统计资料
　　12.1　概论

　　12.2　个别燃料统计（商品表）
　　12.3　数据"收集频率较高"的商品表
　　12.4　年度商品表
　　12.5　数据"收集频率较低"的商品表
　　12.6　能源和各种燃料比较表
　　12.7　能源与国民经济
　　12.8　经季节调整数据的编排
　　12.9　按温度校正的数据的编排
13. 能量平衡表
　　13.1　概论
　　13.2　将各个燃料数据转换为共同能量单位
　　13.3　总热值和净热值
　　13.4　有用的能量
　　13.5　能量平衡表各组成部分的编制
14. 微型计算机在能源统计中的使用
　　14.1　概论
　　14.2　数据录入
　　14.3　数据的核实
　　14.4　转换表
　　14.5　转换系数
　　14.6　计算惯例和能源平衡表的结构
　　14.7　得出的时间数列表
　　14.8　能量平衡表和投入/产出
　　14.9　流程图
　　14.10　一些特殊的软件包
附录
　　附录A　能源：一些分类法
　　附录B　不同燃料的能量转换系数
　　附录C　煤：流程图
　　附录D　原油和石油产品：流程图
　　附录E　液化石油气：流程图
　　附录F　天然气：流程图
　　附录G　电力：流程图
　　附录H　能量平衡表设计

172 能源效率指标：政策制定必备指南

英文标题	Energy Efficiency Indicators：Essentials for Policy Making
牵头组织	国际能源署
版本信息	2014 年第 1 版
文件链接	https://www.iea.org/publications/freepublications/publication/energy-efficiency-indicators-essentials-for-policy-making.html
中文版	https://www.iea.org/publications/freepublications/publication/energy-efficiency-indicators-essentials-for-policy-making.html

能源效率，顾名思义，是指能源的利用效率，学术界往往通过"使用更少的能源提供相同的产品或服务"或"等量能源提供更多的产品或服务"来定义。能效提高可以降低对能源的需求，故而可以认为能源效率是一种隐藏的"燃料"。所谓能源效率指标（简称"能效指标"），就是用来量化这些"隐藏燃料"的指标，实际管理过程中常常具体化为能源强度指标，即单位活动或产出的能源消耗量，可以针对部门或终端使用测算。

为了将能效指标的测算和应用落到实处，国际能源署 2014 年编辑出版了《能源效率指标：政策制定必备指南》（以下简称《指南》）。《指南》为能源分析专家提供了一套实用工具，其中明确了能效指标开发的主要部门，同时设计出支持政策制定的各层次能效指标。以下主要从能效指标开发部门、能效指标、能效指标应用（具体分析和政策制定）三部分对《指南》的基本内容进行介绍。

1. 开发部门

能源效率是通过具体部门和终端使用最终实现的，因此，能效指标应该建立在最终能源需求上。根据 2011 年全球能源消费情况，能源消费主要集中在四大部门：住户部门（23%）、服务部门（8%）、工业（29%）、交通运输（27%）。该四大部门消费了 87% 的能源，应该是能效指标开发的主要部门。

国际能源署对上述四个能耗部门的统计范围有着明确的界定。住户部门包括与私人住宅有关的活动；服务部门包括商业、公共服务部门或第三产业；工业包括制造业（不包括采矿、原材料开采和建筑业）和高炉、炼焦炉；交通运输包括通过公路、铁路、水路和航空等运送的人和货物，分为客运和货运。各个部门的终端使用所含子部门差异较大。相对而言，住户部门和服务部门的终端使用较为相近，主要是建筑能耗，具体包括空间供暖、空间制冷、水加热、照明、电器（设备）等，此外住户部门还包括烹饪。工业是能耗最大的部门。在能效指标开发中，工业主要指制造业，涵盖能源消耗最密集的钢铁、水泥、纸浆和纸、化工和石化及有色金属等子部门。交通运输涵盖公路、铁路、国内空运和水路等运输方式运送人或货物时所消耗的能源。最后是"其他"，理论上应该包含除上述四大部门以外的所有能源消费。

2. 能效指标

为应对不同层次的政策制定和管理上的需求，能效指标也分不同的层次：综合性能效指标；部门能效指标；终端使用能效指标等。

综合性能效指标是"单位 GDP 能耗"和"人均能耗"，这两个指标用简单的形式揭示了总的能源消费水平，且获取容易，因而被广泛使用。

理想情况下，应该开发所有部门的能效指标，但是，由于现实中用于指标开发和数据收集的资源有限，《指南》建议应该优先开发主要能耗部门的能效指标。不同部门能效指标的主要差别在于经济活动的测度。住户部门的能效指标是单位建筑面积能耗，也可按城镇和乡村进一步细分。服务部门能效指标既可以是单位增加值能耗也可以是单位建筑面积能耗。工业部门异质性很强，《指南》建议使用单位工业增加值能耗。交通运输能效指标中，活动测度使用运输周转量，由此形成单位旅客周转量（客公里）能耗、单位货运周转量（吨公里）能耗两个指标。

对部门能效指标进行分解，就得到终端使用或子部门能效指标。根据上述终端使用，住户部门终端使用的能效指标依次是单位建筑面积空间供暖能耗、单位带有空调的住宅建筑面积空间制冷能耗、单位在用住宅水加热能耗、单位在用住宅照明能耗、单位在用住宅烹饪能耗、单位电器能耗。驱动服务部门能源消费的活动与住户部门略有不同，具体的能效指标也不同，分别是单位建筑面积空间供暖能耗、单位建筑面积空间制冷能耗、单位活动水加热能耗、单位活动照明能耗、单位活动其他设备能耗。工业部门包含若干子部门，不同子部门生产的产品不同，在产品信息可知的情况下，《指南》建议使用单位实物产量工业子部门能耗作为能效指标，否则就继续使用单位增加值工业子部门能耗。交通运输在该层次的能效指标是按不同运输方式计算的交通运输能耗，都要区分客运和货运。

除上述三层能效指标外，工业和交通运输还有更具体的能效指标。

工业部门需要在"具体部门/具体工艺"层面开发能效指标，《指南》建议应在能源密集程度最高的五个子部门开发能效指标：钢铁、水泥、纸浆和纸、化工和石化及铝。比如，针对钢铁子部门，可以用每吨粗钢最终总能耗作为基本能效指标；针对水泥子部门，可以针对水泥熟料和水泥产量设计能效指标。

交通运输中公路运输的能耗最大，《指南》建议，不管是客运还是货运，都要根据不同的交通工具类型进一步开发公路能效指标。客运能效指标是不同公路运输车辆单位旅客周转量能耗、单位车公里能耗；货运能效指标是不同公路运输车辆单位货物周转量能耗。

综上可知，能效指标开发是层层递进的，最终落在各主要部门及各部门主要终端使用或重要子部门的能效指标上。上层的指标可以由下层的指标汇总而成，下层的指标是对上层指标的具体分解。这样，能效指标就覆盖了各个层次，可以满足不同主要能耗部门各层次的管理需求。

3. 能效指标的应用

能效指标是分析能源消费的重要工具，也可用于分析经济活动和人类活动与能源消费、二氧化碳排放之间的关联。使用简单拉式指数分解法，可以将终端（部门）能源消费分解成能源强度、活动水平和部门结构等三部分。综合运用这三个因素的数据就能对能源消费状况做出清晰准确的分析。

设计能效指标的最终目的是服务于政策的制定和分析。《指南》将 OECD 开发的"驱动力—状态—反应"框架应用于分析能效政策，用于分析能源需求驱动力、具体能耗和能效政策的实施效果，特别有助于识别问题、评估影响，并进一步分析政策背后的原因及政策影响。能效指标在该分析框架的各个阶段都能发挥作用。

（以上内容曾以"万元 GDP 能耗背后是一套能源效率指标体系"为题，刊于《中国统计》2016 年第 08 期，作者：苏兴国）

附：文件目录

1. 引言
2. IEA 能源消费趋势分析方法论
   2.1 能效指标
   2.2 政策信息和评估
   2.3 分解或因素分解分析
3. 制定居民生活能效指标
   3.1 居民生活能源消费的主导因素是什么
   3.2 能源是如何消费的和最近是如何发展变化的
   3.3 如何对指标制定进行优先排序
   3.4 按金字塔级别制定指标
   3.5 解释居民能源消费变化的附加指标
   3.6 居民生活能源需求变化分解
   3.7 居民生活政策信息和评估
4. 制定服务业能效指标
   4.1 服务业能源消费的主导因素是什么
   4.2 能源是如何消费的和最近是如何发展变化的
   4.3 如何对指标制定进行优先排序
   4.4 按金字塔级别制定指标
   4.5 解释服务业能源消费变化的附加指标
   4.6 服务业能源需求变化分解
   4.7 服务业政策信息和评估
5. 制定工业部门能效指标
   5.1 工业部门能源消费的主导因素是什么
   5.2 能源是如何消费的，最近是否有变化
   5.3 如何对指标制定进行优先排序
   5.4 按金字塔级别制定指标
   5.5 解释工业能源消费变化的附加指标
   5.6 工业能源需求变化分解
   5.7 工业部门政策信息和评估
6. 制定交通运输行业能效指标
   6.1 制定客运部门指标
   6.2 制定货运部门指标

附录
   附录 1 分解/因素分解方法论
   附录 2 关于制定能效指标的倡议
   附录 3 缩写、简称和度量单位
   附录 4 词汇表
   附录 5 参考文献
   附录 6 IEA 可供选择的指标金字塔

173

能源效率指标：统计基础

英文标题	Energy Efficiency Indicators：Fundamentals on Statistics
牵头组织	国际能源署
版本信息	2014年第1版
文件链接	http：//www.iea.org/publications/freepublications/publication/energy-efficiency-indicators-fundamentals-on-statistics.html
中文版	http：//www.iea.org/publications/freepublications/publication/energy-efficiency-indicators-fundamentals-on-statistics.html

所谓能源效率，是指使用较少的能源投入达到相同的服务水平，或在给定能源投入下实现较高服务水平。国际能源署针对能源效率指标开发和应用编制了两部工作指导手册：《能源效率指标：政策制定必备指南》和《能源效率指标：统计基础》。前一部手册旨在为能源分析者和政策制定者提供一套工具，选择并制定最有效的支持能效政策的数据和指标。后一部手册则重点关注能源效率指标的统计实务：应使用什么数据以及怎样收集。以下就后一部文献（简称《手册》）的基本内容，介绍各部门的统计范围、常用能效指标，以及这些指标的数据收集、验证和发布方法。

1. 部门与主要能效指标

能源效率指标统计主要在以下四个部门进行：住户部门、服务部门、工业部门、交通运输部门。按照能源终端使用细分，各部门能耗统计范围大体如下：住户部门包括空间供暖、空间制冷、水加热、照明、烹饪、电器；服务部门包括空间供暖、空间制冷、水加热、照明、其他设备；工业部门包括钢铁、化工和石化、有色金属、非金属矿物、交通运输设备、机械装置、食品和烟草、木材和木制品、纸及纸浆和打印、纺织和皮革等；交通运输部门按两个维度归纳，一是客运和货运；二是公路、铁路、航空、水路等不同运输方式。

各部门的主要能效指标均按上述终端使用分类归纳，《手册》建议使用三层金字塔法，顶层为总量指标，底层为分解指标，每个指标都以3字符代码来命名。能效指标是强度指标，要通过能耗数据和活动水平数据的比值来定义，因此，每一个能效指标所需数据都要包括能耗数据和活动水平数据两个方面。以下分别各个部门，介绍相关指标以及指标背后的数据需求。

（1）住户部门。常用能效指标包括分终端使用的人均能耗、单位住宅的能耗、单位建筑面积的能耗等。指标分子是能源消耗，需要分终端使用类型、分住宅类型、分能源类型提供数据（以能源单位计量）；指标分母是活动水平，具体包括人口数、住宅数量、建筑面积、电器数量等（以物理单位计量），其中住宅数量要按终端使用、住宅类型进行分组，建筑面积要按住宅类型、系统类型、能源类型进行分组。

（2）服务部门。常用能效指标包括分终端使用的单位增加值能耗、单位建筑面积能耗、单位活动能耗。指标分子是能源消耗，需要分终端使用类型、分服务类型、分能源类型提供数据；指标分母是活动水平，具体包括按服务类型分组的服务业增加值、活动单位、建筑面积等，其中建筑面积还要按系统类型、能源类型进行分组。

（3）工业部门。常用能效指标包括单位实物产出能耗、单位增加值能耗。指标分子是能源消耗，需要分能源类型、工业子部门类型、工序/产品类型提供数据；指标分母是活动水平，具体包括增加值、实物产量，需要按照子部门和工序/产品类型进行分组。

（4）交通运输部门。常用能效指标包括分客/货运的单位增加值能耗、单位车公里（vkm）能耗、单位吨公里（tkm）货运能耗、单位客公里（pkm）客运能耗。指标分子是能源消耗，要区分客/货运、运输方式/交通工具类型提供数据；指标分母是活动水平，具体包括 GDP、人口数、分运输方式/交通工具类型的车公里数、货运吨公里数、客运客公里数等，其中车公里数要按客/货运分组。

2. 数据收集方法

针对上述能源效率指标所需的能耗数据和活动水平数据，主要有四种收集方法：行政资源、调查、测量和建模。四种方法各有优缺点，可根据需要单独或结合使用，具体选择哪种方法，取决于指标和数据的性质。

（1）行政资源。数据来源包括人口普查、海关、政府各部委、相关事业单位、相关企业、相关机构和学术组织，以及区域和国际组织等。通过这些数据来源，可同时收集能耗数据和活动数据，所面临的问题是，必须对各种来源数据作一致化处理，同时还要面对保密数据难以获得的难题。

（2）调查。直接针对能源消耗或活动水平实施统计调查。分层随机抽样是最常用的调查方法，收集方式包括入室访问、互联网个人访问、电话访问、邮件访问等。可以同时收集能耗数据和活动数据，工作重点是调查问卷的设计、样本设计以及调查时间和费用的协调。应用该方法要受制于受访者回答质量、访问者能力等问题。

（3）测量。所谓测量，是指使用适当测量工具和设备来收集单位能耗数据，分为安装设备和监控两个环节。工作重点包括样本和样本量的设计、测量设备的安装和维护、调查费用的协调。应用该方法面临的挑战是设备的购置和维护、数据转换方法的选择、数据质量等。

（4）建模。所谓建模，是指联合行政记录、调查和测量数据，通过模型拟合进行估计和预测。具体可分为四个步骤：构造模型框架，将数据与假定套入模型，产生结果，分析模型输出。此方法主要用于估计能耗数据，包括自下而上（从分解数据入手建模）和自上而下（从宏观信息入手延伸）两种模型。重点是模型的持续使用以及在时间与费用间如何做出权衡，所面临的挑战是缺乏足够的输入数据以及如何对缺失数据做出有效假设。

各部门有不同特点，因此，其数据收集方式不尽相同。一般而言，住户部门和服务部门的能耗数据主要通过行政资源和建模获得，活动水平数据通过行政资源和调查获得；工业部门的能耗数据和活动水平数据均主要通过行政资源、调查和测量获得；交通运输部门的能耗数据主要通过行政资源、调查和建模获得，活动水平数据的获得则涵盖了四种方法。

3. 数据验证和发布

由于数据来源的多样性以及能效指标的复杂性，为了保证数据的准确性，数据验证过程至关重要。不仅要验证数据的连续性，还要验证构造能效指标的两个变量之间的关系，总结起来，数据验证包括四方面的内容：数据的范围/定义、内部一致性、与外部资源的一致性、信度。对范围/定义的检验主要是核准并统一各部门边界、分类标准、所收集数据的定义；内部一致性检验存在于所有计算步骤中，要确保同一系列数据中的不同元素之间保持一致的关系；外部资源一致性检验的目标，是使用能源平衡表、公开数据库、其他国家组织官网数据等，验证所收集到的数据与其他来源的同系列数据具有一致性；信度检验，是通过行业背景知识判断数据和指标是否落在合理区间或符合行业特征。

根据社会需求，经过原始数据的收集、验证和加工，最终形成的能源效率指标数据要以合适的方式向目标群体发布。发布数据必须遵循以下几点：保证数据质量、准确定义数据、附加元数据、定义数据单位、保证时间序列数据的连贯性、保证内部数据的机密性、统一图表并保证数据库界面友好。数据和指标的发布方法包括大型数据库、出版物、新闻发布、网站发布、手机应用、社交网络等，应针对不同的目标群体选择合适的方法，可以采取多种方法结合的发布方式。《手册》以各国的不同组织机构为例，列举了各部门数据和指标的详细发布方式及结果展示。

（执笔人：管乐）

附：文件目录

1. 引言
   1.1 为什么需要一部手册
   1.2 手册的整体概念
   1.3 有关数据收集实践案例的附录
   1.4 手册的更一般用途
2. 什么是能源效率指标
   2.1 指标
   2.2 能源效率
   2.3 能源效率指标
   2.4 用指标做什么
3. 如何收集能源效率指标所需的数据
   3.1 两个基本准则
   3.2 需要考虑哪些部门以及终端使用
   3.3 如何收集数据
4. 住户部门的数据收集内容与方法
   4.1 住户部门的含义及覆盖范围
   4.2 住户部门的重要性
   4.3 驱动住户部门能耗的主要终端使用
   4.4 最常用的指标
   4.5 指标背后所需的数据
   4.6 如何收集数据
5. 服务部门的数据收集内容与方法
   5.1 服务部门的含义及覆盖范围
   5.2 服务部门的重要性
   5.3 驱动服务部门能耗的主要终端使用
   5.4 最常用的指标
   5.5 指标背后的数据
   5.6 如何收集数据
6. 工业部门的数据收集内容与方法
   6.1 工业部门的含义及覆盖范围
   6.2 工业部门的重要性
   6.3 驱动工业部门能耗的主要子部门
   6.4 最常用的指标
   6.5 指标背后所需的数据
   6.6 如何收集数据
7. 交通运输部门的数据收集内容与方法
   7.1 交通运输部门的含义及覆盖范围
   7.2 交通运输部门的重要性
   7.3 驱动交通运输部门能耗的主要子部门和交通方式
   7.4 最常用的指标
   7.5 指标背后所需的数据
   7.6 如何收集数据
8. 数据验证
   8.1 数据验证的重要性
   8.2 数据验证的主要标准
   8.3 如何针对终端使用者验证数据
9. 发布数据
   9.1 数据发布的重要性
   9.2 数据发布遵循的准则

9.3 应该使用什么发布方法
9.4 数据发布的实践案例

附录

  附录1 缩略语与度量单位
  附录2 部门的定义
  附录3 温度校正与供暖季
  附录4 国别实践
  附录5 参考文献
  附录6 国别注释

174 联合数据倡议组织：石油手册

英文标题	JODI Oil Manual
牵头组织	国际能源论坛秘书处，亚太经合组织，欧盟统计局，国际能源署，拉丁美洲能源组织，石油输出国组织，联合国统计司
版本信息	2011年第2版，2006年第1版
文件链接	https://www.jodidata.org/oil/support/jodi-oil-manual.aspx
中文版	https://www.jodidata.org/oil/support/jodi-oil-manual.aspx

附：文件目录

图表列表
序
前言
致谢
1. 引言
2. 联合数据倡议组织（JODI）石油调查问卷
   2.1 调查问卷
   2.2 填写说明
   2.3 简短定义
3. 产品定义
   3.1 原油
   3.2 液化天然气
   3.3 其他
   3.4 总量
   3.5 液化石油气
   3.6 石脑油
   3.7 汽车和航空汽油
   3.8 煤油
   3.9 汽油/柴油
   3.10 燃油
   3.11 其他石油产品
   3.12 石油产品总量

4. 流程定义
   4.1 生产（原油/液化天然气/其他）
   4.2 从其他来源
   4.3 进出口
   4.4 产品转让/回流
   4.5 直接使用
   4.6 库存变化
   4.7 统计差异
   4.8 炼油厂进料
   4.9 期末库存
   4.10 炼油厂产出
   4.11 收据
   4.12 转移产品
   4.13 产品相互转移
   4.14 需求
5. 数据质量核查
   5.1 数据质量评估
   5.2 关注数据准确性
   5.3 月度数据与年度数据
   5.4 常见的报表错误
6. 数据估算和修正
   6.1 估算

  6.2 修正
7. 实际案例
  7.1 实际案例：阿根廷
  7.2 实际案例：克罗地亚
  7.3 实际案例：埃及
  7.4 实际案例：法国
  7.5 实际案例：挪威
  7.6 实际案例：菲律宾
  7.7 实际案例：沙特阿拉伯

8. JODI 石油世界数据库
  8.1 背景
  8.2 构建 JODI 石油世界数据库
  8.3 JODI 石油世界数据库

附录1 炼厂工艺
附录2 单位和换算系数
缩略语
图目录
表目录

联合数据倡议组织：天然气手册

英文标题	JODI Gas Manual
牵头组织	国际能源论坛秘书处，亚太经合组织，欧盟统计局，国际能源署，拉丁美洲能源组织，石油输出国组织，联合国统计司
版本信息	2014年第1版
文件链接	https://www.jodidata.org/gas/support/jodi-gas-manual.aspx
中文版	无

附：文件目录

序
致谢
缩略语
1 引言
2. JODI天然气调查问卷
   2.1 调查问卷
   2.2 填写说明
   2.3 简要报告指南
3. 什么是天然气
4. 流程定义
   4.1 生产
   4.2 其他来源收入
   4.3 进出口
   4.4 期末库存和库存变化
   4.5 内陆交货总值（计算的）
   4.6 统计差异
   4.7 内陆交货总值（观察的）
   4.8 其中：发电和发热
5. 测量单位
   5.1 简介
   5.2 体积单位
   5.3 能量单位
   5.4 质量单位
6. 数据质量
   6.1 数据质量核查实例
   6.2 常见的报表错误
7. 数据采集/编制
   7.1 数据采集和范围
   7.2 缺失数据
   7.3 协调月度数据和年度数据
8. 国家实际案例
   8.1 阿塞拜疆
   8.2 巴西
   8.3 泰国
   8.4 英国
9. JODI天然气世界数据库
   9.1 背景
   9.2 构建JODI天然气世界数据库
   9.3 JODI天然气世界数据库
附录1 参考单位和标准换算系数

176 能源研究开发与示范预算/支出统计报告指南

英文标题	IEA Guide to Reporting Energy RD&D Budget/Expenditure Statistics
牵头组织	国际能源署
版本信息	2011年第1版
文件链接	http://www.iea.org/statistics/RDDonlinedataservice/
中文版	无

附：文件目录

序
致谢
第一部分　基础
1. 简介
　1.1　背景
　1.2　指南的概念
2. 指南的范围
　2.1　什么是"能源研究开发与示范"
　2.2　什么是公共研究开发与示范预算/支出
　2.3　研究开发与示范的政府预算拨款或支出和研究开发总支出数据的主要区别
3. 研究开发与示范的测度
　3.1　什么包含在研究开发与示范中
　3.2　什么不属于研究开发与示范
4. 填写调查问卷的技巧
　4.1　调查问卷的结构
　4.2　报告问题
第二部分　定义
1. 能源效率
　1.1　工业
　1.2　住宅和商业建筑，器具和设备
　1.3　运输
　1.4　其他能源效率
2. 化石燃料
　2.1　石油和天然气
　2.2　煤
　2.3　CO_2捕捉和封存
3. 可再生能源
　3.1　太阳能
　3.2　风能
　3.3　海洋能
　3.4　生物燃料（包括液体生物燃料、固体生物燃料和沼气）
　3.5　地热能
　3.6　水力电气
　3.7　其他可再生能源
4. 核裂变和核聚变
　4.1　核裂变
　4.2　核聚变
5. 氢能和燃料电池
　5.1　氢能
　5.2　燃料电池
6. 其他电源和存储技术
　6.1　发电
　6.2　电力传输和分配
　6.3　能量储存（非传输应用）
7. 其他交叉技术和研究
　7.1　能源系统分析
　7.2　不能分配给特定类别的基本能源研究
备忘项目
附录

177

家庭能源消费统计手册

英文标题	Manual for Statistics on Energy Consumption in Households
牵头组织	欧盟统计局
版本信息	2013 年第 1 版
文件链接	http://ec.europa.eu/eurostat/en/web/products-manuals-and-guidelines/-/KS-GQ-13-003
中文版	无

附：文件目录

引言
背景
为什么需要一部住户部门能源统计手册
最初开发
手册内容
1. 欧盟住户部门的能源统计情况
    引言
    1.1　欧盟统计的主要角色
    1.2　欧盟统计局 2008 专门工作组
    1.3　常用数据收集方法
    1.4　变量范围
    1.5　欧盟的覆盖程度
    1.6　总结与结论
2. 定义
    引言
    2.1　住户部门边界
    2.2　定义列表
3. 方法描述
    引言
    3.1　商业调查
    3.2　家庭调查
    3.3　官方数据应用
    3.4　建模
    3.5　现场测量
4. 方法实例

    引言
    4.1　企业调查
    4.2　家庭调查
    4.3　行政数据
    4.4　建模
    4.5　现场测量
5. 国家案例研究
    引言
    5.1　国家案例研究：奥地利
    5.2　国家案例研究：德国
    5.3　国家案例研究：荷兰
    5.4　国家案例研究：波兰
    5.5　国家案例研究：斯洛文尼亚
    5.6　国家案例研究：西班牙
    5.7　国家案例研究：英国
6. 其他相关指标
    引言
    6.1　相关指标的定义
7. 其他问题
    引言
    7.1　可再生能源统计
    7.2　成本与支付能力视角下的燃料"贫困"
    7.3　数据匹配
缩略语

178

国际水统计建议

> **英文标题** International Recommendations for Water Statistics
> **牵头组织** 联合国统计司
> **版本信息** 2012 年第 2 版，2008 年第 1 版
> **文件链接** http：//unstats.un.org/unsd/envaccounting/irws
> **中文版本** http：//unstats.un.org/unsd/envaccounting/irws

水是生命之本，也是一国经济和社会发展的重要资源。随着经济的发展和人口的增长，水资源短缺日益严重，并开始制约经济社会发展。为此，很多国家都为管理本国水资源制定了相应的水资源统计体系。为使各国水统计数据具有可比性，促进水环境经济核算体系（SEEA‐Water）的实施，联合国统计司综合了各国与各国际组织在水资源统计方面的经验和做法，制定了《国际水统计建议》（以下简称 IRWS）。

IRWS 是环境统计领域的首份国际建议，由国际建议和执行准则两部分组成，以下分别这两部分内容作简要介绍。

1. IRWS 的基本要素

IRWS 先对水统计的主要概念和基本要素作了界定。

（1）关于水的定义与描述。一般而言，水是一种无色、无味和无臭的化学物质，水中常含有溶解其中的影响其颜色、味道、气味、酸度和传导性的化学元素。在环境中，水产生于：陆地表面的湖泊、河流、人工水库、雪、冰和冰川中；陆地下面的地下水和土壤中；海洋中；大气（如，云）和生物中（如动物和植物体内）。

（2）统计对象和范围的界定。IRWS 的对象是水以及水中任何溶解的、悬浮的或其他化学元素或物质，进一步看，IRWS 所关注的水主要是内陆水域中的水，包括淡水、半咸水和咸水，此外还考虑从海水中提取的咸水（如海水淡化或冷却）。从统计内容看，IRWS 所提供的数据项包括实物数据项和必要的价值数据项，其内容大体覆盖了水从环境到经济再回归环境的整个过程：第一，环境中的水流量与存量；第二，从环境至经济体的水流量；第三，经济体内的水流量和存量；第四，从经济体至环境的水流量。需要特别指出的是，以下范畴当前不包括在 IRWS 之中：第一，水质，无论是地表水、地下水水质还是饮用水水质；第二，环境中发生的与水有关的流量；第三，水权以及与用水有关的健康和性别信息；第四，汽水、水果和蔬菜等产品中包含的水。

（3）统计单位与分类。IRWS 分别从环境统计单位和经济统计单位两方面对统计单位进行定义。

环境统计单位是环境中那些作为信息收集和统计编制对象的部分。环境统计单位主要是内陆水资源或水体（容纳水的地区或空间）。内陆水资源包括地表水体和含水层两个类别。其中，地表水体存

在于湖泊、河溪、湿地、冰川、雪和冰区、人工水库中；含水层是指含有足够饱和的透水物质因而能产生大量井水和泉水的地下带，按深度、承压或非承压可以分为非承压含水层、承压含水层和半承压含水层。

经济统计单位包括所有为生产、消费和积累之目的而取水或用水的常住经济单位，以及通过基础设施储存、处理和配送水以及将水排放到环境中的常住单位。这些单位具体按照基层单位和住户两个类别给予定义。其中，基层单位是一个企业或企业的一部分，位于一个地点、在该地点仅从事一种生产活动或其主要生产活动在增加值中占了大部分；住户是指同住在一处生活住所，将其部分或全部收入和财富集中起来，一起使用某种类型的货物和服务（主要是住房和食物）的一群人。基层单位可以根据其主要生产活动归入某个产业分类——产业是经济体内从事同一或类似生产活动类型的一组基层单位。水统计中，比较重要的产业包括农业，采矿和采石业，制造业，电、燃气、蒸汽和空气调节供应业，水的收集、处理和供应业，污水处理业等。

2. IRWS 的水数据项

IRWS 为收集、汇编和公布的水统计数据提供了一个全面的"推荐数据项"清单。该清单采用多系统集成法，按照《水环境经济核算体系》的概念和思路构造而成，覆盖了环境和经济中的水存量、环境和经济内部及其相互之间的水流量，以及监测千年发展目标中目标 7.C 所需的社会人口数据。这个清单按照三级结构给出。第一级区分为实物数据项、价值数据项以及社会人口数据项这三个大项；在此之下，按照需要分别给出更低级别的数据项。表 1 列出了所有一级、二级和三级下的数据项目。此外，为满足特定国家特定需求，IRWS 还设置了"补充数据项"，通过补充数据项，或者可以提供重要的背景信息，或者可以用来计算推荐数据项。

表 1		IRWS 推荐数据项
1. 物理数据项		
环境中的水存量	A. 内陆水存量	A.1 地表水存量：人工水库、湖泊、河流和溪流、湿地、雪、冰和冰川 A.2 地下水存量
环境中的水流量	B. 流入领土内陆水资源的水量	B.1 降水 B.2 从邻近领土流入的水量
	C. 从领土内陆水资源流出的水量	C.1 从内陆水资源蒸散的水量 C.2 外流到邻近领土和海洋的水量
	D. 与领土内其他资源之间的自然转移	D.1 自地表水转向地下水 D.2 自地下水转向地表水 D.3 地表水资源之间的转移 D.4 地下水资源之间的转移
环境至经济体的水流量	E. 取水	E.1 取自内陆水资源；E.2 降水采集；E.3 取自海洋 E.a 为自用；E.b 为供水
经济体内的水流量	F. 提供给其他经济单位的水	F.1 常住单位提供给常住经济单位的水 F.2 输出到国外的水（水输出） F.3 常住单位提供给常住单位的废水：供处理或处置、使用 F.4 输出到国外的废水（废水输出）：供处理或处置、使用
经济体内的水流量	G. 经济单位获取的水	G.1 常住单位从常住单位获取的水 G.2 常住单位从国外输入的水（水输入） G.3 常住单位从常住单位获得的废水：供处理或处置、使用 G.4 来自国外的废水（废水输入）：供处理或处置、使用

续表

经济体至环境的水流量	H. 经济单位至环境的回归水	H.1 至内陆水资源：至地表水、至地下水 H.2 至海洋 H.3 至陆地
给水管网和排水系统的水流失	I. 给水管网和排水系统的水流失	I.1 水在给水过程中的流失 I.2 送交处理或处置的水在收集过程中的流失
对水载体排放的流量	J. 至其他经济单位的水载体排放	J.1 常住单位对常住单位的水载体排放 J.2 常住单位对国外的水载体排放 J.3 国外对常住单位的水载体排放
	K. 至环境的水载体排放	K.1 从点源至环境：至内陆水资源、至海洋、至陆地 K.2 从分散源至环境：至内陆水资源、至海洋、至陆地
2. 价值数据项		
水和污水处理服务价值与成本	L. 水和污水处理服务价值与成本	L.1 出货/销售/营业额：按水销售、污水处理服务销售分 L.2 雇员报酬：按供水和污水处理服务分 L.3 货物和服务采购：按供水和污水处理服务分 L.4 购水：从常住经济单位购水、从国外购水（进口） L.5 污水处理服务采购：从常住经济单位采购、从国外采购（进口）
税、补贴和投资补助（M-N）	M. 税	M.1 税：产品税、其他生产税
	N. 补贴和投资补助	N.1 补贴：产品补贴、其他生产补贴 N.2 投资补助：按供水和污水处理服务分
资产和投资（O-Q）	O. 资产	O.1 固定资产总值：按供水和污水处理服务分
	P. 资本支出	P.1 资本支出：按供水和污水处理服务分
	Q. 资产折旧	Q.1 资产折旧：按供水和污水处理服务分
供水和污水处理服务的价格与费用		R.1 供水：从量价格和费用 R.2 供水固定费用 R.3 污水收集：从量价格和费用 R.4 污水处理服务固定费用
3. 社会—人口数据项		
人口饮用水的主要来源	S. 按主要饮用水源划分的人口	S.1 采用改良水源的人口 S.2 用水来自未改良饮用水源的人口
人口所用厕所和污水处理主要类型	T. 按所用厕所和污水处理类型分类的人口	T.1 采用改良卫生设施的人口 T.2 使用未改良卫生设施的人口

资料来源：International Recommendations for Water Statistics，2012 年第 2 版。

3. 水统计的执行准则

所谓"执行准则"，主要是为收集和编制水统计资料——特别是在数据来源、数据质量、数据收集策略以及传播方法方面——提供一般性的指导。

（1）数据收集策略。旨在就数据需求和制度安排，以及各国制定水统计的优先事项达成一致的理解。制定水统计数据收集策略的流程主要是：第一，确定数据需求；第二，审查现有水统计；第三，确定数据的优先次序；第四，就编制水统计的职责及数据来源达成一致理解；第五，制定数据收集策略。

（2）数据来源与方法。用于编制 IRWS 数据项的主要数据来源包括：调查数据；行政数据；水文/气象数据；研究数据。其中，调查数据可以通过针对经济体系的普查或抽样调查收集；行政数据大多来自政府机构，少数也可能来自行业协会；水文/气象数据通常由负责水文和气象监测及研究的机构通过直接（科学）观测收集；研究数据则通常由大学、研究机构或非政府组织收集和汇编。

（3）元数据、数据质量评估与公布。元数据是"有关数据的数据"，是用于描述数据集的若干信息。元数据的根本目的是使用户能够理解、分析和使用统计资料。数据的质量可以通过以下八个方面来衡量：质量的先决条件、可获取性、准确性、一致性、可信性、可诠释性、相关性、及时性。数据公布是向广大数据用户公布、发行或传送水统计数据。数据公布需要遵循三项基本原则：统计机密性、获取数据的平等性以及客观性。水统计数据可以通过多种信息产品发布，例如在水账户或专题报告中发布。最后，在编制信息产品时，需要考虑数据的组织列示、数据的描述与解释、信息产品审查发布与宣传、数据修订等因素。

（执笔人：吴淑丽）

附：文件目录

1. 水统计范围
   1.1 导言
   1.2 IRWS 的覆盖范围
   1.3 水统计的综合性
   1.4 与其他国际统计体系之间的关系
2. 主要概念与框架
   2.1 导言
   2.2 主要概念
   2.3 内陆水资源
   2.4 水环境经济核算体系
   2.5 空间与时间基准
3. 统计单位与分类
   3.1 导言
   3.2 环境统计单位
   3.3 经济统计单位
   3.4 基层单位分类
   3.5 统计单位特征
4. 水数据项
   4.1 导言
   4.2 数据项的收集与编制
   4.3 实物数据项
   4.4 价值数据项
   4.5 与水有关的社会——人口数据项
5. 数据收集策略
   5.1 导言
   5.2 确定数据需求
   5.3 利益相关者和制度安排
   5.4 审查现有水统计
   5.5 确定优先事项
   5.6 职责协议
6. 数据来源和方法
   6.1 导言
   6.2 数据来源概述
   6.3 调查数据和方法
   6.4 行政数据
   6.5 水文和气象数据
   6.6 研究数据
   6.7 调查框架
7. 元数据和数据质量
   7.1 导言
   7.2 衡量数据质量的尺度
   7.3 元数据
8. 数据公布
   8.1 导言
   8.2 数据公布原则
   8.3 信息产品
   8.4 监测水统计数据使用情况
   8.5 国际数据报告

附录
   附录一　推荐数据项列表
   附录二　补充数据项列表
   附录三　数据项和内陆水资源之间的联系
   附录四　数据项与水环境经济核算体系之间的联系
   附录五　水指标以及各数据项与世界水评估方案及其他指标之间的联系
   附录六　计量单位和换算系数

179

水环境经济核算体系

英文标题	System of Environmental-economic Accounting for Water
牵头组织	联合国统计司
版本信息	2012年第1版
文件链接	http：//unstats.un.org/unsd/envaccounting/seeaw/
中文版	http：//unstats.un.org/unsd/envaccounting/seeaw/

水是生命之源，是种植粮食、产生能源、生产众多工业产品和其他货物服务，以确保经济社会运转和生态系统完整的核心因素。由于人口增长和人类活动范围的扩大，经济社会各部门对淡水需求的增加和竞争给水资源可持续发展带来了前所未有的压力，很多国家和地区都面临着水资源短缺的问题。鉴于水在发展进程中的重要地位，联合国统计司与伦敦环境核算小组合作，自2003年开始经过多次讨论、审查、修订，以《国民账户体系2008》（SNA-2008）为基本框架，对《环境经济核算体系2003》（SEEA-2003）进行细化，最终编制了《水环境经济核算体系》（以下简称SEEA-W）。

SEEA-W是SNA-2008的附属体系，通过对SEEA-2003的细化，形成了以下五类账户：（1）以实物单位计量的供给使用表以及排放账户；（2）混合账户和经济账户；（3）资产账户；（4）质量账户；（5）水资源的计值。

SEEA-W在结构上分为两部分。

第一部分（第二至六章）包括国际认可的水账户中的概念、定义、分类、标准表，其中涉及框架、供给使用表，以及资产账户。首先，基于水资源体系与经济体的联系，概述整个核算体系及分类，介绍水资源体系和水文循环及其与经济的关系。其次，在对水流量进行区分的基础上，讨论如何编制以实物单位计量的水供给使用表，用于监测水资源使用情况，显示经济体给水环境所带来的压力。再次，从价值量角度介绍与水有关的产品的使用与供应，确定与这些产品生产有关的成本、带来的收入、水利基础设施的投资及维护费等。最后，考察了水资产问题，讨论了以实物单位计量的资产账户。

第二部分（第七至第九章）包括那些政策上十分需要但由于还没有国际认可的最佳做法而仍属尝试性的账户。首先，引入了质量账户，包括衡量质量的基本概念、界定质量级别和构建质量账户的方法。其次，将水视为经济品，介绍水资源经济估价的背景概念、估价方法、优缺点及其与特定政策问题之间的相关性。最后，介绍了水账户应用范例，如评价供水、用水和污染格局的常用指标，水账户在亚国家级以及流域一级的使用情况，引进时间维度的可能性等。

总之，SEEA-W的编制实现了水核算概念和方法的标准化，为水文与经济信息的组织工作提供了极为需要的概念框架。通过水核算，可以为水资源综合管理提供支持，有助于按照一致方式分析水在经济中的贡献以及经济对水资源的影响。

（执笔人：刘茜）

附：文件目录

前言
致谢
缩略语

1.《水环境经济核算体系》概述
  1.1 引言
  1.2 本体系的目的和特点
  1.3 水资源综合管理与本体系
  1.4 本核算体系概述
  1.5 本体系的结构
  1.6 账户的实施
  1.7 水账户的未来工作领域

第一部分

2.《水环境经济核算体系》框架
  2.1 引言
  2.2 水资源系统与经济体
  2.3 本体系与SNA
  2.4 本体系的核算框架
  2.5 水核算中的空间与时间问题

3. 实物单位水供给使用表
  3.1 引言
  3.2 流量类型
  3.3 实物单位供给使用表

4. 水排放账户
  4.1 引言
  4.2 排放账户的覆盖面和基本概念
  4.3 排放账户

5. 涉水活动与产品的混合账户和经济账户
  5.1 引言
  5.2 混合型供给使用表
  5.3 混合账户的进一步分解
  5.4 税、费和水权
  5.5 国民支出和资金来源账户

6. 水资产账户
  6.1 引言
  6.2 水文循环
  6.3 水资产账户
  6.4 跨界水资源核算

第二部分

7. 水质账户
  7.1 引言
  7.2 水质评估的基本概念
  7.3 账户的结构
  7.4 相关问题
  7.5 水质指数

8. 水资源的估价
  8.1 引言
  8.2 水估价中的一些问题
  8.3 水估价的经济分析法
  8.4 估价方法概述
  8.5 水估价的实例应用

9. 水账户应用范例
  9.1 引言
  9.2 水管理指标
  9.3 水管理和政策分析
  9.4 有关水账户的关键问题：空间和时间特性
  9.5 水账户和其他资源账户之间的联系（渔业、森林和土地/土壤）

附录

1.《水环境经济核算体系》标准表
2.《水环境经济核算体系》补充表
3. 水核算和水指标
  3.1 从水账户推算的指标
  3.2 《世界水事发展报告》指标和《水环境经济核算体系》指标之间的联系

词汇表
专栏
图目录
表目录

180

农林渔业环境经济核算体系

英文标题 System of Environmental-Economic Accounting for Agriculture, Forestry and Fisheries (Draft for Global Consultation)
牵头组织 联合国粮食及农业组织，联合国统计司
版本信息 2014 年第 1 版（草案）
文件链接 http://unstats.un.org/unsd/envaccounting/aff/chapterList.asp
中文版 无

农林渔业环境经济核算的目的，是为描述和分析农业、林业和渔业相关经济活动与环境之间关系提供核算与数据组织框架。这些活动一方面要取决于环境、资源和其提供的服务；另一方面则会对当地和周边环境产生影响。了解这些活动和环境之间的关系，将有利于了解更广泛的农业生产、林业和渔业产品的性质与影响，提供适用于食品安全以及食品、纤维和材料生产的环境条件，评估其可持续性，分析与农村收入和就业有关的问题。鉴于此，联合国粮农组织同联合国统计司合作，编制了《农林渔业环境经济核算体系（草案）》（以下简称 SEEA-AFF）。

SEEA-AFF 的基本思想来自环境—经济结构和《环境经济核算体系 2012》中心框架（SEEA-2012）所描述的原则，在后者基础上进行补充，使得所有针对个体存量和流量核算的工作都可以直接体现在一组 SEEA-AFF 账户中。SEEA-AFF 的范围包括农业、林业和渔业活动，其基本账户的核算结构中涉及了十大主要数据领域，分别为农业、林业、渔业、水资源、能源、温室气体排放、化肥与农药、土地利用与土地覆被、土壤资源和经济数据。为将所属领域和所选变量的数据汇集成综合报告，SEEA-AFF 的一个重要原则是"由外及内"，也称为"多层次分析"，即从国家和活动角度出发，采取跨数据域收集，这样能够逐步细化和分地区使用各种数据和指标，使得产品信息可以放置在更广的范围内。

SEEA-AFF 基础账户包括实物流量账户和资产账户两大类，实物流量账户涉及粮食作物、非粮食作物、畜产品、木材产品、鱼类和其他水产品、水资源、能源、温室气体排放、化肥和农药九类，资产账户则涉及家畜、森林和木材资源、鱼类和其他水生资源、土地、土壤资源五类。另外，SEEA-AFF 还给出了经济交易基本账户，其中对每一个账户的描述均主要包括三部分：（1）目的、范围和与其他组成的联系；（2）核算分录、具体核算处理和相关分类的定义；（3）可能扩展的领域等。

总之，SEEA-AFF 跨越不同数据域，其具体统计和核算在某种程度上已经超越了 SEEA 中心框架的内容。鉴于 SEEA-AFF 框架的广度和不同国家面临不同数据可用性的现实，尚没有一套单一的方法或解决方案可以概括，因此，该体系作为草案供相关成员国实践和讨论，后续仍需不断开发和改进。

（执笔人：刘茜）

附：文件目录

1. 引言
   - 1.1 什么是农林渔业环境经济核算体系（SEEA-AFF）
   - 1.2 SEEA-AFF 的范围和方法
   - 1.3 SEEA-AFF 的开发背景
   - 1.4 SEEA-AFF 的实施
   - 1.5 SEEA-AFF 的结构
2. SEEA-AFF 的应用
   - 2.1 引言
   - 2.2 SEEA-AFF 框架应用的主要方式
   - 2.3 SEEA-AFF 影响政策的应用
3. SEEA-AFF 的概念框架
   - 3.1 引言
   - 3.2 基本核算原则
   - 3.3 SEEA-AFF 基础账户
   - 3.4 具体核算问题
   - 3.5 SEEA-AFF 组合展示
   - 3.6 总量及农业—环境指标
4. SEEA-AFF 基础账户的定义和方法
   - 4.1 引言
   - 4.2 粮食作物实物流量账户
   - 4.3 非粮食作物实物流量账户
   - 4.4 畜产品实物流量账户
   - 4.5 家畜资产账户
   - 4.6 木材产品实物流量账户
   - 4.7 森林和木材资源资产账户
   - 4.8 鱼类和其他水产品实物流量账户
   - 4.9 鱼类和其他水生资源资产账户
   - 4.10 水资源存量和流量账户
   - 4.11 能源实物流量账户
   - 4.12 温室气体排放实物流量账户
   - 4.13 化肥和农药实物流量账户
   - 4.14 土地资产
   - 4.15 土壤资源核算
   - 4.16 SEEA-AFF 经济数据的基本账户
5. SEEA-AFF 实施和编制概述

十二、资源、环境与可持续发展

181

土地估价指南

英文标题	Compilation Guide on Land Estimation
牵头组织	欧盟统计局，经济合作与发展组织
版本信息	2015年第1版
文件链接	http://www.oecd-ilibrary.org/economics/eurostat-oecd-compilation-guide-on-land-estimations_9789264235175-en
中文版	无

　　土地是最古老的资本形式，在经济学中被视为一种生产要素，从而作为一种资产提供投入到生产的资本服务流。也就是说，土地在被视为一种环境资产的同时也被视为经济资产，因此，土地通常有经济价值。经过估价的土地资产，对于编制完整的非金融资产平衡表和在环境经济核算体系中加以应用都很重要。但是，如何对土地的经济价值进行估算，仍然面临很多困难，比如土地价值往往是和存在于土地上的住宅、其他建筑物和构筑物结合在一起的。为了给土地估价提供更广泛的实践指导，欧盟统计局和经济合作与发展组织（OECD）合作，编制了《土地估价编制指南》（以下简称《指南》）。

　　《指南》先简要讨论了土地在一个国家的资产和资产负债表中的重要性，然后介绍国民账户体系（SNA2008）和《欧洲国民账户体系》（ESA2010）资产负债表项目中关于"土地及相关交易"和"土地的其他改变"的概念和定义，同时强调何时以及如何把资产负债表中的土地价值变化分解成交易、其他物量变化以及重估价等问题。进而，《指南》讨论了土地的各种分类，包括环境经济核算体系（SEEA）下的土地分类方式，并提出国民核算目的下的土地分类结构。由于编制资产负债表时所用的土地估价方法在很大程度上要受制于数据的可得性，因此，《指南》还描述了编制土地价值估计时会涉及的官方数据来源。

　　《指南》给出土地估价的两种方法：直接估价法和间接估价法。直接估价法可以看作是一种实地盘存法，即将每一片土地的面积乘以一个适当的价格。然而，如果土地上有构筑物，就难以依据土地的单独价格和数量信息进行估算，因此，还需使用间接估价法，即间接获得土地的价值或者间接获得土地的价格。根据各国目前的实践，《指南》讨论了三种不同的间接估价法：残值法、土地—建筑物比例法和特征价格法。残值法通过从组合的总价值中减去折旧后的构筑物价格来获得土地价值；土地—建筑物比例法通过将折旧后的建筑物价值乘以土地—建筑物比例来间接获得土地价值；特征价格法则试图利用一个特征价格回归模型来解出房地产价值（即土地和构筑物的合并价值），以此获得单独的土地价格和构筑物价格，然后再将此间接衍生价格乘以土地面积，最终获得土地的总价值。除了估计一个国家的土地总存量外，还可能要提供机构部门的估计，所以《指南》进一步讨论了机构划分和交叉分类的问题，并探讨了一些具体的估价问题，例如农林地估

523

价，如何将土地改良价值从土地价值中记录为固定资本总额的部分分离出来，什么样的土地应包括在资产范围内，政府拥有的土地等。最后，《指南》探讨了土地作为家庭房地产财富组成部分以及用于宏观经济和金融分析的问题。

(执笔人：刘茜)

附：文件目录

序
导言与致谢
1. 为什么需要这样一部编制指南
   1.1 引言
   1.2 资产与土地的重要性
   1.3 本指南的目的与结构
   1.4 附录 非金融资产核算表
2. 概念与定义
   2.1 引言
   2.2 土地在核算表中的位置及土地与相关资产的定义
   2.3 概念问题
   2.4 附录 将持有损益与其他物量变化区分开来
3. 土地分类
   3.1 引言
   3.2 为什么需要新的分类
   3.3 现有的土地分类方法
   3.4 所提议的土地分类
   3.5 案例研究
4. 数据来源
   4.1 引言
   4.2 问题描述
   4.3 可用数据类型
   4.4 总结
   4.5 代理数据案例研究：欧洲中央银行
   4.6 附录 2011年OECD土地价值：国民核算的调查结果
5. 土地的直接估价
   5.1 引言
   5.2 方法描述
   5.3 案例研究：估计持有损益的其他方法
   5.4 优缺点
   5.5 直接方法案例研究：韩国
6. 土地的间接估价
   6.1 估计土地与建筑综合价值的方法
   6.2 残值法
   6.3 土地—建筑物比例法
   6.4 特征价格法
   6.5 土地间接估价中折旧的重要性
7. 部门化与交叉分组
   7.1 引言
   7.2 定义
   7.3 为什么部门化与交叉分组非常重要
   7.4 按部门或交叉分组进行的土地价值估计方法
   7.5 挑战
   7.6 土地部门化与交叉分组研究案例：荷兰
8. 一些特殊估价案例
   8.1 农业用地与用于木材供应的林地
   8.2 土地改良
   8.3 国有土地的处理
9. 土地价值及其财富贡献
   9.1 作为财富储存的住房和宅基地
   9.2 作为宏观经济与金融分析指标的家庭房地产财富数据
缩略语
词汇表
参考文献

182

环境统计开发框架

英文标题　Framework for the Development of Environment Statistics
牵头组织　联合国统计司
版本信息　2013 年版，1984 年版
文件链接　http://unstats.un.org/unsd/environment/fdes.htm
中文版　无

环境统计的目标，是通过一套完整的指标体系系统描述环境的基本状况及其与人类活动之间的关系。环境统计研究与实施工作是从欧美发达国家开始的。1973 年，欧洲经济委员会首先提出要开展国际层面环境统计工作。1974 年联合国统计司在第 18 届大会上提出了关于国际环境统计的工作计划草案，建议把重点放在环境统计资料的需求和可得性以及制定一些方法准则上。1984 年联合国统计司正式颁布了《环境统计开发框架》（FDES），提出了环境统计组织和发展的系统方法，并在若干个国家进行了应用试点。之后又分别于 1988 年和 1991 年发表了《环境统计的概念和方法：人类居住区统计》、《环境统计的概念和方法：自然环境统计》两份技术报告，详细描述了环境统计的各个统计变量，以帮助国家与国际环境统计数据收集的识别和筛选。这三份文献已成为指导世界各国开展环境统计和方法研究的重要参考依据。

近几十年来，环境统计受到世界各国的广泛重视并快速发展。为此，联合国统计委员会批准对 FDES-1984 开展修订工作，修订结果是形成了 FDES-2013。与 FDES-1984 只是简单勾勒环境统计框架不同，FDES-2013 同时还包括一套详细的环境统计指标集。以下基于 FDES-2013 简要介绍环境统计的基本思路和内容。

1. 环境统计与 FDES-2013

环境统计要收集环境状态的关键信息及其在时间和空间上产生的相关变化。通过环境统计，可以支持环境定量技术评估，使相关分析更有力、更及时，使环境问题的国际协调能够得以实现。可以说，环境统计对于编制环境评估和环境状况报告、开发环境指标和可持续发展指标、实施环境经济核算至关重要。

环境统计的对象覆盖了环境质量、环境污染及其防治、生态保护、核辐射安全、环境管理等诸多事项。在此过程中，环境统计要面对以下两个关系：一是人类活动引起的环境变化；二是环境变化对人类产生的影响。基于这两个关系，环境统计要通过统计数据系统显示：（1）环境的状态及其变化；（2）环境资源的质量及其可利用性；（3）人类活动和自然事件对环境的影响；（4）为了避免或减轻这些影响而采取的社会行动和经济措施。

环境统计涉及的信息内容广泛，且具有跨学科性质。这些数据来源分散在各类数据生产者手中，

在汇编数据时采用的方法也不尽相同。为了有效编制环境统计数据，统计和环境两方面的专门知识、科学常识、机构发展能力和充足的资源都必不可少。许多国家仍需要实质性的技术援助和能力建设。因此，环境统计需要一个适当的框架，以便在各个层级指导相关统计工作的开发、协调和组织。

FDES 的出现较好地解决了环境统计缺乏统计规范的困境。特别是 FDES-2013 的发布，提供了一个组织架构，可用于指导国家一级的环境统计数据收集和汇编工作，还可以延伸到国际和区域机构以及其他环境统计编制者，其作用大体可以体现在四个方面。

(1) 划定统计范围，并确定其组成部分；
(2) 帮助各国对数据需求、数据资源、数据可利用性进行评估；
(3) 指导各国进行多用途数据的收集以及与其相关的数据库建设；
(4) 在职责范围内协调不同环境统计机构的工作。

FEDS-2013 是一个非常灵活的工具，可以根据每个国家的国情及对环境统计的要求，适应各自的统计发展水平。

2. 环境统计框架的架构

环境统计发展框架使用多层级方法构建，按照核心要素、子要素、统计专题作区分。第一层级由六项核心要素组成，通过这六项核心要素全面显示了环境统计的范围、内容以及具体信息集。

(1) 环境条件和质量要素。该要素把与环境状况和质量及其变化相关的统计数据汇集在一起。包括三个子要素：物理条件，土地覆盖/生态系统和生物多样性，环境质量。其中，物理条件子要素包含大气气候和天气专题，水文特征专题，地质地理特征专题，土壤特征专题；土地覆盖/生态系统和生物多样性子要素包含土壤覆盖专题，生态系统和生物多样性专题，森林专题；环境质量子要素包含空气质量专题，淡水水质专题，海洋水质专题，土壤污染专题，噪音专题。

(2) 环境资源及其利用要素。该要素集中了与环境资源及其用途有关的统计内容。包括六个子要素：矿产资源，能源资源，土地，土壤资源，生物资源，水资源。其中，矿产资源子要素下进一步分为矿产资源存量及变动专题、矿产资源生产与贸易专题；能源资源子要素下进一步分为能源存量及变化专题、能源生产贸易及消费专题；土地子要素下进一步分为土地使用专题、林地使用专题；生物资源子要素下进一步分为木材资源专题、水生动植物资源专题、农作物专题、家畜专题、其他非养殖生物资源专题；水资源子要素下进一步分为水资源专题、水的抽取使用和回收专题。

(3) 废弃物要素。该要素主要侧重于经济生产/消耗过程中产生的残余物排放统计，体现环境的受纳调节功能。包括四个子要素：废气排放，废水产生和处理，废物产生和处理，化学物质泄漏。其中，废气排放子要素下进一步分为温室气体排放专题、破坏臭氧层物质专题、其他废气排放专题；废水产生和处理子要素下进一步分为废水产生及污染物含量专题、废水收集与处理专题、废水直接排放专题；废物产生与处理子要素下进一步分为废物产生专题、废物处理专题。

(4) 极端事件和灾害要素。该要素汇集极端事件、灾害及其影响相关事件等统计内容。包括两个子要素：自然极端事件和灾害；技术灾难。其中，自然极端事件和灾害子要素下进一步分为自然极端事件和灾害发生专题、自然极端事件和灾害影响专题；技术灾难子要素下进一步分为技术灾难发生专题、技术灾难影响专题。

(5) 人居环境健康要素。该要素集中了与人类居住卫生和环境相关的统计内容。包括两个子要素：人居环境；环境健康。人居环境子要素下进一步分为城乡人口专题、基本服务专题、居住条件专题、暴露于环境污染专题、城市居住区环境问题专题；环境健康子要素下进一步分为空气传播疾病专题、与水相关疾病专题、媒介传播疾病专题、过量紫外线暴露专题、有毒物质及核辐射疾病专题。

(6) 环境保护、管理和参与要素。该要素汇集了旨在保护环境、管理环境资源的社会响应及经济措施的相关统计。包括四个子要素：环境保护和资源管理支出；环境治理与监管；极端事件预案和灾害管理；环境信息和意识。其中，环境保护和资源管理支出子要素下进一步分为政府环境保护和资源管理支出专题，公司、非营利组织、住户环境保护和资源管理支出专题；环境治理与监管子要素下进一步分为制度专题、环境监管工具专题、多边环境协定和环境公约参与专题；极端事件预案和灾害管理子要素下进一步分为极端和灾害预案专题、技术灾难预案专题；环境信息和意识子要素下进一步分为环境信息专题、环境教育专题、环境观念和意识专题、环境参与专题。

3. 环境统计指标体系的组成

环境统计要通过一套内容宽泛、结构复杂的指标体系具体体现。FEDS-2013将这一套环境统计指标体系称为环境统计基本集，然后从内容优先级别和方法论成熟程度两个维度进一步定义，依次分为呈递进关系的三个层次。第一层指标是环境统计的核心集，这一层指标与绝大多数国家均相关，具有高度的优先级，同时已经具备完善的方法论基础，建议各国应在近期内进行相应数据的生产。第二层指标需要在时间、资源及方法论的研究上继续投入资源，以便能够发展完善，建议各国在中期内考虑相应数据的生产。第三层指标的优先级不如前两层，其方法论基础也有待完善，尚需要大量投入，建议各国在长远期考虑相应数据的生产。基本集最终选定458个指标，其中，第一层100个，第二层200个，第三层158个。每一层下的指标都依次分布在六个要素上。

需要特别关注核心集的100个指标。这些指标的重要性和可行性均已经取得了广泛的共识，可以在国家层面、区域层面甚至全球层面应用，促进环境统计的协调、统一发展。在国家层面，核心集属于优先开发的指标，以便对政策层面确定优先发展方向和领域提供支持。从全球范围看，核心集的指标也很重要，相当于全球环境会议和多边环境协定的最大公约数。

（执笔人：景向）

附：文件目录

序言
致谢
前言
1. 环境统计概览——特点与挑战
   1.1 环境统计的对象
   1.2 环境统计的范围
   1.3 环境统计数据的主要使用者
   1.4 环境信息、数据、统计量和指标
   1.5 环境统计数据来源
   1.6 环境统计相关的分类与分组
   1.7 时间和空间
   1.8 地理空间信息和环境统计
   1.9 环境统计制度
   1.10 FDES-2013和环境统计领域
2. FDES的基本概念及结构
   2.1 什么是FDES
   2.2 FDES的基本概念
   2.3 FDES的范围
   2.4 从基本概念到FDES结构——FDES的内容组织形式
   2.5 FDES的要素及子要素
   2.6 FDES和其他框架的关系
   2.7 FDES要素的主要特征
3. FDES基本要素和环境统计基本集
   3.1 要素1：环境条件和质量
   3.2 要素2：环境资源及其利用
   3.3 要素3：废弃物
   3.4 要素4：极端事件和灾害
   3.5 要素5：人居环境健康
   3.6 要素6：环境保护、管理和参与
4. 从环境统计的基本集到核心集
   4.1 环境统计的基本集
   4.2 环境统计的核心集
   4.3 环境统计核心集内容

5. FDES在跨领域环境问题中的应用
   5.1 水资源和环境
   5.2 能源和环境
   5.3 气候变化
   5.4 农业和环境

附录

附录 A 环境统计的基本集
附录 B 自 1984 年以来的发展
附录 C 多边环境协定
附录 D 分类和环境统计

参考文献

术语

183

环境统计的概念和方法：人类住区统计技术报告

英文标题	Concepts and Methods of Environment Statistics: Human Settlements Statistics-A Technical Report
牵头组织	联合国统计司
版本信息	1988 年第 1 版
文件链接	http://unstats.un.org/unsd/environment/concepts.htm
中文版	http://unstats.un.org/unsd/environment/concepts.htm

环境问题既涉及自然环境也包含人类住区。为了论述人类住区统计资料中的环境问题，1988 年联合国统计司公布了《环境统计的概念和方法：人类住区统计技术报告》（以下简称《报告》）。该报告是基于 1984 年《环境统计开发框架》（FDES）开发的两份技术报告之一，围绕人类住区这个主题，提出了能说明大多数国家重要优先考虑的环境问题，给出了可由国家统计部门编入环境统计计划的统计变量的概念、定义和分类，以及环境统计资料的范围和内容，由此成为发展和协调国家与国际一级环境资料收集工作的重要工具。以下从若干方面介绍《报告》的主要内容。

1. 人类住区的概念和性质

人类住区是人类环境行动计划的重要内容。联合国人类住区会议第一次对人类住区的概念作了全面的说明："人类住区的结构是由有形成分和由这些成分给予物质支持的各种服务组成的"。有形成分包括：(1) 住所，即人类出于安全、私密和遮蔽风雨以及在一个群体中保持自我而建造的形状、规模、类型以及材料均不相同的上部结构；(2) 基础结构，旨在向住所输入或输出人、商品、能源或信息的复杂网络。服务包括作为一个社会机构为履行其职能所需要的各项服务，如教育、卫生、文化、福利、娱乐和营养等。

人类住区的性质主要集中在住区特定有形环境中的人、经济和社会文化活动之间的相互作用上。人们一直把改善人类住区中的生活质量看做"一切人类住区政策的首要目标"，而人类住区的成分与服务的可得性和质量决定着这一目标在多大程度上得到实现。鉴于影响人类住区问题的因素很多，《报告》以综合方法来说明环境统计资料编制纲要中所载的一般性问题。

2. 人类住区环境统计编制纲要的格式

环境统计资料涉及多种学科，来源分散，为了帮助环境统计资料的编制、协调和组织工作，联合国秘书处起草了《环境统计资料编制纲要》。人类住区环境统计遵循该纲要的基本模式，首先是统计资料的资料类别（用大写字母表示），类别之下是统计专题（用数字表示），统计专题之下是相关的统计变量（用小写字母表示）。表1展示的内容主要限于前两个层次。

表1　　　　　　　　　　环境统计资料编制纲要——人类住区

A. 社会和经济活动自然现象	B. 活动/现象对环境的影响	C. 对环境影响的反应	D. 总数、现存数和背景情况
1. 住区的增加和变化 1.1　人口增长及其变化 1.2　住宅和基础设施的建造 1.3　公共设施（能源和水的供应） 1.4　运输 1.5　人类住区中对土地的使用 2. 其他活动 2.1　废气和废料排放 2.2　工作场所的危害性活动 3. 自然现象	1. 住宅、基础设施和服务情况 1.1　住房 1.2　获得基础设施和服务设施 1.3　人类住区的扩展和分散 2. 维持生命的资源的情况 2.1　环境废料和污染物的富集程度 2.2　对生物和生态的影响 2.3　小气候 3. 人类住区中的卫生和福利条件 3.1　受污染程度及其对健康的影响 3.2　与住区有关的损害和事故 3.3　对人类住区中生活质量的认识	1. 人类住区的政策和方案 2. 污染的监测和控制 2.1　环境标准 2.2　监测 2.3　对排放物的处理、处置和回收利用 2.4　用于控制污染的开支 3. 自然灾害的预防和减缓	1. 住宅和基础设施的现存数 1.1　住房现存数 1.2　非居住楼及其他有形基础设施 2. 环境总数 2.1　排放物 2.2　有害的工作环境和行业 2.3　易受自然灾害影响的人类住区 3. 背景情况 3.1　土地利用 3.2　人口和社会状况 3.3　经济形势 3.4　天气/气候状况

资料来源：UN（1988），Concepts and Methods of Environment Statistics：Human Settlements Statistics-A Technical Report.

3. 人类住区统计资料的内容

《报告》为每项统计专题提供三项内容：一是对于该统计专题下有关环境及人类住区问题的说明；二是列出统计变量及其分类一览表并说明选择某一变量的原因，对概念、定义及分类法进行解释；三是说明资料的可能来源和资料收集方法。下面就各统计资料类别的内容作简单说明。

（1）社会和经济活动自然现象（A）。内容覆盖对人类住区环境不同构成部分产生直接影响的活动和现象。其中所涉社会经济活动分为两类：一是住区的增长和变化，这类活动直接关系到人类住区诸因素的建设或利用；二是其他活动，包括同社会经济活动有关系但不是这些活动之目标的废气排放和废物排出，是一系列污染活动及其影响过程的源头。各类活动可具体反映在若干统计变量上，如人口规模平均变动率（％）和净迁移率（‰）；住房数、除住房以外的集体住所数、居住楼和非居住楼数、住房现存数的下降数、土木工程建设项目数；使用中的车辆数、抵港和离港的船只数、空中交通航班数、旅客运输和货物运输数；住区陆地区域、边缘住区区域；空气污染排放量、噪音释放量、废水和液体废物排放量、收集的固体废料量；自然现象的发生频率和能量等。

（2）活动/现象对环境的影响（B）。主要描述社会经济活动及自然现象对环境的影响。这些环境影响可能是有害的，也可能是有益的，具体从以下三个方面进行描述。一是住宅、基础设施和服务的情况；二是维持生命的资源状况；三是人类卫生和福利状况。各自对应的具体统计变量有：住地居住者数、无家可归者数、居住比率；有供电系统的家庭数、有给水系统的家庭数、有卫生系统的家庭数、有电源的家庭数、有垃圾处理设备的家庭数、从家到最近的公共运输系统的平均距离、从家到工作场所所需花费的平均时间；大城市比例（％）、从住区到最近的大城市的平均距离、土地组合和有关地域的变化；周围空气污染物浓度、空气监测站数、酸雨的浓度、噪音监测站数、周围水污染物浓度；受过度噪音干扰的人口数、与住房条件有关的疾病发病人数、与工作条件有关的疾病、水传播的和与水有关的疾病；因自然灾害而受到损害或破坏的住所和基础设施数，因自然灾害、公路交通事故、工业生产事故造成的伤亡数；对住宅、住区环境、住区服务、住区噪音程度的感觉（人数及百分比）。

(3) 对环境影响的反应（C）。旨在描述个人、社会集团、非政府组织和政府当局对人类活动及自然现象之环境影响所做出的反应。这种反应体现在以下方面：一是制定并执行人类住区政策和方案，它是国家和地区发展政策的必要组成部分，是对住宅、基础设施和服务的现存数量和质量不足的直接反应；二是对人类住区的污染进行监测和控制；三是针对自然灾害的预防和救助方案。各自对应的具体统计变量有：人类住区发展开支数、社区发展方案数、自建住宅数、被举报的违章建筑数、按土地使用条例建造的住区面积、所保存的历史遗址数；空气污染物排放标准、空气污染浓度标准、水污染标准、固体废料处理和排放标准；监测站数、提出健康警告的天数、被举报的违章行为和管制行动数；废水处理、固体废物的再利用和再循环数、固体废料的处理和处置；用于污染控制的开支数；用于自然灾害的预防和减缓的开支数。

(4) 现存数、目录和背景情况（D）。旨在提供上述环境数据与其他主题的联系，以便对这些关系作进一步的统计分析。具体包含三个方面内容：一是住宅和基础设施的现存数，这是评价住宅和基础设施的数量与质量变化的基础资料；二是环境总数，用于确定那些被认为是造成人工环境质量恶化的主要原因并给环境造成危害的主要因素；三是社会经济与人口统计背景，提供了来源于其他统计系统的资料，可有助于评价人类住区与其他有关政策或研究领域之间的关系，为评价更加广泛的人类住区概念提供起点，或直接说明人类住区活动的一般社会、经济或环境背景的某些特征。具体统计变量有：居住地数、有盥洗设施的单元住房数、有给水系统的单元住房数、有附属设施的住宅数；非居住用建筑物数、民用工程建筑物数；空气污染物、水污染物和固体废料名称等。更广义而言，还有各种背景性指标变量，如土地使用面积、住区人口数、住区人口密度、婴儿死亡率、出生时的估计寿命、总生育率、人口年龄分布、参加经济活动人口数、失业率、工业企业数、固定资本积累总额、家庭收入和开支数等。

人类住区统计资料来源多种多样，如人口普查、专门调查、城市行政部门的记录以及遥感或遥测网等。

（执笔人：刘茜）

附：文件目录

序言
导言
    环境统计资料的性质
    环境统计资料编制纲要
    报告的宗旨和编排
1. 人类住区统计资料的范围和性质
   1.1 人类住区的概念
   1.2 人类住区的问题
   1.3 一般性方法问题
2. 人类住区统计资料的概念和方法
   2.1 社会经济活动与自然现象
      2.1.1 住区的发展和变化
      2.1.2 其他活动
      2.1.3 自然现象
   2.2 人类活动/自然现象对环境的影响
      2.2.1 住宅、基础设施和服务设施的状况
      2.2.2 维持生命的资源状况
      2.2.3 人类住区的卫生和福利状况
   2.3 对环境影响的反应
      2.3.1 人类住区的政策和方案
      2.3.2 污染监测和控制
      2.3.3 自然灾害的预防及其危害的减缓
   2.4 现存数、总数和背景情况
      2.4.1 住宅和基础设施的现存数
      2.4.2 环境目录
      2.4.3 背景情况
注释：变量清单——人类住区统计资料
表目录
图目录

欧洲环境经济信息收集系统

英文标题 European System for the Collection of Economic Information on the Environment
牵头组织 欧盟统计局
版本信息 1994年第1版
文件链接 http://ec.europa.eu/eurostat/en/web/products-manuals-and-guidelines/-/KS-BE-02-002
中文版 无

环保支出核算是系统地收集环保支出数据的重要渠道，目前发达国家已经普遍开展了环保支出核算实践。国际上涉及环保支出核算的国际规范主要有两个：一是联合国主持开发的环境经济核算体系（SEEA）中的环保支出账户（EPEA）；二是由欧盟统计局开发的《欧洲环境经济信息收集系统》（SERIEE）。两者关于环保支出的定义和分类、所采用的核算原则和方法大体保持一致，同时也存在一些明显差异。以下通过对这两部国际规范的比较，简述 SERIEE 的基本内容要点。

1. 环保支出的概念

SEEA 和 SERIEE 对环保支出的定义是一致的，都将"环保支出"定义为在以环境保护为主要目的的经济活动上所花费的支出，而将那些虽然有益于环境但不是以环境保护为主要目的的经济活动的支出排除在外。

从核算范围来看，两个国际规范核算的环保支出都包括在环保专业服务上的支出和在关联产品与适用产品上的支出。所谓环保专业服务，是指由环保特征活动生产提供的产出，例如废气处理服务、固废处理服务、污水处理服务、环境管理和监测等；关联产品是指其直接目的用于环境保护的产品，例如车辆的催化转化器、垃圾袋、垃圾桶、垃圾收纳器以及堆肥收纳器等；适用货物是指经过专门改良以求更为"环境友好"或"清洁"的货物，其使用是有利于环境保护的，例如脱硫燃料、无汞电池以及无氟产品等。需要注意的是，就适用货物而言，只有那些为了得到该货物而发生的额外成本才被视为环保支出。

从环保支出的性质来看，SEEA 和 SERIEE 都将环保支出区分为经常性支出和资本性支出。经常性支出，也称为运营支出，是指环保服务的生产单位在其所完成的环保活动中因雇员报酬、设备租赁、化学药剂、燃料电力等项目而发生的支出，以及从外部单位购买环保服务而发生的支出。资本性支出，也称为投资支出，是指为了减缓或治理环境污染而在有关方法、技术、过程或设备上发生的资本支出，以及在环境友好生产设施上发生的资本支出——因为通过使用环境友好生产设施，环境保护成为生产过程的内在组成部分，这些设施往往比传统的不考虑环保目的的设施要更加昂贵。

此外，为了反映环保支出的融资渠道以及各类经济主体实际负担的环保支出，SEEA 和 SERIEE

都对经济主体之间的环保转移性支出进行记录。环保转移性支出的主要形式是发生在政府与其他部门之间的环境税费、补贴和投资补助。

2. 环保支出核算的主体分类

环保支出核算对经济主体的分类建立在 SNA 机构部门分类的基础之上，但是，为了更好地体现不同经济主体环保支出的不同特点，又需要在 SNA 机构部门分类的基础上进行调整。SEEA 和 SERIEE 对核算主体的分类方法不尽相同。

（1）SEEA 体系中的主体分类。SEEA 主体部门分类侧重于反映经济主体与环保服务之间的关系。SEEA 首先根据经济主体是否是环保服务的生产者将各类经济主体划分为生产者和消费者，然后再根据环保服务生产在经济主体全部生产活动中所占据的地位，进一步将环保服务生产者划分为专业化生产和非专业化生产者。最终，在 SEEA 中，将支出主体分为六类：专业化生产者、非专业化生产者、自给性生产者、其他企业、一般政府、住户部门和国外。其中，专业化生产者包括将环保服务生产作为主要活动的单位，其中不仅包括企业单位，也包括了从事环保服务生产和进行环保监管的政府单位；非专业生产者包括将环保服务生产作为次要活动的企业，自给性生产者包括为自给性使用而生产环保服务的企业。除了上述三类生产者之外，其他单位都是环保服务的消费者。其中，其他企业包括从外部购买环保服务的生产者，将环保服务用做中间消耗；住户部门和政府单位将环保服务用做最终消费。

（2）SERIEE 体系中的主体分类。SERIEE 主体部门分类侧重于反映各经济主体在环保活动目的上的差别。首先，根据不同主体生产环保服务是否是为了提供给第三方使用，将环保支出的主体分为两大类；其次，按照机构部门进行细分。最终，在 SERIEE 体系中，将支出主体分为四个部门：公共部门、专业化生产者、一般企业部门和住户部门。其中，公共部门是指为全社会生产非市场性环保服务的政府部门，专业化生产者是指其主要活动或次要活动是生产市场性环保服务的非金融企业，两者都属于为第三方生产环保服务的部门；与此对应的是一般企业和住户部门，要么是为自己内部使用而从事环保活动（一般企业），要么仅仅作为环保产品使用者，购买环保服务和货物（住户）。

对上述主题分类加以比较，可以发现，两者对环保支出主体分类的差异主要体现在对企业部门与政府部门的拆分方式不同。

首先，SEEA 和 SERIEE 都设置了专业生产者部门，该部门是环保服务的主要生产者，但是两个体系在该类型下所包括的具体单位有所不同：在 SEEA 中，企业性质的专业生产者仅限于主要活动是环保服务生产的单位，环保服务生产作为次要活动的单位不属于此类；而 SERIEE 则把后者也归为专业生产者。

其次，两个体系对企业部门的分类不同。SERIEE 将环保服务是主要生产或次要生产的部门分类为专业生产者，而将环保服务的自给性生产者和其他企业归为一般企业。SEEA 则将企业部门分为专业生产者、非专业生产者和自给性生产者，分别对应于环保服务生产是其主要活动、次要活动和自给性生产的单位。

最后，两个体系对政府部门的分类不同。在 SERIEE 中，没有对政府部门作进一步细分，所有的政府单位都作为非市场性环保服务生产者归为公共部门，而 SEEA 中则将政府部门作了细分，生产非市场性环保服务的单位属于专业生产者，其他单位则属于环保服务的消费者。

此外，SEEA 还设置了国外部门，而 SERIEE 对此则没有考虑。

3. 环保支出核算的核心指标

SEEA 的环保支出核算是一个系列账户，全面记录了环保服务和环保支出的来龙去脉。具体包括四张相互联系的表：第一张表是常住生产者关于环保特征产品（即环保专业服务）的生产和收入形成账户；第二张表是这些专业服务的供给和使用表，记录了来自常住生产者和国外的专业服务的供给，以及不同经济单位对环保专业服务的使用；第三张表将从事环境保护活动的单位所购买的关联产品和适用货物都包括进来，此外，还包括在环保活动中的资本形成以及有关的环保转移，最终形成国民环保支出这一总量指标，其中，为了避免重复计算，对专业生产者的经常性支出不加记录，仅记录其资本性支出；第四张表是第三张表的扩展，详细记录各类环保转移，反映国民环保总支出的资金来源。

SERIEE 环保支出核算没有系统的账户序列，而是集中于计算两个重要的支出总量：环保支出 I 和环保支出 II，前者采用治理者原则，后者则采用负担者原则。对于特定部门而言，环保支出 I 包括该部门在所从事环保活动上发生的所有支出，同时，任何直接产生于环保活动的经济收益（例如通过销售副产品产生的收入）都要从中扣除，最终可以计算出该部门为环保活动而花费的净支出数额；环保支出 II 包括该部门为环保目的所做出的所有支出，而不管环保活动是由哪些单位完成的。因此，对特定部门而言，其环保支出 II 等于环保支出 I 加上从其他部门购买的环保服务的支出，减去向其他部门销售环保服务而获得的收入。此外还要考虑环保转移的收支。

从核算原则来看，SERIEE 环保支出 I 是基于治理者原则计算的，而 SERIEE 环保支出 II 与 SEEA 国民环保支出则是从负担者原则计算。如果不考虑发生在国内外之间的环保服务交易和环保转移，全社会合计的 SERIEE 环保支出 I 与环保支出 II 在总量上是相等的，只是环保支出的部门分布会呈现出明显差异。鉴于环保政策多采取"污染者付费"原则，立足于负担者原则计算的环保支出，SERIEE 环保支出 II 以及 SEEA 的国民环保支出更为可取。

进一步看，由于对支出主体的分类以及核算方法不完全相同，因此，SERIEE 的环保支出 II 和 SEEA 的国民环保支出无论从总量还是从部门分布来看都存在差异。

一是核算范围。由于对国外部门的处理不同，两个体系核算的环保支出总量会产生差异。SEEA 国民环保支出记录的是全部常住单位关于环保服务和货物所发生的支出，包括对国外进口环保服务和货物的支出，不包括对外出口环保服务所取得的收入；而 SERIEE 不涉及国外部门，因此，不考虑对外交易。由此导致 SERIEE 环保支出 II 和 SEEA 的环保支出在总量上存在差异。不过多数国家的环保产品国际交易规模相对很小，对总量差异的影响不显著。

二是主体分类。由于对企业和政府部门的分类不同，环保支出的部门分布也会产生差异。例如，两个体系中专业生产者负担的环保支出会有不同。

三是核算方法。核算方法的差异会导致市场性环保服务生产者的环保支出在两个体系中存在差异。在 SERIEE 体系下，环保服务专业生产者的环保支出 II 是在环保支出 I 即内部经常性支出与投资支出之和的基础上，经过转移和环保服务收支的调整后得到的。其中，内部经常性支出是生产者所发生的"实际支出"，仅包括中间消耗和雇员报酬，并不等于其出售环保服务的收入，也就是说，并不包括除上述成本之外的生产税净额和营业盈余。

4. 总结与转换

总的来看，从核算范围、主体分类、核算内容与核算方法来看，SEEA 的环保支出核算更为系统和全面，其国民环保支出这一总量更符合环保支出核算的目的，同时也更容易与 SNA 的其他总量接轨，应作为指导我国环保支出核算的首选体系。

但是，SEEA 更多的是一个理论框架，缺乏对环保支出核算实践的具体指南，相比之下，SERIEE 体系则有较为细致的实践指导，并已用来指导欧盟国家以及其他发达国家（如澳大利亚、新西兰和加拿大）的环保支出实践。

由于 SERIEE 环保支出与 SEEA 环保支出之间存在转换关系，考虑到 SEEA 是一个核算的理论框架，而 SERIEE 有较为细致的操作指南，因此，在核算实践中，可以在 SERIEE 框架下收集数据，然后调整为 SEEA 环保支出。

（以上内容曾以"环保支出核算的国际规范"为题，刊于《中国统计》2014 年第 3 期，作者：李静萍）

附：文件目录

绪论
1. 环境经济核算
    1.1 环境和经济发展
    1.2 环境经济数据
    1.3 综合环境经济核算体系
    1.4 欧洲环境的经济信息收集系统
2. 环保支出核算基本框架
    2.1 目标
    2.2 环保支出范围
    2.3 定义和概念
    2.4 总量和账户
    2.5 单位和一组单位
    2.6 交易
    2.7 账户体系和表格
    2.8 信息来源
    2.9 实物数据的整合
3. 空气和气候保护核算
    3.1 引言
    3.2 领域描述
    3.3 空气和气候保护
    3.4 空气和气候保护相关交易
    3.5 空气和气候保护核算
    3.6 数据来源
    3.7 实物数据和货币数据的整合
4. 污水处理核算
    4.1 引言
    4.2 领域描述
    4.3 污水处理
    4.4 污水处理相关交易
    4.5 污水处理核算
    4.6 数据来源
    4.7 实物数据和货币数据的整合
5. 废物处理核算
    5.1 引言
    5.2 领域描述
    5.3 废物处理
    5.4 废物处理相关交易
    5.5 废物处理核算
    5.6 数据来源
    5.7 实物数据和货币数据的链接
6. 土壤和地下水保护核算
    6.1 引言
    6.2 领域描述
    6.3 土壤和地下水保护
    6.4 土壤和地下水保护相关交易
    6.5 土壤和地下水保护核算
    6.6 数据来源
7. 噪音与振动消减核算
    7.1 引言
    7.2 领域描述
    7.3 噪音与振动消减
    7.4 噪音与振动消减相关交易
    7.5 噪音与振动消减核算
    7.6 数据来源
    7.7 实物量数据和货币数据的链接
8. 生物多样性与景观保护核算
    8.1 引言
    8.2 领域描述
    8.3 生物多样性与景观保护
    8.4 生物多样性与景观保护相关交易
    8.5 生物多样性与景观保护核算
    8.6 数据来源
9. 其他环保活动核算
    9.1 引言
    9.2 领域描述
    9.3 活动的分类和定义
    9.4 数据来源
    9.5 实物量数据和指标
10. SERIEE 的发展
    10.1 货币数据和实物量数据的集成
    10.2 特征活动的输入输出表
    10.3 生态活动记录系统的开发
    10.4 自然资源管理核算

术语表

185

环境支出统计：产业数据收集手册

英文标题	Environmental Expenditure Statistics：Industry data Collection Handbook
牵头组织	欧盟统计局
版本信息	2005年第1版
文件链接	http：//ec.europa.eu/eurostat/en/web/products-manuals-and-guidelines/-/KS-EC-05-002
中文版	无

附：文件目录

1. 引言
   1.1 背景和政策文本
   1.2 目的、范围和组织
   1.3 结构
2. 支出框架和数据报告
   2.1 结构化企业统计的理事会
   2.2 国际数据报告
3. 环保支出的定义与指南
   3.1 引言
   3.2 环保支出的基本定义
   3.3 环保投资
   3.4 经常性环保支出
4. 数据收集方法
   4.1 引言
   4.2 质量方面
   4.3 被访者负担最小化
   4.4 调查类型——利用已有调查项目与专门调查
   4.5 总体与样本
   4.6 问卷设计
   4.7 数据收集
   4.8 处理和验证
   4.9 变量估计
   4.10 插值与总数估计
5. 结果的展示与解释
   5.1 统计质量
   5.2 展示与解释
6. 与环保有关的其他变量
   6.1 环保收入与成本补偿
   6.2 补贴与转移
   6.3 环保设备折旧补偿
   6.4 环境适用产品
   6.5 资源管理
   6.6 环境税
   6.7 排放许可
   6.8 收入损失、补偿、罚款等
   6.9 环境产业
7. 环境政策问题
   7.1 六项社区环境行动项目
   7.2 环境技术行动计划
   7.3 国家环境成效评价

附录

186

环境补贴与类似转移指南

英文标题	Environmental Subsidies and Similar Transfers: Guidelines
牵头组织	欧盟统计局
版本信息	2015 年第 1 版
文件链接	http://ec.europa.eu/eurostat/web/products-manuals-and-guidelines/-/KS-GQ-15-005-EN-N
中文版	无

附：文件目录

前言
致谢
1. 定义、分类及与其他模块的关系
   1.1 环境补贴和类似转移
   1.2 减免环境税
   1.3 其他环境支持方式
   1.4 与货币型环境账户其他模块的关系
   1.5 潜在的环境破坏补偿和环境损害补偿
2. 分类
   2.1 环境补贴和类似转移分类：经常转移和资本转移
   2.2 环境补贴和类似转移分类：不同环境领域
   2.3 环境补贴和类似转移分类：支付者和受益者
3. 数据收集框架
   3.1 基本方法
   3.2 环境补贴和类似转移的数据来源
   3.3 环境补贴和类似转移数据的编制方法
4. 报告框架
5. 数据传输与使用
   5.1 环境补贴统计的需求
   5.2 环境补贴和类似转移的数据使用
   5.3 环境补贴数据的展示
附录

187 环境税统计指南

英文标题	Environment Taxes：A Statistical Guide
牵头组织	欧盟统计局
版本信息	2013年第2版，2001年第1版
文件链接	http：//ec.europa.eu/eurostat/statistics-explained/index.php/Environmental_tax_statistics
中文版	无

附：文件目录

前言
致谢
1. 引言
   1.1 环境税统计指南版本更新范围
2. 定义、分类与个案
   2.1 法案
   2.2 环境税的定义
   2.3 税基
   2.4 环境税及个案的主要分类
   2.5 总量管制与交易制度下的排放税
   2.6 环境税统计之外的税目
   2.7 物理单元替代
   2.8 ESA与SNA中的税
3. 分类
   3.1 欧洲经济活动标准分类（NACE）
   3.2 欧洲环境保护活动分类（CEPA）和欧洲自然资源管理活动分类（CreMA）
4. 数据收集与报告框架
   4.1 基本方法
   4.2 建立环境税列表
   4.3 环境税的数据来源
   4.4 环境税：按税种分
   4.5 环境税：按经济活动分
   4.6 非居民支付的税款
5. 数据展示与说明——表格与指标
   5.1 分税种的环境税
   5.2 分税种及收费经济活动的环境税
   5.3 能源隐含税率（ITR）
   5.4 税基、税率、税收裁定信息及指标解释
附录

188

环境统计术语汇编

英文标题	Glossary of Environment Statistics
牵头组织	联合国统计司
版本信息	1997 年第 1 版
文件链接	http：//unstats.un.org/unsd/environmentgl/default.asp
中文版	http：//unstats.un.org/unsd/environmentgl/default.asp

附：文件目录

1. 前言
2. 所用计量单位
3. 术语汇编
（按英文首字母顺序排列）
参考文献

IPCC 国家温室气体清单指南

> **英文标题** IPCC Guidelines for National Greenhouse Gas Inventories
> **牵头组织** 世界气象组织、联合国环境规划署
> **版本信息** 2006 年版
> **文件链接** http：//www.ipcc-nggip.iges.or.jp/public/2006gl/
> **中文版** http：//www.ipcc-nggip.iges.or.jp/public/2006gl/chinese/

《IPCC 国家温室气体清单指南》（2006）是由政府间气候变化专门委员会（Intergovernmental Panel on Climate Change，IPCC）国家温室气体清单特别工作组编写的，自发布后沿用至今。其中，第 1 卷描述了编制清单的基本步骤，就温室气体的排放和清除估算给出一般指导；第 2～5 卷则为不同经济部门的估算提供了具体指导。以下首先简要介绍这份清单指南的由来，以及碳排放的国际通用计算方法；其次分能源活动、工业生产、农业林业和土地、废弃物处置四个部分系统地介绍碳排放的计算方法。

1.《指南》的由来及核心问题

1988 年，世界气象组织（WMO）和联合国环境规划署（UNEP）共同建立了政府间气候变化专门委员会（IPCC）。IPCC 的活动之一就是通过其在国家温室气体清单方面的工作来支持《联合国气候变化框架公约》。

2002 年，《联合国气候变化框架公约》科技咨询附属机构（SBSTA）在新德里举行了第十七次会议。应这次会议上发出的邀请，开始本指南的编写，作为此前编写的《国家温室气体排放清单》指南的更新，相关参考资料包括《1996 年国家温室气体清单指南修订本》以及《国家温室气体清单优良作法指南和不确定性管理》和《土地利用、土地利用变化和林业优良作法指南》等。

世界各国 250 余名专家曾为该指南编写供稿，为此成立了由 IPCC 国家温室气体清单特别工作组联合主席成员共同组成的指导小组，对指南的编写进行指导。在经过 2005 年专家评审和政府与专家联合评审的两次评审之后，《IPCC 国家温室气体清单指南》（以下简称《指南》）在紧迫的期限内按时完成，形成了终稿。

《指南》的核心是温室气体排放清单的编制以及相关计算。温室气体主要的排放源来自能源、工业生产过程、农业、土地利用变化和林业及废弃物。通用的碳排放计算方法为：排放量等于活动水平和排放因子的乘积。其中，有三类排放因子可以选择：（1）IPCC 缺省排放因子；（2）国别排放因子；（3）利用模型工具的复杂方法。以下针对不同排放源介绍这些方法。

2. 能源活动碳排放计算方法

能源资源利用过程通常是温室气体最主要来源，因为大部分经济体的能源系统主要依赖化石燃料的燃烧驱动。

《指南》介绍了估算化石燃料燃烧中的排放的三种方法。

在方法 1 中，所有燃烧源的排放估算均可以根据燃烧的燃料数量（通常来自国家能源统计）以及平均排放因子两个方面计算得出。方法 1 排放因子可用于所有相关的直接温室气体。气体间这些排放因子的质量不同。对于二氧化碳（CO_2），排放因子主要取决于燃料的碳含量，燃烧条件（燃烧效率、在矿渣和炉灰等物中的碳残留）相对不重要。因此，CO_2 排放可以基于燃烧的燃料总量和燃料中平均碳含量进行相当精确的估算。然而，甲烷和氧化亚氮排放因子取决于燃烧技术和工作条件，而在各个燃烧装置和各段时期之间其差异很大。由于此种差异，这些气体平均排放因子必须考虑技术条件的重大差异，其使用会引入很大的不确定性。

在方法 2 中，源自燃烧的排放估算采用与方法 1 所使用的类似燃料统计，但以特定国家排放因子替代方法 1 中的缺省因子。由于可用的特定国家排放因子会因不同的特定燃料、燃烧技术乃至各个工厂而可能有所不同，所以活动数据可以进一步划分，以正确地反映这种分类源。如果这些特定国家排放因子确实衍自使用的不同批次燃料的碳含量的详细数据，或者衍自国家使用的燃烧技术的更详细信息，估算的不确定性就会降低，并且可更好地估算长期趋势。如果一个清单编制者已经详细记录了非 CO_2 气体中碳排放数量或其他未氧化气体的测量数据，在使用此方法的特定国家排放因子中即可以考虑这一情况。

在方法 3 中，碳排放的计算在适当情况下会使用详细排放模式或测量，以及单个工厂级数据。对非 CO_2 温室气体而言，这些模式和测量应该能提供更好的估算，不过需要更详细的信息和做更多的工作。对 CO_2 排放而言，燃料气体的持续排放监测（CEM）有助于准确测量但通常并无必要（对比其相对较高的成本而言），除非为了测量其他污染物（例如二氧化硫或氮氧化合物）已经安装了监测器。如果燃料的流速难以测量，或者燃料的变化很大，抑或其他燃料分析昂贵，持续排放监测对于固体燃料燃烧的测算尤其有用。燃料流量的直接测量（尤其对于气态或液态燃料），利用质量确保燃料流量计，可以提高使用这些燃料流量计部门的 CO_2 排放计算的准确性。当考虑使用测量数据时，优良作法是评估抽样的代表性和测量方法的适用性。最佳测量方法由官方标准组织制定，并经过现场测试以确定其操作特性。如果一个清单编制者已经详细记录了非 CO_2 气体中碳排放数量或其他未氧化气体的测量数据，在使用此方法的特定国家排放因子中可以考虑这一情况。

此外，《指南》具体列出了固定源燃烧、移动源燃烧、溢散排放、CO_2 运输、注入和地质储存中等具体的碳排放计算方法，还列出了一些参考方法。

3. 工业生产过程的碳排放计算方法

工业生产过程中的碳排放主要来源于采掘工业、化学工业、金属工业、燃料和溶剂使用的非能源产品、电子工业、臭氧损耗物质氟化替代物等。下面以水泥生产过程中 CO_2 排放量估算为例做简要介绍。

在水泥生产中，CO_2 是在生产熟料的过程中产生的，熟料是一种球状中间产品，然后磨细与少量硫酸钙（石膏 $CaSO_4 \cdot 2H_2O$ 或硬石膏 $CaSO_4$）加入到水凝水泥（通常是波兰特水泥）。生产熟料时，主要成分为碳酸钙（$CaCO_3$）的石灰石被加热或煅烧成石灰（CaO），同时放出 CO_2 作为其副产品；然后 CaO 与原材料中的二氧化硅（SiO_2）、氧化铝（Al_2O_3）和氧化铁（Fe_2O_3）进行反应产生熟料

（主要是水硬硅酸钙）。非 $CaCO_3$ 的碳酸盐的原材料比例通常很小，其他碳酸盐（如果有）主要以杂质的形式存在于初级石灰石原材料之中。在熟料制造过程中最好有少量 MgO（通常为1%～2%）用做熔剂，但是，如果含量超过就会对水泥造成问题。

IPCC 提供的水泥生产过程 CO_2 排放量计算公式为：CO_2 排放量等于熟料产量与熟料排放因子的乘积，熟料排放因子等于石灰（CaO）的含量与 CO_2、CaO 相对分子质量比的乘积。

对没有熟料统计的国家，IPCC 还提供了使用水泥产量数据计算排放量的方法，即：CO_2 排放量等于水泥产量、水泥耗熟料量、熟料耗石灰石量的乘积乘以 44/100。

4. 农业、林业和土地利用变化的碳排放计算方法

农林和其他土地利用中主要被关注的温室气体有 CO_2、氧化二氮（N_2O）和甲烷（CH_4）。大气和生态系统间的 CO_2 流量主要受光合作用、呼吸作用、分解作用和有机物燃烧等活动控制；N_2O 主要是作为硝化和反硝化作用的副产物从生态系统中释放出来；而 CH_4 则通过土壤和粪肥储存中厌氧产生，肠道发酵过程以及从有机物的不完全燃烧中释放出来。农林和其他土地利用中对每个土地利用类别所使用的碳汇包括生物量（包括地上部生物量和地下部生物量）、死有机物质（包括死木和枯枝落叶）和土壤（土壤和有机质）三类。其他来自燃烧和土壤的值得关注的气体包括氮氧化合物、氮氢化合物、一氧化碳等。

与其他领域一样，农林和土地利用变化的碳排放量也是活动水平和排放因子的乘积。《指南》介绍了计算排放的三种方法。

方法 1 是采用 IPCC-1996-LUCF 的基本方法，排放/清除因子和参数的默认值来自 IPCC-1996-LUCF 或 IPCC-GPG-LULUCF，活动水平数据来自国际或国家级的估计或统计数据。方法 2 采用具有较高分辨率的本国活动数据和排放/清除因子或参数。方法 3 是采用专门的国家碳计量系统或模型工具，活动数据基于高分辨率的数据，包括地理信息系统和遥感技术的应用。

需要说明的是 IPCC-LUCF 的计量方法。碳库是地上生物量、地下生物量以及枯落物、死木和土壤有机物、木产品生物量之和。计算碳储量变化有两种方法：一是基于过程的方法（碳库输入—输出）；二是储量的方法，利用不同时间点上的碳储量除以时间变化量。

5. 废弃物处理的碳排放计算方法

废弃物处理领域的主要源有：废弃物填埋处理的 CH_4 排放；生活污水和工业废水及淤泥处理的 CH_4 排放和 N_2O 排放；废弃物焚烧的 CO_2 排放等。下面分别给出这些废弃物处理领域的甲烷气体排放计算方法，至于氧化亚氮气体排放的计算，因不属于碳排放的范畴，这里不再赘述。

(1) 固体废弃物处理甲烷气体排放计算方法采用一阶衰减方法（FOD），具体可以表示为城市固体废弃物产生量、城市固体废弃物填埋处理率、甲烷产生潜力三者的乘积。

(2) 生活污水处理甲烷气体排放计算方法，可以表示为总人口数或发展中国家的城市人口（人）、人均生化需氧量中有机物含量（BOD）、易于沉积的 BOD 比例、排放因子（g CH_4/g BOD）、在废水中无氧降解的 BOD 比例的乘积。此外，生活污水处理甲烷气体排放量还可以通过〔(总有机废水排放量×排放因子)—甲烷回收量〕计算得到。在《指南》中，计算废水中排放甲烷的优良做法步骤如下：第一步是给出国家废水处理系统的特征；第二步是选择最合适的参数；第三步是应用《指南》中提供的方法。

(3) 工业废水处理甲烷气体排放计算方法。首先，计算工业废水处理甲烷气体的排放因子：最大 CH_4 产生能力乘以甲烷修正因子（比例）。其次，计算工业废水处理甲烷气体的活动水平：工业产品

总量、生成的废水量、化学需氧量（工业废水中的可降解有机成分）的乘积。根据上述的排放因子及活动水平的乘积，即可计算得出工业废水处理甲烷气体排放量。

（以上内容曾以"碳排放怎么算"为题，刊于《中国统计》2013年第6期，作者：程豪）

附：文件目录

前言

概述

第一卷 一般指导及报告

1. 《2006年指南》
2. 数据收集方法
3. 不确定性
4. 方法学选择与关键类别确定
5. 时间序列的一致性
6. 质量保证/质量控制与验证
7. 前体物与间接排放
8. 报告指南及表格

附录

第二卷 能源

1. 导言
2. 固定源燃烧
3. 移动源燃烧
4. 逸散排放
5. 二氧化碳：运输、注入与地质存储
6. 参考方法

附录

第三卷 工业过程和产品使用

1. 导言
2. 采矿工业排放
3. 化学工业排放
4. 金属工业排放
5. 源于燃料和溶剂使用的非能源产品
6. 电子工业排放

7. 臭氧损耗物质氟化替代物排放
8. 其他产品制造和使用

附录

第四卷 农业、林业和其他土地利用

1. 导言
2. 适用于多个土地利用类别的通用方法
3. 土地的一致表述
4. 林地
5. 农地
6. 草地
7. 湿地
8. 聚居地
9. 其他土地
10. 牲畜和粪便管理过程中的排放
11. 管理土壤中的 N_2O 排放和石灰与尿素使用过程中的二氧化碳排放
12. 采伐的木材产品

附录

第五卷 废弃物

1. 导言
2. 废弃物产生、构成和管理数据
3. 固体废弃物处理
4. 固体废弃物的生物处理
5. 废弃物的焚化和露天燃烧
6. 废水处理与排放

附录

190 气候变化相关统计建议

英文标题 Conference of European Statisticians Recommendations on Climate Change-Related Statistics
牵头组织 联合国欧洲经济委员会
版本信息 2014年第1版
文件链接 http://www.unece.org/publications/ces_climatechange.html
中文版 无

气候变化是当前人类所面临的最为错综复杂的挑战之一。气候变化和可持续发展息息相关，威胁着世界所有国家。可持续发展强调气候变化要作为一项全球优先事项，呼吁"采取紧急行动应对气候变化及其影响"，并"促进提高有效应对气候变化相关规划和管理能力的机制"，要完成这些工作离不开气候变化相关统计数据的支持。为此，在联合国欧洲经济委员会的组织下，经过多次讨论、审查、调查、评估等，最终在2014年4月由60多个国家和国际组织在欧洲统计大会全体会议上通过了《气候变化相关统计建议》（以下简称《建议》）。

《建议》进一步完善了官方统计机构收集气候变化相关统计数据的条件，提高了编制温室气体排放清单的实用性。首先，《建议》给出与气候变化相关的统计定义，通过测试不同的框架和模型来定义气候变化相关统计的范围，并评估了度量气候变化相关现象中官方统计机构的参与情况。其次，《建议》重点讨论了官方统计和温室气体清单之间的关系，回顾了编制温室气体清单所需的数据，尤其是可由官方统计系统提供的数据，指出理想的清单需求和目前官方统计系统所能提供信息之间的差距。此外，《建议》还涉及温室气体清单以外的气候变化相关统计，如气候政策和气候变化分析等，认为在具体内容上应主要着眼于现有统计体系和此目标之间的差距。

《建议》强调官方统计的统计基础设施——如标准、分类和方法等——在满足改善气候变化相关统计需求中所面临的挑战，认为应监察官方统计机构的现有基础设施，找出差距并对其进行改善。最后，《建议》对改进气候变化相关统计进行总结，同时审议了在国家和国际层面执行这些建议的实际例子和优先事项，以便更好地满足用户需求。

《建议》主要针对官方统计系统而编制，但仍可作为一种实用工具，以促进利益相关方——负责温室气体清单的机构和其他气候变化相关统计的生产者和用户——的广泛讨论。它呼吁国际社会努力考虑如何利用官方统计系统的数据进行更有效的气候变化分析和政策制定，找出切实可行的措施来支持气候变化相关统计的未来发展，提高官方统计在温室气体清单中的作用。

（执笔人：刘茜）

附：文件目录

执行概要

缩略语表

引言

1. 气候变化相关统计的范围
   1.1 气候变化的定义
   1.2 统计系统可以对度量气候变化做出哪些贡献
   1.3 有助于确定气候变化相关统计范围的框架
   1.4 气候变化相关统计范围的定义

2. 温室气体清单和官方统计
   2.1 用户需求
   2.2 各国统计局的参与
   2.3 数据缺口及温室气体清单挑战
   2.4 小结

3. 气候变化相关统计（除温室气体清单外）
   3.1 气候变化相关统计的用户需求
   3.2 各国统计局的参与
   3.3 数据缺口及温室气体清单挑战
   3.4 小结

4. 统计基础建设挑战
   4.1 立法
   4.2 框架和合成
   4.3 标准与分类
   4.4 统计方法与体系
   4.5 组织结构与生产资源
   4.6 质量保证与指南
   4.7 知识和能力
   4.8 合作网络
   4.9 小结

5. 建议
   5.1 与支持温室气体清单有关的建议
   5.2 气候变化相关统计建议（除温室气体清单外）
   5.3 统计基础建设建议
   5.4 下一步计划与未解决的问题

附录

191

气体排放账户编制指南

英文标题 Compilation Guide for Eurostat's Air Emissions Accounts
牵头组织 欧盟统计局
版本信息 2013 年第 2 版，2009 年第 1 版
文件链接 http://ec.europa.eu/eurostat/documents/1798247/6191529/Manual-AEA-Part-B-20130426.pdf/c242c290-0bf1-453e-b8d9-326869a50693
中文版 无

附：文件目录

1. 引言
   1.1 手册的目的
   1.2 手册的范围
   1.3 概念基础
   1.4 基本原则
   1.5 特殊原则及欧盟统计局气体排放账户公约
2. 编制指南
   2.1 系统边界的调整
   2.2 按经济活动分配气体排放数据
3. 定义与分类
   3.1 按行业划分的生产活动
   3.2 按个人家庭划分的消费活动
4. 欧盟统计局的气体排放账户
5. 清单优先方法：从国家排放清单到气体排放账户
   5.1 系统边界调整概述
   5.2 总体调整
   5.3 编制步骤
   5.4 燃烧过程
   5.5 生产过程
   5.6 化石燃料的提取与分布
   5.7 溶解和其他生产使用
   5.8 道路交通
   5.9 其他活动来源与机械
   5.10 废品
   5.11 农业
   5.12 其他来源与去处
6. 针对能源的优先方法：从能源统计/能源平衡表到能源账户再到气体排放账户
   6.1 概要
   6.2 引言
   6.3 能源统计/能源平衡表到能源账户
   6.4 计算排放量
7. 桥接表
   7.1 引言
   7.2 "桥接"的概念

附录

192

可持续发展能源指标：指南与方法

英文标题	Energy Indicators for Sustainable Development: Guidelines and Methodologies
编写组织	国际原子能机构，联合国经济和社会事务部，国际能源署，欧盟统计局，欧盟环境署
版本信息	2005年第1版
文件链接	http://www-pub.iaea.org/books/IAEABooks/7201/Energy-Indicators-for-Sustainable-Development-Guidelines-and-Methodologies
中文版	无

面对人类发展对自然界的影响力逐渐加大，资源环境问题日益突出，可持续发展成为世界各国所共同关注的目标。目前使用最广泛的可持续发展定义是：在不透支未来发展能力的前提下满足当前需求的发展。充足的能源供应是经济发展和从传统农业经济到现代工业化以及服务型社会转变的关键，其本身的可持续性对于整个可持续发展至关重要。有鉴于此，2005年，国际原子能机构、联合国经济和社会事务部、国际能源署、欧盟统计局、欧盟环境署联合编写了《可持续发展能源指标：指南与方法》（以下简称《指南》），对可持续发展能源指标（EISD）做出了一个系统性的设定，目的是向政策制定者、能源分析者和统计人员提供方法与指导。

1. 可持续性能源的内涵

目前大部分的能源供给使用仍然以化石燃料为基础，一方面受限于资源的有限性，同时其使用过程中造成的排放会给环境质量带来极大的负面影响，因此，从环境层面上来看这是不可持续的。在能源流中，从能源提取到能源服务的供应，均存在健康与环境上的影响：化石燃料的燃烧是造成城市空气污染、土壤酸化和气候变化的主要原因，核能源的使用过程中放射性废物的储存、清理以及核武器的增生均存在隐患，而一些发展中国家生物质能的非商业使用也会造成沙漠化和生物多样性的减少；即使是在使用过程中不产生有害物质的技术，仍然会在制造和循环周期中产生废弃物。进一步看，世界上1/3的污染来自于畜力和非商业燃料的不节度使用，仍有很多区域缺乏安全可靠的能源供应。以上所述方方面面都显示出，无论是能源自身还是能源支持下的经济社会发展，当前都具有一定程度的不可持续特征。

要想在全球规模上达到可持续经济发展，需要对国家和地区层面的能源、科技、经济动机和政策进行合理配置和规划，需要对政策和战略的实施影响进行追踪以确定其是否符合长远的可持续发展目的。为此，特别需要能源统计提供相应的数据支持，帮助政策制定者以及处于可持续发展过程中的各个当事者了解国家的能源和经济现状，了解所选择的政策和计划的可行性及其对发展可持续性的影响。在此意义上说，《指南》代表了在能源可持续发展统计方面所做出的积极尝试，目的是借助于可持续发展的不同维度，将能源问题与可持续发展联系起来，选择相应的统计指标，为描述能源可持续现状及其影响提供依据。

2. 主要统计指标及方法

先看可持续发展能源指标的设计。遵循联合国委员会根据可持续发展理念所制定的概念框架（CSD），表1列出了《指南》提出的可持续发展能源指标体系。该指标体系从社会、经济、环境三个维度展开，分为7个要素、19个子要素，共包括30个指标。由于不同类别之间存在内部连接，有的指标不止属于单一的维度、要素或子要素，有的指标也可能代表了评估一个特定项目所需的一组相关指标。

表1　可持续发展能源指标列表

要素	子要素	能源指标
社会		
权益	可达性	SOC1. 不适用电能或商业能源，或主要依赖于非商业能源的家庭（人口）比例
	可购性	SOC2. 花费在燃料或电能上的家庭收入比例
	差异性	SOC3. 每个收入群体及相关混合燃料的家庭能耗
健康	安全	SOC4. 燃料链中单位能源生产的事故数
经济		
要素	子要素	能源指标
使用与生产模式	总使用	ECO1. 人均能耗
	总生产率	ECO2. 单位GDP能耗
	供应效率	ECO3. 能源转换和分配效率
	生产	ECO4. 储备生产率
		ECO5. 资源生产率
	最终使用	ECO6. 工业能源强度
		ECO7. 农业能源强度
		ECO8. 服务业/商业能源强度
		ECO9. 家庭能源强度
		ECO10. 交通运输能源强度
	多样化（混合能源）	ECO11. 各类能源占总能耗的比例
		ECO12. 非碳能源占总能耗的比例
		ECO13. 可再生能源占总能耗的比例
	价格	ECO14. 分燃料和分部门的最终使用能源价格
安全	进口	ECO15. 净能源进口依赖度
	战略性能源储备	ECO16. 单位燃料消费的相应临界燃料储备
环境		
要素	子要素	能源指标
空气	气候变化	ENV1. 人均和单位GDP能源生产和使用中的温室气体（GHG）排放
	空气质量	ENV2. 城市地区空气污染物的环境浓度
		ENV3. 能源系统中的空气污染物排放
水	水质量	ENV4. 能源系统中液体废弃物排放
土地	土壤质量	ENV5. 酸性物质超标的土壤区域
	森林	ENV6. 能源使用所需的森林采伐率
	固体废弃物的产生和处理	ENV7. 单位能源生产的固体废弃物产生率
		ENV8. 固体废弃物合理处置率
		ENV9. 单位能源生产的固体放射性废弃物产生率
		ENV10. 固体放射性废弃物待处置率

资料来源：Energy Indicators for Sustainable Development: Guidelines and Methodologies, 2005.

其中，社会维度包括权益和健康两大要素，权益要素主要考察能源的覆盖面、使用者的可获得性和公平性，健康要素则关注能源使用过程中的事故。经济维度内容较为广泛，主要考察能源综合使用水平、能源生产与多样化，以及各大类行业和家庭对能源的消耗强度，并通过价格衡量其经济属性，从能源进口和储备角度衡量能源安全问题。环境维度则分别空气、水、土地三个要素考察能源可持续问题，衡量温室气体和其他污染物排放、液体能源废弃物排放、固体能源废弃物的排放强度及其影响。

表1中所列示的指标具有不同性质。有些指标能够明确区分正向和逆向趋势，大部分的社会和环境指标都属于这类指标；还有一些指标的设计并不是用于区分好和坏，而是用于能源使用方面的描述。针对每一个可持续发展指标，《指南》给出了详细解释，以此为使用者提供建立指标所需的必要信息。这些信息包括：(1) 指标基本信息，包括指标定义、测量单位、备择定义以及指标所需的辅助数据等。(2) 政策关联性，包括指标与可持续发展的关系、国际公约、政策目标以及与其他相关指标的关联性等。(3) 方法描述，包括指标内部的定义与概念、测量方法、局限性以及备择定义。(4) 数据评估，包括编制指标所需的数据、国内和国际数据的可用性以及来源、包含了相似指标或相关条目的相关出版物。(5) 参考文献。

《指南》还特别强调，指标应根据其在各国的优先权不同而进行调整，以使用最适合的统计方法。这些指标能够体现社会、经济、环境的发展趋势，因此，将其与政府部门自有的数据库结合能够对数据库本身进行升级，并向社会公众提供一个综合的统计服务。

3. 指标的选择和使用

统计指标的可靠性取决于统计数据的准确性，所以国家需要对各部门所收集的数据进行复核，统计分析人员必须结合国家背景，将一国经济与社会结构变化纳入考虑来评估一个指标是否对可持续发展有促进作用。具体使用还需考虑时间序列、缺失数据以及一国的发展背景三个要素。

从时间维度看，测度可持续发展应重视历史变化，社会所关注的是这个指标的历史趋势以及其将如何发展。所以各个指标按照时间序列记录的数据和趋势分析十分重要，截面数据的作用相对有限。

从数据可得角度看，由于发展阶段不同，测量手段有差异，或由于部门统计难以协调，统计流程有所疏漏等，缺失数据可能普遍存在。一些缺失数据可以通过已有数据使用插值法来估计，特定情况下也可采用其他国家的数据来替代。

从研究对象看，由于不同国家的国情和能源优先权不同，各国的可持续发展指标相对重要性也有所不同，所以上述指标体系的分析和解释需要结合国家背景来进行。

（执笔人：管乐）

附：文件目录

前言
1. 引言
2. 背景
  2.1　联合国关于可持续发展指标的工作
  2.2　能源指标和可持续发展
  2.3　参与机构的能源指标工作
3. 可持续发展能源指标
  3.1　衡量进展的指标
  3.2　可持续发展的维度
  3.3　调节国家可持续和发展重点
  3.4　建立关联与因果关系
  3.5　指标的数据与统计
  3.6　辅助统计/指标
  3.7　方法表
4. 能源指标的选择和使用
  4.1　信息获取
  4.2　统计注意事项：时间序列、缺失数据和结合国家背景的释义

  4.3 个别国家的优先事项和方法
5. 方法表
  5.1 社会维度
  5.2 经济维度
  5.3 环境维度
参考文献

相关网站
附录1 术语汇编
附录2 缩略语
附录3 能源使用强度指标的分解法
附录4 单位和换算因子

193

可持续发展测度手册：综合经济、环境和社会框架

英文标题	Measuring Sustainable Development: Integrated Economic, Environmental and Social Frameworks
牵头组织	经济合作与发展组织
版本信息	2004 年第 1 版
文件链接	http://www.oecd.org/site/worldforum/33703829.pdf
中文版	无

1987 年，世界环境与发展委员会（WCED）发表了报告《我们共同的未来》，报告中正式使用了可持续发展这一概念，并做出了系统的阐述。从此，可持续发展的理念深入人心，各国也争相将可持续发展的要求作为本国经济和社会发展的准则。但如何对可持续发展的成果进行测度，却一直未得到解决。2003 年经济合作与发展组织（OECD）提出了测度可持续发展的三种基本方法：三支柱法、生态法和资本法。2006~2008 年，联合国统计司与欧盟统计局和 OECD 合作，召开了数次会议，认为资本法是最直观、最具有国际可比性的测度方法，并出版了《可持续发展测度手册：综合经济、环境和社会框架》（以下简称《手册》），专门阐述如何使用资本法对可持续发展进行测度，并对不同国家和地区相关核算的探索进行介绍。以下从概念框架和定价计量两个方面对该《手册》进行介绍。

1. 资本法下可持续发展测度的概念框架

《手册》是一部纲领性文件，其为满足各国对可持续发展的测度要求，提供了一个在资本法下统一收集、记录、汇编相关数据的概念框架，供各国统计机构参考借鉴。在《手册》中，以下几个重要概念得到了详细的阐述。

（1）可持续发展。对可持续发展的定义有很多，其中最被认可的是 1987 年 WCED 的定义，即能满足当代人的需要又不对后代人满足其需要的能力构成危害的发展。在资本法下，可持续发展概念的阐述有所变化，《手册》指出，可持续发展是使得全社会的"幸福"（well-being）在长时间内——至少在几代人内——持续增长的发展模式。这种阐述的目的是希望将可持续发展的成果进行量化，以"幸福"的概念对成果进行衡量。同时，可持续发展的目标有三个：第一，在保障后代福利的前提下持续发展；第二，保障同一代人之间和不同代人之间有公平的发展机会；第三，保护生物多样性、基本生态过程和生命支持系统。

（2）幸福。关于"幸福"的定义，目前还没有达到共识。一些专家认为，"幸福"就是经济学中福利（welfare）的近义词，但更多人指出，"幸福"比福利的含义要更复杂、更宽广。首先，福利一般是指从社会经济活动中获得的经济利益，而"幸福"除了经济利益外，还包括很多非经济因素，比如社会安全保障的加强、全民教育水平的提高、空气环境的改善等，这些因素会在经济范畴之外影响

居民的幸福感。其次，除了正面影响因素，"幸福"也衡量负面因素的影响，例如环境污染、社会腐败等，这些负面因素会降低居民的幸福感。

（3）资本。相比于其他测度方法，资本法最大的特点是将可持续发展相关概念和指标融入国民核算之中，因此，可持续发展测度应该与国民账户体系有共同的理论基础。资本作为建立经济账户的基础概念，也应该在可持续发展测度账户中发挥基础性作用。而资本法下的可持续发展测度也正是建立在资本概念之上的，只是对资本的定义要比经济账户更宽广。在传统经济核算中，资本仅包括金融资本和生产资本，而可持续发展账户中的资本包括五个部分：金融资本、生产资本、自然资本、人力资本和社会资本。正是这五个资本账户构成了可持续发展测度的基本框架，以下是这五个资本的概念定义。

第一，金融资本。可持续发展测度账户中的金融资本概念与国民核算中的金融资本概念大致相同，包含任何与金融单位有对应责任关系、可以在市场上进行融通的资本，如银行存款、股票、债券、金融衍生品、应收账款、养老基金、保险准备金等。

第二，生产资本。生产资本包括用于生产过程中的可重复或连续使用一年以上的固定资产，其中，固定资产可以是有形的，如建筑物、机械、道路、港口、机场等；也可以是无形的，如计算机软件、有艺术价值的原创作品（录音、手稿等）等。另外，库存的原材料、半成品、成品以及宝石、古董、油画等贵重物品也记录在生产资本账户中。

第三，自然资本。自然资本包括自然资源、土地，以及为经济社会提供必要的物品和服务的生态系统。其中，自然资源包括可再生资源和不可再生资源两种：可再生资源指可以再生或循环使用的资源，包括森林、水产、水利资源等；不可再生资源指不能再生、不能循环使用的资源，包括煤炭、石油、天然气、金属矿产、沙石等。根据联合国的分类，生态系统在服务功能上又可以分为供给、调节和文化活动三类：供给包括生态系统为人类生活提供的各种产品；调节包括生态系统对污染物的吸收、对气候的调节等；文化活动包括生态系统中各种与人类有关的活动。

第四，人力资本。目前人力资本还没有一个公认的定义。世界银行将人力资本阐述为"人类的经济生产能力存量"，强调了其经济市场价值。OECD将人力资本阐述为"能增加个人、社会和经济福利的知识、技能和能力"，扩展了人力资本作用的范围。到目前为止，教育、在岗培训和健康状况是被广泛接受的人力资本的组成部分。人力资本的作用可分为个人收益和社会收益两个部分，个人收益是人力资本为个人带来的福利，例如工资和待遇的提高；社会收益是为社会带来的福利。目前的研究成果显示，社会人力资本的提高，会导致犯罪率的降低，志愿服务和社会捐赠的增加等。

第五，社会资本。社会资本指能提高居民福利的社会活动和社会因素。社会资本包括两部分，一部分与制度相关，包括法律、普选权、政治透明度、国际公约和协定等；另一部分与文化相关，包括语言、宗教、体育、流行时尚等。社会资本可以同时带来正面效应和负面效应，正面效应包括社会认同感和归属感的提升、抗灾能力的增强、交易成本的降低等；负面效应包括腐败、社会排斥、社会歧视等。

2. 可持续发展的定价与计量

在概念定义的基础上，进一步要在既定框架下对各个资本账户进行定价与计量，以得到具体化的数据，以便各国进行国内评价和国际比较。到《手册》出版时为止，一些资本类别的定价方法已经成熟，但另一些资本的定价还在讨论中。以下简要介绍有关这五种资本的定价和国民总财富的计算思路。

（1）国民总财富。在可持续发展角度下对国民财富进行综合计量，国民总财富是五种资本账户财富的总和。在理解这个概念时,要注意其与传统国民核算中国民财富的区别,后者只计量金融资本和生产资本下的经济财富,而此处则包括五个资本账户下的经济财富和非经济财富。计算中要采用核算价格(accounting price)对各种资本定价,核算价格是一个抽象的价格,在实践中会用各种现实价格代替。国民总财富的计算公式为:

$$TNW = p_F F^* + p_R R + p_N N + p_H H + p_S S$$

其中,TNW 代表社会总财富,F^*、R、N、H、S 分别代表对应金融资本、生产资本、自然资本、人力资本和社会资本的财富。

(2)金融资本。经济理论告诉我们,当交易市场严格有效时,观察到的市场价格是对核算价格的合理估计,尽管有效市场的条件在实践中难以实现,但相对来说,目前可得的市场价格已经是对核算价格的最优估计。因此,在金融资本核算中,用市场价格替代核算价格。另外,F^* 中的星号表示,不是所有金融资本的价值都计入国民总财富中,因为大部分金融资本在核算中会相互抵消,例如,一方的债务就是另一方的债权,所以计入国民总财富的金融资本是抵消后的净金融资本。

(3)生产资本。与金融资本相同,由于生产资本的市场价格在实践中可得,所以计量中用市场价格替代核算价格。

(4)自然资本。自然资本的定价比较复杂,其中,自然资源、土地和生态系统账户中的供给可以在市场中进行交易,所以可以用市场价格进行计量;而生态系统的调节、文化活动两类由于没有市场价格,所以难以进行定价,例如,生态系统对全球气候的调节,毫无疑问会对各国造成有利的影响,增加各国的生活福利,但这种影响是难以用价格进行衡量的。到目前为止,关于这两项资本的定价仍在讨论中。

(5)人力资本。在人力资本中,由于高等教育和在岗培训的市场化,往往可以用市场价格进行计量;基础教育由于是政府免费提供的,所以一些专家认为可以用财政拨款进行计量;而健康因素由于其对社会福利的作用难以具体化,所以目前仍难以进行定价。

(6)社会资本。对社会资本的定价是最难最复杂的,难点有两个:第一,社会资本对国民总财富的贡献途径是间接的,难以确定;第二,就算途径可以确定,也难以将社会资本创造的价值货币化。所以关于社会资本的定价问题,各国专家们仍在进行讨论,还没有达到共识。

总体而言,可持续发展测度的相关研究已经持续了十几年,这期间已经取得了很多成果,很多国家的测度框架已经初步建立,但仍旧有很多技术性问题难以解决,需要在实践中逐步完善。

(以上内容曾以"可持续发展是可测的吗"为题,刊于《中国统计》2014年第7期,作者:王鹏)

附:文件目录

前言
1. 可持续发展的核算框架:我们学到了什么
2. 开场白:OECD 的角色
3. 构建可持续发展测算框架的机构角色:加拿大经验
4. 可持续性的核算
5. 可持续国民收入和可持续发展的多种指标
6. 可持续发展核算:互补的货币方法和生物物理方法
7. 关于可持续发展方法方面的短评
8. 可持续方面:澳大利亚经验
9. 加拿大基于资本的可持续核算框架
10. 国际货物贸易中估计二氧化碳排放的框架
11. 挪威环境经济核算结果及同其他北欧混合账户相比较所产生的问题
12. 可持续发展核算:基于混合账户的方法
13. 测量经济、社会、环境三者关系的环境核算框架:新西兰经验
14. 意大利环境经济综合核算
15. 丹麦环境核算及应用范例

16. 一组持续性指标的获得：物质流核算和平衡
17. 国民核算及其卫星账户的角色：德国可持续发展的国家战略
18. 环境核算框架的开发和日本持续性测算指标
19. 瑞典可持续发展指标：概念和框架
20. 社会核算矩阵和投入占用产出表
21. 基于1995年欧洲核算体系的社会核算矩阵
22. 意大利社会核算矩阵：方法和结果
23. 使用环境核算来推动可持续发展：南非经验

194

欧洲统计学家对测度可持续发展的建议

英文标题	Conference of European Statisticians Recommendations on Measuring Sustainable Development
牵头组织	联合国欧洲经济委员会
版本信息	2014年第2版，2009年第1版
文件链接	http://www.unece.org/publications/ces_sust_development.html
中文版	无

资源环境问题日益突出并成为全球发展的主要问题之一，人们对发展的关注也逐渐从单纯的经济发展向经济、人与自然的协调和可持续发展过渡，由此对发展的目标和指标测度也从单纯以GDP增长为核心，转向包含资源消耗、气候变化等对社会发展有长期影响的因素的综合评价。在过去的20多年中，世界各国统计机构及国际组织构建了大量用以度量可持续发展的指标，但这些方法之间差异较大，所得数据无法用于国家之间的比较。因此，2009年欧洲统计学家会议成立了由联合国欧洲经济委员会、OECD和欧盟统计局共同组成的可持续发展统计工作组（WGSSD），拟构建一套统一的可持续发展度量体系，该工作组于同年发布了《度量可持续发展报告》第一版。随着时间的推移，在考虑代际可持续发展问题的基础上，加入对当代人利益的关注，形成了2014年版《欧洲统计学家对测度可持续发展的建议》（以下简称《建议》）。

《建议》首先介绍测度可持续发展问题的背景。1987年《布伦特兰报告》将可持续发展的核心特征定义为"在不损害后代人发展需求的前提下满足当代人的需求"，报告强调可持续发展是一个全球性的概念，对其度量应该能够反映可持续性的跨界影响，由此，确定了度量可持续发展的三个维度：一国范围内当代人的福祉（这里和现在）；后代人的福祉（未来）；他国人民的福祉（其他地方）。随后，《建议》介绍了上述三个概念维度下各自需要度量哪些主题。例如，对于"这里和现在"，需要测量的主题有"主观幸福感、消费和收入、营养、健康、教育"等14个主题；对于"未来"，需要测量"经济资本、自然资本、人力资本、社会资本"四大方面共14个主题；对于"其他地方"，需要测量"消费和收入、能源资源、气候"等11个主题。特别需要说明的是，在度量可持续发展的过程中，"不平等"是一个关键的问题，因此，《建议》将指标按照不同分组进行统计。

《建议》介绍了三个可持续发展指标（SDI）集合，分别为：（1）根据概念分类的指标集合，三个维度，包含60个指标；（2）根据主题分类的指标集合，20个主题，包含90个指标；（3）从90个指标中选取24个主要指标构成核心指标集合，用于及时将主要信息传递给政策制定者、公众，并用于国际比较。同时，《建议》给出实际应用中从指标集合选择指标的一些标准，并根据已有的国际数据库和政府统计体系，分析了SDI数据的可得性。最后，《建议》从测量问题、数据的交互性和可视化、对里约+20峰会可能的贡献三个方面阐述了可持续发展度量领域未来可进一步发展的方向。

（执笔人：李璐）

附：文件目录

前言

致谢

缩略语

主要信息

概述

度量可持续发展的建议

第一部分　概念背景

1. 基本概念和定义
2. 可持续发展观点
   - 2.1　主要历史回顾
   - 2.2　可持续发展度量的协调
   - 2.3　可持续发展度量的五个重要问题
3. 将资本与人类幸福联系起来
   - 3.1　"当前"与"未来"
   - 3.2　"这里"与"其他地方"

第二部分　探索可持续发展的维度和主题

4. 度量人类幸福
   - 4.1　概念与定义
   - 4.2　主题选择
5. 度量资本
   - 5.1　概念与定义
   - 5.2　经济资本
   - 5.3　自然资本
   - 5.4　人力资本
   - 5.5　社会资本
   - 5.6　货币化的局限
6. 度量跨界影响
   - 6.1　概念与定义
   - 6.2　主题选择

第三部分　可持续发展指标

7. 可持续发展指标框架
   - 7.1　度量框架
   - 7.2　概念与主题分类
   - 7.3　指标类别
8. 可持续发展指标：三个集合
   - 8.1　指标选择程序
   - 8.2　两个大型指标集合
   - 8.3　一个小型指标集合
   - 8.4　数据可得性及与政府统计的关系

第四部分　未来的工作

9. 未来工作，交流以及"里约＋20峰会"议程
   - 9.1　未来工作议题
   - 9.2　交互性与直观性
   - 9.3　"里约＋20峰会"议程

词汇列表

参考文献

附录

195

构建通用绿色增长指标方法

英文标题　Moving towards a Common Approach on Green Growth Indicators
牵头组织　全球绿色增长研究所、经济合作与发展组织、联合国环境规划署、世界银行
版本信息　2013 年第 1 版
文件链接　http://www.greengrowthknowledge.org/resource/moving-towards-common-approach-green-growth-indicators
中文版　　无

绿色经济有时被称为绿色增长，其内在要求是在维护环境前提下实现经济增长。然而，如何具体定义这样的绿色经济，如何对其进行量化测度，这些问题至今仍然处于讨论和探索过程中。绿色增长知识平台（Green Growth Knowledge Platform，GGKP）在其编写的《构建通用绿色增长指标方法》（以下简称《方法》）中提出了一套针对绿色经济的测度方法。

GGKP 是由全球绿色增长研究所（GGGI）、经济合作与发展组织（OECD）、联合国环境规划署（UNEP）以及世界银行（WB）于 2012 年 1 月在墨西哥创建的，其任务就是识别和解决绿色增长理论与实践之间的主要知识差距，帮助各国设计和实施迈向绿色经济的政策。以下拟对这套测度方法作简要介绍，侧重点是指标体系框架。

1. 绿色经济的定义、测量框架及指标选择标准

GGKP 认为，绿色增长的核心是经济的增长和发展，但同时要确保我们福祉所依赖的自然资产能够持续提供资源和环境服务。实现绿色增长，有赖于环境和经济两个维度的协调及平衡，同时还不能忽视社会维度，因为，如果没有治理良好、透明和公正的社会，任何增长策略的变革都不能成功。

把握经济增长进程离不开统计指标。如何对绿色经济进行测度？在宏观经济管理中，我们有 GDP、GNI 等常规经济指标，但这些指标既没有体现自然资源的耗减也没有反映环境提供的服务价值，在一定程度上扭曲了真实的经济发展，由此受到各方诟病并激励开发新的测度指标。GGKP 所完成工作的意义正在于此，其设计这套测度方法的目的就是为各国进一步开发绿色经济指标提供一个基本的指标框架。

绿色经济指标主要用来测度经济和环境之间的关系，即一个国家经济活动的"绿化程度"。《方法》利用宏观模型中的生产函数框架作为选择和组织指标的依据。一是投入指标，由表现自然资产基础的各项具体指标组成；二是生产指标，由各种强度指标、生产率组成；三是产出指标，具体化为各项物质和非物质福利指标。由于生产需要在一定的政府政策、经济机会和社会经济环境下进行，因此，在上述基本指标之外，这套指标还包括各项政策和经济机会指标、社会和经济环境指标。

绿色经济指标主要是为监测、分析、基准测试、相互交流提供依据，因此，选择的指标需要满足以下条件：(1) 动态和灵活性；(2) 覆盖全球最关注的指标，同时又允许各国根据自身情况对指标进行修改；(3) 允许指标进行演变。为了使数量有限的指标能够得到有效应用，被选中的指标还需要符合以下原则：政策相关性；易于分析性；可测量性；有效的交流性。

2. 绿色经济指标体系的组成

根据指标的选择标准和原则，《方法》提出以下可作为绿色经济测度的指标体系。

第一部分是自然资产基础指标。自然资产基础可以为经济活动提供环境服务和自然资源，是生产活动中的重要投入。设置这组指标的目的是了解一个国家所具有的自然资源基础状态，它关注可再生自然资源存量的可得性和质量，不可再生自然资源存量的供应和获取，生物和生态系统的多样性，土地和土壤资源。具体指标包括：(1) 水产资源，可用安全生物界限内鱼群的占比来表示；(2) 森林资源，可用指标有森林面积和蓄积量、恢复或绿化的森林面积、纳入管理的森林面积；(3) 矿物和能源资源，可用指标有可用矿物存量/矿物储量、自然资源存量数量和价值；(4) 土地和土壤资源，可用指标有土地覆盖类型、土地转换以及覆盖变化、农业用地和其他土地表层土壤损失程度、采用可持续方式管理的土地面积；(5) 水资源以及生物多样性，可用指标有可再生水资源的数量和质量、有效保护区的面积（包括海洋保护区）、可持续管理下森林农田和水产养殖生态系统的面积、部分物种的丰裕程度及其灭绝趋势等。

第二部分是强度/生产率指标。强度/生产率指标用来测量与环境相关的生产率或强度，显示是否在以较少的环境服务或自然资产来生产或消费出较多的产品。各项指标按照经济体系主要输入、输出要素为入手点设置。为提高环境生产率，需要在技术和管理各个层面的创新，因此，在这一组指标中还包括驱动生产率或效率提高的创新指标。具体指标包括：(1) 创新，可用指标有绿色经济中的R&D支出、重要专利、与环境相关的创新、R&D投资、传统和绿色经济的全要素生产率；(2) 能源，可用指标有单位一次能源供应所生产的GDP（或其倒数）、人均能源消费、能源生产率；(3) 物质，可用指标有国内物质生产率（GDP/DMC）、适当层次加总的物质生产率；(4) 碳，可用指标有单位能源相关CO_2排放生产的GDP（或其倒数）、可再生能源量（电力占比）；(5) 水，可用水生产率来表示；(6) 废物，可用指标有废物收集、废物回收再利用、废物产生的数量或垃圾填埋的面积。

第三部分是物质和非物质福利（生活环境质量）指标。物质和非物质福利指标用于测量与环境相关的生活质量，即那些与环境相关服务和设施质量及可获得性相关的指标。这组指标包括：(1) 健康，可用指标有暴露在有害空气污染水平的人口、因空气污染住院的人数；(2) 风险，可用指标涉及自然风险、产业风险以及经济相关损失风险；(3) 水，可用指标有使用淡水资源总量占比、使用经改善的供水服务的人口占比、饮用水水质、连接到污水处理设备的人口数、可持续获得安全饮用水的人口数、饮用水中有害化学物质的水平、污水处理厂去除的BOD污染负荷量等；(4) 生态系统服务，可用人类从生态系统服务中获得的福利趋势来表示。

第四部分是政策和经济机会指标。这组指标包括绿色经济重要政策、绿色经济相关的经济机会及经济转型，其中绿色经济重要政策包括促进资源节约、提高环境资产管理的政策。由于人的发展和创新是驱动经济增长的主要动力，因此，绿色经济政策应该包括应对市场和政府失灵的政策，例如激励人力资本投资、促进创新的政策。征收环境税、降低不利补贴的有关政策会促进财政整顿，从而创造与投资和就业相关的机会。具体指标包括：(1) 就业，可用指标有绿色就业技能培训费用、培训的人数；(2) 政策工具，可用指标有环保相关的税收、能源定价（最终使用价格的税收份额）、水定价及成本回收、环境相关补贴、化石燃料补贴、农业补贴、水资源和渔业补贴、化石燃料税、可再生能源激励措施；(3) 国际合作，可用指标有绿色经济中重要的国际资金流动，如官方开发援助（ODA）、碳市场融资、外国直接投资（FDI）等。

第五部分是社会经济环境指标。经济环境会以沉没成本和路径依赖等方式影响绿色经济政策的设计和实施时机，社会环境则可以捕获社会的机会和挑战，以及与特定发展或政策干预相关的权衡或协同。这部分指标包括：（1）宏观经济、贸易和法规，可用指标有经济增长及经济结构、可支配收入、贸易的相对重要性、产品市场监管；（2）收入分布，可用衡量收入分布不均衡性的指标（比如基尼系数）表示；（3）劳动力市场，可用指标有劳动生产率、就业率与失业率；（4）教育，可用教育程度来表示（代表受教育水平和教育机会）；（5）健康和卫生，可用指标有期望寿命、卫生服务可获取性、医疗保健的可获取性、获得改善卫生设施的人数；（6）开发，可用指标有交通的便利性、电力的可获取性。

在提供了可供测量绿色经济的指标后，为了便于交流，可根据这些指标构建一个综合指标，还可以选择少数重点指标，从而有利于决策者和普通大众的共同参与。

（以上内容曾以"绿色经济测度：定义与指标选择"为题，刊于《中国统计》2013年第9期，作者：吴淑丽）

附：文件目录

1. 绪论
2. 量化测度在绿色经济和绿色增长过程中的角色
   2.1 能够捕捉经济和环境之间联系的生产框架
   2.2 能够确保绿色经济指标与所制定政策相关联的标准准则
3. 聚焦一组指标
   3.1 监测绿色经济的一个指标集
   3.2 便于沟通交流的重点指标
   3.3 指标的补充：财富核算
4. 主要挑战和后续发展
   4.1 定义和测度的国际化协调进程
   4.2 优先能力的处理和私营部门的参与
   4.3 关于指标构建的实际挑战
   4.4 透明是合理使用绿色指标的关键
   4.5 政策制定时所面临的解释与沟通困难
5. 参考文献

附录
   附录1 国际组织指标列表
   附录2 GGGI关于评估国家绿色增长计划可持续性的诊断指标集
   附录3 OECD绿色增长指标附录和主题
   附录4 UNEP绿色经济指标
   附录5 WB测量绿色增长政策潜在效益的框架

十三、统计工作

196

通用统计业务流程模型

> **英文标题** Generic Statistical Business Process Model
> **牵头组织** 联合国欧洲经济委员会
> **版本信息** 2013年第5版，2009年第1版
> **文件链接** http://www1.unece.org/stat/platform/display/GSBPM/GSBPM+v5.0
> **中文版** 无

联合国欧洲经济委员会、欧洲统计局和经济合作与发展组织共同组织召开联合工作年会（METIS），研究统计元数据。经过几年努力，提出了"共同的元数据框架（CMF）"，其中的第三部分是"元数据和统计周期"，其中提到统计业务流程的阶段（也就是统计价值链或统计周期）。

2007年7月在维也纳召开了关于改进CMF第三部分内容的专题讨论会。经过讨论，在新西兰统计局应用的模型基础上，增加存档和评价阶段，从而为开发"通用统计业务流程模型"（GSBPM）奠定了基础。模型第一稿是2008年4月由联合国欧洲经济委员会秘书处在卢森堡召开的联合工作年会（METIS）上提出的。经过两轮讨论，2009年3月在里斯本召开的另一个专题讨论会上确定了该模型，4月由统计元数据的联合工作年会指导小组通过并公开发布。此后，此模型又经过数次修改，当前看到的是2013年第5版。

1. 模型的目的及其适用性

GSBPM最初的目的是为统计机构在开发统计元数据系统和业务流程时提供一个标准专业术语的基础。GSBPM是一个具有弹性的工具，来描述和定义一套生产官方统计数据的生产过程，为在统计机构内解释统计数据和元数据交换，协调统计的计算机处理基础结构，方便软件部分的共享，为流程质量评估和改进提供一个框架。

GSBPM目标是用于官方统计数据生产所涉及的所有活动，包括国家和国际两个层面。模型设计数据来源是独立的，可对建立在调查、普查、行政记录和其他非统计的或混合性资源基础之上的业务流程进行描述和质量评估，包括对原始数据的收集和加工处理，也可用于对现有的数据进行修订，或

是对时间序列进行再计算，还可适用于加工统计资料的业务处理和统计登记的开发与维护。

GSBPM 的具体设计会受到所应用数据源类型或产出的影响。一些要素会互相重叠，有时形成重复循环。因此，模型是有弹性的，不要求所有的步骤必须按严格的顺序执行，只是确定了统计业务流程步骤和它们之间内部相互关系，模型的要素可以在不同环境下按不同次序发生。从这个角度上讲，GSBPM 模型是通用的，鼓励其标准化，既不要过于严格，也不要过于抽象和理论化。有些情况下可以适当地组合模型中的一些要素，也可以增加需求，列出更详细的层次，分别确定子流程的不同内容。

2. 模型结构

GSBPM 由四层组成。

第零层：统计业务流程。

第一层：统计业务流程的八个阶段。

第二层：每个阶段内的子流程。

第三层：子流程的具体描述。

适用于特定的统计业务流程或特定的机构更加详细地划分，没有在通用模型中充分地展开。根据流程建模理论，每个子流程都有一些明确的识别属性，包括：（1）投入；（2）产出；（3）目的（增值）；（4）所有人；（5）指南（例如手册和文件）；（6）实施者（人和系统）；（7）信息反馈循环或机制。

这些属性在不同的业务流程或不同的机构间会有差异，因此，在通用业务流程模型中未详细提到。但需要强调的是，在具体应用模型时这些属性需要明确。

GSBPM 还包括几个应用于所有阶段的跨越式流程，分为两类：一类是具有统计学内容的；另一类是更通用的（可以应用于任何类型的机构）。跨越式流程包括以下内容，前两部分与模型关系最密切，因而也在模型图中列示出来。

（1）质量管理，包括质量评估和控制机制，它对整个统计业务流程的评估和信息反馈是十分重要的；

（2）元数据管理，元数据产生和应用于每一个阶段，要求元数据管理系统要确保适用的元数据与整个通用统计业务流程中的数据链接；

（3）统计架构管理，包括开发标准，涵盖了应用于多重业务流程中的制度方法、概念和分类；

（4）统计项目管理，包括对所有统计领域中产生信息要求和数据资源产生和变化的系统监测和回顾，可以产生新的统计业务流程的定义或再设计已存在的流程；

（5）知识管理，确保统计业务流程是可重复的，主要是通过对流程记录的维护来实现；

（6）数据管理，包括通用的数据安全、管理人员的职责和权限等；

（7）数据处理管理，包括管理在统计业务流程中各个部分产生的数据和元数据及信息提供；

（8）提供者管理，包括跨流程的负担管理及一些专题如联络信息的概述和管理（与维护登记记录有特别密切的联系）；

（9）用户管理，包括一般的市场活动，推动统计文化及处理非特定的用户信息反馈等。

更多的通用跨越式流程包括人力资源管理、资金管理、项目管理、法律架构管理、组织架构管理、战略规划等。

3. 业务流程各阶段

（1）确定需求。这个阶段包括六个子流程：确定对信息的需求；商议和确认需求；建立产出目标；确定概念；检查数据的可获得性；准备业务文件。鉴定哪些统计资料是需要的。在此基础上，统计机构要很好地理解用户需求，不仅知道将要提供什么，而且知道什么时间、以什么方式提供，更重要的是知道为什么提供，要提出符合质量检测与用户要求的产出目标，从用户的角度按业务流程去澄清必要的概念。检查现有的数据资源是否能够满足用户的要求，以及获得数据的条件，包括在它们应用方面有哪些限制等，最后提出申请执行新流程的业务文件。

（2）设计。这个阶段包括六个子流程：设计产出；设计变量描述；设计数据采集方法；设计框架和抽样方法；设计统计处理方法；设计生产系统和工作流程。其中包括：定义统计产出、概念、制度方法、采集工具和操作流程相关的活动；对统计产出的详细设计包括相关的开发工作和准备在发布阶段应用的系统和工具；定义需要采集的统计变量；确定最适用的数据采集方法和工具，确定和详细说明目标总体，定义抽样框以及最适用的抽样标准和方法；设计编码、编辑、纠错、估计、整合、核实和确定数据一系列规则，确定从数据采集到存档的工作流程，保证整个统计生产流程是有效地集成，没有缺口和冗余。

（3）开发。这个阶段包括六个子流程：开发数据采集工具；开发或改进处理软件；设定工作流程；检验生产系统；检验统计业务处理；确定生产系统。主要是开发数据采集工具、软件工具和生产系统，并在准备应用的"真实的"环境中进行检验，最终确定业务处理的活动。

（4）采集。这个阶段包括四个子流程：选择样本；建立采集；运行采集；确定采集。应用不同的采集模式（包括开发行政的、统计的登记记录和数据库）采集所有需要的数据，并加载到合适的数据环境中，但不包括采集数据的转换。

（5）加工处理。这个阶段包括八个子流程：整合数据；分类和编码；回顾、核实和编辑；纠错；加工新变量和统计单位；计算权重；汇总计算；确认数据文件。其中描述了对数据记录的清理和为分析所做的准备，包括证实、清理和转换采集数据，可能要重复做多次。这个子流程可用于来自统计和非统计资源的数据。

（6）分析。这个阶段包括五个子流程：准备产出草案；确认产出；详细审核和解释；应用披露信息的控制；确定产出。这个阶段要求分析人员对生产出的统计资料充分理解，将采集的数据转化为统计产出；依据通用的质量框架和预期，核实生产的产出质量；并应用不同工具和媒介等各方面的统计资料，作更进一步的统计分析，运用这些方式去审核和解释生产出的统计资料。要确保数据（和元数据）在发布时不违反保密的相关规定，确保统计资料和相关信息与目标相匹配，符合质量要求。

"加工处理"和"分析"阶段能够迭代和并行。分析能展示对数据更广的理解，也能带来额外的处理需求。为提高分析的时效性，加工处理和分析活动可以在采集阶段完成前就开始。这两个阶段的关键区别是，"加工处理"是对微观数据的转换；"分析"是对统计汇总数据的进一步处理。

（7）发布。这个阶段包括五个子流程：更新产出系统；生产发布产品；管理发布产品的发行；促销发布产品；管理用户服务。这个阶段是对统计产出发布过程的管理，包括准备数据和元数据系统的升级，设计发布产品，到向消费者发行统计产品的一系列活动，最后要做好对用户服务的管理。

（8）评估。这个阶段包括三个子流程：集合评估投入；实施评估；制定一个行动规划。相对于更通用的跨越式统计质量管理流程来讲，这个阶段是管理统计业务流程的详细的评估。逻辑上讲它是流程的最后阶段，但要依赖于前述不同阶段。

4. 跨越式流程

（1）质量管理。这个流程贯穿在整个模型中，与阶段8（评估）联系更为紧密，在这一阶段有对统计业务流程每个阶段进行评估的职责。因此，跨越式的质量管理流程有着更深和更广的范围。此外，评估一个流程的循环，也需要评估单个的阶段或子流程，不同的子流程自己产生的元数据也是流程质量管理的一个部分。这些评价既可应用于一个特定的流程，也可跨几个通用的流程。

质量管理分几种方式，包括：(1) 寻找和分析用户反馈信息；(2) 回顾操作过程和记录；(3) 检验流程元数据和其他系统节奏；(4) 统计过程的内部或外部审计。

(2) 元数据管理。元数据管理是统计业务流程有效操作必不可少的内容。元数据在每个阶段都存在，或者是新产生的或是从前一阶段推进来的。在这个模型中，元数据管理的跨越式流程的重点是统计元数据的产生和应用。关键是确认在一个阶段接着一个阶段中，这些元数据能够为所有要解释的数据，尽可能早地被抓取、储存和转换。因此，元数据管理战略和系统是这个模型操作必不可少的。

通用的元数据框架确定了元数据管理的十六个核心原则，这些都要包含在跨越式的元数据管理流程中，在准备统计元数据系统展望和全球架构以及执行统计元数据系统时，要考虑进去。

(以上内容曾以"统计业务流程的国际规范"为题，刊于《中国统计》2012年第10期，作者：王萍。此处根据最新版本做了补充和简化)

附：文件目录

1. 引言
   1.1 背景
   1.2 与第 4 版相比的主要变化
2. 模型
   2.1 了解 GSBPM
   2.2 结构
   2.3 适用性
   2.4 应用 GSBPM
3. 与其他模型和标准的关系
   3.1 通用统计信息模型（GSIM）
   3.2 通用纵向业务流程模型（GLBPM）
4. 通用统计业务流程模型的第一层和第二层
5. 阶段和子流程描述
   5.1 需求确定阶段
   5.2 设计阶段
   5.3 开发阶段
   5.4 采集阶段
   5.5 加工处理阶段
   5.6 分析阶段
   5.7 发布阶段
   5.8 评估阶段
6. **跨越式流程**
7. GSBPM 的其他应用

附录

197

官方统计使用行政记录和二手数据：
原则与实践手册

英文标题	Using Administrative and Secondary Sources for Official Statistics：A Handbook of Principles and Practices
牵头组织	联合国欧洲经济委员会
版本信息	2011年版
文件链接	http：//unstats.un.org/unsd/EconStatKB/KnowledgebaseArticle10349.aspx?Keywords=Administrative+Sources+and+Surveys
中文版	无

为了提高官方统计的数据生成效率以及减少企业和个人的应答负担，政府统计部门需要在习惯于通过传统统计调查获得一手数据之外寻找更多的数据来源，其中，政府其他部门的行政记录数据就是一种非常重要的选择。关键问题是如何利用这一原本不是专门为统计搜集数据而设计的数据源。联合国欧洲经济委员会制定了《官方统计使用行政记录和二手数据：原则与实践手册》（以下简称《手册》），目的是介绍如何使用行政记录数据为官方统计服务。

1. 行政记录的基本情况

什么是行政记录数据？加拿大统计局曾提出行政记录数据的四个显著特征：（1）相对于大多数统计调查，数据的提供者和数据搜集部门一般没有联系；（2）数据是出于非统计目的收集的；（3）其目的是实现目标总体的全覆盖；（4）收集和处理行政记录数据的方法主要取决于各行政机构。随着政府功能的私有化，行政记录来源的范围在不断扩大和延伸。从当前实际运行情况看，行政记录主要包括税收数据、社会保障数据、健康或教育记录、个人信息和财产登记系统，以及身份证、护照、驾驶证等。

作为官方统计的重要数据来源，行政记录数据可以补充或者替代统计调查，并在以下方面显示出优势：

一是节约成本。传统的统计调查是非常昂贵的数据收集方法，需要设计调查问卷、确定样本框以及投入大量人员进行调查。如果能够利用行政记录获取数据，其总体成本会大大降低。

二是避免重复调查。使用行政记录数据可以避免政府统计部门对数据提供者进行重复调查，由此可减轻企业和个人的应答负担。通过行政记录还可以频繁地生成数据，无须额外增加应答负担和成本。

三是覆盖面广。出于管理的需要，行政记录通常可以对目标总体施以全覆盖或者几乎全覆盖。将其应用于政府统计，即可消除调查误差、减少无应答，并能够针对不同组成部分提供更精确和详细的估计结果。

四是提高数据收集效率。利用行政记录可以免去因为实施统计调查所需要的计划、设计、分析和优化过程而花费的时间，由此可以提高统计结果的及时性，并可以对统计登记和调查框的管理产生积极影响。

五是提升公共服务水平。将行政记录数据用于政府统计，可以提高这些数据的利用效果，提高国家行政部门的威望，可能会改进公众对政府部门的印象。

反过来看，利用行政记录数据也会带来很多问题，主要表现在两个方面：一是可得性，即是否具备相应的法律规范，包括法律框架、政策框架、组织框架和技术框架，支持统计部门能够获取这些行政记录，实现政府内部数据共享、传输、组织和标准统一；二是如何应对数据标准的变化，即行政记录数据首先是满足行政管理需要，若其记录规则或关注政策发生变化，进而导致行政记录的覆盖面和相关定义受到影响，能否获取可比、稳定的连续数据。

2. 数据质量

行政记录的数据质量将直接影响其能否广泛地用于官方统计目的。很多国家的统计组织提出了通过传统调查方法收集数据的质量框架，却很少将其拓展到能够覆盖行政记录数据的搜集和处理。

（1）质量定义及成本约束。根据国际标准 ISO9000/2005 的定义，质量就是"一组固有特性满足要求的程度"。将行政记录数据视为一组"产品"，对其质量的要求包括用户要求和生产者要求。评价数据质量的准则清单包括相关性、准确性、合时性、准时性、可获取性、透明性、一致性和可比性。决定行政记录数据质量的重要因素是行政单位、单位的变量以及与统计目的变量之间的紧密程度。除了统计数据质量的准则清单外，还要考虑统计数据的成本约束。与调查数据相比，行政记录数据的质量或许较低，但如果具备了充分的成本优势，同样可以让统计组织做出最划算的选择。

（2）质量评估。要全面了解行政记录的质量及其对统计数据质量的影响，需要考虑三个要素：源数据的质量、数据处理质量以及统计输出结果的质量。判断源数据质量的重要准则包括合时性、相关性以及可比性；数据处理过程中影响质量的因素包括数据匹配和连接、异常值删除和处理、数据编辑质量以及数据输入质量；统计输出结果的质量取决于是否满足用户的要求。

（3）元数据。元数据在向生产者和用户提供数据质量信息时显得非常重要。元数据主要出现在数据的三个阶段：源数据是伴随足够多的元数据出现的；在数据处理过程中对哪些数据作了处理和作什么处理；统计输出结果也应辅之以足够的元数据发布，以便用户正确理解这些数据并对数据质量形成意见。

3. 数据的匹配

不同行政记录数据可以补充统计调查，并纳入统计登记系统。为达此目标，统计部门需要将这些数据与其他数据连接和匹配起来，即通过匹配实现不同来源数据集的连接。

数据的匹配包括共同标识符、匹配钥匙、匹配技术、自动匹配以及实践中的匹配应用。所谓共同标识符，就是指不同来源数据的共同特征，包括检验数位，主要用于精确匹配。在没有共同标识符的情况下，可以采用匹配钥匙变量，这种概率匹配最常用的变量是姓名、地址、出生年月、职业或者经济活动代码。用于匹配变量的选择取决于变量的区分能力，区分能力主要依赖于变量的详细程度。匹配过程中使用的技术包括人工匹配和自动匹配。人工匹配成本高、速度慢但具有智能性，自动匹配成本低、速度快但不具有智能性。其中自动匹配包括标准化、语法分析、分块和记分这几个步骤。实践中的匹配应用，最熟悉的例子莫过于互联网搜索引擎。在官方统计范围内，已开发的数据匹配应用方法包括使用现成的商业软件、开发匹配程序以及"三字铭"方法。所谓"三字铭"方法，是将需要匹配的字符串分解成连续3个字符组成的若干组，然后计算2个字符串中成功匹配组所占的比例。

4. 数据整合

数据整合包括在统计登记系统中整合行政记录数据、使用行政记录数据补充统计调查以及整合统计登记和统计调查。

（1）统计登记中的行政记录数据整合。统计登记是指根据统计概念和定义，在统计人员的管理下，为了统计目的而构建和维护的登记。统计登记扮演数据协调工具的角色，可以整合不同来源的数据，包括统计数据和行政记录数据。除此以外，统计登记还可以为获取新变量提供可能，为不同来源数据在一段时间内的连接提供基础。各国的数据来源各有不同，很难定义一个模型或国际标准来说明在统计登记系统中如何利用行政记录数据。当前利用行政记录数据创建统计登记系统的模型主要有联合多数据来源、使用中央集权的行政登记、创建数据共享中心、通过卫星登记使用行政记录数据和基于登记的统计系统。

（2）以行政记录数据补充统计调查。如何有效使用行政记录数据补充统计调查收集的数据，主要是利用混合来源方法以较低成本形成较高质量的统计数据。具体数据生成模型主要包括分离总体方法、分离数据方法、预先填写问卷、无应答使用行政记录数据和估计使用行政记录数据。

分离总体方法是将统计总体分离为两个或更多的部分，每个部分的数据来源都会有所不同，其数据来源分别对应行政记录数据、统计调查和估计等。

分离数据方法中，统计总体和数据要求是可以识别的，然后通过行政记录提供统计总体的某些变量，这种方法并不减少用于收集数据的问卷数量，而是减少每个问卷中需要收集数据的数量。

预先填写问卷是分离数据方法的一种特殊情况，其特殊之处是，这些问卷尽可能地使用行政记录数据预先填好，回答者只需核实和更正这些数据。

统计调查总会遭遇不同程度的无回答，包括单位无回答和项目无回答，如果数据在特定的日期还未提供，可以从行政记录获取数据，这种方法就是无应答使用行政记录数据方法。

估计使用行政记录数据是指在抽样调查的估计过程中可以使用来自抽样框的变量进行估计，在有些情况下，为了提高精度，估计过程中可以使用行政记录的数据作为辅助变量。

（3）统计登记和统计调查的整合。行政记录数据可用于开发和维护统计登记系统，也可以补充统计调查。如何连接统计登记系统和统计调查是需要考虑的问题，可以通过建立基于登记的统计系统实现这种连接。实际上，一个纯粹的基于登记的统计系统很少见，一个比较实际的方法是用"基于登记的统计系统"指代一个主要基于行政记录数据的系统，这些行政记录数据被组成连接的统计登记系统。基于登记的统计系统未必适用于所有国家或者统计的所有领域，这种系统开发及应用的可行性取决于与政策和基础设施相关的一些先决条件，比如，是否存在合适的行政记录、是否容易获取、是否具备共同标识符和公众是否接受。

（以上内容曾以"行政来源数据如何服务于官方统计"为题，
刊于《中国统计》2016年第1期，作者：徐礼志）

附：文件目录

序言
目录
注释

1. 什么是行政记录和二手数据源
   1.1 简介
   1.2 传统的定义
   1.3 行政记录的类型
   1.4 总结
2. 使用行政记录的优势
   2.1 简介
   2.2 成本
   2.3 应答负担
   2.4 频率
   2.5 覆盖面
   2.6 合时性
   2.7 公众印象
3. 获取行政记录的框架
   3.1 简介
   3.2 法律框架
   3.3 政策框架
   3.4 组织框架
   3.5 技术框架
   3.6 总结
4. 共同的问题和解决办法
   4.1 简介
   4.2 公众意见
   4.3 公众形象
   4.4 变化的应对
   4.5 单位
   4.6 变量的定义
   4.7 分类系统
   4.8 合时性
   4.9 来源的不一致性
   4.10 缺失数据
   4.11 变化的阻力
   4.12 总结
5. 质量和行政记录数据
   5.1 简介
   5.2 定义质量
   5.3 成本约束
   5.4 实践中的质量计量
   5.5 元数据的作用
   5.6 总结
6. 数据连接和匹配
   6.1 简介
   6.2 共同的标识符
   6.3 匹配钥匙和区分能力的定义
   6.4 一些基本的匹配术语
   6.5 匹配技术
   6.6 如何自动匹配
   6.7 实践中的匹配应用
7. 统计登记中使用的行政记录数据
   7.1 简介
   7.2 定义统计登记
   7.3 使用行政记录创建和维护统计登记的模型
8. 使用行政记录数据补充统计调查
   8.1 简介
   8.2 混合来源模型
   8.3 进一步考虑
9. 面向基于登记的统计系统
   9.1 简介
   9.2 可行性
   9.3 通用模型
   9.4 总结

十三、统计工作

198

欧洲中央银行关于统计信息收集的建议

英文标题	ECB Recommendation Amending Regulation 2533/98 Concerning the Collection of Statistical Information
牵头组织	欧洲中央银行
版本信息	2014年第3版，2009年第2版，1998年第1版
文件链接	http://eur-lex.europa.eu/legal-content/EN/TXT/?uri=CELEX%3A52014HB0013
中文版	无

欧洲中央银行为了提高官方统计质量、扩大统计数据的使用范围，更好地为欧洲中央银行体系及社会公众提供高质量统计数据，于1998年7月提出了关于统计信息收集的建议，同年11月颁布理事会条例（Council Regulation, EC）NO 2533/98，并自1999年起实施，从而为欧洲中央银行（European Central Bank, ECB）的统计信息工作提供了法律依据。随着社会的发展变化，人们对数据有了新的需求，为了完善统计信息收集工作，更好地使数据在欧洲中央银行体系（European System of Central Banks, ESCB）和其他机构部门之间流动，该条例先后于2009年和2014年对部分规定进行过两次修订和完善。以下就条例内容做简要解读。

1. 条例 NO 2533/98 的概况

NO 2533/98 条例（下文简称《条例》）对所有成员国都有约束力，是保证 ECB 顺利进行数据收集工作的核心法律框架。它在遵守欧洲中央银行体系相关法规、欧洲中央银行法规及条例、欧洲议会的建议、欧盟委员会的建议、欧盟公约等的前提下，对已有的法律规范进行汇总和完善，形成一套系统的、完整的法律规范，为 ECB 严格执行和监控统计信息收集工作提供了基本的法律依据和法律保障。

《条例》包括两大部分：第一部分对已有的相关法律规范进行梳理；第二部分对已有法规进行补充和完善。《条例》共包含 8 个条款，涉及基本定义、统计人员的义务、ECB 的监管权和强制权、实施制裁等。《条例》只赋予参与成员国相关的权利和义务，对非成员国不作要求。只有当所有的参与成员国都采取必要措施，并确保统计信息的核查和收集工作高质量完成时，该《条例》才具有现实意义。为了减轻报告代理人的负担，ESCB 应该加强与欧盟统计系统（European Statistical System, ESS）等机构的紧密合作，而实现良好合作的前提是各自均能够收集到一致的、具有可比性的统计数据，为此，ESCB 在欧洲统计体系的基础上提出以下统计原则：公正、客观、专业、独立、成本效益、统计保密性、可靠性、高质量、低负担等。

2. 基本定义

ECB 的统计工作要面向欧盟各国，但不同国家对于同一问题的理解可能存在差异，由此导致统计口径上会有所不同。因此，要形成具有一致性、可比性的统计信息，就必须对相关概念进行界定。

《条例》对统计信息收集工作中涉及的多项专业名词进行了明确的定义，其中涉及较多的概念有：(1) ECB 的统计报告需求，指报告代理人根据 ESCB 发布的要求必须提供的统计信息，是报告代理人必须履行的义务。(2) 报告代理人，是 ECB 统计报告需求的主体，指提供 ECB 统计报告需求的自然人、法人和实体机构。具体要求在《条例》第二条法规中有明确说明。(3) 参与成员国，指符合欧盟公约并采取单一货币形式的国家。(4) 常住单位和常住性，指在一个国家的经济领土范围内具有经济利益中心。其中，对于跨境交易要求涉及的经济主体均记录相应的统计信息。(5) 用于统计目的，指专门用于生产和开发统计分析与统计结果。(6) 电子货币，是通过电子化方式支付的货币，指用一定金额的现金或存款从发行者处兑换并获得代表相同金额的数据，通过使用某些电子化方法将该数据直接转移给支付对象，从而能够清偿债务。

各国中央银行应在第 5.2 条法律规范的指导下协助 ECB 共同完成 ECB 的统计报告需求。各成员国都要严格遵守相关法律规定，积极配合 ESCB 的统计工作，尤其是在货币和金融统计、结算体系统计、金融稳定性统计、国际收支平衡表和国际投资头寸表等领域。《条例》对统计人员进行了界定，参与统计信息收集工作的统计人员由报告代理人组成，而报告代理人主要由以下四种人群担当：(1) 在参与成员国金融公司就职的法人和自然人；(2) 邮局汇款机构中负责完成 ECB 统计报告需求中货币和银行统计与清算系统统计的工作人员；(3) 成员国中参与跨国投资或进行跨国交易的自然人和法人；(4) 成员国中涉及 ECB 统计报告需求中证券或电子货币信息的法人和自然人。

3. 统计信息收集

统计信息收集过程的严谨性和科学性是获得高质量统计信息的重要基础。为保证统计信息收集的顺利进行，《条例》提出如下建议。

(1) 定义统计报告需求的模式。在实施统计报告需求之前，ECB 应该按照《条例》第 2 条的规定提前确定实际报告人员。为了保证顺利完成统计报告需求，ECB 应该贯彻以下原则：第一，尽可能地利用现有的统计数据以减轻报告人员的报告负担；第二，遵守欧盟以及国际统计标准。

(2) 收集统计信息的核查权和强制权。第一，当报告代理人涉嫌违反《条例》中的规定时，ECB 以及成员国中央银行有权对其收集的统计信息的质量和准确性进行检验，也有权对统计信息进行强制征收。其中，收集的统计信息必须满足统计报告需求的最低要求，《条例》第 6 条对最低要求做出了详细说明。第二，ECB 或成员国中央银行应以书面形式通知报告代理人有关检验统计信息或强制收集统计信息的决定，决定中明确规定提交报告的时间、核查权的使用范围、实施制裁的情形以及复核权。第三，核查和强制收集统计资料应当遵循国家程序。这些过程中产生的费用由违反统计报告要求的报告代理人所承担。第四，ECB 应该对违反统计报告需求的情形进行界定，明确说明哪些行为是需要对统计信息进行强制征收的，哪些信息是需要进行核查验证的。第五，在收集统计信息的核查权和强制权上，国家当局应该在权利范围之内给予 ECB 和成员国中央银行必要的援助。第六，当报告代理人反对或阻碍核查或强制定统计信息时，报告代理人所属的成员国应进行必要的援助。

(3) 实施制裁。当报告代理人或者在国外驻留的本国居民违反法律规定时，或在统计信息收集过程中没有履行 ECB 规定的义务时，ECB 有权对其实施制裁。《条例》对具体的违规行为作了说明：一是报告代理人不按照规定时间向 ECB 或国家中央银行提交统计信息；二是所提交的统计信息有误、不完整或者格式不符合统计报告需求的标准；三是报告代理人阻碍 ECB 或成员国中央银行行使统计信息核查权和强制权。对于违规的行为，《条例》也提出相应的制裁措施，如对于第一类违规行为，每日罚款额不超过 1 万欧元，罚款总金额不超过 10 万欧元；对于第二类违规行为，罚款金额不得超过20万欧元；对于第三类违规行为，罚款金额不得超过20万欧元。除此之外，还有上文提到的报告代理人违反核查和强制收集统计资料的国家程序时，所产生的费用要由报告代理人承担。

4. 对统计信息的监管

ECB应按照统计报告需求的相关法律规范对报告代理人进行监督，以确保高质量地收集统计信息。为了保证产生统计信息过程的一致性和可比性，同时满足社会各界的需求，ECB在拟订有关统计需求的监管草案时，应该咨询委员会的意见，如在涉及货币、金融、国际收支统计时，ECB应该与货币、金融、国际收支委员会进行合作，共同制定相关的法规。

此外，成员国中央银行向ECB传送机密性统计信息时，应当严格履行ESCB的要求，服从ECB的监管。报告代理人在收集统计信息时，应被告知统计信息的用途，以识别统计信息是否需要保密。《条例》对统计信息的保密制度作了全面的说明。首先是明确了保密性的范围。ECB在履行ESCB分配的统计信息收集任务过程中，原则上均要遵守保密协议，并对几种例外情形做出了严格规定，比如统计信息已明确表明可作他用，属于与ESS互换的统计信息，一些特殊研究机构获得授权可以直接访问的保密性统计信息，国家中央银行收集的用于审慎监管统计信息等。值得注意的是，虽然《条例》严格规定了保密制度，但并非是为了阻止统计信息的传播，不会影响数据用户的使用要求，其中，向公众公开的统计信息依照所在国法律规定是不具有保密性的。同时，《条例》仅适用于ECB统计信息需求的信息收集和传递过程，不影响ECB其他信息的收集和传递。欧洲中央银行和各国中央银行应采取一切必要的监管、行政、技术和组织措施，确保保密的统计信息不受损害。欧洲中央银行应定义共同的规则和最低标准，以防止统计信息的非法披露和未经授权的使用。对于违反保密制度的情形，各成员国应该采取强制的手段对其进行严肃处理。

（执笔人：贾向丹）

附：文件目录

1. 前言
2. 具体法规
    2.1 定义
    2.2 统计机构和统计人员
    2.3 统计报告需求的规定范式
    2.4 成员国义务
    2.5 ECB的监管权
    2.6 收集统计信息的核查权和强制性
    2.7 实施制裁
    2.8 保密统计信息的使用和保护
    2.9 附则

199

欧洲中央银行统计质量保证程序

> 英文标题　Quality Assurance Procedures within the ECB Statistical Function
> 牵头组织　欧洲中央银行
> 版本信息　2008年第1版
> 文件链接　http://www.ecb.int/pub/pdf/other/ecbstatisticsqualityassuranceprocedure200804en.pdf?2023ac0d6b622c2f6e62e96e267d2d64
> 中文版　　无

数据质量是政府统计重点关注的核心问题之一，加强统计质量的管理是国际组织及各国统计机构工作的重中之重，这一点在欧盟统计体系中尤为明显。欧洲中央银行（European Central Bank，ECB）为了加强官方统计质量、提高公信力、扩大统计数据的使用范围，进而更好地为欧洲中央银行体系（European System of Central Banks，ESCB）及社会公众提供高质量统计数据，于2008年发布《欧洲中央银行统计质量保证程序》（以下简称《程序》），正式提出了自己的统计质量框架（Statistics Quality Framework，SQF）。根据各成员国的机构环境及欧洲中央银行的运行特点，《程序》定义了主要的质量原则和要素，涉及机构环境、统计过程和统计产出等方面。以下分四个部分简要介绍该《程序》。

1. 质量维度及含义

质量是一个主观概念，它涉及一个产品如何更好地满足用户的各种需求。用户的需求会随着时间的推移而呈现多样化趋势，所以对质量的具体要求也会随之进行修订和完善。比如，在最初的统计工作中，人们关注的重点主要是统计产品的准确性和可靠性，因此，这两种特点成为评价统计质量的基本标准。而随着时代的进步，人们对统计质量有了更高的要求，除准确性和可靠性之外，相关性、及时性和可访问性均成为不可忽视的标准。因此，统计质量的维度也随着这些新需求而变得更加多样和全面。根据国际标准化组织（ISO）第8402条标准（1986年），对质量有如下定义：反映产品或服务满足明确或隐含需要的能力的特性总和。推广到统计工作中，质量是指为使统计产品达到使用目的而必须依据的基准，为此，质量应在更广意义上得到解释，涵盖了统计程序、统计输出以及如何满足利益相关方的期望等各个方面。

在SQF中，所谓高质量的统计数据，应具备四方面的要求：（1）满足用户关于数据可用性和数据公开等方面的需求；（2）尊重数据代理机构的权利，如应对所提供的未公开的数据信息具有保密权；（3）减轻数据代理机构和数据编辑器的数据上报压力；（4）促进统计工作者的专业技能和职业道德。为了达到上述要求，SQF提出了13条质量原则，涉及ECB机构环境（6条）、统计程序（2条）和统计输出（7条）三个方面，体现了相关性、一致性、准确性、可靠性、及时性、可获取性等多个维度，同时还特别考虑了成本效益等问题。

2. ECB 统计质量框架

坚持高质量标准，是 ECB 获得公众信任并为决策机构提供统计依据的重要保障。自欧洲经济与货币联盟启动以来，ECB 就一直强调统计的质量，如准确性、可靠性、及时性、一致性等。ECB 制定统计质量框架目的在于使其统计数据具有普遍适用性，不仅为 ECB 所用，也适用于欧盟各国中央银行；不仅适用于机构，也适用于个人。

SQF 建立在现有的国际质量框架基础之上，是对 ECB 此前出现过的所有质量保证程序的整理结合，此项工作也受到统计领域其他机构的大力支持。SQF 完全符合欧洲央行的体制框架，理事会和执行理事会是其最后的决策机构。在实施质量保证程序时，欧洲央行严格秉承诚信、效率、透明和问责制的原则。SQF 结合了联合国统计委员会的官方统计原则以及国际统计活动原则，与"欧洲统计实务守则"和 IMF 的"质量评估框架"类似，而且，该框架更加细致地体现了 ESCB 对统计部门工作的具体要求。

3. SQF 质量原则

SQF 质量原则主要体现在机构环境、统计过程和统计输出三个方面。

（1）良好的机构环境是生产和发布完整可靠的统计数据的基本保证。鉴于此，SQF 制定了六条相关原则。第一，独立性和问责制。ECB 的独立性体现为统计活动的法定独立性，以及统计产品遵守的学科标准和专业要求具有独立性。同时，ECB 提供的数据应该是公开透明的，ECB 要为统计活动信息和统计程序的使用者——欧洲议会和社会公众负全部责任。第二，数据收集的责任。对未能完成数据收集义务的部门，ECB 有权进行制裁。第三，公正性和客观性。为了提高官方统计的公信力，ECB 对统计信息的编辑和公布都采取公开透明的方式。第四，统计的保密性。ECB 收集的统计信息均用做统计目的，并采取一切行政的、技术的、法律的措施防止保密信息的披露和非法使用。第五，与 ESCB 成员国和国际组织协调合作。应加强 ESCB 各国与国际组织的统计专家之间的交流，实现信息和技术的共享，提高统计质量。第六，资源和效率。应加强 IT 基础设施的建设，高效利用人力资源、财务资源及机器设备。

（2）统计开发、收集、处理、发布过程是所有统计系统的核心，只有每个阶段都高质量完成，才能确保整个统计系统的质量。ECB 的统计数据由各成员国央行提供，各国央行的数据通常来源于数据代理机构、国家统计机构、商业数据供应方。因此，ECB 统计数据的质量取决于数据供应方的数据输入过程，各国中央银行高质量的数据输入是提高 ECB 统计质量的先决条件。为此提出的相关原则体现在：第一，应具备正确合理的方法和适当的统计程序。在开发和编辑统计数据的过程中，ECB 采用 ESCB 和欧盟所依据的标准以及国际操作指南中的统计方法、有效的统计程序，在此基础上确保统计生产链中每个环节都高效完成。第二，注重成本效益。ECB 在采取适当的统计程序以满足用户需求的同时，且在不影响其统计质量的前提下，应尽量减轻数据代理机构的压力，在数据开发、收集、处理和发布过程中争取达到成本效益最优。

（3）优质的统计输出应具有相关性、准确性、可靠性、一致性、及时性和可获取性等良好的特性。SQF 针对这些特性提出具体的要求包括：第一，相关性。ECB 的统计信息需要满足用户明确或隐含的需求，并要按随着时间推移、经济环境变化而出现的新需求做出相应的修改。第二，准确性和可靠性。ECB 统计信息应该准确、真实地评估它们所测量的现象。第三，一致性和可比性。包括时间上的一致性、同一数据集的一致性、不同数据集之间的一致性等，此外，这些数据信息还应该可以进行国际比较。第四，及时性（包含准时性）。时效性对于统计数据的发布具有关键的作用，它可以为政策制定者提供最新的数据信息，使其迅速面对宏观经济运行中的变化，及时采取应对措施。第五，可获取性。数据和元数据的信息应该以清晰的、易于理解的方式呈现在用户面前，便于所有用户都能获取数据。

4. 质量保证程序

为了遵守 ECB 统计质量框架下的质量原则，一套 ECB 质量保证程序必不可少。它依托 IT 基础设施，覆盖了 ECB 统计部门所有利益相关者以及统计生产链的全部信息。ECB 质量保证程序是保证 SQF 得以顺利开展的依据，它是与时俱进的，具有时效性，会定期更新相关内容，删除过时的信息。

ECB 质量保证程序是针对 SQF 中的质量原则所做出的具体实施规则，以下针对上面提到的机构环境、统计过程、统计输出三方面原则，介绍与之相对应的质量保证程序。

（1）机构环境方面的质量保证程序，包括法律保证和国际协作。法律保证方面，欧盟条约中有关独立性和义务的规定对 ECB 同样有效；"欧洲央行行为准则"是对 ECB 工作人员进行职业道德约束的准绳；2006 年 11 月 13 日，ECB 发布了名为"ESCB 统计工作的治理结构"的公文，该文为 ESCB 的统计工作提供了法律框架，其中涉及收集和提供 ESCB 统计数据、审计和控制职能、保密制度和一些操作业务等信息。国际协调和合作方面，为了避免各国所提供的数据出现重复或者相互矛盾的现象，加强国家层面数据的一致性，提高数据质量，ECB 的统计董事会（DG－S）和欧盟统计局委员会达成协议，规定了国家层面开展统计工作的责任。另外，ECB 参与经济和金融委员会中的统计工作子委员会，向经济和金融委员会提供相关统计信息；参与欧盟和欧盟议会创办的统计项目委员会，传达委员会有关统计问题的实施意见；参与货币、金融和国际收支平衡委员会，发布委员会和各国统计部门共同关注的货币、金融和国际收支信息。

（2）统计过程方面的质量保证程序。ESCB 和 ECB 中的法律条文以及理事会（EC）中 2533/98 规定了 ECB 在统计数据收集过程中的责任和义务。各国央行应按照预定的时间表定期向 ECB 上传统计数据，接收到数据之后，ECB 应对其进行合规性检查，进而对满足条件的数据进行加工处理。在这一系列过程中，ECB 借助于数据接收交换系统（GESMES/TS），将标准化信息与数据模型结合起来，不仅用于本国数据的存储、检索和使用，也可用于国家之间的数据交换。该系统可以对数据进行语法和语义的自动识别，对于识别有误的信息不予上传，由此大大地提高了数据收集的效率及准确性。ECB 的统计编辑过程包含国家层面以及欧洲地区总共七项质量检查，以保证统计部门内部程序的精确性，这七项检查分别为：第一，完整性检查，即查找缺失项；第二，内部一致性检查，即对平衡项进行检查；第三，相同数据集的一致性检查，检查月度、季度、年度数据是否一致；第四，外部一致性检查，即与其他数据源的数据进行对比；第五，修订研究，即随着市场环境的变化对数据进行相应的修订；第六，合理性检查，即对异常值进行分析；第七，定期质量报告，即对上述所有的质量检查结果生成报告，定期上交给 ECB 内部用户及各国央行。

（3）统计输出方面的质量保证程序。就数据的公布而言，ECB 的目标是能够最大限度地为内部用户、ESCB 和公众提供优质服务，其依据的准则为"数据公布特殊标准"（SDDS）。质量保证程序中对数据发行时间、数据的新闻发布、ECB 的定期出版物以及数据的访问途径做出了详细的说明。如 ECB 应按照规定的时间表对数据进行公开，不同类型的数据公布时间应略有不同；欧洲地区的统计信息会刊登在 ECB 的"每月公报"中；对于未发表的统计数据，可以登录 ECB 网站的统计主页进行查找。此外，ECB 的统计数据库（SDW）为数据用户提供了完整的数据和元数据信息。

（执笔人：贾向丹）

附：文件目录

前言
1. 管理问题
   1.1　ECB 的管理
   1.2　国际合作和协调
2. 战略、工作方案、识别用户新需求以及开发新的统计数据
   2.1　中期战略
   2.2　年度工作项目
   2.3　成本价值程序
3. 保护统计保密性的程序
   3.1　法律规定
   3.2　IT 基础建设
   3.3　规则和监控
4. 数据收集的质量保证程序
   4.1　数据传输日程表
   4.2　合规性监测
   4.3　数据收集标准、方法和工具
   4.4　元数据管理
5. 数据编辑和统计分析的质量保证程序
   5.1　完整性检查
   5.2　内部一致性
   5.3　相同数据集的一致性
   5.4　外部一致性
   5.5　修订研究
   5.6　合理性检查
   5.7　定期质量报告
6. 数据可获得性和数据发布的质量保证程序
   6.1　遵守 IMF 的数据公布特殊标准
   6.2　数据公布日期
   6.3　新闻发布
   6.4　ECB 定期出版物
   6.5　ECB 的访问网站
7. 监测和报告
   7.1　统计过程
   7.2　统计输出
8. 评估和提高利益相关方的满意度
   8.1　用户
   8.2　数据供应方
   8.3　ECB 统计部门职员

200

欧洲统计系统统计质量报告手册

英文标题	ESS Handbook for Quality Reports
牵头组织	欧盟统计局
版本信息	2014年第2版，2009年第1版
文件链接	http://ec.europa.eu/eurostat/documents/3859598/6651706/KS-GQ-15-003-EN-N.pdf/18dd4bf0-8de6-4f3f-9adb-fab92db1a568
中文版	无

数据质量和调查报告一直是统计执行过程中的核心问题。2009年欧盟统计局法律框架、2011年修订的《欧盟统计实务手册》等文件都指出，稳定的数据质量是统计考虑的核心问题。统计质量报告过程已经在2009年的《欧盟统计规范》中得以强化，2009～2011年欧洲统计数据质量报告的发起者进一步完善了质量报告并重新修订了《欧盟统计实务手册》，开发了《数据质量报告手册》，并发布了数据质量报告的规范文件。在2009年的《欧洲统计系统统计质量报告手册》（以下简称《手册》）基础上，特别工作小组对《手册》进行了进一步修改，出版了2014年版《手册》。

《手册》不仅适用于国家统计系统，也适用于欧盟统计局等作为数据采集、加工和发布的联合官方统计机构，其最重要的目标是提高各统计机构和各成员国采集、加工数据和报告的一致性。《手册》分为三部分。

第一部分较为简略，以引言形式给出统计数据质量的定义和数据质量保证的框架。

第二部分为核心部分，也即详细指南，详细介绍了如何编写质量报告。《手册》指出，在编写数据质量报告时，首先应给出简要的数据描述和结论、统计过程的简要背景、隶属领域和相关的统计报告和参考文献。其次需给出相关性、用户需求和认知评估，在这一部分应包含以下内容：以用户为导向的统计结果，此次统计用到的相关概念定义，与其他文件有联系的补充定义，能够获得的已有指标，使用者的定义和使用者的需求，以及数据报告是否满足了使用者的需求。

《手册》分别就评价数据和统计过程属性若干方面的概念做出定义，其中包括数据的精度与可靠性、及时性与准时性、一致性与可比性、可访问性与透明性、发布格式、成本与代价、保密性和统计处理，并对通用数据报告应该如何从编写上体现这些要素给出了指导。《手册》的可操作性极强，在每一部分，除了给出基本定义外，还对具体细节给予了举例和指导。比如，在数据的精度和可靠性方面，《手册》给出了数据误差的具体定义，包括抽样框误差、测量误差、无回答误差、数据加工误差等的定义和具体处理方法，以及数学表达式和调查报告中的具体写法等。

第三部分附录给出了欧盟统计系统数据质量的测度指标、单一集成元数据结构处理的技术手册和相关属性评价等。

（执笔人：韩泽宇）

附：文件目录

缩略语
1. 引言
   1.1 《手册》的目标
   1.2 《手册》的结构
   1.3 欧洲统计系统数据质量守则与数据质量保证框架
   1.4 统计处理的类型
   1.5 欧洲统计系统质量报告
2. 如何准备一部详细的质量报告
   2.1 质量报告编写简介
   2.2 相关性、用户需求与认知评估
   2.3 精度和可靠性
   2.4 及时性与准确性
   2.5 一致性和可比性
   2.6 可访问性与透明性、发布格式
   2.7 成本与代价
   2.8 保密性
   2.9 统计处理
3. 附录
   欧洲统计系统数据质量标准指标
   单一集成元数据技术手册

参考文献

201 统计保密管理与微观数据使用的原则和实践指南

英文标题	Managing Statistical Confidentiality and Microdata Access: Principles and Guidelines of Good Practice
牵头组织	联合国欧洲经济委员会
版本信息	2014 年第 1 版
文件链接	http://www1.unece.org/stat/platform/display/confid/Managing+Statistical+Confidentiality+and+Microdata+Access
中文版	无

随着统计数据搜集方式的发展和研究领域的扩展，微观数据越来越受到研究者和政策制定者的重视，随之而来的微观数据的开放使用和微观个体信息保密之间的矛盾也日益突出。如何规范地开放微观数据使用，同时最大限度地保护个体信息的隐私，特别是严格限制个体身份识别信息的泄露，是统计部门面临的重要话题。发达国家在微观数据使用和保护方面走在前列，已经制定出一些符合自身特点的数据保密和使用规则。基于已有经验，联合国欧洲经济委员会于 2014 年发布了《微观数据使用与统计保密管理原则指南》（以下简称《指南》），希望以此促进各国提升微观数据管理和使用的体制安排。以下对《指南》内容作简要介绍。

1. 参与主体及相关责任

统计资料保密和微观数据访问管理过程中所涉及的参与主体包括官方统计机构和研究者。官方统计资料的收集不只是为了汇总层面的使用，也是为了研究者深入挖掘内涵信息，从而为制定政策和决策提供支持。研究者主要包括学术机构的研究人员、非政府组织和国际组织的研究人员，以及一些为政府基金资助机构工作的研究人员。

政府统计部门面临两方面的职责。一方面必须要维护应答者的隐私，以保证数据收集的持续合作。个体信息保护是取得应答者信任的最核心要素。通过法律或其他途径授权，应答者即可有充分的权利限制自身数据的使用。另一方面，政府统计部门也逐渐意识到有必要支持研究者展开微观研究，以便有效提升统计数据的附加价值，在政策制定层面发挥统计数据的作用。

支持基于微观数据的研究是官方统计系统的重要组成部分。它的益处主要表现在：微观数据可以有助于决策者提出和分析复杂问题；基于微观数据，分析师才能计算边际效应而不只是平均效应，使研究能够获得重复性验证；通过应用以及由此产生的反馈，可以促进改善数据质量，扩展来自统计收集的产出范围。此外，如果不能实现对微观数据的访问，就可能会迫使研究人员不得不自行开发相关数据，建立他们自己的统计收集系统，其结果是，不仅会增加研究团体的工作负担和成本，还会因为其数据收集系统的运作能力不及官方统计调查而影响到研究成果的质量。

问题是如何处理政府统计部门和微观数据研究者之间的关系。最有效的办法是政府统计机构要从风险规避策略转向风险管理策略。有些风险是必须要进行管理的，数据库的快速扩张，意味着不可能完全避免针对大量个人数据匹配的识别，实际上很多私营部门持有的数据库其控制使用通常没有公共部门那么严格。风险规避在本质上意味着不允许可识别的微观数据离开政府统计部门的监管范围。与之对比，管理微观数据访问风险则意味着：要达成一套微观数据访问必须遵循的原则，有一套保护机密性的健全的法律和道德基础，保证对微观数据特定使用的完全透明并避免误用，与研究团体约定责任义务，并在技术上做好准备，支持更多通过远程访问设施和数据实验室的访问。

2. 核心原则

为保证以上目标的实现，需要遵守以下原则。

（1）官方统计微观数据用于研究的前提，是微观数据的个体信息应得到保护。只要不能识别出个体信息，微观数据用于研究和基本原则就不矛盾。为此，是否提供微观数据的首要原则，是保证数据内每条个体基本信息都是无法辨识和对照的。

（2）微观数据只能用于统计目的。统计或分析用途和行政用途是有区别的。在统计或分析用途的情况下，其目的是获取某一组的统计资料；而在行政用途的情况下，其目的是获取关于某一特定人或法律实体的信息以做出给个体带来益处或者坏处的决策。如果微观数据的使用与统计或分析目的不一致，将不得提供微观数据访问。

（3）微观数据使用应与微观数据保密性法律和其他必要安排相一致。在微观数据发布之前，应该有保护数据隐私的法律安排。法律安排必须辅之以行政和技术措施，以规范对微观数据访问过程中确保个体识别信息不被披露。部分国家通过完成相关立法来解决，也有一些国家是通过行政安排实现约束，最松散的方式也需要通过授权来进行约束。

（4）研究人员访问和使用微观数据的程序以及微观数据的用户应当透明公开。一般由政府统计部门决定是否发布、如何发布以及向谁发布微观数据，但它们的决定应该是透明的。政府统计部门的网站是确保服从和提供关于如何访问基于已发布微观数据的研究报告信息的有效途径。

3. 体制安排

通过相关法律支持微观数据发布规范是非常重要的。因为法律约束可以为公众提供信心，在政府统计部门和研究人员之间建立约束，并为处理违规事件提供依据。法律或授权所涵盖的内容应包括：什么能做或者不能做；为了什么目的；微观数据发布的条件以及违反条件的后果。

在法律框架之下，政府统计部门支持研究工作的方式有很多。以下是一些主要方式。

（1）统计表和多维数据。统计表是满足研究人员需要的最经济的方式。多维度的数据也提高了数据表用于统计目的的有用性，可以支持研究人员选择不同数据维度，以满足其需要。统计表和多维数据仍然有保密性的问题。很多统计法律要求，不能通过统计表来发布那些可识别微观个体的数据，为此需要在发布之前进行保密性处理。

（2）公开使用的匿名微观数据文件。政府统计部门可以对微观数据进行匿名处理，即替换可用于识别微观个体隐私信息的变量，或在某些规则下改变某些关键变量的数值或增加扰动项，但不影响数值间的相对位置和规律。这一方法目前被广泛接受和使用。

（3）许可使用的匿名微观数据文件。特定研究人员或研究机构首先签署保护匿名微观数据的保密协议或合同约定，而后获得特定授权和使用许可。协议主要约定研究者不能试图去识别特定的微观个体，相关信息只用于统计或研究目的，微观数据不能提供给其他人，研究项目完成后微观数据要返回，未经允许不得尝试与其他数据库进行匹配。

（4）远程访问设施。远程访问设施（RAF）的主要特征是研究人员不需要下载微观数据，而是通过互联网进行远程交互，在线提交程序或命令，在政府统计机构的数据服务器上进行运算，并返回结果。

（5）数据实验室。政府统计机构在特定地点建立数据使用的工作室，在约定的条件和保密性条款下，允许相关研究者进驻展开运算和研究，并严格限制原始数据的输出。一般仅提供运算结果，并检测确认其不含有任何个体识别信息。该设施便于监管，但仍有访问不便的问题。

无论采用何种方式，都涉及微观数据发布的管理。首先要对微观数据的识别风险进行评估，即数据发布是否可能识别微观个体信息，数据变换是否影响微观数据结构等。其次是元数据的发布。元数据是研究者评估微观数据的重要步骤，主要包括质量信息的调查描述，数据项目清单和使用的分类标准，数据项目的定义等。元数据应该联合微观数据一起发布。最后是违规问题的处理。尽管应通过各个环节预先控制违反微观数据使用原则的问题出现，但一旦发现问题，就需要及时合规处理，按程序采取行动，使违规者付出高额代价，以警示使用者和维护微观数据使用的基本原则。

4. 其他相关问题

一个很重要的问题是跨国访问。跨国比较研究很重要，为此有必要向进行跨国比较和国际机构工作的研究人员提供匿名微观数据。但也存在风险，主要是来自国际机构的工作人员除了与该组织有关的适用规则以外不再受任何国家或国际法规约束。另外，许多国家并没有向国际机构或本国以外研究人员提供数据的法定权力。从微观数据获取的角度看，专家调查组织这种收集数据的方式更容易被国际研究人员接受，OECD的国际学生评价项目（PISA）研究就是很好的案例。

另一个问题是数据连接。数据集的连接通过精确匹配或统计匹配，可以增加数据的研究价值。它可以促进更大范围的深入分析，但也带来更大的识别风险。政府统计部门应当是这些连接数据集的管理者，以便控制风险和管理数据。以上提到的关于微观数据保密的四个核心原则也都适用于连接数据集。

（执笔人：徐礼志）

附：文件目录

致谢与注释
1. 引言
2. 政府统计部门为什么要为研究提供支持
　2.1　政府统计部门视角
　2.2　研究团体视角
3. 核心原则
4. 立法支持
5. 支持研究的方法
　5.1　统计表和数据立方体
　5.2　匿名微观数据文件——公开使用文件
　5.3　匿名微观数据文件——许可文件
　5.4　可能被识别的微观数据
　5.5　远程访问设施
　5.6　数据实验室
　5.7　雇用研究人员作为政府统计部门的临时职员
　5.8　商业数据
6. 管理政府统计部门和研究人员间的紧张关系
　6.1　如何解决政府统计部门和研究人员之间的紧张关系
　6.2　政府统计部门如何管理微观数据访问的风险
　6.3　其他问题
7. 与微观数据发布有关的管理问题
　7.1　保密性决策管理
　7.2　元数据管理

    7.3　对研究人员违规的管理
8. 一些特殊问题
    8.1　国际访问
    8.2　数据连接

附录1　案例研究
    1.1　微观数据发布的法律支持——澳大利亚
    1.2　微观数据发布的法律支持——芬兰
    1.3　数据立方体——荷兰
    1.4　公共使用微观数据——美国
    1.5　匿名微观数据文件的发布——澳大利亚
    1.6　许可微观数据文件的发布——荷兰
    1.7　许可微观数据文件的发布——瑞典
    1.8　远程数据访问设施——加拿大
    1.9　远程访问设施——澳大利亚
    1.10　微观数据文件的远程访问——丹麦
    1.11　研究数据中心项目——加拿大
    1.12　研究数据中心——美国
    1.13　数据实验室安排——荷兰
    1.14　数据实验室微观数据访问——新西兰
    1.15　数据实验室微观数据访问——巴西
    1.16　微观数据实验室分析——意大利
    1.17　保密性决策的管理——斯洛文尼亚
    1.18　保密性决策的管理——澳大利亚
    1.19　OECD国际学生评估项目的微观数据访问
    1.20　微观数据的国际发布政策——澳大利亚
    1.21　记录连接项目的管理——加拿大
    1.22　匿名人口普查微观数据样本访问
    1.23　匿名微观数据的访问——捷克

附录2　《指南》中的标准术语

参考文献

基于统计或研究目的的数据集成保密性准则

英文标题	Principles and Guidelines on Confidentiality Aspects of Data Integration Undertaken for Statistical or Related Research Purposes
牵头组织	联合国欧洲经济委员会
版本信息	2009 年第 1 版
文件链接	http：//www.unece.org/index.php? id＝17609
中文版	无

保密是统计过程应该遵守的基本原则。1992 年 3 月 15 日，联合国欧洲经济委员会通过了官方统计保密性这一基本原则。联合国欧洲经济委员会第八次会议正式采纳了统计基本原则的 C 决议，其中第六条明确指出：统计中的个人信息，无论是自然人还是法人，都应该对非统计目的的研究严格保密。2009 年欧洲统计学家大会正式签署了《基于统计或研究目的的数据集成保密性准则》（以下简称《准则》）。

《准则》的适用范围是官方统计机构，主要用于规范数据汇总（集成）过程。《准则》首先给出了汇总数据的定义——由不同的统计机构或者数据源加工汇总成新的数据并用于新的研究，同时总结了汇总数据的优势。由于不同地区的法律有所不同，有关汇总数据的法律规定的具体细节应以相应法律为准。与此相关还有以下基本概念的定义，如复合元数据、保密性、数据汇总、数据匹配、数据提供者、自然人或法人、官方统计数据、隐私权、研究目的、统计活动、统计目的等。

《准则》的核心内容是有关汇总数据保密性的八条基本原则和两个基本观念。其中八条基本原则是：（1）数据汇总只能由官方统计机构进行，且不能用于统计和相关研究之外的目的；（2）官方统计机构应该经过合法审批过程后才能进行数据汇总，且汇总过程应与审批目标一致；（3）任何汇总数据的公众利益应该充分考虑个人隐私和统计系统的风险；（4）汇总数据不能涉嫌任何可能妨碍或操纵数据汇总行为的调查对象的委托；（5）任何汇总数据都只能用于统计和研究目的，任何参与汇总的变量都应在通过审批的统计过程中有所体现；（6）汇总记录和变量不能超出研究或统计目的；（7）官方统计机构应该在公开透明操作下进行数据汇总；（8）有权接近和使用数据的使用者仅限于官方统计机构人员，其他使用者要使用数据，应提供法律上的审批申请，且使用目的应与统计基本目的相同。在八条基本原则背后，是以下两个基本观念：第一，数据汇总不能威胁到对原始数据的保密性和整体性，比如生成新的可能泄露隐私的指标；第二，只有确定符合公众利益时方可进行数据汇总操作。为了使操作更可行，《准则》还给出了有关商业性使用数据的具体说明。

总之，《准则》是基于元数据和数据汇总的官方基本准则，在跨区域数据汇总和使用中具有基础保障作用。

（执笔人：韩泽宇）

附：文件目录

前言
1. 导言
2. 原则和指南
   原则1
   原则2
   原则3
   原则4
   原则5
   原则6
   原则7
   原则8
3. 附录

203

数据与元数据报告及展示手册

英文标题	Data and Metadata Reporting and Presentation Handbook
牵头组织	经济合作与发展组织
版本信息	2007年第1版
文件链接	http：//www.oecd-ilibrary.org/content/book/9789264030336-en
中文版	无

为使官方统计结果具有国际可比性，为提高官方统计的公信力，各国除了在统计数据生产过程中遵循统一的原则和标准外，还要在统计数据的对外报告及展示方式上遵循统一的原则和标准。为此，OECD于2007年编制了《数据和元数据报告及展示手册》（以下简称《手册》），目的是借鉴各国统计机构和国际机构在过去二十几年间的开发成果，为统计数据和元数据的报告及展示提供一组全方位的国际指导方针和建议。以下主要从现有国际统计规范、常用经济指标、时间序列数据和元数据四个方面对《手册》的基本内容进行介绍。

1. 有关数据发布的国际统计规范

《手册》列举了很多有关数据发布的国际统计规范，但限于篇幅，这里仅对国际上几个主流的统计规范作简要介绍。

（1）国际货币基金组织开发的数据公布特殊标准（SDDS）、数据公布通用标准（GDDS）和数据质量评估框架（DQAF）。SDDS是针对已经参与或正在准备参与国际资本市场的国家所指定的一套标准，该标准对数据公布的频率、覆盖范围、及时性和透明性等诸多方面有相当严格的要求；GDDS针对尚未达到SDDS要求的成员国所指定的另外一套标准，该标准对成员国的数据公布有框架性的指导原则；DQAF融合了SDDS、GDDS中所采用的标准以及联合国官方统计基本原则，对数据质量的评估提供全面且专业化的依据。

（2）联合国欧洲经济委员会、欧盟统计局和OECD共同成立的统计元数据工作小组（METIS），专门研究统计元数据的术语、网络发布、模型等问题，且更新很及时。该小组从1995年开始，每18个月就召开一次研讨会，来自30多个国家和10多个国际组织的代表团成员针对元数据的各种问题进行经验交流。

（3）统计数据和元数据交换计划（SDMX），由七大国际组织（国际清算银行、欧洲中央银行、欧盟统计局、国际货币基金组织、OECD、联合国和世界银行）于2001年联合发起。SDMX标准对数据的收集处理、统计数据和元数据交换与共享以及统计信息的对外公布等提供了一套标准，目前在全球众多国家及国际组织的金融、统计、卫生、环境等领域得到广泛应用。

2. 常用的经济指标

(1) 指数。指数是一种反映相对变化的指标，即某种现象（如物价水平、股票价格）从基期到报告期的变化程度。关于指数，加拿大统计局建议：指数所表示的经济现象的基本概念要准确定义；指数应用范围要明确给出；指数的编制方法要详细清晰，主要体现在指数计算方法（指数公式的选择和指数序列的构造）、权重系数的选择、权重修正频率、基准年的选择、重新修订的频率、样本选取方法、样本调整要及时。

(2) 增长率。增长率的形式可谓多种多样，不仅有基于年份、季度、月份的增长率，还有不同增长类型的增长率（算术、几何、指数增长）。面对纷繁复杂的形式，在对增长率进行报告及展示时，建议如下：第一，使用一致的增长率术语，减少用户对增长率的误解程度。在经济、人口、社会统计中，常用的推荐的增长率术语有同比增长率、环比增长率、年化增长率、半年化增长率、算术增长、几何增长、指数增长、最小二乘增长等。第二，选择合适的增长率。对于不同类型的增长率，其所适用的经济社会背景不同；尽管没有绝对"准确"的增长率形式，但在某些情况下，增长率的某些形式会优于其他形式。第三，制定一套一致的关于增长率的表达方式。在对外报告展示增长率时，不仅在同一篇报告中的表达方式要一致，在相同发布机构的不同报告中表达方式也要一致。

(3) 比率、比例、百分比和速率。比率 (ratio) 是两个量的比值；比例 (proportion) 是比率的一种特殊类型，对于做比值的两个量来说，分母包括分子；百分比 (percentage) 是比例的一种特殊类型，将比例的值乘以常数 100 即得；速率 (rate) 也有比率、比例之意，但其侧重点与比率、比例、百分比的侧重点不同。比率、比例、百分比三者强调的是总体的构成比例；而速率强调的是一段时间内某事件的发生情况，通常被用来分析社会和人口统计中事件的动态变化。

关于比率、比例、百分比和速率报告展示的推荐建议如下：第一，标签。在报告展示比率或速率时，比率或速率不能单独存在，前面需要添加标签，这样才是一个完整有意义的比率，比如出生率、死亡率。这些标签应以现有的国际通用术语为准，常见的有 OECD、欧盟、联合国的统计术语数据库。第二，原始数据。在报告展示该类指标时，原始数据的相关信息须展示给用户，尤其是数据来源；数据来源信息至少包括数据来源类型（注册登记数据、入户调查、企业调查、普查等）、调查时间、提供数据来源的机构全称、数据链接网址等。第三，计算方法。通过原始数据来编制该类指标的原理方法应提供给用户。第四，关于比率。比率有两种表达形式，一种是被表示成为小数的形式，也就是常见的比例、百分比形式，比如成人识字率；另一种是通过将总体化为 100、1000 或 10000 的测量单位，从而把比率表示成个数的形式，比如新生儿死亡率通常被表示为每 1000 个新生儿中新生儿死亡个数。若比率形式为后者，则在报告展示比率时需包括总体的测量单位，比如上述例子中的"每 1000 个新生儿"。

3. 时间序列

时间序列可分解为三种基本成分：趋势循环（这里将长期趋势和循环波动合二为一）、季节波动、不规则波动。时间序列数据对外展示的形式大体可分为两类：一类是经过调整后的时间序列形式；另一类是将时间序列解析变换为某个指标的形式，比如增长率。当对外公布时间序列数据时，将哪种形式呈现给用户，取决于发布数据的媒体机构，也就是取决于这些媒体机构希望通过数据展示给用户提供什么样的信息。

对时间序列的对外报告及展示方式建议如下：(1) 使用一致的时间序列术语。常用的时间序列术语有时间序列、长期趋势成分、趋势循环成分、循环成分、季节成分、日历效应、移动假日效应、不规则变动、季节调整、工作日调整、移动平均等。(2)关于季节调整后的时间序列数据。若时间序列中的季节成分确定存在时,时间序列应当进行季节调整。在月度或季度经济时间序列中,或多或少都会含有季节波动因素,且季节调整后的数据更受公众关注;国际货币基金组织建议原始时间序列数据和季节调整后的时间序列数据要同时公布。当用户有额外需求时,也要公布时间序列的长期趋势值和循环波动值。(3)须将季节调整信息提供给用户。与原始数据相比,季节调整后的数据在总量及增长速度等方面发生了变化,故需要对季节调整后的数据作解释工作。针对普通用户,统计机构应发布针对季节调整的简要说明;对于分析用户,统计机构需要提供季节调整的原理、模型、方法,还需要提供数据转换、季节调整的分解形式、离群值设定等相关信息。

4. 元数据

元数据是描述数据的数据。从统计角度来看,元数据用来描述概念、定义,以及描述数据在收集、编码 汇总和发布等过程中的方法。它实际上是对实际统计数据的各种属性进行详细描述,比如数据收集方法、数据计算原理、发布者联系方式等。基于这种用于描述属性的元数据,统计数据才能够在不同国家、不同机构之间进行交换、共享、比较。

如今,各个国家机构及国际组织已充分意识到元数据的重要性,尤其在对外发布统计数据时,一般都会有元数据"陪伴"。现有的元数据标准有:ISO/IEC 11179-元数据注册系统、用于社会科学数据交换的元数据标准(DDI)、公共仓库元模型标准(CWM)、万维网联盟标准(W3C)、都柏林核心元数据(DC)等。

元数据报告及展示的推荐建议:(1)获取途径要便捷。元数据的提供要符合用户查找信息资源方式的习惯,使用户能够方便、快捷、免费获取元数据;关于元数据的链接网址要稳定,且元数据的历史版本要保存。(2)内容展示要清晰。元数据本身具有一定的逻辑结构,故元数据的展示要层次化,比如表示成树状结构或金字塔形式,这样,用户可以按照他们自己的需求来挖掘更深、更广的关于概念方法的信息,不至于被卷入大量的统计信息中去。(3)信息维护要及时。元数据自身的信息要根据统计概念、原理、方法的变化而实时更新,用户可根据元数据的更新信息来判断统计数据的适用性及变化。(4)术语使用要一致。使用一套通用的元数据术语列表;或者至少,对于一些重要的、常用的元数据项,术语要使用一致。元数据通用词汇(MCV)是 SDMX 计划发起组织所开发的一套通用词汇,主要是解释关于统计概念、原理方法的元数据项目。(5)发布元数据的同时,要提供联系人的名字、邮箱等联系方式,以方便用户咨询统计原理、方法、概念等问题。(6)元数据可用多国语言来发布,以促进各国统计数据的共享交流。

(以上内容曾以"统计数据报告和展示的模板"为题,刊于《中国统计》2015 年第 6 期,作者:张一青)

附:文件目录

前言
1. 导言和概述
    1.1 制定数据和元数据报告及展示标准的必要性
    1.2 本手册所涉及的报告标准范围
2. 统计报告及展示标准
    2.1 现行的统计标准一览
    2.2 国内和国际出版的手册指南
    2.3 数据和元数据交换标准
3. 使用通用术语的重要性
    3.1 导言
    3.2 术语系统
    3.3 术语管理
    3.4 数据报道及展示术语

- 3.5 确保术语和定义使用一致的推荐规范
- **4. 不同类型数据报告指南**
  - 4.1 导言
  - 4.2 原始数据
  - 4.3 指数
  - 4.4 增长率
  - 4.5 比率、比例、百分比和速率
- **5. 不同形式的时间序列数据报告指南**
  - 5.1 导言
  - 5.2 术语
  - 5.3 工作日调整数据
  - 5.4 季节调整数据
  - 5.5 趋势周期数据
  - 5.6 关于报告及展示不同形式时间序列数据的推荐规范
- **6. 元数据报告及发布指南**
  - 6.1 导言
  - 6.2 现有元数据标准简介
  - 6.3 关于元数据报告及发布的推荐规范
  - 6.4 微观数据的数据文件倡议
- **7. 关键报告规范指南**
  - 7.1 数据修正
  - 7.2 序列突变的展示
  - 7.3 抽样和非抽样误差
  - 7.4 修订指数
  - 7.5 引用
  - 7.6 管理性数据
- **8. 参考文献**

附录

数据和元数据报告及展示术语表

204

统计数据与元数据交换内容导向指南

英文标题	SDMX Content-oriented Guidelines
牵头组织	国际清算银行；欧洲中央银行；欧盟统计局；国际货币基金组织、经济合作与发展组织；联合国统计司；世界银行
版本信息	2016 年版，2006 年第 1 版
文件链接	https://sdmx.org/wp-content/uploads/SDMX_COG_2016_Introduction.pdf
中文版	无

统计数据与元数据交换（Statistical Data and Metadata eXchange，SDMX）是当今世界主要国际组织和地区性组织为适应网络技术发展和数据整合需求而设计的一个跨领域、跨机构的统计定义、内容、结构和数据的交换体系。该体系的架构和思路自 2001 年提出以来，已经过多年的论证、应用和改进，形成了一个基于技术标准和统计标准并行的统计信息交换系统，恰好契合当前"大数据"概念下政府统计的信息共享和标准统一理念。

SDMX 是一个复杂的技术和统计信息整合系统，在发展中形成了技术标准和统计标准两个并行的规范体系。《SDMX 内容导向指南》（以下简称《指南》）是其众多标准文件中关于统计标准的概要介绍，概括性介绍和解释了与统计标准有关的内容，而这些内容模块又都有其单独的标准文件供查阅。因此，这个基于网络的官方统计整合标准形成了一个复杂工作平台，完整的内容和体系构建可以从其官方网站（https://sdmx.org）进行了解，这里仅以该《指南》的内容为主线，对其核心统计标准做简要介绍。

SDMX 统计标准的目标，是建立跨领域的数据与元数据标准框架和代码，并将具体的统计内容按学科领域进行划分，实现领域内部和跨领域的数据连接和汇总。所谓内容导向，包括四部分内容，一是跨领域概念，即和多个或全部统计领域有关的概念、标准和定义，以及如何连接不同领域统计数据和元数据的系统概览；二是跨领域的代码列表，即编制和列举与多领域相关的标准统计代码，这是一个不断更新和成长的标准；三是各个独立的统计领域的统计标准建设，SDMX 将统计领域分为人口与社会统计、经济统计、环境与多领域统计等三大模块，其下又具体分为人口与移民、劳动力、教育、宏观经济统计、经济账户、价格、环境、全球化等数十个子模块，形成各模块间清晰的内涵和边界，基本涵盖政府统计的所有内容；四是各领域与跨领域相关数据与元数据的统一标准词汇，包括名词、概念、范畴、内容、分类、格式与技术标准等。

此外，《指南》还对 SDMX 的治理机制、维护方式和前瞻发展进行了讨论，并希望将其作为一个主要国际组织和国家层面政府统计数据与元数据交换的标准进行推广，以推动国际官方统计数据的可比性和融合性，提升政府统计对经济社会发展的决策支持能力。由于 SDMX 涉及面广，内容更新快，《指南》最后特别提醒参照其官方网站的重要性。

总之，SDMX 希望建立一套统一的统计指标、定义和技术标准，以实现网络和信息技术环境下跨国的数据集成和比较。该系统既强调信息社会下的网络技术应用和技术标准提升，又强调统计标准建设，以期望建立复杂世界的数据标准系统，提升统计在理解世界中的作用和地位。

（执笔人：甄峰）

附：文件目录

1. 概述
   1.1 背景
   1.2 跨领域和特定领域指南
   1.3 内容导向指南的范围
   1.4 内容导向指南的维护
   1.5 其他（相关）统计指南的范围
2. 跨领域概念
   2.1 简介
   2.2 数据与元数据交换的跨领域概念
   2.3 跨领域概念的描述
   2.4 应用跨领域概念进行结构定义
   2.5 跨领域概念及代码列表
3. 统计子领域
   3.1 简介
   3.2 国际统计活动分类
   3.3 SDMX 统计子领域应用
4. SDMX 词汇表
   4.1 简介
   4.2 词汇表结构
5. 治理、维护与扩展
   5.1 SDMX 跨领域发展
   5.2 特定领域发展
   5.3 进一步扩展
6. 联系地址

205

使数据有意义

英文标题	Making Data Meaningful
牵头组织	联合国欧洲经济委员会
版本信息	2006/2009/2011/2012 第 1 版
文件链接	http：//www.unece.org/stats/documents/writing/
中文版	http：//www.unece.org/stats/documents/writing/

数据中蕴藏着丰富的价值，统计的功能就在于能够将数据中的价值揭示给用户大众。然而，并非人人都熟悉统计的语言。面对统计机构用专业术语提供的调查报告和数据结果，一般用户常常会手足无措、敬而远之，结果可能会使数据变得无意义，甚至还会歪曲数据的意义得出错误的结论。为此，如何普及统计知识，使数据变得通俗易懂，更好地服务大众，就成为统计机构的一项重要任务。为此，联合国欧洲经济委员会自2006年以来相继编纂了《使数据有意义》系列手册，目的就是指导统计组织中的管理者、统计员和媒体公关人员广泛使用文本、图表、视图等工具与大众进行有效沟通。

该系列共有四部手册，按照发布时间顺序排列：第一部是《"统计故事"写作指南》（A Guide to Writing Stories about Numbers，2006），讨论如何利用高效的写作技巧"使数据有意义"；第二部是《统计数据可视化指南》（A Guide to Presenting Statistics，2009），演示如何高效使用图表、地图及其他可视化工具来描述数据；第三部是《统计机构与媒体沟通指南》（A Guide to Communicating with the Media，2011），旨在为统计机构寻求与媒体高效沟通的最佳方式提供指导；第四部是《统计素养提升指南》（A Guide to Improving Statistical Literacy，2012），对如何提升不同用户群的统计素养提供了策略。《手册》中包含各种具体方法指导和案例，下面简要介绍各手册的主要内容。

1.《"统计故事"写作指南》

什么是统计故事？与传统专业的统计分析报告相比，《手册》建议统计机构应采用"统计故事"的形式向大众传播信息。统计故事并非数据的逐字描述，而是讲述一个数据的故事，告诉读者报告中的事情、时间、地点、人物，有时也包括事情的起因与经过。通过讲述统计故事，读者能够在相对轻松的阅读中认识到最新统计数据的重要性及相关性，同时，相比数据本身，统计故事更能让读者印象深刻。

如何写好统计故事？首先应去思考故事，即思考数据与大众生活的联系，并结合自己想传达的观点和主旨构思"故事"。《手册》建议选取大众关注度高的话题，如物价、健康、时政等。

其次是故事的结构，《手册》建议应模仿新闻工作者，按照"倒金字塔"结构来写故事，即：在故事的开头先给出你的观点与结论，然后依次给出要点。采用这种结构，不仅可以省略繁杂的推理，使文章阅读起来比较轻松，还可以让读者在一开始就了解统计机构的新发现和新成果，也便于新闻媒体采用。

最后是写作方式，行文应清晰简短，通俗易懂，尽可能多用生活语言，遇到统计术语或缩写语，应当在首次使用时给予解释说明。

以下是《手册》举出来的一些好的写作技巧。

（1）标题应引人注目，使读者产生阅读兴趣，尽量不要包含数字。

（2）使用图表时，要突出重点数据，尽量用一个图表反映一个主题。

（3）避免过多的额外信息，将视图的逻辑清晰展示出来。

（4）将大数字减小到易于理解的水平，比如，与其说："在去年 2468 亿美元的零售支出中，消费者在汽车及零件上消费了 864 亿美元，在食品饮料上消费了 593 亿美元。"不如改写为："去年，在每 100 美元的零售支出中，消费者在汽车及零件上平均消费 31 美元，与此相比，在食品饮料上则消费了 23 美元。"

2.《统计数据可视化指南》

一堆杂乱的统计数据常常使读者感到枯燥，很难对大众产生"意义"。如果能够借助可视化工具将统计数字生动形象地展示出来，读者便容易理解数据的含义。鉴于此，应该将数据可视化作为完整统计业务流程中必不可少的一环。传统的可视化工具有统计表、统计图和地图；而伴随着互联网和计算机软件的发展，新型的可视化工具如动画视频、走势图（sparkline）、标签云（tag clouds）等可以使数据对读者产生更大的吸引力。

（1）统计表。统计表可以把杂乱的数据有条理地组织在一张简明的表格内。恰当地使用统计表，可以大大减少文章中的数字个数及无关紧要的变量。

（2）统计图。统计图可以把数据形象地展示出来，便于比较和解释不同数据之间的趋势和联系。然而，统计图并非总是展示数据的最佳工具。尤其当数据非常分散、数值过多或过少、几乎没有变化时更要慎重。

（3）地图。地图是将空间数据可视化的最高效的工具。常用的统计地图有以下三类：一是等值线图，不同的地区根据所代表变量值的大小被涂上相同程度的阴影，比较适合于比率型数据（如比例、比率或者密度）；二是分布点地图，用点的位置和稠密来反映样本的分布和密度；三是比例符号图，适合于绝对值数据，用符号（通常选圆或方形）的位置和尺寸反映样本的分布和数目。

（4）动画和视频。动画、视频是两种重要的新兴数据可视化技术，可以将声音、文字描述以及图像展示融为一体，使得"统计故事"更加生动易懂，更好地传递数字背后的意义。

（5）走势图。走势图是很小的、字符尺寸的"迷你"折线图，用于反映数据随时间变化的趋势。它的优势在于数据密度高，读者一眼就可以获得大量的信息，并可以与文字解释放在一起，读者更易理解数据含义。

（6）标签云。标签云是关键词的视觉化描述，用于汇总用户生成的标签或一个网站的文字内容。由于标签的重要程度可通过改变字体大小或颜色来表现，所以标签云可以灵活地依照字序或热门程度来检索一个标签。大多数标签本身就是超级链接，方便读者直接进入与标签相联的一系列条目。

3.《统计机构与媒体沟通指南》

传播是统计数据得以利用的前提。对多数公众而言，新闻媒体是其接触统计信息的主要途径甚至是唯一途径，因此，与媒体的高效沟通对统计机构实现其传播目标至关重要。《手册》建议统计机构应以媒体为导向，采取以下措施实现与媒体的高效沟通。

（1）设立专业的媒体沟通部门。该部门由媒体沟通专家构成，负责统计机构与媒体的传播沟通任务。绝大多数提供给媒体的统计成果应由统计机构中的技术专家和沟通专家合作完成，前者可以保证统计成果内容的严谨翔实，后者能使统计成果通俗易懂，符合媒体报道的格式，方便媒体的理解与引用。

（2）改善网站，为媒体提供最好的服务。统计机构在网上发布统计成果时，需从受众理解能力出发，语言尽可能平易、通俗、流畅。以下技巧是需要注意的：第一，发布的内容应通俗易懂，尽量不使用专业术语；第二，对于晦涩难懂的概念，应在尾页的词汇表或脚注中明确解释；第三，使用小标题以便于读者理解内容；第四，引入图形符号和加粗点帮助读者找到主要内容；第五，写作时采用倒金字塔结构。此外，统计机构应及时对网站上已发布的数据进行更新与修正，并且定期进行使用量测评，获取媒体的反馈，不断改进服务。提前在网站上提供信息发布日程表对媒体也是必要的，这也有助于提升机构的公信力。日程表一般提前一年给出，包括所有即将发布的统计成果。统计机构必须严格遵守日程时间，如有例外，应及时公告解释。

（3）积极回复媒体的咨询。统计机构可在网站上设立一个专门的"新闻发布室"，提供媒体需要的服务与信息，同时给出客服人员的联系方式，以应对媒体常见的咨询，如"何时发布新数据"、"包含新数据的统计成果"、"元数据在哪里"等。

媒体工作者往往偏爱直接咨询负责相关数据的专家。因此，《手册》建议发布的统计成果中最好能附有相关专家的联系方式（E-mail、电话等），媒体工作者可以直接与这些技术专家联系，以解决在使用统计成果中遇到的疑惑。统计机构也可以设立客服中心，集中处理媒体工作者的问题。遇到不确定的难题时，客服人员应及时请教相关技术专家，并给予媒体人员准确的回复。

4.《统计素养提升指南》

在信息社会里，统计越来越成为人们认识社会、相互沟通和决策等不可缺少的工具。即使是最普通的公民，也需要具备一定的统计素养。因此，许多国家和地区的政府统计机构都把提升公民的统计素养作为自己的重要使命。《统计素质提升指南》就是为如何达到这一目标而制定的。

（1）提升公民统计意识。人们只有认识到统计数据的重要性，才会激发提高自身统计素养的热情。统计机构应利用互联网、微博、博客等多种媒介，大力宣传统计知识，使人们认识到统计数据应用的广泛性。

（2）发展战略合作伙伴。统计机构可与新闻媒体、教育机构、社会团体等相关组织建立战略合作关系，通过合作伙伴扩大统计成果的影响范围。例如，统计工作人员可走进课堂，引入真实案例向在校师生传播统计学的应用信息，激发学生对统计知识的兴趣；还应支持、鼓励学生参加统计竞赛和国际统计教育项目，使学生在这些项目中接触到真实的统计过程。

（3）增加统计信息的获取途径。互联网的高速发展和新媒体的涌现，为统计信息传播提供了更多的渠道。统计机构应利用新旧媒体拓宽统计信息的获取途径，使大众能更加便捷快速地获取准确的统计信息。

（4）加强对影响力人物的统计素养培训。在统计传播中，很多有影响力的人物，如经常采写统计数据的记者、从事统计教学的老师以及常围绕经济形势和社会政策发表意见的学者，他们对统计的理解和误解在相当大的意义上决定了社会对统计的理解或误解。统计机构可采取网络课程、即时培训等多种方式，对此类团体加强统计素养培训。

（以上内容曾以"如何使数据有意义"为题，刊于《中国统计》2013年第5期，作者：关武阳）

附：文件目录

1. 统计故事写作指南（第一部分）
   - 1.1 什么是统计故事
   - 1.2 为什么要讲统计故事
   - 1.3 应考虑的因素
   - 1.4 如何写一个统计故事
   - 1.5 关于数据：让数字含义明确
   - 1.6 影响评估
   - 1.7 写作前后：写作技巧的应用
   - 1.8 统计故事范例
   - 1.9 延伸阅读
2. 统计数据可视化指南（第二部分）
   - 2.1 信息传播
   - 2.2 统计可视化
   - 2.3 表
   - 2.4 图
   - 2.5 地图
   - 2.6 可视化工具
   - 2.7 可访问性问题
   - 2.8 参考文献及延伸阅读
3. 统计机构与媒体沟通指南（第三部分）
   - 3.1 原则、目标和管理事宜
   - 3.2 组织方面
   - 3.3 与媒体沟通的工具
   - 3.4 与媒体的网络沟通
   - 3.5 向媒体发布信息
   - 3.6 监测媒体活动
   - 3.7 媒体培训
   - 3.8 媒体危机处理
4. 统计素养提升指南（第四部分）
   - 4.1 统计素养：认识世界
   - 4.2 当前活动一览
   - 4.3 制定针对不同用户的策略
   - 4.4 培训影响力人物的统计素养
   - 4.5 提升决策者的统计素养
   - 4.6 培训社区团体的统计素养
   - 4.7 提升企业及群众的统计素养
   - 4.8 提升统计机构的统计素养
   - 4.9 使统计数字浅显易懂：提高统计组织的统计发布水平
   - 4.10 评估统计素养提升活动的影响

206

统计数据编辑

英文标题	Statistical Data Editing
牵头组织	联合国欧洲经济委员会
版本信息	2006 年第 3 卷，1997 年第 2 卷，1994 年第 1 卷
文件链接	http://www.unece.org/stats/editing.html
中文版	无

附：文件目录

第一卷 方法和技术
导言
1. 统计数据编辑方法和技术一览
2. 宏编辑程序
3. 数据编辑程序的实施

第二卷 方法和技术
导言
1. 应对数据编辑失败的措施
2. 设计编辑集
3. 图形编辑
4. 数据编辑程序的评估
5. 新技术对数据编辑的影响
6. 自动编码
参考文献

第三卷 数据质量影响
导言
1. 评价框架
2. 质量测度
    2.1 指标
    2.2 编辑及处理对数据质量的影响及评估案例
    2.3 精度影响
    2.4 利益相关者元数据
3. 提高质量
    3.1 持续改进
    3.2 数据收集对数据质量的影响
    3.3 使用备用数据来源
4. 展望

附录 1　机构缩略语中英文对照

机构名称	简称	中文名称
Asia-Pacific Economic Cooperation	APEC	亚太经合组织
Bank for International Settlements	BIS	国际清算银行
European Central Bank	ECB	欧洲中央银行
European Commission	EC	欧盟委员会
European Environment Agency	EEA	欧洲环境署
Food and Agriculture Organization of the United Nations	FAO	联合国粮食和农业组织
Global Green Growth Institute	GGGI	全球绿色增长研究所
International Atomic Energy Agency	IAEA	国际原子能机构
International Energy Agency	IEA	国际能源署
International Energy Forum Secretariat	IEFS	国际能源论坛秘书处
International Labour Organization	ILO	国际劳工组织
International Monetary Fund	IMF	国际货币基金组织
International Organization for Standardization	ISO	国际标准化组织
International Telecommunication Union	ITU	国际电信联盟
Latin American Energy Organization	LAEO	拉丁美洲能源组织
Organization for Economic Cooperation and Development	OECD	经济合作与发展组织
World Health Organization	WHO	世界卫生组织
Organization of Petroleum Exporting Countries	OPEC	石油输出国组织
Statistics Office of the European Union	EUROSTAT	欧盟统计局
The World Bank	WB	世界银行
United Nations	UN	联合国
United Nations Conference on Trade and Development	UNCTAD	联合国贸易和发展会议
United Nations Department of Economic and Social Affairs	UNDESA	联合国经济和社会事务部
United Nations Development Group	UNDG	联合国发展集团
United Nations Economic and Social Commission for Asia and the Pacific	UNESCAP	联合国亚洲及太平洋经济社会委员会

机构名称	简称	中文名称
United Nations Economic Commission for Europe	UNECE	联合国欧洲经济委员会
United Nations Educational, Scientific and Cultural Organization	UNESCO	联合国教科文组织
United Nations Environment Programme	UNEP	联合国环境规划署
United Nations Human Settlements Programme	UN-Habitat	联合国人居署
United Nations Industrial Development Organization	UNIDO	联合国工业发展组织
United Nations Office on Drugs and Crime	UNODC	联合国毒品和犯罪问题办公室
United Nations Population Division	UNPD	联合国人口司
United Nations Statistics Division	UNSD	联合国统计司
World Customs Organization	WCO	世界海关组织
World Meteorological Organization	WMO	世界气象组织
World Tourism Organization	UNWTO	世界旅游组织
World Trade Organization	WTO	世界贸易组织

附录2 收录国际规范清单：按名称排序

A

A Cross-country Comparison of Household Income, Consumption and Wealth between Micro Sources and National Accounts Aggregates
　　住户收入、消费和财富的微观数据与国民账户汇总数据的跨国比较
A Guide to Educational Expenditure Statistics
　　教育支出统计指南
A Handbook on the WTO Customs Valuation Agreement
　　WTO海关估价协定手册
A System of Health Accounts
　　卫生账户体系

B

Balance of Payments and International Investment Position Manual
　　国际收支和国际投资头寸手册
Benchmark Definition of Foreign Direct Investment
　　外国直接投资基准定义
Business Tendency Surveys: A Handbook
　　企业景气调查手册

C

C160—Labor Statistics Convention & R170—Labor Statistics Recommendation
　　《劳工统计公约》与《劳工统计建议书》
Central Product Classification
　　产品总分类
Classification by Broad Economic Categories
　　按经济大类分类
Classification of Individual Consumption According to Purpose
　　个人消费目的分类
Classification of Statistical Activities
　　统计活动分类
Classification of the Functions of Government
　　政府职能分类
Classification of the Outlays of Producers According to Purpose
　　生产者支出目的分类

Classification of the Purposes of Non Profit Institutions Serving Households
 为住户服务的非营利机构目的分类
Community Methodology on Tourism Statistics
 旅游统计的社区方法
Compilation Guide for Eurostat's Air Emissions Accounts
 气体排放账户编制指南
Compilation Guide on Financial Soundness Indicators
 金融稳健指标编制指南
Compilation Guide on Land Estimation
 土地估价指南
Compilation Manual for an Index of Services Production
 服务业生产指数编制手册
Compilers Guide on European Statistics on International Trade in Goods
 欧盟国际货物贸易统计编纂者指南
Compiling Social Indicators on the Situation of Women
 妇女社会状况指标汇编
Concepts and Methods in Energy Statistics, with Special Reference to Energy Accounts and Balances: A Technical Report
 能源统计概念与方法
Concepts and Methods of Environment Statistics: Human Settlements Statistics, A Technical Report
 环境统计的概念和方法：人类住区统计技术报告
Conference of European Statisticians Recommendations for the 2010 Censuses of Population and Housing
 2010年人口与住房普查建议
Conference of European Statisticians Recommendations on Climate Change-Related Statistics
 气候变化相关统计建议
Conference of European Statisticians Recommendations on Measuring Sustainable Development
 欧洲统计学家对测度可持续发展的建议
Consumer Price Index Manual: Theory and Practice
 消费者价格指数手册：理论和实践
Core ICT Indicators
 信息和通信技术（ICT）核心指标
Core Set of Economic Statistics for Asia and the Pacific
 亚洲及太平洋地区经济统计核心集

D

Data and Metadata Reporting and Presentation Handbook
 数据与元数据报告及展示手册
Demographic Statistics: a Review of Definitions and Methods of Collection in 44 European Countries
 人口统计：44个欧洲国家的定义及方法回顾
Designing Household Survey Samples: Practical Guidelines
 住户调查抽样设计：实用准则

Developing Gender Statistics: A Practical Tool
   开发性别统计数据：实施工具

E

ECB Recommendation Amending Regulation 2533 / 98 Concerning the Collection of Statistical Information
   欧洲中央银行关于统计信息收集的建议
Education Indicators Technical Guidelines
   教育指标技术指南
Energy Efficiency Indicators: Essentials for Policy Making
   能源效率指标：政策制定必备指南
Energy Efficiency Indicators: Fundamentals on Statistics
   能源效率指标：统计基础
Energy Indicators for Sustainable Development: Guidelines and Methodologies
   可持续发展能源指标：指南与方法
Energy Statistics Manual
   能源统计手册
Energy Statistics: A Manual for Developing Countries
   发展中国家能源统计手册
Energy Statistics: Definitions, Units of Measure and Conversion Factors
   能源统计：定义、度量单位与转换因子
Environment Taxes: A Statistical Guide
   环境税统计指南
Environmental Expenditure Statistics: Industry Data Collection Handbook
   环境支出统计：产业数据收集手册
Environmental Subsidies and Similar Transfers: Guidelines
   环境补贴与类似转移指南
ESS Handbook for Quality Reports
   欧洲统计系统统计质量报告手册
European Regional and Urban Statistics: Reference Guide
   欧洲区域与城市统计：参考指南
European System for the Collection of Economic Information on the Environment
   欧洲环境经济信息收集系统
Eurostat-OECD Manual on Business Demography Statistics
   企业统计手册
Export and Import Price Index Manual
   进出口价格指数手册
Extended Balance of Payments Services Classification
   扩展的国际收支服务分类
External Debt Statistics: Guide for Compilers and Users
   外债统计：编制者和使用者指南

F

Food and Agricultural Statistics in the Context of a National Information System
   国民信息系统中的粮食与农业统计

Framework for the Development of Environment Statistics
　　环境统计发展框架
Frascati Manual：Proposed Standard Practice for Surveys on Research and Experimental
　　弗拉斯卡蒂手册：研究与试验发展调查实施标准
Fundamental Principles of Official Statistics
　　官方统计基本原则

G

GDDS Guide for Participants and Users
　　数据公布通用标准指导手册
General Guidelines for Developing the Tourism Satellite Account (TSA)：Measuring Total Tourism Demand
　　旅游卫星账户开发通用指南：旅游需求测度
General Guidelines for Developing the Tourism Satellite Account (TSA)：Measuring Total Tourism Supply
　　旅游卫星账户开发通用指南：旅游供给测度
Generic Statistical Business Process Model
　　通用统计业务流程模型
Global City Indicators：Definitions and Methodologies
　　全球城市指标：定义与方法
Glossary of Environment Statistics
　　环境统计术语汇编
Government Finance Statistics Manual
　　政府财政统计手册
Guidance on Credit Risk and Accounting for Expected Credit Losses
　　信贷风险与预期信贷损失核算指南
Guide to Measuring Global Production
　　全球生产测度指南
Guide to Measuring Information and Communication Technologies (ICT) in Education
　　教育的信息和通信技术（ICT）测度指南
Guide to Producing Statistics on Time Use：Measuring Paid and Unpaid Work
　　时间利用统计数据生产指南：测量有酬和无酬劳动
Guide to the International Banking Statistics
　　国际银行业统计指南
Guide to the International Financial Statistics
　　国际金融统计指南
Guidelines and Principles for the Development of Disability Statistics
　　残疾统计发展的指南与原则
Guidelines for Exchanging Data to Improve Emigration Statistics
　　移民统计数据交换指南
Guidelines for Micro Statistics on Household Wealth
　　家庭财富微观统计指南
Guidelines for Producing Statistics on Violence against Women
　　暴力侵害妇女行为统计数据编制指南

Guidelines on Integrated Economic Statistics
综合经济统计准则

Guidelines on Statistics of Tangible Assets
有形资产统计指南

H

Handbook for Internationally Comparative Education Statistics
国际比较教育统计手册

Handbook for the Collection of Administrative Data on Telecommunication/ICT
电信/ICT 行政管理数据收集手册

Handbook of Household Surveys
住户调查手册

Handbook of National Accounting：Accounting for Production，Sources and Methods
国民核算手册：生产核算数据的来源与方法

Handbook of National Accounting：Financial Production，Flows and Stocks in the System of National Accounts
国民核算手册：国民账户中的金融生产、金融流量与存量

Handbook of National Accounting：Handbook of Input-Output Table Compilation and Analysis
国民核算手册：投入产出表的编制与分析

Handbook of National Accounting：Handbook on Non-Profit Institution in the System of National Accounts
国民核算手册：非营利机构手册

Handbook of National Accounting：Links between Business Accounting and National Accounting
国民核算手册：企业会计与国民账户的联系

Handbook of National Accounting：National Accounts，A Practical Introduction
国民核算手册：国民账户实用简介

Handbook of National Accounting：Use of Macro Accounts in Policy Analysis
国民核算手册：宏观账户的政策分析应用

Handbook of National Accounting：Use of the System of National Accounts in Economies in Transition
国民核算手册：国民账户体系在转型经济体中的使用

Handbook of Statistical Organization：The Operation and Organization of a Statistical Agency
统计组织手册：统计机构的运作和组织

Handbook on Census Management for Population and Housing Censuses
人口与住房普查管理手册

Handbook on Civil Registration and Vital Statistics System：Developing Information，Education and Communication
民事登记和人口动态统计制度手册：信息开发、教育和传播

Handbook on Civil Registration and Vital Statistics System：Policies and Protocols for the Release and Archiving of Individual Records
民事登记和人口动态统计制度手册：个人记录发布和存档的政策与协议

Handbook on Civil Registration and Vital Statistics Systems：Computerization
民事登记和人口动态统计系统手册：信息化

Handbook on Civil Registration and Vital Statistics Systems：Management，Operation and Maintenance
民事登记和人口动态统计系统手册：管理、操作和日常业务

Handbook on Civil Registration and Vital Statistics Systems: Preparation of a Legal Framework
    民事登记和人口动态统计制度手册：法律框架准备
Handbook on Constructing Composite Indicators: Methodology and User Guide
    综合指标构建手册：方法与使用者指南
Handbook on Deriving Capital Measures of Intellectual Property Products
    知识产权产品的资本测算推导手册
Handbook on Population and Housing Census Editing
    人口与住房普查编辑手册
Handbook on Residential Property Price Indices
    住宅房地产价格指数手册
Handbook on Securities Statistics
    证券统计手册
Handbook on Social Indicators
    社会指标手册
Handbook on the Collection of Fertility and Mortality Data
    生育率和死亡率数据收集手册
Harmonized Commodity Description and Coding System
    商品名称及编码协调制度
Household Accounting Experience in Concepts and Compilation: Vol. 1 Household Sector Accounts, Vol. 2 Household Satellite Extension
    住户账户概念与编制经验：住户部门账户与卫星账户拓展
Household Income and Expenditure Statistics
    住户收支统计
Household Sample Surveys in Developing and Transition Countries
    发展中国家与转型国家住户抽样调查手册

I

IEA Guide to Reporting Energy R&D Budget/Expenditure Statistics
    能源研究、开发与示范预算/支出统计报告指南
Illustrated Glossary of Transport Statistics
    运输统计词汇
ILO Social Security Inquiry Manual
    国际劳工组织社会保障调查手册
Improving Social Statistics in Developing Countries: Conceptual Framework and Methods
    改善发展中国家社会统计：概念框架与方法
Indicators for Monitoring the Millennium Development Goal: Definitions, Rationale, Concepts and Sources
    千年发展目标监测指标：定义、原由、概念和来源
Indirect Techniques for Demographic Estimation
    人口间接估计技术
Industrial Statistics Guidelines and Methodology
    工业统计指南与方法
International Classification for Standards
    国际标准分类

International Merchandise Trade Statistics: Compliers Manual
    国际商品贸易统计编纂者手册
International Merchandise Trade Statistics: Concepts and Definitions
    国际商品贸易统计：概念和定义
International Recommendations for Construction Statistics
    建筑业统计国际建议
International Recommendations for Distributive Trade Statistics
    经销业统计国际建议
International Recommendations for Energy Statistics
    国际能源统计建议
International Recommendations for Industrial Statistics
    工业统计国际建议
International Recommendations for Tourism Statistics
    国际旅游统计建议
International Recommendations for Water Statistics
    国际水统计建议
International Reserves and Foreign Currency Liquidity: Guidelines for A Data Template
    国际储备和外币流动性数据模版准则
International Standard Classification of Education
    国际教育标准分类
International Standard Classification of Occupations
    国际职业标准分类
International Standard Classification of Status in Employment
    国际就业状态标准分类
International Standard Industrial Classification of All Economic Activities
    所有经济活动的国际标准行业分类
International Transactions in Remittances: Guide for Compilers and Users
    国际汇款业务：编制者和使用者指南
IPCC Guidelines for National Greenhouse Gas Inventories
    IPCC 国家温室气体清单指南

J

JODI Gas Manual
    联合数据倡议组织：天然气手册
JODI Oil Manual
    联合数据倡议组织：石油手册

L

Labor Market Policy Statistics: Methodology 2013
    劳动力市场政策统计方法

M

Making Data Meaningful
    使数据有意义

Managing Statistical Confidentiality and Microdata Access: Principles and Guidelines of Good Practice
　　统计保密管理与微观数据使用的原则和实践指南
Manual for Measuring ICT Access and Use by Households and Individuals
　　家庭和个人 ICT 接入和使用测度手册
Manual for Statistics on Energy Consumption in Households
　　家庭能源消费统计手册
Manual for Statistics on Scientific and Technological Activities
　　科技活动统计手册
Manual for the Development of a System of Criminal Justice Statistics
　　刑事司法统计系统发展手册
Manual for the Production of Statistics on the Information Economy
　　信息经济产品统计手册
Manual on Measuring Research and Development in ESA 2010
　　基于 ESA2010 的研究与开发测算手册
Manual on Regional Accounts Methods
　　地区账户方法手册
Manual on Source and Methods for the Compilation of ESA95 Financial Accounts
　　ESA95 金融账户编制资源与方法手册
Manual on Statistics of International Trade in Services 2010
　　国际服务贸易统计手册
Manual on The Measurement of Human Resources Developed to S&T (Canberra Manual)
　　科技人力资源手册——堪培拉手册
Manual on the Measurement of Volunteer Work
　　志愿者工作测量手册
Manual on Victimization Surveys
　　受害者调查手册
Mapping Careers and Mobility of Doctorate Holders: Draft Guidelines, Model Questionnaire and Indicators
　　博士学位持有者职业调查手册
Measuring Capital: OECD Manual
　　资本测算手册
Measuring Employment in the Tourism Industries—Guide with Best Practices
　　旅游业就业测量：指南与最佳实践
Measuring Globalization: OECD Economic Globalization Indicators
　　衡量全球化：OECD 经济全球化指标体系
Measuring Informality: A Statistical Manual on the Informal Sector and Informal Employment
　　度量非正规现象：非正规部门和非正规就业统计指南
Measuring Quality of Employment
　　就业质量测量手册
Measuring Sustainable Development: Integrated Economic, Environmental and Social Frameworks
　　可持续发展测度手册：综合经济、环境和社会框架
Measuring the Economic Contribution of Cultural Industries
　　文化产业经济贡献度量手册

Measuring the Economically Active in Population Censuses: A Handbook
 人口普查中在业人口计量手册
Measuring the Non-Observed Economy: A Handbook
 未观测经济测算手册
Methodological Guide for Developing Producer Price Indices for Services
 服务业生产者价格指数编制方法指南
Methodological Manual for Statistics on the Information Society
 信息社会统计方法手册
Methodological Manual for Tourism Statistics
 旅游统计方法手册
Methodological Manual on Purchasing Power Parities
 购买力平价方法手册
Methods of Measuring Women's Participation in the Informal Sector
 妇女参与非正规部门的测算方法
Monetary and Financial Statistics Manual
 货币与金融统计手册
Moving towards a Common Approach on Green Growth Indicators
 构建共同绿色增长指标方法

O

Occupational Injuries Statistics from Household Surveys and Establishment Surveys: An ILO Manual on Methods
 基于住户和机构调查的职业伤害统计：ILO方法指南
OECD Framework for Statistics on the Distribution of Household Income, Consumption and Wealth
 OECD住户收入、消费和财富分配统计框架
OECD Guide to Measuring the Information Society
 OECD信息社会测度指南
OECD Manual on Measuring Productivity
 OECD生产率测量手册
OECD Patent Statistics Manual
 OECD专利统计手册
Oslo Manual: Guidelines for Collecting and Interpreting Innovation Data
 奥斯陆手册：创新数据的采集和解释指南

P

Practical Guide to Producing CPI
 CPI编制实用指南
Principles and Guidelines on Confidentiality Aspects of Data Integration Undertaken for Statistical or Related Research Purposes
 基于统计或研究目的的数据集成保密性准则
Principles and Recommendations for a Vital Statistics System
 人口动态统计系统的原则和建议

Principles and Recommendations for Population and Housing Censuses
　　人口与住房普查的原则和建议
Principles for Effective Risk Data Aggregation and Risk Reporting
　　有效风险数据整合与风险报告指南
Proposed Standard Method of Compiling and Interpreting Technology Balance of Payments Data (TBP Manual)
　　技术国际收支数据编译标准
Provisional Guidelines on Standard International Age Classifications
　　国际标准年龄分类暂行指南

Q

Quality Assurance Procedures within the ECB Statistical Function
　　欧洲中央银行统计质量保证程序
Quarterly National Accounts Manual
　　季度国民核算手册

R

Recommendations Manual on the Production of Foreign Affiliates Statistics
　　外国子公司统计手册
Recommendations on Statistics of International Migration
　　国际移徙统计建议
Reference Manual on Air Transport statistics
　　航空运输统计参考手册
Reference Manual on Inland Waterways Transport Statistics
　　内河航道运输统计参考手册
Reference Manual on Marine Transport Statistics
　　海运统计参考手册
Reference Manual on Rail Transport statistics
　　铁路运输统计参考手册
Resolutions adopted by International Conferences of Labor statisticians
　　国际劳工组织统计学家会议决议
Road Freight Transport Methodology
　　公路货运统计方法手册

S

Sample Methods for Agricultural Surveys
　　农业调查的抽样方法
SDDS Guide for Subscribers and Users
　　数据公布特殊标准指导手册
SDMX Content-oriented Guidelines
　　统计数据与元数据交换内容导向指南
Standard Country and Area Codes for Statistical Use
　　用于统计目的的国家或地区标准编码

Standard International Trade Classification
　　国际贸易标准分类
Statistical Data Editing
　　统计数据编辑
Strategies for Price and Quantity Measurement in External Trade：A Technical Report
　　对外贸易价格与数量测算策略：技术报告
System of Environmental-Economic Accounting 2012：Central Framework
　　环境经济核算体系中心框架
System of Environmental-Economic Accounting 2012：Experimental Ecosystem Accounting
　　环境经济核算体系2012：试验性生态系统核算
System of Environmental-Economic Accounting for Agriculture，Forestry and Fisheries（Draft for Global Consultation）
　　农林渔业环境经济核算体系
System of Environmental-Economic Accounting for Energy
　　能源环境经济核算体系
System of Environmental-Economic Accounting for Water
　　水环境经济核算体系
System of National Accounts
　　国民账户体系

T

The European System of Integrated Social Protection Statistics
　　欧盟社会保障体系统计手册
The Eurosystem Household Finance and Consumption Survey：Methodological Report for the First Wave
　　欧元区住户金融和消费调查：第一轮调查技术报告
The Impact of Globalization on National Accounts
　　全球化对国民账户的影响
The Producer Price Index Manual：Theory and Practice
　　生产者价格指数手册：理论和实践
The UNESCO Framework for Cultural Statistics
　　联合国教科文组织文化统计框架
Tourism Satellite Account：Recommended Methodological Framework
　　旅游卫星账户：方法性框架建议

U

Urban Indicators Guidelines
　　城市指标指南
User Guide on European Statistics on International Trade in Goods
　　欧盟国际货物贸易统计用户指南
Using Administrative and Secondary Sources for Official Statistics：A Handbook of Principles and Practices
　　官方统计使用行政记录和二手数据：原则与实践手册

附录3 收录国际规范清单：按机构排序[①]

Bank for International Settlements
  国际清算银行（4部）
Guidance on Credit Risk and Accounting for Expected Credit Losses
  信贷风险与预期信贷损失核算指南
Guide to the International Banking Statistics
  国际银行业统计指南
Guide to the International Financial Statistics
  国际金融统计指南
Principles for Effective Risk Data Aggregation and Risk Reporting
  有效风险数据整合与风险报告指南

European Central Bank
  欧洲中央银行（3部）
ECB Recommendation Amending Regulation 2533 / 98 Concerning the Collection of Statistical Information
  欧洲中央银行关于统计信息收集的建议
Quality Assurance Procedures within the ECB Statistical Function
  欧洲中央银行统计质量保证程序
The Eurosystem Household Finance and Consumption Survey：Methodological Report for the First Wave
  欧元区住户金融和消费调查：第一轮调查技术报告

Food and Agriculture Organization of the United Nations
  联合国粮食和农业组织（2部）
Food and Agricultural Statistics in the Context of a National Information System
  国民信息系统中的粮食与农业统计
Sample Methods for Agricultural Surveys
  农业调查的抽样方法

International Energy Agency
  国际能源署（3部）
Energy Efficiency Indicators：Essentials for Policy Making
  能源效率指标：政策制定必备指南
Energy Efficiency Indicators：Fundamentals on Statistics
  能源效率指标：统计基础

---

  ① 注：第一，本清单按照发布机构的英文全称排序，机构内文献按照文献名称排序。第二，多机构联合发布中28部文献的发布机构详情请见相应文献介绍。

IEA Guide to Reporting Energy R&D Budget/Expenditure Statistics
  能源研究、开发与示范预算/支出统计报告指南

International Labour Organization
国际劳工组织（9部）

C160—Labor Statistics Convention & R170—Labor Statistics Recommendation
  《劳工统计公约》与《劳工统计建议书》
Household Income and Expenditure Statistics
  住户收支统计
ILO Social Security Inquiry Manual
  国际劳工组织社会保障调查手册
International Standard Classification of Occupations
  国际职业标准分类
International Standard Classification of Status in Employment
  国际就业状态标准分类
Manual on the Measurement of Volunteer Work
  志愿者工作测量手册
Measuring Informality: A Statistical Manual on the Informal Sector and Informal Employment
  度量非正规现象：非正规部门和非正规就业统计指南
Occupational Injuries Statistics from Household Surveys and Establishment Surveys: An ILO Manual on Methods
  基于住户和机构调查的职业伤害统计：ILO方法指南
Resolutions Adopted by International Conferences of Labor statisticians
  国际劳工组织统计学家会议决议

International Monetary Fund
国际货币基金组织（10部）

Balance of Payments and International Investment Position Manual
  国际收支和国际投资头寸手册
Compilation Guide on Financial Soundness Indicators
  金融稳健指标编制指南
External Debt Statistics: Guide for Compilers and Users
  外债统计：编制者和使用者指南
GDDS Guide for Participants and Users
  数据公布通用标准指导手册
Government Finance Statistics Manual
  政府财政统计手册
Handbook on Securities Statistics
  证券统计手册
International Reserves and Foreign Currency Liquidity: Guidelines for A Data Template
  国际储备和外币流动性数据模版准则

Monetary and Financial Statistics Manual
    货币与金融统计手册
Quarterly National Accounts Manual
    季度国民核算手册
SDDS Guide for Subscribers and Users
    数据公布特殊标准指导手册

International Organization for Standardization
    国际标准化组织（1 部）
International Classification for Standards
    国际标准分类
International Telecommunication Union
    国际电信联盟（3 部）
Core ICT Indicators
    信息和通信技术（ICT）核心指标
Handbook for the Collection of Administrative Data on Telecommunication/ICT
    电信/ICT 行政管理数据收集手册
Manual for Measuring ICT Access and Use by Households and Individuals
    家庭和个人 ICT 接入和使用测度手册

Organization for Economic Cooperation and Development
    经济合作与发展组织（24 部）
A Cross-country Comparison of Household Income, Consumption and Wealth between Micro Sources and National Accounts Aggregates
    住户收入、消费和财富的微观数据与国民账户汇总数据的跨国比较
Benchmark Definition of Foreign Direct Investment
    外国直接投资基准定义
Business Tendency Surveys: A Handbook
    企业景气调查手册
Classification of the Functions of Government
    政府职能分类
Compilation Manual for an Index of Services Production
    服务业生产指数编制手册
Data and Metadata Reporting and Presentation Handbook
    数据与元数据报告及展示手册
Frascati Manual: Proposed Standard Practice for Surveys on Research and Experimental
    弗拉斯卡蒂手册：研究与试验发展调查实施标准
Guidelines for Micro Statistics on Household Wealth
    家庭财富微观统计指南
Handbook for Internationally Comparative Education Statistics
    国际比较教育统计手册

Handbook on Constructing Composite Indicators: Methodology and User Guide
    综合指标构建手册：方法与使用者指南
Handbook on Deriving Capital Measures of Intellectual Property Products
    知识产权产品的资本测算推导手册
Manual on The Measurement of Human Resources Developed to S&T (Canberra Manual)
    科技人力资源手册——堪培拉手册
Mapping Careers and Mobility of Doctorate Holders: Draft Guidelines, Model Questionnaire and Indicators
    博士学位持有者职业调查手册
Measuring Capital: OECD Manual
    资本测算手册
Measuring Globalization: OECD Economic Globalization Indicators
    衡量全球化：OECD经济全球化指标体系
Measuring Sustainable Development: Integrated Economic, Environmental and Social Frameworks
    可持续发展测度手册：综合经济、环境和社会框架
Measuring the Non-Observed Economy: A Handbook
    未观测经济测算手册
Methodological Guide for Developing Producer Price Indices for Services
    服务业生产者价格指数编制方法指南
OECD Framework for Statistics on the Distribution of Household Income, Consumption and Wealth
    OECD住户收入、消费和财富分配统计框架
OECD Guide to Measuring the Information Society
    OECD信息社会测度指南
OECD Manual on Measuring Productivity
    OECD生产率测量手册
OECD Patent Statistics Manual
    OECD专利统计手册
Oslo Manual: Guidelines for Collecting and Interpreting Innovation Data
    奥斯陆手册：创新数据的采集和解释指南
Proposed Standard Method of Compiling and Interpreting Technology Balance of Payments Data (TBP Manual)
    技术国际收支数据编译标准

Statistics Office of the European Union
  欧盟统计局（26部）
A Guide to Educational Expenditure Statistics
    教育支出统计指南
Community Methodology on Tourism Statistics
    旅游统计的社区方法
Compilation Guide for Eurostat's Air Emissions Accounts
    气体排放账户编制指南
Compilers Guide on European Statistics on International Trade in Goods
    欧盟国际货物贸易统计编纂者指南

Environment Taxes: A Statistical Guide
　　环境税统计指南
Environmental Expenditure Statistics: Industry Data Collection Handbook
　　环境支出统计：产业数据收集手册
Environmental Subsidies and Similar Transfers: Guidelines
　　环境补贴与类似转移指南
ESS Handbook for Quality Reports
　　欧洲统计系统统计质量报告手册
European Regional and Urban Statistics: Reference Guide
　　欧洲区域与城市统计：参考指南
European System for the Collection of Economic Information on the Environment
　　欧洲环境经济信息收集系统
Illustrated Glossary of Transport Statistics
　　运输统计词汇
Labor Market Policy Statistics: Methodology 2013
　　劳动力市场政策统计方法
Manual for Statistics on Energy Consumption in Households
　　家庭能源消费统计手册
Manual on Measuring Research and Development in ESA 2010
　　基于ESA2010的研究与开发测算手册
Manual on Regional Accounts Methods
　　地区账户方法手册
Manual on Source and Methods for the Compilation of ESA95 Financial Accounts
　　ESA95金融账户编制资源与方法手册
Methodological Manual for Statistics on the Information Society
　　信息社会统计方法手册
Methodological Manual for Tourism Statistics
　　旅游统计方法手册
Recommendations Manual on the Production of Foreign Affiliates Statistics
　　外国子公司统计手册
Reference Manual on Air Transport Statistics
　　航空运输统计参考手册
Reference Manual on Inland Waterways Transport Statistics
　　内河航道运输统计参考手册
Reference Manual on Marine Transport Statistics
　　海运统计参考手册
Reference Manual on Rail Transport Statistics
　　铁路运输统计参考手册
Road Freight Transport Methodology
　　公路货运统计方法手册
The European System of Integrated Social Protection Statistics
　　欧盟社会保障体系统计手册

User Guide on European Statistics on International Trade in Goods
  欧盟国际货物贸易统计用户指南

The World Bank
  世界银行（1部）
Global City Indicators: Definitions and Methodologies
  全球城市指标：定义与方法

United Nations
  联合国（1部）
Fundamental Principles of Official Statistics
  官方统计基本原则

United Nations Conference on Trade and Development
  联合国贸易和发展会议（1部）
Manual for the Production of Statistics on the Information Economy
  信息经济产品统计手册

United Nations Department of Economic and Social Affairs
  联合国经济和社会事务部（5部）
Concepts and Methods of Environment Statistics: Human Settlements Statistics, A Technical Report
  环境统计的概念和方法：人类住区统计技术报告
Guidelines for Producing Statistics on Violence against Women
  暴力侵害妇女行为统计数据编制指南
Household Accounting Experience in Concepts and Compilation: Vol. 1 Household Sector Accounts, Vol. 2 Household Satellite Extension
  住户账户概念与编制经验：住户部门账户与卫星账户拓展
Household Sample Surveys in Developing and Transition Countries
  发展中国家与转型国家住户抽样调查手册
Strategies for Price and Quantity Measurement in External Trade: A Technical Report
  对外贸易价格与数量测算策略：技术报告

United Nations Development Group
  联合国发展集团（1部）
Indicators for Monitoring the Millennium Development Goal: Definitions, Rationale, Concepts and Sources
  千年发展目标监测指标：定义、原由、概念和来源

United Nations Economic Commission for Europe
  联合国欧洲经济委员会（13部）
Classification of Statistical Activities
  统计活动分类

Conference of European Statisticians Recommendations for the 2010 Censuses of Population and Housing
　　2010年人口与住房普查建议
Conference of European Statisticians Recommendations on Climate Change-Related Statistics
　　气候变化相关统计建议
Conference of European Statisticians Recommendations on Measuring Sustainable Development
　　欧洲统计学家对测度可持续发展的建议
Generic Statistical Business Process Model
　　通用统计业务流程模型
Guide to Measuring Global Production
　　全球生产测度指南
Guidelines for Exchanging Data to Improve Emigration Statistics
　　移民统计数据交换指南
Making Data Meaningful
　　使数据有意义
Managing Statistical Confidentiality and Microdata Access: Principles and Guidelines of Good Practice
　　统计保密管理与微观数据使用的原则和实践指南
Measuring Quality of Employment
　　就业质量测量手册
Principles and Guidelines on Confidentiality Aspects of Data Integration Undertaken for Statistical or Related Research Purposes
　　基于统计或研究目的的数据集成保密性准则
Statistical Data Editing
　　统计数据编辑
Using Administrative and Secondary Sources for Official Statistics: A Handbook of Principles and Practices
　　官方统计使用行政记录和二手数据：原则与实践手册

United Nations Economic and Social Commission for Asia and the Pacific
　　联合国亚洲及太平洋经济社会委员会（1部）
Core Set of Economic Statistics for Asia and the Pacific
　　亚洲及太平洋地区经济统计核心集

United Nations Educational, Scientific and Cultural Organization
　　联合国教科文组织（6部）
Education Indicators Technical Guidelines
　　教育指标技术指南
Guide to Measuring Information and Communication Technologies (ICT) in Education
　　教育的信息和通信技术（ICT）测度指南
International Standard Classification of Education
　　国际教育标准分类
Manual for Statistics on Scientific and Technological Activities
　　科技活动统计手册

Measuring the Economic Contribution of Cultural Industries
 文化产业经济贡献度量手册
The UNESCO Framework for Cultural Statistics
 联合国教科文组织文化统计框架

United Nations Human Settlements Programme
 联合国人居署（1部）
Urban Indicators Guidelines
 城市指标指南

United Nations Industrial Development Organization
 联合国工业发展组织（1部）
Industrial Statistics Guidelines and Methodology
 工业统计指南与方法

United Nations Population Division
 联合国人口司（1部）
Demographic Statistics: a Review of Definitions and Methods of Collection in 44 European Countries
 人口统计：44个欧洲国家的定义及方法回顾

United Nations Statistics Division
 联合国统计司（57部）
Central Product Classification
 产品总分类
Classification by Broad Economic Categories
 按经济大类分类
Classification of Individual Consumption According to Purpose
 个人消费目的分类
Classification of the Outlays of Producers According to Purpose
 生产者支出目的分类
Classification of the Purposes of Non Profit Institutions Serving Households
 为住户服务的非营利机构目的分类
Compiling Social Indicators on the Situation of Women
 妇女社会状况指标汇编
Concepts and Methods in Energy Statistics, with Special Reference to Energy Accounts and Balances: A Technical Report
 能源统计概念与方法
Designing Household Survey Samples: Practical Guidelines
 住户调查抽样设计：实用准则
Energy Statistics: A Manual for Developing Countries
 发展中国家能源统计手册

Energy Statistics: Definitions, Units of Measure and Conversion Factors
    能源统计：定义、度量单位与转换因子
Extended Balance of Payments Services Classification
    扩展的国际收支服务分类
Framework for the Development of Environment Statistics
    环境统计发展框架
Glossary of Environment Statistics
    环境统计术语汇编
Guide to Producing Statistics on Time Use: Measuring Paid and Unpaid Work
    时间利用统计数据生产指南：测量有酬和无酬劳动
Guidelines and Principles for the Development of Disability Statistics
    残疾统计发展的指南与原则
Guidelines on Integrated Economic Statistics
    综合经济统计准则
Guidelines on Statistics of Tangible Assets
    有形资产统计指南
Handbook of Household Surveys
    住户调查手册
Handbook of National Accounting: Accounting for Production, Sources and Methods
    国民核算手册：生产核算数据的来源与方法
Handbook of National Accounting: Handbook of Input-Output Table Compilation and Analysis
    国民核算手册：投入产出表的编制与分析
Handbook of National Accounting: Handbook on Non-Profit Institution in the System of National Accounts
    国民核算手册：非营利机构手册
Handbook of National Accounting: Links Between Business Accounting and National Accounting
    国民核算手册：企业会计与国民账户的联系
Handbook of National Accounting: National Accounts, A Practical Introduction
    国民核算手册：国民账户实用简介
Handbook of National Accounting: Use of Macro Accounts in Policy Analysis
    国民核算手册：宏观账户的政策分析应用
Handbook of National Accounting: Use of the System of National Accounts in Economies in Transition
    国民核算手册：国民账户体系在转型经济体中的使用
Handbook of Statistical Organization: The Operation and Organization of a Statistical Agency
    统计组织手册：统计机构的运作和组织
Handbook on Census Management for Population and Housing Censuses
    人口与住房普查管理手册
Handbook on Civil Registration and Vital Statistics System: Developing Information, Education and Communication
    民事登记和人口动态统计制度手册：信息开发、教育和传播
Handbook on Civil Registration and Vital Statistics System: Policies and Protocols for the Release and Archiving of Individual Records
    民事登记和人口动态统计制度手册：个人记录发布和存档的政策与协议

Handbook on Civil Registration and Vital Statistics Systems: Computerization
   民事登记和人口动态统计系统手册：信息化
Handbook on Civil Registration and Vital Statistics Systems: Management, Operation and Maintenance
   民事登记和人口动态统计系统手册：管理、操作和日常业务
Handbook on Civil Registration and Vital Statistics Systems: Preparation of a Legal Framework
   民事登记和人口动态统计制度手册：法律框架准备
Handbook on Population and Housing Census Editing
   人口与住房普查编辑手册
Handbook on Social Indicators
   社会指标手册
Handbook on the Collection of Fertility and Mortality Data
   生育率和死亡率数据收集手册
Improving Social Statistics in Developing Countries: Conceptual Framework and Methods
   改善发展中国家社会统计：概念框架与方法
Indirect Techniques for Demographic Estimation
   人口间接估计技术
International Merchandise Trade Statistics: Compliers Manual
   国际商品贸易统计编纂者手册
International Merchandise Trade Statistics: Concepts and Definitions
   国际商品贸易统计：概念和定义
International Recommendations for Construction Statistics
   建筑业统计国际建议
International Recommendations for Distributive Trade Statistics
   经销业统计国际建议
International Recommendations for Energy Statistics
   国际能源统计建议
International Recommendations for Industrial Statistics
   工业统计国际建议
International Recommendations for Tourism Statistics
   国际旅游统计建议
International Recommendations for Water Statistics
   国际水统计建议
International Standard Industrial Classification of All Economic Activities
   所有经济活动的国际标准行业分类
Manual for the Development of a System of Criminal Justice Statistics
   刑事司法统计系统发展手册
Methods of Measuring Women's Participation in the Informal Sector
   妇女参与非正规部门的测算方法
Practical Guide to Producing CPI
   CPI编制实用指南
Principles and Recommendations for a Vital Statistics System
   人口动态统计系统的原则和建议

Principles and Recommendations for Population and Housing Censuses
   人口与住房普查的原则和建议
Provisional Guidelines on Standard International Age Classifications
   国际标准年龄分类暂行指南
Recommendations on Statistics of International Migration
   国际移徙统计建议
Standard Country and Area Codes for Statistical Use
   用于统计目的的国家或地区标准编码
Standard International Trade Classification
   国际贸易标准分类
System of Environmental-Economic Accounting for Energy
   能源环境经济核算体系
System of Environmental-Economic Accounting for Water
   水环境经济核算体系

World Customs Organization
   世界海关组织（1部）
Harmonized Commodity Description and Coding System
   商品名称及编码协调制度

World Tourism Organization
   世界旅游组织（2部）
General Guidelines for Developing the Tourism Satellite Account (TSA): Measuring Total Tourism Demand
   旅游卫星账户开发通用指南：旅游需求测度
General Guidelines for Developing the Tourism Satellite Account (TSA): Measuring Total Tourism Supply
   旅游卫星账户开发通用指南：旅游供给测度

World Trade Organization
   世界贸易组织（1部）
A Handbook on the WTO Customs Valuation Agreement
   WTO海关估价协定手册

Multi-Institution Joint Release
   联合发布（28部）
A System of Health Accounts
   卫生账户体系
Compilation Guide on Land Estimation
   土地估价指南
Consumer Price Index Manual: Theory and Practice
   消费者价格指数手册：理论和实践

Developing Gender Statistics: A Practical Tool
　　开发性别统计数据：实施工具
Energy Indicators for Sustainable Development: Guidelines and Methodologies
　　可持续发展能源指标：指南与方法
Energy Statistics Manual
　　能源统计手册
Eurostat-OECD Manual on Business Demography Statistics
　　企业统计手册
Export and Import Price Index Manual
　　进出口价格指数手册
Handbook of National Accounting: Financial Production, Flows and Stocks in the System of National Accounts
　　国民核算手册：国民账户中的金融生产、金融流量与存量
Handbook on Residential Property Price Indices
　　住宅房地产价格指数手册
International Transactions in Remittances: Guide for Compilers and Users
　　国际汇款业务：编制者和使用者指南
IPCC Guidelines for National Greenhouse Gas Inventories
　　IPCC 国家温室气体清单指南
JODI Gas Manual
　　联合数据倡议组织：天然气手册
JODI Oil Manual
　　联合数据倡议组织：石油手册
Manual on Statistics of International Trade in Services 2010
　　国际服务贸易统计手册
Manual on Victimization Surveys
　　受害者调查手册
Measuring Employment in the Tourism Industries—Guide with Best Practices
　　旅游业就业测量：指南与最佳实践
Measuring the Economically Active in Population Censuses: A Handbook
　　人口普查中在业人口计量手册
Methodological Manual on Purchasing Power Parities
　　购买力平价方法手册
Moving towards a Common Approach on Green Growth Indicators
　　构建共同绿色增长指标方法
SDMX Content-oriented Guidelines
　　统计数据与元数据交换内容导向指南
System of Environmental-Economic Accounting 2012: Central Framework
　　环境经济核算体系中心框架
System of Environmental-Economic Accounting 2012: Experimental Ecosystem Accounting
　　环境经济核算体系 2012：试验性生态系统核算

System of Environmental-Economic Accounting for Agriculture, Forestry and Fisheries (Draft for Global Consultation)
  农林渔业环境经济核算体系
System of National Accounts
  国民账户体系
The Impact of Globalization on National Accounts
  全球化对国民账户的影响
The Producer Price Index Manual: Theory and Practice
  生产者价格指数手册：理论和实践
Tourism Satellite Account: Recommended Methodological Framework
  旅游卫星账户：方法性框架建议